ভারতীয় রাজনীতির … আত্মজীবনি

একটি … যথেষ্ট নয়

… enough

কে. নটবর সিংহ

ডায়মণ্ড বুকস

প্রকাশক ডায়মন্ড প্যাকেট বুকস্ (প্রা.লি.)
X-30, ওখলা ইন্ডাস্ট্রিয়াল এরিয়া
ফেস্ – II নিউ দিল্লী – 20
ফোন 011 - 40712200
ইমেল sales@dpb.in
ওয়েবসাইট www.diamondbook.in

একটা জীবন যথেষ্ট নয় (Bangla)
By: কে. নটবর সিংহ

ONE LIFE IS NOT ENOUGH (BANGLA)

হেমের নামে, যাকে ছাড়া এই কাজ
করা সম্ভব হতো না...

কৃতজ্ঞতা

জীবনের বহু অভিজ্ঞতার দ্বারা এই বই লেখা হয়েছে, কিছু মানুষের সক্রিয় সহযোগিতা ছাড়া এই বই লেখা সম্ভব হতো না। আমি এঁদের কাউর ঋণই পরিশোধ করতে পারব না। এই বই লেখার জন্য আমার স্ত্রী হেম ও পুত্র জগত বহু পরিশ্রম করেছেন, এবং সর্বদা আমার সাথে থেকেছেন।

ডায়মন্ড পকেট বুকের প্রকাশক নরেন্দ্র কুমার বর্মা সহ তাঁর অনুবাদকএবং সম্পাদক, ডিজাইন এবং প্রোডাকশান টিমকে কৃতজ্ঞতা জানাচ্ছি, এই ত্রুটি বিহীন কাজের জন্য।

ভারতীয় বিদেশ সেবার সময় আমার যে সমস্ত বন্ধুরা ছিলেন, রোনেন সেন, সত্তী লাম্বা, জী. পার্থসারথি, শ্যাম শরণ এবং শঙ্কর মেননকেও আমার আন্তরিক কৃতজ্ঞতা জানাচ্ছি।

দুটি কথা...

An unexamined life is not worth living.
(পরীক্ষাহীন জীবন-যাপনের কোনো মূল্যই নেই)
- প্লেটো

আমার মতে জীবন মানচিত্রহীন একটি চলার পথ। আমার জীবনের ওপর দিয়ে বহু বসন্ত কেটে গেছে। এখন আর জয়-পরাজয় বলে কিছু নেই রয়ে গেছে শুধু আত্মবোধ। সকালে ঘুম থেকে ওঠার পর জীবনকে দেওয়া আর কোনো প্রতিশ্রুতি খুঁজে পাই না।

আমি একাধিকবার নিজের জীবনকে গড়ে-পিটে নিয়েছি। অমরত্ব ও পুনর্জীবন বলে কিছু আছে, আমি তা বিশ্বাস করি না। আমি সাহসিকতা ও সততার উপাসক। আমার মনে হয় না 'নির্বাচিত লোকদের'-ও অস্তিত্ব থাকে। ধনীর উত্তরাধিকারিরা প্রচুর অর্থ প্রাপ্ত করে আর নির্ধনেদের উত্তরাধিকারিরা এক টুকরো মাটিও পায় না। আফ্রিকান-আমেরিকান লেখক ফ্রাঙ্ক হারকিউলিস অন্যায়ের বিরোধীতা করতে গিয়ে লিখেছিলেন যে, 'আমার মতানুসারে মানুষের জীবনের সবচেয়ে বড় বাধা আধ্যাত্মবিদ্যা সম্পর্কিত পাপ বা আধ্যাত্মিক দুষ্টতা নয় বরং জন্মসিদ্ধ মূর্খতা।'

আমি কোনো কোনো সময় নিরাশ হলেও আশাবাদই আমার জীবনের চরম সত্য। আমি বিশ্বাস করি যে, মানব জাতি ধীরে ধীরে শেষ পর্যন্ত সব কিছু পেতে সক্ষম হবে। বাধা অনেক আসবে। নৈতিক সংকট, সংস্থান গুলির ধ্বংস সাধন, কার্যসম্পর্কিত অনৈতিকতার বিলোপ, মুখর উপভোক্তাবাদ তথা বৃদ্ধিপ্রাপ্ত দুর্নীতি মুকাবিলা করে তা দূর করাটা খুবই জরুরি। এই প্রচেষ্টা খুবই দীর্ঘ ও ক্লান্তিকর হোতে পারে, কিন্তু আমাদেরকে নিজেদের লক্ষ্যে পৌঁছাতেই হবে। নিজেস্ব ভদ্রতাকে সার্বজনিক করে তোলার জন্য তা স্থানান্তরিত করাটা খুবই জরুরি।

যারা মিথ্যে বলে জীবনে প্রতিষ্ঠা ও উন্নতি লাভ করতে চায়, আমি তাদের দুর্ভাগ্য দেখলে খুবই আনন্দ পাই। আমি কিভাবে নিজের সাথে একটা সুন্দর সম্পর্ক গড়ে তুলতে পারব? অনেক সময় আমার নিজের জন্যও লজ্জাবোধ হয়, কারণ আমি উচিতের পরিবর্তে সময়োচিত কাজ করেছি। আমি কখনই নৈতিক শর্টকাটের রাস্তায় চলিনি। আমার সম্মান বা সত্য নিষ্ঠা নিয়ে যদি কখন কোনো সংশয় দেখা দেয়, তাহলে আমি তার চরম বিরোধীতা করি। অনাদর ও অবজ্ঞা আমার জীবনের সাথে অতঃপ্রত ভাবে জরিয়ে গেছে। অবজ্ঞার জন্য একটা মূল্য দিতে হয়, আর আমি কোনো রকম অনুতাপ না করেই স্বীকার করছি যে,

আমি এমন মূল্য বহুবার দিয়েছি।

আমি সমানতার সিদ্ধান্তকে মান্যতা দিইনা। 1789 সালে ফ্রান্স নিজের স্বাধীনতা প্রাপ্তির সময় ঘোষণা করেছিল যে, ভাতৃত্ববোধ ও সমানতা মনুষ্যজাতির অসমানতাকে আরোগ্য প্রদান করে। স্বাধিনতা পাওয়া হয়ে গেছে, আংশিক ভাবে ভাতৃত্ববোধ দেখা গেলেও সমানতার বিষয়টা স্বপ্নই থেকে গেছে। সমান স্তর কোথাও দেখতে পাওয়া যায় না। মহান জীন জ্যাকোস রুসিয়োর কাছে ক্ষমা চেয়ে বলছি যে, মানুষ জন্মের সময় থেকেই স্বাধীনতা পায় না। মানুষের মধ্যে সমানতা স্থাপন অসম্ভব, কিন্তু ভাতৃত্ববোধ মানুষকে অনেকটাই কাছে নিয়ে আসে।

আমি গ্রেট ম্যান থিওরিতে বিশ্বাস করি। আমি থমাস কার্লাইল, বট্রেন্ড রসেল এবং ঈসাহ বর্লিনের মতবাদেই বিশ্বাসি। গান্ধীজী না থাকলে কোনো স্বাধীনতার আন্দোলনই হোত না। উনি একটা পরিস্থিতির সৃষ্টি করেছিলেন, তিনি তা বানাননি। কিন্তু আমি কার্লাইলের কথার সাথে এক মত নই, ‘বিশ্বের ইতিহাস হল মহান ব্যক্তিদের জীবনী।’ তথাকথিত এমন কিছু মহান মানুষ ছিলেন যাঁদের হাত রক্তে রাঙা ছিল।

একা থাকার মধ্যেই আমার প্রকৃতির মূল আত্মগোপন করে থাকে। ‘ড. জিভাগো’-র লেখক বোরিস পেস্টরনাক বলেছিলেন যে, ‘পৃথিবীতে মৌনতাই হল শ্রেষ্ঠ ধ্বনি’। কিন্তু কলহ পূর্ণ এই পৃথিবীতে একান্তে থাকার সময় খুব অল্পই পাওয়া যায়।

আমাদের ভেতরে এমন কিছু স্থান এবং আমাদের পৃথিবীতে এমন কিছু আশ্রয় আছে যেখানে মৌনতার সাম্রাজ্য বিরাজ করে।

ই. এম. ফোরস্টারের মতন আমিও দুটি কারণে প্রজাতন্ত্রের জন্য হর্ষসূচক ধ্বনি নির্গত করতে চাই, ‘প্রথম কারণ হল এটি বিবিধতাকে স্বীকার করে , আর দ্বিতীয় কারণ হল এটি সমালোচনা করার অনুমতি দেয়।’ আমাদের প্রজাতন্ত্রে প্রচুর দোষ ত্রুটি আছে ঠিকই কিন্তু তার মূল শক্ত হয়ে গেছে। ইউপিএ সরকারের প্রচুর অনৈতিকতা এবং গড়বড়ি থাকা সত্ত্বেও আমি দৃঢ়তার সাথে এটা বলতে পারি যে, ভারতের জন্য যেটা ঠিক তা ভুলের চেয়ে কয়েকগুণ বেশি মহান।

আমার দোষ কি ? দম্ভ, প্রয়োজনের থেকে বেশি আত্মবিশ্বাস, অনুষ্ঠানে বেয়াড়াপনা, অতিরিক্ত আশা, মূর্খদের কষ্ট প্রদান এবং সাতপাছ না ভেবে কোনো বিষয়ে ঝাঁপ দেওয়া।

ইতিহাস সম্পর্কে আমার আগ্রহ বরাবরই একটু বেশি, আমার সমসাময়িক বহু লোক এর প্রতি তেমন কোনো আগ্রহ দেখাতেন না। গত একশো বছর ধরে আমরা তিনজনের সৃষ্ট ইতিহাসই পড়ে যাচ্ছি - ডী.ডী. কৌসাম্বি, ঈরফান হাবিব এবং রোমিলা থাপার। তাঁরা তিনজনেই সেন্টারের লেফেটে ছিলেন।

ইতিহাসের থেকে আমি শিখেছি যে, প্রগতি ইতিহাসের মধ্যে লোকানো থাকে না। হিরোসীমা ও নাগাশাকিতে বোমা বিস্ফরণ কোনো প্রগতির উদাহরণ নয়। একই প্রজন্মে দুটি

ভয়ঙ্কর বিশ্ব যুদ্ধ 'প্রগতির' নয় বরং নিরাশার উদাহরণ। অন্তঃকরণ এবং করুণা ধীরে ধীরে লোপ পাচ্ছে। বিজ্ঞানের কাছে আধ্যাত্মিকতা, নৈতিকতা ও সদাচার তটস্থ হয়ে যাচ্ছে।

এটাম বোমের জনক রবার্ট ওপেনহাইমরকে হাইড্রোজেন বোমা প্রস্তুতির পর চরম মূল্য দিতে হয়েছিল। আমেরিকা একজন জিনিয়াসকে নেকরেদের সামনে ছেড়ে দিয়েছিল।

প্রার্থনার প্রতি আমার বিশ্বাস অপার। আমি প্রতিদিনের ধ্যান করে থাকি। আমি শ্রদ্ধার সাথে আমাদের উৎকৃষ্ট ও পবিত্র গ্রন্থ গুলির পাঠ করে থাকি। যেভাবে ধর্মীয় আচার অনুষ্ঠানের পালন করা হয়, সেই দিকে আমার কোনো আগ্রহ বা রুচি নেই। আমি মনে করি বিশ্ব ব্রহ্মাণ্ডের প্রভু ও আমার মাঝখানে কোনো পূজারীর প্রয়োজন নেই, তাঁর একটা ইশারাতেই এই পৃথিবী ঘুরছে, তারা চমকাচ্ছে এবং আমাদের নিয়তির পথ তৈরি হয়ে যাচ্ছে। এই সবই আমার গ্লানিহীন দৃঢ় প্রত্যয়ের ওপরেই টিঁকে আছে। নিকোলো ম্যাকিয়াভেলী বা কার্ল মাকর্সের থেকে আমি বুদ্ধ, অশোক, গুরু নানক, আব্রাহাম লিংকন, মহাত্মাগান্ধী, স্বামী বিবেকানন্দ এবং নেলসন ম্যান্ডেলার দেখানো পথেই চলতে স্বাচ্ছন্দ বোধ করি।

বন্ধুত্বের প্রতি আমার অপার বিশ্বাস। এটি জীবনের মহানতম আনন্দ গুলির মধ্যে অন্যতম। আমি অনেক সময় আমার বন্ধুদের ছোট করার চেষ্টা করেছি, তারাও আমার সাথে অনেক সময় এই কাজ করেছে। ভরসা ও বিশ্বাসের ওপরেই বন্ধুত্বের সম্পর্ক গড়ে ওঠে। এটা কোনো সামাজিক ব্যবস্থাপনা নয়। হৃদয় কখন ধরা বাধা গণ্ডীতে আবদ্ধ থাকতে পারে না। বন্ধুত্ব কোনো সওদা নয়।

আমার বন্ধুরা আমাকে জিজ্ঞাসা করে যে, 'এত ব্যস্ততার মধ্যে দিয়ে জীবন কাটানোর পর, তুমি কিভাবে এখন নিজের সময় অতিবাহিত কর?' আমি ফ্রেঞ্চের একটা প্রবাদের সাহায্যে এর উত্তর দিই, 'Vieillir c'est les autres' (কেবল অন্যরা বুড়ো হয়)। নিজের বৃদ্ধ জীবনের আনন্দ উপভোগ করছি, আমি পড়ি, লিখি, বিশ্রাম করি। গান শুনি। টি.ভি.-তে টেনিস ও ক্রিকেট দেখি। আমি নিজের নাতি-নাতনিদের সঙ্গে সময় কাটাই। ওরাও মনে করে যে ওদের দাদু-ঠাকুমা বুড়ো হয়েছে। কখন-কখন ছেলেকে চিন্তিত করি কখন-কখন শুধু বসে থাকি।

2014 সালের 7 ই মে এই বই শেষ হওয়ার মুখে একদিন সোনিয়া এবং তাঁর সুন্দরী কন্যা আমার বাড়ি আসাতে আমি খুবই আনন্দ বোধ করেছিলাম। এই সাক্ষাৎ অসাধারণ তো ছিলই, সেই সঙ্গে আমি খুবই অবাক হয়েছিলাম। আসলে তিনি চিন্তিত ছিলেন যে, আমার আত্মজীবনী তাঁর দুঃখের দিনের প্রকাশ করে দিতে পারে।

6 ই মে, রবিবার প্রিয়াঙ্কা আমাকে ফোন করে জিজ্ঞাসা করেছিলেন যে, তিনি আমার সাথে দেখা করতে আসতে পারেন কিনা। আমি তাঁকে আমার বাড়িতে আমন্ত্রণ জানিয়েছিলাম। আকর্ষক ও মজাদার ব্যক্তিত্বের অধিকারি প্রিয়াঙ্কা তাঁর মা বা ভাইয়ের মতো নয়, তাঁর কথা বলার ভঙ্গি খুব ভালো, নিজের বক্তব্য খুব সুন্দর ভাবে রাখতে পারেন, যা সত্যিই দেখার

মতো। দক্ষিণ দিল্লীর মহিলা খুব অস্থির প্রকৃতির হলেও, প্রিয়াঙ্কার মধ্যে সেই অস্থিরতা দেখা যায় না। এই গরমের দুপুরে তিনি আমার বাড়িতে এসেছিলেন। আমরা অমেঠী ও রায়বরেলী নিয়ে আলোচনা করি। তাঁর বাচ্চাদের সম্পর্কেও কথা বলি, তারা অনেক বড় হয়ে গেছে।

প্রথম দিকে তিনি একটু সংকচ করলেও ধীরে ধীরে নিজের কাজের কথা বলতে শুরু করেছিলেন। প্রিয়াঙ্কা নিজের মায়ের কথা মতো আমার সাথে দেখা করতে এসেছিলেন। 28 শে এপ্রিল ইকোনামিক টাইমসে আমি নিজের আত্মজীবনী সম্পর্কে একটা ইন্টারভিউ দিয়েছিলাম, সেই ব্যাপারেই কথা বলতে এসেছিলেন তিনি। 2004 সালের মে মাসে ইউপীএ সরকার পুনরায় শপথ গ্রহণের পূর্বে যে ঘটনা ঘটেছিল, আমি তার উল্লেখ করব কিনা সেটাই জানা ছিল তাঁর মূল উদ্দেশ্য। আমি তাঁকে জানিয়ে দিয়েছিলাম যে, সম্ভবত করব। কেউই আমার পুস্তক সম্পাদন করতে পারত না। আমি সত্যিকে লোকাতে চাইনি, আবার কাউর ওপর অকারণে প্রহারও করতে চাই না। এমন কিছু কথা আছে যা উপেক্ষা করা ঠিক হবে না। তখনই সোনিয়া ভেতরে ঢোকেন। তখন আমি তাঁকে দেখে বলি, ‘আরে এতো বিরাট সারপ্রাইজ!’ তাঁর বন্ধুত্বপূর্ণ এবং উৎসাহকর অভিবাদন আমাকে সত্যিই অবাক করে দিয়েছিল। এটা তাঁর চরিত্রের মধ্যে পড়ে না। এমন ঘটনা খুব কমই ঘটত। তিনি নিজের অহংকার দমন করে, নিজের সবচেয়ে নিকটতম বন্ধুর কাছে নিজের অস্ত্র সমর্পণ করতে এসেছিলেন। এই কাজ করতে তাঁর সাড়ে আট বছরের বেশি সময় লেগে গেছিল।

আমার বইই তাঁকে আমার কাছে টেনে এনেছিল। আমি একটা মিথ্যা প্রশংসার জালে জরিয়ে পরেছিলাম, আর সামান্য চিন্তিতও ছিলাম। আশা বহু গুণ বৃদ্ধি পেয়েছিল।

কম বক্তব্য, সংযম ও নিরপেক্ষতার অভাব যেকোন জীবনীকে পঙ্গু করে দিতে পারে। আমি ততটাই লিখেছি যতটা লেখা সম্ভব ছিল।

পৃথিবীর অদ্ভুত উত্থান-পতন দেখেছি
দেখেছি বহু কথার আসা-যাওয়া
এসে আর যায় না এমন বার্ধক্য, আর
গিয়ে আসেনা এমন যৌবন দেখেছি।

We are things that make and pass into the sea upon an unknown mission.

(সমুদ্রে নিমজ্জিত পদার্থের মতো অজানা গন্তব্যের দিকে ভেসে যাওয়াই হল আমাদের জীবন।)

— এইচ. জী. ওয়েল্স।

বিষয় সূচী

অধ্যায় -১
প্রারম্ভিক বছর

ভরতপুর। নগর হয়ে ওঠার জন্য সংঘর্ষরত এবং একটি মধ্যম আকারের রাজত্বের রাজধানী। সেখানেই 1931 সালের 16 ই মে আমার জন্ম হয়েছিল।

1805 সালে লর্ড জেনারল লেক ভরতপুরের শাসক মহারাজা রণজীত সিংহকে পাঁচ বার আক্রমণ করেছিল। সেই সময়ের পর থেকে পতনের গাথা শুরু হয়। সেই সময় ভরতপুরে নেতৃত্বের ক্ষমতায় ছিল আধা ডজন পরিবার, তার মধ্যে আমার পরিবারই ছিল সামন্ততান্ত্রিক, রূঢ়ীবাদী, একগুঁয়ে এবং অনেকটাই নিরঙ্কুশ। এই ছোট্ট কসবাটি জীবন-যাপনের কলা ভালোই রপ্ত করেছিল। যার ফলে তা ফুলে ফেঁপে ছিল। আমার পূর্বপুরুষেরা বংশ পরম্পরায় ভরতপুরের শাসকদের সেবা প্রদান করে এসেছেন। সত্তরের দশকে তা শেষ হয়ে গেছিল। আমার জন্মের এক বছর বাদে আমার পিতাকে ভরতপুরের কাছে অবস্থিত সুন্দর ও ঐতিহাসিক নগর 'ডীগ'-এর নিজম বা জেলা মেজিস্ট্রেট হিসাবে নিযুক্ত করা হয়েছিল। ডীগ বৃন্দাবনের খুব কাছেই অবস্থিত, সেখান থেকে গোবর্দ্ধন পর্বতের দূরত্ব মাত্র পনেরো কিলোমিটার। এই রাজ্যে তিনজন নিজাম ছিলেন, যার মধ্যে আমার পিতা ছিলেন অন্যতম। আমাদের পরিবারের সকলেই ডীগে চলে গেছিল, সেখানে আমরা একটা বড় কিন্তু বিচ্ছিরি দেখতে বাড়িতে বাস করতাম, যদিও সেই বাড়িতে সুযোগ সুবিধার কোনো অভাব ছিল না। ডীগে তখনও বৈদ্যতিক সংযোগ ছিল না, কোনো মোটরগাড়িও ছিল না। আমাদের কাছে একটা টমটম ছিল, সেটাকে সুন্দর পর্দা দিয়ে সাজানো হয়েছিল। বাবার নির্বাচিত ঘোড়াই সেই টমটম চালাতো।

1914 সালে আমার পিতা-মাতার বিবাহ হয়েছিল, সেই সময় আমার মা প্রয়াগ কৌরের বয়স ছিল মাত্র তেরো বছর, সেই সময় এটাই ছিল বিয়ের উপযুক্ত বয়স। তিনিও নিজের সময়ের মহিলাদের মতো লেখাপড়া জানতেন না। তিনি ছিলেন জেদি, একগুঁয়ে ও মুডী কিন্তু তাঁর মন খুব ভালো ছিল। তিনি অবসাদ গ্রস্থতায় ভুগতেন। আমার বাবা প্রায় পঞ্চাশ বছর ধরে আমার মায়ের দেখা শোনা করেছিলেন, তখনকার রীতি অনুসারে তিনি ইচ্ছা করলেই দ্বিতীয়বার বিবাহ করতে পারতেন। আমার মায়ের হাত থেকে বাঁচা অত সহজ কাজ ছিল না, কিন্তু আমার বাবা খুবই ধৈর্য্য সহকারে নিজের কর্তব্য পালন করতেন। তিনি কখন নিজের ধৈর্য্য হারাননি, সর্বদা তাঁর সাথেই থাকতেন।

আমার বাবা ছিলেন একজন নিজাম, যে কারণে তাঁকে অনেক ধরনের কাজ করতে

হোত, সেখানকার নাগরিকরা তাঁকে অনেক শ্রদ্ধা ও সম্মান করতেন, পরিস্থিতি যতই জটিল হোক না কেন, তিনি কখন নিজের ধৈর্য্য হারাতেন না, বরং কঠোর হাতে সমস্ত পরিস্থিতির মোকাবিলা করাই ছিল তাঁর বিশেষত্ব।

তিনি নিজের কাজের বিষয়ে খুবই দক্ষ ছিলেন, সময়ের সদ্ব্যবহার করার ব্যাপারে তিনি ছিলেন ওস্তাদ। সেই প্রেক্ষাপটে দাঁড়িয়ে তিনি খুব ভালো ঘোড়া চালাতে বা হকি খেলতে পারলেও শিক্ষাগত যোগ্যতা ছিল কম, যে কারণে তাঁকে আইনের অধ্যয়নও করতে হোত।

ঠাকুরদাদার কথা বলতে গেলেই আমার সেই সময়ের কথা মনে পড়ে যায়, যখন আমি তাঁর কোলে খেলা করতাম। তখন আমার বয়স পাঁচ বছরও হয়নি, তাঁর লম্বা সাদা দাড়ি ছিল আমার খেলার সামগ্রী। তাঁকে সকলেই 'বাব সাহেব' বলে ডাকত, পরে শুনেছি যে, তিনি ছিলেন দৃঢ় ব্যক্তিত্বের অধিকারি, তিনি তিনটি বিবাহ করেছিলেন, এবং তেরো জন সন্তানের বাবা হয়েছিলেন, কিন্তু তার মধ্যে কেবল তাঁর নয় জন সন্তানই বেঁচে ছিলেন। তাঁর বোনের সাথে ভরতপুরের মহারাজ জসবন্ত সিংহের বিবাহ হয়েছিল। তাঁর একটি ছেলে ছিল, কিন্তু দশ বছর বয়স হওয়ার আগেই বিষ দিয়ে তাঁকে মেরে ফেলা হয়েছিল। ভারতীয় শাসন ব্যবস্থায় বহু কাল ধরেই কুটিল ষড়যন্ত্র চলত, যে কোনো রাজত্বেই কোনো না কোনো কুটিল ষড়যন্ত্রকারীকে দেখা গেছে। বাবা সাহেব ছিলেন ছোটখাট ও হাঁটাকাট্টা। আমাদের পৈতৃক গ্রাম জঘীনাতে 1870 সালে তিনি জন্ম গ্রহণ করেছিলেন, এই গ্রাম ভরতপুরের পাশেই অবস্থিত। তাঁর মেজাজও ছিল অদ্ভুত প্রকৃতির, পরিবারের নাপিত জানত যে, তিনি চুল কাটানোর সময়তেও মাথা নিচু করা পছন্দ করেন না। বেচারাকে তাঁর ঘাড়ের চুল কাটতে হোত উবু হয়ে বসে। 1936 সালে বাবা সাহেব এই পৃথিবী ছেড়ে চলে যান, সেই সময় তাঁর বয়স ছিলপচাত্তর বছর। তাঁর এই হঠাৎ মৃত্যু আমাদের পরিবারে ঝড় তুলে দিয়েছিল। তখনও আমার শোক করার মতন জ্ঞান হয়নি, বাবার মাথা নেড়া দেখে আমি অবাক হয়ে যেতাম। আমার মা কাঁদছিলেন, কেন ? হঠাৎ করে বাড়িতে এত শোকের ছায়া এলো কোথা থেকে ? বাড়ির পুরানো চাকর ঠাকুর সিংহকেই, ছোট কুমারের দেখা শোনা করার দায়িত্ব প্রদান করা হয়েছিল কিন্তু এই কানা চাকর এই কাজ করতে পারত না। আমি শিশুর জিজ্ঞাসু মনে তাকে জিজ্ঞাসা করেছিলাম যে, আমার বাবার মাথার চুল গুলো কোথায় গেল ? তার সেই উত্তর আমার আজও মনে আছে, 'বাবা সাহেব ভগবানের কাছে চলে গেছেন।' আমার কাছে এই কথার কোনো অর্থ ছিল না। আমার মা বেশ কিছু দিন শোক কাটিয়ে উঠতে পারেননি। বাড়িতে পুরো তেরো দিন নুন ছাড়া খাবার পরিবেশন করা হয়েছিল। আমার কাছে তা কোনো শাস্তির চেয়ে কম ছিল না। আমি নুন চাইলে আমাকে মানা করে দেওয়া হোত। পরিবারের পূজারী যেমন ভাবে চলার আদেশ দিয়েছিলেন, সকলেই সেই ভাবেই চলত। তখনকার দিনে এই সমস্ত রীতি-নীতি খুব বেশি করে পালন করা হোত।

বাবা সাহেবের মৃত্যুর কিছু দিন বাদে আমাদের পরিবারের সকলে মিলে তীর্থযাত্রার উদ্দেশ্যে রওনা দিয়েছিলাম, তখন আমার বয়স খুব বেশি হলে পাঁচ বছর হবে। ওয়ার্ড প্রশাসনের দরবারে আমার কাকা কর্নেল ঘমন্ডী সিংহ মন্ত্রী পদে কাজ করতেন, ব্রজধামে যাত্রার জন্য তিনি একটি বাস ধার হিসাবে পেয়েছিলেন। আমার পরিবার চাকর-বাকর সহ সমস্ত সুখ-সুবিধা সহকারে এক সপ্তাহ ধরে তীর্থ যাত্রা করেছিল, আমরা সবার আগে গোবর্দ্ধনে গেছিলাম, সেই স্থান হল কৃষ্ণের মহিমায় ভাস্বর। আমরা অনেক মন্দিরও দর্শন করেছিলাম। মন্দির গুলো কত পরিস্কার পরিচ্ছন্ন ছিল আমার আজও তা মনে আছে। এমনকি এই অল্প বয়সেও আমি এই অদ্ভুত নামের নগর গুলির পরিচয় পেতে সক্ষম হয়েছিলাম, যেমন - গোকুল, নন্দগ্রাম, বরসানা, মথুরা, বৃন্দাবন প্রভৃতি। এই সমস্ত নগর গুলির মধ্যে ভরতপুর হল বিস্তৃত ও সেই সময় অনেক বেশি সম্পদশালীও ছিল। সেই স্থান ছিল ধর্ম, অনুষ্ঠান ও রীতি-রেওয়াজে পূর্ণ। সেই সময় ভরতপুর কাঁচের মতো চকচক করত। আমার পিতা সমস্ত মন্দিরে ভক্তি সহকারে পূজা করেছিলেন এবং তাঁর সকল ভাইরা তাঁকে মন্ত্রমুগ্ধের মতো অনুসরণ করেছিলেন।

চারভাইয়ের মধ্যে আমি ছিলাম সবচেয়ে ছোট, তাই আমার বাল্যকাল একাই কেটেছে, কারণ আমার তিনি দাদা সেই সময় আজমিরের মেয়ো স্কুলে পড়তেন। কুলীন পরিবার নিজেদের গণ্ডীর মধ্যেই আবদ্ধ থেকে, সামাজিকতার কোনো স্থান থাকেনা তাদের কাছে। বাইরের জগত তাদের কাছে বাইরেরই থেকে যায়। দশ বছর বয়সের আগে পর্যন্ত আমি নিজের আত্মিয়দের কথাও জানতাম না। তখনও পর্যন্ত আমি বাড়িতেই শিক্ষা গ্রহণ করতাম। আমাকে হিন্দি ও উর্দু শেখানোর জন্য শিক্ষক নিযুক্ত করা হয়েছিল।

আমি তখন সাত বছরের বালক, সেই সময় জীবনে এক বিরাট গতি দেখা দিয়েছিল। তখনকার ইংরেজ দেওয়ান শ্যার সী.পী. হনকক, আঈসীএস আমার বাবাকে ডেকে বলেছিলেন যে, তাঁকে ভরতপুরে গিয়ে যুবক মহারাজা বৃজেন্দ্র সিংহের সহায়ক অভিভাবকের ভূমিকা পালন করতে হবে, সেই সাথে আমাদের সকলের জীবনের এক নতুন অধ্যায় শুরু হয়েছিল। এই অল্প বয়সী মহারাজা ছয় বছর ইংল্যান্ডে কাটিয়ে দেশে ফিরে এসেছিলেন। ক্যাপ্টেন আলেকজান্ডার, আগে নর্থ-ওয়েস্ট ফ্রন্টিয়ার প্রান্তকে (এনডব্ল্যুএফপী) নিজের সেবা প্রদান করেছিলেন, তাঁকে মহারাজার অভিভাবক হিসাবে নিযুক্ত করা হয়েছিল। সেই সময় আমার পিতার বয়স ছিল সাঁইতিরিশ বছর। ভরতপুরে যেখানে আমাদের বাড়ি ছিল সেখানে বিরাট বাড়ি তৈরি করা হয়, যা 'ইসলস-এ-খাস' নামে পরিচিত ছিল।

বৃজেন্দ্র সিংহকে তাঁর পরিবারের লোকেরা 'ইন্দু' বলে ডাকতেন, তিনিমাত্র দশ বছর বয়সেই অনাথ হয়ে গেছিলেন। তিনি ধনুক বিদ্যায় পারদর্শী ছিলেন, রাগী ও মুডী হলেও আঠারো বছরের এই যুবক ছিলেন উদার মনের রাজকুমার। মাত্র একুশ বছর বয়সেই তাঁকে একশোটা গ্রাম শাসনের ভার দেওয়া হয়েছিল, যাতে বেশ কয়েক হাজার লোক বাস করত।

তিনি যে অস্থির স্বভাবের মানুষ ছিলেন তা আমার বাবা কয়েকদিনের মধ্যেই বুঝতে পরেছিলেন, তিনি ভরতপুরের প্রতি নিজের নিষ্ঠা বজায় রেখেছিলেন, এই পরিবার তাঁদের পূর্বপুরুষদের জন্য বহু কাজ করেছিল। তিনি ছিলেন সৎ, নিরপেক্ষ, ন্যায়শীল এবং বিশ্বাসী সেই কারণেই ইংরেজরা তাঁকে এই ভার দিয়েছিল।

আমার পিতা বাস্তবকে খুব প্রাধান্য দিতেন। তিনি অকারণে আত্ম- বিশ্লেষণ করা পছন্দ করতে না, যে কোনো কাজের ক্ষেত্রে তিনি বুদ্ধির সাহারা নিতেন। তাঁর মস্তিষ্ক ছিল সুব্যবস্থিত, তিনি সব কিছু নিয়ে মাথা ঘামাতেন না। তাঁর মধ্যে বংশের মর্যাদা বোধ ছিল প্রখর, কিন্তু তা নিয়ে তিনি অতিশোক্তি করতে পছন্দ করতেন না।

অনেক সময় যুবক মহারাজ অকারণেই রেগে যেতেন, তাই তাঁকে ধৈর্য্য সহকারে সম্পূর্ণ বিষয়টা দেখাতে হোত। বাবা তাঁকে সামলানোর চেষ্টা করতেন কিন্তু কখনই তাঁর সাথে কোনো রকম বাদ-বিবাদ করতেন না। আসলে মহারাজের নামে আলেকজান্ডারের ওপরেই সমস্ত ক্ষমতা ন্যস্ত ছিল। চারদিকেই তাঁর ছায়া দেখা যেত - রাজা সর্বব্যাপী ছিলেন।

এপ্রিল থেকে অক্টোবর মাসের প্রথম সপ্তাহ পর্যন্ত ভরতপুরের দরবারের কাজ চলত শিমলায়, রাজ্যের গ্রীষ্মকালিন রাজধানী শিমলা সেখান থেকে 250 মাইল দূরে অবস্থিত। রাজার সাথে সাথে আমার বাবা, চারজন সহায়ক, এক বিশাল প্রশাসনিক দল, রিক্সাচালক ও শক্তিশালী ঘোড়ার দল যেত। মহারাজ তাঁর সাথে নিজের কার্যকারী দল, ঘোড়া, পালিত পশু ও প্রয়োজনীয় সমগ্র সামগ্রী নিয়ে যেতেন। তা ঠিক মতন পালন করাও ছিল এক বিরাট দায়িত্ব।

শিমলা যাওয়রা পথে আমাদের বিশ্রামের স্থল ছিল দিল্লী, আমার এখনও মনে আছে সেই সময় আমরা পাঞ্জাবের এক ধনী এস্টেটের মালকিন সরদারাণী সাহিবার সাথে দেখা করার জন্য 12 নং. হার্ডিঙ্গ এভিনিউতে (বর্তমান তিলক মার্গ) গেছিলাম। এই দুর্দমনীয় রাণী ছিলেন আমার ঠাকুরদাদার বোন, বাবা তাঁকে পিসি বলে ডাকছিলেন, তিনি এক বিরাট মঞ্চের ওপর বসেছিলেন, যার শোভা ছিল দেখার মতো। এক এক করে আমাদের নাম ডাকার সাথে সাথে আমরা এগিয়ে যাচ্ছিলাম, উনি আমাদের একটি করে গিনি উপহার দিচ্ছিলেন। প্রায় পঞ্চাশ বছর বাদে, আমার স্ত্রীর বোনঝি জয়ার সাথে সরদারণী সাহিবার পৌত্র গুরুপালের বিবাহ হয়েছিল।

শিমলাতেও ভরতপুরের ক্ষেত্র ছিল বিরাট। প্রচুর জমির ওপর তৈরি স্টেটের মধ্যে টেনিস কোর্ট ছিল দেখার মতো। আমাদের জীবন শৈলী ছিল বিলাস পূর্ণ, কিন্তু আমার শিমলায় থাকতে ভালো লাগত না, পাহাড়ের আকর্ষণ খুব তাড়াতাড়ি শেষ হয়ে যায়। আমার মনে আছে আমাদের সারাদিন কটেজের মধ্যে বন্দি হয়ে থাকতে হতো। বেশির ভাগ সময় তো বৃষ্টি হতো। আমি যাতে বোর না হই সেই জন্য আমার বাবা আমার জন্য ইংরেজি শিক্ষক নিযুক্ত করেছিলেন, তার পরিণাম খুব একটা ভালো হয়নি, কারণ এই অল্প

বয়সি শিক্ষক আমাকে কিছুই শেখাতে না পেরে তিনি নিজেই পরাজয় স্বীকার করে নিয়েছিলেন। মায়েরও শিমলা একদম ভালো লাগিনি, তিনি প্রায়ই অসুস্থ হয়ে পড়তেন, বাড়িতে ডাক্তার ও নার্স লেগেই থাকত।

আমাদের শিমলার চাকর হাবিলদার ভোলা সিংহ ছিল মনে রাখার মতো মানুষ। সে প্রথম বিশ্ব যুদ্ধের সময় মেসোপটেমিয়াতে গিয়ে যুদ্ধ করেছিল। সে খুবই ঘায়েল হয়েছিল, তাকে প্রচুর মেডেলও দেওয়া হয়েছিল, সে খুব গর্বের সাথে সেগুলি আমাকে দেখাত। সে বিশেষ বিশেষ সময়ে সেগুলি পরত, একবার এই মেডেলের রিবন গুলি পালটানোর প্রয়োজন দেখা দিয়েছিল, আমি আর ভোলা ম্যাল স্থিত একটি আর্মীদের দোকানে যাই, সেখানকার সমস্ত দোকানদার ছিল ইংরেজ। ভোলা তাদের সেলাম করে রিবনের দাম জিজ্ঞাসা করে, তাদের মধ্যে একজন সাহেবও যুদ্ধতে অংশ নিয়েছিল, ভোলার রেকর্ড দেখে সে এতই খুশি হয়েছিল যে, সমস্ত রিবন বিনা মূল্যে দিয়ে দিয়েছিল। ভোলা রোমাঞ্চিত হয়ে ওঠে, আমি ওকে অবাক হয়ে দেখছিলাম। সে প্রায়ই আমাকে নিজের যুদ্ধের গল্প শোনাত, অর্থর কনন ডয়ালের নেতৃত্বে সে যুদ্ধ করেছিল।

মহারাজা আমাকে খুন স্নেহ করতেন, তিনি আমাকে 'বাচ্চু' বলে ডাকতেন। অনেক খেলার জিনিসও দিতেন। কিন্তু তাতে আমার ভয় এতটুকুও কমেনি, তিনি ছিলেন খুবই রাগী প্রকৃতিত মানুষ। আমার দাদা ভরত তাঁকে টেনিসে হারিয়েছিলেন বলে, তিনি খুবই রেগে গেছিলেন, দাদাকে সঙ্গে সঙ্গে ভরতপুরে পাঠিয়ে দেওয়া হয়েছিল। মহারাজা নিজের বিবেক বুদ্ধির পরিবর্তে নিজের ঠাঁট-বাঁট নিয়ে জীবন যাপন করতে পছন্দ করতেন। বেশিরভাগ সময়তেই তাঁকে বিগড়ানো নবাবের মতো লাগত, কিন্তু ব্রিটিশ দেওয়ানের সামনে তাঁর বিনয় ও ভদ্রতা ছিল দেখার মতো।

আমরা প্রায় সময়তেই অক্টোবর মাসে দশেরার (দশমীর) আগে ফিরে আসতাম। সেই সময়ে পালিত অনুষ্ঠানও ছিল দেখার মতো। মহারাজা ইংরেজ দেওয়ানের সাথে হাতির পিঠে উপবিষ্ট রূপোর হাওদায় (সিংহাসনের মতো দেখতে) উপবেশন করে রাজ্য পরিক্রমায় বেরাতেন, জরির তৈরি আচকান, তলোয়ার, রত্নজরিত পাগড়ী- সব মিলিয়ে এই শোভা যাত্রা হতো দেখার মতো। আমার বাবাও এই শোভা যাত্রার একটি অংশ ছিলেন, যে কারণে তিনিও মানানসই পোশাক পরতেন। রাস্তার দু ধারে প্রচুর ভিড় হতো, রাজ্যের বিভিন্ন স্থান থেকে বহু লোক আসত রাজাকে দর্শন করার জন্য। এই দিন রাজাকে দেবমূর্তীর সম্মান দেওয়া হতো।

সেই সময় ভরতপুরে পঁচিশ হাজার লোক বাস করত, কিন্তু সেখানে কোনো সিনেমা হল ছিল না। একবার আমি, বাবা, মা ও আমার দিদিমা সকলে মিলে অশোক কুমার ও দেবিকা রাণীর 'অচ্ছুত কন্যা' দেখার জন্য গাড়ি করে আগ্রায় গেছিলাম। আমরা সিনেমা হলের একটা বক্স সংরক্ষিত করে নিয়েছিলাম। যাতে এই কথা কেউ জানতে না পারে সেই

কারণে আমার মা ও দিদিমার জন্য সিনেমা হলের মালিক বিশেষ পর্দার ব্যবস্থা করে দিয়েছিল। আমাদের গাড়ি কোনার দিকের একটা দরজায় গিয়ে দাঁড়িয়েছিল। আমি খুবই উৎসাহি ছিলাম, এর প্রায় চল্লিশ বছর বাদে ব্যাঙ্গালোরে একবার দেবিকা রাণীর সাথে সাক্ষাৎ হয়েছিল।

ডিসেম্বরে পালিত ডাক শুটিং ভরতপুরের একটি অন্যতম অনুষ্ঠান ছিল। শ্রী নেহেরু পর্যন্ত তা দেখার জন্য তাঁর লোক জন নিয়ে ভরতপুরে চলে আসতেন। এই সময় সমস্ত কাজ বন্ধ হয়ে যেত, মহারাজা নিজে হাতে শিকার করার জন্য বন্দুক নির্বাচন করতেন, এবং রাজত্বের সবচেয়ে সুন্দর স্থানে বসে যেতেন। জল থেকে হাঁস গুলিকে যারা তুলে নিয়ে আসত তারা কোমর পর্যন্ত ঠান্ডা জলে ডুবিয়ে দাঁড়িয়ে থাকত, এই শিকার চলত প্রায় চার ঘন্টা ধরে, তাতে হাজার-হাজার হাঁসের প্রাণ যেত। ভরতপুরের রাজার দলের প্রায় সকলেই উপস্থিত থাকত, সকলের সাথেই অতিথিদের পরিচয় করানো হোত, কিন্তু একটু হাসি ছাড়া আর কিছুই জুটত না।

ভরতপুরে প্রচুর মুসলমান বাস করত, তারা মুসলমান ধর্মে বিশ্বাসী হলেও হিন্দুদের ধর্মিয় অনুষ্ঠানে অংশ গ্রহণ করত। আমার বাবা তাদের সাথে সম্পর্ক বজায় রাখতেন, হিন্দু -মুসলমানের মধ্যে তিনি এমন ভাতৃত্ব বোধ সৃষ্টি করতে সক্ষম হয়েছিলেন যে, পনেরো বছর কোথাও কোনো সমস্যা দেখা যায় নি। মুসলমানরাও তাঁকে যথেষ্ট সম্মান করতেন। 1984 সালে যখন আমি সেখান থেকে ভোটে দাঁড়িয়েছিলাম তখন সেখানকার বয়স্ক মুসলিমদের সাথে দেখা করার সুযোগ হয়েছিল, তারা শ্রদ্ধার সাথে বাবার কথা বলছিলেন। হয়তো আমার বাবার জন্যই আমি সেখানকার 65 শতাংশ মুসলিম ভোট পেতে সক্ষম হয়েছিলাম।

শীঘ্রই ভরতপুরে আমার অনুশাসনহীন বাল্যকাল পর্ব শেষ হয়ে গেছিল। আমাকেও আমার দাদাদের সাথে মেয়ো কলেজ পাঠিয়ে দেওয়া হয়েছিল, নিজেদের ঘরানার জন্য কিছু ছাত্রবৃত্তি লাভ করেছিলাম। উৎসাহ থাকলেও একটু ভয়ও পেয়েছিলাম। আজমির যাওয়ার সময় আমি নিজেকে সামলে রাখতে পারিনি, প্রায় সারা রাত ধরে কেঁদেছিলাম।

1857 সালে লর্ড মেয়ো আমার কলেজ স্থাপিত করেছিলেন, তাঁর লক্ষ্য ছিল ভারতের মাটিতেও এটন ও হ্যারোর প্রতিকৃতি তৈরি করা। প্রতিষ্ঠা হওয়ার পর মোট ছাত্রের এক চতুর্থাংশ রাজপুতানার (রাজস্থানের) উনিশটা শাহী পরিবার থেকে নেওয়া হতো। এই ছাত্ররা আচকান, পাজামা ও পাগড়ী পরেই স্কুলে আসত, তাদের জন্য এমনই ড্রেসের ব্যবস্থা করা হয়েছিল। 1939 সালের 3 শরা সেপ্টেম্বর দ্বিতীয় বিশ্বযুদ্ধ শুরু হয়ে গেছিল। কলেজের প্রিন্সিপাল ইংরেজদের সমর্থক ছিলেন, তিনি প্রায়ই ক্লাসে ইংরেজ সাম্রাজ্যের গুণ কীর্তন করতেন। কলেজের ভর্তি নীতিতে পরিবর্তন আনা হয়েছিল, যে কারণে রাজপুত ছাড়া অন্যদেরও ভর্তির সুযোগ দেওয়া হয়েছিল, কিন্তু সেই আসন ছিল খুবই সীমিত এবং শুধুমাত্র উৎকৃষ্ট ও বিখ্যাত বংশের ছেলেরাই সেখানে পড়ার সুযোগ পেত। এই কলেজ যে

VICEROY'S TRIBUT
DR. TAGORE

POET'S SERVICES TO CO

CALC

"I AM deeply grieved to learn of the death of yo
message received from the Viceroy by D
"This marks the end of a long life of service inspire
nobly conceived and actively pursued, and will
example for generations to come. In him India ha
greatest sons who, through his manifold gifts
helped to raise her in the estimation of the world. Pe
cere condolence in your irreparable loss."

MR. GANDHI'S TRIBUTE

On hearing of Dr. Tagore's death, Mr. Gandhi said: "In the death of Rabindranath Tagore we have not only lost the greatest poet of the age but an ardent nationalist who was also a humanitarian. There was hardly any public activity on which he has not left the impress of his powerful personality. In Santiniketan and Sriniketan he has left a legacy to the whole nation, indeed to the world.

"May the noble soul rest in peace and may those in charge at Santiniketan prove worthy of the responsibility resting on their shoulders."

TRUE PATRIOT

Mr M. A. Jinnah has issued the following statement: "I am grieved to hear of the death of Dr. Rabindranath Tagore. I had the privilege of knowing him from my younger days and last time I had the honour of meeting him was in London in 1929. His very frank and illuminating discussions were a great source of encouragement. Above all, he was a true patriot and always ready to understand and appreciate the opposite point of view. My deepest and sincerest sympathies go out to his family in their bereavement. It is an irreparable loss to India. Tagore will live with us through his work."

PT. NEHRU'S MESSAGE

Pandit Jawaharlal Nehru in a telegram sent to Mr. Rathindranath Tagore from the Dehra Dun Central Jail said: "Gurudev's passing away has left us all, who have grown up in the shadow of his towering genius and mighty personality and enveloped by his great tradition, forlorn and in the dark. India's greatest star illumining not only our own country but the world with a synthesis of the rich wisdom of the past and of the present has set, and our hearts are empty. Yet his voice rings in our ears and the flaming message of his recent utterances will be our guiding star.

"In line with great Indian sages of the past he has left us an imperishable inheritance and even at the moment of his passing away, we think with pride and gratitude, love and reverence of this magnificent life and its achievement. That precious inheritance we shall treasure, and I earnestly trust that every Indian will consider it his duty to help in the development and growth of Santiniketan and Viswabharati which embody Gurudev's ideal."

SERVICE TO COUNTRY

"With the passing away of Dr. Rabindranath Tagore, the world has parted with a colossus not merely in public life but in literature, philosophy and art," says Sir Ramaswami Mudaliar, Commerce Member, Government of India.

"He was physically and intellectually moulded on a gigantic scale; more

for ever remain
characters of gol
the country. His
nation for nearly
will continue to
It was he who g
language an
On behalf of the
cutta, I convey
at his death. He
of an age, but his
in the heart of
centuries to come.

GRIEVOUS LOSS

Referring to the
Calcutta High C
Derbyshire, the C
"It is a very gri
probably someone
than myself will
memory. I gathe
gentlemen connec
would probably
respect to the me
Tagore, and I pro
view that the co
the day at 2 o'clo

REMARKABLE VER

Sir S. Radhakri
the greatest figu
Indian renaissanc
qualities we hav
generations. He
from Valmeeki a
versatility was re
and prose writer
composer, his acl
the first quality.
great prophet and
a guide for ou
Millions outside
country and its e
his writings. I h
friend. That he
country means th
appointed with u
pect that we can
would be to stan
ideal of this grea
them against eve
tuate the countr

"FIGURE OF ROMA

Mrs Sarojini N
genius, his beau
wit, the charm
gracious personal
lifetime a uniq
figure of romanc
gone he will be
legend, a fairy ta
his song wi
ration after gen
the fresh flowers
and as enchantin
the moonlit strea

APOSTLE OF CIVI

Mr. M. R. Jaya
lost her noblest a
civilization, one
and respected ove
world. The dom
teaching was
tween India's pa
It was offered to
aggressive form
assimilation. His

E TO

UNTRY

UTTA, Aug. 8.
ir father," says a
. Tagore's son
l by high ideals
be an inspiring
lost one of her
nd achievements,
se accept my sin-

written in indelible
in the history of
poetry inspired the
half a century and
do so for all time.
ave India and her
iternational status.
University of Cal-
ny sense of sorrow
demise is the end
memory will linger
every Indian for
."

poet's death in the
Court, Sir Harold
hief Justice, said:
vous loss to Bengal;
more competent
pay tribute to his
r that a great many
ted with the court
like to pay their
nory of the late Dr.
pose with that in
irt should close for
ck to-day."

SATILITY

shnan says: "He was
re of the modern
e. A poet of his
e not had for some
is in the grand line
nd Kalidasa. His
markable. As a poet
. as a singer and
ievements were of
Besides, he was a
wise counseller and
r future destiny.
India respected our
ulture on account of
ave lost a very dear
was born in our
at God is not dis-
s. The greatest res-
ender to his memory
d for the spiritual
t man and fight for
ry attempt to sub-
y."

ANCE"

Naidu said: "By his
ty, his wisdom and
and prestige of his
ity, he was in his
e and fascinating
. Now that he has
come an exquisite
le for all time. But
ll remain gene-
eration as fresh as
of the springtime
g as the music of
m."

LIZATION

kar said: "India has
postle of culture and
who made her loved
r the entire civilized
inant note of his
weet harmony be-
st and present and
the world in an un-
for its friendly
death is a loss

CREMATION OF DR. TAGORE

BRAHMA SAMAJ RITES

VAST CROWD AT BURNING GHAT

CALCUTTA, Aug. 7.

The cremation of Dr. Tagore started at about 8-15 p.m. The rites at the burning ghat were performed according to the procedure followed by the Adi Brahma Samaj.

Mr. Subirendranath Tagore, son of the late Surendranath Tagore and grandson of the poet, did the *mukhagni* (adding fire to the mouth of the deceased on the pyre) and the body was then set ablaze. Mr. Rathindranath Tagore, the only son of the poet, was unable to participate in the last rites owing to ill-health, although he accompanied the bier and stayed at the ghat for some time.

The ashes of Dr. Tagore, which have been carefully preserved, will be taken to Santiniketan.

The death of the poet was the talk of the day in the city, and everything, even the news of the international situation, paled into insignificance. The Indian section of the population of the city was literally in mourning, and all amusements—cinema shows and theatrical performances—were abandoned.

Those who called at the poet's house during the day or attended the funeral included the Chief Minister of Bengal, Mr. A. K. Fazlul Huq, Sir M Azizul Haque, Sir Jadunath Sircar, Sir S. S. Bhatnagar, Sir A. H. Ghuznavi, Dr. S. P. Mookerjee, Dr. R. C. Mojumdar, Mr. Sarat Chandra Bose, Mr. Nalini Ranjan Sarker, Mr. Kiran Shankar Roy, Dr. W. A. Jenkins, Mr. U N. Sen, and Mr. H. N. Dutta.

WREATH FROM GOVERNOR

During the afternoon people continued to arrive at the poet's house in procession, flowers and wreaths in their hands, to pay homage to Dr. Tagore. Among the crowd were numerous Chinese and Buddhists. Numerous wreaths were also sent by prominent individuals and institutions, including one from the Governor of Bengal, sent through an A.D.C.

Before the body was taken downstairs Vedic hymns were chanted and Mr. Ramananda Chatterjee conducted a short divine service.

With the body placed on a decorated bier, the funeral procession started at 3-30 p.m. and proceeded through Upper Chitpore road, Vivekananda Road, Chittaranjan Avenue, Calootolla Street, College Street, Cornwallis Street, Grey Street, B. K. Pal Avenue and Strand Road. The procession reached the Nimtolla burning ghat at 5-45 p.m., covering a distance of about five miles in two hours. Wreaths at the burning ghat were placed, among others, on behalf of the Czecho-Slovakian Government in London, the Czecho-Slovakian Association in Calcutta, Calcutta University, the Home Minister of Bengal, Sir Nazimuddin, the Arabic Persian Society, the Bengal Moslem Sahitya Samity, Calcutta University Law College and the Bengali ex-Service Association by Mr. B. N Roy Choudhury.

CROWDS SWELL

As the twilight set in, crowds at the Nimtolla burning ghat swelled to immense proportions. Trams and buses and an unending stream of motor cars conveyed the mourners to the bank of the river, and a large number of people crossed the river in country boats from the other bank. Some of these boats were able to get near the burning ghat while a number of them lay anchored in mid-

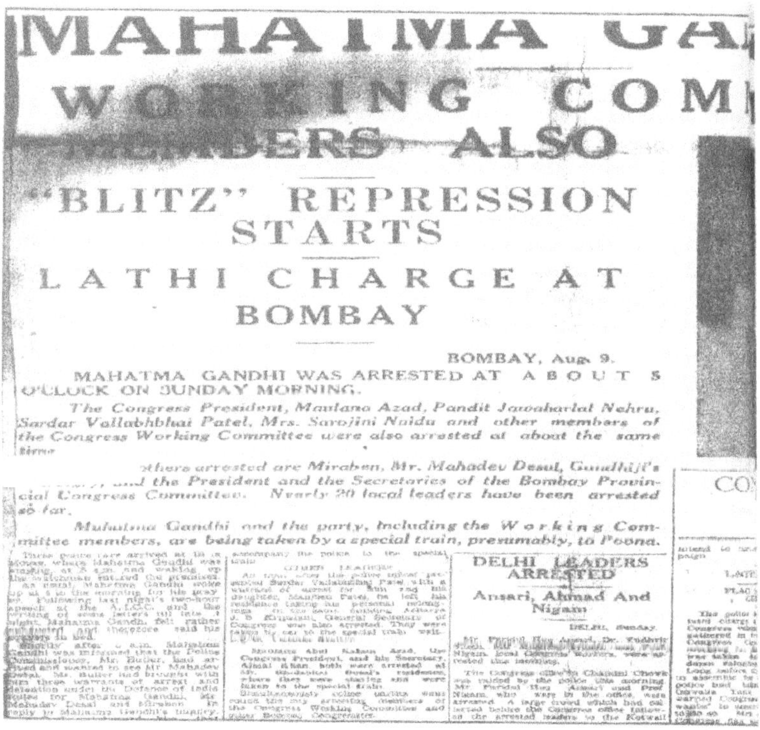

MAHATMA GA[NDHI]

WORKING COM[MITTEE] MEMBERS ALSO

"BLITZ" REPRESSION STARTS

LATHI CHARGE AT BOMBAY

BOMBAY, Aug. 9.

MAHATMA GANDHI WAS ARRESTED AT ABOUT 5 O'CLOCK ON SUNDAY MORNING.

The Congress President, Maulana Azad, Pandit Jawaharlal Nehru, Sardar Vallabhbhai Patel, Mrs. Sarojini Naidu and other members of the Congress Working Committee were also arrested at about the same time.

[O]thers arrested are Mirabén, Mr. Mahadev Desai, Gandhiji's [secretary], and the President and the Secretaries of the Bombay Provincial Congress Committee. Nearly 20 local leaders have been arrested so far.

Mahatma Gandhi and the party, including the Working Committee members, are being taken by a special train, presumably, to Poona.

DELHI LEADERS ARRESTED

Ansari, Ahmad And Nigam

...DHI ARRESTED

...ITTEE

...GRESS DECLARED UNLAWFUL

DELHI ORDER

"CONGRESS WILL DO OR DIE"

GANDHIJI ADDRESSES A.-I.C.C.

PARTING INSTRUCTIONS TO THE NATION

INDIANS ASKED TO FEEL AS FREE MEN

Gandhiji addressed the A.-I.C.C. session for two hours on Saturday. In his parting instructions to the nation, Gandhiji called on all Indians to begin to feel that they are free men.

Gandhiji asked Indian Princes to act as trustees of their people and not be autocrats. The time for them to change had come. He asked them to act wisely while he was alive. When he was gone, Pandit Nehru would have no patience with them.

APPEAL TO CRITICS

LATE NEWS

FIRING IN BOMBAY

Pages from K. Natwar Singh's scrapbook (Also see pages 10-11)

শুধু উৎকৃষ্ট ছিল তাই নয়, সেখানে ছিল নিয়মানুবর্তিতা। লাহোর, ইন্দর, রাজকোট এবং রায়পুরে অনেক কলেজ থাকলেও কোনো দিক দিয়ে এর মোকাবিলা করার মতো কোনো কলেজ ছিল না।

আমার সময়ে সেখানে মাত্র একশো পাঁচ জন ছাত্র পড়াশোনা করত, কিন্তু তাদের সহায়ক ও অনুচরের সংখ্যা ছিল তিনশোর বেশি। আমার ক্লাসে কিশানগড়ের যুবা রাজকুমার এবং বরিয়ার মহারাজ কুমার পড়ত। সবথেকে মজাদার ও আকর্ষক সহপাঠী ছিল সৈয়দ বিন তৈমুর, সে ছিল ওমানের বর্তমান রাজার কাকা। জোধপুরের মহারাজ কুমার হনবন্ত সিংহ, নিউ জোধপুর হাউসে থাকতেন। সে নিজের সাথে নিজের গাড়ি এবং অনেক চাকর বাকরও নিয়ে এসেছিল। সে ছিল সিনিয়ার মনিটর, সকলেই তাকে ভয় পেত ও সমীহ করে চলত।

বইয়ের প্রতি ভালোবাসা আমাকে স্কুলের পুস্তকালয়ের দিকে নিয়ে যেত। সেখানকার বই গুলো ছাত্রদের জন্য প্রতীক্ষা করত, মেয়োর শিক্ষকরা ছাত্রদের পড়ার থেকে খেলার ব্যাপারে বেশি উৎসাহ দিত। আমার পড়াশোনাও সন্তোষজনক ভাবে এগিয়ে যাচ্ছিল। এই সময় থেকেই আমার সাধারণ জ্ঞানের প্রতি আগ্রহের সৃষ্টি হয়েছিল। আমি স্ক্র্যাপবুক বানাতাম, তাতে নকশা তৈরি করতাম, তাতে সংবাদ পত্র থেকে বিশেষ বিশেষ কলাম কেটে (নেতা, খেলোয়াড়, লেখক প্রভৃতিদের সম্পর্কে) আটকে রাখতাম, তাতে শঙ্করের কার্টুনও স্থান পেত। আমর কাছে আজও তা আছে। সম্ভবত আমি সেই কয়েকজনদের মধ্যে অন্যতম যারা পেপার কাটিং জমিয়ে থাকে। 1941 সালে রবীন্দ্রনাথ ঠাকুরের মৃত্যুর খবর প্রকাশিত হয়েছিল। তাঁকে গান্ধী ও নেহেরু শ্রদ্ধাঞ্জলি অর্পন করেছিলেন। 1942 সালের আগস্ট মাসে গান্ধীজীকে গ্রেপ্তার করা হয়েছিল, সেই খবরের আটটা স্তম্ভোও আমার কাছে আছে। স্কুলে শুধুমাএ 'দ্যা স্টেট্সম্যান'-ই আসত, কারণ শুধুমাত্র সেটাই রাজার সম্মতি লাভ করেছিল। 'হিন্দুস্তান টাইমস' আসার ব্যাপারে প্রতিবন্ধকতা ছিল। যাই হোক প্রতিদিনই কয়েকটা আমরা জোগার করেই নিতাম।

মহাত্মা গান্ধীর জন্য আমার সাথে আধিকারিকদের প্রথম ঝামেলার সূত্রপাত হয়। ছুটির সময় আমি হিন্দুস্তান টাইমস থেকে গান্ধীজীর একটা ছবি কেটে ফ্রেমে বাঁধিয়ে আমার দেওয়ালে টাঙিয়ে রেখেছিলাম। প্রিন্সিপাল স্টো মাঝেমাধ্যেই কাউকে না জানিয়ে পরিদর্শনে আসতেন, তিনি এসে দেওয়ালে টাঙানো ছবিটা দেখেন। তাঁর শাহী আত্মা রাগে জ্বলে উঠেছিল। চিৎকার করে জিজ্ঞাসা করেন, 'তুমি এই দুষ্টু লোকটার ছবি কোথা থেকে পেলে ?' আমি বিড়বিড় করে কিছু বলেছিলাম, যা হয়তো কেউ বুঝতে পারেনি। তিনি জানিয়ে দিয়েছিলেন যে, এই ছবি ওখান থেকে সরিয়ে ফেলতে হবে। তিনি জানিয়েছিলেন যে, আমার বৈপ্লবিক গতিবিধি সম্পর্কে আমার বাবাকে জানাবেন। আমার বাবা গান্ধীবাদী ছিলেন না ঠিকই, কিন্তু তিনি স্টোয়ের কথায় কর্ণপাত করেননি।

1944 সালের গ্রীষ্মের ছুটি, তপ্ত দুপুর, হঠাৎই মনে হয়েছিল যে, কেউ যেন আমার সারা পৃথিবী পা দিয়ে মারিয়ে দিয়েছে। বাবা জানিয়ে দিয়েছিলেন যে, আমাকে মেয়ো থেকে বার করে গোয়ালিয়োরের সিন্ধিয়া স্কুলে পড়াশোনা করার জন্য পাঠানো হচ্ছে। আমি খুবই আহত হয়েছিলাম, কিন্তু পরিবারের নিয়ম পালন করা ছাড়া কোনো উপায় ছিল না। সন্তান কখনই বাবা-মার সাথে তর্ক করতে পারে না।

বহু বছর বাদে আমাকে কেনো সরিয়ে দেওয়া হয়েছিল তা আমি অনুধাবন করতে পেরেছিলাম।

ভরতপুর ও গোয়ালিয়োরের মহারাজার মধ্যে ঘনিষ্ঠ বন্ধুত্ব ছিল। তাঁদের দুজনের সাক্ষাতের সময় গোয়ালিয়োরের রাজা সিন্ধিয়া স্কুলের জন্য কয়েকজন ছাত্রকে পাঠাতে বলেছিলেন। পরিণাম স্বরূপ, আমি সিন্ধিয়া স্কুলে পৌঁছে গেছিলাম। আমার সাথে বদন সিংহ নামক একটা ছেলেও গেছিল, তার বাবাকে চিতায় মেরে দিয়েছিল।

জুলাই মাসের মাঝামাঝি আমি আর বদন আমার দাদা ভাগতের সাথে গাড়িতে করে আগ্রা গেছিলাম, সেখান থেকে আমরা গোয়ালিয়োরের জন্য গাড়ি ধরেছিলাম। আমি খুবই হতাশা বোধ করছিলাম। আমার থেকে দুই বছরের ছোটো বদন ততটা দুঃখ পাচ্ছিল না। আমার দাদা আমাকে সান্ত্বনা দেওয়ার চেষ্টা করছিলেন, কিন্তু কোনো লাভ হয়নি। আমি মেয়োতে খুব মজায় ছিলাম সেখানে আমার অনেক বন্ধু ও ভাই পড়ত। কেন? কেন আমাকে সেখান থেকে দূরে পাঠানো হচ্ছিল?

গোয়ালিয়োরের রেলওয়ে স্টেশানে স্কুলের বাস আমাদের নিতে এসেছিল, যা জাঁকযমক পূর্ণ গোয়ালিওর দূর্গের ভেতরে নিয়ে যায়, স্কুলটা ছিল তার ভেতরেই। যখন স্তম্ভিত আসে তখন আমার দুঃখ আরো বৃদ্ধি পায়। সেটা ছিল খুবই ছোটো জায়গা। খেলার জন্য বড়ো মাঠ কোথায়? আর প্যাভিলিয়ানই বা কোথায়? আর সেই ভয়ংকর ব্যারাক, যা দেখে আমার রাজার সৈন্য শিবিরের কথা মনে পড়ে যাচ্ছিল।

সেই রাতটা দুঃস্বপ্নের মতো কেটে গেছিল। পরের রাত গুলিও কম ভয়ঙ্কর ছিল না। আমার একদম ঘুম আসত না। সেই ঘরে থাকার সময় আমার হাসপাতালের বোর্ডের কথা মনে পড়ে যেত। সেখানকার সাথীদের নতুন প্রজাতির লোক বলে মনে হচ্ছিল। তারা ভারতের সেই সমস্ত কোণা থেকে এসেছিল, যে সম্পর্কে আমার তেমন কোনো জ্ঞান ছিল না। আমি কোলকাতা, চেন্নাই বা মসৌরির কোনো বাসিন্দাদের এর আগে কখন দেখিনি।

বদনের অবস্থাও খারাপ হয়ে গেছিল, আমরা প্রতিদিন দেখে করতাম আর সেখান থেকে পালিয়ে যাওয়ার পরিকল্পনা গড়তাম। প্রথম রবিবারেই আমরা সারা দুর্গটা ঘুরে দেখি আর সেখান থেকে পালিয়ে যাওয়ার পথ খুঁজে নিই। আমাদের মনে হয়েছিল যে, শিবাজী হাউসের পিছনের দিক দিয়ে পালিয়ে যাওয়া সম্ভব হবে। আমাদের তিরিশ ফুট দেওয়াল টপকাতে হতো। পা পিছলে গেলে জীবন পর্যন্ত যেতে পারত। আসলে আমরা এতই

দুঃখের মধ্যে ছিলাম যে, বিপদের ঝুঁকি নিতেও এতটুকু ভয় লাগছিল না। পরের রবিবার আমরা কোনো রকম সমস্যা ছাড়াই সেখান থেকে পালিয়ে যেতে সক্ষম হয়েছিলাম, আমাদের দুজনের পটেকেই দশ টাকার একটা করে নোট ছিল, সেখান থেকে আগ্রা পর্যন্ত থার্ড ক্লাসের টিকিট করে নিয়েছিলাম, সেখান থেকে ভরতপুরের জন্য গাড়ি ধরে নিতে হতো।

এই যাত্রা পথে আমরা এতটাই ত্রাসের মধ্যে ছিলাম যে, দুজন নিজেদের মধ্যে একটা কথা পর্যন্ত বলিনি। আমরা ভয়, ক্লান্তি ও ক্ষুধা নিয়ে ভরতপুরে পৌঁছে গেছিলাম। একটা টাঙ্গা নিয়ে ইজলস-এ-খাস-এ পৌঁছে গেছিলাম। সেখানে আমি চার বছর ছিলাম, কিন্তু তখন সেখানে মহারাজা বদন সিংহ স্কুল হয়ে গেছিল। হেডমাস্টার কেশব দেব আমাদের বিশেষ পরিচিত ছিলেন, তিনি আমাদের খাওয়ান ও পরার জন্য পরিষ্কার পরিচ্ছন্ন বস্ত্র দেন। আমরা এতই ক্লান্ত ছিলাম যে শুয়ে পড়ি।

সকাল পর্যন্ত সব দিনের আলোর মতই পরিষ্কার হয়ে গেছিল, কেশব দেব তাঁর কিশোর অতিথিদের কথা আমার বাবাকে জানিয়ে দিয়েছিলেন, আমার বাবা অতি শীঘ্র ডীগে পৌঁছানোর নির্দেশ দিয়েছিলেন। আমাদের জন্য কিধরনের অভ্যর্থনা অপেক্ষা করছে সেই চিন্তাতেই তিরিশ মাইল পথ কেটে গেছিল। হায়! এ কী বাড়িতে ফিরে আসা! আমাদের স্বাগত জানানোর জন্য আমার বাবা ও মহারাজ তথা তাঁর ভয়ঙ্কর ভাই গিররাজ সিংহ হাতে লাঠি নিয়ে অপেক্ষা করছিলেন। মহলের সমস্ত স্টাফের সামনে বদন আর আমাকে তিনবার লাঠি দিয়ে প্রহার করা হয়েছিল। এই শাস্তির ফলে আমি যে অপমান বোধ করেছিলাম, তার জন্য বহুদিন সর্পদংশনের ন্যায় মনে হতো।

তারপর মহারাজা ঠান্ডা গলায় জানিয়ে দিয়েছিলেন যে, 'তোমরা দুজন কালই গোয়ালিয়রের উদ্দেশ্যে রওনা দেবে, ভদ্র ব্যবহার করতে শেখো।'

আমার বাবা আমার এই আচরণের জন্য এত কঠোর ব্যবহার করেছিলেন যে, তা থেকে আমি বুঝে গেছিলাম যে, নিজের ইচ্ছা অনুসারে কাজ করা সম্ভব নয়, তাই বাধ্য হয়েই আমাদের স্কুলে ফিরে যেতে হয়েছিল।

স্কুলে ফেরার পরে একটা আশ্চর্য সুখ অনুভব করেছিলাম, সেখানকার সহপাঠিদের চোখে ছোটখাট হিরো হয়ে উঠেছিলাম। পালিয়ে যাওয়ার কারণে আমার বদনাম হয়েছিল বটে, কিন্তু সকলে আমাকে আমার সাহসের জন্য প্রশংসিত করেছিল। 'তুমি এটা কিভাবে করলে? তোমার ভয় করছিল না? তুমি পাঁচিল দিয়ে নিচে নামলে কিভাবে?' প্রতিবার নিজের কৃত কার্যের ওপর একটু মশলা দিয়ে তা পরিবেশন করতে আমার বেশ ভালো লাগত। ধীরে ধীরে এই পরিবেশের সাথেও মালিয়ে নিতে পারছিলাম। আমি স্কুলের পাক্ষিক পত্রিকায় নিজের এই দুঃসাহসিকতার উল্লেখ করেছিলাম - বলা যায় সেটাই ছিল আমার প্রথম সাহিত্যিক হয়ে ওঠার চেষ্টা।

ধীরে-ধীরে মেয়োর সংস্কৃতি বিলুপ্ত হোতে শুরু করেছিল।

আমার হাউস মাস্টার, পুণের সংস্কৃতের বিদ্বান ছিলেন, তাঁর কাছ থেকে আমি ইংরেজি শেখার সুযোগ লাভ করেছিলাম, আমি তাঁকে খুব সম্মান করতাম। তিনিই আমাকে শিখিয়েছিলেন যে, বই শুধুমাত্র সংগ্রহ করার বস্তু নয়, তা পড়ে দেখা উচিত। আমাদের কোর্সের বইয়ে চালর্স ডিকেন্সের 'এ টেল অফ টু সিটীজ' এর সাথে সাথে উইলিয়াম শেক্সপিয়ারের 'জুলিয়াস সীজার'-ও ছিল। বহু দিন বাদে আমি যখন ইন্দিরা গান্ধীর সচিবালয়ে কাজ করতাম তখন তাঁর নাম পদ্মশ্রীর জন্য প্রস্তাবিত করেছিলাম, তিনি সত্যিই তা পাওয়ার অধিকারী ছিলেন। তিনি একজন বুদ্ধিমান গান্ধীবাদি তথা একজন ধর্ম নিরপেক্ষ রাষ্ট্রবাদি ছিলেন, সেই সাথে তিনি ছিলেন আকর্ষক ব্যক্তিত্বের অধিকারী।

স্কুলে যে সমস্ত গণ্যমান্য ব্যক্তি আসতেন তাঁদের মধ্যে সী. রাজগোপলাচারী, ভাইসরয় ওয়েবল, শিক্ষাবিদ্ মারিয়া মোন্টসরী, জওলরলাল নেহেরু, পদ্মজা নাইডু, ভী.কে. কৃষ্ণ মেনন তথা আমজাদ আলীর পিতা ওস্তাদ হাফিজ আলি খান অন্তর্ভুক্ত ছিলেন। সেখানে হঠী সিংহ (কৃষ্ণা হঠীসিংহ ছিলেন জওহর লাল নেহেরুর ছোটো বোন) আসতেন। তাঁর দুই পুত্র হর্ষ এবং অজীত আমার সাথে জয়জী হাউসে থাকত। চল্লিশ দশকের ম্যাটিনী আদর্শ লীলা চিটনিসও নিজের পুত্রদের সাথে দেখা করতে আসতেন, তারাও আমার খুব ভালো বন্ধু ছিল। তাঁকে দেখার পর থেকে প্রায় সমস্ত মাস্টার ও ছাত্ররা তাঁর 'দিবানা' হয়ে গেছিল। তিনি যে শুধু খুব সুন্দর ছিলেন তাই নয়, বরং তাঁর সৌন্দর্য, কমনীয়তা, সেক্স আপীল, ভাব-ভঙ্গিমা এবং রাজকীয় চাল ছিল অনবদ্য।

1945 সালের প্রথম দিকের মধ্যেই আমি স্কুলের গতিবিধির কেন্দ্র বিন্দু হয়ে উঠেছিলাম - পড়াশোনা, খেলা, তর্ক-বিতর্ক, নাটক সব ক্ষেত্রেই নিজের ছাপ সৃষ্টি করতে সক্ষম হয়েছিলাম। কাউর সাথে আমার কখন কোনো সমস্যা হয়নি কিন্তু হলেও, কিন্তু আমার গায়ে কোনো রকম দাগ লাগিনি। প্রথমে আমাকে হাউস প্রীফ্যাক্ট করা হয়েছিল, তারপর স্কুলের প্রীফ্যাক্ট করে দেওয়া হয়েছিল, আমার হাতে এমন ক্ষমতা এসে গেছিল যে, যা কোনো সাংসদের সদস্যের হাতেও থাকে না। আমি একটা ছোট্ট ঘরে থাকতাম, তার দেওয়ালে গান্ধী জী, পণ্ডিত নেহেরু, নেতাজী সুভাষ চন্দ্র ও জয়প্রকাশ নারায়ণের রঙিন ছবি টাঙানো ছিল।

1945 সালের 25 শে জুন লর্ড ওয়েবল শিমলার একটি মিটিং-এ সমস্ত রাজনৈতিক নেতাদের যোগ দিতে বলেছিলেন। মহাত্মা গান্ধীকেও আমন্ত্রণ জানানো হয়েছিল, খুব শীঘ্রই এই খবর ছরিয়ে পড়েছিল যে, গান্ধীজী যে ট্রেনে করে যাবেন, সেই ট্রেন ভরতপুরে কয়েক মিনিটের জন্য দাঁড়াবে। আমি বাবাকে জানিয়ে দিয়েছিলাম যে, যাই হয়ে যাক না কেন, ভরতপুরে গান্ধীজীর সাথে আমাকে দেখা করাতেই হবে। বাবা দ্বিধায় পড়ে গেছিলেন, তিনি যদি মহারাজার গুরুত্বপূর্ণ পদাধিকারি না হতেন তাহলে হয়তো তিনি আমার ইচ্ছা যেকোনো ভাবেই রাখতেন, কিন্তু মহারাজা ও শাসকের প্রতি নিষ্ঠা দেখানোই তাঁর প্রধান কর্তব্য হয়ে উঠেছিল। আমি ভরতপুর স্টেশানে গেলে ইংরেজ সীআঈডীর নজর থেকে

কোনো মতেই বাঁচা সম্ভব ছিল না।

শেষ পর্যন্ত বাবাকে আমার জেদ স্বীকার করে নিতে হয়েছিল, আমি খাদির পাঞ্জবি-পাজাম পরে মাথায় গান্ধী টুপি দিয়ে স্টেশানে পৌঁছে যাই। সেখানে আগে থেকেই অনেক কংগ্রেস নেতা হাতে ফুলের মালা নিয়ে অপেক্ষা করছিল। মহাত্মা গান্ধী সেই সময় নিজের ফটোতে স্বাক্ষর করার জন্য পাঁচ টাকা করে নিতেন। আমার হাতে পাঁচ টাকা ও তাঁর ছবি ছিল। আশা করেছিলাম যে, তাঁর স্বাক্ষর পেয়েই যাব। তখন সেখানে প্রচন্ড গরম। গাড়ি একদম ঠিক সময়ে তিনটে পনেরো মিনিটে ঢুকেছিল, গাড়ি থামার আগেই মহাত্মা গান্ধীকে দেখার জন্য লোকেরা থার্ড ক্লাসের দিকে পাগলের মতো ছুটতে শুরু করেছিল। আমি ধাক্কা খাচ্ছিলাম, কোচের কাছে পর্যন্ত পৌঁছাতে পারিনি। এদিকে ঝড়ের মতন সময় কেটে যাচ্ছিল, আমি আশাহত হয়ে বহু কষ্টে ট্রেনের জানলার সামনে পৌঁছাই, সেখান থেকে 'বাপু'-কে দেখার সুযোগ হয়। 'বাপুজী দয়া করে আমাকে একটা অটোগ্রাফ দিন'-এই চিৎকার ততক্ষণ পর্যন্ত চালিয়ে যাচ্ছিলাম যতক্ষণ না কেউ এসে আমাকে চিৎকার করতে নিষেধ করেছিল। কোনো অটোগ্রাফ নয়! বাপু অনশনে ছিলেন। তখন তিনি মৌনব্রত পালন করছিলেন। পরে আমি জানতে পাড়ি যে, যিনি আমাকে নিষেধ করেছিলেন তিনি ছিলেন গান্ধীর নিজেস্ব সচিব পেয়ারেলাল জী। গাড়ি নড়তে শুরু করেছিল। আমি লাফিয়ে সরে যেতে গিয়ে পড়ে যাই, হাতে ছিল গান্ধীর ছবি আর টুপিও বেঁচে গেছিল।

এক কিশোর হিসাবে আমার উপস্থিতির কথা একটা সংবাদ পত্রে ছাপানো হয় এবং তা আমার বাবার কাছেও পৌঁছে গেছিল। তিনি ইচ্ছা করলে কথাটা চেপে যেতে পারতেন, কিন্তু তিনি তা করেননি, একদিন মহারাজের মুড ভালো দেখে সেই রিপোর্ট দিয়ে দেন। মহারাজা এই কথা শুনে বলেছিলেন যে, 'তোমার নটবরের প্রতি একটু কঠোরতা দেখানো উচিত, তুমি ওকে কংগ্রেসদের থেকে দূরে থাকতে বল।'

1945 সালের 6 এবং 8 ই আগস্ট আমেরিকার যুদ্ধ বিমান হিরোসীমা ও নাগাসাকিতে দুটি বোমা ফেলেছিল, যাতে হাজার হাজার লোক মারা যায়, পরমাণুর যুগ এসে গেছিল।

আমাদের বিজ্ঞানের শিক্ষক, পড়ানোর সময় বোমের ভয়ঙ্করতা সম্পর্কে আমাদের জানিয়েছিলেন। সিন্ধিয়া স্কুল যে শুধুমাত্র ধর্ম নিরপেক্ষ কেন্দ্র ছিল তাই নয়, তা নিশ্চিত রূপে রাজাদেরও বিরোধীতা করত, যদিও তা শাহী রাজত্বের মধ্যেই অবস্থিত ছিল। সেই সময় চারদিকে স্বাধীনতা আন্দোলনের হাওয়া প্রবাহিত হচ্ছিল। 1947 সালের 15 ই আগস্ট অর্ধেক রাত্রিরে সারা ভারত বর্ষ উদ্গ্রীব হয়ে রেডিওতে নেহেরুর ভাষণ শুনছিল। পরের দিনই বিশেষ ভাবে তৈরি করা স্তম্ভের ওপর প্রিন্সিপাল শুক্লা ভারতীয় পতাকা টাঙিয়ে দিয়েছিলেন। সেই বছরের শেষেই আমার সীনিয়ার ক্যাম্ব্রিজ পরীক্ষা দেওয়ার কথা ছিল। সমস্ত ছাত্রের মধ্যে রাষ্ট্রবাদের ব্যাপারে আমি ছিলাম প্রথম স্থানে, আমার বন্ধুরা আমার রাষ্ট্রবাদকে সমর্থন জানাত। আমরা মহম্মদ আলি জিন্না ও লর্ড মাউন্টব্যাটেনের কথা মেনে

নিতে পাচ্ছিলাম না। যদিও গান্ধীজীও যখন ভারত বিভাজনের কথা মেনে নিয়েছিলেন তখন তাঁর ওপরেও রাগ হয়েছিল, কিন্তু তাঁর প্রতি শ্রদ্ধার ভাব এতটুকু ক্ষুণ্ণ হয়নি।

স্বাধীনতা প্রাপ্তির আনন্দ গোয়ালিয়োরে বেশি দিন টেঁকেনি। আমাদের ক্লাসের কয়েকজন মুসলমান ছাত্রের ব্যবহার হঠাৎই বদলে গেছিল। আমি আশঙ্কিত হয়েছিলাম, ওদিকে আমাদের অধ্যাপক হসেন পাকিস্তানে যাওয়ার সিদ্ধান্ত নিয়ে ফেলেছিলেন। এই খবরও ছরিয়ে পড়েছিল যে, শহরে হিন্দু-মুসলমানদের মধ্যে দাঙ্গা শুরু হয়ে গেছে। আমরা দুর্গের থেকে শহরের বাড়ি গুলিতে লাগা আগুন দেখতে পাচ্ছিলাম। স্কুলের দুজন অধ্যাপক হিন্দু মহাসভার ঘোর সমর্থক ছিলেন, তাঁদের মধ্যে একজনের সাথে আমার ঝগড়াও হয়ে গেছিল।

দশেরার ছুটিতে আমি যখন বাড়ি গেছিলাম তখন ডীগে কোনো মুসলমানকে দেখতে পাচ্ছিলাম না। আমাদের শহরে ও পাড়ায় বহু মুসলমান বাস করত, বহু বছর ধরে তারা একত্রে হিন্দুদের সাথে শান্তিতে বসবাস করছিল। সেখানেও কিছু সাম্প্রদায়িক সমস্যা দেখা দিয়েছিল ঠিকই, কিন্তু তা ছিল নামমাত্র। আমার বাবার অফিসে হলীম ও রহমানী নামক দুজন কাজ করতেন, আরও দুজন মুসলিম টেনিস মার্করো হিসাবে কাজ করত, বাবাকে তাদের কথা জিজ্ঞাসা করেছিলাম কিন্তু কোনো সন্তোষ জনক উত্তর আমি পাইনি। সেই সময় যে ষড়যন্ত্র করা হয়েছিল, সেটাকে বোধ হয় মানব জাতির সবচেয়ে বড় সংহার বলা যেতে পারে। 1948 সালের জানয়ারিতে সংযুক্ত রাষ্ট্রের সুরক্ষা পরিষদে যখন পাকিস্তানের বিদেশ মন্ত্রী শ্যার মুহম্মদ জফরউল্লা খান নিজেদের লোকেদের ওপর যে অত্যাচার ও খারাপ ব্যবহার করা হয়েছে তার বর্ণনা করেন তখন ভরতপুরের মুসলমানরাও হত্যার লীলা শুরু করে দিয়েছিল। সোজা কথায় বললে বলা যায় যে, মুসলমানদের শিকার করা হয়েছিল - গাড়ি দাঁড় করিয়ে, যাত্রিদের টেনে টেনে নামানো হোত, তাদের নির্বস্ত্র করে গুলি মেরে হত্যা করা হোত। একজন যুবক হিসাবে আমি কিছুতেই এই সব মেনে নিতে পাচ্ছিলাম না। আমি ভারতের বিভাজন ও উভয় পক্ষের লোকেদের জীবন যেতে দেখেছিলাম।

1947 সালে আমি সীনিয়ার ক্যাম্ব্রিজ পরীক্ষায় বসেছিলাম। সেই সময় সমুদ্র পথে ক্যাম্ব্রিজের প্রশ্নপত্র আসত এবং সেই ভাবেই উত্তর পত্রও পাঠানো হতো। 1948 সালে ফল প্রকাশিত হলে জানা যায় যে আমি সেকেণ্ডিভিশানে ভালো নম্বর নিয়ে পাশ করেছি।

শীতের ছুটিতে আমি বাড়িতেগেছিলাম। 30 শে জানয়ারি আমি আর আমার বাবা আমাদের বারান্দায় বসে সন্ধ্যের পাঁচটার খবর শুনছিলাম। হঠাৎই এক ভয়ঙ্কর ঘটনা কানে আসে, ‘গান্ধীজীর হত্যা করে দেওয়া হয়েছে।’ বাবার হাতে যে চায়ের কাপ ছিল তা তিনি নিচে রেখে দিয়ে বলেন যে, ‘বাবা! খুব খারাপ হল রে।’ তিনি গান্ধীজীর পূজা করতেন না ঠিকই কিন্তু তাঁকে যথেষ্ট সম্মান করতেন। তিনি কখনই নিজের মনের ভাব প্রকাশ করতে পছন্দ করতেন না, কিন্তু তাঁকে দেখে বোঝা যাচ্ছিল যে, তিনি আর নিজের মধ্যে নেই, নিজের স্তম্ভিত ফিরে পেতে তাঁর একটু সময় লেগেছিল। তিনি চুপ করে বসেছিলেন। তিনি

ঠিক করেছিলেন যে, এই দিন রাতে বাড়িতে খাবার বানানো হবে না। গান্ধীজী লক্ষ লক্ষ লোকের ওপর নিজের যে প্রভাব সৃষ্টি করতে পেরেছিলেন, আমার বাবাও তাদের মধ্যেই পড়তেন। তিনি একজন রাজনৈতিক নেতা হিসাবে নন বরং একজন মহান আত্মা হিসাবে তাঁকে বেশি সম্মান করতেন।

আমরা রেডিও ছেড়ে উঠছিলাম না। নেহেরুর ভাষণ খুবই মন দিয়ে শুনছিলাম, তিনি বলেছিলেন, 'আলো চলে গেছে.....' গান্ধীজীর সম্পর্কে এর চেয়ে সঠিক উক্তি আর কিই বা হোতে পারে, এই রকম স্মরণীয় ঘটনা জীবনে বোধ হয় খুব কমই ঘটে।

1984 সালের জুলাই মাসে আমি দিল্লীর সেন্ট স্টীফেন কলেজে ভর্তি হয়েছিলাম। আমি ইতিহাস নিয়ে বিয়ে অনার্সের ডিগ্রী লাভ করতে চেয়েছিলাম। পরবর্তি তিন বছর ছিল আমার জীবনের সবচেয়ে গুরুত্বপূর্ণ বছর। ভালো বলতে যা বোঝায়, আমার সাথে সেই সমস্ত কিছুই ঘটেছিল। আমি যখন কলেজে ভর্তি হয়েছিলাম তখন আমি উনিশ বছরের এক যুবক। আত্মবিশ্বাস, উৎসাহ, গর্ব কোনো কিছুর অভাব ছিল না। অনেক সময়তো আমাকে সহ্য করাই বোধ হয় অসম্ভব হয়ে উঠত।

আমি যে উৎসাহ সহকারে কলেজে প্রবেশ করেছিলাম, একটা হাঁস বোধ হয় সেই রকম উৎসাহের সাথে জলে ঝাঁপ দেয় না। এই কলেজের অত কেনো নাম তা জানতে আমার বেশি দিন সময় লাগিনি - সবদিক দিয়ে সর্বোৎকৃষ্ট প্রদর্শনের কেন্দ্র বিন্দু ছিল এই কলেজ। প্রথম বিশ্বযুদ্ধের সময় রবীন্দ্রনাথ ঠাকুর এবং গান্ধীজী প্রিন্সিপাল রুদ্রের পাশে ছিলেন। তাঁদের সাথে ছিলেন সী.এফ. এন্ড্রয়ুজ, যিনি সেই সময় এই কলেজে শিক্ষকতা করতেন (সেই সময় এটি কাশ্মীরি গেটে অবস্থিত ছিল)। খেলার মাস্টার এস.কে. বোস শুধু সিগারেট পান করতেন। তিনি দর্শনও পড়াতেন, খুব মজার মজার কথা বলতেন, ক্রিকেটের ওপর তাঁর বিশেষ আগ্রহ ছিল। অখণ্ড ব্রহ্মচারী রূপে বিখ্যাত বোস বাবু কোনো পাকা খেলোয়াড়ের তুলনায় কোনো অংশে কম ছিলেন না। তিনি এতটাই ক্ষমতা শালী ছিলেন যে, প্রিন্সিপাল ডেভিড় রাজারামও তাঁকে তাঁর নাম সুধীর বলে সম্বধন করতেন না। তিনি সবার কাছে বোস বাবু নামেই পরিচিত ছিলেন। কলেজের কথা বলার সময় যদি সুখিয়ার নাম না নেওয়া হয় তাহলে বর্ণনা অসম্পূর্ণ থেকে যাবে। স্টীফেনের প্রতিটি প্রজন্ম ভালোবেসে তার নাম উচ্চারণ করত। সে কলেজের ক্যাফের পাশেই পেড়া, বর্ফী ও সিঙারা বিক্রী করত।

আমাদের সংবিধানিক ইতিহাসের প্রফেসার ইয়ান শাকল্যান্ডে সংবিধান সভার তর্ক-বিতর্ক এবং আলোচনার ব্যাপারে খুবই আগ্রহী ছিলেন। প্রতি সপ্তাহের শেষে তিনি আমাদের দিয়ে সমস্ত তর্ক-বিতর্কের একটা সারাংশ প্রস্তুত করাতেন। এই ভাবে আমাদের কাছেও সব জীবন্ত হয়ে উঠত।

প্রথম বর্ষ চলত জুলাই থেকে অক্টোবর পর্যন্ত। 1948 সালের 15 ই আগস্ট খুব বৃষ্টি

পড়ছিল। রাষ্ট্রের উদ্দেশ্যে শ্রী নেহেরুর বক্তব্য শোনার জন্য আমি লাল কেল্লায় গেছিলাম। এই ভিড়ের মধ্যে বহুদূর থেকে সাদা বস্ত্র পরিহিত একজন ছোট্ট মানুষকে দেখতে পেয়েছিলাম, আমরা সকলেই ভিজছিলাম, কিন্তু কেউ সেখান থেকে সরে যাওয়ার কথা ভাবছিল না।

আমার কলেজের দিন গুলি সফলতার সাথে অতিবাহিত হচ্ছিল, শুধু যে পড়াশোনার ব্যাপারেই সফলতা লাভ করেছিলাম তাই নয়, তর্ক-বিতর্কের প্রতিযোগীতা, খেলাধূলা সব ব্যাপারেই আমি অনেকটা এগিয়ে গেছিলাম, সেই সময় আমি অনেক বই পড়ারও সুযোগ পাই। সত্যিই দিন গুলি আজও আমার কাছে স্মরণীয় হয়ে আছে। অন্তিম বছর আসার আগে আমি এত মেডেল ও পুরস্কার লাভ করেছিলাম যে, দশ বছর ধরেও এই কলেজের কোনো ছাত্র এত পুরস্কার একত্রিত করতে পারেনি। আমাকে ছাত্র সংঘের অধ্যক্ষ করা হয়েছিল, ইতিহাসে সবচেয়ে বেশি নম্বর পাওয়ার জন্য ওয়েস্টকোট মেমোরিয়াল পুরস্কার লাভ করেছিলাম, পরে আমার অলরাউন্ডার গতিবিধির জন্য আমাকে কৃষ্ণপ্রসাদ মেমোরিয়াল পুরস্কারও দেওয়া হয়েছিল। টেনিস, হকি, ফুটবল, ক্রিকেট প্রভৃতি খেলাতেও আমি যথেষ্ট প্রতিভার পরিচয় দিতে পেরেছিলাম। আমি কলেজ, উইনিভার্সিটি তথা দিল্লী স্টেট জুনিয়ার টেনিসের চ্যাম্পিয়ান ছিলাম।

পরিপূর্ণ ছাত্র বলতে যা বোঝায়, আমি কি তাই ছিলাম? কখনই না। যদি তাই হোত তাহলে হয়তো কেউই আমার ব্যাপারে আগ্রহ দেখাত না। আমাদের কলেজে র‍্যাগিং-এর প্রধান ছিলাম আমি। সেই সব দিনে ভদ্র ও সভ্য ভাবে র‍্যাগিং করা হতো, পরে তাতে ক্রুতার সংমিশ্রণ ঘটেছে। 1949 সাল, তখন আমরা তৃতীয় বর্ষের ছাত্র, সেই সময় একটা ছেলে রুদ্র দক্ষিণ থেকে আমাদের কলেজে যোগ দিয়েছিল, আমরা তাকেই আমাদের নিশানা বানিয়েছিলাম। আমি একজন শিক্ষকের রূপে র‍্যাগিং-দলের নেতৃত্ব দিচ্ছিলাম। আমাদের এই ঠাট্টা তামাশের মধ্যে আমার গৃহ শিক্ষক শ্রী রামসদন চলে এসেছিলেন, এখানেই শেষ নয়, পরের দিন আমাদের প্রিন্সিপালের ঘরে হাজিরা দিতে হয়েছিল। আমরা ক্ষমা চেয়েছিলাম, কিন্তু প্রিন্সিপাল রাজারামের কাছে সেটা যথেষ্ট ছিল না, তিনি আমাদের সাত জনকে দুই সপ্তাহের জন্য কলেজ থেকে বার করে দিয়েছিলেন। আমরা কোথায় যেতাম, আর বাড়িতেই বা কি বলতাম? আমি কূট নৈতিক বুদ্ধি খাটিয়ে বাড়িতে কিছু জানতেই দিই নি, তুগলক লেনে আমার বন্ধু অতুল গুপ্তা থাকত, তার বাড়িতে আরামে দুই সপ্তাহ অতিবাহিত করেছিলাম। বনবাস শেষ করে, এক আন্ডারগ্রাজুয়েট মহান ব্যক্তি হিসাবে কলেজে ফিরে আসি।

আমার শেষ বছরে, আমি ছাত্র সংঘের অধ্যক্ষ হিসাবে ন্যাশানাল ফেডরেশানের মিটিং-এ যোগ দেওয়ার জন্য মুম্বাইতে গেছিলাম। এর শুভারাম্ভ করেছিলেন মীনূ মসানী। তিনি ভারতীয় বেস্ট সেলার 'আওয়ার ইন্ডিয়া'-র লেখক ছিলেন। কিছু কমিউনিস্ট ছাত্র যখন তাঁকে মারতে শুরু করেছিল, তখন এই মিটিং দাঙ্গাতে পরিণতহয়েছিল, যারা লেখককে পিছনের দরজা দিয়ে বেরিয়ে যেতে সাহায্য করেছিল আমি সেই ছাত্রদের মধ্যে ছিলাম।

শেষে নেহেরু তথা জয়প্রকাশ নারায়ণ ভারতীয় ক্রিকেট ক্লাবে ডেকেছিলেন। দ্বিতীয় মহাশয় ভারতের সার্বজনিক জীবনে দুর্নীতির কথা বলতে গিয়ে, প্রধানমমন্ত্রীর দিকে একটু কটাক্ষও করেছিলেন।

আমার সময়ে সেন্ট স্টীফেন কলেজ সেক্সের বিষয়ে খুবই কঠোর ও বিশুদ্ধবাদী মনভাবের পরিচয় দিত। এমনকি একবার তর্ক-বিতর্কের সময় আমি 'যৌন রোগ' কথাটা উচ্চারণ করেছিলাম বলে প্রিন্সিপাল রাজারাম ঘোরতর আপত্তি জানিয়েছিলেন, তিনি বলেছিলেন যে, এই শব্দের প্রয়োগ আমার উচিত হয়নি। আমি বিরোধীতা করে বলেছিলাম যে, আমি বেঞ্জামিন ডিজরাইলীরের শব্দের প্রয়োগ করেছি, কিন্তু তা শুনেও তাঁর মধ্যে বিশেষ কোনো পার্থক্য দেখা যায়নি। তিনি শব্দ ঘুরিয়ে ফিরিয়ে বলার ব্যাপারে ওস্তাদ ছিলেন। একবার কাউন্টেস মাউন্টবেটনকে সম্বোধিত করার সময় তিনি 'মাউন্টেস কাউন্টবেটন' বলেছিলেন।

প্রথম দিকে সেন্ট স্টিফেনের সহযোগি সংস্থা মিরান্ডা কলেজের মেয়েদের সাথে সম্পর্ক রাখা একেবারেই বর্জিত ছিল, যদিও ধীরে ধীরে এই কড়া নিষেধাজ্ঞা সহজ হয়ে উঠেছিল। আমরা দিনে টেলিফোনে মিরান্ডা কলেজের মেয়েদের সাথে কথা বলতে পারতাম। এছাড়া নাটকের সময় বা তর্ক-বিতর্কের সময় আমাদের মধ্যে যোগাযোগ হতো কিন্তু পবিত্রতা এতটুকুও ক্ষুণ্ণ হয়নি।

আমি মিরান্ডা কলেজের সবচেয়ে সুন্দরী এবং আকর্ষক যুবতী সাগরীকে প্রথম দেখাতেই মন দিয়ে ফেলেছিলাম। এক ইন্টার কলেজ তর্ক-বিতর্ক প্রতিযোগীতায় তার সাথে সাক্ষাৎ হয়েছিল। আমরা একে অপরকে খুব ভালো করে জানতাম, বহু বছর আমাদের মধ্যে পত্র বিনিময়ও চলেছিল, যদিও কখনও মর্যাদার সীমা লঙ্ঘন করিনি। বিয়ের আগে পর্যন্ত আমি ওর সমস্ত চিঠি সামলে রেখেছিলাম। আজও ওর স্মৃতি সম্পূর্ণ রূপে আমার সাথেই আছে।

1950 সালের 26 শে জানয়ারি গণতন্ত্র দিবস পালন করা হয়েছিল। প্রথম গণতন্ত্র দিবসের প্যারেড শিবাজী স্টেডিয়ামে অনুষ্ঠিত হয়েছিল। আমার দাদা ভরত সিংহ ছিলেন রাষ্ট্রপতির অঙ্গরক্ষকের সহায়ক আধিকারী, আর তিনি রাষ্ট্রপতিকে স্টেডিয়াম পর্যন্ত নিয়ে আসরা ব্যাপারে নিজের সেবা প্রদান করেছিলেন। তিনি আমার জন্যও একটা পাসের ব্যবস্থা করে দিয়েছিলেন। এত বছর বাদেও এই অনুষ্ঠানের স্মৃতি আজও আমার মনে জ্বলজ্বল করে।

1951 সালের এপ্রিল মাসে আমাদের বার্ষিক পরীক্ষা হয়েছিল; আমি ফার্স্ট ক্লাস পেয়েছিলাম ও দিল্লী বিশ্ববিদ্যালয়ে দ্বিতীয় স্থানাধিকার করেছিলাম।

অধ্যায় -২
ভারতীয় বিদেশ সেবায় প্রবেশ

1952 সালের 16 ই অক্টোবর সিবিল সার্ভিস পরীক্ষা সমাপ্ত হতেই আমি ক্যাম্ব্রিজ বিশ্ববিদ্যালয়ে চলে যাই। তখনও জেট যুগ আসেনি, যার ফলে লন্ডন পৌঁছাতে আমার চব্বিশ ঘন্টা সময় লেগে গেছিল - করাচী, বসরা, কৌরো, রোম, জ্যুরিক ও প্যারিসে থামার পরে অবশেষে লন্ডনে গিয়ে পৌঁছে ছিলাম। এটা ছিল আমার প্রথম বিদেশ যাত্রা, আমার ফেরার টিকিটের দাম ছিল বাইশশো টাকা। লন্ডনে নেমে আমি ক্যাম্ব্রিজের জন্য গাড়ি করেছিলাম। ট্যাক্সি চাললকে করপাস ক্রিস্ট্রী কলেজে নিয়ে যেতে বলি। 1352 সালে এই কলেজ স্থাপিত হয়েছিল, সেই সময় সেখানে ছয়শো তম প্রতিষ্ঠা দিবসের অনুষ্ঠান পালিত হচ্ছিল। করপাসের হল পোর্টরে আমাকে বন্ধুত্ব পূর্ণ অভ্যর্থনা জানানো হয়েছিল - 'আমার নাম এলবার্ট, সুস্বাগতম। আপনার দাদা ভাগবত সিংহ কেমন আছেন?' আমার ঘর ছিল ওল্ড কোর্টের 'পী' সিঁড়ির ওপর, প্রায় পঞ্চদশ শতাব্দীর শুরুতে এটি বানানো হয়েছিল। অতি শীঘ্রই আমার কাছে একটা গ্রাউন এসে গেছিল, সমস্ত ছাত্রদের সারাদিন সেটাই পরে থাকতে হতো আর সেই সাথে বারো শিলিংয়ের বিনিময়ে একটা সেকেন্ড হ্যান্ড বাই সাইকেলের ব্যবস্থা করে দেওয়া হয়েছিল।

ভারতের একটি বিখ্যাত কলেজ থেকে আমি ইতিহাসে ফার্স্ট ক্লাস পেয়েছিলাম, কিন্তু সেখানে আমাকে আন্ডার গ্র্যাজুয়েট ছাত্র হিসাবেই দেখানো হয়েছিল। সেই সময়ে কলেজের মাস্টার ছিলেন শ্যার জর্জ থাম্পসন, তিনি 1937 সালে পদার্থবিদ্যার জন্য নবেল পুরস্কার লাভ করেছিলান। আমাদের ইতিহাসের শিক্ষক ছিলেন জন রক। প্রথম দিন ওনার ক্লাস করার পর উনি আমাকে বলেছিলেন, 'তোমাকে আরো ভালো করতে হবে।' তৃতীয় শিক্ষাবর্ষে উনি জানিয়েছিলেন যে, আমার জন্য উনি আশার আলো দেখতে পাচ্ছেন। তাঁর ব্যাখ্যা ও সপ্তাহে দুবার ক্লাসের পর আমার হাতে অনেকটা সময় বেঁচে যেত। শ্যার হরবর্ট বটরফীল্ড, শ্যার জী. আর এল্টন তথা জে.এইচ.বরীও আমাদের ইতিহাসের ক্লাস নিতেন। মহান ইতিহাসবিদ্ জর্জ ট্র্যাবলিন কিছু দিন আগেই অবসর নিয়েছিলেন, তিনি ট্রম্পটিঙ্গ স্ট্রীটের একটা খুব বিচ্ছিরি দেখতে বাড়িতে থাকতেন, সকলের কাছেই খুবই শ্রদ্ধা ও প্রশংসার পাত্র ছিলেন তিনি। বছরের মধ্য ভাগে সীলোনের প্রধানমন্ত্রী ডুডলে সেনানায়ক এসেছিলেন, 1920 সালে তিনি এই কলেজের ছাত্র ছিলেন, এছাড়াও পাকিস্তানের প্রধানমন্ত্রী খাওয়াজা নিজামুদ্দীন ও ভারত থেকে শ্রী নেহেরুর প্রতিনিধি হিসাবে সী.ডী. দেশমুখ সেখানে গেছিলেন।

বলা যেতে পারে যে, উপমহাদ্বীপের প্রশাসন ক্র্যাম্ব্রিজের ছাত্রদের হাতেই ন্যাস্ত ছিল।

শিক্ষা বর্ষের শেষে সপ্তাহে নয় পাউন্ডের বিনিময়ে আমি সেখানকার এক স্থানীয় পোস্ট অফিসে চাকরি পেয়েছিলাম। আমাকে ক্রিসমাসের চিঠিপত্র বাছার কাজ দেওয়া হয়েছিল। যদিও আমি সেই কাজ করিনি এবং ইউরোপে ঘুরতে চলে গেছিলাম। সেখান থেকে আমি হল্যান্ড, বেলজিয়াম ও পশ্চিম জার্মনী ঘুরতে গেছিলাম। কলেজে ফেরার পর আমার জন্য একটা চিঠি অপেক্ষা করছিল। সাক্ষাতকারের জন্য আমাকে ডেকে পাঠানো হয়েছিল। 1953 সালের 9 ই জানয়ারি দিল্লীর ধোলপুর হাউসে ইউ. পী.এস.সী. অফিসে দেখা করতে বলা হয়েছিল।

দিল্লী ফেরার সময় আমার সহযাত্রী ছিলেন শ্রী বী.কে. কৃষ্ণ মেনন। তিনি ইউ.কে.-তে ভারতের হাই কমিশনর ছিলেন। আমি তাঁকে আমার পরিচয় দিলে তিনি খুশি হন এবং যে সাক্ষাৎকারের জন্য আমি আসছিলাম সেই ব্যাপারে একটা ছোটখাট রিহর্সলও দিয়ে দিয়েছিলেন। প্রায় এক দশক বাদে ওনার সাথে পুনরায় আমার নিউইয়ার্কে দেখা হয়েছিল, সেই সময় তিনি সংযুক্ত রাষ্ট্রের জন্য ভারতীয় প্রতিনিধি মডেলের নেতৃত্ব করছিলেন। ততদিনে তিনি ইউ.এস.-এর কাছে সবচেয়ে অপছন্দের ভারতীয় হয়ে উঠতে সক্ষম হয়েছিলেন।

নির্দিষ্ট দিনে আমি আমার সবচেয়ে ভালো সুটটা পরে, দাদা জগ্গুবার সাথে সকাল দশটা নাগাদ ধোলপুর হাউসে পৌঁছে গেছিলাম। এগারোটা নাগাদ সাক্ষাতের জন্য ডাকা হয়েছিল। একটা অর্ধবৃত্তাকার টেবিলে আটজন ভদ্র লোক বসেছিলেন। মধ্যে বসেছিলেন চেয়ারম্যান আর.এন. ব্যানার্জী, আইসীএস, সেই সময়ে তিনিই ছিলেন গৃহ সচিব।

আমি ঠিক ওনার সামনে বসেছিলাম, মনে হচ্ছিল প্রাণটা বোধ হয় গলার কাছে আটকে গেছে। একটা গুরু গম্ভীর প্রশ্নের সাথে সাক্ষাৎকার শুরু হয়েছিল, 'আপনি নিজের আবেদন পত্রে শুধু আইএএস তথা আইএফএস-এর কথা লিখেছেন, অন্য কোনো সেবার কথা কেনো লেখেন নি। আপনি কি বিশ্বাস করেন যে, এই দুটির মধ্যে যে কোনো একটিতে আপনি অবশ্যই চাকরি পাবেন?' আমি বলি, 'মহাশয়! আমি শুধু বিশ্বাস করি তাই নয়, আমি সম্পূর্ণ রূপে বিশ্বাস করি যে, এই দুটির মধ্যে যেকোন একটি চাকরি আমি অবশ্যই পাব।'

তারপর আমাকে জিজ্ঞাসা করা হয়েছিল যে, যদি আমি চাকরি না পাই তাহলে আমি কি করব? আমি বলেছিলাম যে, আমি ক্র্যাম্ব্রিজে আমার পড়াশোনা শেষ করে কোনো উপযুক্ত চাকরির সন্ধান করব। পরের প্রশ্ন ছিল, 'মানুষ স্বাধীন ভাবে জন্ম নেয়, কিন্তু প্রতি মুহূর্তেই তাকে শৃঙ্খলিত অবস্থায় দেখা যায়।' -এই কথা কে বলেছিলেন?' আমি বলেছিলাম 'রুশো, শ্যার!' তারপর জিজ্ঞাসা করা হয়েছিল যে, 'আপনি কি মনে করেন, মানুষ কি সত্যিই শৃঙ্খলিত?' আমি জবাব দিই, 'না মহাশয়! আমি শৃঙ্খলিত নই।'
আমাকে আগেই বলে দেওয়া হয়েছিল যে, কোথাও না কোথাও অবশ্যই জালে জড়িয়ে

পরার মতো প্রশ্ন করা হবে। খুব বুদ্ধি সহকারে জাল বিছানো হয়েছিল। একটা নির্দিষ্ট বই আমি পড়েছি কিনা আমাকে জিজ্ঞসা করা হয়েছিল, আমি সেই বইটা পড়িনি। দশের মধ্যে নয় জন লোভ বশত হ্যাঁ করে দেয় কিন্তু আমি সেই লোভ করিনি। পরের প্রশ্নে জিজ্ঞাসা করা হয়েছিল, শেষ এক বছরে আমার সাথে এমন কি তিনটি ঘটনা ঘটেছিল, যা আমাকে প্রভাবিত করেছিল? আমি চিন্তা করে দেখার জন্য তাঁদের কাছ থেকে একটু সময় চেয়ে নিয়েছিলাম, আর তারপর জবাব দিই। পরে আমি জানতে পেরেছিলাম যে, এই ধরনের প্রতিক্রিয়া নির্বাচন আধিকারীকদের মনে ভালো প্রভাব সৃষ্টি করে।

সাক্ষাৎকারের কাজ শেষ হয়েছিল। আমি ভরতপুরে চলে যাই। একদিন রাতে খেতে বসার ঠিক আগেই আমার দাদা ভাগবত সিংহ রাতে খবর শোনার জন্য রেডিওটা চালিয়ে দিয়েছিলেন। খবরের মাঝখানে সেই সমস্ত লোকেদের নাম বলা হয়েছিল যাদের আইএএস ও আইএফএসের জন্য নির্বাচিত করা হয়েছিল। সেই নামের মধ্যে আমার নামও ছিল - দেশের প্রথম রাজস্থনী, যাকে ভারতীয় প্রশাসনিক সেবা তথা বিদেশ সেবার জন্য নিয়োগ করা হয়েছিল।

1953 সালের 14 ই এপ্রিল, এক নতুন জীবনের শুরু, এক নতুন রোমাঞ্চ, একটা নতুন প্রতিশ্রুতি। সমস্ত অবেক্ষাধীন ব্যক্তিদের ছয় মাসের প্রশিক্ষণের জন্য ম্যাটকফ হাউসে রিপোর্ট করতে বলা হয়েছিল। আইএফএসের সাত জন এবং আইএএসের বত্রিশ জন ছিল। আমাদের বলা হয়েছিল যে, জওহরলাল নেহের ব্যক্তিগত ভাবে আমাদের সঙ্গে সাক্ষাৎ করবেন।

আনুষ্ঠানিক ভাবে প্রধানমন্ত্রীর সাথে দেখা করার সময় এসে গেছিল। আমরা সাউথ ব্লকের দুই নম্বর গেটে পৌঁছেছিলাম। আমাদের তাঁর নিজেস্ব সচিবের কক্ষে নিয়ে যাওয়া হয়েছিল। এর আগে তিনমূর্তী হাউসে আমি কয়েকবার পন্ডিত নেহেরুকে দেখেছিলাম, যে সময় ওনার বোন কৃষ্ণা হঠীসিংহ দিল্লীতে থাকতেন, (তাঁর দুই পুত্র হর্ষ ও অজীত ছিল আমার খুব কাছের বন্ধু)। তাও আমি একটু ঘাবরে গেছিলাম। আমি ঘরে ঢুকতেই পণ্ডিত জী দাঁড়িয়ে আমার সাথে করমর্দন করেছিলেন। তিনি প্রথমেই আমার ঘর, পরিবার সম্পর্কে প্রশ্ন করতে শুরু করেছিলেন। পরে আমি বুঝতে পেরেছিলাম যে, আমার ভয় কিছুটা কম করার জন্যই তিনি এই কাজ করেছিলেন। কিছুক্ষণ বাদে তিনি বলেন যে, 'চলুন, এবার কাজের কথায় আসা যাক।'

'চীনের কাছ থেকে আমাদের কোনো বিপদের সম্ভবনা আছে কি?'

আমি একটু বোকার মতই বলেছিলাম, 'হ্যাঁও আবার নাও, কারণ আমাদের প্রতিবেশিই আমাদের সবচেয়ে কাছের বন্ধু আবার সবচেয়ে বড়ো শত্রুও হয়।'

এই মহান ব্যক্তি একটু কৌতুক করে বলেছিলেন যে, 'আমাকে চানক্য নীতি শেখাচ্ছেন?'

পরের প্রশ্ন গুলি ছিল, দক্ষিণ আফ্রিকা ও পঞ্চবার্ষিকী পরিকল্পনা নিয়ে।

আমাদের কথা বার্তা শেষ হওয়ার পর তিনি যখন আমাকে দরজা পর্যন্ত ছাড়তে এসেছিলেন তখন আমি সত্যিই অবাক হয়ে গেছিলাম। এই বিশ্বমানের মানুষটির উদারতা, ভদ্রতা ও শিষ্টাচার ছিল সত্যিই প্রশংসনীয়।

আমার উনচল্লিশ জন অবেক্ষাধীন ব্যক্তিই ছিলাম অবিবাহিত, এবং চাহিদায় ভরপুর ছিলাম। আমার এখনও মনে আছে, রাষ্ট্রপতি ড. রাজেন্দ্র প্রসাদের সঙ্গে দেখা করার জন্য আমাদের এক সহকর্মীকে রাষ্ট্রপতি ভবন থেকে গাড়ি পাঠিয়ে দেওয়া হয়েছিল। পরে তাঁর বিবাহ হয়েছিল ড. সাহেবের নাতনির সাথে।

আগস্টের প্রথম সপ্তাহেই আমাদের কাশ্মীরে পাঠানো হয়েছিল। আমরা মুখ্য মন্ত্রী শেখ আব্দুল্লার সাথে তাঁর শ্রীনগরের বাড়িতে দেখা করেছিলাম, সেখান থেকে ডাল লেক দেখা যেত। গত কয়েক মাস যাবৎ তিনি প্রধানমন্ত্রীর কথা শুনছিলেন না, এবং তিনি দিল্লী আসতে অস্বীকার করেছিলেন। নেহেরু তাঁকে অনাবশ্যক ছাড় দিয়ে রেখেছিলেন, শ্রীনগরে আমরা সকলেই একটু অসহজ বোধ করছিলাম, মুখ্যমন্ত্রীর বাড়িতে দুটি পতাকা উড়ছিল, একটা ছিল ভারতের তিরঙ্গা আর একটা ছিল কাশ্মীরের পতাকা।

সেপ্টেম্বরের শুরুতেই আমাদের সাতজনকে বিদেশে পাঠানো হয়েছিল। চারজনের ক্র্যাম্ব্রিজে যাওয়ার কথা ছিল, একজনের অক্সফোর্ড, একজনের শামলান, লেবনানের অরবী স্কুল এবং আর একজনের হাবার্ডে যাওয়ার কথা ছিল। এই ভাবে প্রায় দশ মাস বাদে নিজের কলেজে যাওয়ার সুযোগ পেয়েছিলাম।

তখন আমার স্তর বদলে গেছিল, তখন আমি কোনো আন্ডার পোস্ট গ্রাজুয়েট ছিলাম না, তখন আমার চীনা ভাষা শেখার প্রয়োজন ছিল।

চীনা ভাষা শেখার জন্য কলেজ আমার জন্য শিক্ষক নিযুক্ত করে দিয়েছিল, কিন্তু কাজটা খুব সহজ ছিল না। আমি সপ্তাহে তিনদিন এক ঘন্টা করে শ্রীমান তাঙ্গের বাড়িতে যেতাম। তিনি চীনের সাম্যবাদী শাসন ব্যবস্থাকে মেনে নিতে পারতেন না। আমাদের মধ্যে কখন রাজনৈতিক বিষয়ে আলোচনা হয়নি। আমি ছিলাম একজন কর্তব্যনিষ্ঠ ছাত্র। উনি চেষ্টা করেছিলেন, আমিও অনেক চেষ্টা করেছিলাম কিন্তু কোনো লাভ হয়নি।

সেই সময় আমার সাথে ঈ.এম. ফোরস্টরের বন্ধুত্ব হয়। 1952 সালে ক্র্যাম্বিজে অনুষ্ঠিত ট্যাগোর সোসাইটীর মিটিং-এ আমি প্রথম তাঁকে দেখেছিলাম। ততদিনে তিনি বিখ্যাত হয়ে উঠেছিলেন। কিংগস কলেজে ওনার ঘর, বহু নবযুবক ও যুবতী তথা বিশেষ করে ভারতীয়দের কাছে কোনো সাহিত্যিক তীর্থস্থানের থেকে কম ছিল না।

কিন্তু তিনি জপ্রিয়তার পরিবর্তে বন্ধুত্বের সম্পর্ককেই বেশি গুরুত্ব দিতেন। তিনি জানতেন ইংরেজি ভাষার জগতে তাঁর লেখার প্রভাব কি ছিল। সেই সময় সারা বিশ্ব তাঁকে বিখ্যাত ঔপন্যাসিক হিসাবে চিনত। তিনি না চাইলেও নাম-যশ তাঁর সঙ্গের সাথি হয়ে

উঠেছিল। এতে করে তিনি আরো অসহজ বোধ করতেন।

তিনি আমার থেকে প্রায় পঁচিশ বছরের বড় ছিলেন আর সেই সময় তাঁর খ্যাতি ছিল আকাশ ছোঁয়া। তিনি আমাকে পড়ার জন্য বেশ কিছু বই দিয়েছিলেন, যেগুলি মধ্যে জে.আর. একরলের হিন্দু হলীডে, ক্রিস্টোফার ঈশরবুডের লায়ন্স এবং শৌডোজ তথা ডকেন্সের দ্যা গ্রীক ভিউ অফ লাইফ উল্লেখযোগ্য ছিল। আমি তাঁর সমস্ত বই সহ তাঁর প্রবন্ধ 'হোয়াট আই বিলিভ' এবং 'টু চীয়ার্স ফর ডেমোক্রেসী'ও (1939) পড়েছিলাম। তাঁর বিখ্যাত উক্তি হল,'আমি কারণের বিচার করাকে ঘৃনা করি। আমাকে যদি বন্ধু বা দেশের মধ্যে কোনো একটির সাথে বিশ্বাসঘাতকতা করতে বলা হয়, তাহলে বোধ হয় আমাকে দেশের সাথেই বিশ্বাসঘাতকতা করার অপরাধ করতে হবে।' এখানে আমি তাঁর সাথে একমত হোতে পারি না, আমার মনে হয় যে, দেশ ও বন্ধু দুজনকে একত্রেই ভালোবাসা যায়। নিষ্ঠা থাকলে কোনো রকম আঘাত না করেই যেকোনো বিবাদের সমাধান করা সম্ভব হয়। কিন্তু বন্ধুত্ব ও ব্যক্তিগত সম্পর্কের ব্যাপারে তাঁর আবেগ সত্যিই আমাকে ভীষণ আকর্ষিত করেছিল। তাঁর দুই শব্দের সূত্র 'কেবল সম্পর্ক' আমার ওপর দীর্ঘকালিন প্রভাব বিস্তার করেছিল। তিনি অতি সহজে সকলকে আপন করে নিতে পারতেন, যে কারণে আমি তাঁর খুব কাছে পৌঁছাতে পরেছিলাম, আর বহু কিছু শেখার সুযোগ লাভ করেছিলাম, যার জন্য আমি সত্যিই কৃতজ্ঞ।

1954 সালে আমি ফোরস্টরকে জিজ্ঞাসা করেছিলাম যে, তিনি 'এ প্যাসেজ টু ইন্ডিয়া'-র ওপর কোনো বই লেখার অনুমতি দেবেন কি। তিনি বলেছিলেন, 'না, এতে করে নির্মাণের ব্যাপারে আমার কোনো হাত থাকবে না।' যাই হোক শেষ পর্যন্ত তিনি শান্তা রাম রাওকে একটি স্ক্রীপ্ট লেখার অনুমতি দিয়েছিলেন যাতে করে লন্ডন ও নিউইয়ার্কের মঞ্চে এই উপন্যাস প্রদর্শন করা সম্ভব হয়। তাঁর মৃত্যুর বহু বছর বাদে ডেভিড লীন তা নিয়ে একটা সিনেমা বানিয়েছিলেন, ফোরস্টর থাকলে মনে খুবই আঘাত পেতেন।

তাঁর সাথে যদি আমার দেখা না হতো তাহলে আমি 'টয়ীলাইট ইন দিল্লী'-র লেখক আহমদ আলি, আরকে নারায়ণ, রাজা রাও, নারায়ণ মেনন, মুলক রাজ আনন্দ তথা শান্তা রাম রাওয়ের সান্নিধ্যে আসতে পারতাম না। তাঁরা প্রত্যেকেই নিজেস্ব দৃষ্টিতে নিজেদের জীবনকে দেখতেন, কিন্তু তাঁদের গন্তব্য ছিল একই - তাঁর সভ্যতা ও শালীনতা নিয়েই নিজেদের জীবন অতিবাহিত করতে চাইতেন। তাঁদের জানা, তাঁদের পড়া, তাঁদের সাথে দেখা করা, প্রভৃতির মধ্যে শুধু আনন্দ ছিলনা, ছিল তার চেয়ে অনেক বেশি কিছু। এঁদের সান্নিধ্য আমাকে জীবনের পথে অনৈতিকতার হাত থেকে বাঁচিয়েছে, মনে কখন বিদ্বেষের জন্ম হোতে দেয়নি।

ক্র্যাম্ব্রিজে আমার সাথে আরো দুজনে বন্ধুত্ব হয়েছিল কুইনসে জন ভেজী এবং ক্লেয়ার কলেজের ব্রায়ন এবেল স্মিথ। তাঁরা দুজনেই অর্থশাস্ত্রে সবচেয়ে বেশি নম্বর পেত।

ব্রায়ন লন্ডনের স্কুল অফ ইকোনমিক্সে সামাজিক প্রশাসনের অধ্যাপক হিসাবে নিযুক্ত হয়েছিলেন এবং আমার মনে হয় আমার পরিচিতদের মধ্যে ভেজী নিশ্চিত রূপে সর্বাধিক বুদ্ধিমান ও রসিক মানুষ ছিলেন, তিনি বহু বছর ধরে লেবর পার্টীর সমর্থক ছিলেন, কিন্তু পরে তিনি সেই দিক দিয়ে মুখ ঘুরিয়ে নিয়েছিলেন। 1976 সালে তিনি 'লাইফ পীর' হয়ে গেছিলেন, তাঁর শেষ পুস্তক 'দ্যা স্কোয়ানডার্ড পীস দ্যা ওয়ার্ল্ড 1945 –75', 1945 সালে দেশের অভ্যন্তরে যে গোলযোগের সৃষ্টি হয়েছিল, এই বইতে সেই চিত্রই ফুটে উঠেছে। তিনি জানতেন যে, ইউ.এনের পতন অনিবার্য। তাঁর লেখা 'ব্রীচ অফ প্রমিস' পড়তে আমার খুব ভালো লাগত, তা ছিল আমার অন্যতন পছন্দের বই। পাঁচ জন প্রভাব শালী ব্রিটিশ, পাঁচ জন নেতার সামগ্রীক চিত্র ফুটে উঠেছিল এই বইয়ের মাধ্যমে। পুস্তক প্রকাশিত হওয়ার এক বছরের মধ্যেই, 1984 সালে তিনি মারা গেছিলেন। সেই সময় তিনি মাত্র পঞ্চান্ন বছরের ছিলেন।

নিজের বন্ধু গোল্ডসবর্দী লোস ডিকেন্সনের জীবনী সম্পর্কে ফোরস্টর লিখেছিলেন যে, 'শুধুমাত্র সম্পর্ক-এর বৃদ্ধির কারণেই ক্র্যাম্ব্রিজ নিজের মতো করে বিশেষ ও একক হয়ে উঠেছে।

ক্র্যাম্বিজে বন্ধুরা একত্রিত হলেই যেন একটা মায়ালোকের আভা বিচ্ছুরিত হতো। শরীর এবং আত্মা, কারণ এভং আবেগ, কাজ এবং খেলা, হাসি ও গাম্ভীর্য, জীবন ও শিল্প, এই রকম সমন্বয়ের সাধন দেখা যেত সেখানে। মানুষ ও বই একাত্ম হয়ে যেত, প্রেমই ছিল বুদ্ধিমান মানুষদের কাজের পরিচালক.....

ক্র্যাম্ব্রিজের থাকার শেষ সময়ে আমরা লণ্ডনের বিদেশ ও কমনওয়েলের অফিসে ছয় সপ্তাহ ছিলাম। আমার ছাড়া সেখানে পাকিস্তান, মলয়, সীলোন ও হঙ্গকঙ্গের শিক্ষানবিশরা উপস্থিত ছিলেন। তাঁদের মধ্যে অনেকেই নিজেদের দেশের বিদেশ মন্ত্রী হয়েছিলেন। এই কোর্স একদিকে যেমন লাভ জনক ছিল অন্য দিকে তেমন নিরাশাজনকও ছিল। অনেক বরিষ্ঠ আধিকারী তখনও পর্যন্ত অতীতেই জীবন যাপন করছিলেন, যার ফেলে ভারত, পাকিস্তান ও সীলোনার স্বাধীনতার সাথে সামঞ্জস্য বিধান করতে পাচ্ছিলেন না।

1954 সালের সেপ্টেম্বর মাসে আমি ভারতে ফিরে আসি ও বিদেশ মন্ত্রালয়ের সাথে যোগ দিই। আমাকে সেই সময় ভারতের বিভিন্ন ভাগে যে সমস্ত বিদেশী প্রতিনিধি মন্ডল যেত তাদের সাথে যেত হতো, এর কারণ আমার জানা ছিল না। প্রথমে এক বিরাট চৈনিক প্রতিনিধিগণ আসে, তারা দিল্লী, মুম্বাই, মাদ্রাস ও কোলকাতা ঘুরে দেখেছিল।

সৌদি আরবের রাজা সৌদ বিন আব্দুলঅজীজ অল সৌদ নিজের সাথে এক বিরাট প্রতিনিধি মন্ডল এনেছিলেন, তাঁর সাথে অনেক প্লেনে বিশেষ জিনিসপত্রও ছিল। এয়ারপোর্টে মৌলনা আজাদ তাঁকে স্বাগত জানাতে গেছিলেন, তিনি আরবী ভাষাতে খুব নিপুণ ছিলেন, তিনি রাজার সাথে বেশ কিছুক্ষণ সময়ও অতিবাহিত করেছিলেন।

অনেক অল্পবয়সী রাজকুমারদের সাথে রাজা গাড়িতে করে আগ্রা যান। তাঁরা আগ্রার একটি কুখ্যাত গোলিতে গেছিলেন, সেখানকার মহিলাদের সোনার বিস্কুট দিয়ে এসেছিলেন। এই কথা রাজার কানে গেলে তিনি অপরাধিদের নাম জানতে চান, তিনি তাঁর প্রোটোকল আধিকারীকে বলেছিলেন যে, 'আমাকে তাদের নাম জানাও, আর আমি তাদের মাথা বন্ডিত নেহেরুকে পাঠিয়ে দেব।' আসলে আরবি ভাষায় 'পী' শব্দটি আসেনা, তাই 'পন্ডিত' 'বন্ডিত' হয়ে গেছিল। এই বিষয়টা আর গড়াতে দেওয়া হয়নি।

1955 সালে কম্বোডিয়ার নরেশ নোরীডম সিহনৌক ভারতে রাজকীয় সম্মানে ঘুরতে এসেছিলেন। কম্বোডিয়া হল একটি বৌদ্ধের দেশ; দ্বাদশ শতাব্দীতে তামিলনাড়ুর শিল্পীগণ অঙ্করভাটে বৌদ্ধমন্দির নির্মাণ করেছিল। প্রধানমন্ত্রী নেহেরু তাঁকে অভ্যর্থনা জানানোর জন্য পালাম বিমান বন্দরে গেছিলেন। বিমান অনেক গুলি চক্কর কাটার পর ল্যান্ড করে। রাজার সাথে দেখা হওয়ার পর নেহেরু জিজ্ঞাসা করেছিলেন যে, কি হয়েছিল? তিনি জানিয়েছিলেন যে পাইলট ম্যাপে পালাম বিমান বন্দর খুঁজে পাচ্ছিল না। তার পরিবর্তে সে সফদরজঙ্গ এয়ারপোর্ট দেখছিল। আসলে এই ম্যাপ তৈরি হয়েছিল 1936 সালে, আর তা পরিবর্তনের কোনো চেষ্টাই করা হয়নি।

রাজার লস্করদের মধ্যে পাঁচ জন বৌদ্ধ সাধুও ছিল। তাদের স্বাগত জানানোর জন্য আমরাও আমাদের সাথে পাঁচজন বৌদ্ধ সাধুকে নিয়ে গেছিলাম। উভয়পক্ষ নিজেদের মধ্যে পালি ভাষায় কথা বলেছিল। ভারতীয় দলের লামারা তাদের প্রধান লামার কাছে তারা কি খাবে জানতে চেয়েছিল। তারা গরুর মাংস খেতে চেয়েছিল। বেচারা ভারতীয় লামা সেকথা শুনে আঁতকে উঠেছিল।

1955 সালের ডিসেম্বর মাসে, সোভিয়েত ইউনিয়ানের কমিউনিস্ট পার্টির জেনারল সেক্রেটারী নিকিতা খুশচেভ তথা ইউএসএসআর-এর প্রধান মন্ত্রী নিকোলোই বুল্গানিন ভারতে এসেছিলেন। তাঁদেরকে বিশেষ অভ্যর্থনা জানানো হয়েছিল, দিল্লী ও কোলকাতাতে তাঁদের জন্য বিশেষ ব্যবস্থা করা হয়েছিল। দুই নেতাই প্রায় এক সপ্তাহ করে শ্রীনগরে ছিলেন। সদর-এ-রিয়াসতে কর্ণসিংহ একটি রিসেপশানের ব্যবস্থা করেছিলেন আর খুশচেভ তাঁর বিদেশ মন্ত্রী এন্দ্রী গ্রোমৌকোর সাথে কোনো রকম পরামর্শ না করেই বলে দিয়েছিলেন যে, সম্পূর্ণ কাশ্মীরই ভারতের অঙ্গ ছিল। কোনো দেশ এমন কথা বলেনি।

সোভিয়েত দলের জিনিসপত্র ও ব্যাগের আধিকারী ছিলাম আমি। প্রতিনিধি মন্ডল ছিল খুন বড়, তার এক তৃতীয়াংশ সদস্য ছিল কে.জি.বি.-র। তারাও নিজেদের সাথে প্রচুর জিনিস পত্র এনেছিল। তাদের জিনিসপত্রের সুরক্ষার দায়িত্ব ছিল আমার ওপরে। তারা ফিরে যাওয়ার দিন আমার কানে আসে যে তাদের বেশ কিছু দামি জিনিস পাওয়া যাচ্ছে না। আমি সোভিয়েত ডেলীগেশানের আধিকারী সর্জী ইভানোভের কাছে যাই, তিনি আমাকে কামরেড বুকোভের কাছে যেতে বলেছিলেন। বুকোভ আমাকে কমরেড জুকোভের কাছে

এবং জুকোভ আমাকে ফুকোভের কাছে যেতে বলেছিলেন...।

সোভিয়েত নেতাদের এই ঘুরতে আসা স্মরণীয় হয়ে গেছিল। বহু গুরুত্বপূর্ণ চুক্তি সম্পাদিত হয়েছিল, ভারতের সাথে সোভিয়েতের সম্পর্ক দৃঢ়তা লাভ করেছিল। আমেরিকা আর চীন এই বিষয়ে বিশেষ নজর দিয়েছিল।

সেন্ট স্টীফেন্সের এক ডীনারে আমার সাথে নীরদ সী. চৌধুরীর সাক্ষাৎ হয়েছিল। নীরদ বাবু ছিলেন বেঁটেখাট মানুষ, তিনি খুব কথা বলতেন। ক্র্যাম্ব্রিজে থাকাকালিনই তিনি ফোরস্টর উপন্যাসের যে সমালোচনা লিখেছিলেন, আমি তা পড়ে ফেলেছিলাম। নীরদ বাবু এনকাউন্টার নামক একটি পত্রিকাতে এই সমালোচনা লিখেছিলেন। এই মাসিক পত্রিকার সম্পাদক ছিলেন বিখ্যাত ইংরেজ কবি স্টীফন স্পেন্ডর। আমি ইলস্ট্রেটিড উইকলী অফ ইন্ডিয়াতে একটা প্রবন্ধ লিখে এর বিরোধীতা করেছিলাম। নীরদ বাবু সেটা পড়েছেন শুনে আমি অবাক হয়ে গেছিলাম।

তিনি খুব কথা বলতেন, আর আমাদের বিচার ধারা মিলত না, কিন্তু পরে আমরা একে অপরকে ভালো মতো চিনতে ও বুঝতে পেরেছিলাম।

ভারতে তিনি একজন লেখক হিসাবে পরিচিতি লাভ করেননি, যদিও তাঁর প্রতিভা ছিল অসামান্য। তিনি ছিলেন জ্ঞানী ও অভিজ্ঞতা সম্পন্ন মানুষ, তাঁকে চলতা-ফিরতা ইন্সাইক্লোপীডিয়া বলা যেত। বিংশ শতাব্দীর কয়েকটি ভালো বইয়ের মধ্যে তাঁর বই 'অটোবায়োগ্রাফি অফ আননোন ইন্ডিয়ান' ছিল অন্যতম। তিনি সারা বিশ্বে খ্যাতি তো লাভ করেছিলেন কিন্তু ধনার্জন করতে পারেননি। তিনি মোরী গেটে অবস্থিত তাঁর ছোট্ট বাড়িতেই তাঁর তিন পুত্র ও স্ত্রীকে নিয়ে সারা জীবন কাটিয়ে দিয়েছিলেন।

1955 সালের প্রথম দিকে, বীবীসী-র ব্রিটিশ কাউন্সিল তাঁকে দুই সপ্তাহের জন্য ইংল্যান্ড যাওয়ার আমন্ত্রণ জানিয়েছিলেন। নীরদ বাবু আগে কোনো দিন বিদেশে যাননি, সেই সময় তাঁর বয়স ছিল সাতান্ন। সেখানে যাওয়ার আগে তিনি আমাকে জিজ্ঞাসা করেছিলেন যে, আমি তাঁর সাথে ফোরস্টর সাক্ষাৎ করাতে পারব কিনা। তিনি যেভাবে ফোরস্টর সমালোচনা করেছিলেন তারপর এই কথা শুনে আমি একটু অবাক হয়েছিলাম, যাই হোক আমি ফোরস্টরকে চিঠি লিখলে জবাবে তিনি জানিয়েছিলেন - 'এবার আমি নীরদ চৌধুরী সম্পর্কে বুঝতে পেরেছি। আজ সকালে বীবীসী থেকে আমাদের দুজনের মধ্যে সাক্ষাতের বিষয়ে আগ্রহ প্রকাশ করা হয়েছে, আমি জানিয়ে দিয়েছিলাম যে, যদি চৌধুরী সরাসরি আমার সাথে দেখা করতে চান তাহলে আমি অবশ্যই তাঁর সাথে দেখা করব। এমনিতেই উনি 'আমার বেচারা আজীজের' যা অবস্থা করেছিলেন, তারপর আমি তো এই টুকু আশা করতেই পারি। তিনি নিজে দেখা করার কথা জানালে অবশ্যই বিচার করব।' যাই হোক তাঁদের মধ্যে দেখা হয়েছিল আর তা এমন কিছু খারাপও ছিল না...।

1970 সালে নীরদ চৌধুরী ইংল্যান্ড চলে যান আর অক্সফোর্ডে থাকতে শুরু

করেছিলেন। 1974 সালে তাঁর সাথে আমার লন্ডনে দেখা হয়েছিল। তখনও তাঁর আর্থিক অবস্থা ভালো ছিল না, আমি তাঁকে একটু সাহায্য করেছিলাম।

1987 সালে আমি যখন ভারতে আসি, তখন তাঁর আত্মজীবনীর দ্বিতীয় ভাগ 'দ্যে হ্যান্ড, গ্রেট এনার্ক!' চ্যাটো এন্ড উইন্ডাস ছাপাতে রাজী হয়নি। কোনো প্রকাশকই এই হাজার পৃষ্ঠার জীবনী লিখে বিপদে পড়তে চায়নি, আর সেই সময়ে লেখকের খ্যাতিও প্রায় অস্তমিত হোতে বসেছিল। সেই সময় ব্রিটিশ প্রশাসকের প্রতিনিধি মন্ডল দিল্লীতে এসেছিল। ঔপন্যাসিক গ্রাহম গ্রীনের ভাইপো তথা চ্যাটো এন্ড উইন্ডাসের প্রধান গ্রাহম-সী-গ্রীন তার নেতৃত্ব দিয়েছিলেন। আমি তাঁকেকথাটা বলি, কিন্তু চ্যাটো বই ছাপতে রাজী হয়নি এই কথা তিনি জানতেন না, আমি তাঁকে নীরদ বাবুর পৃষ্ঠ ভূমির কথা জানিয়েছিলাম, সেই সময় নীরদ বাবুর বয়স ছিল নব্বই বছর, আর কোনো প্রকাশক সেই সময় তাঁকে জন্মদিনের উপহার ছাড়া আর কিছুই দিতে রাজী ছিল না। কিন্তু শেষ পর্যন্ত চ্যাটো আমার কথার সম্মান রেখেছিল, তাঁর জীবনী ছাপা হয়, কিন্তু বিশেষ কোনো পরিণাম পাওয়া যায়নি। তাঁর আত্মজীবনীর দুটি ভাগেই একই রকম দোষ ছিল, তিনি ভারেতের ইতিহাসের সংস্করণে দক্ষিণ ভারতের উল্লেখ করেননি আর মুসলমানদের কথাও কোথাও লেখেন নি।

আমি নিজের তরফ থেকে যথা সাধ্য চেষ্টা করেছিলাম, যাতে তাঁকে অক্সফোর্ড ইউনিভার্সিটির তরফ থেকে 'ডক্টরেট' উপাধী প্রদান করা হয়। 1988 সালে লন্ডনে একটা লাঞ্চের সময় আমি চান্সেলর রয় জেনকিন্সের সাথে বসেছিলাম। আমি তাঁর সাথে নীরদ বাবুর কথা বলেছিলাম। তিনি তাঁর নাম তো জানতেন কিন্তু সেই সময় যে তিনি অক্সফোর্ডেই থাকতেন সেই কথা তিনি জানতেন না। আমি তাঁকে পরামর্শ দিয়েছিলাম যে, অক্সফোর্ডের তাঁকে সম্মান জানানো উচিত। তিনি আমাকে কোনো প্রতিশ্রুতি দেননি, কিন্তু পরে তাঁকে 'ডক্টরেট' উপাধি দেওয়া হয়েছিল। নীরদ বাবু তাঁর মৃত্যু পর্যন্ত অক্সফোর্ডেই ছিলেন, সেই সময় তাঁর বয়স ছিল একশো এক বছর।

1956 সালে আই এফ এস প্রশিক্ষণের জন্য আমাকে চার মাস তামিলনাড়ুতে কাটাতে হয়েছিল। মাদ্রাস সরকার আমাকে এবং আমার দুই সহকর্মীকে একটি রান্নাঘর ও তিনটি চাকর দিয়েছিল। আমরা তানজোরে পনোরে দিন ছিলাম কিন্তু সেখানকার চিত্রকলার ওপর কোনো রকম আগ্রহ দেখাইনি। আমরা কুম্ভকোণমেও গেছিলাম, সেখানে বিশ্ববিখ্যাত গণিতজ্ঞ শ্রীনিবাস রামানুজন থাকতেন। কুম্ভকোণম শব্দের সাথে ম্যাকিয়াভেলিয়ান শব্দের যোগ ছিল। অক্সফোর্ড শব্দকোষে এটিকে 'দ্যা এক্ট অফ বিং কুনিঙ্গ' লেখা হয়েছিল। কিন্তু পরে স্থানীয় লোকেরা আপত্তি জানালে এই অর্থ বাদ দিয়ে দেওয়া হয়।

সেখানকার কালেক্টরের নাম ছিল কুঁচী থপ্পথম। তিনি নিজের কাজ খুবই মনোযোগ সহকারে করতেন। তিনি তাঁর বিবাহের পঁচিশ বছর উপলক্ষে একটা পার্টির আয়োজন করেছিলেন, একজন অতিথি তাঁকে জিজ্ঞাসা করেছিল যে, এত বছর ধরে একটাই মহিলার

সাথে জীবন কাটাতে তাঁর কেমন লাগছে। তিনি উত্তর দিয়েছিলেন - 'ও আগে তো আফুলী সিম্পল ছিল, কিন্তু এখন সিম্পলী আফুল হয়ে গেছে।' (ও আগে খুব সাদাসিধা ছিল কিন্তু এখন একেবারে ভয়ানক হয়ে গেছে।)

আমি তানজোর থেকে মাইসোর গেছিলাম আর.কে. নারায়ণনের সাথে দেখা করার জন্য। তখন তিনি এত পরিচিত মানুষ ছিলেন না। যাদবগিরিতে তিনি যে নতুন বাড়ি বানিয়েছিলেন, সেখানে পৌঁছাতে আমার একটু সমস্যা হয়েছিল। আমি দরজায় আলত ভাবে আঘাত করে জিজ্ঞাসা করি, 'বাড়িতে কেউ আছেন?' এক ব্যক্তি লুঙ্গি ও শার্ট পরে বেরিয়ে আসেন, আমি বলি, 'আমি নারায়ণ মহাশয়ের সাথে দেখা করতে চাই'। তিনি বলেন - 'আপনি তার সাথেই কথা বলছেন।' আমি তাঁকে বলি যে, আমার নাম কে.নটবর সিংহ, আর ঈ.এম. ফোরস্টর তাঁর উপন্যাসের খুব প্রশংসা করেছেন। তিনি আমকে জিজ্ঞাসা করেন, আমি খুশবন্ত সিংহের ভাই কিনা!

আমি পয়লা মে দিল্লী ফিরে এসেই ভরতপুরের উদ্দেশ্যে রওনা দিয়েছিলাম। চার পুত্রের মধ্যে কেউই বাড়িতে আসলে বাবা স্টেশানে চলে আসতেন। কিন্তু সেদিন তাঁকে স্টেশানে না দেখে আমর বুকের ভেতরটা কেঁপে ওঠে। গোবিন্দ নিবাসে পৌঁছানোর পর দেখি যে, উনি সোফার ওপর শুয়ে আছেন। তাঁকে দেখে অসুস্থ বলে মনে হচ্ছিল। তিনি বলেন যে, তাঁর হার্ট এট্যাক হয়েছে। এই কথা শুনে আমার পায়ের তলায় মাটি ছিল না। আমি জীবনে তাঁকে অসুস্থ হোতে দেখিনি। শুধুমাত্র একবার, 1935 সালে প্লুরিসের শিকার হয়েছিলেন। মা তো সর্বদা বিছানাতেই থাকতেন। আমি শীঘ্রই নিজের পিকিং যাত্রা বাতিল করে দিয়েছিলাম। আমি যখন তাঁকে জিজ্ঞাসা করি যে, কেনো আমাকে জানানো হয়নি, তখন তিনি বলেন যে, এটা একটা ছোট্ট ব্যাপার তাই আমাকে বিরক্ত করেননি, বড় কিছু হলে অবশ্যই জানাতেন। একমাত্র পিতৃ স্নেহই এই কথা বলতে পারে। তিনি ছিলেন খুবই স্নেহ প্রবণ মানুষ এবং নিজের প্রতি নিয়ন্ত্রণ রাখতে জানতেন তিনি।

এরপর আমার পিকিং যাওয়ার কথা ঘোষণা করা হয়েছিল - আমাকে দূতাবাসের থর্ড সেক্রেটারী রূপে নিযুক্ত করা হয়েছিল। আমার ডিপ্লোমেটিক কেরিয়ারের শুরু হয়ে গেছিল। পরবর্তি অধ্যায়ে আমি চীনে যাওয়ার বিস্তারিত বর্ণনা প্রদান করেছি।

1958 সালের মে মাসে পীকিং থেকে ফেরার পর, আমি আশা করেছিলাম যে, আমাকে চীনি বিভাগের সম্পর্কে রাখা হবে, কিন্তু তা হয়নি। আমাকে আঈএফএস (বী) -এ আন্ডার সেক্রেটারী রূপে নিযুক্ত করা হয়েছিল। প্রশাসনিক দিক থেকে এই বিভাগ ছিল বেশ গোলমেলে, আর যাদের মাথার ওপর কোনো গডফাদার থাকত না তাদেরকেই এই বিভাগের দায়িত্ব দেওয়া হতো। আমি ইচ্ছা করলে কৃষ্ণা মাসি (পন্ডিত নেহেরুর বোন) কে দিয়ে সিফারিশ করাতে পারতাম, কিন্তু আমার মনে হয়েছিল যে, কাউর উপকার নেওয়া ঠিক হবে না।

আমার ইমিডিয়েট বস ছিলেন খুবই কূট, কিন্তু প্রচণ্ড সক্ষম মানুষ, লীলামণি নাইডু; তিনি ছিলেন সরোজিনি নাইডুর কন্যা। প্রথমে তিনি আমাকে খুব একটা পছন্দ করতেন না, কিন্তু যখন তিনি জানতে পেরেছিলেন যে, আমার সাথে কৃষ্ণা হঠী সিংহের পরিচয় আছে তখন তাঁর ব্যবহার নাটকীয় রূপে পরিবর্তিত হয়েছিল। তাঁর কথার ওপর কথা বলার ক্ষমতা কাউর ছিল না। লীলামণির স্বভাব ও তাঁর কাজ করার ধরণ সম্পর্কে সকলেই ওয়াকিবহাল ছিল, তিনি প্রধানমন্ত্রীর কাছের লোক ছিলেন। শুধুমাত্র মহম্মদ ইউনিসই ছিলেন এমন একজন আধিকারী যিনি তাঁর সামনে দাঁড়ানোর সাহস রাখতেন, তিনি নেহেরুর সাথে জেলে সময় কাটিয়েছিলেন।

আমার বরিষ্ঠ আধিকারীদের মধ্যে অন্যতম ছিলেন টোনী অগাথে। একদিন, আমি তাঁর কাছে একটা সেকশান আধিকারীর অবকাশ আবেদনপত্র মঞ্জুর করার জন্য একটা ফাইল পাঠাই। উনি ফাইলটা পাঠিয়ে দিয়েছিলেন এবং তার ওপর লেখা ছিল 'এলবীডব্ল্যু!' আমি তাঁকে গিয়ে জিজ্ঞাসা করি যে, 'ফাইলের ওপর ক্রিকেটের সাথে সম্পর্কিত কথা লেখার প্রয়োজন কি ছিল?' তিনি বলেছিলেন যে, আমার মতো আহমককে এই বিদেশ সেবায় কে পাঠিয়েছে। এই শব্দের অর্থ হল ,'লেট দ্যা বাস্টর্ড ওয়েট'।

আমি সাময়িকভাবে, 'জিমখানা ক্লাব'-এর সদস্য হয়েছিলাম, ক্লাবের আবাসীয় ক্ষেত্রে আমাকে 22 নং. সুইট দেওয়া হয়েছিল। সকালে দৌড়ানো, দুপুরে টেনিস এবং রাতে বিলিয়ার্ডসের জন্য এই স্থান ছিল আদর্শ। পুস্তকালয়টাও খুব ভালো ছিল, সেই সময় আমি যে কেবল প্রচুর বই পড়ার সময় পেয়েছিলাম তাই নয়, সেই সঙ্গে সমীক্ষা করার সময়ও লাভ করেছিলাম। প্রধানমন্ত্রীর শক্তিশালী সচিব এম.ও. মথই আগে থেকেই আমাকে সাবধান করে দিয়েছিলেন।

একদিন এই জিমখানায় এম.এফ.হুসেন এসেছিলেন, তিনি আমার কাছ থেকে কয়েক ঘন্টার জন্য আমার নতুন ফিয়েট গাড়িটা চেয়েছিলেন। আমি রাজী হয়ে যাই। এই কয়েক ঘন্টা আটচল্লিশ ঘন্টায় গিয়ে দাঁড়িয়েছিল। এই সময় আমার নিজের গাড়ির থেকে হুসেনের চিন্তা বেশি হচ্ছিল, কারণ আমি জানতাম যে, তাঁর কাছে লাইসেন্স ছিল না। তিনি ফিরে আসার পর আমি যখন তাঁকে জিজ্ঞাসা করি যে, কি হয়েছিল, তখন তিনি বলেন - 'হঠাৎই কানপুর যেতে ইচ্ছা করছিল।'

নভেম্বরের শেষের দিকে আমি কৃষ্ণা হঠী সিংহের সাথে দেখা করার জন্য তীনমূর্তি হাউসে গেছিলাম। সেখানে হিন্দুস্থান টাইমসের সম্পাদক তথা কৃষ্ণা মাসির বন্ধু এস. মুলগাঁওকর উপস্থিত ছিলেন। কিছুক্ষণের মধ্যে ইন্দিরা গান্ধী ও এম.ও.মথইও এসে পড়েছিলেন। শ্রী মুলগাঁওকর আমাকে যে বইয়ের ওপর সমীক্ষা লিখতে বলেছিলেন, সেই বই নিয়ে আলোচনা হচ্ছিল। মথই খুব কড়া গলায় আমাকে বলে দিয়েছিলেন যে, আমি একজন আঈএফএস- এর আধিকারী, আমি কোনো সংবাদ পত্রে লিখতে পারব না। আমি

বিরোধীতা করে বলেছিলাম যে, পুস্তকের সমীক্ষাকে সেই রকম লেখা হিসাবে ধরা যায় না। মথই সন্তুষ্ট হননি, 'আপনি কি সরকারের কাছ থেকে পুস্তক সমীক্ষার জন্য অনুমতি নিয়েছেন?' তখন কৃষ্ণা মাসি বাধ্য হয়েই বলেন, 'দেখো ম্যাক! নটবর আমার কাছে আমার ছেলের মতো। এই নিয়ে আর কথা বল না।' তখন ম্যাক চুপ করে গেছিলেন, কিন্তু অনেক সময়তেই তিনি তাঁর শক্তির অপব্যবহার করতেন।

নেহেরু জীর জীবনীতে এস. গোপাল লিখেছিলেন, 'মথইয়ের কাছে অসীম শক্তি ছিল। তাঁর অগাধ ধন-সম্পত্তির কোনো হিসাব তিনি দিতে পারবেন না। সীআঈএ এবং ভারতীয় ব্যবসায়িরা অবশ্যই তাঁকে অর্থ দিত।' আমরা অনুমান করতে পারি যে, 1946 – 1959 সালের মধ্যে, নেহেরুর সচিবালয় থেকে নির্গত সমস্ত কাগজের ওপর সীআঈএ-র ক্ষমতা ছিল।

1960 সালের শুরুতে, আমি আর. কে. নেহেরুর নিজেস্ব সচিব (এস জি) হিসাবে নিযুক্ত হয়েছিলাম। আমার কাছে খুব বেশি কাজ ছিল না, সেই কারণে আমি পুস্তকের সমীক্ষা বা কিছু লেখালেখি করতাম। আমি নিয়মিত টেনিস খেলতাম আমাকে দিল্লীর জিমখানা একজীক্যুটিভ কমেটির জন্য নির্বাচিত করা হয়েছিল। আমি নিজেকে গুরুত্বপূর্ণ ব্যক্তি বলে মানতে না শুরু করি, এমন একটা আশঙ্কা আমার মধ্যে দেখা দিয়েছিল, যে কারণে আমি নিজের ক্রিয়া-কলাপ শোধরানোর চেষ্টা করছিলাম। যদি সচেতনতার সাথে পদক্ষেপ গ্রহণ করা যায় তাহলে কোনো বিপদের সম্ভবনা থাকে না, সেই কথা আমি সর্বদা মেনে চলি। আঈসীএসের আধিকারীদের ক্ষমতা সম্পর্কে আমি ওয়াকিবহাল ছিলাম। চারজন-আর. কে. নেহেরু, এম.জে.দেশাই, বী.এন. চক্রবর্ত্তী এবং ওয়াই.ডী. গন্ডীবিয়া আঈসীএসের উচ্চ সচিব ছিলেন। নেহেরু জী নিজের আত্মজীবনীতে আঈসীএসের নিন্দা করে বলেছিলেন, 'neither India nor civil nor service.' স্বাধীন ভারতে তাদের সেই উচ্চ পদ গুলিতে বসিয়ে দেওয়া হয়েছিল, যা ইংরেজ রাজত্বের সময় থেকেই চলে আসছিল।

যদি সুবিমল দত্তের সমালোচনা মেনে নেওয়া হয় তাহলে বলা যায় যে, তাঁদের কাউর মধ্যেই প্রধানমন্ত্রীর সামনে মাথা উঁচু করে দাঁড়ানোর মতো সাহস ছিল না। তাঁদের মধ্যে একমাত্র পারসী ওয়াই. লী. গন্ডীবিয়া নিজের মতো করে বসের সামনে দাঁড়াতে পারতেন, আর সেই ভাবেই চলতেন। আঈসীএসের কোনো উল্লেখ যোগ্য ব্যক্তির নাম নিতে গেলে সবার আগে শ্যার গিরিজাশঙ্কর বাজপেয়ির নাম আসে। 1948 সালে তাঁকে বিদেশ মামলা মন্ত্রালয়ের এস.জী. (জেনারেল সেক্রেটারী) হিসাবে নিযুক্ত করা হয়েছিল। তাঁর ন্যায়শীলতার অভিজ্ঞতার ওপর প্রধানমন্ত্রীরও সম্পূর্ণ ভরসা ছিল।

জুনের মাঝামাঝি, আর.কে. নেহেরু শ্যার এন. আর. পিল্লাইয়ের পরে এস জি -র পদটি সামলেছিলেন।

এই পদে উত্তর দায়িত্বের সাথে সাথে বিচারশীলতা থাকাটা খুবই জরুরি। তিনি আমাকে খুব ভরসা করতেন। তাঁর সাথে কাজ করাটা খুব সহজ কাজ ছিল না, আমি চীনে তাঁর সাথে কাজ করেছিলাম, তাই তাঁর কার্য পদ্ধতি সম্পর্কে আমার একটা আইডিয়া ছিল। তিনি ছোঠখাট বিষয়েও খুব রেগে যেতেন। যখন প্রধানমন্ত্রীকে কোনো চিঠি পাঠাতে হতো কখন কাগজের পর কাগজে রাফ করতেন আর তা ডাস্টবিনে যেত। তিনি অল্পতেই রেগে যেতেন।

এস.জী.-র ঘর প্রধানমন্ত্রীর ঘরের থেকে পনেরো গজ দূরে ছিল, আর নেহেরুজী প্রায় সেখানে চলে আসতেন। দুই-একবার তো তিনি আমার ঘরেও উঁকি দিয়েছেন, সেখানে আমর সাথে থাকত দুজন স্টেনোগ্রাফার।

1960 এর জুলাই মাসের প্রথম দিকে, আমি অজান্তেই প্রধানমন্ত্রীর রাগের মুখে পড়ে গেছিলাম। মাঙ্গোলিয়ার ন্যাশানাল ডে এর সমারোহে এস.জী. -র সেখানে যাওয়ার কথা ছিল। তাঁর যাওয়ার আগের দিন রাতে আমি একটা ফাইল বাদ দিয়ে বাকি সব কাজ সেরে রেখেছিলাম। তার ভেতরে প্রধানমন্ত্রীর নেপালের রাজাকে লেখা চার পৃষ্ঠার একটা পত্র ছিল। আমি নিজের আলমারিতে তা এই ভেবেই রেখে দিয়েছিলাম যে, পরের দিন সকালে তা পড়ে বিদেশ সচিবকে পাঠিয়ে দেব।

পরের দিন সকালে আমি এস জী-র সাথে পালাম চলে যাই। তাঁর হংকং যাওয়ার প্লেন দেরিতে ছাড়ার কথা ছিল, আমি এয়ারপোর্টে বসেই তাঁর উল্লাসিত স্ত্রীর সাথে কথা বলে যাচ্ছিলাম। কয়েক মিনিট বাদে এক পরিচিত ব্যক্তিকে আমাদের টেবিলের সামনে এগিয়ে আসতে দেখি। তিনি খুবই শান্ত গলায় বলেছিলেন, 'শ্যার, পন্ডিতজী আপনাকে ডাকছেন।'

আমার বুকের ভেরতটা কেঁপে ওঠে, কারণ সেই সময় আমার নেপালের ফাইলের কথা মনে পড়ে গেছিল। আমি তীব্র গতিতে গাড়ি চালিয়ে সাউথ ব্লকে গিয়ে পৌঁছাই, প্রবেশ পথেই চাপরাসী বিনম্রতা পূর্বক বলে যে, 'শ্যার পন্ডিতজী আপনার জন্য অপেক্ষা করছেন।' আমি ঝড়ের বেগে সিঁড়ি দিয়ে উঠে তীব্র গতিতে আলমারি খুলে ফাইলটা বার করে নিয়ে আমার ব্যক্তিগত সচিব এস.পী. খান্নার ঘরে চলে যাই। তিনি আমাকে দেখেই বলেন, 'নটবর সিংহ জী! আপনি ওখানে গেলে আজ উনি অবশ্যই কিছু ছুঁড়ে আপনাকে মারবেন। উনি প্রচন্ড রগে আছেন। আপনি এই ফাইল এফএসকে দিয়ে দিন।' তখন আমি এফ. এস. অর্থাৎ বিদেশ সচিব এম. জে. দেসাইয়ের কাছে ফাইল নিয়ে যাই, তিনি নেহেরু জীর রাগের কথাই জানিয়েছিলেন। আমাকে ফাইল সেখানে রেখে দেওয়ার কথা বলা হয়েছিল।

একদিন বাদে, আমাকে প্রশাসকীয় সচিব বদর তৈয়ব জী আসলে ঘটনা কি হয়েছিল সে কথা জানান। আমি যখন পালামের প্রতীক্ষালয়ে বসে অপেক্ষা করছিলাম, তখন সাউথ

ব্লকে একটা নাটক চলছিল। সাড়ে নয়টা নাগাদ প্রধানমন্ত্রী নিজের অফিসে পৌঁছান, তিনি বিদেশ সচিবকে না ডেকে তাঁর ঘরে গিয়ে জিজ্ঞাসা করেন, 'এম. জে.! নেপাল নরেশকে আমি যে চিঠি লিখেছি, সেই ব্যাপারে তোমার কি মত?' এম. জি. তো কোনো চিঠি দেখনই নি। তিনি বলেন, 'শ্যার, আমার কাছে তো এখনও সেই রকম কোনো ফাইল পাঠানো হয়নি।' তখন প্রধানমন্ত্রী একটু আশ্চর্য হয়ে তাঁর ব্যক্তিগত সচিবকে বলেছিলেন, বিদেশ সচিবের কাছে তখনও কেনো সেই ফাইল পৌঁছাইনি। খান্না তাঁকে জানিয়েছিলেন যে, তা এস.জী.-কে পাঠানো হয়েছিল। তখন নেহেরু জী বলেছিলেন, 'এটা এস.জী.কে কেনো পাঠানো হয়েছে? এস.জী. ওটা দিয়ে কি করবে?' খান্না তাঁকে জানিয়েছিলেন যে, সমস্ত ফাইল প্রথমে এস.জী.-র কাছে যায়, তারপর তাঁর ব্যক্তিগত সচিব (অর্থাৎ আমি) তা বিদেশ সচিব বা অন্য আধিকারীদের পাঠিয়ে দিই। খান্না অল্পতে বিচলিত হোতেন না, তিনি সঙ্গে সঙ্গে আমার ঘরে গেছিলেন, কিন্তু আমি ঘরে ছিলাম না। আমার স্টেনো তাঁকে জানিয়েছিলেন যে, আমি এয়ারপোর্ট গেছি। খান্না জিজ্ঞাসা করেছিলেন যে, ফাইল কোথায় আছে, আর তারপর আলমারি খুলতে বলেছিলেন। তখন তিনি জানতে পারেন যে, তার চাবি আমার কাছে ছিল। ততক্ষণে বিদেশ সচিব ও অন্য আধিকারীরা সকালের মিটিং-এর জন্য প্রধানমন্ত্রীর ঘরে চলে এসেছিলেন। খান্না তখন প্রধানমন্ত্রীকে জানান যে, চাবি নটবরের কাছে আছে, আর তিনি এম.জী.-কে ছাড়তে পালাম গেছেন। প্রধানমন্ত্রী রাগে জ্বলে উঠেছিলেন, 'আলমারি ভেঙে দাও, আর পুলিশকে ডেকে ওকে ধরিয়ে দাও।' তিনি টেবিলের ওপর হাত চাপড়াচ্ছিলেন। তৈয়ব জী সেই অবস্থা সামলানোর চেষ্টা করেছিলেন, 'শ্যার! আপনি রাজার উদ্দেশ্যে যে চিঠি লিখেছেন, তা নটবরের হয় তো খুব ভালো লেগেছে, তাই ও সেটা আরাম করে পড়ার জন্য রেখে দিয়েছে।' কিন্তু তখন পীএম কোনো রসিকতা শোনার অবস্থায় ছিলেন না। 'আমি নটবরকে আনন্দ দেওয়ার জন্য চিঠিটা লিখিনি, ওকে এক্ষুণি ধরে নিয়ে এসো। আমার কাজে এমন বাধা আমি সহ্য করতে পারি না।'

এই ঘটনার পর, তাঁর সামনে পরার ভয়ে, আমি নিজের ঘর থেকে বেরানোর রাস্তাই বদলে ফেলেছিলাম, প্রায় এক সপ্তাহ বাদে আমি আবার আগের রাস্তা দিয়ে চলা ফেরা শুরু করেছিলাম। একদিন আমি তাঁর ঘরের সামনে দিয়ে যাচ্ছিলাম, সেই সময় হঠাৎই তিনি ঘর থেকে বেরচ্ছিলেন, আমি হার জোর করে ওনাকে প্রণাম জানই, আমার হাতে একটা বই ছিল। তিনি দাঁড়িয়ে যান, অভিবাদনের উত্তর দিয়ে জিজ্ঞাসা করেন, ওটা কোন বই। আমি তাঁকে জানাই যে, সেটা ছিল এমেরী ডী রেনকোর্টের 'দ্যা সোল অফ চাইনা'। তিনি বলেন, 'আমি তাঁর লেখা , দ্যা সোল অফ ইন্ডিয়া পড়েছি।'

'আজ্ঞে শ্যার, আমিও পড়েছি!'

তিনি সিঁড়ির দিকে এগিয়ে যেতে গিয়ে বলেছিলেন, 'কিন্তু আমার মনে হয়, স্পেনগ্লেরিয়ানের...।'

আমি ওসওয়াল্ড স্পেনগ্লরের লেখাও পড়েছিলাম, তাই ঘাবরে গিয়ে একটু হাসা ছাড়া আমার আর কিছু করার ছিল না।

তিনি হাঁটছিলেন, সিঁড়ি দিয়ে নামার সময় পিছন ঘুরে দাঁড়িয়ে একটু উৎফুল্লতার সাথে বলেছিলেন, 'নেহেরু সাম্রাজ্য, হুঁ...।'

একজন অল্প বয়সী আঈএফএসের আধিকারী যদি প্রধানমন্ত্রীর সাথে ব্রেকফাস্ট করার সুযোগ পায়, তাহলে তার কাছে যে সেটা কতবড় দুর্লভ সুযোগ তা বলে বোঝাতে পারব না। কৃষ্ণা মাসি যখন দিল্লীতে এসেছিলেন তখন আমি দুই বার এমন সুযোগ লাভ করেছিলাম। প্রথমবার তো উনি নিজের বিচারেই মগ্ন ছিলেন। যখন আমি চীনে থাকার সময়কার দুই একটা কথা বলি, তখন উনি একটা আগ্রহ দেখিয়েছিলেন। দ্বিতীয়বার কৃষ্ণ মেনন, ইন্দিরা গান্ধী ও ফিরোজ গান্ধীও উপস্থিত ছিলেন। তাঁকে দেখে একটু বিষাদগ্রস্থ বলে মনে হয়েছিল। জানিনা, আমি ঘাবরে ছিলাম, নাকি এমন লোকেদের সাথে এক টেবিলে বসে খাওয়ার সুযোগ পাওয়ার জন্য বিস্মিত ছিলাম বলে যাই দিতে আসছিল আমি তাতেই না করছিলাম। খাওয়ার শেষে ইন্দিরা গান্ধী আমাকে বলেছিলেন, 'পপ্পু আজ খুব সমস্যার মধ্যে আছে। ওনার একটা পোষা কুকুরের শরীর খুব খারাপ।' এই কথা শুনে আমি উল্লাসিত হয়ে উঠেছিলাম।

1961 সালের গনতন্ত্র দিবসের প্যারেডে কুইন এলিজাবেথকে মুখ্য অতিথি রূপে আমন্ত্রণ জানানো হয়েছিল। লর্ড মাউন্টব্যাটেন নেহেরুজীকে বলেছিলেন যে, রাষ্ট্রপতি রাজেন্দ্র প্রসাদের সাথে কুইনকেও সেলুট জানাতে হবে, তাতে প্রধানমন্ত্রী আপত্তি জানাতে পারেননি। এটা ছিল একেবারে খারাপ প্রস্তাব, আমাদের সহকর্মীরা কেউই এই প্রস্তাব মেনে নিতে পাচ্ছিল না। আমি ড. রাধাকৃষ্ণণের সুপুত্র এস গোপালের সাথেও এই ব্যাপারে কথা বলেছিলাম, নেহেরুজী সকলের অসম্মতি দেখে এই বিচার ত্যাগ করার সিদ্ধান্ত নিয়েছিলেন।

মাউন্ট ব্যাটেন নেহেরুজীকে কিভাবে এমন সাংঘাতিক একটা প্রস্তাব দিয়েছিলেন তা ভেবেই আমি অবাক হয়ে যাচ্ছিলাম। মাউন্টব্যাটানের এমন অন্যায় চাহিদাকেও তিনি ক্ষমা করে দিয়েছিলেন, আসলে তাঁর স্ত্রী এডউইননের সাথে নেহেরুর একটা প্রেমজ সম্পর্ক ছিল। 1960 সালের শুরুতে , বোর্নিয়োতে এডউইন মাউন্টব্যাটেন মারা যাওয়ার পর, নেহেরু তাঁকে সংসদে শ্রদ্ধাঞ্জলি জানিয়েছিলেন। এটা ছিল একেবারেই অপ্রত্যাশিত একটা প্রসঙ্গ।

অধ্যায় - ৩

মাও তেস তুঙ্গের চীন

হংকং-এ দুই দিন কাটানোর পর, আমি সীমান্তে অবস্থিত শমচুনের উদ্দেশ্যে রওনা দিই, আর সেখান থেকে কেনটন যাওয়ার জন্য ট্রেন ধরি। সেখানে আমি এমন একটা হোটেলে এক রাত্রি থাকতে বাধ্য হয়েছিলাম যে, আমার মনে হয়েছিল, এই হোটেল ভেঙে দেওয়া উচিত। পরের দিন 1956 সালের 28 শে জুন আমি পিকিং যাওয়ার জন্য ট্রেন ধরেছিলাম। আমাকে প্রথম শ্রেণীর কম্পার্টমেন্ট দেওয়া হয়েছিল। টেবিলের একদিকে এক ফ্লাক্স গরম জল ও এক প্যাকেট গ্রীন টি পড়েছিল, কিন্তু না দুধ, না চিনি। চীনের লোকেরা খুবই গ্রীন টি পান করে। দু বছর আমি চীনে ছিলাম কিন্তু কোনো মোটা লোক দেখিনি।

আমার কাছে শুধুমাত্র এডগর স্নোর ক্লাসিক পুস্তক, 'রেড স্টার ওভার চাইনা' ছিল। প্রথম এই বইয়ের সাহায্যেই পশ্চিম জগতের মাওতেস তুঙ্গ, চাউ-এন-লাই এবং মহান মূক সৈন্য নেতা মার্শাল চু তেহের নাম শুনেছিলাম। 1937 সালে এই পুস্তক প্রকাশিত হয়েছিল, সেই সময় স্নোয়ের বয়স ছিল মাত্র ছাব্বিশ বছর। তিনি প্রথম একজন বিদেশ প্রতিনিধি ছিলেন, যিনি মাওয়ের সাক্ষাৎকার নিতে সক্ষম হয়েছিলেন, মাও দীর্ঘ ছয় হাজার মার্চ করার পর ইউনানে সৈন্যদের মুখ্যালয় তৈরি করেছিলেন। 1968 সালে পুস্তকটির সংস্করণের পর এডগর স্নো লিখেছিলেন - 'শুধু চীনের বাইরের পাঠকরাই নন, বরং সারা চীন বাসী তথা কমিউনিস্ট নেতারাও চীন কমিউনিস্ট দলের প্রথম প্রামাণিক তথ্য প্রাপ্ত করেছে। সাংস্কৃতিক বিপ্লবের সময় স্নোই ছিলের একমাত্র সাংবাদিক, যিনি বার্ষিক প্যারেডের সময় (1970 সালের 1 লা অক্টোবর) মাওয়ের সাথে দাঁড়ানোর সুযোগ লাভ করেছিলেন। এটা ছিল আমেরিকার লোকেদের কাছে দেওয়া একটা সংকেত, কিন্তু তারা তা বুঝতে পারেনি, কিসিঞ্জর তা স্বীকার করেছিলেন।'

পিকিং-এর ভিড়হীন স্টেশানে পৌঁছানোর সঙ্গে সঙ্গেই আমার দূতাবাসের স্টাফের এক সেক্রেটারীর সাথে দেখা হয়। আমার জিনিস পত্র খুব বেশি ছিল না। একটা চামরার সুটকেস, আর হাতে ছিল একটা ছোট ব্যাগ। আমার ওভার কোট হাতেই ধরা ছিল।

স্টাফের গাড়ি আমাকে সিনচাও হোটেলে পৌঁছে দিয়েছিল। পরে আমি বুঝতে পেরেছিলাম যে, সেখানে ডিপ্লোমেটসদের ওপর নজর রাখার জন্য নিম্ন পদস্থ ডিপ্লোমেন্টদের মিথ্যা যাত্রী বা এজেন্ট হিসাবে নিযুক্ত করা হয়। হোটেলটা ছিল একেবারে সাদা, তা দেখে আমার খুবই পছন্দ হয়েছিল। কারণ সেই সময় আমি লোক দেখানোর জন্য নীতি বা

ধর্মমতে গোঁড়া ব্যক্তির পরিচয় দিয়েছিলাম।

পরের দিন সকালে প্রায় খালি একটা ঘরে আমি জলখাবার খেতে যাই। সেখানকার মেনু চীনা ভাষায় লেখাছিল। যখন আমি সেখান থেকে উঠে যাওয়ার কথা ভাবছিলাম সেই সময় এক ভদ্রমহিলা বেশ রঙিন একটি শাড়ি পরিধান করে এই ঘরে ঢোকেন, আর আমার থেকে তিনটি টেবিল ছেড়ে উনি বসেন। আমি তার দিক থেকে চোখ সরাতে পাচ্ছিলাম না। তিনি ছিলেন সত্যিই খুব সুন্দর। আমি ওনাকে কোথায় দেখেছিলাম? উনি কি হান সুই? না, কখনও না। ও চীনে কি করবে? যদিও তাঁকে দেখে আমার খুব পরিচিত বলে মনে হচ্ছিল। আমি মেনু কার্ডের পিছনে তাঁকে লিখে পাঠাই যে, 'আমি খিদেতে মরে যাচ্ছি, কিন্তু খেতে পাচ্ছি না। আপনি কি হান সুই? যদি হন, তাহলে দয়া করে আমার খাওয়ার অর্ডার করতে আমাকে সাহায্য করবেন কি?' আমি ঠিক করেছি কিনা, সেই নিয়ে বিচার করার সময় ওদিক থেকে জবাব আসে যে, 'হ্যাঁ আমি হান সুই। আসুন আমার সাথে বসে খাবার খান।' তাঁর সেথে সেদিন আমার যে বন্ধুত্ব হয়েছিল, তা পরবর্তি পঞ্চাশ বছরেরও বেশি সময় টিঁকেছিল।

1952 সালে তাঁর উপন্যাস 'এ ম্যানী স্পেলেন্ডর্ড থিঙ্গস' প্রকাশিত হয়েছিল, সারা বিশ্বের কাছে তা বেস্টসেলর পুস্তকের সম্মান পেয়েছিল। এই বইটা ছিল আমাদের সময়কার একটা আবেগ ও প্রেম বিহ্বল পুস্তক। সুই খুব ভালো ইংরাজি লিখতে পারতেন। চীনা ভাষা শেখার ব্যাপারে তিনি আমাকে অনেক সাহায্য করেছিলেন। একবার পিকিং-এর বাইরে, সমারা প্যালেসে যাত্রা করার সময় , আমরা দুজনে একটা ছোট্ট নৌকায় বসে, ঝিলের মধ্যে চক্কর কাটছিলাম। সেই সময় চারদিকের পরিবেশটা সত্যিই অতিব মনোরম হয়ে উঠেছিল। আমি নিজের তরফ থেকে বলেছিলেম - 'এখানে এসে এমন শান্তির অনুভূতি হচ্ছে যে, সেই নিয়ে বিচার করাও সম্ভব হচ্ছে না।' কথাটা শুনে তিনি বলেছিলেন যে, 'এমন শান্তি , যার সামনে সমস্ত ভুল ভ্রান্তিকে তুচ্ছ বলে মনে হয়।'

এইভাবে বন্ধুত্বের সূত্রপাত হওয়ার পর, আমরা প্রায়ই একে অপরের সাথে দেখা করতাম। তিনি আমাকে ফোরবিডন সিটি, টেম্পল অফ হ্যাবন এবং বহাই পার্ক নিয়ে গেছিলেন। প্রছিন ও মাওয়ের চীন সম্পর্কে আমার কোনো ধারণাই ছিল না, তাঁর কাছ থেকে আমি সেই বিষয়েও জানতে পেরেছিলাম। তিনি আমাকে বলেছিলেন যে, নেপালে তাঁর সাথে এক অদ্ভুত ভারতীয়ের আলাপ হয়েছিল, তিনি তাঁকে ভালোবেসেও ফেলেছিলেন। আমাদের বন্ধুত্ব ছিল প্লেটোনিক। আমরা একে অপরকে নিজেদের সময় ও একাকীত্ব দিয়েছিলাম। আমরা কেউ কাউর প্রেমে পড়িনি, কিন্তু অজস্র চিঠির আদান প্রদান হয়েছিল। আমরা হংকং, সিঙ্গাপুর, নতুন দিল্লী, লন্ডন, নিউইয়ার্ক, লুসানে এবং জেনিভাতে প্রায়ই একে অপরের সাথে দেখা করতাম।

তিনি কর্নল ভিনসেন্ট রত্নস্বামীকে ভালোবাসতেন। তিনি ছিলেন একজন বিবাহিত ক্যাথলিক আর তাঁর সন্তানও ছিল। আমি তাঁকে চিনতাম ও পছন্দও করতাম। তিনি ছিলেন

ধীর স্থির, খুব ভালো শ্রোতা, কাউর ব্যাপারে কখন মাথা গলাতেন না। তিনি সুইকে বিয়ে করার জন নিজের স্ত্রীকে ডিভোর্স দিয়েছিলেন, যদিও একজন ক্যাথলিকের কাছে এই কাজটা করা খুব সহজ ছিল না। সুইও তাঁর ইংরেজ পুলিশ অফিসার স্বামী লিওনার্ডো কাম্বরকে ডিভোর্স দিয়েছিলেন।

সুই নিজের পরিচয় নিয়ে একটা সংকটের মধ্যে পড়ে গেছিলেন, তিনি ছিলেন চীনের বাসিন্দা কিন্তু ভিনসেন্টের সাথে বিবাহের পর তিনি মন থেকে নিজেকে ভারতীয় বলে ভাবতে শুরু করেছিলেন। চীনারা তাঁকে ব্যবহার করতেন, তিনিও পরে তাইই করেছিলেন। তিনি মাও তেস তুঙ্গের ওপর একটা অরুচীকর বই লিখেছিলেন, আমি 1997 সালে আমার লেখা 'প্রোফাইলস এন্ড ল্যাটারস'-নামক পুস্তকে সেই ব্যাপারে লিখেছিলাম। আমি তাঁর লেখা 'দ্যা মাউন্টেন ইজ ইয়ং' -এর সমীক্ষা করেছিলাম ইলেস্ট্রেটিড উইকলি অপ ইন্ডিয়ার জন্য, আর তিনি সেই ব্যাপারে স্বীকৃতি দিয়েছিলেন, তিনি আমাকে হাজার শব্দের একটা চিঠি লিখেছিলেন, যা আমি কখন আশা করতে পারিনি।

তিনি নিজের জীবনী 'মাই হাউস হ্যাস টু ডোরস'-এ তিনি লিখেছিলেন - 'পীকিং-এ আমার আর একটা ভালো বন্ধু হয়েছিল...কে. নটবর সিংহ, এক অল্প বয়সী দূতাবাস সেক্রেটারী, এখানে ওখানে ঘোরার জন্য ও ছিল খুব ভালো সাথী, ইংরেজ লেখক ঈ.এম. ফোরেস্টর একনিষ্ঠ ভক্ত, ও আমার কাছ থেকে চীনা ভাষা শিখছিল, কিন্তু মনে হোতে যে, ও অতি শীঘ্র এই ব্যাপারে বিশেষজ্ঞ হওয়ার কোনো ইচ্ছা রাখে না....।'

হোটেল থেকে দূতাবাসের দূরত্ব ছিল সাত মিনিটের। এই স্থানটি 1949 সালের আগে লীগেশন কোয়ার্টর রূপে পরিচিত ছিল। সেই স্থান বিশেষত ইউরোপিয়ান, আমেরিকান, রাশিয়ান তথা জাপানী দূতাবাসের জন্য সংরক্ষিত ছিল। সেখানে শুধুমাত্র চীনের লোকেরাই কাজের লোক হিসাবে কাজ করতে পারত।

প্রথম দিন অফিসে, চান্সেরীর প্রধান অশোক ভড়কামকর আমার সাথে বরিষ্ঠ আধিকারীকদের পরিচয় করিয়ে দিয়েছিলেন - আঈ. জে. বাহাদুর সিংহ, পানূ গুহা, এ.আর.রাম তথা বী.বী. পরাঞ্জপে। রাজদূত আর.কে. নেহেরু তথা রাজন নেহেরু দুপুর বেলা চা পানের আমন্ত্রণ জানিয়েছিলেন। কেউ আমার প্রতি কোনো রকম আগ্রহ দেখাচ্ছিল না, আর আমিও বুঝতে পারছিলাম না যে, আমার কি করা উচিত। প্রতিদিন সকালে রাজদূত আধিকারীরা একটা মিটিং করতেন। সেখানে হাজির হওয়াটা ছিল খুবই জরুরি। বী.বী. পরাঞ্জপে 'দ্যা পীপল্স ডেলী' তথা 'তাকুঙ্গ পাও' থেকে খবর পড়ে শোনাতেন, তাঁর খবর নির্বাচন করার রুচিটিও ছিল বিচিত্র। সেখানে শুধুমাত্র তিনিই চীনা ভাষা জানতেন। দূতাবাসের মধ্যে যেহেতু একমাত্র তিনিই চীনা ভাষা জাতনেন সেই কারণে রাজদূতদের তাঁর ওপরেই ভরসা করে থাকতে হতো, সকলে তাঁকে 'পাই' বলে ডাকতেন, আর পাই চীনা ছাড়াও মারাঠী, হিন্দি ও ইংরেজি ভাষা জানতেন। তাঁর ভাষার এই নিপুনতাই সমস্ত ডিপ্লোমেটিক স্টাফদের

কাছে ঈর্ষার বিষয় বস্তু হয়ে উঠেছিল। 1954 সালে মাও ও চাউ-এন-লাইয়ের সাথে নেহেরুর যে মিটিং হয়েছিল, তাতে তিনি অনুবাদকের কাজ করেছিলেন। তাঁর ভেতরে আরো একটা বিশেষত্ব ছিল তিনি চীনের স্থানীয় পেয় পদার্থ বা মদ প্রচুর পরিমাণে পান করার পরেও এতটুকু নেশাগ্রস্থ হতেন না।

পাইয়ের নামটা বিশেষ ভাবে নেওয়ার পিছনে একটা কারণ আছে, তিনি ছিলেন বেপরোয়া, অনুশাসনহীন ও বিচিত্র স্বভাবের ব্যক্তি, আমলাতন্ত্রের পরিভাষায় তাঁকে ফিট্ বলা যেতে পারে না। একদিন সন্ধ্যে বেলায় আমি তাঁর বাড়ির মেঝেতে কিছু কাগজ দেখতে পাই। তা ছিল মাও ও নেহেরুর মিটিং-এর কিছু নথিপত্র। আমি তা পাইয়ের হাতে দিলে তিনি তা তার অগোছালো টেবিলের ওপর রেখে দেন। বাকি পৃষ্ঠা গুলি কোথায় আছে আমার তা জানতে ইচ্ছা করছিল। তিনি আমাকে তাঁর ওভারকোর্টে দেখতে বলেছিলেন, আমি তাই করি, সেখানে কাগজ গুলো ছিল কিন্তু দলা পেকে গেছিল। সুরক্ষার ব্যাপারে পাই কি বিপদ হয়ে উঠেছিল ? না, কারণ তাঁকে কখন এজেন্ট হিসাবে কাজেই লাগানো হয়নি, তিনি খুব বেশি কথা বলতেন, আর কখন যে কি করে বসতেন তা কেউ বুঝতে পারত না।

চীনী দুতাবাসে অনেকটা সময় অতিবাহিত করতে শুরু করলে আমি সেখানকার ইতিহাস পড়তে শুরু করেছিলাম। আমি চীনী ক্লাসিক পুস্তকও কিনেছিলাম, পড়ার জন্য। ‘অল ম্যান আর ব্রাদার্স’ (পর্ল এস. বক চীনী ভাষা থেকে অনুবাদ করেছিলেন), কাওজ্যুকিনের ‘দ্যা ড্রিং অপ রেড চ্যেম্বর’ এবং হয়ুন সাঙ্গ তথা ‘কনফুশিয়াসের’ পুস্তক।

আমি মহান চীনী ঔপন্যাসিক লাও শী-র সাথেও দেখা করেছিলাম। তাঁর বই ‘রিক্সা বয়’ আমেরিকায় বেস্ট সেলর এয়ার্ড লাভ করেছিল। দূতাবাসের তরফ থেলে আমাকে চীনা ভাষা শেখানোর জন্য ডীন চাঙ্গ নামক বিদ্বান এবং কিছু বৃদ্ধ স্বজনকেও নিযুক্ত করা হয়েছিল, যারা ভালো দিন দেখার সুযোগ পেয়েছিল।

আজও আমার চোখের সামনে চেয়ারম্যান মাও তেস তুঙ্গের সাথে প্রথম সাক্ষাতের দিনটা জ্বলজ্বল করে ভেসে ওঠে। আওসের প্রধানমন্ত্রীর সম্মানার্থে একটা খাওয়া দাওয়ার আয়োজন করা হয়েছিল। তিনি একটা হাল্কা গ্রে রঙের ব্যাগী মাও সুট পরেছিলেন। অন্য নেতারা, যেমন লিও শাওকী, চাউ-এন-লাই তথা মার্শাল চু তেহ নীল রঙের সুট পরেছিলেন। মাও তাদের মধ্যে লম্বা ছিলেন। মাও ছিলেন বিচারক, কবি, বিদ্বান, বুদ্ধিমান, বিপ্লবি, মার্ক্সবাদী এবং দৃঢ় সংকল্পি। কিন্তু তিনি ছিলেন নির্দয়ী মানুষ। নিজের দেশের ইতিহাস সম্পর্কে তাঁর জ্ঞান ছিল অসীম। সকলকেই তাঁর মত স্বীকার করে নিতে হতো। তাঁর মস্তিষ্কের ক্ষমতার সাথে শুধুমাত্র লেলিনের মস্তিষ্কের তুলনা করা যেতে পারে।

মাও চীনকে বদলে ফেলছিলেন - পাঁচশো কোটি চীনের লোক তাঁর মতন করে বদলে যাচ্ছিল। তিনি এমন একটা সমাজ গড়ার স্বপ্ন দেখছিলেন যা সমস্ত কমিউনিস্ট বিশ্বের কাছে উদাহরণ হয়ে উঠতে পারে। তিনি অগোছালোতা, মলিনতা ও দুর্নীতির সমাপ্ত করে

ফেলেছিলেন। এই পরিবর্তনের জন্য মানবীয় আত্মাকে বহু মূল্য দিতে হয়েছিল, কিন্তু পঞ্চাশের দশকে তা কেউ অনুভব পর্যন্ত করতে পারেনি। এখন আমরা জানি যে, চীনের সত্তর লক্ষ মানুষের মৃত্যুর পিছনে মাওই দায়ী ছিলেন। এক অনাসক্ত নিরীক্ষক, মাওয়ের অধীনে কষ্ট সহ্য করেও একটা ইনসাইক্লোপীডিয়া সম্পূর্ণ করেছিল।

আমি মাওয়ের চীন সম্পর্কে তথ্য একত্রিত করছিলাম। আমার পিকিং যাওয়ার কয়েক সপ্তাহ বাদে, মাও তেস তুঙ্গ পলিট বিউরোর সেন্ট্রাল কমিউনিটি মিটিং-এ ভাষণ দিয়েছিলেন, তাতে উনি সমাজবাদের নির্মাণ সম্পর্কিত বিচার ধারার ওপরেই চর্চা করেছিলেন।

আমার সেখানে থাকাকালিন সময়ে তিনি দুটি মুখ্য ভাষণ দিয়েছিলেন। 'দ্যা কারেক্ট হ্যান্ডেলিং অফ কন্ট্রাডিকশন্স' এবং 'লেট এ হন্ড্রেড ফ্লাওয়ার্স ব্লুজুম, লেট এ হান্ড্রেড স্কুল অফ থাট্স কন্টেন্ড'। আমি ফোরেস্টরকে এই বিষয়ে একটা চিঠি লিখলে, জবাবে লেখা তাঁর কথা গুলি আজও আমার কানে ভাসে, 'হ্যান্ড্রেড এন্ড ফার্স্ট তো চিরাচরিত বিষয়...।'

মাও ছিলেন এক অদ্ভুত অন্বেষক এবং ভবিষ্যবক্তা, তিনি মার্কসবাদকে পোশ্রয় দিয়েছিলেন। তিনি বলেছিলেন বিপ্লব শিল্পপতিদের হাতে থাকে না, থাকে কৃষকদের হাতে। এটা ছিল বিপ্লবের ভেতরে বিপ্লব। সাটলিন মাওয়ের রাজনৈকি বিচার ধারাকে পছন্দ করতেন না। তিনি মাওকে 'কেভ মার্ক্সবাদী' বলতেন, কিন্তু আমি মনে করি, মাওয়ের অন্তর্দৃষ্টি ছিল অসাধারণ ও মৌলিক।

চীনে ভারতীয় প্রতিনিধি মণ্ডল আসতে শুরু করেছিল। প্রথম দলের নেতৃত্ব করছিলেন ঈ. এম.এস. নম্বুদরীপাদ, তাঁর সাথে ছিলেন পী. সুন্দরায়া এবং পী.সি.ঐ জোশি। রাজদূতরা তাঁদের সম্মানের জন্য যে অনুষ্ঠানের আয়োজন করেছিলেন তাতে বহু চীনা আধিকারীও যোগ দিয়েছিল। সুঙ্গ চিঙ্গলিঙ্গও এসেছিলেন এবং আমার সাথে দেখা হতেই তিনি আমার অবস্থার কথা জানতে চান। রাজদূতেরা কৌতুহল বশত জানতে চান যে, তিনি আমাকে কিভাবে চিনলেন, তিনি বলেন যে, তিনি যখন ভারতে গেছিলেন তখন তিনি আমাকে বেশ কয়েকবার দেখেছিলেন। সীপীআঈ ডেলিগেশান সমস্ত নেতাদের সঙ্গে আলাপ করেন। সেই দলে ফি.এন. শর্মাও ছিল। তিনি ছিলেন একজন বিখ্যার ফটোগ্রাফার। তিনি বহু ছবি তুলেছিলেন, তাতে আমার ছবিও ছিল।

পরে আমি তাঁকে হোটেলে লাঞ্চ করতে ডেকেছিলাম। তিনি আমার একটা ছবি দেখান, যাতে আমি সমস্ত বিখ্যাত নেতাদের সাথে দাঁড়িয়েছিলাম। পরে তাঁর সাথে আমার সম্পর্ক আরো ঘনিষ্ঠ হয়ে উঠেছিল। তিনি ছিলে খুব ভালো, সাদা-সিধা ধরণের মানুষ, রাশিয়ান মেয়ের সাথে তাঁর বিবাহ ছিল এক ভয়ঙ্কর ঘটনা। ধীরে ধীরে তিনি অন্ধকারে তলিয়ে যেতে বসেছিলেন, আর এই ভাবেই তিনি এই পৃথিবী ছেড়ে চলে গেছিলেন।

1956 সালের 1 লা অক্টোবর, ন্যাশানাল ডে-এর সমারোহে বিশ্বের বিখ্যাত ম্যাক্সিকন ভিত্তিচিত্র শিল্পী ডেভিড অল্ফোরো সিকোরোসও এসেছিলেন। তাঁকে তাঁর স্ত্রী সহ দূতাবাসে

আমন্ত্রণ জানানো হয়েছিল। তাঁর নাটকীয় কথাবার্তার দ্বারা তিনি আমাদের সম্মহিত করে ফেলেছিলেন। তাঁর সাথে নসীরের দেখা হয়েছিল, তিনি নেহেরুর সাথে দেখা করার জন্য উদ্গ্রীব ছিলেন। তাঁর যে দোভাষী ছিল, সে তাঁকে অতিষ্ট করে তুলেছিল, সেই কারণে তিনি নতুন কাউকে চাইছিলেন। তাঁর অতীত ছিল খুবই রোমাঞ্চকর। তিনি ছিলেন একজন আদর্শবাদী পেন্টার। স্পেনের গৃহযুদ্ধের সময় তিনি লড়াই পর্যন্ত করেছিলেন, এই সময় তাঁর সাথে অর্নেস্ট হেমিংওয়ের সাথে পরিচয় হয়েছিল। তিনি ছিলেন 'দ্যা গ্রেপ্স অফ র‍্যাথ' -এর লেখক স্টীনবেকের বন্ধু। 1942 সালে তিনি সাম্যবাদী দলের সাথে যুক্ত হয়েছিলেন। আমি সতীশ গুজরালকে চিনি কিনা তিনি সেকথা জিজ্ঞাসা করেছিলেন, আমি তাঁকে জানিয়েছিলাম যে, পরিচয় তো আছে কিন্তু খুব ভালো পরিচয় নেই, তিনি তাঁর কাছ থেকে আঁকা শিখেছিলেন। বেশ কয়েক বছর বাদে জানতে পেরেছিলাম যে, চল্লিশের দশকে লিওন ট্রাস্কোকে হত্যা করার পিছনে তাঁর ভূমিকাও কম ছিল না।

সেপ্টেম্বর মাসে আর. কে. পাটিলের নেতৃত্বে একটা দল আসে। এতে বহু কংগ্রেস ব্যক্তিত্বের সাথে ডী.কে. বরুয়াও উপস্থিত ছিলেন। এক দিন তিনি তাঁর দোভাষীকে জিজ্ঞাসা করেছিলেন যে, 'এটি কি পশ্চিমের পর্বত?' সে হ্যাঁ বললে, তিনি জিজ্ঞাসা করেন, লেবারেশানের আগের না পরের? তিনি পরে আমাকে বলেছিলেন যে, প্রতি প্রশ্নের উত্তরে তিনি এই জবাব দিতে দিতে ক্লান্ত হয়ে পড়েছিলেন, লেবারেশানের পরে ভালো যা কিছু হয়েছে, সবই যেন মাওয়ের দান। এমনকি এই পাহাড়ও যেন মাওয়ের লেবারেশানের উপহার ছিল। এইচ. কে. মালভীয়াও সঙ্গে ছিলেন, তিনি মাওয়ের চীনের ব্যাপারে খুবই প্রভাবিত ছিলেন। সেখানে যাওয়ার পর তিনি এমন কিছু পরির্বতন দেখতে না পেয়ে একটু আহত হয়েছিলেন। পার্টির প্রচারের জন্য প্রচণ্ড চেষ্টা চলছিল, কিন্তু সে ব্যাপারে সংযত হওয়াটা ছিল আবশ্যক। তাঁর অন্য নিরীক্ষণও কৌতুহলপূর্ণ রূপে চিন্তিত করে তুলছিল। তাঁর মতে চীনের লোকেদের পায়ের তলায় ঘাস পর্যন্ত জন্মাতে দিত না, তাতে বাড়ির ছাদে ঘাস জন্মায় তো জন্মাক। মালবীয়া ইন্ডিয়াতে এসে দেখেছিলেন যে, সেখানে সর্বত্র ঘাস জন্মানোর অনুমতি আছে। রাজদূতেরা পাটিলের প্রতিনিধি মন্ডলের প্রতি তেমন কোনো আগ্রহ দেখাননি। তাঁদের মতে তাঁরা ছিল B বাণ্ডিলের লোক।

ডিপ্লোমেটদের বেশির ভাগ সময়টা কাটত পিকিং-এর বিমান বন্দরে, তা ছিল আমাদের পালাম এয়ারপোর্টের দ্বিতীয় সংস্করণ। জুলাই থেকেঅক্টোবরের মধ্যে লাওস, নেপাল, পাকিস্তান এবং ইন্ডোনেশিয়ার প্রধানমন্ত্রীদের স্বাগত জানানো হয়েছিল। এছাড়া অক্টোবরের সমারোহের জন্য ভারত থেকে এক শক্তিশালী প্রতিনিধির দলও এসেছিল। জেনারল জে.এন. চৌধুরী ডিফেন্স ডেলীগেশানের নেতৃত্ব করেছিলেন।

29 শে সেপ্টেম্বর লোকসভার স্পীকার অনন্তশয়নম অয়ঙ্গারের নেতৃত্বে সবচেয়ে বড় দলটা এসেছিল। স্পীকারের জন্য আয়োজিত লাঞ্চের পর এয়ারপোর্টে যেতে হয়েছিল,

কারণ রাষ্ট্রপতি সুকর্ণো আসছিলেন, তাঁকে স্বাগত জানাননোর জন্য স্বয়ং মাও বিমান বন্দরে গেছিলেন। আমি সমস্ত নিয়ম ভেঙে ছবি তুলেছিলাম, কিন্তু কেউ কিছু বলেনি। মাওয়ের খুব কাছ থেকে একটা ছবি তুলেছিলাম। সুরক্ষা আধিকারী আমাকে চিনতেন, তাই তিনি একবারের জন্যও আমাকে মানা করেননি। রাষ্ট্রপতি আহমদ সুকর্ণো সৈন্যদের পোশাকে প্লেন থেকে নেমেছিলেন, মেডেল ও ব্যাটন সহ তাঁর মাথায় ছিল ইন্দোনেশিয়ার টুপি। মাও ছিলেন ওনার ঠিক বিপরীত। আসলে সুকর্ণোর একটা প্রভাব বিস্তারের জন্য এই সব বস্তুর আবশ্যকতা ছিল, তিনি সফলও হয়েছিলেন, কিন্তু মাওয়ের এই সবের প্রয়োজন ছিল না। সুকর্ণো ছিলেন একজন বুদ্ধিমান মানুষ, কিন্তু তিনি কোনো বিপ্লবী ছিলেন না। ওই দিনের সভায় মাও পাঁচ মিনিট কথা বলেছিলেন আর সুকোর্ণ পঞ্চাশ মিনিট ধরে বক্তৃতা দিয়েছিলেন।

1 লা অক্টোবরের সকাল থেকে দুপুর পর্যন্ত ক্রমাগত বৃষ্টি পড়ছিল। বৃষ্টি হওয়া সত্ত্বেও চার ঘন্টা ধরে দেখার মতো প্যারেড হয়েছিল। তিনানমন গেটের কাছে ডিপ্লোমেটদের বসার আয়োজন করা হয়েছিল। বালকোনিয়ে মাও, সুকর্ণো, নেপালের প্রধানমন্ত্রী তথা অন্য গণ্যমান্য ব্যক্তি ও নেতারা বসেছিলেন। মার্চ পাস্ট ছাড়াও অ্যাথ্‌লীট্‌দের দেখানো শরীরচর্চা মূলক ক্রীড়া ছিল দেখার মতো। সেখানে অংশগ্রহণকারীরা নিজেদের সাথে লেলিন, মার্ক্স, স্টালিন ও মাওয়ের বিরাট বিরাট ছবি নিয়ে এসেছিল। আমাদের ছাতা ও গরম গরম চীনা চা পরিবেশন করা হয়েছিল, সেখানে অবস্থিত একটা বিরাট ঘর থেকেই এই সমস্ত জিনিসের সাপ্লাই করা হচ্ছিল। আমাদের সংসদীয় দলের অবস্থা ছিল খুবই খারাপ। তাঁদের ঠান্ডা লাগছিল, তাই তাঁদের ওভার কোর্ট ও ছাতা দেওয়া হয়েছিল। এই প্যারেড পিকিং-এর বাসিন্দারা দেখতে পায়নি, কারণ তিনানমন স্কেওয়ের দিকে আসা সমস্ত রাস্তা ঘাট বন্ধ করে দেওয়া হয়েছিল।

চেয়ারম্যান মাও 30 শে অক্টোবর নিজের নিবাস স্থল চুঙ্গনান হাঈতে প্রতিনিধি মণ্ডলের সাথে দেখা করেন। এটা ছিল এক বিশেষ ঘটনা। মাও তেস কখনও কাউকে ডাকতেন না। রাষ্ট্রপতি নিক্সন তাঁকে 1972 সালের ফেব্রুয়ারী ঐতিহাসিক চীন যাত্রার সময় তাঁকে কল করেছিলেন, কিন্তু মাও সেই কলের কোনো উত্তর দেননি। চীনের ইতিহাসে মাওয়ের মতো শক্তিশালী কোনো সম্রাট পর্যন্ত ছিল না।

মিটিং-এর পর আমি একটা নোট তৈরি করেছিলাম, আজ আটান্ন বছর পরেও সেটি ততটাই জীবন্ত হয়ে আছে, যতটা জীবন্ত সেই সময় ছিল। আমরা পনেরো জন ছিলাম, চেয়ারম্যান ও স্পীকার সামনা সামনি বসেছিল। এই মিটিং চলেছিল এক ঘন্টা ধরে। আয়ঙ্গর মাওয়ের থেকে অনেক বেশি কথা বলেছিলেন, যদিও রাজদূতেরা আগে থেকেই তাঁকে সব বুঝিয়ে দিয়েছিল, যার ফলে তিনি নিজের পথ হাড়িয়ে ফেলেননি।

মাও - 'আমি গ্লোবে যে পরিবর্তন হচ্ছে তা দেখতে পাচ্ছি আর পশ্চিম যে পথ হাড়িয়ে ফেলছে তাও বুঝতে পারছি। আমি ইউকে বা ইউরোপের জন্য নয়, বরং ইউএসের

জন্য চিন্তা করছি। এই সময় চীন ইউএসএ কে নিয়ে নয় বরং সোভিয়েত ইউনিয়ানকে ভয় পাচ্ছে। টেকনিকের দিক দিয়ে এখন আমরা ইউএসএ-র থেকে অনেক পিছিয়ে আছি আর তাদের মোকাবিলা করার জন্য এখনও পঞ্চাশ বছর সময় লাগবে। আমরা তিরিশ লক্ষ সেনার যে দল তৈরি করেছি তার জন্য অন্যান্য প্রগতির পথে বাধার সৃষ্টি হয়েছে। আপনাদেরও কি মনে হচ্ছে যে, আমাদের সৈন্য দল খুবই বিশাল ?' স্পীকার মহাশয় গম্ভীর ভাবে খুবই কৌশল পূর্ণ কথা বলেছিলেন।

স্পীকার - 'আমি সৈন্য কক্ষের অধ্যয়ন করিনি, আর আপনার সৈন্যদের অভিযানও দেখিনি। আমাকে আমার আপ্যায়ন কর্তা যেখানে যেখানে নিয়ে গেছেন, আমি ঠিক সেখানে সেখানেই গেছি। আমি সেই রকম কোনো স্থান দেখতে চেয়ে তাদের অপদস্থ করতে চাইনি, যা তাঁরা আমাকে দেখাতে আগ্রহী নন।'

মাও - 'না, আমাদের কাছে গোপন করার মতো কোনো বিষয় নেই, তাই আপনি কিছু দেখতে চাইলে অপদস্ত হওয়ার প্রশ্নই উঠছে না।'

স্পীকার - 'আমাদের সশস্ত্র প্রতিনিধি মন্ডল আমাকে বলেছে যে, তারা এখানে এসে এবং আপনার সাথে দেখা করতে পেরে খুবই সন্তুষ্ট হয়েছে।'

মাও - 'আমি তাদেরও আমার সৈন্য দল খুব বড় কিনা জিজ্ঞাসা করেছিলাম, কিন্তু কোনো উত্তর পাইনি, তাই আমি আপনাকে জিজ্ঞাসা করলাম।'

স্পীকার - ' আমরা আমাদের সীমান্ত রক্ষার ব্যাপারে বেশি চিন্তিত, আর আমাদের সেনাদেরও সেটাই কাজ। ভারতের কোনো বিপদ নেই, কিন্তু আপনার সমস্যা অন্য জায়গায়, তাই আপনার কাছে সেনা থাকাটা খুবই জরুরি। আমাদের মতো আপনারও লোকসংখ্যা বেশি, আর কোরিয়ার যুদ্ধে এই ম্যান পাওয়ারই আপনাকে রক্ষা করেছিল।'

মাও জানিয়েছিলেন যে, চীন নিজের বাজেটের তেত্রিশ শতাংশ সুরক্ষা বিভাগের পিছনে ব্যয় করে, কথাটা শুনে আমি সত্যি খুব অবাক হয়ে গেছিলাম। সেটা ছিল খুব বেশি, তাঁর পরবর্তি বছরেই তা কমিয়ে কুড়ি শতাংশ ও পরে বারো শতাংশ করা উচিত ছিল।

মাও - 'আমরা আমাদের দেশে শান্তির বিকাশ চাই, এই সময় আমাদের বড় ও নিপুণ মেশিনের বদলে মধ্যম আকারের মেশিনের নির্মাণ করা উচিত। এটাই আমাদের কাছে অবশ্য প্রয়োজনীয়। তিনি স্পীকারের কথার জবাবে এই কথা জানিয়েছিলেন। স্পীকার বলেছিলেন, 'ভারত ও চীন হস্তকলার ক্ষেত্রে সারা পৃথিবীকে নেতৃত্ব প্রদান করতে পারে।'

মাও একবারও বলেননি, চীন কোনো ক্ষেত্রে সকলের আগে আছে। এই সংযম চীনের প্রতিটা নেতার মধ্যেই দেখা গেছিল। তারা আমাদের ভারতীয় নেতাদের মতো নিজেরাই নিজেদের পিঠ চাপড়ে শাবসি জানায় না। চীনীরা বলে যে, আমরা তো অতি সামান্য করেছি, আপনাদের কাছ থেকে আরো কিছু শিখতে চাই। মাও আমাদের স্পীকারের মুখ থেকে পঞ্চবার্ষিকী পরিকল্পনা ও স্বাধীনতা আন্দোলন সম্পর্কে খুব মন দিয়ে শুনছিলেন।

মাও বলেছিলেন যে, তিনি ভারতের স্বাধীনতা আন্দোলন সম্পর্কে ভুল তথ্য লাভ করেছিলেন, তিনি এবার বুঝেছেন যে, গান্ধী ও নেহেরুর নেতৃত্বে যে আন্দোলন গড়ে উঠেছিল, তা প্রকৃত অর্থেই একটা গণ আন্দোলন ছিল।

1954 সালে নেহেরু তাঁকে এই ব্যাপারে জানিয়েছিলেন। তখন তিনি বলেছিলেন যে, তিনি গান্ধীজীর পন্থাটা এখন আরো ভালো করে বুঝতে পারছেন।

স্পীকার - 'গান্ধীজী আত্মার বলের ওপর বিশ্বাস করতেন, তাঁর কাছে সাধন সাধ্যের চেয়ে বেশি শক্তিশালি ছিল।'

মাও - 'অহিংসা ও অসহযোগও সংঘর্ষই ছিল। এটাকে কি বিপ্লব বলা যায় না?'

স্পীকার - 'আপনি এত দ্রুত উন্নতি করছেন যে, আপনি অতি শীঘ্রই আমাদের সমকক্ষ হয়ে যাবেন।'

মাও - 'এমনটা অনিবার্য নয়।'

স্পীকার - 'আমরা একসাথে এগিয়ে যাব।'

তারা কি বিনম্রতাই না দেখাচ্ছিল। জনপ্রিয় স্লোগান ,'হিন্দী চীনী ভাই ভাই,' তখনও লোকের মুখে সেই স্লোগান ছিল, তারা কি অজান্তেই কথা গুলো বলছিল? নাকি তারা সত্যি সত্যিই ঐক্য বদ্ধ ভারতকে দেখতে চাইছিল? অবশ্যই না। তাদের স্লোগানের মধ্যে দিয়ে কপটতার লক্ষণ ফুটে উঠছিল। 1954 সালে নেহেরুর সাথে কথা বলার সময়, তিনি একবারও ভারত বিভাজনকে ভুল আখ্যা দেননি, বা কোনো সংঘবদ্ধ ভারতের কথা তিনি বলেননি।

1957 সালের 7 ই জুলাই আমি চেঙ্গিজ ও কাবুলের দুনিয়া উলান বটোর ও মঙ্গোলিয়ার জন্য প্লেনে বসেছিলাম। এই সুদূর দেশে যাওয়ার নামেই আমার উৎসাহের শেষ ছিল না। রাশিয়া ও চীনের কাছে এক বিরাট ভূখণ্ড ছিল, যাতে লক্ষাধিক লোক বাসও করত। আমরা যখন গোবি মরুভূমির ওপর দিয়ে যাচ্ছিলাম তখন সেখানে একটা ঘাষ বা গাছের চিহ্ন পর্যন্ত দেখিনি। সেখানে জলের একটা ছোট্ট বিন্দু দেখে আমি অবাক হয়ে গেছিলাম।

প্রায় দুই ঘন্টা বাদে মেঘ সরে যায়, ধোঁয়াশা কেটে যায় উলান বটোর চোখে পড়ছিল। ইংল্যান্ডের যেকোনো মাঠের মতো তা সবুজে ভরা ছিল, যার ফলে দেখতে খুবই ভালো লাগছিল। সেখানে কোনো রান-ওয়ে ছিল না। এয়ারফীল্ডে গবাদি পশু চড়ে বেড়াচ্ছিল, সেগুলিকে সেখান থেকে ভয় দেখিয়ে সরানোর জন্য পাইলটকে প্লেন অনেক নীচে নিয়ে যেতে হয়েছিল। আমরা অন্য রকম চেষ্টার দ্বারা ল্যান্ড করি, সেখানে খুব ঠান্ডা ছিল, খুব জোরে হাওয়াও প্রবাহিত হচ্ছিল। একজন ভদ্রলোক আমাকে নিতে এসেছিলেন, তিনি ছিলেন চেকের রাজদূত। তাঁর কথা শুনে আমার খুবই খারাপ লাগছিল, আগে তাঁকে আফগানিস্তান ও পরে মঙ্গোলিয়ায় নিযুক্ত করা হয়েছিল।

(কে. নটবর সিংহ, মাই ডায়রী 1956 – 88, নতুন দিল্লী, রূপা পাব্লিকেশান, ভারত 2009।)

চীনীর রাজদূত দুপুর বেলায় মঙ্গোলিয়ায় পৌঁছেছিলেন। এত ঠান্ডা ছিল যে, আমি ওভার কোর্ট পরেও ঠক্‌ঠক্ করে কাঁপছিলাম। রাজদূতের বোধ হয় তা দেখে ভালো লাগছিল না। তাঁর সঙ্গে একজন মঙ্গোলিয়ান দোভাষী ছিলেন, তিনি মস্কোতে হিন্দি শিখেছিলেন।

বিদেশ মন্ত্রী তাঁর আফিসে আমাদের স্বাগত জানানোর জন্য একটা খাওয়া-দাওয়ার ব্যবস্থা করেছিলেন, একটা বিরাট ঘরে প্রচুর ফার্নীচার ছিল, সেগুলি সবই মস্কো থেকে আনা হয়েছিল। তিনি ফ্রেঞ্চ ও রাশিয়ার ভাষায় বেশি কথা বলতেন, মঙ্গোলিয়ান ও চীনী ভাষায় খুব কমই কথা বলতেন।

মঙ্গোলিয়ায় একটা অবাস্তব মনোরম অভিজ্ঞতা লাভ করেছিলাম। মনে হচ্ছিল যেন, বিংশ শতাব্দীর সাথে পঞ্চদশ শতাব্দী যুক্ত হয়ে গেছে। সর্বত্রই ঘোড়া দেখতে পাচ্ছিলাম। সেই ঘোড়ার পিঠে বসেই কোনো এক সময়ে মঙ্গোলিয়ানরা অর্ধেক পৃথিবী জয় করে নিয়েছিল। তারা একটা সাম্রাজ্য তৈরি করেছিল ঠিকই কিন্তু একটা রাষ্ট্র নির্মাণের প্রয়োজনকে উপেক্ষা করে গেছিল।

এই সময়তে, সুয়েজ খাল নিয়ে একটা সমস্যার সৃষ্টি হয়েছিল। স্বাধীনতা দিবসের দিন কঠোর শব্দেপূর্ণ একটা ভাষণ শোনা যায় 'মিশরের লোকেরা নিজেদের ক্ষেত্রে, নিজেদের রক্তো ও ঘাম ঝরিয়ে এই খালের নির্মাণ করেছে। সুয়েজ খাল নিয়ে যত অন্তর্রাষ্ট্রীয় সন্ধিই হোক না কেন, এটা সকলেই জানে যে সুয়েজ খাল মিশরের একটা অখণ্ড অংশ, সুয়েজ খাল কম্পানী একটা মিশরীয় কম্পানি। 1955 সালে সংগঠিত বানডুঙ্গ কনফারেন্সে এশিয়া ও আফ্রিকার দেশ গুলি ঘোষণা করেছে যে, ঔপনিবেশিক বাদের মধ্যে এমন কিছু বিষাক্ত অংশ আছে, তা যত তাড়াতাড়ি সম্ভব দূর করে নেওয়া উচিত।

1956 সালে সুয়েজের সংকটের সময় চীনের হাজার হাজার যুবক ব্রিটিশ দূতাবাসের বাইরে জমায়েত হয়েছিল। কাউর হাতে ম্যাগাফোন ছিল, আবার কাউর হাতে ছিল বড় বড় পোস্টার, যাতে জন বুল ও এন্থোনী এডনের অপ্রাসঙ্গিক কিছু কার্টুন বানানো ছিল। স্লোগানেয় বলা হচ্ছিল যে, ব্রিটিশ ও ফ্রান্স ঔপনিবেশিক বাদ নিপাত যাক, আমেরিকা হায় হায়! ইজরায়িল হায় হায়! বাহাদুর আরবিয়ানদের শত্রু।' যারা বিরোধীতা জানাচ্ছিল তাদের মধ্যে বেশির ভাগই ছিল ছাত্র। আমি রাস্তার অন্য দিকে দাঁড়িয়ে এই দৃশ্য দেখছিলাম, সেখানে প্রেস ও মিডিয়ার লোকেরাও ভিড় করে দাঁড়িয়ে ছিল। খবরের কাগজে মিশরের এই সমস্ত ঘটনাই ছাপা হয়েছিল। এর কয়েক সপ্তাহ আগে মিশর চীনে নিজেদের দূতাবাস খুলেছিল। চেয়ারম্যান মাও মিশরের রাজদূতকে স্বাগতও জানিয়েছিল। ব্রিটিশ, ফ্রান্স ও ইজরাইল মিশরের ওপর যে আক্রমণ চালিয়েছিল জওহরলাল নেহেরু তার জন্য প্রতিবাদ জানিয়েছিলেন, আর তাদের গৃহীত পদক্ষেপের জন্য তাদের প্রশংসা করেছিলেন। তারা কয়েকদিন ও কয়েক রাত ধরে এই বিরোধীতা প্রদর্শন করেছিল, কিন্তু একজন মানুষও দূতাবাসের ভেতরে যাওয়ার চেষ্টা করেনি।

এই সময়তেই হাঙ্গারিতে সোভিয়েতের মধ্যস্থতার খবর আসে। সোভিয়েতের আক্রমণকে মাও সম্পূর্ণ রূপে সমর্থন জানিয়েছিল। চাউ-এন-লাই সোভিয়েত, পোল ও হাঙ্গারীর লোকেদের চীনের সমর্থনের কথা জানিয়ে দিয়েছিলেন, এবং ভরসা প্রদানের জন্য মাস্কো, বরসাত এবং বুডাপেস্ট -এ চলে গেছিলেন। তিনি পোলিশ নেতৃত্বকে সংযত হওয়ার জন্যই সচেতন করে দিয়েছিলেন।

প্রধানমন্ত্রী হাঙ্গারীকে সুয়েজের মতো গুরুত্ব দিতে অস্বীকার করলে জওহরলাল নেহেরু খুবই ক্রুদ্ধ হয়েছিলেন। 1956 সালের 5 ই নভেম্বর জয়প্রকাশ নারায়ণ লিখেছিলেন 'আপনি (নেহেরু) যদি না বলেন তাহলে আপনিও বাহাদুর লোকেদের একটা নতুন সম্রাজ্যবাদ দ্বারা গোলাম করার দোষে অভিযুক্ত হবেন, যা আগেকার ঘটনার থেকেও অনেক বেশি ভয়ঙ্কর, কারণ এটা বিপ্লবেরই এক ছদ্মবেশ।' সুরক্ষা পরিষদে কৃষ্ণ মেনন বলেছিলেন যে, হাঙ্গারীর ঘটনাটি হল একটা ঘরোয়া বিষয়, যে কারণে এই মামলা আরো বিগড়ে গেছিল। তারা আরোও এগিয়ে গেছিল। তিনি এই বিষয়ের জন্য ভোট প্রদানের ব্যাপার অস্বীকার করেছিলেন এবং ভাষণ প্রদানের মাধ্যমে নিজের নির্ণয়কে সমর্থন জানানোর চেষ্টা করেছিলেন। প্রধানমন্ত্রী জওহরলাল নেহেরু তাঁর সাথেই ছিলেন, কিন্তু এই অযৌক্তিক প্রতিরক্ষা নেহেরুর করা উচিত হয়নি।

ডিসেম্বর মাসে চাউ-এন-লাই ভারতে এসেছিলেন নেহেরুর সাথে কথাবার্তা বলার জন্য। সেই সময় গৌতম বুদ্ধের 2500 তম জন্ম বার্ষিকী উপলক্ষে দলাই লামা ভারতে এসেছিলেন, তিনি তাঁর সাথেও দেখা করেন। নেহেরু এবং চাউ লামাকে লহাসায় যাওয়ার অনুরোধ জানিয়েছিলেন, কিন্তু তিনি তিব্বতে যেতে চাইছিলেন না, চীন তখন হান জাতির লোকেদের দিয়ে চীন ভরিয়ে ফেলছিল, যার ফলে তিব্বতিয়ানরা সংখ্যা লঘিষ্ঠ সম্প্রদায়ে পরিণত হচ্ছিল। নেহেরুজী সেই সময় অজান্তেই চাউ-এন-লাই ও নিজের মধ্যে তিব্বতিয়ান নেতাকে বসিয়ে, বিষয়টা আরো গম্ভীর করে তুলেছিলেন।

1957 সালের 18 ই ডিসেম্বর উপরাষ্ট্রপতি এস. রাধাকৃষ্ণণ চীনের রাজধানিতে গেছিলেন। সমস্ত চৈনিক নেতাদের সাথেই তাঁর দেখা হয়েছিল। চেয়ারম্যান মাও তখন রাধাকৃষ্ণনের সাথে দেখা করার জন্য বেজিং থেকে চলে এসেছিলেন।

রাধাকৃষ্ণণনের সাথে মাওয়ের সাক্ষাত হয়েছিল। নোম পোহতে গাড়িতে ওঠার সময় মাওয়ের হাতে আঘাত লেগেছিল, যার জন্য তাঁর হাত ব্যান্ডেজ করা ছিল। মাওয়ের সাথে করমর্দন করার পর রাধাকৃষ্ণণজী মাওয়ের বাম গালে আদরের সাথে আলতো করে আঘাত করেন। মাও সহ সমস্ত চৈনিক নেতা এই ঘটনা দেখে বিস্মিত হয়ে গেছিলেন। যদিও দার্শনিক মহাশয় এই বিষয়টি সামলানোর জন্য বলেছিলেন, 'মি. চেয়ারম্যান! আপনি সংকোচ করবেন না। আমি স্টালিন এবং পোপের সাথে এমনটাই করেছিলাম।'

মাও-রাধাকৃষ্ণণনের কথাবার্তা খুবই ভালো ভাবে সংগঠিত হয়েছিল। রাধাকৃষ্ণণজী

ভেবেছিলেন যে, যদি চীন ও ভারত একত্রে দাঁড়িয়ে যায় তাহলে সারা বিশ্ব সেই দিকে নজর দিতে বাধ্য হবে। এই কথা শুনে মাও বলেছিলেন যে, যদি চীন ও ভারত কুড়ি বছরের জন্যও এক হয়ে যায়, তাহলে কেউ তাদের আলাদা করতে পারবে না। খাওয়ার সময় মাও নিজের চপস্টিকের দ্বারা মাংসরে টুকরো তুলে নিরামিষভোজী অতিথির প্লেটে রেখে দেন। তিনি নিজের তরফ থেকে বন্ধুত্বের গভীরতার প্রদর্শন করার চেষ্টা করেছিলেন। আমি তো অবাক হয়ে দেখছিলাম, কিন্তু আমাদের উপরাষ্ট্রপতি খুবই বুদ্ধির সাথে সম্পূর্ণ বিষয়টি সামলেছিলেন। তিনি মাংসে হাত পর্যন্ত লাগাননি, কিন্তু বহু রকমের নিরামিষ খাদ্য প্লেটে রেখে টেস্ট করে দেখেছিলেন।

একজন বৌদ্ধ বৃদ্ধ উীন চাঙ্গকে আমি ধন্যবাদ প্রদান করতে চাই, তিনি আমাকে চীনের ভাষা শিখিয়ে দিয়েছিলেন। এই ভাষায় এতটা নিপুণ তো আমি হয়েই গেছিলাম যে, মাওয়ের মূল রূপ আমি পড়তে শিখে গেছিলাম। আজও আমার তাঁর লেখা বাক্য গুলির মধ্যে একটা বাক্য খুব ভালো করে মনে আছে 'প্রয়োজনে উইলোর (একধরণের কাঠ) বেঁকে যাও আবার দরকার পড়লে ওকের মতো সোজা হয়ে থাক।'

সেই বছরের শেষে দিকে আমি বিখ্যাত পেন্টার চী পাই-শীহের সাথে সাক্ষাতের সুযোগ পেয়েছিলাম। রাষ্ট্রের নব্বই বছর বয়সের এই সম্পদকে খুঁজে বার করা এত সহজ ছিল না, কিন্তু উপরাষ্ট্রপতি চেন চেনের জন্য এই সাক্ষাৎ সম্ভবপর হয়ে উঠেছিল। বহু বছর ধরে কেউ ওনার কোনো খবর নেয়নি। তাঁর তিরানব্বই বছর বয়সে যখন চাউ-এন-লাই মাস্টার চীয়ের সাথে দেখা করতে গেছিলেন, তখন রাতারাতিই তিনি বিখ্যাত হয়ে যান। তাঁকে থাকার জন্য একটা আরামদায়ক ঘর এবং সমস্ত রকম সুযোগ সুবিধা দেওয়া হয়েছিল।

ডিসেম্বরের মাঝামাঝি সময়ে প্রখর শীতের মধ্যে একদিন সকালে আমি তাঁর সাথে দেখা করতে গেছিলাম, এক সুন্দর পোশাক পরিহিত ভদ্রলোক দরজা খুলেছিলেন, তিনি ছিলেন তাঁর পুত্র। আমি মাস্টার চীয়ের স্টাডিতে গেছিলাম, আর খানিকক্ষণের জন্য তো তাঁকে চিনতেই পারিনি। একটা গরম গ্রাউন পরে শুয়েছিলেন, মাথায় ছিল কালো রঙের একটা টুপি। রুপো দিয়ে তৈরি গান্ধীজীর মতো চশমা। মাস্টারের পুত্র বলেছিলেন, তিনি সম্প্রতি খুব অসুস্থ হয়েছিলেন।

তিনি আমার দিকে ধ্যান দেননি। তাঁর ছেলে যখন চিৎকার করে তাঁর কানের সামনে আমার কথা জানিয়েছিলেন তখন তিনি আমার দিকে দেখেন এবং চায়ের কথা জিজ্ঞাসা করেন। আমি তাঁকে প্রথমেই জিজ্ঞাসা করেছিলাম যে, তাঁর সমকালীন তাঁর পছন্দের পেন্টার কে ছিলেন ? তিনি বলেছিলেন- চেন পান তীঙ্গ। আমি এই নাম আগে কখন শুনিনি। আমি যখন তাঁকে জিজ্ঞাসা করি যে, তিনি কখন কোনো ভারতীয় পেন্টিং দেখেছেন কিনা, তখন তিনি বলেছিলেন যে, ইন্ডোনেশিয়ায় দেখেছিলেন, রাষ্ট্রপতি সুকর্ণো তাঁকে তা পাঠিয়েছিলেন। সেই সময় তাঁকে বিশ্ব শান্তি পরিষদ অন্তর্রাষ্ট্রীয় শান্তি পুরস্কার দ্বারা তাঁকে সম্মানিত করেছিল,

কিন্তু তাঁকে যখন এই সম্মানের কথা জিজ্ঞাসা করেছিলাম তখন তিনি জানিয়েছিলেন, 'আমার মনে হয় না আমার পেন্টিং-এ এমন কিছু আছে যা লোকেদের কাছে শান্তির বার্তা নিয়ে যেতে পারে।' চী প্রকৃতি থেকে উঠে আসা জিনিস গুলির ছবি আঁকতেন, তিনি কুচো চিংড়ি, ঝিঁঝিঁ ও মাছের ছবি আঁকতেন। তাঁর পুত্র বিস্তারিত ভাবে জানিয়েছিলেন যে, চী খুবই ধৈর্য্য সহকারে এই সমস্ত কীট পতঙ্গ বা প্রাণী গুলির অধ্যয়ন করতেন, সেগুলির জীবন বা বাহ্যিক রূপ দেখে সহানুভূতির জাগরণের পরেই তিনি ছবি আঁকতেন। চী অনেক কবিতাও লিখেছিলেন, থাঙ্গ কবি তু ফূ এবং লী পী এর কবিতা পড়তে তিনি খুব ভালোবাসতেন। তাঁর আঁকা প্রচুর ছবির মধ্যে আমি দুটি নিয়েছিলাম, যা আজও আমার কাছে অমূল্য হয়ে আছে।

সেখানকার সাংস্কৃতিক জীবনও ছিল খুবই সমৃদ্ধশালী। পীকিং অপেরার বিখ্যাত স্টার লানফাঙ্গও ছিলেন আকর্ষণের কেন্দ্র বিন্দু। তিনি মহিলাদের চরিত্রে অভিনয় করতেন, তিনি ছিলেন খুবই ভদ্র, বিনম্র এবং সুসংস্কৃতিক। তিনি দুইবার তাঁর শো দেখার জন্য আমাকে টিকিট দিয়েছিলেন। তিনি ছিলেন কমলা লক্ষ্মণের প্রশংসক, যিনি চীনের বিভিন্ন ক্ষেত্র খুব ভালো নৃত্য প্রদর্শন করতে সক্ষম হয়েছিলেন। 1930 সালে লানফাঙ্গ নিউইয়ার্কে উদয় শঙ্করের সাথে দেখা করেছিলেন, 1957 সালে পুনরায় পিকিং-এ তাঁদের দেখা হয়েছিল, সেই সময় উদয় শঙ্কর পিকিং-এ ঘুরতে গেছিলেন।

একটা শোয়ের পর, রিসেপশানের সময় আমি প্রধানমন্ত্রী চাউ-এন-লাইয়ের সাথে বেশ কিছুক্ষণ ধরে কথা বলেছিলাম, কথা বলার শেষে আমি প্রধানমন্ত্রী ও মেয়রকে আটকে রাখার জন্য খুবই লজ্জা বোধ করেছিলাম। কারণ সেটা ছিল আমার একটা বড় ভুল, আমি ভুলেই গেছিলাম যে, এই অনুষ্ঠানের আয়োজন আমরা করিনি, বরং প্রধানমন্ত্রী নিজে করেছেন। আমি চীনের এক আধিকারীর সাথে কথা বলায় এতই ব্যস্ত হয়ে পড়েছিলাম যে, সবাই চলে গেছিল, সেদিকে খেয়াল পর্যন্ত করিনি। হঠাৎ যখন দেখি যে, প্রধানমন্ত্রী আমার যাওয়ারই প্রতীক্ষা করছেন তখন আমি হতভম্ব হয়ে পড়ি। পেঙ্গ চেন এবং মার্শাল হো লুঙ্গ বিস্মিত চোখে আমার দিকে তাকিয়েছিলেন। আমি নিজেকে দোষারোপ করতে করতে সেখান থেকে বেরিয়ে যাই।

এর ঠিক এক বা দুই দিন বাদে পুনরায় প্রধানমন্ত্রীর সাথে দেখা করার সুযোগ আসে এবং একটা কৌতুকপূর্ণ ঘটনার জন্য তা চিরস্মরণীয় হয়ে আছে। তিনি যখন কেরল এসেম্বলীর ভোটের কথা জিজ্ঞাসা করেন তখন আমি তাঁকে জানিয়েছিলাম যে, ফলাফলের কথা এখনও আমরা জানতে পারিনি। প্রধানমন্ত্রী কোনো কথা না বলে, পার্টির বিস্তারিত বিউরো আমার সামনে রেখে দিয়েছিলেন।

নিজের সাথিদের মধ্যে চাউ-এন-লাই ছিলেন সর্বাধিক আকর্ষক, বুদ্ধিমান এবং অসাধারণ রাজনৈতিক ব্যক্তিত্ব। বিগত বছরের সাথে সাথে তাঁর খ্যাতিও বৃদ্ধি পাচ্ছিল। তিনি যখন মাওয়ের কথা মতো বিদেশ নীতির প্রয়োগ করেছিলেন সেই সময় সারা বিশ্বের সামনেও

উজ্জ্বল চৈনিক নেতা হয়ে উঠেছিলেন।

আমি, মীরা মলিক এবং দর্শন ভুটানীর কাছ থেকে ছয় মাস ধরে পীকিং বিশ্ববিদ্যালয়ে চীনা ভাষা শিখি। চীনের এই বিখ্যাত বিশ্ববিদ্যালয় চীনা ভাষায় 'পীটা' নামে পরিচিত ছিল। চারপাশে গাছে ঘেরা এই বিশ্ববিদ্যালয় দেখতে খুবই সুন্দর ছিল। মাওতেস তুঙ্গ 1918 – 1920 সাল পর্যন্ত পীটার পুস্তকালয়ের অধ্যক্ষ ছিলেন। পীটার বহু ছাত্র বিপ্লবী হিসাবে পরিচিত। 1989 সালে তাদের শেষ বিদ্রোহের রূপ চোখে পড়েছিল, সেই সময় তারা তিনানমন স্কয়ার কব্জা করে ফেলেছিল এবং সর্বসত্তাবাদের সমাপ্তি চেয়েছিল তারা। ডীঙ্গ জিয়াওপীঙ্গ নির্দয়তার সাথে নিজের বিদ্রোহেকে দমন করেছিলেন।

সেখানে সকাল সাতটায় ক্লাস শুরু হোত। আমি আমার দুই আইএফএসের সহ কর্মীকে নিয়ে বোল্কসব্যাগনে করে পীটে পৌঁছে যেতাম। আমাদের চারজন অধ্যাপকের মধ্যে কেউই ইংরেজিতে একটা কথা বলতেন না। কোর্স ছিল খুবই কড়া, আমরা তিনজন বহু কষ্টে আমাদের শেষ পরীক্ষায় পাশ করেছিলাম। চীনের ছাত্ররা ভিড় করে ডরমেটরীতে কথা বলত, তারা ডাইনিং রুমেও দাঁড়িয়ে খাবার খেত, কারণ সেখানে চেয়ারের অভাব ছিল। তারা খুবই সরল জীবন যাপন করত, আর বিদেশী ছাত্রদের সাথে তাদের মিশতে মানা করা হয়েছিল। আমাদের কোর্সে মাও চুসী - চেয়ারম্যান মাওয়ের লেখাও আমাদের পড়তে হয়েছিল। এই মহান ব্যক্তির লেখা গদ্যটি ছিল একটা দুরন্ত বলের মতো, যা যেকোনো ছাত্রকে উদ্বুদ্ধ করতে পারত। 'কোনো বিপ্লবের মানে এই নয় যে, আপনি লোকেদের কিছু খাওয়ার জন্য বা কোনো নিবন্ধ লেখার জন্য বা কোনো ছবি আঁকার জন্য আমন্ত্রণ জানাচ্ছেন...একজন বিপ্লবীর মানে হল নিজেই কটা বিপ্লব, একটা হিংসার কাজ, যার দ্বারা একটা জাতি অন্য আর একটা জাতিকে গোড়া থেকে উৎপাটিত করে।' 1954 সালে তিনি এই নিবন্ধ লিখেছিলেন। 1938 সালে তিনি ঘোষণা করেছিলেন, 'প্রত্যেক সাম্যবাদীর এই সত্যটি গ্রহণ করা উচিত যে, একটা বন্দুকের নলই একটা রাজনৈতিক শক্তিকে এগিয়ে নিয়ে যায়।' এটা ছিল তাঁর সবচেয়ে পরিচিত এবং ভয়ংকর কথা গুলির মধ্যে অন্যতম।

1958 সালে, এডভান্স চাইনিজের ওপর যে পরীক্ষা হয়েছিল, তাতে লেখা ও মৌখিক দুটিতেই আমি খুব ভালো নম্বর পেয়েছিলাম। এই পরিণাম রক্ষা মন্ত্রালয়ের স্কুল অফ ফরেন ল্যাঙ্গোয়েজের কাছে পাঠানো হয়েছিল। স্কুলের নির্দেশক চীনী পরীক্ষকের নাম ও যোগ্যতার কথা জিজ্ঞাসা করেছিল। এম্বাসীর কাউন্সিলার অশোক ভড়কামকর উত্তরে লিখেছিলেন, 'আমি পরীক্ষকদের যোগ্যতা ও শিক্ষার সম্পর্কে কিছু জানিনা, কিন্তু তাদের নাম হল মাও তেস তুঙ্গ এবং চাউ-এন-লাই।'

অধ্যায় - ৪

সাউথ ব্লকে ফিরে আসা

আমি চীনে চব্বিশ মাস অর্থাৎ মাত্র দু বছর কাটিয়েছিলাম, 1958 সালের 2 শরা মে, আমি ঔদাসীন্য ও প্রসন্নতাকে সঙ্গে নিয়ে পীকিং থেকে রওনা দিই। মাও তেস তুঙ্গ চীনে আমাকে প্রভাবিত তো করেছিলেন, কিন্তু তাঁর জন্য আমাকে খানিকটা অবসাদ গ্রস্তও হোতে হয়েছিল। আমি হান সুইয়ের সাথে একটা স্মরণীয় দিন অতিবাহিত করার পর হংকং থেকে পিএন্ডও জাহাজে বসে সতেরো দিন বাদে বোম্বে পৌঁছাই, সেখানে আমি দুই দিন কৃষ্ণা হঠীসিংহের কাছে ছিলাম।

1959 সালের 31 শে মার্চ, আমি সাউথ ব্লকে শ্রী নেহেরুর সাথে 1958 সালের আইএফএসের শিক্ষানবিশ পরিরক্ষক হয়ে দেখা করতে গেছিলাম। ততদিনে তিনি শিক্ষানবিশদের সাথে ব্যক্তিগতভাবে মিটিং করার কাজ বন্ধ করে দিয়েছিলেন। এই মিটিং এর সময় বিদেশ সচিব সুবিমল দত্ত ভেতরে ঢোকেন এবং ধীরে ধীরে তিনি তাঁক কানে কিছু বলেন, সঙ্গে সঙ্গে প্রধান মন্ত্রী জানান যে, তাঁকে এক প্রয়োজনীয় কাজে তখনই সংসদে যেতে হবে। আমরা একটু স্তম্ভিত হয়ে গেছিলাম, কিন্তু সেই পোলও খুব শীঘ্র খুলে গেছিল। সেই দিন সকালেই পবিত্র আত্মা দলাই লামা নিজের এক বিশাল দল নিয়ে ভারত-তিব্বত সীমা লঙ্ঘন করেছিলেন এবং তিনি ভারতের কাছে রাজনৈতিক শরণ লাভের আশা করছিলেন। চৈনিকরা ভয়ঙ্কর রূপে এর প্রতিক্রিয়া জানিয়েছিল। মাও নেহেরুর সম্পর্কে বলেছিলেন - 'অর্ধেক মানুষ এবং অর্ধেক শয়তান।' চীন তাঁর মুখ এমন করে ধুয়ে দিতে চেয়েছিল যাতে তাঁকে একটা শয়তানের মতো ভয়ঙ্কর বলে মনে হয়।

দলাই লামা আসামের তেজপুরে কিছুদিন বিশ্রাম করার পর দিল্লী এসেছিলেন। তাঁকে হায়দ্রাবাদ হাউসে রাখা হয়েছিল এবং তাঁর সাথে কয়েকজন আধিকারীও ছিল। দলাই লামা ইংরেজি বলতে পারতেন না, কিন্তু তাঁর এই ভাষার অজ্ঞানতার জন্য তাঁর উপস্থিতির আকর্ষণ এতটুকুও ক্ষুণ্ণ হতো না। তাঁর মুখে থাকত ভুবন ভোলানো হাসি, আর তাঁর চোখে সেই ঝলকের বিস্তারই দেখা যেত।

আমি উপরাষ্ট্রপতি এস. রাধাকৃষ্ণণ এবং গৃহ মন্ত্রী পন্ডিত গোবিন্দ ভল্লভ পন্ত জীর সাথে তাঁর সাথে দেখা করতে যেতাম ও তাঁর পরিরক্ষার দিকে ধ্যান দিতাম।

তাঁর সঙ্গে দেখা হওয়ার পর বহু বছর কেটে গেছে, কিন্তু তাঁর স্মৃতি এখনও আমার মনে অক্ষুণ্ণ হয়ে আছে। তৎকালিন গৃহ মন্ত্রী শুধু যে বুদ্ধিমান, বিচক্ষণ, ধৈর্য্যবান,

কুশল ও প্রতিভা সম্পন্ন ব্যক্তিত্ব ছিলেন তাই নয়, সেই সঙ্গে তিনি ছিলেন নেহেরু সরকারের এক শক্তিশালী সদস্য, প্রধানমন্ত্রীর ঠিক পরেই দ্বিতীয় স্থানে তাঁকে রাখা হতো। ওই দিন আমি এবং দোভাষী ছাড়া ঘরে আরো দুজন মানুষ ছিলেন। দলাইলামা নিজের বয়সের তুলনায় অনেক বেশি পরিপক্ক ছিলেন, চৈনিকরা তাঁর দলের লোকেদের সাথে যে দুর্ব্যবহার করছিল এবং যেভাবে মানবাধিকারের অবমাননা হচ্ছিল তাতে তিনি খুবই চিন্তা ও অবসাদের মধ্যে ছিলেন। পন্ত মহাশয় তাঁর কথা শুনে বলেছিলেন যে, সাধারণ মানুষ এবং সরকার তাঁকে খুবই সম্মান ও শ্রদ্ধা করে, তাঁকে রাজনৈতিক আশ্রয়ের অনুমতি দেওয়ার ফলে এই বিষয়টা আরোও স্পষ্ট হয়ে উঠেছিল। সেই সময় পন্ত মহাশয় আমাদের দিকে আঙুল করে জিজ্ঞাসা করেন যে, 'তুমি কে?' কিন্তু একটু বাদে আমি বুঝতে পারি যে, তিনি আসলে আমার পিছনে বসে থাকা ব্যক্তিকেএই প্রশ্ন করেছিলেন। যখন এই ব্যক্তি নিজের পরিচয় দিতে গিয়ে বলেন যে, তিনি আসলে পীটীআঈ- য়ের রিপোর্টার তখন দলাই লামার মুখ লাল হয়ে যায়। তিনি এবং গৃহ মন্ত্রী খুবই উচ্চ পর্যায়ের বিষয় নিয়ে কথা বার্তা বলছিলেন। আমি ভেবেছিলাম যে, গৃহমন্ত্রী এই সাংবাদিককে ঘর থেকে বাইরে বার করে দেবেন, কিন্তু তিনি তা করেন নি। তার পরিবর্তে তিনি দলাই লামাকে নিজের কথা বলতে বলেছিলেন।

মিটিং সমাপ্ত হওয়ার পর গৃহমন্ত্রী এই সাংবাদিককে আটকে দেন, এবং খুব ভদ্র ভাবে নিজের রাগ প্রকাশ করে তাকে সচেতন করে দেন, যাতে এই মিটিং-এর একটা কথাও বাইরে প্রকাশিত না হয়। এই ব্যক্তি একটু ভয় পেয়ে গেছিলেন, প্রেসে একটা কথাও ছাপা হয়নি।

পন্তজী সাংবাদিক বোঝার পরেও কেনো তাকে এই ঘরে রেখেছিলেন, সেটাই আমার মাথায় আসছিল না। পরে সব কথা বুঝতে পারি। আসলে তিনি যদি তখনই তাকে ঘর থেকে বার করে দিতেন, তাহলে সে তক্ষণাৎ নিকটতম টেলিফোনের বুথে গিয়ে ফোন করে সমস্ত ঘটনা ফাইল করে দিত। পন্ডিত পন্তজী সেটা জানতেন। তিনি খুবই বুদ্ধির সাথে সমস্ত বিষয়টিকে সামলে নিয়েছিলেন। সেই দিনের পর থেকে তাঁর ওপর আমার সম্মান ও শ্রদ্ধা বহু গুণে বৃদ্ধি পেয়েছিল।

ডিসেম্বর মাসে ইউ এসের প্রেসিডেন্ট ডভাইট ডী ঈশনহওয়ার ভারতে আসলে, চীনের তরফ থেকে ভারতের চোখ কিছু দিনের জন্য সরে গেছিল। তিনিই ছিলেন ভারতে আসা প্রথম আমেরিকার প্রেসিডেন্ট। তাঁর এই আসার আনন্দ ভারতবর্ষ বেশি দিন ভোগ করতে পারেনি। চীন-ইন্ডিয়ার ঘনীভূত মেঘ চারদিকে বিস্তার লাভ করেই ফেলেছিল। তখনও ব্রেকিং পয়েন্ট আসেনি ঠিকই কিন্তু ভবিষ্যৎ অন্ধকার ময় হয়ে উঠেছিল। চাউ-এন-লাই নেহেরুকে চীনে যাওয়ার জন্য আমন্ত্রণ জানিয়েছিলেন। তিনি চাউকে আমাদের এখানে আসার আমন্ত্রণ জানিয়েছিলেন। যাই হোক শেষ পর্যন্ত প্রধানমন্ত্রী তাঁর নিমন্ত্রণ স্বীকার করে নিয়ে, চীন ও ভারতের সীমান্তের সমস্যার দূর করার জন্য 1960 সালের 20 শে এপ্রিল

ভারতে আসেন। তাঁর সাথে স্পষ্টবক্তা বিদেশ মন্ত্রী মার্শাল চেন এসেছিলেন। তিনি নেহেরুকে জানিয়ে দিয়েছিলেন যে, তিনি এই নিয়ে তিনবার ভারতে আসলেন, কিন্তু নেহেরু মাত্র একবারই চীনে গেছিলেন। পালাম এয়ারপোর্টে তাঁকে কোনো উষ্ণ অভ্যর্থনা জানানো হয়নি, নেহেরুর তুলনায় লাইয়ের ভাষণ ছিল অনেক বেশি মৈত্রীর বন্ধনে আবদ্ধ। এই ব্যাপারে বলতে গিয়ে আমি এস. গোপালের কথা গুলোই তুলে ধরছি

'ভারতের ওপর বিরক্ত হওয়া সত্ত্বেও এপ্রিল মাসে চাউ-এন-লাই ভারতে এসেছিলেন। এই দুই ব্যক্তির এটাই ছিল শেষ সাক্ষাৎকার, তাঁদের দুজনের মধ্যে অনেক কিছুই একরকম ছিল - বুদ্ধিমত্তা, বৃহৎ মামলার ব্যাপারে সংবেদনশীলতা এবং কৌশল; তাঁরা দুজনে ছিলেন পৃথিবীর মধ্যে সেই সময়কার সবচেয়ে বেশি বুদ্ধিমান প্রধানমন্ত্রী, কিন্তু সত্তা ও হিত কিসের মধ্যে নিহিত থাকে তা নেহেরুর তুলনায় চাউয়ের কাছে অনেক বেশি স্পষ্ট ছিল, কিন্তু ততদিনে তা এতকাই শক্ত শিকলে পরিণত হয়েছিল যে, তার সমন্বয় সাধন করে দেওয়া হয়েছিল।'

আমাকে চীনের প্রধানমন্ত্রীর সাথে সম্পর্ক আধিকারী হিসাবে নিযুক্ত করা হয়েছিল। আমি নিজের 'মাই চীন ডায়রী'-তে এই অভিশপ্ত ভ্রমণ সম্পর্কে বিস্তারিত বর্ণনা করেছি, তাই এখন দু-একটি ঘটনার কথা উল্লেখ করাই যথেষ্ট।

নেহেরু চীনের প্রধানমন্ত্রীকে জানিয়েছিলেন যে, তাঁর মন্ত্রী মণ্ডলের বরিষ্ঠ মন্ত্রীরা তাঁকে ডাকবেন। ধূর্ত প্রধানমন্ত্রী উত্তর দিয়েছিলেন যে, তিনি তাঁকে ডাকতে চান। যখন চাউয়ের সাথে উপরাষ্ট্রপতি এস. রাধাকৃষ্ণণ, গৃহমন্ত্রী গোবিন্দ ভল্লভ পন্ত তথা অর্থ মন্ত্রী মোরারজী দেসাইয়ের সাক্ষাৎ হয়েছিল তখন আমি তাঁর সাথেই ছিলাম। যদিও তাঁদের মধ্যে কেউই চীন-ইন্ডিয়ার বর্ডারের সংবেদনশীলতা সম্পর্কে অতটা পরিচিত ছিলেন না, কিন্তু তাঁরা তাঁর সাথে সেই বিষয়ে কথা বলেন এবং উপরাষ্ট্রপতি ও অর্থ মন্ত্রী চাউকে ক্রোধান্বিত করতে সক্ষম হয়েছিলেন। উপরাষ্ট্রপতি নিজের কথা শুরু করেছিলেন এই বলে যে, চীন ও ভারতের সীমা নিয়ে যে সমস্যা আছে তা নেহেরুর জীবনকালেই সমাপ্ত হয়ে যাওয়া উচিত। চৈনিক নেতা এই কথা বুঝতে পারেননি। উপরাষ্ট্রপতি এটাও বলেছিলেন যে, গত দুই হাজার বছর ধরে এই দুই রাষ্ট্রের মধ্যে কখন কোনো যুদ্ধ হয়নি, আর যুদ্ধ করে এই সমস্যার সমাধান করা যাবে না। এই কথা শুনে চীনের বিদেশ মন্ত্রী বলেন যে, চীনও কোনো রকম যুদ্ধ করতে চায় না। গত তিরিশ বছর ধরে চীনের কমিউনিস্ট পার্টী চিআঙ্গ-কাই-শেক সরকার ও জাপানী সাম্রাজ্যের সাথে লড়াই করে চলেছে। তিনি নিজের চোখে নিজের স্ত্রী ও পুত্রকে নদীর অপর পারে হত্যা করতে দেখেছিলেন। তখন উপরাষ্ট্রপতি জিজ্ঞাসা করেছিলেন যে, 40 কোটি ভারতবাসীদের বন্ধুত্বের সামনে চারশো বর্গ মিলি জমির মূল্যই বা কি?

(সর্বপল্লী গোপাল, জওহরলাল নেহেরু এ বায়োগ্রাফী, ভলিউম 3, নতুন দিল্লী, অক্সফোর্ড ইউনির্ভাসিটি প্রেস 2012)

সঙ্গে সঙ্গে চাউ বলেছিলেন যে, 60 কোটি চীনাদের সাথে বন্ধুত্বের সামনে কয়েক হাজার একর জমির গুরুত্ব কতটুকু? কিন্তু উপরাষ্ট্রপতি কোনো উত্তর দিতে পারেননি।

তাঁদের কথাবার্তার মধ্যে দর্শন ও আবেগের একটা ঝলক দেখা যাচ্ছিল, কিন্তু মোরারজী দেসাইয়ের দম্ভ প্রতিবন্ধকতার সৃষ্টি করেছিল, তিনি কিছু কঠোর ও অশিষ্ট শব্দের প্রয়োগ করেছিলেন। তাঁর এই ব্যবহার দেখে আমি ভয় পেয়ে গেছিলাম। মোরার জী দেসাইয়ের সাথে এই রকম কথাবর্তার পর চাউ-এন-লাই আমাকে বলেছিলেন যে, 'আমি সীমান্তের বিষয়ে আলোচনা করার জন্য প্রধানমন্ত্রী নেহেরুর সাথে কথা বলতে এসেছিলাম, কিন্তু আমার এই ভদ্রতাপূর্ণ আগমনের পরে আমাকে এমন ভাষণ শুনতে হচ্ছে কেন?' আমি এই কথা নেহেরুকে জানিয়ে দিই।

তাঁর আসার তিনদিনের মাথায় সংবাদ পত্রের মুখ্য পৃষ্ঠায় একটা কার্টুন ছাপা হয়েছিল, যাতে চাউকে সাপের রূপে দেখানো হয়েছিল। আর একটা কার্টুনে তাঁর মুখে এক বিরাট হাসি নিয়ে তিনমূর্তি ভবন থেকে বেরানোর ছবি ছাপা হয়েছিল। এই দুটি কার্টুনই ছিল খুবই অপমান জনক ও অপ্রিয়, চীনের প্রধানমন্ত্রী কখনই অল্পতে বিচলিত হোতেন না, সেই তিনিও আমাকে বলেছিলেন যে, 'আমি যদি হাসি মুখে বাইরে যাই তাহলে আমার নিন্দা হয়। যদি আমি হাসি মুখে বাইরে না যাই তাহলেও আমার নিন্দা হয়। তোমাদের সংবাদ পত্রে কিভাবে এই ধরনের বিষয় গুলি প্রকাশিত হয়?' আমি ওনাকে বলি যে, আমাদের এখানকার সংবাদ দাতারা কাউর দ্বারা আবদ্ধ নয়, এমনকি নেহেরুজীকেও এমন অপমান সহ্য করতে হয়। প্রধানমন্ত্রী বেশ গম্ভীর গলায় আমাকে জিজ্ঞাসা করেছিলেন যে, 'আপনার কি এই গুলিকে ঠিক বলে মনে হচ্ছে?' আমি চুপ করে যাওয়া ছাড়া আর কোনো উপায় খুঁজে পাইনি।

তাঁদের কথাবার্তার পরেও যে অসফলতা দেখা গেছিল, তা ছিল ভারতের ইতিহাসের সবচেয়ে দুঃখ জনক ঘটনা। তাঁদের মধ্যে একটা গভীর খাদের সৃষ্টি হয়েছিল। যে কারণে এই ঘটনার সূত্রপাত হয়েছিল, চীনের প্রধানমন্ত্রীর তা কণ্ঠস্থ ছিল, তাই তিনি চালাকির দ্বারা ভারতের প্রধানমন্ত্রীকে সচেতন করে দিয়েছিলেন, 1962 সালে চীন ও ভারতের যুদ্ধের পরেই তার সমাপ্তি হয়েছিল।

25 শে এপ্রিল রাত সাড়ে দশটার পর চাউ-এন-লাই অতি তৎপরতার সাথে একটি প্রেস কন্ফারেন্স ডেকেছিলেন, যা পরের দিন দুপুর একটায় শেষ হয়। এটি শুরু হয়েছিল একটা বিস্তারিত ব্যাখ্যার মাধ্যমে, তাতে প্রদত্ত শব্দ গুলিকে প্রাক্সিমিঠির ছয়টা পয়েন্ট বলে অভিহিত করা হয়

1. দুই পক্ষের মধ্যেই সীমা নিয়ে বিবাদ চলছিল।
2. দুটি দেশের মধ্যে একটি নিয়ন্ত্রণ রেখা আছে, যার দুই দিকে দুই দেশের প্রশাসনিক অধিকার ক্ষেত্রের আরম্ভ হয়।

3. দুই দেশের সীমানার নির্ণয়ের সময় কিছু ভৌগলিক সম্পদ যেমন ওয়াটারশেড, নদী, পর্বত প্রভৃতি ক্ষেত্রেও সীমান্ত এলাকায় সঠিক বন্টন আবশ্যক।

4. দুই দেশের মধ্যে সীমান্ত নিয়ে যে বিবাদ চলছে, তারফলে হিমালয় ও করাকোরম পাহারে থাকা বাসিন্দাদের আবেগের কথাও মাথায় রাখা উচিত।

5. সীমান্তের বিবাদ নিয়ে দুই দেশ যখন আলোচনা করছে, তখন দুই পক্ষেরই বাস্তবিক নিয়ন্ত্রণ রেখা অনুসারেই চলা উচিত আর পূর্বের শর্ত অনুসারে কোনো চাহিদা না করে ব্যক্তিগত ভাবেই বোঝাপড়া করে নেওয়া উচিত।

6. সীমান্তে শান্তি বজায় রাখার জন্য তথা শান্তিপূর্ণ কথাবার্তা চালানোর জন্য, দুই দেশেরই, সীমান্তবর্তী এলাকায় টহল দারি করা উচিত।

তাঁর ভ্রমণের চতুর্থ তথা শেষ দিনে সংযুক্ত সরকারি সূচনা জারি করা হয়েছিল আর তাতে শান্তিপূর্ণ সহ অস্তিত্বের পাঁচটি সিদ্ধান্ত সম্পর্কে কোনো কথাই বলা হয়নি, ধরে নেওয়া হয়েছিল যে, ভারত এই মতে রাজী নয়, সেই অনুসারে বোঝা যাচ্ছিল যে, চীন ভারতের যে অঞ্চলের ওপর কব্জা করে রেখেছে তাতে করে চীন আগে থেকেই নিয়ম ভঙ্গ করে ফেলেছে। সরকারি বিজ্ঞপ্তিতে বলা হয়েছিল যে, দুই প্রধানমন্ত্রীই সীমার সমস্যা নিয়ে নিজেদের মতামত জানিয়েছেন, কিন্তু তাঁরা কোনো রকম সিদ্ধান্তে আসতে পারেননি। এই কারণে তথ্যমূলক সামগ্রী লাভের জন্য অনেক বেশি পরীক্ষার প্রয়োজন দেখা দিয়েছিল।

নেহেরু নিজেই স্বীকার করেছিলেন যে, আগে সংসদের বিশ্বাস অর্জন না করে কাজটা করা তাঁর ঠিক হয়নি। যার জন্য 1962 সালে দেশকে অনেক মূল্য দিতে হয়েছিল।

অধ্যায় - ৫

ইউনাইটেড নেশানে

আমরা সংযুক্ত রাষ্ট্রের লোকেরা এই সংকল্পই নিই যে,
- পরবর্তি প্রজন্মকে যুদ্ধের বিভীষিকার হাত থেকে রক্ষা করব, যা আমরা দুইবার দেখেছি, তা মানব জাতির জন্য অপরিসীম দুঃখ বহন করে নিয়ে আসে।
- আমরা মৌলিক মানবীয় অধিকার তথা মানবীয় মূল্য ও প্রতিষ্ঠার অধিকারের ওপর পুনরায় ভরসা উৎপন্ন করব, সমস্ত স্ত্রী ও পুরুষ এবং ছোটো ও বড় রাষ্ট্র সমান অধিকারের কথা বলবে।
- এমন দিশা প্রতিষ্ঠা করা হবে যার দ্বারা সন্ধি তথা অন্তর্রাষ্ট্রীয় আইন গুলিকে অন্য উৎসের প্রতি ন্যায় ও সম্মানের ভাব বজায় রাখতে হবে, এবং
- বৃহৎ স্বাধীনতার সাথে সামাজিক প্রগতি এবং জীবনের সুন্দর মানদণ্ড গুলির বৃদ্ধি করা হবে।

আর এই গুলি পাওয়ার জন্য

- সহিষ্ণুতা ও অভ্যাসের সাথে প্রতিবেশিদের সঙ্গে শান্তিপূর্ণ ভাবে থাকতে হবে।
- অন্তর্রাষ্ট্রীয় শান্তি ও সুরক্ষা বজায় রাখার জন্য আমাদের একত্রে থাকাটা খুবই জরুরি।
- সিদ্ধান্তের পালন তথা সেগুলি কার্যকারি করার জন্য এটা ঠিক করতে হবে যে, সশস্ত্র সেনাদের প্রয়োগ হবে না, সার্বজনিক হিতের রক্ষা করা হবে, এবং
- সমস্ত লোকেদের আর্থিক ও সামাজিক প্রগতির জন্য অন্তর্রাষ্ট্রীয় মেশিনারীর প্রয়োগ করা হবে।

এই লক্ষ্য গুলি পূরণ করার জন্য আমরা নিজের চেষ্টা সংগঠিত করার সংকল্প করছি

এই অনুসারে আমাদের সরকার, স্যান ফ্রানসিস্কো শহরে একত্রিত এসেম্বলির মাধ্যমে, যা নিজের সমস্ত শক্তি প্রদর্শন করে নিজেকে প্রমাণীত করেছে, ইউনাইটেড নেশানের চার্টার প্রস্তুত করার জন্য সহমত হয়েছে, আর একটি অন্তর্রাষ্ট্রীয় সংগঠন তৈরি করেছে, যা

কে. নটবর সিংহের পিতা, গোবিন্দ সিংহ, এবং মাতা প্রয়াগ কৌর

কে. নটবর সিংহ নিজের ভ্রাতা গিরিধর সিংহ, র ত সিংহ এবং গবত সিংহের সাথে, 1950

(ওপরে) গোবিন্দ নিবাস, রতপুর
(ওপরের ডানদিকে) সিন্ধিয়া স্কুল, গোয়ালিয়োর

(ওপরে) মেয়ো কলেজ, আজমির

(বামে) সেন্ট স্টীফন্স কলেজ, নতুন দিল্লী
(নীচে) কার্পস ক্রিস্টী কলেজ, ক্যাম্ব্রিজ

দিল্লী স্টেট জুনিয়ার টেনিস চ্যাম্পিয়ান, 1949

সেন্ট স্টিফেন কলেজ থেকে স্নাতক, 1951

কার্পস ক্রিস্টী কলেজের টেনিস দলের সদস্য রূপে, 1954

হেম, লাল কেল্লার কাছে, 1964

(সামনের পৃষ্ঠার সবথেকে ওপরে) কে. নটবর সিংহ এবং হেম, ইন্দিরা গান্ধীর সাথে, 1967 সালের 21 শে আগস্ট তাঁদের বিয়েতে সাক্ষী দিয়েছি লেন।

(সামনের পৃষ্ঠার নীচে) পাটিয়ালার মহারাণী, কে.নটবর সিংহ,
ইন্দিরা গান্ধী, হেম ও পাটিয়ালার মহারাজা, 1967 সালের 21 শে আগস্ট

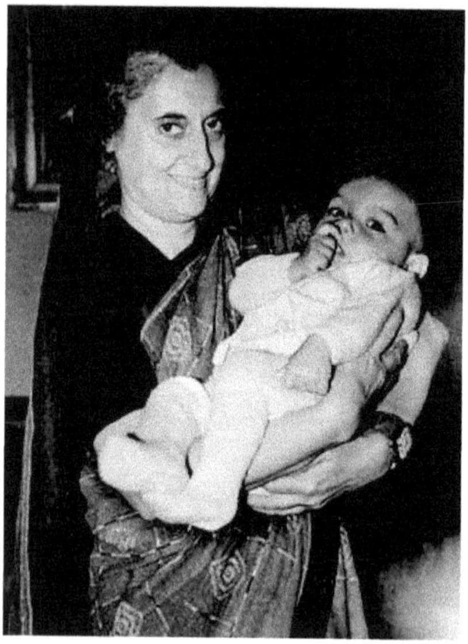

(ওপরে) হেম আর
কে. নটবর সিংহ এবং
নটবর সিংহের মায়ের
কোলে জগত, 1968

(নীচে) কে. নটবর সিংহ এবং হেম,
জগতের সাথে, 1968

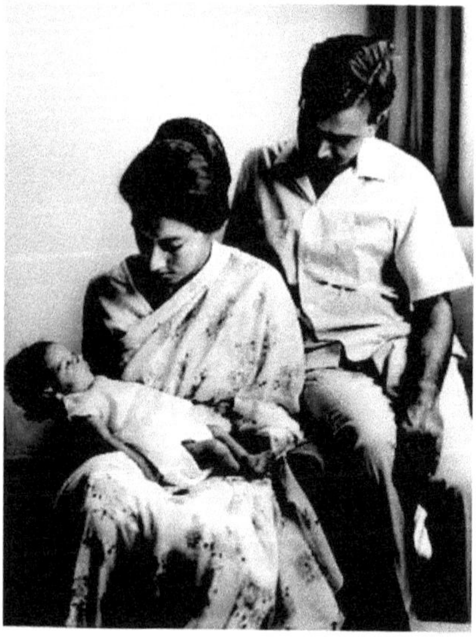

(ওপরে) ইন্দিরা গান্ধী জগতের সাথে, 1969

(ওপরে) মোতী বাগ মহল পাটিয়ালা

(ডানে) (বাম দিক থেকে)
মহারাজা যাদবিন্দ্র সিংহ,
মহারাজা অমরিন্দর সিংহ,
হরপ্রিয়া কৌর, নটবর সিংহ,
প্রীনেত কৌর, রাজা মালবিন্দর সিংহ।
(চেয়ারে) মেজর কঁবলজীৎ সিংহ ঢিল্লন,
মহারাণী মোহিন্দর কৌর,
রূপিন্দর কুমারী

ঋতু আর জগত

(ডানে) হেমের সাথে, জগত আর ঋতু,
লণ্ডন, 1974

জগত নিজের ছেলে হিম্মত আর হুনুনের সাথে।

সংযুক্ত রাষ্ট্র সংঘ নামে পরিচিত।

মুখ্যালয়ে তিন বছর সম্পূর্ণ হওয়ার পর আমাকে বিজয়লক্ষ্মী পন্ডিতের ব্যক্তিগত সচিব হিসাবে লণ্ডনে নিযুক্ত করা হয়েছিল। সেই সময় তিনি হাই কমিশনারের পদে ছিলেন। তাঁর বোন কৃষ্ণহঠী সিংহের সাথে তাঁর সম্পর্ক একদম ভালো ছিল না, আমি যেহেত কৃষ্ণা মাসির খুব কাছের লোক ছিলাম তাই তিনি আমাকে সহ্য করতে পারতেন না। দুই বোনের মধ্যেই শত্রুতা ছিল চরমে, রেগে গিয়ে তাঁরা একে অপরের সম্পর্কে এমন কথা বলতেন যে, শান্ত হওয়ার পর তাঁরা দুজনেই অনুতাপ করতেন। তাঁদের স্বভাব ছিল সম্পূর্ণ ভিন্ন, কিন্তু দুজনেই রেগে গেলে মাথার ঠিক রাখতে পারতেন না। মন্ত্রালয় আমাকে লন্ডনে নিযুক্ত করার পরিবর্তে ইউ.এন.-এর স্থায়ী মিশনে পাঠিয়ে দিয়েছিল, যে পদটা ছিল আমার কাছে খুবই সার্থক।

1961 সালের 21 শে আগস্ট আমি নিউইয়ার্কে পৌঁছেছিলাম আর সেখানে প্রায় পাঁচ বছর কাটিয়েছি। যেকোনো ব্যক্তির জন্য রাজনীতি শেখার ব্যাপারে ইউ.এন.-র থেকে উত্তম স্থান আর কিছু হোতেই পারে না।

আমি যখন নিউইয়ার্কে পৌঁছে ছিলাম তখন আমেরিকার লোকেদের ব্যাপারে আমার একটা বিরোধী মনোভাব ছিল। ক্র্যাম্বিজ ছিল আমার খুব পছন্দের স্থান, কিন্তু তা বলে ইউ সের বিদেশ নীতি নিয়ে আমি সমালোচনা করতাম না বা তার প্রতি আমার অনিহা ছিল না এমন টা নয়। ম্যানহট্টন এবং তার ব্রীজ, ভবন, রাস্তা-ঘাট, সম্পদ, ব্রাডবে এম্পায়র, স্টেট ভবন এবং গগনচুম্বী ইমারত আমাকে খুবই প্রভাবিত করেছিল। কিন্তু তা দেখে আমার মনে কোনো রকম আবেগের জন্ম হয়নি, চারদিকেই ছিল কৃত্রিমতার ভাব। কিন্তু শেষ পর্যন্ত নিউইয়ার্কের মোহজালে আমি জড়িয়ে পরেছিলাম এবং সেই শহরকে পছন্দ করতে শুরু করেছিলাম।

1961 সালের 19 শে সেপ্টেম্বর ষোলতম বার্ষিক মহা সম্মেলন শুরু হওয়ার কথা ছিল। তার ঠিক দুই দিন আগে, নডোলার নিকটে এক বিমান দুর্ঘটনায় সেক্রেটারী জেনায়ল ডাগ হ্যামরস্কজোল্ড প্রান হারিয়েছিলেন। পুরো সম্মেলন জুড়ে এটকা দুঃখের ছায়া ঘনিয়ে এসেছিল, তিনি ছিলেন সকলের কাছেই খুব প্রিয়। তিনি ছিলেন খুব সভ্য ও সংস্কৃতি মনস্কা ব্যক্তি, সেই সঙ্গে তিনি ছিলেন লেখক ও ইতিহাসের ব্যাপারেও তাঁর বিশেষ আগ্রহ ছিল। 1960 সালে আয়োজিত মহাসম্মেলনে কাঙ্গোকে নিয়ে যে তর্কের সৃষ্টি হয়েছিল তাতে নিকিতা খুশচেভের তাঁর বিরুদ্ধে গিয়ে বলেছিলেন, 'যদি তিনি নিজে ত্যাগপত্র প্রদানের সাহস করতে না পরেন তাহলে এই পরিস্থিতিতে আমাদেরই সিদ্ধান্তে আসতে হবে। এমন ব্যক্তির জন্য এখানে কোনো স্থান নেই, যিনি ন্যায়ের মৌলিক সিদ্ধান্ত গুলিকে লঙ্ঘন করেছেন, আবার তা সেক্রেটারী জেনারেলের পদে আসীন হয়ে...।'

পরের দিন হ্যাম রস্কজোল্ড উত্তর দেন, 'সোভিয়েত ইউনিয়ানের প্রতিনিধি খুবই সাহসের পরিচয় দিয়েছেন। ত্যাগপত্র দেওয়াটা খুবই সহজ কাজ। কিন্তু এই পদে টিঁকে থাকা

এত সহজ কাজ নয়। কোনো বড় শক্তির সামনে মাথা নত করা খুবই সহজ, কিন্তু নিজের সেই লোভ সম্ভরম করতে জানতে হয়। আমি ত্যাগপত্র প্রদানের অর্থ হল, কঠিন পরিস্থিতির মুখে সংস্থার সঙ্গ ত্যাগ করা। এমন কাজ করার কোনো অধিকার আমার নেই... ।' এই মহা সভার সমস্ত ব্যক্তি উঠে দাঁড়িয়ে পাঁচ মিনিট ধরে করতালি দিয়েছিল।

তাঁর মৃত্যুর পর এই রিক্ত পদ পূরণ করার জন্য সৌম্য ভদ্র বৌদ্ধিস্ট ইউ থান্টকে নির্বাচিত করা হয়েছিল, তিনি ছিলেন বার্মার মানুষ। দুই একজন ভারতীয়ের এই পদে বসার ইচ্ছা ছিল, কিন্তু তাদের ইচ্ছা পূরণ হয়নি। কৃষ্ণ মেনন চেয়েছিলেন যে, তাঁর প্রিয় ভারতীয় রাষ্ট্রদূতেদের মধ্যে অর্থর লালকে এই পদ দেওয়া হোক, কিন্তু কোনো সমর্থন না পাওয়ার জন্য এই প্রস্তাব সেখানেই খারিজ হয়ে গেছিল। এরপর, একজন মালোয়ালা খ্রীষ্টান এম. চাকোর নাম প্রস্তাবিতকরার চেষ্টা করা হয়েছিল, তিনি ইউ.এনের একটি কনিষ্ঠ পদে নিযুক্ত ছিলেন। এই প্রস্তাব ওঠাতে সবার কাছে পরিহাসের পাত্র হোতে হয়েছিল। এছাড়া ভারতের আর এক ব্যক্তি ইউ.এন. ভবনের আটত্রিশ তলায় যেতে উৎসুক হয়ে উঠেছিলেন, তিনি ছিলেন ব্রজ কুমার নেহেরু। তিনি নিজের আত্মজীবনী 'নাইস গাইজ ফিনিশ সেকেন্ড'-এ দাবি করেছিলেন যে, কৃষ্ণ মেনন সমস্ত লোকেদের মধ্যে শুধু তাঁকেই জিজ্ঞাসা করেছিলেন যে, তিনি কি সেক্রেটারী জেনারেলের পদ সামলাতে চান, কিন্তু তিনি সেই ব্যাপারে কোনো উৎসাহ দেখাননি, যার জন্য তিনি পরে খুবই অনুতাপ করেছিলেন। তিনি নিজে বোকামি করে এই পদ নেননি, কোনো অভিজ্ঞতা সম্পন্ন মানুষ কি এই কথা বিশ্বাস করতে পারে, আমার বোধগম্যের বাইরে। ইউ.এনের এই কাজের সাথে যারা যুক্ত আছে তারা সকলেই জানে যে, কোনো ছোটো দেশের প্রতিনিধিকেই সেক্রেটারী জেনারেলের পদে বসানো হয়।

সেই সময় আর.কে.নারায়ণন শহরে ছিলেন। তিনি আমার জন্য বহু দরজা খুলে দিয়েছিলেন। 1961 সালের মার্চে তিনি যখন তাঁর ইংরেজি উপন্যাস দ্যা গাইড - এর জন্য সাহিত্য একাডেমি পুরস্কার লাভ করেছিলেন, তখন তিনি তা নিতে দিল্লী এসেছিলেন, যার ফলে তাঁর সাথে পুনরায় আমার একটা সম্পর্ক স্থাপিত হয়ে গেছিল। তিনি যখন দিল্লীতে ছিলেন তখন আমি তাঁকে জিজ্ঞাসা করেছিলাম যে, আমি কি তাঁর কোনো উপকারে লাগতে পারি। তিনি প্রধানমন্ত্রী জওহরলাল নেহেরুর সাথে একবার দেখা করতে চেয়েছিলেন এবং রাষ্ট্রপতির মোঘল উদ্দান ঘুরে দেখার ইচ্ছা জানিয়েছিলেন। আমি তাঁর এই দুটি কাজই করতে সফল হয়েছিলাম। আমি তাঁকে তিন মূর্তী ভবনে নিয়ে গেছিলাম, সেখানে পন্ডিত নেহেরু স্বীকার করেছিলেন যে, তিনি আর.কে.-র কোনো উপন্যাস পড়েননি। তিনি আর.কে.-র সাথে ইন্দিরারও পরিচয় করিয়ে দিয়েছিলেন। এই সাক্ষাৎকারের জন্য নারায়ণন খুবই আনন্দিত ও উৎসাহিত হয়েছিলেন। তিনি আমাকে বলেছিলেন যে, এই সময়ে যে ছবি তোলা হয়েছিল তা যেন তাঁকে অবশ্যই পাঠানো হয়। তিনি কখন কোনো রকম প্রচারের মধ্যে যেতেন না, কিন্তু এখানে বিষয়টা ছিল একেবারেই আলাদা। কয়েক বছর বাদে তিনি যখন

তাঁর আত্মজীবনী 'মাই ডেজ'-এ এই কথার উল্লেখ করেননি, তখন আমি একটু অবাক হয়েছিলাম। আমি তাঁকে সেই ব্যাপারে জিজ্ঞাসাও করেছিলাম, তিনি বলেছিলেন যে, তিনি এই ক্ষণের সৌন্দর্যতাকে নষ্ট করতে চাননি, আর কোনো ভাবেই এমন ঘটনাকে শব্দের মধ্যে আবদ্ধ করা সম্ভব নয়। আমি শুধু এই টুকুই বলতে পারি যে, এত বিনম্র হওয়ারও বোধ হয় প্রয়োজন নেই।

1962 সালের গ্রীষ্মের শেষের দিকে নায়ক-নির্দেশক দেবানন্দ নিউ ইয়ার্কে ছিলেন। তিনি নিজেই আমার সাথে যোগাযোগ করেছিলেন, কারণ তিনি শুনেছিলেন যে, আমি আর.কে.নারায়ণনের বন্ধু। তিনি আর.কে.-র উপন্যাস 'দ্যা গাইডের' ওপর সিনেমা করতে চাইছিলেন, যে কারণে তাঁকে এই ব্যাপারে কোনো চিঠি দেওয়া যায় কিনা সেটাই জানতে চেয়েছিলেন। আমি তাই করেছিলাম। নারায়ণন খুবই উৎসাহিত হয়ে উত্তর দিয়েছিলেন, 'তুমি আমার সাথে দেবানন্দ সাহেবের পরিচয় করিয়ে দিতে সাহায্য করছ, আমি সত্যিই খুব কৃতজ্ঞ।' তিনি আরো জানিয়েছিলেন যে, তাঁর ঠিকানা দেওয়ার জন্য দেবানন্দের সাথে তাঁর কথা হয়ে গেছে, তাঁদের মধ্যে কথা হয়ে গেছিল যে, হিন্দি ও ইংরেজিতে এই সিনেমা করা হবে।

আর.কে.-র সাহায্যে আমার সাথে জেম্স টী ফ্যারলের সাক্ষাৎ হয়েছিল, তিনি ছিলেন 'স্টড্স লোনীগন'-এর লেখক, এই বই তিনি মাত্র ছাব্বিশ বছর বয়সেই লিখেছিলেন। নারায়ণনই আমাকে শান্তা রামা রাওয়ের সাথে দেখা করিয়েছিলেন। বহু বছর ধরে শান্তা ইউ. এসে.-তে একজন বিখ্যাত ভারতীয় ইংরেজি লেখিকা হিসাবে বিরাজ করছিলেন। তাঁর পিতা শ্যার বেনেগল রামা রাও ইউ.এসেতে ভারতীয় রাষ্ট্রদূত হিসাবে কাজ করতেন। শান্তা ইউ.এসেতেই পড়াশোনা করতেন এবং ফাউবিয়ন বোভর্সকে বিবাহ করার পর তিনি নিউ ইয়ার্কেই থেকে গেছিলেন। তাঁর স্বামীও ছিলেন একজন লেখক। শুরুর দিকে সব ঠিকই চলছিল, আমি নিজের জন্য একটা ভালো পরিবেশের আশা করতে পাচ্ছিলাম।

শান্তা আমার খুব কাছের বন্ধু হয়ে উঠেছিলেন। তাঁর একজন প্রকৃত আমেরিকানের সাথেই বিবাহ হয়ে ছিল। তিনি খুব বেশি পরিমাণ মদ্যপান শুরু করেছিলেন, সকালে জলখাবার খাওয়ার সময় থেকেই তা শুরু হয়ে যেত। যার ফলে তাঁর লেখার ওপর প্রভাব পড়তে শুরু করেছিল। তিনি ভরসা করার মতন একটা কাঁধ খুঁজছিলেন, আর সেই কাজের জন্য তাঁর আমাকেই ঠিক বলে মনে হয়েছিল। তাঁর কাছে আমি হয়ে উঠেছিলাম, তাঁর মনের কথা বলার মতো একজন ভারতীয় বন্ধু। এই বন্ধুত্বের মধ্যে কোনো যৌন আকর্ষণ ছিল না, ছিল মনের টান। তিনি ছিলেন খুব সংবেদনশীল মহিলা, আমি তাঁকে সাহায্য করার চেষ্টা করেছিলাম মাত্র। সেটা ছিল এক নির্মল বন্ধুত্ব, আমাদের দুজনের জীবনের অনেক সিদ্ধান্ত একই রকম ছিল।

শান্তা 'কান্থাপুরা'-র লেখক রাজা রাওয়ের সাথে আমার পরিচয় করিয়ে দিয়েছিলেন। তিনি নিয়মিত ভাবে নিউইয়ার্ক টাইমস বুক রিভিউ তথা স্যাটারডে রিভিউয়ের জন্য পুস্তকের সমীক্ষা করছিলেন। তিনি তাঁকে এই সমীক্ষার সুচীতে আমাকে ঢোকানোর জন্য পরামর্শ

দিয়েছিলেন। 1962 – 1966 সাল পর্যন্ত আমি তাঁর জন্য বিভিন্ন পুস্তকের সমীক্ষা করেছি।

শান্তা আমাকে এবং আর.কে. কে নিয়ে একটা অনুষ্ঠানে গেছিলেন, এই অনুষ্ঠানটি ছিল জন গুন্থর এবং তাঁর স্ত্রীয়ের (যিনি 'ইনসাইড বুক্স'-এর জন্য বিখ্যাত হয়ে আছেন)। এই পরিবেশ ভব্যই হওয়ার ছিল।সেখানে তাঁদের বহু পরিচিত, বিখ্যাত, শক্তিশালী ও বুদ্ধিমান ধনী, দুষ্ট স্বভাব যুক্ত লেখক, নায়ক, ডিপ্লোমেট এবং সংগীতজ্ঞ এসেছিলেন। শান্তা আমার সাথে এইচ জী ওয়েলসের রক্ষিতা মৌরা ওয়াডবর্গের পরিচয় করিয়েছিলেন। কিছুক্ষণ বাদে আমি তাঁকে আর একজন সুন্দরী মহিলার সাথে কথা বলতে দেখি, জিজ্ঞাসা করি উনি কে। সান্তা বলেছিলেন, 'গ্রেটা গার্বো' মূর্খ শিরোমণি! গার্বো ছিলেন অতি পরিচিত মানুষ আর সাধারণত তাঁকে বেশি দেখা যেত না। আর.কে. আমাকে বলেছিলেন যে, গার্বো যোগা শিখে রেখেছিলেন।

2011 সালে নিউইয়ার্কেই শান্তার জীবনাবসান হয়, সেই সময় তাঁর বয়স ছিল প্রায় পঁচাশি বছর, প্রায়ই আমার আমাদের আদর্শ বন্ধুত্বের কথা মনে পড়ে। আজ পর্যন্ত আমি যত মহিলার সাথে মিশেছি, তার মধ্যে উনিই ছিলেন সবচেয়ে কম দাম্ভিক।

প্রেসিডেন্ট জন এফ. ক্যানেডী এবং চী গুঈওয়ারা মহা সম্মেলন সভায় যে বক্তৃতা দিয়েছিলেন, তার ফলে এক রোমাঞ্চের সৃষ্টি হয়েছিল। কারণ আলাদা আলাদা হলেও পৃথিবী এই দুইজন মানুষকেই খুব পছন্দ করত। ক্যানেলী নিজের উদ্‌ঘাটন ভাষণে বলেছিলেন, 'কখনই জিজ্ঞাসা করনা দেশ তোমার জন্য কি করতে পারে...' তাঁর কথার প্রতিধ্বনি আমি আজও শুনতে পাই। তাঁর এই ভদ্রতা, ব্যক্তিত্ব আজও আমাকে আকর্ষিত করে। চী গুঈওয়ারাকেও সকলেই চিনত। তিনি একটু বেশি সময় ধরে বলেছিলেন, উই এস ডেলিগেট অদলই স্টীভন্সকে তিনি খুবই রাগিয়েছিলেন। ক্যানেডীও কিছু কম ছিলেন না, কিন্তু চী এর জন্য এই মহাসম্মেলনের বিশাল হলে তিল ধরানোর জায়গা ছিল না।

নভেম্বর মাসে প্রেসিডেন্ট ক্যানেডীর সাথে কথা বলার জন্য পণ্ডিত জওহরলাল নেহেরু এবং ইন্দিরা গান্ধী ইউ.এস.-এ এসেছিলেন, তিনি নেহেরুর 'প্রচণ্ড অলসতার' কথা জানিয়েছিলেন। ক্যানেডীর মতে, যাঁরা তাঁর সাথে দেখা করতে এসেছিলেন, তাঁদের মধ্যে নেহেরুর আসা ছিল সবচেয়ে ক্লান্তিকর। প্রধানমন্ত্রী আনমনা ছিলেন, তাঁকে দেখে খুবই ক্লান্ত বলে মনে হচ্ছিল, রাতে খাওয়া শেষের পর তিনি একটা নীরস ভাষণ দিয়েছিলেন। তিনি একজন সেবক হিসাবে ইউ.এন. মহা সম্মেলনে যোগ তো দিয়েছিলেন, কিন্তু তাঁর মধ্যে কোনো রকম উৎসাহ ছিল না। বী.কে. নেহেরু হোয়াইট হাউসে প্রাতঃরাশের সময় মিটিং-এর আয়োজন করেছিলেন। তাঁরা এই মিটিং-এর জন্য খুবই উৎসাহিত ছিলেন, কিন্তু প্রধানমন্ত্রী মৌন ছিলেন। এটা পরিষ্কার বোঝা যাচ্ছিল যে, তিনি নিজের প্রধান্য হারিয়ে ফেলেছেন। সেখানে তাঁর যে ফটো তোলা হয়েছিল, আমি তার ওপর তাঁকে স্বাক্ষর করতে বললে, চোখে মুখে অদ্ভুত স্নেহের ভাব দেখতে পেয়েছিলাম। সেটাই ছিল তাঁর সাথে আমার শেষ দেখা।

1961 সালের 19শে ডিসেম্বর, আমেরিকা ভারতের নিন্দা করে সংযুক্ত রাষ্ট্রকে চিঠি পাঠালে, সোভিয়েত ইউনিয়ার নড়ে বসেছিল। তারা গোয়া সহ দুটি পর্তুগাল বিদেশী অধ্যষিত ক্ষেত্রকে স্বাধীন বলে ঘোষণা করে দিয়েছিল। ব্রিটিশ ডেলিগেট ষোড়শ শতকের অ্যাঙ্গলো-পর্তুগাল সন্ধির উল্লেখ করেছিল, যে অনুসারে বলা হয়েছিল যে, এই দেশের ওপর হামলা করার অর্থ হল অন্য আর এক দেশের ওপরেও হামলা করা। আমি এটা দেখে অবাক হয়ে গেছিলাম যে, ভারতীয় প্রতিনিধি মণ্ডল দুটি মহান প্রজাতন্ত্র পর্তুগাল ঔপনিবেশবাদকে বাঁচবার চেষ্টা করছিল। সোভিয়েতের প্রতিনিধি জেড.এ.জোরিন ভারতের এই কাজের জন্য তীব্র সমালোচনা করেছিলেন। পশ্চিমী জগতে ভারতের ছবি অনেকটাই ম্লান হয়ে যাচ্ছিল।

এই ব্যাপারে বি.কে. নেহেরু লিখেছিলেন

রাজ্য সরকারকে নিজের কথা বোঝানোর কোনো প্রয়োজন আমি মনে করছিলাম না; তারা তা ভালোই জানত এবং এই ব্যাপারে যথেষ্ট সহানুভূতিশীল ছিল। আমি নিজের কথা বোঝানোর জন্য প্রেসিডেন্টের কাছে গেছিলাম। এরও কোনো প্রয়োজন ছিল না, কারণ তিনিও এই বিষয়ে আবগত ছিলেন। যখন আমি তাঁকে বলেছিলাম যে, আশা করি আপনি আমার ওপর রাগ করেননি, তখন তিনি বলেছিলেন, 'না, একদম না। আমি কোনো রাগ করিনি, কারণ আমি সম্পূর্ণ বিষয়টাই জানি। তোমরা এত দিনে সেই কাজ করেছো, যা তোমাদের চোদ্দ বছর আগে করা উচিত ছিল। কিন্তু তোমরা চোদ্দ বছর ধরে আমাকে নৈতিকতার কথা শোনাচ্ছো, নিজেদের লাভের জন্য কখন কাউর ওপর আক্রমণ করতে নেই। এতদিনে তোমরাও সেটাই করলে, যা অন্য যে কোনো দেশ করত। তোমরা নিজেদের লাভের জন্য বলের প্রয়োগ করলে। পরিণাম এটাই হল যে, এখন সবাই মন্ত্রীদের দেখে হাততালি দিচ্ছে, আর তোমাকে একটা কথা বলে দিই যে, আমিও তাদের সাথে দাঁড়িয়ে হাততালি দিচ্ছি।'

ষোড়শ শতাব্দীর শেষ পর্যন্ত আমার মধ্যে বেশ কিছু কূটনৈতিক গুণের সৃষ্টি হয়ে গেছিল, আমি বেশ নিপুণ হয়ে উঠেছিলাম। নিজের মতো করে চিন্তা করে, যেকোনো বিষয়ে তৎকালিন উত্তর প্রদানের বিষয়টা প্রয়োজন হয়ে উঠেছিল। আমার কেরিয়ারের শুরুতে আমি এই কথা বহুবার শুনেছি যে, ভালো রাজনীতিবিদ্ হওয়ার জন্য কোনো কথা বলার আগে দুবার চিন্তা করে নেওয়া উচিত। ইউ.এন থেকে শিখেছিলাম যে, বল, শুধু বল, তোমার কথার মধ্যে কোনো ওজন থাকুক বা নাই থাকুক। বিশেষ কমিটির রাজনৈতিক কর্ত বিতর্কের জন্য আমাকে খুবই ব্যস্ত থাকতে হতো। তার মধ্যে একটা ছিল বর্ণ বৈষম্য নীতি আর অপরটি ছিল আরব-ইজরাইল বিবাদ। এর থেকে কোনো সিদ্ধান্তে আসা সম্ভব না হলেও তা খুবই গম্ভীরতার সাথে বিচার করা হয়েছিল। প্যালেস্টাইনে তর্কের সময় যথেষ্ট

(বী. কে. নেহেরু, নাইস গাইজ ফিনিশ সেকেন্ড, নতুন দিল্লী, পেনগুইন বুক্স, ইন্ডিয়া 1997)

চিৎকার চেঁচামেচিও হয়েছিল। বসার যে আয়োজন ছিল তার ফলে এই চাপ আরোও বৃদ্ধি পেয়েছিল। আইসল্যান্ড, ইন্ডিয়া, ইন্দোনেশিয়া, ইরান, ইরাক এবং ইজরাইল প্রভৃতি দেশকে বর্ণমালার ক্রমানুসারে একসাথে বসানো হয়েছিল। এতে এমন দুটি দল ছিল যাদের মধ্যে কঠোর শত্রুতা ছিল, অনেক কঠোর শব্দের আদান-প্রদানও হয়েছিল। ইজরাইলের ডিপ্লোমেট ও রাজনীতিবিদ্ এবা ইবান ভাষণের সময় যে কৌশল প্রদর্শন করেছিলেন আরবের ডিপ্লোমেট তার মোকাবিলা করতে পারেননি। এই ঘটনার ফলে রোমাঞ্চকর ঘটনার সৃষ্টি হয়েছিল, তিনি ইজরাইলের ওপর এই দোষ আরোপ করেন যে, আফ্রিকার কিছু বিশেষ দেশ সুন্দরী মহিলাদের পাঠিয়ে ইজরাইলের পক্ষ নেওয়ানোর চেষ্টা করছে। দুঃখের সাথে বলতে হচ্ছে যে, ভারতীয় প্রতিনিধিদের কমিটি এমন কোনো প্রলোভন দেয়নি।

ইউএনে দ্রুত গতিতে একের পর এক ঘটনা ঘটে যাচ্ছিল, আর আমার চেতনায় নিউ ইয়ার্ক নিজের জায়গা করে নিয়েছিল। আমি বাড়ির সন্ধানে বেরিয়েছিলাম, আর শেষ পর্যন্ত তা পেয়েও যাই। 404, ঈ66 ফার্স্ট এবং ইয়ার্ক এভিনিউয়ের মধ্যের রাস্তা। এটা ছিল বড়লোকদের জায়গা, মাত্র বারো মিনিট হেঁটেই ইউ.এন অফিসে পৌঁছে যাওয়া যেত। আমার আফ্রিকান সহকর্মীর বাড়ি পেতে যত অসুবিধা হয়েছিল, আমার তত অসুবিধা হয়নি। ইউ.এন-এ জাতি,ধর্ম, বর্ণ প্রভৃতি নিয়ে কোনো রকম ভেদাভেদ ছিল না, কিন্তু স্মার্ট হোটেল, রেস্টুরেন্ট, থিয়েটার এবং হাসপাতাল প্রভৃতি ক্ষেত্রে এই কথা প্রযোজ্য ছিল না। আসলে আফ্রিকান রাজনীতিজ্ঞরা ততটা সুযোগ সুবিধা পেত না। সেই সময় তাদের কাছে ঘর খোঁজার কাজটা কোনো অপমানের থেকে কম ছিল না। আমার এক আফ্রিকান সহকর্মী আমাকে বলেছিল যে, সে যখন বাড়ি খুঁজতে গেছিল, তখন একজন বাড়ির মালিক তার মুখের ওপরেই দরজা বন্ধ করে দিয়েছিল। এই সব দেখার পর তার মন খুবই খারাপ হয়ে গেছিল।

ডিসেম্বরে, মহাসভা একটা কমিটি গঠন করেছিল, যা বিশেষ করে কলোনি ও সংরক্ষিত রাজ্য গুলির চুক্তির বিষয়ে কাজ করত। এটি কমিটি অফ সেভেনটিন নামে পরিচিত ছিল। এই সতেরোর মধ্যে ভারত ছিল অন্যতম, সকলের সম্মতি লাভের পর ভারতীয় রাষ্ট্রদূত সী.এস.ঝাকে চেয়ারম্যান হিসাবে নির্বাচন করা হয়েছিল। 1960 সালে আয়োজিত পঞ্চদশ মহা সম্মেলনে নিকিতা খুশচেভের প্রস্তাব অনুসারেই এই কমিটির স্থাপনা করা হয়েছিল।

কমিটি অতি শীঘ্রই ট্রাস্টীশিপ পরিষদের কাজের দায়িত্ব নিয়ে নিয়েছিল। তাতে ইউএস, ইউকে, ইউএসএসআর তথা আফ্রিকা ও ল্যাটিন আমেরিকার দেশ অন্তর্ভুক্ত ছিল। সী.এস.ঝায়ের পর এই পদের দায়িত্ব সামলেছিলেন মালীর সোলী কোলীবালী। মৃদুভাষী কোলীবালী, পৃথিবীর নির্ধন তম দেশ গুলির মধ্যে অন্যতম দেশের প্রতিনিধি ছিলেন। আমি কমিটিতে ভারতের প্রতিনিধিত্ব করতাম।

কমেটি অতি শীঘ্রই নিজের কাজে সফল হয়েছিল। সমস্ত ঔপনিবেশিক ক্ষেত্রে এর কাজকে অসাধারণ আগ্রহের সাথে দেখা হতো। 1962 সালের ফেব্রুয়ারি থেকে সেপ্টেম্বরের মধ্যে এই কমিটি বারোটা এলাকার স্থিতি ঘুরে দেখেছিল, যার মধ্যে এগারোটা ছিল আফ্রিকার দেশ, বারোতম ছিল সিঙ্গাপুর ও মালোশিয়া।

প্রচন্ড গরমের মধ্যে আফ্রিকার তিনটি দেশ ঘুরে দেখা হয়েছিল, সেখানে আমি আগে কখন যাইনি। আমরা সবার আগে মোরক্কোতে গেছিলাম। প্রথম অধিবেশন হয়েছিল ট্যাঁগিয়ারে। ট্যাঁগিয়ার থেকে জিবরাল্টের দূরত্ব ছিল কয়েক ঘন্টার। আমরা অর্ধেক দিন রবাত অল ফাতিফে কাটিয়েছিলাম, সেখানকার যুবক সুলতান আমাদের আমন্ত্রণ জানিয়েছিলেন। এই সময়তেই আমি মোরক্কোর খাবারের স্বাদ আস্বাদনের সুযোগ পেয়েছিলাম, বিশেষ করে কশকস তো আমার খুব ভালো লেগেছিল। সেই দেশ ছিল খুব সুন্দর; কস্বাহর নিজেস্ব একটা সৌন্দর্য ছিল, তা দেখে আমার চাঁদনি চকের সরু গোলি গুলোর কথা মনে পড়ে যেত।

এর পর আমরা কাসাব্লাঙ্কায় গেছিলাম। 1943 সালে যেখানে উইনস্টন চার্চিল ও ফ্রেঙ্কলিন ডী রুজভেল্ট উঠেছিলেন, আমি সেই ভিলা দেখতে চাই। এই ঐতিহাসিক স্থানে চার্চিল ও রুজভেল্ট ফ্রেঞ্চ জেনারল চালর্স ডি গল এবং হেনরী গিরাডের সাথে দেখা করেছিলেন। শেষ পর্যন্ত গল গিরাডকে ভুলে গেছিল। শেষে একটা ঘোষণা করা হয়েছিল, যা কাসাব্লাঙ্কা ঘোষণা নামে পরিচিত, যাতে মিত্র রাষ্ট্র ঘোষণা করেছিল যে, যতক্ষণ না 'অক্ষ শক্তি' কোনো রকম 'শর্ত ছাড়া সমর্পন' করছে, ততক্ষণ তারা শান্তিতে বসবে না।

আমরা শেষ পর্যন্ত মোরক্কায় গিয়ে উঠেছিলাম। এই সুন্দর, ঝাঁ-চকচকে শহরে সাপ ও বিছের অভাব ছিল না ঠিকই, কিন্তু এটলস পর্বতে মনোরম সূর্যাস্ত দেখার সুযোগ পেতাম। আমি সেখানকার রাজসীয় অল-মামোনিয়া হোটলে উঠেছিলাম, সেখানে একবার রুজভেল্ল ও চার্চিলের সাক্ষাৎ হয়েছিল। 1962 সালের পর আমি আর কখন মোরক্কো যাইনি, কিন্তু সেখানকার মায়াজাল আজও আমার স্মৃতিকে আষ্টেপিষ্টে বেঁধে রেখেছে, কোনো স্মৃতিরও বিস্মরণ ঘটেনি। ছুটি কাটানোর জন্য সেটা একটা আদর্শ স্থান।

আমরা আফ্রিকান ইউনিটী সংগঠনের মুখ্যালয় তথা ইথোপিয়ার রাজধানী এডিস অবাবাতে পৌঁছানোর আগে সাহারা মরুভূমির ওপর দিয়ে উড়ে গেছিলাম। আগত তিনদিনের মধ্যে আমাদের শাহী সুলতান, অল্লাহ দ্বারা নির্বাচিত, জুডা কবীলের বিজেতা সিংহ, জিয়ানের রাজা, সুলতানের সুলতান নিগুসা নগাস্ট - সম্রাটদের সম্রাট - ইথোপিয়ার সম্রাট, প্রথম হেল সিলেসীর সাথে সাক্ষাতের কথা ছিল।

কমিটির প্রত্যেক সদস্য এমন একজন বিখ্যাত ব্যক্তির সাথে দেখা করার জন্য উগ্রীব হয়েছিল। দ্বিতীয় বিশ্ব যুদ্ধের আগে, লীগ অফ নেশানের সামনে তাঁর উস্থিতি এবং মুসোলিনীর মোকাবিলা করার কারণে, ফাসী ও নাজী হীন এলাকায় তাঁর খুব সম্মান ছিল। সুলতানের

প্রাসাদের ব্যবস্থা খুবই কঠোর ছিল এবং পুঙ্খানুপুঙ্খ ভাবে সমস্ত নিয়মের পালন করা হতো। কমেটির ইথোপিয়ান প্রতিনিধি সুলতানের সাথে কিভাবে দেখা করতে, বিদায় নেওয়ার সময় কি করতে হবে, কিভাবে দাঁড়াতে হবে তা জানিয়ে দিয়েছিল। আমাদের পকেটে হাত ঢুকিয়ে দাঁড়াতে মানা করা হয়েছিল। আমি ভারতের এক রাজ পরিবারের সাথে যুক্ত ছিলাম, তাই কথা গুলি শুনে আমি অবাক হইনি, কিন্তু অন্যরা খুবিই অবাক হয়েছিল। সোভিয়েত, পোল্যান্ড, চেকস্লোভাকিয়ার প্রতিনিধিরা সে কথা শুনে অবাক হয়ে গেছিল। তাঁর সামনে আমাদের মাথা নিচু করার কোনো প্রশ্নই উঠছিলনা, কিন্তু শেষ পর্যন্ত সবাকেই সেলাম ঠুকতে হয়েছিল। একজন পূর্ব ইউরোপীয়ান প্রতিনিধি আমাকে জিজ্ঞাসা করেছিলেন যে, হেল সিলেসীকে কিভাবে সম্বোধন করবে, আমি বলেছিলাম যে, 'কমরেড সুলতান' বলাই যথেষ্ট হবে।

আমি রাষ্ট্রদূত আর.জী. রাজবাড়ের সাথেই ছিলাম। তিনি ছিলেন গোয়ালিওরের লোক, সেখানে একুশ তোপের সেলামের প্রচলন ছিল। আর তিনি মহারাজাদের চাহিদা সম্পর্কেই ওয়াকিবহাল ছিলেন। তিনি সুলতানের সাথে নিজের প্রথম সাক্ষাতের কথা জানিয়েছিলেন, কোনো রাষ্ট্রদূত অনুষ্ঠানে কোনো রকম ত্রুটি করার আগেই, তিনি রাজাপ্রমুখের সামনে নিজের পরিচয় দিয়েছিলেন। রাজবাড়ে কালো পাঞ্জাবী, চুরিদার পাজামা ও পাগড়ী পরেছিলেন। সুলতান রাষ্ট্রদূতদের স্বাগত জানান, তাঁর সোনার সিংহাসনের সামনে দুটি ইথোপিয়ান সিংহ বসেছিল। বেশির ভাগ রাজদূত এই সিংহদের জিভ চাটা দেখেই ভয় পেয়ে গেছিল, ভয়ে তারা অন্যভাবে নিজেদের পেশ করেছিল। একজন শাহী সুলতানের কাছে গিয়ে নিজের ভাষণ পড়েন এবং বিশ্বাস পত্র সুলতানের হাতে দিয়ে দেয়, যাতে ভারতের রাষ্ট্রপতির স্বাক্ষর ছিল। তারপর সেখান থেকে সরে যায়। মঞ্চের ওপর বসে থাকা সিংহ দুটি উঠে রাষ্ট্রদূতের পিছন পিছন আসতে থাকে। অন্যকোনো রাষ্ট্রদূত হলে তখনই ঘেমে স্নান করে যেত, সেখান থেকে পালানোর চেষ্টা করত কিন্তু রাজবাড়ে সেই রকম কিছুই করেননি। তিনি উদাসীন হয়ে চলছিলেন।

প্রোটোকল চীফ উদাসীনতার সাথে থাকতে পারছিলেন না, তিনি ভয়ে গুটিয়ে গেছিলেন। তিনি রাজবাড়েকে বলেছিলেন, 'আপনি সত্যিই অসাধারণ, আমাদের পিছনে যে দুটো সিংহ আসছিল তা আপনি দেখেননি?'

রাজবাড়ে আরো অসাধারণ জবাব দিয়েছিলেন, 'আমি কোনো সিংহকে চিনি না। আমার চোখ তো ছিল জুড়ার সিংহ দুটির দিকে।' তারপর থেকে সুলতানের দরবারে তিনি অনেক সম্মান পেয়েছিলেন, যা প্রায়ই কেউ পায় না।

আমাদের কমিটিকে এই সিংহের প্রসঙ্গ সহ্য করতে হয়নি। এই ক্ষেত্রে আমরা ছিলাম অতি সাধারণ। সুলতান যখনই দেখা করতে আসতেন তাঁর সাথে দুটি ছিট চারপেয়ে 'চিহুআহুআ' থাকত, স্টাফরা সেই দুটিকে খুবই সমীহ করত। আমাদের মতো রাজনীতিজ্ঞদের

তাঁর সামনে কোনো সম্মান ছিল না, আমাদের বর্ণমালার ক্রমানুসারে দাঁড় করানো হয়েছিল। সুলতান নিজের ভাষায় কিছু বলে সেখান থেকে চলে যান। কমিটির ইথোপিয়ান প্রতিনিধি কিফল বোদাজো নিজেদের সুলতানের কাছে যাওয়ার জন্য ব্যাকুল হয়ে উঠেছিলেন, তিনি সুলতানের পিছন পিছন যাচ্ছিলেন, সুলতান না দেখলেও তিনি সালাম ঠুকে যাচ্ছিলেন। আমাদের পশ্চিমী মিত্রদের কাছে এই সমস্ত বিষয় গুলি ছিল একেবারে নতুন। 1962 সালেও সুলতান যখন কোনো কাজের জন্য বাইরে বেরতেন তখন সমস্ত রাস্তা বন্ধ করে দেওয়া হতো। আমার ড্রাইভারও গাড়ি থেকে বেরিয়ে অন্য লোকেদের মতন রাস্তার মধ্যে শুয়ে পড়ে।

তারপর আমাদের কমিটি তাঞ্জানিয়ার রাজধানী দার-এ-সলামের উদ্দেশ্যে রওনা দিয়েছিল। সেই সময় জুলিয়াস নাঈরী এই নতুন স্বতন্ত্র রাজ্যের প্রতিনিধিত্ব করছিলেন। তিনি ছিলেন সুবক্তা, কিন্তু তাঁর কথা শুনেই বোঝা যেত যে, তিনি কখন অধ্যপনার কাজের সাথে যুক্ত ছিলেন। কোনো এক সময়ে তিনি স্কুল মাস্টার ছিলেন। একজন দৃঢ়চেতা সমাজবাদী হওয়ার সাথে সাথে, একজন আফ্রিকান স্টেটসম্যান হওয়ার সমস্ত গুণ নাইরীর মধ্যে ছিল। তাঞ্জেনিয়ার রাজধানীতে কমিটির সামনে বহু দেশের প্রতিনিধি এসেছিল, যেমন উত্তর ও দক্ষীণ রোডেশিয়া (জিম্বাবে), ন্যাসাল্যান্ড (মলাবী), বাস্টোল্যান্ড (লীসোথো), বেচুআনাল্যান্ড (বোট্সবানা), জঞ্জীবার, মোজাঁবিক, দক্ষিণী পশ্চিমী আফ্রিকা তথা অ্যাঙ্গলো প্রভৃতি দেশের লোক ছিল। তাদের মধ্যে কাউকেই ঔপনিবেশিক শক্তি নিউ ইয়ার্ক যাওয়ার অনুমতি দেয়নি, সাদা চামড়ার লোকেরা তাদের ওপর যে জুলুম করত তা শুনে বুকের রক্ত হিম হয়ে যাচ্ছিল। জয়প্রকাশ নারায়ণও সুট ও টাইয়ের সাথে কমিটির সামনে হাজির হয়েছিলন।

সেখানকার একটা ঘটনা আজও আমার মনে আছে। আমার পেটে সামান্য একটু সমস্যা হয়েছিল, যার জন্য আমাকে বড়ো হাসপাতালে যেতে বলা হয়েছিল। সেখানে একজন মূর্খ ইংরেজ নার্স আমার দেখা শোনা করছিল, তার কথার মধ্যেই তার বোকামি ধরা পড়ছিল। আমি যখন তাকে সেখান থেকে চলে যেতে বলি, তখন সে আমার কাছে ক্ষমা চাইতে শুরু করেছিল। তাঞ্জেনিয়া তখন আর ঔপনিবেশিক দেশ ছিল না, কিন্তু উপনিবেশের গন্ধ তখনও ছিল।

আমি এথেন্স, রোম ও জেনিভা ও লণ্ডন হয়ে নিউইয়ার্কে ফিরে আসি। লন্ডন ছাড়া সব দেশেই আমার কাছে একেবারে নতুন ছিল।

আফ্রিকার থেকে ঘুরে আসার পর আমার ঔপনিবেশিক শক্তিকে ধিক্কার জানাতে ইচ্ছা করছিল। সাদা চামড়ার কুলি ও ছোটখাট ব্যবসায়িরাও সেখানে রাজার মতো জীবন যাপন করত, কালো চামড়ার লোকেদের প্রতি তাদের ব্যবহার দেখে আমার অন্তর কেঁদে উঠেছিল। আফ্রিকায় তাদের ব্যবহার ছিল লজ্জা জনক। অসাধারণ ঘটনা হল 1962 সালে ইংরেজ ফিজী থেকে শুরু করে মরীশাস, ত্রিনীদাদ এবং টোব্যাগো, এছাড়া রোডেশিয়াও নিজেদের এই দমন নীতিকে সঠিক বলে ভাবছিল। তারা মানবাধিকার নিয়ে ভাষণ তো দিচ্ছিল কিন্তু

গত তিনশো বছর ধরে নিজেরাই সেই দিকে কোনো নজর দিচ্ছিল না। প্রায়ই কমিটিতে ব্রিটিশ প্রতিনিধির সাথে আমার এই নিয়ে তর্ক হতো। আমি একবার নিজের ভষাণে বর্নাড শ এর একটা উক্তি তুলে ধরেছিলাম

এমন কোনো ভালো বা এমন কোনো মন্দ কাজ নেই যা কোনো ইংরেজকে করতে দেখা যায় না; কিন্তু কখন কোনো ইংরেজ কোনো ভুল কাজ করে না। তারা যে কোনো কাজ সিদ্ধান্ত অনুসারেই করে থাকে। তারা দেশের জন্য লড়াই করে, ব্যবসার জন্য আপনাকে ঠকাবে, তাদের মুখ্য নিয়ম পালনের জন্য আপনাকে কষ্ট দেবে, তারা রাজাকে শাহী নিয়মে চলার জন্য উৎসাহ দেবে; আবার গণতান্ত্রিক সিদ্ধান্তের ভিত্তিতে নিজেদের রাজার মাথা পর্যন্ত কেটে নিতে পারে। তারা সর্বদাই কর্তব্যের পালন করে; তারা কখনই এটা ভোলে না যে যে রাষ্ট্র নিজের কর্তব্য পালন করে না তার হিতের রক্ষাও হয়না।

1962 সালের অক্টোবর মাসের প্রথম দিকে সী.রাজাগোপালাচারী (রাজা জী) নিউ ইয়ার্ক আসেন। তিনি গান্ধী পীস ফাউনলেশান ডেলীগেশানের নেতৃত্ব করছিলেন, যা পরমাণু বোমা পরীক্ষার ব্যাপারে সম্পূর্ণ রূপে বাধা নিষেধ আরোপের জন্য বানানো হয়েছিল। সেই সময় রাজাজী ও নেহেরুর অফিসিয়াল সম্পর্কের ক্ষেত্রে সমস্যার সৃষ্টি হয়েছিল, ব্যক্তিগত সম্পর্কের ক্ষেত্রে কোনো পার্থক্য দেখা যায়নি। প্রধানমন্ত্রী সম্পর্কিত দূতাবাসে রাজা জীকে সম্পূর্ণ সমর্থন করতে বলেছিলেন। ভারতে বিদেশী মুদ্রা অভাব ছিল, আর প্রতিনিধি মন্ডলকে সীমিত মাত্রাতেই অর্থ দেওয়া হয়েছিল। রাষ্ট্রদূতদের বলা হয়েছিল যে, তাঁরা যেন রাজা জী ও তাঁর সমর্থকদের কোথাও থাকার ব্যবস্থা করে দেয়। সংযুক্ত রাষ্ট্রে বী.এন. চক্রবর্ত্তী ছিলেন রাষ্ট্রদূতের পদে, পনেরো বছর আগে যখন রাজাজী পশ্চিমবঙ্গের রাজ্যপাল ছিলেন তখন তিনি ছিলেন তাঁর ব্যক্তিগত সচিব। রাজা জী চক্রবর্ত্তীর সাথে থাকতে চেয়েছিলেন, কিন্তু সেই সময় তিনি একটি হোটেলে থাকতে, তাই তাঁর থাকার ব্যবস্থা কোনো বাড়িতে হওয়ার দরকার ছিল, চক্রবর্ত্তী আমাকে রাজা জীকে রাখতে বলবে আমি একবারেই হ্যাঁ হরে দিয়েছিলাম।

রাজাজী প্রায় পঞ্চাশ দিন নিউ ইয়ার্কে ছিলেন, ভারতের বাইরে তিনি এই প্রথম পা দিয়েছিলেন, অবশ্য আগে সেলন গেছিলেন। কিভাবে প্রাচীন বিশ্ব এই নতুন বিশ্বের সম্মুখীনতা করবে, তা জানার জন্য আমি খুবই উদ্গ্রীব ছিলাম। তিনি ধূসর রং-এর পাঞ্জাবী এবং গরম প্যান্ট পরেছিলেন, যা দেখে আমি অবাক হয়ে গেছিলাম। পরের দিনই প্যান্টের তিলাঞ্জলি হয়ে গেছিল, কারণ তিনি একদম আরাম বোধ করছিলেন না।তিনি নিজের ধুতিতেই আরাম বোধ করতেন।

আমি রাজা জীকে খুব কাছ থেকে দেখার সুযোগ পেয়েছিলাম, আর যা দেখতে পেয়েছিলাম, তা দেখে আমার খুব ভালো লেগেছিল। তাঁর জীবন শৈলী ছিল ঋষিদের মতো, তিনি লোক দেখানোর ধারপাশ দিয়ে যেতেন না। তাঁর ভদ্রতা ছিল ত্রুটিহীন। মৃদুভাষী রাজাজী কখন কাউকে ছোটো করার চেষ্টা করতেন না। নেহেরুর মতো তিনিও সময়ের সাথে চলতেন।

আমি তাঁকে নিজের আত্মজীবনী লিখতে বলেছিলাম, অথবা মুখে বলে কাউকে দিয়ে লিখিয়ে নিতে বলেছিলাম। তৎকালীন ভারতীয় রাজনীতির ক্ষেত্রে তিনি সক্রিয় ভূমিকা পালন করেছিলেন, অনেক সময় তিনি বহু গুরুতর সিদ্ধান্তও নিয়েছেন। যে সুযোগ তিনি পেয়েছিলেন তাঁর জন্য তিনি দেশকেই কৃতজ্ঞতা জ্ঞাপন করেছিলেন। আমি তাঁকে বলেছিলেম যে, মহাত্মা গান্ধী এবং জওহরলাল নেহেরুও নিজেদের আত্মজীবনী লিখেছিলেন। তিনি আমাকে বলেছিলেন যে, তাঁর কাছে বাস্তবে এই কাজ করার মতো সময় নেই। আমি তাঁকে বলেছিলাম যে, যখন তিনি গর্ভনর জেলারেলের পদে ছিলেন তখন তাঁর হাতে এই কাজ করার মতো সময় ছিল। তিনি একটা ছোট্ট হাসি হেসে বলেছিলেন যে, প্রধানমন্ত্রী ও উপপ্রধানমন্ত্রীর মধ্যে বিবাদ মেটাতে মেটাতেই তাঁর অর্ধেক সময় কেটে যেত।

একদিন, আমাদের মধ্যে ভারতের বিভাজন নিয়ে আলোচনা হচ্ছিল। আমি তাঁকে উসকানোর জন্য বলেছিলাম যে, লর্ড মাউন্টব্যাটন নেহেরু ও সর্দার প্যাটেলকে বিভাজন বিক্রী করেছিল। উত্তরে তিনি বলেছিলেন, 'নটবর, আমি তোমাকে একটা কথা বলি, আমরা মাউন্ট ব্যাটনকে বিভাজন বিক্রী করেছিলাম। সরকার আগে থেকে শক্তি হস্তান্তরের মন করে ফেলেছিল, কিন্তু কিভাবে সেই কার্য করবে তা বুঝতে পারছিল না।' এই গতিরুদ্ধতাকে কিভাবে দূর করা যায়, মাউন্টব্যাটন তা রাজাজীকে জিজ্ঞাসা করেছিল, তিনি বলেছিলেন যে, এর জন্য বিভাজনই হল একমাত্র পথ। আমি বলেছিলাম যে, গান্ধীজী তো বিভাজন করতে চাননি। তাহলে তিনি হঠাৎ হাতিয়ার ফেলে দিয়েছিলেন কেন? এই খবরটা শুনে আমি প্রচণ্ড আঘাত পেয়েছিলাম। তিনি আমাকে বলেছিলেন, গান্ধীজী জানতেন, পণ্ডিত নেহেরু, পটেল তথা কার্যকারী কমিটির অন্য সদস্যদের মনে কি চলছিল। শুধুমাত্র মৌলোনা আবুল কালাম আজাদ, খান আব্দুল গফফর খান ও জয়প্রকাশ নারায়ণ বিভাজনের বিরুদ্ধে ছিলেন। গান্ধীজীর অবস্থা খুবই খারাপ হয়েছিল, তিনি 15 আগস্টের আগে দিল্লী থেকে কোলকাতার উদ্দেশ্যে রওনা দিয়েছিলেন। তিনি সংযুক্ত ভারতের যে স্বপ্ন দেখেছিলেন তা ভেঙে টুকরো টুকরো হয়ে যায়।

রাজাজীর হাঁপানির সমস্যা ছিল। 1921 সালে প্রথম কারাবাসের সময়, তাঁকে একটা ঘরের মধ্যে সন্ধ্যা ছয়টা থেকে ভোর ছয়টা পর্যন্ত বন্দি করে রাখা হতো। সেখানো কোনো বৈদ্যতিক সংযোগ ছিল না, মশার চাষ হোত, আর গরমে তাঁর অবস্থা খুবই খারাপ হয়ে গেছিল। তিনি যখন বলেছিলেন যে, সেই সময় তিনি আত্মহত্যা করবেন বলে ঠিক করেছিলেন তখন তা শুনে আমি ভয়ে কেঁপে উঠেছিলাম। সেই সময় ভারতে এই রোগের চিকিৎসার ওষুধ পাওয়া যেত না। তিনি নিজের খাদ্যাভাস্যের সংযম আর দৃঢ় সংকল্প শক্তির সাহায্যে নিজের এই রোগকে প্রতিহত করতে সক্ষম হয়েছিলেন।

শুধুমাত্র গোয়া নিয়েই তাঁর সাথে আমার বিবাদ হয়েছিল। গোয়াকে স্বাধীন করার জন্য যে সৈন্য দল পাঠান হয়েছিল, রাজাজী তার ঘোরতর সমালোচনা করেছিলেন, আমি সরকারের পক্ষ

নিয়ে সেই সিদ্ধান্তকে যথাযুক্ত বলেছিলাম, কিন্তু তিনি আমার সাথে কোনো রকম তর্ক করেননি।

নিউ ইয়ার্কে তাঁর সাথে কত লোক যে দেখা করতে এসেছিল, তার ঠিক নেই। সবার আগে গান্ধীজীর জীবনী লেখক (লীড কাইন্ডলী লাইট) ভিন্সেন্টপ শীন এসেছিলেন। তিনি বলেছিলেন যে, তিনি পণ্ডিত নেহেরুকে কথা দিয়েছেন, যাতে রাজাজীকে ওয়াশিংটনের রাষ্ট্রদূত করা হয়। রাজাজী মনে করতেন যে তিনি ওই পদের জন্য উপযুক্ত নন। বেশ কয়েক বছর পরে আমি সেই পত্র দেখার সুযোগ পাই, যাতে শিন নেহেরুর সাথে এই বিষয় নিয়ে কথা বলেছিলেন। তিনি জানিয়েছিলেন যে, ওয়াশিংটনের রাষ্ট্রদূত হিসাবে তাঁকে নির্বাচন করার ব্যাপারে গম্ভীরতার সাথে বিচার করা হয়েছিল। এটাও স্পষ্ট করা হয়েছিল যে, একজন রাষ্ট্রদূত হিসাবে রাজাজী ছিলেন অনুপযুক্ত।

এই সময় রাজাজীর সাথে এটম বোমের জনক রবার্ট ওপেনহাইমর ও গান্ধীজীর জীবনী লেখক লুঈস ফিশ্চরের সাথে দেখা হয়েছিল। 1942 সাল পর্যন্ত তিনি মহাত্মা গান্ধীর সাথে ছিলেন, আর তাঁর বই বেস্টসেলর এওয়ার্ড লাভ করেছিল। প্রতিষ্ঠিত সাপ্তাহিক পত্রিকা সেটরডে রিভিউয়ের সম্পাদক নরমন কজিন, বিশ্ব শান্তির সমর্থক ইউ থাঁট; অদলই স্টীবন্সন; তথা শ্যার মুহম্মদ জফরউল্লা খান তাঁর সাথে সাক্ষাৎ করতে এসেছিলেন। তিনি দেশে বিভাগের আগে থেকেই জফরওল্লা খানকে চিনতেন।

রাজা জী প্রেসিডেন্ট ক্যানেডির সাথে দেখা করার জন্য ওয়াশিংটনে গেছিলেন। ক্যানেডীকে রাজাজীর মিশন সম্পর্কে আগে থেকেই বলে দেওয়া হয়েছিল। রাজাজী সম্পূর্ণ স্পষ্ট ও সঠিক ভাবে নিজের বক্তব্য জানিয়েছিলেন। প্রেসিডেন্ট তাঁকে জানিয়েছিলেন যে, রাজাজীর সিদ্ধান্তে তাঁর কোনো সমস্যা নেই, কিন্তু একটা অন্য সমস্যা আছে। উইএস এক তরফা ভাবে পরমাণু পরীক্ষা করা বন্ধ করতে পারছিল না, তাঁর মতে ইউএসএসআরকেও তা বন্ধ করতে হবে। রাজাজী কতটা ক্যানেডীকে প্রভাবিত করতে পেরেছিলেন, তা বোঝা যাচ্ছিল না।

নিউ ইয়ার্ক থেকে যাওয়ার আগে, রাজাজী আমাকে তাঁর লেখা 'দ্যা ভয়েজ অফ দ্যা ইউনিনভ্লভড' উপহার দিয়েছিলেন, তাতে তিনি লিখেছিলেন, 'নিউইয়ার্কে তোমার এপার্টমেন্টে কাটানো সুখকর দিন এবং তোমার আতিথিয়তা ও সহায়তার সুখকর স্মৃতির নামে।'

1972 সালের 26 শে ডিসেম্বর তাঁর মৃত্যুর সংবাদ আমি পোল্যান্ডে বসে পয়েছিলাম, তখন আমি সেখানকার রাষ্ট্রদূত ছিলাম। সেই সময় তাঁর বয়স চুরান্নবই হয়েছিল। কথাটা শুনে আমার খুবই খারাপ লেগেছিল, তাঁর দেওয়া বই, তাঁর সাথে করা রাজনৈতিক আলোচনা, তাঁর ভদ্রতা, আনন্দ জনক কিছু স্মৃতি সবই মনে পড়ে যাচ্ছিল। তাঁর কাছ থেকে আমি যে বিবেক বুদ্ধি লাভ করেছিলাম যার জন্য আমি সত্যিই তাঁর প্রতি কৃতজ্ঞ।

1962 সালের 23 শে অক্টোবর, সুরক্ষা পরিষদের বৈঠক হয়েছিল। পরিবেশ ছিল খুবই উত্তেজনা পূর্ণ, একটা গুরুত্বপূর্ণ বিষয় নিয়ে তর্ক-বিতর্কের সূত্রপাত হয়েছিল। সেই দিন যখন মুবান সংকট নিয়ে বিবাদের সূত্রপাত হয়েছিল তখন আমি সুরক্ষা পরিষদের

চেম্বারে ছিলাম। অদলঈ স্টীবঙ্গন জোরিনকে জিজ্ঞাসা করেন যে, 'রাজদূত জোরিন আপনি কি অস্বীকার করতে পারেন যে, ইউএসএসআর মিডীয়ান এবং ইন্টানমিডিউট রেঞ্জের মিসাইল কিউবা তে রাখত এবং রাখছে? হ্যাঁ বা না তে উত্তর দিন। অনুবাদের প্রতীক্ষা করুন।' তারপর তিনি সেখানকার ছবি তার সামনে দিয়ে দেন। জোরিনার জন্য কঠিন পরিস্থিতির সৃষ্টি হয়েছিল, কারণ তাঁর সরকারও তাঁকে অন্ধকারে রেখেছিল। কিউবার মিসাইল সমস্যা তেরো দিন ধরে চলেছিল, বিশ্বের এক বৃহত্তম যুদ্ধের দিন এগিয়ে আসছিল। ক্যানিডী নিজের ধৈর্য্য বজায় রাখতে পারলেও সোভিয়েত ইউনিয়ান তা করতে অসফল হয়েছিল। পলিটবিউরোতে খুশচেভের পরিস্থিতি ম্লান হয়ে যাচ্ছিল।

ভারতের ওপর চীনের আক্রমণ, ইউএনের ওপর কিউবার মিসাইল সংটক কখনই টিঁকতে পারত না আর না টিঁকেছিল। আমাদের কাছে ছোটো ছোটো খবর আসছিল। আমার এখনো মনে আছে যে, নিউ ইয়ার্কের একটা খবরের কাগজে আমি পড়েছিলাম যে, 1962 সালের 16 ই অক্টোবর শ্রীলঙ্কায় যাওয়ার সময় মাদ্রাস এয়ারপোর্টে নেহেরু বলেছিলেন যে, তিনি ভারতীয় সেনাদের বলেছেন, তারা যাতে চীনাদের ভারতের সীমান্তের বাইরে বার করে দেয়। চীন-ভারতের সীমান্ত নিয়ে যুদ্ধের সময়, ইউএনে পীপলস রিপাবলিক অফ চায়নার পদত্যাগের প্রশ্ন সামনে এসেছিল। আমাদের চীনাদের প্রবেশকে সমর্থন করতে বলা হয়েছিল, এই সিদ্ধান্ত সাহসের সাথে নেওয়া হয়েছিল, কিন্তু ইউ.এনের বহু লোক চীনকে স্বাগত জানায়নি, যার জন্য চীনা সরকার খুবই ক্রুদ্ধ হয়েছিল। নেহেরুর রিয়েল পলিটিকসের ওপর কোনো দিনই আগ্রহ ছিল না, অথচ চীনারা তারই অভ্যাস করেছিল। হাওয়া কোন দিকে বইছে ইউ.এনে বসে তা সহজেই বোঝা যেত, এমনকি কয়েকটি নিরপেক্ষ দেশ যেমন মিশর, ইন্ডোনেশিয়া এবং ঘানা মুক্ত ভাবে আমাদের সহযোগিতা করেনি। শ্রী নেহেরু 'নাইস গাইস ফিনিশ সেকেন্ড' এ মন খুলে জানিয়ে ছিলেন যে, 1962 সালের শেষে, জেনারল স্টাফের চীফ, লেফটানেন্ট জেনারল বার্মা থেকে তাঁকে একটা চিঠি পাঠিয়েছিলেন, যাতে চীনের সাথে যুদ্ধের ভবিষ্যবাণী করা ছিল। প্রধানমন্ত্রী নেহেরু এই চিঠির আমোল করেননি। তিনি সত্যিই নিজের জীবনে চীনের সাথে কোনো রকম বিবাদ করতে চাননি, প্রধানমন্ত্রী চীনের সাথে আপোষ করতে চেয়েছিলেন, কিন্তু যখন তা সম্ভব হয়নি তখনই তিনি ভয়ঙ্কর হয়ে ওঠেন। তিনি যখন ক্যানেডীর কাছ থেকে সৈন্য সাহায্য চেয়েছিলেন, (পরিশিষ্ট 1-এ দেখুন)। তখন আমার মতো নেহেরু বাদী মানুষও লজ্জা বোধ করেছিল, তিনি নেহেরুর কথায় উপহাস করেছিলেন, এবং খুব আনন্দ পেয়েছিলেন।

স্থায়ী মিশনের মূড খুবই নিরাশাবাদী ছিল। ইউ.এনেতে আমাদের প্রতিচ্ছবি খুবই আহত হয়েছিল। রাষ্ট্রমণ্ডল ও নন-এলাইনড দলের মিটিং-এ বিষয়টা আরো স্পষ্ট হয়ে উঠেছিল। নাইজেরিয়ার বিদেশ মন্ত্রী জাজা ভাচুকূ আমাদের ব্যাকুলতা দেখে খুবই আনন্দ পেতেন। আমি তাঁকে পোরস ম্যান কৃষ্ণ মেননের উপাধী দিয়েছিলাম। ভারতকে ছোটো

করতে পেরে তিনি খুব খুশি হোতেন। (নেহেরুর অধ্যায়ে পড়বেন)।

আমাদের মিশনের জন্য দক্ষিণ আমেরিকা থেকে আধা ডজন সিফর কোড বুক্স পাঠানো হয়েছিল, নিউ ইয়ার্ক থেকে বিশেষ কোরিয়ারের সাহায্যে তা গেছিল। আমি চান্সরী প্রমুখ ছিলাম, কিন্তু 1963 সালে আমাকে কোরিয়ারের মতো কাজ করার নির্দেশ দেওয়া হয়েছিল। আমার পরিবারের কেউই তখনও দক্ষিণ আমেরিকায় যায়নি, একটা ব্রিটিশ উপনিবেশ ছিল বলে, আমরা কখন সেখানকার সাথে কোনো রকম সম্পর্ক গড়াগ কথা ভাবিনি। যদিও আমি নিজেকে কলোম্বাস ভাবতে পারছিলাম না, কিন্তু এই যাত্রা নিঃসন্দেহে আমার জন্য খুবই গুরুত্বপূর্ণ ছিল। আমি প্রথম পোর্ট অফ স্পেনে পৌঁছাই, তা ছিল ত্রিনীদাদ ও টেব্যাগোর রাজধানী, সেখানে বহু ভারতীয় থাকত, ক্যালিপোস মিউজিক ও বিশ্ব প্রসিদ্ধ ক্রিকেটারদেরও বাস ছিল সেখানে। সেখান থেকে আমি বী.সী. নায়পালের দুটি বই কিনেছিলেম, 'দ্যা মিডিল প্যাসেজ'এবং 'এ হাউস ফর মি. বিশ্বাস'। আমি রিমঝিম বর্ষার মধ্যে সেখানে পৌঁছেছিলাম, আর সেখানকার পর্যটন স্থানে পৌঁছে গেছিলাম - প্রথমেই আমি কোপাকবানা সাগরের তটে ঘোরার সময় বিকিনি পরিহিত বহু সুন্দরী মহিলাকে দেখেছিলাম। রাষ্ট্রদূত বী.এইচ. কোল্‌হো আমাকে ঘোরার জন্য একটা গাড়ির ব্যবস্থা করে দিয়েছিলেন, যে শহরে যীশু খ্রীষ্টের একটা বিরাট মূর্তী গড়া আছে, তার পাহাড় দিয়ে আমি গাড়ি চালাচ্ছিলাম, ক্যারিওকার বস্তির মধ্যে দিয়ে আটলান্টিকের নীল জল দেখতে পেয়েছিলাম। ব্যূনোজ এরীজ হল গরিমায় পূর্ণ শহর, এই সংস্কৃতিক এলাকাটা ছিল ধনীদের এলাকা। এই শহরে প্রচুর এলাকা ছিল আর এটি আগেকার নাজীয়ো লোকেদের কাছে স্বর্গের থেকে কিছু কম ছিল না। সেখান থেকে আমি ঘুরে আসার কয়েকদিনের মধ্যেই ইজরাইলের আধিকারীকরা, ব্যূনিজ এরীজে, আশভিট্‌জের হত্যাকারী এডোল্ফ ঈচম্যানকে ধরে ফেলেছিল। সৈনটিআগোর দিকে যাত্রা করার সময় আমি হিমাচ্ছাদিত এন্ডিজের ওপর দিয়ে গেছিলাম। দক্ষিণ আমেরিকা মহাদ্বীপের পূর্বী মেরুদণ্ড হল চিলী। প্রশান্ত মহাসাগরের জল আমার পায়ে লাগাতে আমর মনে হয়েছিল যে, আমি পৃথিবীর শেষ প্রান্তে এসে দাঁড়িয়ে আছি। দুঃখের বিষয় এটাই ছিল যে, ইউ এসের ছায়া সারা মহাদ্বীপের ওপর পড়েছিল। এই দেশ গুলির নিজেস্ব কোনো বিদেশ নীতি ছিল না। শুধুমাত্র কিউবাই ছিল এর থেকে আলাদা।

আমি দশ দিন বাদে নিউ ইয়ার্ক ফিরে গেছিলাম। দক্ষীণ আমেরিকায় তখনও গরম হলেও নিউ ইয়ার্কে ঠান্ডা পড়ে গেছিল। দক্ষিণী রাজ্য গুলিতে সিভিল রাইট আন্দোলনের গতি শুরু হয়ে গেছিল। গ্রেগোরী প্যাক, টু কিল এ মকিঙ্গবর্ড-এ সাদা চামড়ার উকিল হয়েও কৃষ্ণ বর্ণের মানুষের জন্য লড়াই করেছিলেন, তিনি প্রজাতান্ত্রিক আমেরিকায় যে গুরুতর বর্ণ বৈষম্য ছিল তা প্রকট করতে সক্ষম হয়েছিলেন। জাতিভেদ তখনও গায়েব হয়নি। ইউ.এন. ছাড়া আফ্রীকান আমেরিকান চাকর, বাস চালক, ভাঁড়, ইতর লোক, তথা খেলোয়াড় ছিল। আর্থর এশ ছিলেন প্রথম কৃষ্ণাঙ্গ টেনিস খেলোয়াড় যিনি ফরেস্ট হিলসের টেনিস কোর্টে

প্রবেশের অধিকার পেয়েছিলেন। এমনকি 1963 সালেও আফ্রিকান আমেরিকানদের ইতর, নৈতিকতাহীন ও অস্বচ্ছ বলে মানা হতো। হোয়াইট হাউসে ক্যানিডি আসার পর আফ্রিকান আমেরিকানরা মুক্তি না পেলেও তারা আশার আলো দেখতে পেয়েছিল।

1963 সালের গরম পর্যন্ত আফ্রিকান আমেরিকানরা ধৈর্য্য হারিয়ে ফেলেছিল। মার্টিন লুথার কিং জুনিয়ার একজন কৃষ্ণাঙ্গ নেতা হিসাবে উঠে এসেছিলেন। তিনি যে শুধু গান্ধীর অহিংস নীতির অনুসরণ করেছিলেন তাই নয়, সাহস ও সংকল্পের সাথে তার অভ্যাসও করেছিলেন। ইউ.এন.-এর বিশাল ইউ.এন. মিশনে কেবল মাত্র একজন দুজন আফ্রিকান আমেরিকান ডিপ্লোমেটিক স্তরে কাজ করত। ইউএসের বিদেশ সেবায় আফ্রিকান আমেরিকানের সংখ্যা ছিল ছাব্বিশ। গ্রীষ্মের সাথে সাথে নাগরিকদের অধিকারের সংঘর্ষও বৃদ্ধি পেতে শুরু করেছিল। 1963 সালের 3 শরা মে এমন একটা ঘটনা ঘটেছিল যাতে করে আমেরিকা সম্পূর্ণ বদলে গেছিল। এই ঘটনা টি.ভি.তেও দেখানো হয়েছিল। বর্মিঘম, অল্বামাতে কোনর নামক পুলিশ কমিশানার ভয়ঙ্কর পুলিশের কুকুর গুলিকে কৃষ্ণাঙ্গদের দলে ছেড়ে দিয়েছিল, তাতে তাদের কিং-ও ছিল, তারা শান্তির বার্তাই বহন করছিল। 4 ঠা মে নিউইয়ার্ক টাইমসের প্রথম পৃষ্ঠায় একটা ছবি ছাপানো হয়েছিল, তাতে পুলিশের কুকুর একটা কৃষ্ণাঙ্গ মহিলাকে আক্রান্ত করছিল। সেই দিনই আমেরিকা বদলে গেছিল। দক্ষিণ আমেরিকা এবং আমেরিকার গহন দক্ষিণ ছাড়া সারা সংসার স্তম্ভিত হয়ে গেছিল।

মাটিন লুথার কিং জুনিয়ার সহ আর একজন ব্যক্তি কৃষ্ণাঙ্গদের অধিকারের বিষয়ে খুবই সহানুভূতিশীল ছিলেন, তিনি ছিলেন অল্প বয়সি লেখক জেম্স বাল্ডইউন। তাঁর কলমের শক্তির জোরে তিনি অতি শীঘ্র বেস্ট সেলর লেখকদের তালিকায় নিজের নাম করে নিতে পেরেছিলেন। তাঁর লেখা 'দ্যা ফায়ার নেক্সট টাইম' দক্ষীণের শ্বেতাঙ্গদের নাড়িয়ে দিয়েছিল।

বিংশ শতাব্দীর প্রথম দিকে, 1963 সালের 28 শে আগস্ট আর একটা ঘটনা ঘটেছিল। মার্টিন লুথার কিং জুনিয়ার, ওয়াশিংটনের ডীসী লিংকন মেমোরিয়ালের সামনে, কয়েক হাজার মানুষের সামনে দাঁড়িয়ে একটি শক্তিশালী ও প্রেরণা দায়ী ভাষণ দিয়েছিলেন, তা ছিল সেই সময়কার কয়েকটি বিখ্যাত ভাষণের অন্যতম। পঞ্চাশ বছর বাদেও এই ভাষণ মানুষকে প্রেরিত করতে সক্ষম হতো। 'আমার স্বপ্ন হল একদিন সমস্ত উপত্যকা উঁচু হয়ে যাবে, সমস্ত পাহাড় নিচে চলে আসবে, চরাই-উতরাই স্থান সমতল হয়ে যাবে, আর বেঁকা জায়গা সোজা হয়ে যাবে...

যখন আমরা স্বাধীনতার আলো জ্বালাব, যখন আমরা সমস্ত গ্রাম ও সমস্ত শহর, সমস্ত রাজ্য ও নগরে স্বাধীনতার আলো জ্বালাব তখন অমার শীঘ্রই সেই দিন দেখতে পাব, যখন ঈশ্বরের সমস্ত সন্তান, কৃষ্ণাঙ্গ ও শ্বেতাঙ্গ, ইহুদী ও অ-ইহুদী, প্রোটেস্টেন্ট ও ক্যাথিলিক উভয়ই হাত জোড় করে প্রাচীন আধ্যাত্মিক প্রার্থনা করবে, 'শেষ পর্যন্ত মুক্তি হয়েছে! শেষ পর্যন্ত মুক্তি হয়েছে! হে ঈশ্বর! তোমার দয়ায়, আমরা শেষ পর্যন্ত মুক্তি লাভ করতে

পেরেছি।' আমিও কোটি কোটি মানুষের মতন সেদিন টি.ভি.তে এই ভাষণ শুনেছিলাম। 1963 সালের 23 শে আগস্ট কোনো দিনও ভুলতে পারব না।

আমি ড. মিঙ্গের সাথে কেবল একবারই দেখা করার সুযোগ পেয়েছিলাম। ইউএস মিশনে 1964 সালের ডিসেম্বরে রাষ্ট্রদূত স্টীবন্সন একটি খাওয়া দাওয়ার আয়োজন করেছিলেন, তিনি সেখানেই এসেছিলেন। তিনি ওস্লো যাচ্ছিলেন, সেখানে তাঁকে শান্তির জন্য নোবেল পুরস্কার দিয়ে সম্মানিত করার কথা ছিল। আমি তখনই তাঁর সাথে কথা বলেছিলাম, তিনি জিজ্ঞাসা করেছিলেন যে, 'লেগেসী অফ নেহেরুর' জন্য তিনি যা লিখছিলেন তা কবে দেবেন, কারণ তখন আমি এই পুস্তকটা এডিটিং-এর কাজ করছিলাম।

1968 সালের মার্চ মাসে মার্টিন লুথার কিঙ্গ জুনিয়ারকে ট্যান্সে, মেমফিসে গুলি মেরে হত্যা করে দেওয়া হয়েছিল। তাঁর মৃত্যুর সাথে সাথে আমেরিকার নাগরিক আন্দোলনে একটা যবনিকা পতনের সূত্রপাত ঘটেছিল,

আর এটা আমেরিকার ইতিহাসের অন্ধকার ময় অধ্যায় হয়েই রয়ে গেছে।

1963 সালের ইউ এন সম্মেলনের সময় প্রধানমন্ত্রী শ্রীমতি নেহেরুকে প্রতিনিধি মণ্ডলের নেতৃত্বের আসনে বসিয়েছিলেন। লণ্ডনে যে ঘটনা ঘটেছিল তাতে করে তাঁর আসার খবর শুনে আমি একটুও খুশি হইনি। 1960 সালে যখন কৃষ্ণা মাসি লণ্ডনে সে ছিলেন, তখন তিনি নিজের বোনের সাথেই থাকতেন, কিন্তু তাঁর জীবন শৈলী দেখে তিনি অতিষ্ট হয়ে গিয়ে একটা চিঠিতে আমাকে লিখেছিলেন যে, 'একটা বিচিত্র জীবন শৈলী দেখলাম - কোনো অফিস নেই - শপিং, নিমন্ত্রণ, হেয়ার ড্রেসার, নিমন্ত্রণ খেয়ে শরীর খারাপ হয়ে যাওয়ার ফলে কাজ বন্ধ করে দেওয়া, কিন্তু সামাজিক কাজের ক্ষেত্রে কোনো রকম গড়িমসি দেখিনা' আর একটা চিঠিতে তিনি লিখেছিলেন, 'শ্রীমতি পণ্ডিত আমার সাথে আর একটা চাল চেলেছেন এবং আমার পিঠে ছুঁরি বসিয়ে দিয়েছেন। আমি প্লেনে করে একুশ তারিখ সন্ধ্যায় রাজার (তাঁর স্বামী) সাথে দিল্লী পৌঁছাচ্ছি, প্রধানমন্ত্রীর সাথে এই ব্যাপ্যারে খোলাখুলি কথা বলতে হবে।'

উনি যখন 1959 সালে পশ্চিম জার্মানীতে ঘুরতে গেছিলেন তখন তাঁকে টু-সীটর মার্সিডীজ উপহার স্বরূপ দেওয়া হয়েছিল, তিনি সেই উপহার স্বীকারও করে নিয়েছিলেন। শ্রীমতি পন্ডিত তা জানতে পরেন এবং তাঁর ভাইকে লিখেছিলেন যে, যদি কৃষ্ণা মাসি এই গাড়ি নিয়ে নেন তাহলে তাঁর ওপর খুব খারাপ প্রভাব পড়বে। তাঁর দিদি কৃষ্ণা মাসীর সাথে যে দুর্ব্যবহার করেছিলেন, তিনি তা কোনো দিন ভুলতে পারেননি। প্রধানমন্ত্রী দুই বোনের ঝগড়ার মধ্যে জরিয়ে পড়তে চাননি। শেষ পর্যন্ত পন্ডিত নেহেরু সেই সিদ্ধান্ত নেওয়ার জন্য লালবাহাদুর শাস্ত্রীকে নিয়োগ করেছিলেন, তিনি সিদ্ধান্তে আসেন যে, কৃষ্ণা মাসি এই গাড়ি নিতেই পারেন কিন্তু তার জন্য তাঁকে আমদানি শুল্ক দিতে হবে।

আমার সাথে বিজয় লক্ষ্মী পন্ডিতের ছোটো কন্যা রীটা দরের সাথে খুব ভালো বন্ধুত্ব

ছিল। রীটার স্বামী অবতার দর, আমাদের ওয়াশিংটন দূতাবাসে নম্বর-টু ম্যান ছিলেন। রীটা খুব সুন্দরী, চনমনে এবং ডিপ্লোমেটিক ধরনের দুষ্টু-মিষ্টি বদমাইশি করত। হঠাৎ একদিন সে আমাকে ফোন করে আমার পুস্তক সমীক্ষার জন্য সাধুবাদ জানায়, তা আমি নিউ ইয়ার্ক টাইমসের জন্য করেছিলাম। সে একথাও বলেছিল যে, মহাসম্মেলন চলাকালিন, সে নিজের মায়ের কাছে থাকার জন্য নিউইয়ার্ক আসছিল। তার কার্লাইল হোটেলে ওঠার কথা ছিল, তা ডিপ্লোমেটিক কুলীন বর্গের জন্য গরিমাময় আশ্রয় ছিল। এক বা দুই দিন বাদে, আমাকে তার মায়ের জন্য এডিসী-সেক্রেটারী হিসাবে নিযুক্ত করা হয়েছিল। আমি সংকটের মধ্যে পড়ে গেছিলাম। আমি তাঁকে নিয়ে আসার জন্য এয়ারপোর্টে পর্যন্ত যাইনি। আমি রীটাকে জিজ্ঞাসা করেছিলাম যে, তার মায়ের সেবার জন্য কেনো আমাকে নিযুক্ত করা হয়েছিল। আমি তাকে এটাও জানিয়ে দিয়েছিলাম যে, আমি এই কাজ করতে মোটেই ইচ্ছুক নই। সে জানিয়েছিল যে, সে এই ব্যাপারে কিছুই জানে না কিন্তু সেই সাথে এই কথাও বলেছিল যে, কোনো চিন্তা করার কিছুই নেই। সে বলেছিলে, 'আমার মা এই পৃথিবীর সবচেয়ে ভালো মহিলা, কিছুদিনের মধ্যে তুমিও তাঁকে ভালোবাসতে শুরু করবে।'

আমি এই কথা কখনই বলতে পারব না যে, যখন আমি হোটেলে প্রতিনিধি মন্ডলের লোকেদের সাথে দেখা করতে যাচ্ছিলাম, তখন আমার মনে কোনো ভয় ছিল না, তিনি দম্ভ ও শিষ্টতার সাথে আমাকে স্বাগত জানিয়েছিলেন। আমি তাঁকে 'ম্যাডাম' বলেই সম্বোধন করতাম।

'আমাকে ম্যাডাম বলা বন্ধ কর। তুমি কৃষ্ণাকে কি বল?'

আমি বললাম, 'মাসি।'

উনি বললেন, 'তুমি আমাকেও মাসি বলে ডাকতে পার।'

পরবর্তি কয়েক সপ্তাহ ধরে আমি প্রতিদিন কয়েক ঘন্টা করে তাঁর সাথে সময় কাটাতাম। তিনি প্রায় নয় বছর আগে 1953 সালে ইউ.এনে গেছিলেন, সেই সময় তাঁকে ইউ.এন মহা সম্মেলনের প্রেসিডেন্ট হিসাবে নির্বাচিত করা হয়েছিল। এই সময়ের মধ্যে ইউ.এন-এ অনেক বদলে গেছিল। তখন আর শ্বেত চামরার লোকেদের রাজত্ব ছিল না, সেই সময় এফ্রো-এশিয়ান সদস্যই জনমত লাভ করেছিল। ইউ.এনের সকলেই তাঁকে যথেষ্ট সম্মান করত, তারা এই সুন্দর ও গরিমাময় মহিলার সাথে কথা বলার জন্য উদগ্রীব হয়ে থাকত। আমার খুব আনন্দ হচ্ছিল। তাঁর সাথে থাকাকালিন আমি অনেক বিখ্যাত ব্যক্তিদের সাথে দেখা করার সুযোগ পেয়েছিলাম। তাঁর বয়স দশ বছর কম লাগত। তিনি ছিলেন খুব ভদ্র, সুসংস্কৃত, স্টাইলিশ, আকর্ষণীয় এবং অদ্ভুত কণ্ঠস্বরের অধিপতি। নেহেরুর একটা আভা তাঁর মধ্যেও দেখা যেত। কৃষ্ণা মাসি ও বিজয়লক্ষ্মী পন্ডিতের সাথে বিবাদের অন্যতম কারণ ছিল শ্রীমতি পন্ডিতের এই রূপ। কৃষ্ণা মাসির মধ্যে সেই জাদুর স্পর্শও ছিল না, যে জাদুর পরশে শ্রীমতি পন্ডিত একজন সামাজিক ও ডিপ্লোমেটিক স্টার হয়ে উঠেছিলেন।

শ্রীমতি পণ্ডিতের এই খ্যাতির জন্য শ্রীমতি হঠীসিংহ তাঁকে সহ্য করতে পারতেন না। তিনি নিজের এই বিষাদ দূর করার জন্য মদের সাহায্যও নিয়েছিলেন, কিন্তু তাতে কোনো লাভ হয়নি। তিনি সর্বদা আমাকে নিজের ছেলের চোখেই দেখতেন। 1967 সালে হৃদরোগে আক্রান্ত হয়ে তিনি লন্ডনে নিজের প্রাণ ত্যাগ করেছিলেন, এই শোক আমি বহু মাস ভুলতে পারিনি। তাঁর আত্মজীবনী 'উথি নো রিগরেট্স' খুব ভালো বই।

সেই সময় পাকিস্তানের বিদেশ মন্ত্রী ছিলেন জুল্ফিকার আলী ভুট্টো, 1963 সালের মহা সম্মেলনে তিনি তাঁর দেশের প্রতিনিধিত্ব করছিলেন। শ্রীমতি পন্ডিতের সাথে তাঁর বাবা শাহ নওয়াজের পরিচয় ছিল। কিন্তু যুবক ভুট্টো যেন একেবারে অন্য ছাঁচের মানুষ ছিলেন। তিনি ছিলেন বার্কল ও অক্সফোর্ডের উপাদান, একজন সুবিজ্ঞ, বিবাদী, কর্কশ, দাম্ভিক এবং পোশাকের ব্যাপারে অসাধারণ রুচি সম্পন্ন। সুন্দরী মহিলাদের প্রতি তাঁর আবেগ ছিল তীব্র, তাদের মধ্যে অনেকেই তাঁকে খুব পছন্দই করত। তিনি ছিলেন একজন অসাধারণ বিদেশ মন্ত্রী, তিনি ইউ এসেকে না টেনেই, চীনকে ইউ.এসের সাথে জুড়ে, আমাদের চমকে দিয়েছিলেন।

তিনি নিজের ভাষণে ভারতের সম্পর্কে অনেক কূট ও বিষাক্ত উক্তি করেছিলেন। কাশ্মীর সমস্যা নিয়ে তিনি যে রকম অপমান জনক উক্তি করেছিলেন, তা সহ্যের সীমা অতিক্রম করেছিল। বিজয়লক্ষ্মী পন্ডিত তখনই এই প্রসঙ্গে নিজের প্রতিক্রিয়া ব্যক্ত করতে চেয়েছিলেন, কিন্তু তাঁকে সেই কাজ করতে বারণ করার জন্য অনেক বুদ্ধি ও কৌশলের প্রয়োজন ছিল। আমি তাঁকে বলি যে, যদি তিনি নিজের প্রতিক্রিয়া ব্যক্ত করেন তাহলে তা ভুট্টোর জন্য আনন্দের বিষয় হয়ে উঠবে, তাই তিনি নিজের চিন্তাধারা বদলে বরিষ্ঠ সচিবের মধ্যে একজনের কাছ থেকে এর উত্তর চেয়েছিলেন, যা পাকিস্তানের কাছে ব্যাকুলতার কারণ হয়ে উঠেছিল।

1963 সালের নভেম্বর মাসে, আমি ইউ.এনের পথে যাওয়ার সময় খবর শুনছিলাম। হঠাৎই নিয়মিত অনুষ্ঠান বন্ধ করে, ঘোষণা করা হয়েছিল যে, ট্যাক্সস, ডলাসে প্রেসিডেন্ট ক্যানেডীকে গুলি করে হত্যা করা হয়েছিল। আমি গাড়ির গতি বৃদ্ধি করে দিয়েছিলাম। আমি ইউ.এনে পৌঁছেই সোজা প্রতিনিধিদের ডাইনিং কক্ষের দিকে ছুটে গেছিলাম, সেখানে শ্রীমতি পন্ডিত নিজের বন্ধুদের সাথে বসে লাঞ্চ করছিলেন। তিনি খবরটা পেয়ে গেছিলেন, কিন্তু সেই সম্পর্কিত যেকোনো খুঁটিনাটি কথা তিনি তাঁকে জানাতে বলেছিলেন। অতি শীঘ্র ক্যানেডির মৃত্যুর খবর সত্যি হয়ে উঠেছিল। এই ভয়ঙ্কর ঘটনা সারা পৃথিবীকে দুঃখের সমুদ্রে ডুবিয়ে দিয়েছিল।

আমাদের ওয়াশিংটন দূতাবাসের কাছে সবচেয়ে বড় প্রশ্ন হয়ে উঠেছিল, অন্তিম সংস্কারে ভারতের তরফ থেকে কে প্রতিনিধিত্ব করবে, দিল্লী থেকে আসা প্রথম বার্তায় বী.কে. নেহেরুকে ক্যানেডির কফিনে পুষ্পহার রাখতে বলা হয়েছিল। কিন্তু তিনি বলেছিলেন যে, প্রধানমন্ত্রীর ব্যক্তিগত রূপে তাঁর অন্তিম সংস্কারে আসা উচিত। শেষ পর্যন্ত সিদ্ধান্ত নেওয়া হয়েছিল যে, শ্রীমতি পণ্ডিত ভারতের তরফ থেকে প্রতিনিধিত্ব করবেন। 24 শে নভেম্বর আমি তাঁর

সাথে ওয়াশিংটনে গেছিলাম। স্বর্গীয় প্রেসিডেন্টের রাজকীয় অন্তিম সংস্কার দেখে মন আর্দ্র হয়ে উঠেছিল। পরিবেশ ছিল বিষাদপূর্ণ। যখন শ্রীমতি ক্যানেডী আরলিঙ্গটন সিমিট্রীতে, নিজের দেবর বরার্ট ক্যানেডীর হাত থেকে ইউ এসের ধ্বজা নিয়ে তাঁর স্বামীর কফিনে বিছিয়ে দেন, তখন সেখানে উপস্থিত বেশির ভাগ মানুষের চোখ থেকেই জল ঝরতে শুরু করেছিল। পঞ্চাশের বেশি রাজ্যের প্রধান এবং সরকার এই অন্তিম সংস্কারে অংশ নিয়েছিলেন। আমার মনে শুধু একটাই প্রশ্ন উঠছিল যে, জওহর লাল নেহেরু কেনো এলেন না। যাই হোক না কেনো চীনের সাথে ভারতের যুদ্ধের সময় ক্যানেডি ভারতকেই সৈন্য দিয়ে সাহায্য করেছিলেন।

দুপুরের সময় জ্যাকলিন ক্যানেডী হোয়াইট হাউসে একটা রিসেপশানের আয়োজন করেছিলেন। আমি শ্রীমতি নেহরু ও বী.কে. নেহেরুর সাথে সেই আয়োজনে অংশ গ্রহণ করেছিলাম। বহু নেতা শ্রীমতি পন্ডিতের সাথে কথা বলার জন্য এগিয়ে এসেছিলেন, তাঁর মধ্যে ফ্রান্সের চালর্স ডী গলও ছিলেন। শ্রীমতি ক্যানেডী যে আত্মনিয়ন্ত্রণ, ধৈর্য্য ও শান্ত চিন্তার পরিচয় দিয়েছিলেন, তা আমার মস্তিষ্কে সারা জীবনের জন্য ছাপ ফেলে দিয়েছে। সেই সময় আমার মনে হয়েছিল যে, যদি এখানে একটা বোম ব্লাস্ট হয়ে যায়, তাহলে তাদের দেশ সরকার বিহীন হয়ে যাবে।

26শে নভেম্বর আমরা নিউইয়ার্কে ফিরে এসেছিলাম। ইউ.এনেও প্রেসিডেন্ট ক্যানেডিকে শ্রদ্ধাঞ্জলি অর্পন করা হয়েছিল। শ্রীমতি পণ্ডিত এই ব্যাপারে আমাকেই তাঁর বক্তৃতা তৈরি করার দায়িত্ব দিয়েছিলেন, আমি জীবনে বহু বক্তৃতার খসরা করেছি, তার মধ্যে এটা ছিল অন্যতম, তিনি নামমাত্র কয়েকটি সংশোধন করেছিলেন। সতেরোতম মহা সম্মেলন তিন সপ্তাহের জন্য পিছিয়ে গেছিল। ডিপ্লোমেটিক মজ্জা ধুয়ে মুছে সাফ হয়ে গেছিল, কোনো রকম গোঙানি ছাড়াই এই মহা সম্মেলন সমাপ্ত হয়েছিল।

সেই বছর হঠাৎই এম.এফ. হুসেন এসেছিলেন, তিনি আমার সঙ্গেই ছিলেন, তা আমার কাছে সুখকর স্মৃতি হয়ে আছে। তখনও হুসেনের তেমন নাম ডাক হয়নি, কিন্তু অতি শীঘ্র তাঁর নাম ডাক হোতে চলেছিল। তিনি ছিলেন খুব মুডী, পাখীর মতো উন্মুক্ত বাতায়নে ঘুরে বেরাতে ভালোবাসতেন, কোনো বাঁধা ধরা গন্ডীর মধ্যে তাঁকে বেঁধে রাখা সম্ভব ছিল না, কিন্তু তাঁর শিল্পের ব্যাপারে তিনি ছিলেন একেবারেই আলাদা। তিনি অন্যের অন্যায় অতি সহজেই ক্ষমা করে দিতে পারতেন, আর উর্দুতে যে 'চুটকী' গুলো শোনাতেন তা শুনে হাসতে হাসতে পেটে ব্যথা হয়ে যেত। তিনি চা-বিস্কুট, সতেজ হাওয়া এবং কোনো কোনো সময় যে চিকেনের টুকরো খেতেন তার ওপরেই বেঁচে ছিলেন, সেই সময় তিনি জুতো পরতেন আর নিজের সাথে তিন ফুট লম্বা পেন্ট ব্রাশও রাখতেন না।

আমি তাঁকে জিজ্ঞাসা করেছিলাম যে, তিনি নিজের সাথে কোনো পেন্টিং এনেছেন কিনা। তাঁর কাছে কোনো পেন্টিং ছিল না। তিনি হঠাৎ করে বলে বসেন যে, তিনি আমার

বাড়িতেবসেই পেন্টিং করবেন, তিনি তা করেও ছিলেন। সেই সময় তিনি তিরিশটা ছবি এঁকেছিলেন। আমি নিজের স্থায়ী মিশনের কাজ সেরে একটা বিশাল কক্ষে প্রদর্শনীর জন্য তাঁর ছবি গুলো লাগিয়ে দিয়েছিলাম, কারণ সেই সময় তাঁর চিত্র প্রদর্শনীর জন্য কোনো গ্যালারি পাওয়া যায়নি। তিনি পর্ল এস.বক; আর.কে.নারায়ণ (সৌভাগ্য বশত তাঁরা দুজনেই সেই সময় নিউ ইয়ার্কে ছিলেন); নেত্রহীন ভারতীয় লেখক বেদ মেহতা এবং আমারও দুটো ছবি তিনি এঁকেছিলেন।

খুব কম লোকই এই কথা জানত যে, এই মুক্ত বিহঙ্গের ক্রোধান্বিত হোতে বেশি সময় লাগত না। একদিন, তিনি আমার সাথে আমার অফিসে দেখা করতে এসেছিলেন। দারোয়ান তাঁর পরিচয় জানতে চায়, আর কার সাথে দেখা করতে এসেছেন তাও জানতে চায়। সন্ধ্যে বেলা যখন আমি বাড়ি ফিরি তখন হুসেন ঘরে ছিলেন না, আমার নামে একটা চিঠি ছেড়ে রেখে গেছিলেন, যাতে লেখা ছিল, তিনি নিউ ইয়ার্ক ছেড়ে চলে যাওয়ার সিদ্ধান্ত নিয়ে ফেলেছেন, কারণ কোনো দারোয়ান তাঁকে প্রশ্ন করবে, সেটা তিনি মেনে নিতে পারছিলেন না। আমার জন্য একটু অপেক্ষা পর্যন্ত করেননি তিনি, আমার খুব খারাপ লেগেছিল। মানুষের জীবনে একটু সংযম না থাকলে চলে কি?

কিছু দিন বাদে আমার বড়দা ভাগবত সিংহ নিউইয়ার্কে এসেছিলেন,তিনি তিন মাসের ছুটিতে এসেছিলেন, কিন্তু আসলে তিনি পরবর্তী সাতচল্লিশ বছরের জন্য নিউইয়ার্কেই নিজের বাড়ি করে নিয়েছিলেন। 1949 সালে তিনি ক্র্যাম্বিজ থেকে ইকোনমিক্সে ট্রিপোস করেছিলেন। তিনি ইংল্যান্ডে থাকা কালীন সময়েই বর্মা শৈলী তাঁকে নিজের কাছে নিযুক্ত করেছিলেন। তাঁকে কোলকাতায় নিযুক্ত করা হলেও তিনি বেশি দিন সেখানে থাকেননি। তিনি এখানে এসে যখন দেখেছিলেন যে, শ্বেতাঙ্গদের ডাইনিং হলে একটা স্লাবের ওপর তাদের খাবার পরিবেশ করা হয় আর ভারতীয়দের নিচে দেওয়া হয়, তখন তিনি স্তম্ভিত হয়ে গেছিলেন। তার থেকে কষ্টের বিষয় ছিল, ভারতীয়দের আগে শ্বেতাঙ্গদের খাদ্য পরিবেশন করা হতো। স্বাধীনতা প্রাপ্তির তিন বছর পরের ঘটনা বলছি আমি। আমরা ভরতপুরের লোকেরা জাতিভেদের ব্যাপারটা সহ্য করতে পারি না। আমার দাদা ত্যাগপত্র দিয়ে ভরতপুরে ফিরে যান। কোনো ভারতীয় এমন কাজ করতে পারেনি। তারা নিজের মর্জীতেই থার্ড রেট ইংরেজদের 'হ্যাঁ জী হজুর' করে ঘুরে বেরাত। সেই সময়তেও বিশিষ্ট সংস্কৃতি সম্পন্ন ক্লাব ছিল, কোলকাতার ক্লাবে ভারতীয়দের সদস্য করা তো দূরের কথা, ঢুকতে পর্যন্ত দেওয়া হতো না। পঞ্চাশের দশকে ইংরেজরা বুঝতে পেরেছিল যে, সময় বদলে গেছে।

শান্তা এবং রাজা রাওয়ের এক সাক্ষাতের সময় রাজা বলেছিলেন যে, 1964 সালের 1 লা জানয়ারি ফোরস্টর পঁচাশী বছরের হয়ে যাবেন। শান্তা তখনই ঠিক করেছিলেন যে, তাঁকে সম্মান জানানোর জন্য একটা বই প্রস্তুত করা হবে, যা সেই দিন প্রকাশিত হওয়ার কথা হয়েছিল আর আমাকে তার সম্পাদনার দায়িত্ব দেওয়া হয়েছিল। আমি বলেছিলাম যে, অত

বড় কাজের দায়িত্ব নিজের ঘাড়ে নেওয়া ধৃষ্টতা হবে। শান্তা কড়া গলায় বলেছিলেন, 'কোনো তর্ক নয়, নটবর তোমাকে এই কাজের দায়িত্ব দেওয়া হয়েছে, আর আমার জন্য তোমাকে এই কাজ করতেও হবে। এবার চলো আমরা নামের তালিকা প্রস্তুত করে নিই।' পরবর্তি দুই-একদিনের মধ্যে আমরা মুলুক রাজ আনন্দ, নারুণ মেনন, অহমদ আলী, রাজা রাও, আর.কে. নারায়ণন, শান্তা ও আমার নামের সম্মতি বানিয়ে নিয়েছিলাম। আর. কে. নারায়ণন এই কাজ করতে অস্বীকার করলে, আমার খুব খারাপ লেগেছিল। শান্তার একজন প্রকাশকের দরকার ছিল আর আমার ফোরস্টরকে একটা চিঠি দেওয়ার ছিল। 1 লা মে তার উত্তর পেয়েছিলাম, 'এটা তো খুবই ভালো কথা। আর এই কাজের প্রশংসা করার জন্য আমি কি 1964 সালে ওখানে যেতে পারি? যদি আমার শ্রদ্ধাঞ্জলিতে গান্ধীজীর নাম দাও তাহলে আরো ভালো হবে, কারণ তাঁর সম্পর্কে পাঠকরা বেশি কিছু জানেনা। শান্তা রামা রাওয়ের সাথে দেখা হলে আমার তরফ থেকে তাঁকে প্রণাম জানিও।'

শান্তা ফোরস্টরের আমেরিকান প্রকাশক হারকট, ব্রেস এন্ড ওয়ার্ল্ডের সাথে দেখা করেন। তারা কেবল বিক্রীয়ের ব্যাপারেই আগ্রহ দেখাত। শান্তা ছাড়া আর কোনো লেখক আমেরিকানদের কাছে পরিচিত ছিল না, তাই ফোরস্টর ভারতকে নিয়ে যে লেখা গুলো লিখেছিলেন আমি এই বইতে তা যোগ করতে পারব কিনা সেই ব্যাপারে তাঁর কাছে অনুমতি চাই। তিনি সঙ্গে সঙ্গে হ্যাঁ করে দিয়েছিলেন, কিন্তু সেই সাথে তিনি এই কথাও জানিয়ে দিয়েছিলেন যে, তিনি কোনো প্রবন্ধে স্বাক্ষর করবেন না, আর কোনো রকম অর্থের প্রয়োজন নেই তাঁর।

ফোরস্টর জন্মদিনের দিনেই 'ঈ.এম. ফোরস্টর এ ট্রিব্যুট' তাঁর জন্মদিনের দিনেই দোকানে দোকানে পৌঁছে যায়। এই পুস্তক প্রকাশের পর সাহিত্য সমাজে আলোড়নের সৃষ্টি হয়ে গেছিল। প্রায় একমাস ধরে প্রত্যেক দোকানের সম্মুখে এই বই দেখা গেছিল। প্রকাশককে দ্বিতীয় সপ্তাহতেই এর দ্বিতীয় সংস্করণ ছাপাতে হয়েছিল, অনেক স্থানে এর সমীক্ষাও করা হয়েছিল।

ম্যানহট্টান-এ সন্তপ্ত, সন্দেহকারী, কামুক মহিলা এবং বিবিধ প্রকারের সেক্স বিশেষজ্ঞ পাওয়া যেত। তারা সকলেই সভ্য, শিল্পী, গরিমাময় ও শালীন ছিল। তারা সকলে অসভ্য, ঘৃণিত, দম্ভপূর্ণ, চমকালো, উৎসাহী এবং কামোত্তেজক রূপেই আকর্ষক ছিল। পাঁচ এভিন্যুতে সবচেয়ে বড় এবং রাজকীয় রেস্টুরেন্টটা ছিল, সেই সাথে সেখানে ভালো বইয়েরও দোকান ছিল। সেখানে নাটকের জন্য বঙরাডবে ছিল, সংগীতের জন্য ছিল লিংকন থিয়েটার, প্রেয়সীর সাথে দেখা করার জন্য এবং আওয়ারাগিরি করার জন্য সেন্ট্রাল পার্ক ছিল। সংগ্রহশালায় ইচ্ছা করলে কেউ নিজের সম্পূর্ণ জীবন কাটিয়ে দিতে পারত। হ্যারলম বস্তির নোংরা এলাকা তার থেকে অনেক দূরে ছিল। এই শহর ছিল স্টকব্রোকার, খবরের কাগজের মালিক, সুন্দর ক্লাব, দক্ষপ্রকাশক, বেস্টসেলর তথা ভালো ভালো হোটেলের জন্য। সত্যি বলতে কি, সেখানে সমস্ত রকমের সুযোগ সুবিধা ছিল, এই শহরের আকর্ষণ ও প্রলোভন থেকে

দূরে থাকা ছিল খুবই কষ্টকর। আমেরিকান স্বপ্ন ছিল ত্রুটিপূর্ণ, কিন্তু তা সত্ত্বেও তার মধ্যে একটা রোমাঞ্চ ছিল।

ইউ.এন আতিথিয়তা জানানোর জন্য একটা কমিটি গঠন করেছিল, ধনী আমেরিকান মহিলারা এই কমিটির সাহায্যে বাইরে ঘুরতে যেত। এটা ছিল আমেরিকার উদারতার প্রশংসনীয় উদাহরণ। 1964 সালে মধ্যভাগে আমিও নিঃশুল্ক সাফারির অংশ হয়েছিলাম, আমার সাথে এশিয়া, আফ্রীকা, ইউরোপ এবং দক্ষিণ আমেরিকার প্রায় ডজন খানেক প্রতিনিধি ছিল, আর আমরা ক্যালিফোর্নিয়ার উদ্দেশ্যে রওনা দিয়েছিলাম। আমি তখনও সেই স্থান দেখিনি। নিউইয়ার্ক থেকে স্যানফ্রান্সিস্কো উড়ে যেতে পাঁচ ঘন্টার থেকেও বেশি সময় লেগেছিল। আর সময়ের অন্তরাল ছিল প্রায় সাড়ে তিন ঘন্টা। এই সময় আমি ভরতপুরের গোবিন্দ নিবাসের ঘড়ির থেকে তেরো ঘন্টা আগে ছিলাম। সেই সময় নিউইয়ার্কে প্রচণ্ড ঠান্ডা ছিল, কিন্তু স্যান ফ্রান্সিস্কোর তাপমাত্রা ছিল একুশ ডিগ্রী।

সেখানে আমাদের সাথে জেন নামক এক যুবতীকে নিযুক্ত করা হয়েছিল, তাঁর ব্যক্তিত্ব ছিল খুবই আকর্ষণীয়। তিনি নিজের সৌন্দর্য সম্পর্ক খুবই সচেতন ছিলেন, কিন্তু কাউকে নিজের পরিচিত সীমার গণ্ডী অতিক্রম করতে দেননি। মাঝ বয়সী রাষ্ট্রদূতরা ইউ.এনের কর্তব্যের থেকে মুক্তি পেয়ে, আকর্ষক সুন্দরী জেনের জন্য যে আনডিপ্লোমেটিক উদ্বেগ দেখাচ্ছিল, তা দেখাও এক বিরাট অভিজ্ঞতাই বটে। তিনি আঈবী লীগ ইংলিশ তথা কান্ডী নাস্ত ফ্রেঞ্চ বলতেন। আমাদের মধ্যে অতি শীঘ্র একটা বন্ধুত্ব গড়ে উঠেছিল, আর আজীবন সেই বন্ধুত্ব ছিল।

স্যানফ্রান্সিস্কোতে আমরা ফিয়ারমোন্ট হোটেলে ছিলাম, যা ছিল খুবই বিখ্যাত ও বৈভব পূর্ণ। শহরের রোলর কোস্টর রাস্তা গুলি, লস এঞ্জেল্সের থেকে সম্পূর্ণ বিপরীত ছিল। 1945 সালে স্যানফ্রান্সিস্কোতেই সংযুক্ত রাষ্ট্রের জন্ম হয়েছিল, আর 1960 সালে 'প্রজাতান্ত্রিক' নামাঙ্কনও এখান থেকেই হয়েছিল। বেশ কয়েকটা বইয়ের দোকানে আমার সম্পাদন করা ফোরস্টর কয়েকটা বই দেখে আমি আশ্চর্য সুখ লাভ করেছিলাম, এই দৃশ্য অহংকে তুষ্ট করে। আমি ওখানকার কিছু মেয়েকে এই বই কিনতে দেখি, আর এই বইয়ের সম্পাদক আমি, সেই কথা বলার ব্যাপারে আমি লোভ সামলাতে পারিনি। তাদের মধ্যে একটু সংশয় দেখা গেছিল। আমি বইটা উল্টাই, বইয়ের পিছনের পৃষ্ঠায় ফোরেস্টর সাথে আমার ছবি ছাপানো হয়েছিল, তা দেখে তারা খুব খুশি হয়, আর আমাকে বইয়ের ওপর স্বাক্ষর করতে বলে।

স্যানফ্রান্সিস্কো থেকে আমরা লস এঞ্জেল্সের জন্য প্লেন ধরি, আর এর পুরো নাম হল, 'এল পাবলো ডি নুএস্ত্রা সিনোরা লা রীনা ডি লস এঞ্জেল্স ডিল রিও ডি পোরকুঈনকুলা।' একটা খুবই সভ্য ও সুসংস্কৃত পরিবার আমাকে আমন্ত্রণ জানিয়েছিল। লিওনার্ডো ফ্রীডম্যান, ক্যালিফোর্নিয়া বিশ্ববিদ্যালয়ে, এল এ. পড়ছিলেন। তিনি যে শুধু আমাকে আরামে রেখেছিলেন

তা নয়, সারা বাড়ির আরাম কেড়ে নিয়েছিলেন তিনি। তিনি আমাকে নিজের বই 'ইশ্যুজ অফ দ্যা সিস্কটীজ' প্রদান করেছিলেন, যার থেকে আমি আমেরিকাকে নতুন করে জানার ও প্রশংসা করার সুযোগ পেয়েছিলাম।

আমাকে নিজের ভ্রমণ মাঝপথে থামিয়েই নিউইয়ার্ক ফিরে আসতে হয়েছিল কারণ সুরক্ষা পরিষদে কাশ্মীর সমস্যা নিয়ে আলোচনা হতে চলেছিল। এর ফলে আমি সুখবাদের মক্কা -লস বেগাস দেখতে পাইনি।

ডিকোলোনাঈজেশানের জন্য সৃষ্ট কমেটির জন্য আমাকে প্রতিবেদক হিসাবে নিযুক্ত করা হয়েছিল। তার মধ্যে একজন আবেদকের প্রস্তুতীকরণ ছিল সত্যিই অসাধারণ, তিনি ছিলেন সিঙ্গাপুরের লী কুয়ান যূ। 1962 সালে তিনি কমিটির সামনে বলেছিলেন সিঙ্গাপুর মালোশিয়ার অংশ হয়েই থাকা উচিত। পরের বছরে তিনি সিঙ্গাপুরকে মালোশিয়ার থেকে আলাদা করতে দেওয়ার কথা বলেছিলেন, তিনি সেই ব্যাপারে যথেষ্ট যুক্তিও দেখিয়েছিলেন। অসীম বুদ্ধিমত্তা সম্পন্ন ব্যক্তিই এমন কাজ করতে পারেন। নতুন দিল্লী, ওটাবা, কুআলালমপুর এবং সিঙ্গাপুরের সম্মেলনে আমাদের সাথে দেখা হয়েছিল। ইন্দিরা গান্ধী তাঁকে একদম পছন্দ করতেন না। তিনি সকলের সামনেই তাঁর বামপন্থী অর্থনীতি সম্পর্কে সমালোচনা করতেন এবং তাঁর মুখের ওপর বলতেও পিছপা হোতেন না। অন্যদিকে তিনি শুয়ে পড়া ঔপনিবেশিক তৃতীয় বিশ্বের শহরকে একটা বিশ্ব স্তরীয় ব্যাবসায়িক দুর্গে পরিণত করেছিলেন; যা ছিল এক বিরাট প্রাপ্তি। এই কাজে তাঁর কুড়ি বছর সময়ও লাগেনি, যা ছিল আরো উল্লেখ যোগ্য ঘটনা। কিন্তু সিঙ্গাপুরের প্রজাতন্ত্র ছিল নিয়ন্ত্রিত প্রজাতন্ত্র। যাতে কোনো রকম শিথিলতা, অনুশাসনহীনতা, প্রজাতান্ত্রিক ব্যবস্থা ও মিডিয়ার স্বাধীনতার জন্য কোনো স্থান ছিল না। আমি প্রায়ই নিজেকে প্রশ্ন করতাম যে, আমার কি সিঙ্গাপুরে বসতি স্থাপন করা উচিত? উত্তর সর্বদা নেতিবাচকই পেতাম। তবে ছুটি কাটানোর জন্য সেটা হল আদর্শ স্থান। ওখানে বসতি স্থাপনের মানে ছিল নিজেকে শৃঙ্খলিত করে ফেলা, সেখানকার মিউনিসিপালিটির ধর্মনিষ্ঠা দেখে আমার মাথা ঘুরত আর অবেধ অপ্রবাসীয়দের প্রতি তাদের ব্যবহার আমাকে খুবই কুপিত করত। জাম্বিয়ার কেনিথ কৌন্ডাও কমিটিতে যোগ দিয়েছিলেন, তিনি শ্বেতাঙ্গদের নৃশংস জাতিবাদের বর্ণনা করতে গিয়ে রাগে ফেটে পড়েন। কৃষ্ণাঙ্গদের দোকানে ঢুকতে দেওয়া হতো না। আমি তাঁকে শান্ত করেছিলাম, আর নিজের সাথে নিয়ে ম্যানহট্টনও ঘুরিয়ে দেখিয়েছিলাম। রাষ্ট্রদূত সী.এস.ঝা তাঁর দিকে কোনো ধ্যান দেননি। দুই বছর বাদে তাঁকে জাম্বিয়ার প্রধানমন্ত্রীর আসনে বসানো হয়েছিল, রাষ্ট্রদূত ঝা যখন তাঁকে নিউইয়ার্ক স্টেশানে আমন্ত্রণ জানাতে গেছিলেন, তখন তিনি তাঁকে দেখেই জিজ্ঞাসা করেছিলেন যে, 'নটবর কোথায়?'

অস্ট্রেলিয়ানরা ছিল কমিটির সক্রিয় ও দায়িত্ব গ্রহণকারী সদস্য। কিছু দিনের জন্য, শ্যার জেম্স প্লিমসোলকে অস্ট্রেলিয়ান প্রতিনিধি বানানো হয়েছিল, তিনি ছিলেন খুবই বুদ্ধিমান

এবং উদারমনের রাজনীতি বিদ্। তাঁর পরে জে. কে. ম্যাকর্থী এই পদ সামলেছিলেন, তিনি নিজের কর্ম জীবনের বেশির ভাগ সময়টাই পপুয়া ন্যু জীনিয়ার জেলের আধিকারী রূপে কাটিয়েছিলেন, যাঁর প্রশাসন ট্রাস্টিশিপ নিয়মের অধিনে অস্ট্রেলিয়া পুনরায় গঠিত হয়েছিল। 1946 সালের 13 ই ডিসেম্বর ইউ.এন মহাসম্মেলনে তিনি উপস্থিত ছিলেন।

অস্ট্রিলিয়ান প্রতিনিধিরা কমেটিকে সাহায্য তো করেছিল কিন্তু পপুয়া নিউ জীনিয়া থেকে আসা আবেদনকারীদের নিউইয়ার্ক আসার অনুমতি দেয়নি। জুলাইতে অস্ট্রেলিয়ার সরকার ইরানের প্রতিনিধি আর আমাকে সেখানে যাওয়ার জন্য আমন্ত্রণ জানিয়েছিল। আমাকে ব্যক্তিগত ভাবে নিমন্ত্রণ পাঠানো হয়েছিল।

সেই স্থান ছিল আমার জন্য একেবারেই অপরিচিত। সেখানে পৌঁছানোর পর প্রতি ক্ষেত্রেই আশ্চর্য হোতে হয়েছিল। সেখানকার কিছু জায়গা তখনও প্রস্তর যুগেই আটকে ছিল। যদিও নরমাংস ভক্ষণ ততটা সাধারণ ছিল না, কিন্তু একেবারে বন্ধও হয়ে যাইনি। আমার সাথে এমন এক ব্যক্তির পরিচয় করিয়ে দেওয়া হয়েছিল, যিনি সাত বছর ধরে বন্দি ছিলেন, কারণ সে একজনকে মেরে তার হৃদপিন্ড বার করে খেয়েছিল। তার ভেতরে কোনো অনুতাপ ছিল না, কিন্তু সে নিজেই কাছের পুলিশ স্টেশানে গিয়ে নিজেকে পুলিশের হাতে অর্পণ করেছিল। যাটের দশকে এই ধরনের কাজ খুবই দুর্লভ হয়ে গেছিল।

আমরা সেখানে আদিম মানুষদের রূপান্তরের এক অসাধারণ দৃশ্য দেখার সুযোগ পেয়েছিলাম। তারা এক অসাধারণ শক্তিকে মানত আর অজ্ঞাত কুলশীলের পূজা করত - দলের ধনুকধারী নেতা আধুনিকতা ও টেকনিকের সম্মুখীনতা করত। 1930 সাল পর্যন্ত তারা একাই থাকত, জংলীপনা ও হিংসা ছিল সাধারণ ঘটনা। সেখানে কোনো রাস্তা, রেলপথ ছিল না, কোনো পশু ও ঘোড়ার ব্যবস্থাও ছিল না। সেখানে পালিত পশু বলতে ছিল শুধুমাত্র শুয়োর, তাও আবার জাপানিরা দ্বিতীয় বিশ্বযুদ্ধের সময় সেখান থেকে ধরে নিয়ে গেছিল। আমাদের আমন্ত্রণকারী আমাদের আর একটা ঘন বনে নিয়ে গেছিলেন, সেখানে আমরা সমুদ্র পৃষ্ঠ থেকে প্রায় ছয় থেকে আট হাজার ফুট উঁচু পর্বত দেখেছিলাম। লোকেদের হয় হেঁটে নয়তো বিমানে যাতায়াত করতে হতো। বেশির ভাগ স্ত্রী-পুরুষদের শরীরে নামমাত্র পোশাক ছিল; মহিলাদের ওপরের অংশ অনাবৃতই থাকত, পুরুষদের নাক পাতলা হাড় দিয়ে বিঁধিঁয়ে দেওয়া হতো, তাদের শরীরে চর্বি লেপন করা থাকত এবং তারা খালি পায়েই ঘুরে বেরাত। আমাদের এক ইঞ্জিন যুক্ত বিমান, একটা ফুটবল খেলার মাঠের মতন স্থানে গিয়ে দাঁড়িয়েছিল। সেই সময় চারদিকটা কালো মেঘে ছেয়ে গেছিল। আমি রোমাঞ্চপ্রিয় মানুষ ঠিকই কিন্তু অনেক বার এমন অবস্থা দেখা দিয়েছিল যে, আমার মনে হয়েছিল, আমাদের পায়লট অকারণেই বিপদের ঝুঁকি নিচ্ছে।

যদি আমাদের বিমান দুর্ঘটনাগ্রস্ত হতো তাহলে তার অবশিষ্ট অংশ খুঁজতেও এক সপ্তাহ সময় লেগে যেত। এখানে রুমালের মতো একটা পাকা অংশ তৈরি করতেও অনেক

সময় লেগে যেত। ইঁট, মেশিন, লোহা, সিমেন্ট সমস্ত কিছুই বায়ু পথে আনতে হতো। অস্ট্রেলিয়ার লোকেরা অসাধারণ কাজ করেছিল। তাদের নিয়ম পিতৃসুলভ হলেও তারা তাদের জন্য শিক্ষা, স্বাস্থ্য ও দেখাশোনার ব্যাপারে সফল হয়েছিল, 1964 সালেও সেখানকার লোকেরা দশম শতাব্দীতে জীবন যাপন করছিল। আমরা বেশ কিছু স্কুলে গেছিলাম - সেখানকার বাচ্চারা একদম পরিস্কার ইংরেজি শিখছিল।

পোর্ট মোর্সবীতে আমি একটা হিন্দি সিনেমার পোষ্টার দেখেছিলাম। সিনেমা হল ছিল হোটেলের একেবারে কাছে, সেখান থেকে রাতের বেলায় এমন আওয়াজ আসছিল যে, আমি ঘুমাতেই পারিনি। আমাদের সেখানকার গর্ভনর ডিনারের জন্য নিমন্ত্রণ করেছিলেন। গর্ভনর এবং তাঁর স্ত্রীর সেই স্থানের ওপর ঘৃণা ছিল। তাঁরা বহু কষ্টে সেখানকার পরিবেশের সাথে মানিয়ে চলছিলেন। আমার সহকর্মী নবীব জিজ্ঞাসা করেছিল যে, সে কি শৌচালয়ের প্রয়োগ করতে পারে। ম্যাডাম গভর্নর জানিয়েছিলেন যে, তাঁর বাড়িতে এই শব্দের প্রয়োগ হয় না, তাকে বলতে হোতে যে, সে কি একটু ঘুরতে যেতে পারে।

আমরা একটা রাত্রি মাউন্ট হেগনে কাটিয়েছিলাম, যা সমুদ্র তল থেকে ছয় হাজার ফুট উঁচুতে ছিল। সেখানকার প্রশাসক ছিলেন একজন অভূতপূর্ব বায়ুসেনার ব্যক্তি। সেখানে তিনি আর তাঁর স্ত্রীই ছিলেন একমাত্র শ্বেতাঙ্গ, তাঁরা নিকটবর্তী শহর থেকে কয়েক হাজার মাইলে ভেতরে থাকতেন। সেখানে প্রায়ই কোন না কোনো দুর্ঘটনা ঘটত বা রোগের আক্রমন দেখা যেত, রোগীদের চিকিৎসার জন্য প্লেনে করে পাঠাতে হতো। আমি তাঁকে জিজ্ঞাসা করেছিলাম যে, তাঁর একা লাগে না? তিনি বলেছিলেন যে, তাঁর কাজ তাঁকে সারা বছর ধরে ব্যস্ত রাখে। তিনি নির্দিষ্ট সময়ে পোর্ট মোর্সবীর সাথে যোগাযোগ তো করতে পারতেন কিন্তু অস্ট্রেলিয়রা সাথে তাঁর কোনো যোগাযোগ ছিল না। ডিনারের পর নবীব জিজ্ঞাসা করে যে, 'আমি কি একটু ঘুরতে যেতে পারি?' প্রশাসক বলেন যে, 'আমি কি আপনার সাথে যেতে পারি?' নবীব ঘুরতে যাওয়ার বিচার বদলে ফেলে।

আমরা যে সমস্ত জায়গায় ঘুরতে গেছিলাম, সেই গুলির মধ্যে রবাউলের অতি সুন্দর বন্দরগাহ নগরও অন্তর্ভুক্ত ছিল, দ্বিতীয় বিশ্ব যুদ্ধের সময় জাপান দক্ষিণ-পশ্চিম প্যাসিফিকে নিজের নেভি ও সৈন্য ছাউনি গড়ে তুলেছিল। সেখান থেকে আমরা গুয়াডলক্যানলেও গেছিলাম, যেখানে একটা জাপানি বোম ক্যানেডীর নৌকা পী টী 109 কে দুটি টুকরোতে ভাগ করে দিয়েছিল, কিন্তু তিনি ভাগ্যের জোরে বেঁচে গেছিলেন।

প্রতিটা স্থানের জন্য আমাদের কাছে প্রস্তুত প্রশ্ন ছিল। স্থানীয় আধিকারী আমাদের পরিচয় করানোর সময় ভারত ও ইরান থেকে আগত ডিপ্লোমেট রূপেই করিয়েছিল। বেশির ভাগ ছোটো গ্রামের লোকেরা এই দুটি দেশের নামই জানত না। আমাদের প্রশ্ন গুলি ছিল আপনি কি নিজের জন্য 1. স্বাধীনতা 2. আত্মনির্ণয় চান নাকি বর্তমান বিধানের মতোই অন্যের অধীনে থাকতে চান, অনুবাদের কাজটা ছিল খুবই কঠিন - ইংরেজি থেকে

পিডগিন, সেখানকার জেলার ভাষা আবার তার থেকে গ্রাম্য ভাষায় অনুবাদ। তার জন্য প্রচুর ধৈর্য্যের প্রয়োজন ছিল। আমাদের শ্রোতারা অবাক হয়ে আমাদের দিকে তালিয়ে থাকত, আমরা তাদের উত্তর পাওয়ার পর পুনরায় অনুবাদের কাজ শুরু করতে হতো। বিদেশ সেবা আধিকারী একবারও অধিকতর নগ্নাবস্থায় বসে থাকা মানুষদের সামনে কোনো রকম হস্তক্ষেপ করতেন না। ইউ.এন বা আমাদের প্রতি তাঁর কোনো আগ্রহ ছিল না, তাঁর আগ্রহের কেন্দ্র ছিল আমাদের প্লেন। সেখানকার মানুষরা ছিল বিন্দাস এবং সেক্সের ব্যাপারে উন্মুক্ত, তাদের পক্ষে আমাদের কথা বোঝা ছিল অসম্ভব। অনেক সময় তো আমি প্রচণ্ড হতাশা বোধ করতাম। ঈশ্বর এই সুদূর ও দুর্গম স্থানে থাকা মানুষ গুলির ওপর এমন অন্যায় করলেন কিভাবে?

দুই সপ্তাহ বাদে, আমরা দুজনেই এই সিদ্ধান্তে আসতে পেরেছিলাম যে, অস্ট্রেলিয়া ঐতিহ্যগত দিক থেকে ঔপনিবেশিক শক্তি ছিলনা। তা পপুয়া নিউ জীনিয়াকে এমন করে গঠন করার চেষ্টা করেছিল যাতে, নিজের শাসন সামলাতে পারে। এক দশকের মধ্যে পুআ নিউ জীনিয়া একটা স্বতন্ত্র রাষ্ট্র রূপে, ইউ.এনে অন্তর্ভূক্ত হয়েছিল।

পোর্ট মোর্সবী থেকে সিডনী ফেরার পথে আমার সিট পড়েছিল যুবা কীনিয়াঈ নেতা টম মবোয়ার সাথে। জোমো কনেয়ট্টার পর তাঁরই কেনিয়ার প্রেসিডেন্ট হওয়ার কথা ছিল। নৈরোবী বাজারে তাঁকে হত্যা করে দেওয়া হয়েছিল। সেই সময় তাঁর বয়স ছিল মাত্র আটত্রিশ বছর। তাঁর লেখা 'দ্যা চ্যালেঞ্জ অপ নেশানহুড' ভোলা যায় না।

1964 সালে, আমার যাত্রা সবদিক দিয়ে উল্লেখ যোগ্য হয়ে উঠেছিল। পশ্চিম জার্মানীর সরকার আমাকে তাদের দেশে আসার জন্য আমন্ত্রণ জানিয়েছিল। তারা আমাকে একজন গণ্যমান্য অতিথির সম্মান দিয়েছিল, প্লেনে ফার্স্ট ক্লাস টিকিট, খুব ভালো হোটেলে থাকার বন্দোবস্ত, সেই সাথে যেকোনো স্থানে যাওয়ার জন্য সম্পর্কিত আধিকারীও নিযুক্ত করেছিল। 5 ই জুলাই আমি বনে পৌঁছানোর পর ভদ্রতার খাতিরে রাষ্ট্রদূত পী.এ. মেননের সাথে দেখা করি। তিনি সবার আগেই আমাকে জিজ্ঞাসা করেছিলেন যে, বনে যাওয়ার আগে আমি কেনো তাঁকে অবগত করিনি? আমি তাঁকে জানিয়েছিলাম যে, জার্মান সরকার ডীকোলোনাইজেশানের কমিটির অন্য দুজন সদস্যের সাথে আমাকেও আমন্ত্রণ জানিয়েছে। আমি কোনো স্থায়ী মিশন রাষ্ট্রদূতকে বিরক্ত করার প্রয়োজন মনে করিনি। তিনি খুবই বিরক্তি প্রকাশ করেছিলেন, এবং সেই সাক্ষাৎ যে একদম ভালো ছিল না, তা বোধ হয় আর বলার আবশ্যকতা নেই। আমি এর আগে 1952 সালে জার্মান গেছিলাম। তখন চোখে পড়েছিল যুদ্ধের ধ্বংসের চিহ্ন। 1964 সালের মধ্যে পরিশ্রমী জার্মানরা যুদ্ধের চিহ্ন ধুয়ে মুছে ফেলে জার্মানীকে নতুন করে সাজিয়ে তুলেছিল। 1961 সালে নিষিদ্ধ বার্লিন পাঁচিল তৈরি হয়েছিল - সেটা ছিল নিকিতা খুশচেভের দুভার্গ্যপূর্ণ কল্পনার মধ্যে অন্যতম।

কোলোন আর আগের মতো ছিল না, যেমনটা 1952 সালে দেখেছিলাম। ক্যাথেড্রলের

মেরামত হয়ে গেছিল আর রাইন নদীর ওপর দিয়ে ব্রীজও বানানো হয়ে গেছিল। বার্লিনও নতুন রূপ নিয়ে নিয়েছিল - যুদ্ধের কোনো চিহ্ন ছিল না, ফুটপাতে ছেঁড়া জামা ও জুতো পরা লোক ছিল না। হোটেল গুলি খুব ভালো করে চলছিল, নাইট ক্লাব গুলির জাঁক যকমতাও কিছু কম ছিল না - সেখানকার সুন্দরী ওয়েট্রেসরা নামমাত্র পোশাক পরে গ্রাহকদের সাথে ফ্লার্ট করার জন্য পরিচিত হয়ে উঠেছিল - যদি তাদের স্কার্ট আর একটু ছোটো হতো তাহলে বোধ হয় পরার কোনো প্রয়োজনই হতো না।

কিছু দিন বাদে আমি এই সিদ্ধান্তে উপনিত হোতে পেরেছিলাম যে, জার্মানিতে আর নাজি নেই। আমি যত লোকের সাথে কথা বলেছিলাম তারা কেউই কন্সন্ট্রেশন ক্যাম্প সম্পর্কে কিছু বলতে পারিনি। সেখানকার সমস্ত জনতাই বিস্মৃতির সাগরে লীন হয়ে গেছিল। হিটলারের নাম পর্যন্ত কেউ মুখে আনত না। 1936 সালে যে বার্লিন স্টেডিয়ামে অলিম্পিকের আয়োজন করা হয়েছিল, আমি সেখানে না গিয়ে থাকতে পারলাম না। আমি গাইডকে বলেছিলাম যে, সেখানে উপস্থিত মহান কৃষ্ণাঙ্গ খেলোয়াড় জ্যাসী ওন্সের সাথে হিটলার করমর্দন পর্যন্ত করতে চাননি, কিন্তু আমার গাইড এই ব্যাপারে কিছুই জানত না। আমি পূর্ব বার্লিনেও গেছিলাম। বার্লিনের পাঁচিলের কারণে আর আগে যাওয়ার অনুমতি ছিল না। এই কারণে পশ্চিম ও পূর্ব বার্লিনের মধ্যে বিষমতার সৃষ্টি হয়েছিল।

আমার গিড্সবর্গে যাওয়ার খুবই ইচ্ছা ছিল, 1938 সালের 22 শে সেপ্টেম্বর এখানেই চেম্বরলেন হিটলারের সাথে দেখা করেছিলেন। আমি হোটেল পীটর্সবর্গেও গেছিলাম, সেখানে চেম্বরলেন ও তাঁর দলের লোকেদের রাখা হয়েছিল। যখন ইউরোপের ভাগ্য নির্ধারিত হচ্ছিল তখন রাইন শান্ত হয়েই বয়ে যাচ্ছিল। দুটি প্রতিষ্ঠানই সেই ভাবেই রেখে দেওয়া হয়েছিল, যেমনটা ছিল 1938 সালে, সেই সাথে এই হলদেটে রং-এর টেবিলও ছিল। ইতিহাস সম্পর্কে আমার জ্ঞান ছিল একটু বেশি, যে কারণে আমি এটাও জানতাম যে, এই খানেই ছাব্বিশ বছর পূর্বে হিটলার ইংরেজ শান্তি দূতকে এই কথা বলে অপমানিত করেছিলেন যে, তিনি চেকোস্লোভাকিয়ার সাথে কি করতে চাইছিলেন। ড্রেসডন হোটেলে, শুধু যে ইতিকাস তৈরি হয়েছিল তাই নয়, বরং তাকে পরাজিতও করা হয়েছিল।

হীডলবর্গে কাটানো দিনটা, এক সুখকর অনুভূতি বহন করে নিয়ে এসেছিল। নেকরের বাম দিক অবস্থিত এই স্থান, আমার দেখা সমস্ত স্থানের মধ্যে সর্বাধিক দর্শনীয় ছিল। এখানকার বিশ্ববিদ্যালয়টি ছিল, জার্মানীর সবচেয়ে প্রাচীন বিশ্ববিদ্যালয়। এখানকার ছাত্ররা সংঘর্ষপূর্ণ প্রতিযোগিতার জন্য উনবিংশ শতাব্দী থেকে খ্যাতি অর্জন করেছিল। আমি সেখান থেকে গোথের 'ফার্স্ট-এর কপি নিয়েছিলাম।

3 শরা জুলাই আমি পৃথিবী ভ্রমণের উদ্দেশ্যে বেরিয়ে পড়েছিলাম লন্ডন, রোম, মাস্কো, দিল্লী এবং ভরতপুর। দিল্লীতে আমি ইন্দিরা গান্ধীর সাথে পঁয়তাল্লিশ মিনিট সময় কাটিয়েছিলাম। কয়েক মাস পূর্বেই ওনার পিতার দেহাবসান হয়েছিল। 1964 সালের

জানোয়ারি মাসে শ্রীমতি পণ্ডিত আমাকে একটা চিঠি লিখে তাঁর ভাইয়ের স্ট্রোকের কথা জানিয়েছিলেন। তাঁর ভাইয়ের শরীরের অবস্থা দিনে দিনে খারাপ হয়ে যাচ্ছিল, যা তাঁর কাছে চিন্তার কারণ হয়ে উঠেছিল। নেহেরু পরিবারের ভাগ্যও পালটি খেয়েছিল। নেহেরুর পর লালা বাহাদুর শাস্ত্রীকে প্রধানমন্ত্রীর আসনে বসানো হয়েছিল, তিনি বিদেশ মন্ত্রালয়ের জন্য স্বর্ণ সিংহকে নিযুক্ত করেছিলেন। তিনি ইন্দিরা গান্ধী বা শ্রীমতি পন্ডিতকে এই পদে বসাতে পারতেন, তাঁরা দুজনেই এই পদের জন্য আদর্শ ছিলেন। শ্রীমতি পন্ডিত দেরাদুন চলে গেছিলেন, সেখানে তিনি নিজের আত্মজীবনী 'দ্যা স্কোপ অফ হ্যাপ্পীনেস'- নিয়ে কাজ করতে ব্যস্ত হয়ে পড়েছিলেন।

আমি দশ তারিখ ভরতপুরে গিয়ে মা ও কাকার সাথে দেখা করে এসেছিলাম। তিন বছর বাদে তাঁদের সাথে দেখা হয়েছিল। আমি বাবাকে ফোরস্টর একটা কপি পাঠিয়েছিলাম, তিনি সেই বইয়ের কিছু কিছু অংশ চিহ্নিত করেছিলেন, যা দেখে আমি খুবই খুশি হয়েছিলাম।

পরবর্তী যাত্রা শুরু করার পর আমি সিঙ্গাপুরে গিয়ে উপস্থিত হই, সেখান থেকে ফিজির রাজদানী সুবাতে পা রাখি, সেখানে আমি ইংরেজ গর্ভনরকে এই বলে ব্যাকুল করে দিয়েছিলাম যে, যদি তিনি ফিজীর মাউন্টবেটন হোতেন, তাহলে দেশ আরো তিন বছর পরে সাবধীন হতো। আমি হুনুলুলুতে দুটিস্মরণীয় দিন কাটানোর পর স্যান ফ্রান্সিস্কো হয়ে নিউইয়ার্ক ফিরে গেছিলাম।

1965 সালে, সুরক্ষা পরিষদে কাশ্মীর সমস্যা নিয়ে বহু বাদ-বিবাদ শুরু হয়ে গেছিল। জুলাইতে যে আলোচনা হয়েছিল, তাতে জুল্ফিকার আলী ভুট্টো অপমানজনক এবং অসভ্য ভাষার প্রয়োগ করেছিলেন এবং জওহরলাল নেহেরুর নামেও খুব বাজে কথা বলেছিলেন। মিশনে আমি এবং রাষ্ট্রদূত পার্থসারথি এইসব কথা শুনে খুবই বিরক্তি বোধ করছিলাম, কিন্তু তা আর সহ্য করার মধ্যে ছিল না। আমরা ঠিক করে ফেলেছিলাম যে, তিনি যদি পরের দিনও অমন অপশব্দের প্রয়োগ করেন, তাহলে আমরা ভারতীয়রা ঘর ছেড়ে বেরিয়ে যাব। এটা ছিল অপ্রত্যাশিত প্রস্তাব, পার্থসারথি তা মেনে নিয়েছিলে এবং বিদেশ মন্ত্রী সর্দার স্বর্ণ সিংহকে এই প্রস্তাব মানানোর বিষয়ে সফলতা পাওয়া গেছিল। সর্দার জী ঠিক করেছিলেন যে, এই বিষয়ে লালবাহাদুর শাস্ত্রীর সাথে কথা বলবেন আর তিনি ডিপ্লোমেটিক উত্তর দিয়েছিলেন, 'সর্দার সাহেব !আপনি ওখানে আছেন। কি করা উচিত সেটা আপনিই ঠিক করবেন।'

পরের দিন যখন জুল্ফিকার আলি পুনরায় ভারতের দিকে তীর নিক্ষেপ করতে শুরু করেছিলেন, তখন ভারতীয় প্রতিনিধিরা সেখান থেকে উঠে বাইরে বেরিয়ে যায়। এরপর প্রায় পনেরো বছর কাশ্মীর সমস্যা নিয়ে কোনো রকম কথা হয়নি। ওই ওয়াকআউটের কোনো ছবি ছিল না।

অধ্যায় - ৬

আমার বাবা

1965 সালের 7 ই সেপ্টেম্বর, আমি ইউ.এনে যাওয়ার জন্য বেরাতে যাচ্ছিলাম, এমন সময়ে আমার ঘরে আমার সহায়ক আসে। সে মাথা নিচু করে আমার হাতে এলটা বার্তা দিয়েছিল। তাতে লেখা ছিল, 'বাবার দেহাবসান...'

আমি শান্ত হয়ে গেছিলাম। নিজেকে সামলানোর জন্য একটু সময় লেগেছিল। আমি রাষ্ট্রদূত পার্থসারথিকে বিষয়টা জানাই, তিনি সেই সময় সুরক্ষা পরিষদে ছিলেন আর শীঘ্রই ভারতের জন্য রওনা হয়েছিলাম।

দশ ঘন্টার যাত্রা পথে আমি একবারের জন্যও চোখের পাতা ফেলতে পারিনি। আমার বাবা আর নেই, সেই কথাটা আমি বিশ্বাস করতে পাচ্ছিলাম না। তাঁর বয়স ছিল মাত্র 65 বছর, এই বয়সকালের মধ্যে তিনি দুইবার গুরুতর অসুখে পড়েছিলেন। ভরতপুরে চিকিৎসা ব্যবস্থা ছিল অতি সাধারণ। স্থানীয় ডাক্তাররা যা করতে পারত করেছিল, কিন্তু কোনো লাভ হয়নি।

8 ই সেপ্টেম্বর সকালে আমি দিল্লী পৌঁছে গেছিলাম, সেখান থেকে ভরতপুর যাওয়ার ট্রেন ধরেছিলাম। বাড়ি ফেরার রাস্তায় বাবার স্মৃতি আমাকে বিহ্বল করে দিয়েছিল।

ভরতপুরে গাড়ি থেকে নামার পর, আমার দাদা ভরত সিংহকে দেখে আমি চমকে উঠি। তিনি অহমদনগর থেকে আসছিলেন, সেখানেই তখন তাঁর পোস্টিং ছিল। আমি একই গাড়িতে ছিলাম কিন্তু আমাদের সাথে দেখা পর্যন্ত হয়নি।

আমাদের বাড়ি গোবিন্দ নিবাস, শোকের সমুদ্রে নিমজ্জিত হয়েছিল।

মায়ের অবস্থা ছিল খুবই খারাপ। বাবর মৃত্যুর পর তাঁকে কেউ এক টুকরো খাবার খাওয়াতে পারেননি। সবথেকে খারাপ লাগছিল এই কথা শুনে যে, বাবা যখন মারা গেছেন তখন তাঁর চার পুত্রের মধ্যে একজনও বাবার সামনে ছিল না।

আমার পাঁচ বছরের ভাইপো কিশান সিংহ তাঁর চিতায় আগুন দিয়েছিল। তাঁর ছাই গোবর্ধনের মানসীগঙ্গায় বিসর্জন করা হয়েছিল।

আমি নিজেকে প্রশ্ন করছিলাম যে, আমার বাবা এই রকম প্রাণঘাতক হৃদরোগে আক্রান্ত হলেন কিভাবে। সম্ভবত তিনি আমার দাদা গিরধর সিংহের জন্য চিন্তিত ছিলেন।

6ই সেপ্টেম্বর ভারত পাক যুদ্ধ শুরু হয়েছিল, সেই সময় আমার দাদা গিরধর, সিয়ালকোটের নিকট, এক ভয়ঙ্কর ট্যাঙ্কে থেকে যুদ্ধ করছিলেন। বাবার মৃত্যুর উনিশ দিন বাদে গিরধর দাদার মৃত্যু সংবাদ এসেছিল।

আমি আজও বাবার সাথে কাটানো, সুখকর দিন গুলিকে অতি সহজেই মনে করতে পারি। আমি ছিলাম তাঁর সবচেয়ে ছোটো ছেলে, তাই আমার প্রতি তাঁর স্নেহের ভাব ছিল একটু বেশি, যার ফলে আমি বিগড়েও গেছিলাম। আমি যখন বিএ পরীক্ষায় ফার্স্ট ক্লাস পেয়েছিলাম এবং আমাকে আঈএফএফএসের জন্য নির্বাচন করা হলে তাঁর আনন্দের ঠিকানা ছিলনা । 1961 সালের গরমের সময় আমার এপিন্ডিক্স অপারেশান হয়েছিল কিন্তু আমি তাঁকে জানাইনি, কারণ তাঁকে জানালেই তিনি আমাকে দেখার জন্য দিল্লী ছুটতেন। কিন্তু জানার পরেই আমাকে দেখার জন দিল্লী পৌঁছে গেছিলেন। তাঁকে অপারেশানের খবর কেনো দেওয়া হয়নি, তার জন্য তিনি আমাকে খুব বকাবকিও করেছিলেন।

তাঁর মৃত্যুর ছয় সপ্তাহ আগে আমি তাঁর সাথে দুই দিন কাটানোর সুযোগ পেয়েছিলাম। ট্রেন ছাড়ার সময় তিনি আমাকে দেখে হাত নাড়িয়েছিলেন, তখন আমি স্বপ্নেও ভাবতে পারিনি আমি আর কখন বাবাকে দেখতে পাব না।

আমার সারা জীবন চোখের জলে সিক্ত হয়ে গেছিল। যে আনন্দ বা দুঃখ প্রকট করা যায়না, তা চোখের জলের সাথেই নির্গত হয়। অসহায়তা আর নিরাশার মধ্যে আমার অব্যাক্ত একাকীত্ব আমাকে দীর্ঘ সময় ধরে বিব্রত করেছিল। আমার সারা দুনিয়া যেন এলোমেলো হয়ে গেছিল। আমি নিজের জীবনের ভিত্তি, নিজের স্তম্ভকে হারিয়ে ফেলেছিলাম। আজ উনষাট বছর বাদেও আমি তাঁকে ভুলতে পারিনি। আজও তাঁর চরিত্রের গুণবত্তা, তাঁর জীবনের তপস্যা ও সংযম আমার মনে আসে। আমি তা মনে করি, আর মনে করতে থাকব, যতদিন না আমার ছাই জলে বিসর্জন করা হবে।

অধ্যায় - ৭

একদা নেহেরুবাদী...

The woods are lovely, dark and deep,
But I have promises to keep,
And miles to go before I sleep,
And miles to go before sleep.

- Robert Frost

(ভাবানুদাব এই বন যতই ঘন ও গভীর হোক, আমি প্রতিশ্রুতি পালন করবই, শোয়ার আগে বহু মাইল হাঁটবই, শোয়ার আগে বহু মাইল হাঁটবই।)

- রবার্ট ফ্রস্ট

His life was gentle, and the elements so mised in him that nature might stand up to say to all the world, 'This was a man.'

- William Shakespeare

(ভাবানুবাদ তার জীবন এতই সৌম্য ছিল আর সমস্ত তত্ত্ব তার ভেতরে এমন ভাবে সমাহিত ছিল যে, প্রকৃতি স্বয়ং সারা সংসারের সামনে বলতে পারে, 'একেই বলে মানুষ'।)

-উইলিয়াম শেক্সপিয়ার

'কোনো মানুষকে মহান বলার অর্থ, এটা দাবি করা যে, সে নিজের ইচ্ছার বলে মানুষের সাধারণ ক্ষমতার অতিরিক্ত একটা বড় পদক্ষেপ নিয়েছে (বা নিয়েছিল), যাতে কেন্দ্রীয় মানবিয় হিতকে প্রভাবিত করে, ভৌতিক সন্তুষ্টি প্রদান করতে পারে।'

জওহরলালা নেহেরুর জীবন খুব সুন্দর শব্দের দ্বারা প্রস্তুত করা হয়েছে, মহাত্মা গান্ধী ও উইস্টন চার্চিলের ক্ষেত্রেও তাই করা হয়েছিল। পন্ডিত নেহেরু এবং চার্চিল দুজনেই খুব ভালো ইংরেজি লিখতে পারতেন, বাক্য ও শব্দ প্রয়োগের ব্যাপারে এতটাই তীক্ষ্নতা ছিল যে, তাঁদের জীবনের জানা দিক গুলিকে পুনরায় লেখার কোনো প্রয়োজন হয়নি। শুধু এই টুকুই বলা যায় যে, আধুনিক ভারত জওহর লাল নেহেরুর দান। তিনি একটি প্রজাতান্ত্রিক, ধর্মনিরপেক্ষ, বহুত্ববাদী এবং সংযুক্ত রাষ্ট্রের শিলান্যাস করেছিলেন, তারপর যাঁরা এই

(ইসঈ বর্লিন। পার্সনল ইনপ্রেশন্স, হেনরী হার্ডী (সম্পাদক), নিউ জার্সী, প্রিংসটন ইউনিভার্সিটি প্রেস, 1998)

প্রধানমন্ত্রীর আসনে বসেছিলেন তাঁরা সকলেই তাঁর দেখানো পথই অনুসরণ করে চলেছেন। ভারতের বিকাশের জন্য তিনি যে ছাপ ছেড়ে রেখে গেছেন তা সত্যিই উল্লেখ যোগ্য। অনেক সময় তিনি নিজেও ছোটোখাট প্রশাসনিক কাজে ব্যস্ত হয়ে পড়তেন। তিনি মানুষদের নিজের মাপকাঠিতে পরীক্ষা করতেন। মহাত্মা গান্ধীর পর তিনিই ছিলেন দ্বিতীয় ব্যক্তি যিনি জনতাদের বোঝার ও তাদের বেঁধে রাখার চেষ্টা করতেন। নেহেরুর হয়তো কিছু দোষত্রুটি ছিল কিন্তু তাসত্ত্বেও তিনি ছিলেন একজন মহান প্রধানমন্ত্রী। আমাদের রাষ্ট্রীয় জীবনের বেশির ভাগ ক্ষেত্রেই নেহেরুর ছাপ খুব স্পষ্ট। তিনি ভুল করেছিলেন, কিন্তু ভুল তো লেনিন, রুজভেল্ট, চার্চিল ও মাও তেস তুঙ্গও করেছিলেন। যদি কেউ তাঁর চরিত্র, জীবন এবং অভিজ্ঞতার সমীক্ষা করে তাহলে এক মহান ব্যক্তির প্রতিচ্ছবিই সেখানে দেখা যাবে। দুর্ভাবনা বা সংকীর্ণতা তাঁকে স্পর্শ পর্যন্ত করতে পারেনি। তাঁর ভিজন অসংখ্য লোককে প্রভাবিত করেছিল।

আমি সারাজীবন ধরেই নেহেরুবাদী। আমি বহু বছর তাঁর সাহস ও ভয়ঙ্কর ভাবে বেঁচে থাকার ইচ্ছার প্রতি সম্মহিত ছিলাম। স্বাধীনতা আন্দোলনে তিনি এতটাই গুরুত্বপূর্ণ ভূমিকা পালন করেছিলেন যে, মহাত্মা গান্ধীর পরে তাঁর নামই স্মরণীয়। গান্ধীজী এই আন্দোলনকে যদি আধ্যাত্মিক রূপ দিয়ে থাকেন তাহলে নেহেরু তা আরো বাস্তবিক করে তুলেছিলেন।

1964 সালের 27 শে মে, নেহেরু মারা যাওয়ার পর, আমি তাঁকে শ্রদ্ধাঞ্জলি অর্পণের জন্য একটা বই সম্পাদন করার কথা ভেবেছিলাম। আমি আমেরিকার প্রকাশকদের সাথে এই বিষয়ে কথা বলেছিলাম, আর তারা নিঃসংকোচে আমার কথা মেনে নিয়েছিলেন। 'দ্যা লেগেসী অফ নেহেরু'-র জন্য সবার প্রথমে যে প্রশ্নটা উঠে এসেছিল তা হল, এই পুস্তকের জন্য কোন কোন লেখক লিখবেন? রাজা রাও, শান্তা রামা আর আমি একটা তালিকা প্রস্তুত করে ফেলেছিলাম। আমি তখনকার কিছু মহান ব্যক্তিদেরও চিঠি লিখেছিলাম। তাঁরা নিজেদের বিচার বিবেচনা জানিয়ে অতি শীঘ্র আমাকে জবাব দিয়েছিলেন। ড. রাধা কৃষ্ণণ আমাকে অনুমতি দিয়েছিলেন যে, 27 শে মে ভারতের উদ্দেশ্যে যে বার্তা প্রদান করা হয়েছিল, সেই বার্তা আমি গ্রন্থের প্রস্তাবনায় অন্তর্ভূক্ত করতে পারতাম। এই পুস্তকের হয়ে যাঁরা কাজ করেছিলেন তাঁরা হলেন - সী.বি. এটলী, ইউ.কের প্রাক্তন প্রধানমন্ত্রী এবং নোবেল পুরস্কার বিজয়ি পর্ল এস.বক, মার্টিন লূথর কিঙ্গ জুনিয়ার; নরমন কজিন্স, প্রতিষ্ঠিত সেটরডে রিভিউয়ের সম্পাদক ইল্যা ইরেনবর্গ, সোভিয়েত ইউনিয়ানের বিখ্যাত লেখক বর্টেন্ডি সরেল; মহান ইতিহাসবিদ্ আরনিল্ড টোনৌবী; সংযুক্ত রাষ্ট্রের সেক্রেটারী জেনারল ইউ থাঁট তথা ইলিনোসের প্রাক্তন গর্ভনর তথা ইউ.এনে ইউ.এসের স্থায়ী প্রতিনিধি অসলঈ স্টীভন্সন অন্তর্ভূক্ত ছিলেন। পন্ডিত নেহেরুর প্রথম মৃত্যু বার্ষিকী 1965 সালের 27 শে মে এই বই প্রকাশিত হয়। আমি পন্ডিত নেহেরু লেখা শেষ কিছু উইলও তাতে অন্তর্ভুক্ত করেছিলাম,

যা উৎকৃষ্ট ইংরাজিতে লেখা হয়েছিল।

তাঁর ভাষণে 'ট্রাইস্ট উইথ ডেস্টিনী' কথাটা প্রায়ই উল্লেখ করা হোত, যাতে তিনি স্বীকার করেছিলেন যে, স্বাধীনতা আন্দোলন আংশিত রূপে সফল হওয়ার পরেই সমাপ্ত হয়ে যায়। সমস্ত আন্দোলনের সময়, একটি স্বাধীন ও অবিভাজিত ভারতের লক্ষ্যই ছিল সবচেয়ে বড় কথা। খুব কম ব্যক্তিরই হয়তো মনে আছে যে, নেহেরুর প্রথম মন্ত্রী মন্ডলে ছয় জন এমন ব্যক্তি ছিলেন যাঁরা কংগ্রেস ছিলেন না এস.পী.মুখার্জী, বি.আর. আম্বেদকর, সর্দার বলদেব সিংহ, জন মথাই, সী.এইচ. ভাভা তথা আর.কে. ষণমুখম চেট্টী। বিভাজনের জন্য কি লাভ বা ক্ষতি হয়েছিল তা নিয়ে আলোচনা করাই বেকার। পন্ডিত নেহেরু বলেই ছিলেন যে, বিভাজন ছিল একটা লঘু বিপদ।

এম. এ. জিন্না কখন জেলে যাননি, রাস্তার ওপর বসে ধর্না দেননি, কখন কোনো লাঠির সম্মখীনতাও করেননি। তিনি সম্পূর্ণ একগ্রতার সাথে নিজের লক্ষ্যের দিকে এগিয়ে গেছিলেন। সর্দার প্যাটেল ছাড়া, তিনি কংগ্রেসের সমস্ত নেতাকেই তর্কে পরাজিত করতে সক্ষম হোতেন। প্রায় বলা হয়ে থাকে যে, সর্দার প্যাটেল খুব ভালো প্রধানমন্ত্রী হোতে পারতেন। হয়তো তিনি হোতেনও যদি ঈশ্বর তাঁকে একটু বেশি আয়ু দিতেন। স্বাধীনতা লাভের তিন বছরের মধ্যেই 1950 সালের 15 ই ডিসেম্বর তিনি এই পৃথিবী ছেড়ে চলে গেছিলেন। তাঁর পরে নিঃসন্দেহে যাঁর নাম উঠে এসেছিল, তিনি হলেন জওহর লাল নেহেরু।

একটা অতি চমকে দেওয়ার মতো তথ্যকে উপেক্ষা করা হয়েছে। ভারতের বিভাজনের বিষয়ে কোনো রকম রাষ্ট্রীয় চর্চা করা হয়নি। একটি বিভাজিত কংগ্রেস ওয়ার্কিং কমিটি বিভাজন স্বীকার করে নিয়ে, প্রস্তাব পাশ করে দিয়েছিল। গান্ধীজীর আপত্তিকে পর্যন্ত উপেক্ষা করা হয়েছিল এবং ঠিক সেই ভবাই জয়প্রকাশ নারায়ণ, মীলানা আজাদ এবং আব্দুল গফফর খানের কথাও শোনা হয়নি। 15 ই আগস্ট গান্ধীজী দিল্লীতে ছিলেন না, যারা সেই সময় সাম্প্রদায়িকতার আগুনে জ্বলে পুড়ে মরছিল, তাঁদের সেবার উদ্দেশ্যে তিনি কোলকাতায় গেছিলেন। সীডব্লুসী যে বিভাজনের প্রস্তাব স্বীকার করে নিয়েছিল, তা এআঈসীসীর কাছে পাঠানো হয়েছিল এবং 1997 সালের 14 ই জুন তার ওপর ভোট নেওয়া হয়। 157 পক্ষে ছিল, 29 বিপক্ষে ছিল আর 23 ভোটই দেয়নি।

আমার লক্ষ্য হল, পন্ডিত নেহেরুকে বিদেশ মন্ত্রী রূপে পরীক্ষা করে দেখা উচিত। সেক্ষেত্রে তাঁর রেকর্ড খুব বেশি প্রভাবী ছিল না। 1940 সালের 7 ই সেপ্টেম্বর, অন্তর্বতী ন্যাশানাল সরকারের উপরাষ্ট্রপতি হিসাবে ভাষণ দেওয়ার সময় তিনি বলেছিলেন

'আমি প্রস্তাব রাখছি যে, যতদূর সম্ভব, দলের সত্তার রাজনীতির থেকে দূরে থাকব। কখন একে অপরের বিরুদ্ধে যাব না, যে কারণে আমাদের আগেই বিশ্বযুদ্ধের সম্মখীনতা করতে হয়েছিল আর পুনরায় একটা বিরাট ধ্বংসের সম্মখীনতা করতে হোতে পারে। আমার মনে হয় শান্তি ও এই বিশ্ব অবিভাজ্য এবং যদি কোথাও স্বাধীনতা প্রদানের বিষয়ে অস্বীকার

করা হয় তাহলে তার জন্য আরো অনেকের স্বাধীনতা বিনষ্ট হোতে পারে, যার ফলে সংঘর্ষ ও যুদ্ধের সংকট আরো গভীর হয়ে ওঠে। আমি চাই ঔপনিবেশিক ও পর নির্ভরশীল দেশের জনতারা মুক্তি পাক আর সমস্ত জাতির লোকদের যেন সমান সুযোগের মান্যতা দেওয়া হয়। আমি জাতিবাদের নাজী সিদ্ধান্তকে সম্পূর্ণ রূপে অস্বীকার করছি, তা যেখানে যেরূপেই বিদ্যমান থাকুক না কেনো। আমরা কোনো রকম প্রভুত্ব চাই না আর অন্যদের কাছ থেকে কোনো ভালো পরিস্থিতির আশাও করছি না। কিন্তু আমরা চাই, আমাদের দেশের লোকরা যেখানেই যাক না কেনো তাদের সাথে যেন ভালো ব্যবহার করা হয়, তাদের যেন সম্মান ও শ্রদ্ধা করা হয় আর আমরা কাউর বিরুদ্ধে কোনো রকম ভেদভাবকে স্বীকার করি না।

এই পৃথিবী, নিজের শত্রুতা, ঘৃণা ও আন্তরিক সংঘর্ষ থাকা সত্ত্বেও নিজেদের মধ্যে সহযোগিতার দ্বারা এগিয়ে চলেছে আর একটি বিশ্ব রাষ্ট্রমণ্ডলের নির্মাণ হচ্ছে। স্বতন্ত্র ভারত, এই এক সংসারের জন্য কাজ করবে, যাতে সমস্ত স্বাধীন লোকেদের মুক্ত ভাবে সাহায্য করা যায় এবং কোনো বর্গ বা দল অপরকে শোষণ করতে না পারে...

আমাদের সংঘর্ষময় ইতিহাস সত্ত্বেও, আমরা আশা করব যে, স্বতন্ত্র ভারত, ইংল্যান্ড তথা ব্রিটিশ রাষ্ট্রমন্ডলের অন্য দেশের সাথে মৈত্রপূর্ণ ও সহযোগ পূর্ণ সন্বন্ধ বজায় রাখবে...

দক্ষিণ আফ্রিকায় জাতিবাদ একটি রাজকীয় সিদ্ধান্ত কিন্তু আমাদের লোকেরা এই ধরনের মানুষের প্রতি অত্যচারকে বিরোধীতা করে...

আমরা ইউনাইটেড স্টেটস্ অফ আমেরিকার লোকেদের নিজেদের শুভ কামনা জানাচ্ছি, যারা নিয়তি ও অন্তর্রাষ্ট্রীয় মামলার ক্ষেত্রে গুরুত্বপূর্ণ ভূমিকা পলান করেছে...

আধুনিক জগতের আর এক মহান রাষ্ট্র সোভিয়েত ইউনিয়ানকেও নিজেদের শুভ কামনা জানাচ্ছি, তাদের ওপরেও বিশ্ব স্তরীয় ঘটনার আকার প্রদানের গুরুত্বপূর্ণ দায়িত্ব আছে...

শক্তিশালী অতীতের সাথে চীন হল একটি শক্তিশালী দেশ, আমাদের প্রতিবেশি রাষ্ট্র বহু যুগ ধরে তাদের সাথে আমাদের বন্ধুত্ব, এই বন্ধুত্ব এমনি অটুট থাকবে। আশা করছি যে, তারা বর্তমানে যে সমস্যার মধ্যে দিয়ে জীবন কাটাচ্ছে সেই সমস্যা অতি দ্রুত দূর হবে আর একটি সংযুক্ত প্রজাতান্ত্রিক চীন আমাদের সামনে উঠে আসবে, যা বিশ্ব শান্তি ও প্রগতির জন্য গুরুত্বপূর্ণ ভূমিকা পালন করবে।'

1950 – 1955 সালের মধ্যে, সম্পূর্ণ বিশ্ব জুড়ে তাঁর ক্ষমতা স্বীকার করে নেওয়া হয়েছিল। তিনি ছিলেন শান্তির দূত, পরমাণু শক্তির প্রতি তাঁর কোনো আগ্রহ ছিল না। সমগ্র পৃথিবী তাঁকে একজন দূরদর্শী ও বিবেকবান পুরুষ রূপে প্রশংসা জানিয়েছিল। পৃথিবীর মধ্যে ভারতকে এগিয়ে নিয়ে যাওয়ার জন্য তিনি বহু রকমের নকশা তৈরি করেছিলেন,

---

(জওহরলাল নেহেরুর নির্বাচিত ভাষণ, ভলিউম 1, জওহরলাল নেহেরু মেমোরিয়াল ফান্ড, 2001)

আজ যা তৃতীয় বিশ্ব নামে পরিচিত তাঁর আশার চোখ সেই স্বপ্নই দেখেছিল। রাষ্ট্রমন্ডলের সম্মেলনে তাঁর কথার যথেষ্ট সম্মান ছিল। এমনকি ভারতকে স্বাধীনতা প্রদানের ব্যাপারে কঠোর উইস্টন চার্চিলও এই তথ্য স্বীকার করে নিতে বাধ্য হয়েছিলেন।

তাঁর এই বিদেশ নীতির মধ্যে চওড়া ফাটল দেখা গেছিল, এবার আমি সেই ব্যাপারে কথা বলতে চাই। তাঁর তিনটি প্রধান ক্রুটি ছিল - ধ্বংসের মধ্যে দিয়েই কাশ্মীর সমসস্যা মেটানোর চেষ্টা, পীপলস রিপাবলিক অফ চায়নার নেতাদের প্রতি বিশ্বাস তথা সোভিয়েতের প্রস্তাব খারিজ করার ভারতীয় সংযুক্ত রাষ্ট্রকে সুরক্ষা পরিষদে স্থায়ী স্থান দেওয়া উচিত।

এমন একজন ব্যক্তি, যিনি ছিলেন আরো বেশি কিছু, জওহরলাল নেহেরু ছিলেন একজন মহান লেখক। তিনি নিজের লেখার সাহায্যে ইতিহাস পর্যন্ত পৌঁছে যেতেন। তাঁর বহু পুস্তক পড়লেও তাঁর ব্যক্তিগত জীবন সম্পর্কে কিছুই জান যেত না। কিন্তু তাঁর আত্মজীবনী টগলিম্পসিজ অফ ওয়ার্ল্ডহিস্ট্রী' ও 'দ্যা ডিস্কভারী অপ ইন্ডিয়া'-র মাধ্যমে তিনি নিজেকে আর আড়ালে রাখতে পারেননি।

উনি যা লিখেছিলেন, তাতে করে জওহর লাল নেহেরুর ব্যক্তিগত জীবন সম্পর্কে কিছু প্রশ্নের উত্তর খুঁজে পাওয়া যায়। জওহর লাল নেহেরু পরিকল্পনা ফান্ড দ্বারা একটি পরিকল্পনা চালু করা হয়েছিল, 1972 সালে সেই কার্যক্রম অনুসারে প্রথম গ্রন্থ প্রকাশিত হয়েছিল। তার মধ্যে পঞ্চাশটা প্রকাশিত হয়ে গেছে, এখনও দশটা প্রকাশ হওয়া বাকি আছে। এই গ্রন্থ গুলি মিলিয়ে মোট 9292 টি পৃষ্ঠা আছে, যা সর্বপল্লি গোপাল সম্পাদিত করেছিলেন, এই বই গুলিতে গবেষণার সাথে দক্ষতার মিলন ঘটেছে, যা সত্যিই খুবই প্রশংসনিয়।

যারা জওহর লালা নেহেরুর চিন্তাধারা সম্পর্কে জানার জন্য আগ্রহী, ভারতীয় স্বাধীনতা আন্দোলন তথা প্রধানমন্ত্রীর রূপে তাঁর জীবনের দিন গুলির কথা জানতে চান, তাদের জন্য এই পুস্তক সত্যিই অপরিহার্য ভূমিকা পালন করবে।

জওহর লালা নেহেরু 1922 থেকে 1945 সালের মধ্যে প্রায় দশ বছর জেলে কাটিয়েছিলেন। তিনি নিজের মন ও শরীরকে উপযুক্ত করে রাখার জন্য নিজের সময়ের সদ্ব্যবহার করতেন। তিনি বিভিন্ন জিনিস পড়তেন এবং বহু কিছু লিখেও গেছেন। তিনি বলতেন, 'আমি শব্দ ও বাক্যের প্রেমী এবং তা উপযুক্ত ভাবে প্রয়োগ করার চেষ্টা করি, তা সহজ ভাবে ব্যবস্থিত ক্রমে রাখার চেষ্টা করি।' - জেলেও তিনি নিজের সাথে একটা ডায়রি রাখতেন, তাতে তিনি নিজের মুড, তাঁর রাজনৈতিক জীবনের উত্থান-পতন ও অন্তরের সংঘর্ষের কথা লিখতেন। তিনি আত্মানুশাসন সম্পর্কে ছিলেন খুবই কঠোর। সংকটের সময়তেও পন্ডিত নেহেরু উন্নততর প্রদর্শন দেখাতে সক্ষম হোতেন, তাঁর জীবনে কখন অন্ধকার নেমে এলেও তিনি এতটুকুর জন্য ভয় পেতেন না।

1930 সালে, কিছুই ঠিক মতো চলছিল না। কোথাও স্বাধীনতার ঝলক দেখা যাচ্ছিল না; গান্ধীজী এবং কংগ্রেসের সাথে তাঁর সম্পর্কের মধ্যেও ফাটল ধরেছিল; সেই সময় তাঁর স্ত্রী প্রায়ই অসুস্থ হয়ে পড়তেন, তাঁর বিধবা মায়ের স্ট্রোক হয়ে গেছিল, কন্যা ইন্দিরাও অসুস্থ হয়ে পড়েছিলেন, সেই সময় তাঁকে আর একটা স্কুলে পাঠানো হচ্ছিল আর তিনি ছিলেন জেলে। এই সংকটের অন্ধকার কখন কাটবে? এই সময়ে পন্ডিত নেহেরু কিছু লিখেছিলেন যার দ্বারা তাঁর মনোস্থিতির পরিচয় পাওয়া যায় ‘ 1935 সালের 12 ই জানয়ারি, একটি ভয়ঙ্কর এবং আকস্মিক মানসিক আঘাত। আজ সকালে নান (বিজয় লক্ষ্মী পন্ডিত) এলাহাবাদ থেকে একটা তার পাঠিয়েছে, জীবরাজ মেহতা নাকি সকালে মুম্বাই থেকে ফোন করে জানিয়েছে যে, মায়ের স্ট্রোক হয়েছে আর তিনি অচৈতন্য অবস্থায় পড়ে আছেন...আমি ওখানেই শুয়ে কাঁদতে থাকি, নিজেকে সামলানোর জন্য আমার বেশ খানিকটা সময় লেগে গেছিল... ।’

‘আজ আমার এমন লাগছে, এমন একাকীত্ব এই পৃথিবীতে আমি আগে কখন বোধ করিনি। এটা যেন প্রতিশোধ যুক্ত একান্ত কারা বাস।’ নিজের প্রতি করুণা করার কোনো জায়গা ছিল না, তিনি ঘৃণাকে কখন পোশ্রয়ও দেননি। আর সবচেয়ে বড় কথা যেটা সেটা হল, কোনো রকম নৈতিক বোঝাপড়াও ছিল না। এটাই ছিল ওনার মহানতা।

তিনি আমাদের আশার গৌরব প্রদান করেছিলেন। তাঁর কাছে বিচার মানে শুধুমাত্র কল্পনা নয়, তিনি সেগুলিকে জীবন্ত করে তুলেছিলেন - আমাদের মস্তিষ্কেও; যা আমাদের প্রেরিত করেছে, আমাদের প্রভাবিত করেছে এবং আমাদের জীবন বদলে দিয়েছে। এখন আমার খুব খারাপ লাগে এই ভেবে যে, যখনই সুযোগ পেয়েছি, কেনো তাঁর সাথে কোনো রকম সাহিত্য চর্চা করিনি।

পন্ডিত নেহেরুর অভিজ্ঞতাকে করতালি দিয়ে স্বাগত জানানো উচিত। শুধু বিদেশ নীতি, অর্থ আর পঞ্চ বার্ষিকী পরিকল্পনাতেই তাঁর নীতি সীমাবদ্ধ ছিল না। তিনি আমাদের রাষ্ট্র, তার ধর্মনিরপেক্ষতা, প্রজাতন্ত্র, বহুত্ববাদ ও একটি স্বাধীন নিরপেক্ষ বিদেশ নীতির ভিত্তি স্থাপন করেছিলেন। বিগত ষাট বছর ধরে এই একই বিদেশ নীতি চলে এসেছিল, তবে সম্প্রতি এই নিয়ে বহু প্রশ্ন উঠছে। শুধু রাজনীতি নয় বরং অর্থ ব্যবস্থা তথা অর্থ, বিজ্ঞান, টেকনিক, স্বাস্থ্য, মানব বিকাস, রেল এবং সড়ক, সংসদ এবং নিয়োজ, সংশোধন ও পুনঃনির্মাণ, প্রশাসন ও পারমাণবিক শক্তিও তাঁরই উপহার। তিনি একদিনে ষোল ঘন্টা কাজ করতেন, এমন কাজও তিনি করতেন যা কোনো আধিকারী ও করতে পারত - এমনকি ছোটোখাট বিষয়েই তাঁর সজাগ দৃষ্টি ছিল। প্রতি চিঠির সঙ্গে সঙ্গে উত্তর দিতেন, তা যত ছোটো বিষয়ের সাথেই যুক্ত থাকুক না কেনো।

কাশ্মীর সমস্যাকে সংযুক্ত রাষ্ট্রের সুরক্ষা পরিষদে নিয়ে যাওয়াটা ছিল এক মস্ত বড় ভুল। তাঁর এই কাজের ফলে ঘরোয়া বিষয় অন্তর্রাষ্ট্রীয় রূপ ধারণ করেছিল। তিনি আরো একটা ভুল করেছিলেন, তিনি এই বিষয়টিকে ইউএন চার্টরের ষষ্ঠ চ্যাপ্টারের অধীনে নিয়ে

গেছিলেন, যা বিবাদের সাথে সম্পর্কিত ছিল। তাঁর কাশ্মীর সমস্যাকে চ্যাপ্টার সাতে নিয়ে যাওয়া উচিত ছিল, যা আক্রামকতার সাথে মোকাবিলা করে। কাশ্মীর সমস্যার ক্ষেত্রে তিনি শুধু রাজনৈতিক দিক দিয়েই সিদ্ধান্ত নেননি, সেখানে তাঁর নিজের আবেগেরও প্রভাব পড়েছিল; তাঁর মতো রাজনৈতিক ব্যক্তিত্বের কাছে এটা ছিল এক বিরাট ভুল। সুরক্ষা পরিষদের সদস্যরা ঠিকই বলেছিল যে, এই কাজ করে, ভারত স্বীকার করে নিয়েছে যে এই বিষয় নিয়ে বিবাদ অবসম্ভাবি।

1947 সালের 22 শে অক্টোবর, পাকিস্তান কাশ্মীরের ঝিলাম নদীর ধারে আক্রমণ করে দিয়েছিল। দুই দিন বাদে ভারত এই ঘুষপ্যাট সম্পর্কে অবগত হয়েছিল, আর পন্ডিত নেহেরু লর্ড মাউন্টব্যাটনের সাথে এই বিষয়ে কথা বলেছিলেন, তিনি ছিলেন স্বাধীন ভারতের গর্ভনর জেনারল, যে কারণে এই বিষয়ের সাথে তাঁর সম্পর্ক ছিল। মাউন্টব্যাটন তথা আমাদের সেনা দলের তিনজন অধ্যক্ষ ছিল ইংরেজ যার ফলে তারা নিজেদের এজেন্ডার অনুসরণ করত। পাকিস্তানেও তিন সেনা প্রমুখ ইংরেজ ছিল। এদের নিজেদের মধ্যে সম্পর্ক ছিল, আর প্রতিদিনই মাউন্টব্যাটনের কাছে গোপনে সব খবর চলে আসত। মাউন্টব্যাটন নেহেরুকে কিছু বলতেন না। শুধু তাই নয়, তিনি দিল্লীর ব্রিটিশ হাই কমিশানকে, ব্রিটিশ প্রধানমন্ত্রী ক্লীমেন্ট এটলী তথা ষষ্ঠ কিঙ্গ জর্জকে, বার্তা পৌঁছানোর জন্য প্রয়োগ করেছিল - এই সমস্ত কাজই এই সরকারের পিছনে করা হোত, যার গর্ভনর জেনারল হিসাবে তাঁকে নিযুক্ত করা হয়েছিল। এটাও ছিল পন্ডিত নেহেরুর মস্ত বড় ভুল, তিনি ভারতের শেষ ভাইসরয় লর্ড মাউন্টব্যাটনকে ভারতের গর্ভনর জেনারল হিসাবে নিযুক্ত করেছিলেন। জিন্নার আচরণ ছিল অনেক বেশি বাস্তব সম্মত। যখন মাউন্টব্যাটন পাকিস্তানের গর্ভনর জেনারল নিযুক্ত করার কথা বলেছিলেন তখন তিনি তা স্বীকার করেননি। মাউন্টব্যাটন ডিফেন্স কমেটির জন্য একটি চেয়ারম্যান নিযুক্ত করেছিলেন, যিনি নীতি নির্ধারণের ক্ষেত্রে গুরুত্বপূর্ণ ভূমিকা পালন করেছিলেন, তার তা থেকে বাইরে হওয়া উচিত ছিল। পন্ডিত নেহেরু ব্যক্তিগত দিক থেকে কোনো রকম আপত্তি জানাননি, যার ফলে যা নিয়ে ভারতীয় মন্ত্রী মন্ডলে আলোচনা হওয়া উচিত ছিল সেই বিষয় বাইরেই আসেনি। এই ভাবে, ডিফেন্স কমিটি ভারতীয় মন্ত্রী মন্ডলের কাজ সামলে নিয়েছিল, আর তা প্রধানমন্ত্রীর সামনেই হয়েছিল।

মাউন্টব্যাটন ছিলেন সংবিধানিক শক্তিহীন শাসক, যদিও তিনিই পন্ডিত নেহেরুকে কাশ্মীর সমস্যা ইউ.এনে. নিয়ে যাওয়ার পরামর্শ দিয়েছিলেন। যতক্ষণ না কাশ্মীরের মহারাজ সেখানে ঢোকার জন্য ছাড়পত্র দেননি ততক্ষণ পর্যন্ত তিনি ভারতীয় দলকে শ্রীনগর পাঠানোর বিরুদ্ধে ছিলেন। পন্ডিত নেহেরু এবং প্যাটেল তাঁর কথায় কর্ণপাত না করে ভারতীয় সেনাদের বিমান যোগে সঙ্গে সঙ্গে কাশ্মীরে পাঠিয়ে দিয়েছিলেন। তারা সেখানে সঠিক সময়ে পৌঁছে ছিল, নয়তো পাকিস্তান শ্রীনগর আক্রমণ করে বসত।

যখন ভারত পুনরায় ইউ এনকে এই বিষয়ে জানানোর জন্য খসরা তৈরি করছিল তখন

মাউন্টব্যাটন পরামর্শ দিয়েছিলেন যে, পাকিস্তানের প্রধানমন্ত্রী লিয়াকতআলি খানকে এই খসরা দেখিয়ে নেওয়া উচিত। এই প্রস্তাব এতটাই জঘন্য ছিল যে, পন্ডিত নেহেরু তা কিছুতেই স্বীকার করতে পারেননি। সর্দার প্যাটেল কিছুতেই চাননি যে, কাশ্মীর সমস্যার কথা ইউ এনে যাক, এটিকে তিনি ডিস-ইউনাইটেড নেশানস বলতেন। পন্ডিত নেহেরু সদবুদ্ধি বশত এই খসরা গান্ধীজীকে দেখিয়েছিলেন, তিনি তাতে একটি গুরুত্বপূর্ণ পরিবর্তন এনেছিলেন এবং 'স্বতন্ত্র স্তর' শব্দটিকে পেনসিল দিয়ে কেটে দিয়েছিলেন।

সকলেই জানে যে, পরে পন্ডিত নেহেরু মাউন্টব্যাটনের কথা মানার জন্য নিজেই অনুতাপ করেছিলেন। 1948 সালের 25 শে ফেব্রুয়ারী মাউন্টব্যাটনের ডাকা একটা সভায় তিনি বলেছিলেন, 'পরিস্থিতি খুবই ভয়ঙ্কর হয়ে উঠছিল তাই ভারত সরকার সুরক্ষা পরিষদের ওপর বিশ্বাস করে, এই সন্দর্ভ প্রস্তুত করেছিল। এখন যদি এই বিশ্বাস অনুচিত বলে প্রমাণিত হয়, তাহলে তার জন্য তাকেই ভুগতে হবে, যিনি এই সন্দর্ভ প্রস্তুত করেছিলেন।' সর্দার প্যাটেলও এই মিটিং-এ ছিলেন আর তিনি বলতে বাধ্য হয়েছিলেন যে, পন্ডিত নেহেরু সুরক্ষা পরিষদের ওপর পূর্ণ বিশ্বাস প্রকট করেছিলেন কিন্তু সুরক্ষা পরিষদ সত্তার রাজনীতি নিয়ে এতই ব্যস্ত যে, এই বিশ্বাসের রক্ষা করা কোনো মতেই সম্ভব হয়নি। তিনি একথাও বলেছিলেন যে, গর্ভনর জেনারল মহাশয়ের আগ্রহের জন্যই ভারত সরকার সুরক্ষা পরিষদের সামনে এই বিষয় নিয়ে গেছিল। মাউন্টব্যাটনের সামনে আর কোনো রাস্তা খোলা ছিল না, শেষ পর্যন্ত তিনি স্বীকার করতে বাধ্য হয়েছিলেন যে, সর্দার প্যাটেল ঠিক কথাই বলছেন।

শুধু তাই নয়, পন্ডিত নেহেরু কাশ্মীরের জনগণের মত কি সেটাও জানার চেষ্টা করেছিলেন। তিনি ইউ. এন সেক্রেটারীর জেনারেলের একজন প্রতিনিধিকে ভোট করানোর জন্য অনুমতি দিয়েছিলেন। তিনি এই কথাও জানিয়েছিলেন যে, কাশ্মীর সমস্যাকে হেগের ইন্টারন্যাশানাল কোর্ট অফ জাস্টিস পর্যন্ত নিয়ে যাওয়া হলেও তাঁর কোনো রকম সমস্যা নেই।

সুরক্ষা পর্ষদের প্রথম মিটিং-এর জন্য ভারতীয় প্রতিনিধি মন্ডলের নেতৃত্ব দিয়েছিলেন শ্যার গোপালস্বামী অয়ঙ্গার। তিনি ছিলেন মাদ্রাজ প্রেসিডেন্সীর একজন পীসীএস আধিকারী। 1937 সালে তাঁকে কাশ্মীরের দেওয়ান হিসাবে নিযুক্ত করা হয়েছিল এবং 1943 সাল পর্যন্ত তিনি সেই সেবাতেই নিযুক্ত ছিলেন। তিনি একজন খুবই বুদ্ধিমান, মৃদুভাষী এবং নিষ্ঠাবান ধনী ছিলেন কিন্তু সুরক্ষা পরিষদ কিভাবে কাজ করে সেই সম্পর্কে তাঁর কোনো ধারণা ছিল না। পাকিস্তানি প্রতিনিধি মন্ডলের সুতো শ্যার মহম্মদ জফরউল্লাখানের হাতে বাঁধা ছিল, তিনি ছিলেন বিদেশ মন্ত্রী তথা উল্লেখ যোগ্য উকিল, তিনি বিভাজনের পরে পাকিস্তানে গিয়ে থাকার সিদ্ধান্ত নিয়েছিলেন। গোপালস্বামী অয়ঙ্গর নিজের মামলা খুব শক্ত হাতে প্রস্তুত করলেও , শেখ আব্দুলও এই প্রতিনিধি মন্ডলে ছিলেন। আর একথা সবাই জানে যে, এমনকি 1948 সালেও, স্বতন্ত্র কাশ্মীরের ইচ্ছা ছিল তাঁর মাথায়।

একজন আমেরিকান লেখক লিখেছিলেন যে, ভারতীয়রা আব্দুলকে প্রতিনিধি মন্ডলের সদস্য করার সময় এটা আশা করেছিল যে, তিনি ভারতের হয়ে দৃঢ় শব্দের প্রয়োগ করে জিনের কথা প্রতিষ্ঠা করতে সক্ষম হবে। ভারতীয়রা এটা বুঝতে পারেনি যে, তিনি সরক্ষা পরিষদে ইউ.এস.-এর ডেলীগেট বারেন অস্টিনের সাথে হাত মিলিয়ে, ব্যক্তিগত ভাবে কাশ্মীরকে স্বাধীন করার কথা বলবেন আর তাদের পরিস্থিতি দুর্বল করে দেবে। নেহেরু নিজের সমস্ত কাশ্মীরি ডিম আব্দুল্লার আঁচলে দিয়ে দিয়েছিলেন।

সুরক্ষা পরিষদে, কাশ্মীর সমস্যা, দুটি মহান শক্তি, ইউএসএসআর তথা ইউএসের ঠান্ডা লড়াইয়ের মধ্যে পড়ে আরো বেশি সংকট জনক হয়ে উঠেছিল, সেই সময় সোভিয়েত ইউনিয়ানের সাহায্য না থাকলে ভারত একা পড়ে যেত। প্রথম থেকেই বাজী আমাদের বিপক্ষে খেলা হচ্ছিল। পাকিস্তান প্রচন্ড আক্রমণাত্মক হয়ে উঠেছিল, ইউ.কে. আর ইউ.এস. তাকে সর্ব সমক্ষে সাহায্য করে যাচ্ছিল। 1948 থেকে 1957 সালের মধ্যে, সুরক্ষা পরিষদ তার নিজের প্রস্তাব প্রেরণ করে, যাতে কাশ্মীরের ওপর পাকিস্তানের আক্রমণকে সজাগ দৃষ্টিতে দেখা হয়েছিল। ভারত নিবেদন করেছিল যে, পাকিস্তানের সৈন্যরা যেন কাশ্মীর থেকে বেরিয়ে যায়, কিন্তু এই বিষয়টাকে কেউ গম্ভীর ভাবে দেখেনি।

1957 সালে কৃষ্ণ মেনন সুরক্ষা পরিষদে নয় ঘন্টা ধরে বক্তব্য পেশ করেছিলেন। এই ভাষণ তাঁকে ভারতের এক নতুন নায়ক করে দিয়েছিল, কিন্তু সুরক্ষা পরিষদের ওপর তেমন কোনো প্রভাব সৃষ্টি করতে পারেনি। এমনকি যাদের সাথে ভারতের বন্ধুত্বের সম্পর্ক ছিল তারা পর্যন্ত বলেছিল যে, 'যদি আপনার মামলা এতই মজবুত হয়, তাহলে আপনার নয় ঘন্টা ধরে ভাষণ দেওয়ার দরকার কি ছিল?'এর শেষ পর্যন্ত সুরক্ষা পরিষদের চারজন সদস্যকে অর্ধ ঘুমন্ত অবস্থায় দেখা যাচ্ছিল।

1964 সালে, জওহরলাল নেহেরুর মৃত্যুর পর, কাশ্মীরের সমস্যাকে আলাদা চোখে দেখা সম্ভব হয়েছিল।

প্রথম দিকে ভারত -চীন সীমান্ত নিয়ে বিবাদ দেখা দিয়েছিল, এর কারণ হল দুটি ধারণা - চীনের সামরিক সীমা তথা ভারতের ঐতিহাসিক সীমার মামলা নিয়ে যে সমস্যা ছিল তার সমাধান হচ্ছিল না।

এই ব্যাপারে চীন কূটনৈতিক চাল চালছিল এবং প্রয়োজন হলে সৈন্য শক্তির প্রয়োগের ব্যাপারেও প্রস্তুত ছিল, সেখানে ভারত 1950 সাল থেকে অতি সাধারণ ভাবেই সৈন্য মোতায়েন করেছিল।

আদর্শবাদী পন্ডিত নেহেরু, মাও তেস তুঙ্গ, চাউ-এন-লাই এবং অন্য চীনী নেতাদের ব্যবহারিকতাকে বুঝতে পারেনি, আর 1951 সালে চীন যখন তিব্বতকে নিজের করায়ত্ত করে ফেলেছিল তখন এর জন্য চীনের নীতি, সীমা ও ভারতের ওপর কি প্রভাব পড়েছিল, সেটাই ছিল সবচেয়ে বড় কথা। পন্ডিত নেহেরু বারংবার একই কথা বলছিলেন যে, ভারত

চীনের সাথে যে প্রাচীন সাংস্কৃতিক সম্পর্ক পালন করে আসছে, তিনি সেটাকেই জীবন্ত করে রাখতে চান। তিনি এবং তাঁর আধিকারীক দল, তিব্বতে দ্রুত গতিতে যে ইনফ্রাস্ট্রকচার তৈরি হচ্ছিল সেই দিকে কোনো আমল দেননি, যা ভারতের সীমা পর্যন্ত এসে গেছিল, চীন নিয়মিত রূপে মানচিত্র প্রকাশ করছিল, যাতে তারা ভারতের একটা বিশাল অংশকে নিজেদের দেশের অংশ হিসাবে দেখাচ্ছিল। পন্ডিত নেহেরু দেশের মধ্যে আন্তরিক শান্তি ও বিশেষ করে উতর-পূর্ব দিকে শান্তি বজায় রাখার জন্য জোর দিয়েছিলেন। চাউ-এন-লাই ভারতীয় সীমার সাথে যুক্ত সমস্যাকে ভুল ধারণা বলে এরিয়ে গেছিলেন, আর বলেছিলেন যে, তা অতি সহজেই কথাবার্তার মধ্যে দিয়ে সমাধান করা সম্ভব, তার জন্য কোনো কিছু লেখাপড়া করার কোনো প্রয়োজন নেই; পন্ডিত নেহেরু চীনা প্রধানমন্ত্রীর এই কথা বিশ্বাস করে, খুব বড়ো বোকামোর পরিচয় দিয়েছিলেন।

1954 সালের জুন মাসে, দুই দেশের মধ্যে পঞ্চশীল সন্ধি তথা শান্তিপূর্ণ সহাবস্থানের জন্য পাঁচটি সিদ্ধান্তের ওপর হস্তাক্ষর করা হয়েছিল।

দুই দেশ যে নিয়ম ও সিদ্ধান্ত পালন করার জন্য চুক্তি করেছিল, সেই গুলি হল

1. একে অন্যের ক্ষেত্রের অখন্ডতা এবং স্বাধীনতার প্রতি সম্মান জানাবে।
2. পরস্পরকে আক্রমণ করবে না এবং সংঘর্ষের থেকে দূরে থাকবে।
3. একে অপরের আন্তরিক মামলায় হস্তক্ষেপ করবে না।
4. সমানতা এবং পারস্পরিক লাভ
5. শান্তিপূর্ণ সহ-অস্তিত্ব।

সেই সময় নেহেরু চীন সম্পর্কে বলেছিলেন

'চীন আগত দশ বা কুড়ি বছরে কি করবেসেই ব্যাপারে আমি নিশ্চিত করে কিছু বলতে পারব না কিন্তু নিজেকে সম্ভাব্য বিপদের হাত থেকে বাঁচানোর জন্য আমাদের আরো কিছু করতে হবে, শুধুমাত্র একটা ম্যাগনেটিক লাইন টেনে কোনো লাভ হবে না। আমাদের সীমান্তে অবশ্যই শান্তি ও সন্তোষ বজায় রাখতে হবে। এই ব্যাপারে, চীনাদের দ্বারা সম্ভাব্য কোনো পদক্ষেপ এবং কোনো কথার থেকেও নাগা সমস্যা নিয়েই আমি অধিক চিন্তিত।'

1954 সালের অক্টোবরে, প্রধানমন্ত্রী চীনের উদ্দেশ্যে যাত্রা করেছিলেন, পীকিং-এর লক্ষাধিক লোক রাস্তার দুইধারে দাঁড়িয়ে তাঁকে স্বাগত জানিয়েছিল। তিনি প্রধানমন্ত্রী চাউ-এনের সাথে হুডখোলা গাড়িতে বসেছিলেন। পন্ডিত নেহেরুর মনে হয়েছিল যে, আগেও তাঁকে যেভাবে স্বাগত জানানো হয়েছে, সেই বারও সেইভাবেই জানানো হচ্ছে। আসলে তাঁরা সেই ধারাবাহিকতাকে বজায় রাখতে চেয়েছিল, চীনা সরকার না চাইলে একজনও পথে দাঁড়াত না। পরে যখন এই সম্পর্কে খবরের কাগজে পড়েছিলাম তখন জানতে পারি যে, সেখানে কোনো কিছুই সার্থক ছিল না, আর সবচেয়ে বড় কথা হল সীমা নিয়ে কোনো রকম কথাই হয়নি।

আসার পথে পন্ডিত নেহেরু কোলকাতায় ছিলেন। সেখান থেকে তিনি সবার প্রথমে এডউইন মাউন্টব্যাটনকে একটা চিঠি লিখেছিলেন, আর তাঁর সাথে নিজের চীনের অভিজ্ঞতা ভাগ করেছিলেন, তিনি গোপনীয়তা রক্ষার যে শপথ করেছিলেন, তা তিনি ভঙ্গ করেছিলেন। নিঃসন্দেহে সেই সময় কেউ এই চিঠির কথা জানত না, কিন্তু তা তখনই প্রকাশিত হয়েছিল, যখন তাঁর লেখা এস.গোপালের সম্পাদকত্বতে প্রকাশিত করা হয়েছিল।

1920 সাল পর্যন্ত ভারত-সোভিয়েত অংশীদারি চলেছিল। 1923 সালের শুরুতে, লেনিন মহাত্মা গান্ধী ও তাঁর দ্বারা চালিত স্বাধীনতা আন্দোলনের বিষয়ে সজাগ ছিলেন। নেহেরু রাশিয়ার দশম স্বাধীনতা দিবসের উপলক্ষ্যে 1927 সালে সোভিয়েত ইউনিয়ানে গেছিলেন। 1928 সালে তাঁর প্রথম পুস্তক সোভিয়েত রাশিয়া প্রকাশিত হয়েছিল। 1930 সালের পর তিনি সোভিয়েত ইউনিয়ান এবং সাটলিনের অধীন সোভিয়েত নীতির জন্য অনুকূল প্রতিক্রিয়া ব্যক্ত করতে থাকতেন। 1937 থেকে 1938 সালের মধ্যে হাজার হাজার পার্টীর নেতা এবং জেনারেলদের কঠোর রাজনৈতিক বক্তব্যকে তিনি উপেক্ষা করেছিলেন।

সোভিয়েত ইউনিয়ান নেহেরুর এই মৈত্রীপূর্ণ মনোভাবের কোনো প্রতিক্রিয়া ব্যক্ত করেনি। ততক্ষণে ঠান্ডা লড়াই শুরু হয়ে গেছিল। বিশ্ব দুই ভাগে বিভক্ত হয়ে গেছিল। নেহেরু নিজের নিরপেক্ষ নীতি বজায় রেখে চলার চেষ্টা করেছিলেন। সোভিয়েত রাশিয়ার স্টালিন নেহেরু যে একটি স্বতন্ত্র রাষ্ট্রের শাসক ছিলেন তা মানতে রাজি হননি। শুধু তাই নয়, রাশিয়া ক্রমাগত এটাই বলে যেত যে, ভারত রাজনৈতিক ও আর্থিক দিক থেকে পশ্চিম সাম্রাজ্যবাদের ওপর নির্ভরশীল এবং রাষ্ট্রমণ্ডলে ভারতকে ভালো চোখে দেখত না। স্টালিন ভারতের কমিউনিস্ট পার্টীকে সক্রিয় সাহায্য প্রদান করেছিলেন, তা হায়দ্রাবাদে একটা স্বতন্ত্র আন্দোলনের নেতৃত্ব প্রদান করছিল। লর্ড মাউন্টব্যাটনের যাওয়ার পরেই , সর্দার প্যাটেল হায়দ্রাবাদে সংগঠিত বিদ্রোহকে শান্ত করতে সক্ষম হয়েছিলেন আর নিজাম ভারতের বশ্যতা স্বীকার করে নিয়েছিলেন।

নেহেরুর কাছে, সোভিয়েত ইউনিয়ানের সাথে বন্ধুত্ব করার বিষয়টা ছিল খুবই গুরুত্বপূর্ণ। ইউএসএসআর-এর সাথে ভালো সম্পর্ক নেহেরুর বিশ্ব ব্যাপি প্রভাবকে আরোও বৃদ্ধি করেছিল। কোনো মহাশক্তিরই তাঁকে উপেক্ষা করার মতো ক্ষমতা ছিল না।

স্টালিনের নিধনের পরে, ভারতের প্রতি সোভিয়েতের নীতির ক্ষেত্রে কিছু পরিবর্তন দেখা গেছিল। সোভিয়েত ভারতের প্রশংসা করে, তা জাপানের সাথে শান্তি সন্ধিতে হস্তাক্ষর করেনি, আর কোরিয়ান যুদ্ধের সময় ভারতের যে মনোভাব ছিল তার জন্যও খুশি হয়েছিল। নেহেরুর নিরপেক্ষতা নীতি সোভিয়েত মন দিয়ে দেখতে শুরু করেছিল। 1955 সালে নেহেরু সোভিয়েতের উদ্দেশ্যে যাত্রা করেছিলেন, দুই দেশের জন্যই এই যাত্রা ছিল খুবই উল্লেখ যোগ্য। তিনি শুধু সরকারের সাথেই নয়, বরং সোভিয়েতের জনতার সাথেও বন্ধুর মতো ব্যবহার করেছিলেন।

1955 সালে, নেহেরু ইউএসএসআর-এ ছিলেন তখন তিনি বুল্গানিনের সাথে কথা বলার সুযোগ পেয়েছিলেন, তিনি ছিলেন পলিটবিউরোর দুই নম্বর ব্যক্তি।

বুল্গানিন   আমি আমেরিকার বিমানবাহিনীর বিষয়ে আপনার সাথে এক মত এবং আমরা আমাদের চীনী বন্ধুদেরও এই ব্যাপারে জানিয়ে দেব। 'ফোর পাওয়ার কনফারেন্সে' কৃষ্ণ মেননের গতিবিধি সম্পর্কে শুনেছি, তার জন্য আমি খুবই কৃতজ্ঞ। আমরা ফোর পাওয়ার কনফারেন্সে আপনার পরামর্শ নিয়ে বিচার করব। আমরা সাধারণ অন্তর্রাষ্ট্রীয় পরিস্থিতি তথা মানসিক চাপ কমানোর বিষয়ে আলোচনা করছি, আমার পরামর্শ হল ভারতকে সুরক্ষা পরিষদের ষষ্ঠ সদস্য রূপে প্রবেশ করানোর বিষয় নিয়ে ভাবতে হবে।

জওহরলাল নেহেরু   সম্ভবতঃ বুল্গানিন জানেন যে ইউএসে কিছু লোকেদের পরামর্শ দিয়েছে যে, সুরক্ষা পরিষদে ভারতকে চীনের স্থান নেওয়া উচিত। এতে আমাদের সাথে চীনের একটা সমস্যা দেখা দেবে। আমি অবশ্যই এই কাজের বিরুদ্ধে। এমনিতেই আমি নিজেকে এমন কোনো স্থানে বসাতে চাইনা যাতে সমস্যার সৃষ্টি হোতে পারে, আর এটা বিবাদের বিষয় হয়ে উঠতে পারে। যদি সুরক্ষা পরিষদ ভারতকে অন্তর্ভূক্ত করতে চায় তাহলে ইউএনকে চার্টরে পরিবর্তন আনতে হবে। আমার মনে হয় যে, যতক্ষণ চীনের সাথে অন্যদের প্রবেশের বিষয় সামলে যাচ্ছে, ততক্ষণ পর্যন্ত এমনটা করা উচিত না। বুল্গানিন চার্টার সংশোধনের ব্যাপারে কি বলবেন ? আমাদের মনে এখনও তার জন্য উপযুক্ত সময় আসেনি।

1955 সালের ডিসেম্বর মাসে নিকিতা খুশচেভ ও নিকোলাই বুল্গানিন ভারতে এসেছিলেন, তাদের আন্তরিক অভ্যর্থনা জানানো হয়েছিল। সোভিয়েত ইউনিয়ান সুরক্ষা পরিষদে ক্রমাগত কাশ্মীরের সমস্যা নিয়ে আমাদের সাহায্য করে গেছে, ইউএসের ইশারায় পশ্চিমের যে সমস্ত দেশ গুলি চলত তারা পাকিস্তানকে ও ভারত থেকে গোয়াকে স্বাধীন করার ব্যাপারে ক্রমাগত সাহায্য করে যাচ্ছিল।

চীন-ইন্ডিয়ার সীমান্ত নিয়ে যখন বিবাদের সূত্রপাত হয়েছিল তখন সোভিয়েত ইউনিয়ানের অবস্থা খুবই খারাপ হয়ে গেছিল। তারা সীমান্ত বিবাদ নিয়ে যথেষ্ট চিন্তিত হয়ে পরেছিল এবং চেষ্টা করেছিল যাতে দুই দেশের মধ্যে একটা বোঝাপড়া হয়ে যায়। সোভিয়েত ইউনিয়ানের এই চিন্তা নিয়ে চীন যথেষ্ট কড়া বিরোধ ও সমালোচনা করেছিল। তাদের মনে হয়েছিল যে, একটি সমাজবাদী ও একটি অসমাজবাদী দেশের মধ্যে বিবাদের সময় সোভিয়েতের চীনকেই সমথর্ন করা উচিত ছিল।

1955 সালে, প্রধানমন্ত্রী বানডুঙ্গ কনফারেন্সে অংশ নিয়েছিলেন। পন্ডিত নেহেরু কিছু পশ্চিমের দেশের বিরোধীতা সত্ত্বেও চীনকে নিমন্ত্রণ করার বিষয়ে সফল হয়েছিলেন, তাদের মধ্যে অনেক দেশ পীপল্স রিপব্লিক অফ চায়নাকে মান্যতা দিত না। পন্ডিত নেহেরু সম্পূর্ণ সদ্‌ভাবনার সাথে চাইকে নিজের দলে শামিল করেছিলেন এবং বড় বড় নেতাদের

সাথে তাঁর পরিচয় করিয়ে দিয়েছিলেন। চাউ নিজের লাভের জন্য এই সম্পর্কের যত ইচ্ছা শোষণ করেছিলেন। চাউ নেহেরুর প্রতি কৃতজ্ঞতা জানানোর বদলে তাঁর ওপর দম্ভপূর্ণ দয়া প্রদর্শন করেছিলেন।

যদিও পন্ডিত নেহেরু চীনের প্রতি তাঁর সদ্ভাবনার নীতিকে বদলাতে পারেননি কিন্তু ভারতীয় ক্ষেত্রে চীনের ঘুসপ্যাট, চীনের বিস্তার প্রদর্শন, হিন্দী-চীনী ভাই ভাই এর মিথ্যা স্লোগান, এই সমস্ত বিষয় ধীরে ধীরে দানা বাঁধছিল।

1959 সালে দলাই লামা তাঁর বিশাল দল নিয়ে চীনের সাথে লাগোয়া ভারতের সীমা অতিক্রম করেন আর ভারতের রাজনীতি বিদ্দের কাছে শরণ চান। যখনই ভারত বিশ্ব বিখ্যাত বৌদ্ধিস্টকে শরণ দেওয়ার সিদ্ধান্ত নেয়, তখনই দুর্বল চীন-সম্পর্ক একেবারে ভেঙে খান খান হয়ে যায়। 1959 সাল জুড়ে সীমান্তে নানা ঘটনার সৃষ্টি হয়েছিল, যাতে করে নেহেরুর মানসিক চাপ আরো বৃদ্ধি পাচ্ছিল। তাঁর কার্যকালে এই প্রথমবার তাঁকে লোকসভার সমালোচনার সম্মখীনতা করতে হয়েছিল, এমনকি কংগ্রেস সদস্যরাও তাঁর বিরুদ্ধে মুখ খুলেছিল, বলা হয়েছিল যে, নেহেরুজী পরিস্থিতিকে ঠিক মতন সামলাতে পারছেন না। প্রেসের লোকেরাও তাঁকে ক্ষমা করেননি। সংসদেও ভয়ের ছায়া পড়েছিল, দুই পক্ষের মধ্যের এই ঠান্ডা লড়াই তখন আরোও স্পষ্ট হয়ে যায়, যখন ভারতে চিনী রাষ্ট্রদূত পাউ-তসে-হী বিদেশ সচিব এস. দত্তকে ডেকেছিলেন। আমাকেও এই মিটিং-এ থেকে নিটস নিতে বলা হয়েছিল, কিন্তু তার প্রয়োজন হয়নি। রাষ্ট্রদূত পাউ এস.দত্তকে একটি মুখ বন্ধ খাম দিয়ে সেখান থেকে চলে যান। এটি ছিল একটি ডিপ্লোমেটিক অভদ্রতা, যা তিনি জেনেশুনেই করেছিলেন।

সীমান্তে যখন চীনী সৈন্যদের গতিবিধি বৃদ্ধি পেতে শুরু করেছিল তখন নেহেরু তাঁর সাংসদদেরও সন্তুষ্ট রাখতে পারছিলেন না। তাঁর কাছে এটা ছিল একেবারেই নতুন অভিজ্ঞতা কারণ তাঁর আগে কাউকেই অধিকারের পরীক্ষা দিতে হয়নি। আধিকারীকদের মধ্যেও একটা কঠিন পরিস্থিতির সৃষ্টি হয়েছিল। বেশ কয়েকজন কনিষ্ঠ আধিকারীরা নিজেদের মধ্যে আলোচনা করত যে, নেহেরুজী চাউ-এন-লাইয়ের ওপর বিশ্বাস করে ঠিক কাজ করেননি। তিনি রাজ্যসভায় যে বক্তৃতা প্রদান করেছিলেন, তা সকলকেই ব্যাকুল করে তুলেছিল। তিনি স্বীকার করেছিলেন যে, সাংসদে তিনি এই বিষয় নিয়ে আলোচনা না করে খুবই ভুল করে ফেলেছেন, আর বোকার মতন বলেছিলেন যে, আকসাই চীনে একটা ঘাস পর্যন্ত গজায় না।

কিন্তু এর চেয়ে বড় মূর্খতা কিছুই ছিল না যে, ভারত ও চীনের মতো মহান দেশ, কিছু পাহাড়ের ওপর কব্জা করার জন্য নিজেদের মধ্যে লড়াই করছিল, এই পাহাড় যত সুন্দর হোক না কেনো, এই অঞ্চল যতই সুন্দর হোক না কেনো, সেখানে মাত্র কয়েকঘর লোক বাস করত।

1962 সালের অক্টোবরে, চীন আমাদের সাথে যুদ্ধে লিপ্ত হয়েছিল, আর আমরা সম্পূর্ণ রূপে পরাজিত হয়েছিলাম। আমাদের সেনাদের কাছে সাজ-সরঞ্জামের অভাব

ছিল। জেনারল ইনচার্জ বী.জী. কল কৃষ্ণ মেননের প্রিয় লোক ছিলেন। মেনন নেহেরুকে বহু দিন আগে থেকেই বলছিলেন যে, আমাদের আসল শত্রু পাকিস-তান নয় চীন। চীনী সৈন্যদের কাছে সীমার এই পারে অনুকূল স্থান ছিল। তারা ছিল সুপ্রশিক্ষিত এবং হাতিয়ারের কোনো অভাব ছিল না। তারা আমাদের দুর্বলতা সম্পর্কেও অবগত ছিল। তারা নিজেদের লক্ষ্য পূরণ করে পিছিয়ে যায়, আর এক তরফা ভাবে যুদ্ধ বিরামের ঘোষণা করে দেয়, এর ফলে আমরা আরো বেশি ক্ষতি ও আঘাতের হাত থেকে বাঁচতে পেরেছিলাম। একটিও নন-এলাইন্ড রাষ্ট্র আমাদের সাহায্যে জন্য এগিয়ে আসেনি, প্রেসিডেন্ট ক্যানেডি সেই সময় কিউবা মিসাইল সমস্যা নিয়ে মগ্ন ছিলেন কিন্তু তিনি সাহায্য করার প্রতিশ্রুতি দিয়েছিলেন। পন্ডিত নেহেরু ক্যানেডিকে যে চিঠি লিখেছিলেন ত াসত্যিই খুব দুঃখজনক ছিল। ইউএসের রাষ্ট্রদূত বী.কে. নেহেরু নিজের স্মৃতি সঞ্চারণায় লিখেছিলেন যে, যখনই তাঁকে পন্ডিত নেহেরুর বার্তা নিয়ে ক্যানেডির কাছে যেতে হতো তখনই তিনি লজ্জা বোধ করতেন।

এই সংঘর্ষ পন্ডিত নেহেরুর শরীরের ওপরেও কুপ্রভাবের সৃষ্টি করেছিল। বিজয় লক্ষ্মী মহাশয়া আমাকে যে চিঠি পাঠিয়েছিলেন আমি তার কিছু অংশের উল্লেখ করছি এখানে। সেই চিঠিতে তিনি নিজের ভাইয়ের স্বাস্থ্য নিয়ে উদ্বেগ প্রকাশ করেছিলেন

'আমি ইউ.এসে. থেকে ফিরে আসার পর থেকেই প্রধানমন্ত্রীর অসুস্থ শরীর নিয়ে চিন্তিত। তাঁকে দেখলে এতটাই অসুস্থ বলে মনে হচ্ছে যে, আমি তাঁর দিকে তাকাতে পর্যন্ত পারছি না। পরিষ্কার বোঝা যাচ্ছিল যে, তিনি সম্পূর্ণ রূপে বিধ্বস্ত, কিন্তু তাসত্ত্বেও সমানে কাজের ঝুঁকি নিয়ে চলেছেন। ইন্দু বাড়িতে না থাকার জন্য একদম একা পড়ে গেছিলেন, যদিও ট্যুরে তাঁর সাথে একটা ডাক্তার আছে কিন্তু সে এতটাই ছোটো যে, পী.এম.-এর কাছে গিয়ে সে ভয়ে কাঁপতে থাকে। তার কাছ থেকে কোনো পরামর্শ বা সহযোগিতা পাওয়ার প্রশ্নই আসছিল না।

যেদিন, ইন্দিরা আর পী.এম. ভুবনেশ্বরের জন্য রওনা হচ্ছিল সেদিন তাঁকে দেখে আমি নিজের চোখের জল সামলাতে পারিনি। তিনি অনেক রাত করে শুয়েছিলেন, আবার সকাল পাঁচটায় উঠেছয়টা পঁয়তাল্লিশের হেলিকাপ্টারে করে ভুবনেশ্বরে রওনা দিয়েছিলেন, সেখানে কিছু কাজের জন্যই গেছিলেন আর এ.আই.সী.সী.-র সাথে মিটিংও ছিল। পরের দিন সকালে তিনি উঠতেই পারছিলেন না। ডাক্তারের মতে একটা 'এট্যাক' হয়ে গেছিল, তিনি কিছুক্ষণ নিজের বাম পা ও হাত নাড়তে পাচ্ছিলেন না। কিন্তু রাত পর্যন্ত নিজের থেকেই ঠিক হয়ে গেছিল। তাঁর রক্তচাপ ছিল খুব বেশি, যেকারণে তাঁকে বিছানায় শুয়ে পড়তে হয়েছিল...

আমি চারদিনের জন্য দিল্লীতে গেছিলাম, এটা জেনে ভালো লেগেছিল যে, বেশি লোক তাঁর সাথে দেখা করতে যাওয়ার কোনো অনুমতি ছিল না, দিনে কেবল দুজন লোক, দুই মিনিট করে তাঁর সাথে দেখা করতে পারত...

তখন সমস্যা এটাই হয়েছিল যে, ভাইকে কিভাবে আটকানো যাবে। তুমি তো জানোই

উনি নিজের দায়িত্ব সম্পর্কে কতটা সচেতন, আর তিনি অন্যের দোষও নিজের ঘাড়ে নিয়ে নেন - তাঁকে আটকানো খুবই জরুরি হয়ে উঠেছিল। তাঁকে বহুদিন থাকতে হবে, এই বিষয়টা তাঁর বোঝা খুবই জরুরি ছিল...

ভারতীয় ডাক্তাররা কড়া স্বভাবের নয় এবং কখন কখন কোন বড় মাপের মানুষকে বিব্রত করতে একটু ভয় পায়। ইন্দিরা সবদিকে দৌড়াচ্ছে আর সে তাঁর কাছে হার স্বীকার করেছে। এই অমূল্য জীবনের রক্ষা কে করবে, আমি তা বুঝতে পারছি না। তুমি তো জানোই আমি অবাঞ্ছিত ব্যক্তিদের মধ্যে পড়ি, তাই প্রার্থনা করা ছাড়া আমার আর কিছু করার নেই।'

যাই হোক না কেন, নেহেরুর মতো একজন পাকা দেশভক্ত খুঁজলেও বোধ হয় পাওয়া যাবে না, তাঁর শেষ উইলির কিছু অংশ বিশেষ আমার এই বক্তব্যের সাক্ষ বহন করছে

আমার মৃত্যুর পর, আমি চাই আমার দেহ পোড়ানো হোক। যদি আমি বিদেশে মারা যাই তাহলে ওখানেই আমাকে পুড়িয়ে আমার ছাইভস্ম যেন এলাহাবাদে পাঠিয়ে দেওয়া হয়। এরথেকে এক মুঠো ভস্ম যেন গঙ্গায় বাহিত করা হয় আর বাকি ভাগ যেন নিম্ন লিখিত উপায়ে সমাপ্ত করে দেওয়া হয়। আমার এক ফোঁটা ছাইও যেন সংরক্ষিত করে রাখা না হয়।

এলাহাবাদের গঙ্গায় নিজের একমুঠো ছাই বিসর্জন করার পিছনে আমার কোনো ধর্মিয় উদ্দেশ্য নেই। আমি এই ব্যাপারে কোনো রকম ধার্মিক চিন্তাধারা নেই। ছোটো বেলা থেকেই আমার গঙ্গা ও যমুনার প্রতি আকর্ষণ ছিল, বড় হওয়ার সাথে সাথে সেই আকর্ষণ কয়েকগুণ বৃদ্ধি পেয়েছে। ঋতু পরিবর্তনের সাথে সাথে তার মেজাজের পরিবর্তন দেখেছি আমি, আর তার সাথে সম্পর্কিত ইতিহাস, মিথ, ঐতিহ্য, গান ও কথা নিয়ে বিচার করেছি, যা যুগ যুগ ধরে প্রবাহিত নদীর অংশ হয়ে উঠেছে। গঙ্গা ভারতের নদী, আমাদের লোকেদের কাছে খুবই প্রিয়, যার সাথে আমাদের জাতীয় স্মৃতি, আসা, ভয়, বিজয় গীত, জয়, পরাজয় সব মিলেমিশে এক হয়ে গেছে। তা ভারতের প্রাচীন সভ্যতা ও সংস্কৃতির বাহক, সর্বদা প্রবাহমান এই নদী কখন বদলাবে না, কখন বদলাবে না এই গঙ্গা...এই মহান ঐতিহ্যের জন্য গর্ব বোধ করি, যা আমাদের, আর আমি অতি সজাগ ভাবেই বলছি যে, আমি এই বিরাট শৃঙ্খলের একটা অংশ, তা ভারতের অবিস্মরণীয় অতীতের থেকে ইতিহাসের অন্তিম কাল পর্যন্ত যাবে। আমি এই শৃঙ্খলাকে ভাঙতে চাই না, কারণ তা আমার কাছে অমূল্য, আর তাই আমার প্রেরণার উৎস। আর আমার এই শেষ ইচ্ছার সাক্ষী রূপে, আমি সেই মহান সাগরের প্রতি আমার অন্তিম শ্রদ্ধাঞ্জলি প্রকট করছি, যা ভারতের চরণে অবস্থিত।

আমার ছাউভস্মের বেশির ভাগ অংশ, আলাদা ভাবে সমাপ্ত করতে হবে। আমি চাই যে একটা প্লেনে করে আমার ছাইভস্ম নিয়ে উঁচুতে গিয়ে সেই ক্ষেতে ছরিয়ে দেওয়া হোক যেখানে কৃষকেরা নিজেদের রক্ত জল করে ফসল ফলায়। এই ভাবে আমার ছাইভস্ম ভারতের মাটিতে মিশে গিয়ে, ভারতের অবিভাজ্য অঙ্গ হয়ে উঠবে।

সবচেয়ে প্রভাবি মুদ্রা সেটাই যেখানে লোক দেখানো ব্যাপারটা আসেনা, কোনো রকম পেন্ট ও পাউডার ছাড়া তিনি একজন নায়ক হিসাবে অভিনয় করতে শেখেন। তাঁর এই রূপের পিছনে কি ছিল?...শক্তির কি হবে? ...যে শক্তি তাঁর ভেতরে তা দিয়ে ভারতের লোকেদের অনেক ভালো হোতে পারত বা অনেক মন্দ...জওহরলাল নেহেরুর মতো লোক, যাদের ভালো ও মহান কার্য করার মতো সম্পূর্ণ ক্ষমতা আছে, প্রজাতন্ত্রে তারা অসুরক্ষিত।

বন্ধু ও কমরেড

আমাদেরে জীবন থেকে আলো নির্বাপিত হয়েছে, চারদিকে শুধু অন্ধকার আর অন্ধকার। এই ব্যাপারে আমি কি বলব আর কিভাবে বলব তা জানিনা। আমাদের প্রিয় নেতা, যাঁকে আমরা স্নেহ বশত বাপু বলে ডাকতাম, আমাদের সেই রাষ্ট্রপিতা আজ আর নেই। বোধ হয় আমি এটা ঠিক বলছি না। যাই হোক, আমরা আর তাঁকে আগের মতো দেখতে পাব না, যে রূপে গত কয়েক বছর ধরে দেখি আসছি। আর কোনো পরামর্শ বা মনের শান্তির জন্য তাঁর কাছে যেতে পারব না, আর এটা শুধু আমার কাছেই নয় সারা দেশের লক্ষাধিক জনগণের কাছে চরম দুঃখের বিষয়। আমি কাউর পরামর্শেই এই চরম আঘাতের হাত থেকে নিজেকে হাল্কা করতে পারব না...

আমরা যেহেতু প্রার্থনা করছি, তাই আমাদের আজ সবচেয়ে বড় প্রার্থনা হল, আমরা নিজেদের সত্যের প্রতি, লক্ষ্যের প্রতি সমর্পন করার সংকল্প নিচ্ছি, যার জন্য আমাদের দেশের এই মহান মানুষটি বেঁচেছেন ও মারা গেছেন। আমি তাঁর জন্য বা তাঁর স্মৃতির উদ্দেশ্যে এই প্রার্থনাই করতে পারি। এটাই সবচেয়ে ভালো প্রার্থনা, যা ভারত ও আমাদের জন্য করা যেতে পারে।

- গান্ধীজীর মৃত্যুর সময় জওজরলাল নেহেরুর উক্তি, 30 শে জানয়ারী, 1948।

- **মর্ডান রিভিউ, 1936, জওহর লাল নেহেরু লিখেছিলেন চাণক্যের ছদ্ম নাম নিয়ে।**

অধ্যায় - ৮

এক রাজকুমারীর সাথে আমার বিবাহ

আমার জীবনের সবচেয়ে গুরুত্বপূর্ণ বছর গুলির মধ্যে অন্যতম হল, 1967 সাল। এই বছরেই আমার বিবাহ হয়েছিল। আমার একটা দীর্ঘ অবিবাহিত জীবনের সাফাই দেওয়ার জন্য আমি ফোরস্টর কিছু কথা আপনাদের সামনে তুলে ধরছি 'যত লোক বিয়ে করেছে, তারা খুব ভালো ভাবে জীবন যাপন করছে। যত লোক বিবাহ করেনি, তারা আরোও ভালো জীবন যাপন করছে।' যদিও এই উক্তিকে পুরোপুরি ঠিক বলা যায় না। বিয়ের ব্যাপারে আমার দৃষ্টি যে সম্পূর্ণ নেতিবাচক ছিল তা নয় আর আমি বীটরাইসের কথার সাথে কোন দিনই একমত হোতে পারিনি, তিনি মনে করতেন যে বিবাহ মানে আবেগ চলে যায় ডাস্টবিনে। আমি মনে করতাম যে, বিয়ের ব্যাপারটা স্বর্গ থেকেই তৈরি হয়ে আসে, এই বক্তব্যকে মূর্খামি বলা যায়। বিবাহিত লোক স্বর্গে থাকে না। আমার মতে বিবাহ মানে ছিল মৃগমরীচিকা, কিন্তু সেই মতও ভুল প্রমাণীত হয়েছে।

বিদেশ সেবায় নিযুক্ত থাকার জন্য, আমি সারা দুনিয়া ঘোরার অন্তহীন সুযোগ লাভ করেছিলাম। প্রলোভন ছিল প্রচুর আর সুযোগ ছিল তার চেয়েও বেশি। আমার জীবনেও কিছু প্রেম প্রসঙ্গ এসেছিল কিন্তু তা ছিল খুবই ক্ষণস্থায়ী।

আমি আমার ভাবী স্ত্রী হেমকে প্রথম একটা ডিনার পার্টীতে দেখেছিলাম, তিনি হলেন পাটিয়ালা মহারাজার কন্যা হেম। এই পার্টীর আয়োজন করেছিলেন বিদেশ মন্ত্রালয়ের এক মন্ত্রী তথা ইন্দিরা গান্ধীর নিকটতম পরামর্শদাতা দিনেশ সিংহ। তিনি একটু অহংকারি মানুষ ছিলেন, কিন্তু আমি তাঁকে কৃতজ্ঞতা না জানিয়ে পারছি না, কারণ আমার ভাবী জীবনের কল্যান ও আনন্দের পিছনে তাঁর অনবদ্য যোগদান ছিল।

আমরা প্রত্যেকেই সৌন্দর্যের ব্যাপারে বিভিন্ন মত পোষণ করে থাকি। আমি নিজের বিচার তো ব্যক্ত করতে পারব না কিন্তু চিনতে অবশ্যই পারি। তিনি অসাধারণ একটা পোশাক পরেছিলেন আর ভীষণ সুন্দর লাগছিলেন। তাঁর স্টাইল ও আত্মবিশ্বাস ছিল দেখার মতো। এই দীপ্যমান মহিলা যেকোনো মানুষকে নিজের দিকে আকর্ষণ করতে পারত। হেম কোনো কথা বলছিলেন না, কিন্তু গতিশীল ছিলেন।

দিনেশ সিংহের সালা তথা প্রোটোকল চীফ সরদুল বিক্রম শাহ আমার সাথে তাঁর

একটা আনুষ্ঠানিক পরিচয় করিয়ে দিয়েছিলেন। তিনি খুবই উদাসীনতার সাথে রাজকীয় মাথা নাড়িয়েছিলেন। তখনই তাঁর সামনে অন্য কেউ এসেছিল আর আমাকে এগিয়ে যেতে হয়েছিল। যদিও আমার মন তাঁর কাছেই পড়েছিল, আর আমার চোখ তিনি যেখানে যাচ্ছিলেন সেখানেই আটকে যাচ্ছিল। ডিনার সমাপ্ত হওয়ার পর, আমি তাঁকে জিজ্ঞাসা করি যে, আমি তাঁকে ফোন করতে পারি কি? আমি অনেক চিন্তা-ভাবনা করে এই বিপদের ঝুঁকি নিয়েছিলাম। তিনি হ্যাঁ বা না কিছুই বলেন না। একেই বলে উচ্চমানের সংযম। আমরা কেউ কাউকে চিনতাম না, তাঁর আর আমার দুনিয়ার মধ্যে আকাশ-পাতালের পার্থক্য ছিল। আমি কি কোনো ধৃষ্টতা করে ফেলেছিলাম? আমি কি নিজের সীমা লঙ্ঘন করেছিলাম?

আমি হেমকে ভালোবেসে ফেলেছিলাম। আমাদের গুপ্ত প্রেম প্রসঙ্গ প্রায় চোদ্দ মাস ধরে চলেছিল। তিনিও বই পড়তে খুব ভালোবাসেন, তা জানতে পেরে আমার একটা সুখকর আশ্চর্যের অনুভূতি হয়েছিল। তিনি কখনই নিজের রাজকীয় ব্যক্তিত্বের আড়ম্বর করতেন না। এটাই ছিল তাঁর সবচেয়ে বড় বৈশিষ্ট।

1967 সালের 1 লা জুন, ছিল তাঁর জন্মদিন, এই দিন আমি কনাটসর্কাসে রিঘল সিনেমার নিকট অবস্থিত গেলার্ড নামক রেস্টুরেন্টে তাঁকে লাঞ্চ করার জন্য আমন্ত্রণ জানিয়েছিলাম। ততদিনে আমরা দুজন দুজনকে খুব ভালো করে চিনে নিয়েছিলাম। আমার মনে হচ্ছিল, বহু দিন ধরে এইভাবে লুকিয়ে লুকিয়ে দেখা করে চলেছি, অনেক চিন্তা ভাবনা করে, আমি তাঁর সামনে বিবাহের প্রস্তাব দেওয়ার সিদ্ধান্ত নিয়েছিলাম।

আমরা ফর্স্ট কোর্স সমাপ্ত করে ফেলেছিলাম, আমি আর প্রতিক্ষা করতে পারছিলাম না। আমি তাঁকে বলি যে, আমার কাছে তাঁর জন্মদিনের জন্য একটা উপহার আছে। তিনি বলেন, 'ধন্যবাদ, কিন্তু কি?'

'কোনো উপহার নয়, তোমার উপহার হলাম আমি, আমি তোমার সামনে বিয়ের প্রস্তাব দিচ্ছি।' তিনি আমার দিকে এমন করে তাকিয়ে ছিলেন যে, দেখে মনে হচ্ছিল, তিনি কিছুই বুঝতে পারেননি। আসলে কেউ এইভাবে বিয়ের প্রস্তাব দেয় বলে মনে হয় না। তিনি কিছুক্ষণ চুপ করে বসেছিলেন। তিনি যদি 'না' করে দিতেন তাহলে আমার দুনিয়া বোধ হয় ওখানেই টুকরো টুকরো হয়ে যেত আর 'হ্যাঁ' করে দিলে মনে হচ্ছিল আনন্দে আকাশেই পৌঁছে যাব। তিনি কোনো কথা বলেননি, শুধু বলেছিলেন, 'আমাকে এই ব্যাপারে ভেবে দেখতে হবে।'

তা ছিল আশা ও নিরাশার এক অদ্ভুত মেল বন্ধন। তিনি একবারে আমার মত স্বীকার করে নেবেন, তা ভেবে সত্যিই মূর্খামি করেছিলাম। তিনি যে পরিবেশের মধ্যে বড় হয়েছিলেন, তাতে করে একবারে রাজি হবেন এমন আশা করাটা মোটেই উচিত হয়নি।

তিনি তিন সপ্তাহ ধরে আমার ভয়ঙ্কর পরীক্ষা নিয়েছিলেন, শেষ পর্যন্ত 21 শে জুন আমার প্রস্তাবে রাজি হন। তিনি যেদিন আমার প্রস্তাব মেনে নিয়েছিলেন, সেই দিনটা

ছিল আমার জীবনের সবচেয়ে স্মরণীয় দিন।

কিন্তু তাঁর পরিবার সম্মতি জানায়নি। তাঁদের জন্য ইন্দিরা গান্ধীর মন্ত্রালয়ের এক আইএফএস কর্মী তাঁদের মেয়ের জন্য যথেষ্ট ছিল না, কিন্তু হেম নিজের সিদ্ধান্তে অটল ছিলেন। বিয়ের তারিখ ঠিক করা হয়েছিল।

বিয়ের একমাস আগে আমার হাম হয়, যার জন্য বিয়ের তারিখ বদলে দেওয়া হয়েছিল। এর জন্য আমাকে নিয়ে বহু উপহাস করা হয়েছিল, আর মন্ত্রীগণ তা নিয়ে খুব মজা করতেন।

আমি ইন্দিরা গান্ধীর সাথে কথা বলে রেখেছিলাম, উনি আমার সিবিল বিবাহের সাক্ষী হয়েছিলেন, আমার ভাবী শ্বাশুরি তাঁর দুই রাজনৈতিক বন্ধু - হিমাচল প্রদেশের মুখ্যমন্ত্রী পরমা তথা লোকসভা এমপী নাথ পঙ্গীয়ের সাথে কথা বলে রেখেছিলেন, কারণ আমার তরফ থেকে তিনটি সাক্ষির প্রয়োজন ছিল।

1967 সালের 21 শে আগস্ট, পাটিয়ালা হাউসে আমাদের বিবাহের অনুষ্ঠান সম্পন্ন হয়েছিল। এই কার্য সুসম্পন্ন করেছিলেন বিচারপতি আর.কে. আনন্দ। একদিন পরে আমার শ্বশুর মহারাজা যাদবেন্দ্র সিংহ ও আমার শাশুড়ি মহারাণী মোহিন্দ্র কৌর, আশোক হোটেলে একটি রিসেপ্শানের আয়োজন করেছিলেন। তা ছিল সত্যিই দেখার মতো অনুষ্ঠান। দিল্লীর বহু বিখ্যাত ব্যক্তি সহ ইন্দিরা গান্ধী এবং আমাদের মন্ত্রী মন্ডলের বহু নেতা এই অনুষ্ঠানে উপস্থিত ছিলেন। এই বছরের কয়েকটি উল্লেখ যোগ্য বিবাহের মধ্যে আমাদের বিবাহ ছিল অন্যতম ।

বিবাহের পরেও আমি নিজের জীবন যাত্রা খুবই উৎসাহ ও প্রসন্নতার সাথে কাটিয়েছিলাম। হেমও তাই করেছিলেন। আমরা লোদী গার্ডেনের বিপরীত দিকের একটা ছোট্ট বাড়িতে থাকতাম। হেম ছোটর থেকে রাজপ্রাসাদের মধ্যে বড় হয়েছিলেন, কিন্তু সেখান থেকে একটা ছোট্ট বাড়িতে এসেও তিনি মানিয়ে নিয়েছিলেন, কখন কোনো সমস্যা দেখাননি। হেম আর আমি বুঝতে পেরেছিলাম যে, আমরা দুজনেই ছিলাম দৃঢ় প্রতিজ্ঞ আর আমাদের দুজনের মধ্যেই সামান্য দম্ভ ছিল। যখন দুজন লোক একে অপরের এত কাছে থাকে তখন কাউর কাউর মনে জ্বলনের সৃষ্টি হয়। অনেক সময় এমন হয় যাতে করে ঝগড়া নিজেদের সম্পর্কের ভারসাম্য নষ্ট করে দেয়। সম্পর্কের ভারসাম্যতাকে কখনই উপেক্ষা করা উচিত না কিন্তু করা হয়েছিল, তা অনেক সময়তেই বহু পীড়া দিয়েছে।

অধ্যায় - ৯

ইন্দিরা গান্ধীর সাথে কার্য

ইন্দিরা গান্ধী ছিলেন একজন মহান নেতা, তাঁকে গম্ভীর ও কঠোর নিয়মানুবর্তি বললেই যথেষ্ট বলা হবে না, তিনি ছিলেন গরিমাময়ী, দীপ্যমান, প্রকৃত মানবতা বাদী, আকর্ষণীয়, ভদ্র এবং সুরুচী সম্পন্ন, তিনি সকলকেই খুব কাছের করে নিতে পারতেন। শিল্পী, লেখক, কবি, অঙ্কন শিল্পী ও সঙ্গীত বিশেষজ্ঞদের তিনি খুবই পছন্দ করতেন। তিনি গম্ভীর ছিলেন মানে এই নয় যে, তিনি হাঁসতে জানতেন না, তিনি খুবই হাস্যপ্রিয় মানুষ ছিলেন। তাঁর মধ্যে সেই সমস্ত ছিল, যা ব্যক্ত করার জন্য আমাকে ফ্রান্সের একটা উদ্ধৃতি তুলে ধরতে হবে - 'জে নী সাঈস কোঈ' অর্থাৎ এক নিশ্চিত স্টাইল।

প্রধানমন্ত্রী হওয়ার আগে তিনি নিজের আশেপাশের কিছু মানুষের সাহায্যে একটা দল গঠন করে ফেলেছিলেন (দিনেশ সিংহ, রমেশ থাপর, রজনী পাটেল তথা আঈ.কে.গুজরাল), এই দলটিকে উপহাস করে বলা হতো 'কিচেন ক্যাবিনেট'। তিনি প্রধানমন্ত্রীর আসনে বসার পর এই দল আরোও গুরুত্বপূর্ণ হয়ে উঠেছিল। 1966 – 1969 সালকে ইন্দিরা গান্ধীর কার্যকাল বলা হলেও সেই সময় তিনি সত্তায় ছিলেন না। বাস্তবিক শক্তি ছিল সিন্ডীকেটের হাতে - এস. নিজলিঙ্গপ্পা, অতুল ঘোষ, কে. কামরাজ, মোরার জী দেসাই, এস. কে. পাটিল।

শ্রীমতি গান্ধী প্রধানমন্ত্রীর আসনে বসার পর সবার আগে ওয়াশিংটন ও নিউইয়ার্কে গেছিলেন, সেই সময় আমি ছিলাম নিউ ইয়ার্কে, কিন্তু আমাকে দিল্লীতে ফিরে আসার আদেশ দেওয়া হয়েছিল। এয়ার ইন্ডিয়ায় বনধ্ চলছিল, তাই আমি তাঁকে বলেছিলাম যে, আমি কি তাঁর সাথে দেশে ফিরতে পারি? আমি দেশে ফিরে আসার পর, ঠিক হয়েছিল যে, আমাকে বিদেশ মন্ত্রালয়ের ইউএন বিভাগে নিযুক্ত করা হবে। 1966 সালের 19 শে মে আমাকে বলা হয়েছিল যে, আমাকে প্রধানমন্ত্রীর সচিবালয়ে স্থানান্তরিত করে দেওয়া হয়েছে। এই নিযুক্তির কথা শুনে আমি অবাক হয়ে গেছিলাম, আর আজও পর্যন্ত আমি জানতে পারিনি যে, এই সব কিভাবে সম্ভব হয়েছিল। বিদেশ মন্ত্রালয়ও সমস্যার মধ্যে ছিল। লোকেরা আপত্তিও তুলেছিল, 'নটবরই কেন? ও তো একজন ডিপটু সেক্রেটারী মাত্র।' আমার জন্য একটা নতুন পদ তৈরি করা হয়েছিল, আর আমি এটা পর্যন্ত জানতাম না যে আমাকে কি কাজ করতে হবে।

প্রধানমন্ত্রীর সচিবালয় হল দেশের সবথেকে শক্তিশালী প্রতিষ্ঠান। বর্তমানের পী.এম.-দের তুলনায় এই দল অনেক ছোট ছিল - প্রধানমন্ত্রীর মুখ্য সচিব দলের মধ্যে ছিলেন - মুখ্য সচিব এল.কে. ঝা, সংযুক্ত সচিব সুশীত ব্যানার্জী, সূচনা পরামর্শদাতা জর্জ ওয়ার্গীজ, শারদা প্রসাদ এবং আমি। তাঁর সচিবালয় অন্যান্য প্রধানমন্ত্রীদের মতো গতানুগতিক ভাবে চলত না। শুধুমাত্র খুবই গুরুত্বপূর্ণ বিষয় প্রধানমন্ত্রীর সামনে উপস্থিত করা হতো। আমরা তাঁর সাথে সরাসরি যোগাযোগ করতে পারতাম। এর ফলে কাজ খুব দ্রুত গতিতে হতো, তিনি আধিকারীদের হাতে এমন ক্ষমতা দিয়েছিলেন, তা তখনও পর্যন্ত কোনো প্রধানমন্ত্রীই দেননি।

প্রধামন্ত্রী সেই নিয়ম ও কানুন গুলি জানতেন না, যার অধীনে তাঁকে কাজ করতে হতো। তাঁকে সর্বদা পরামর্শদানের প্রয়োজন হতো। মন্ত্রীদের বৈঠক তিনি নিজেকে অসহজ বোধ করতেন এবং সাংসদে তিনি ব্যাকুলতা অনুভব করতেন। মন্ত্রীমন্ডলের মন্ত্রীগণও একজন মহিলার সাথে কাজ করতে অভ্যস্ত ছিলনা, যাঁর ফলে তাঁর উপস্থিতি তাদেরকেই অসহজ করে তুলত। 1966 সালের 6 ই জুন তিনি নিজের প্রথম ও প্রধান নির্ণয় নিয়েছিলেন, যাতে ভারতের টাকার অবমূল্যয়ন করা হয়েছিল, এই নিয়ে অনেক উপহাস করা হয়েছিল। কংগ্রেস প্রেসিডেন্ট কে. কামরাজ এটিকে ছলনা বলে মনে করেছিলেন এবং শ্রীমতি গান্ধীও অতি শীঘ্র বুঝতে পেরেছিলেন যে, তাঁর পরামর্শ দাতারা তাঁকে ভুল পরামর্শ দিয়েছে। তিনি নিজের ভুলের থেকে শিক্ষা নিতে জানতেন, এবং তিনি এতটাই মহান ছিলেন যে, বিপদের ঝুঁকি নিতেও পিছপা হোতেন না। এই ঘটনার পর তিনি নিজের গণ্ডীর বাইরের লোককে আর কখন ভরসা করেননি।

যখনই বিদেশ থেকে কেউ তাঁর সাথে দেখা করতে আসতেন, তখনই সেখানে উপস্থিত থাকাটা আমার কার্য তালিকের অন্যতম অংশ হয়ে উঠেছিল। আমি তাঁর সাথে বেশির ভাগে কাজেই অংশ নিতাম। আমার কাছে, এটা ছিল উচ্চতরের ডিপ্লোমেসীর শিক্ষা। প্রধানমন্ত্রী ছিলেন একজন ভালো শ্রোতা, আর যখনই তিনি কাউর সাথে কথা বলতেন, তখনই তাঁর আত্মবিশ্বাস আরো বৃদ্ধি পেত। অর্থশাস্ত্রে তাঁর খুব একটা আগ্রহ ছিল না। শিলান্যাস করার ব্যাপারে বা কোনো বিবাহের অনুষ্ঠানে যাওয়ার ব্যাপারে তিনি খুবই অনিহা বোধ করতেন।

ইন্দিরা গান্ধী প্রধানমন্ত্রীরপদ সামলানোর কয়েক দিন বাদেই, 1966 সালের মে মাসে মাও তেস তুঙ্গ চীনে সাংঘাতিক বিপ্লব শুরু করে দিয়েছিলেন। মাওয়ের মনে হচ্ছিল যে, তাঁতে তাঁর কিছু বরিষ্ঠ কমান্ডার, বিশেষ করে লিও শাওকী, পেঙ্গ চেন এবং পেঙ্গ দেহুঈ একা ছেড়ে দিয়েছেন। এই বিল্পব প্রায় দশ বছর ধরে চলেছিল, আর চীন উত্তর থেকে দক্ষিণে এবং পূর্ব থেকে পশ্চিমে ক্ষত বিক্ষত হয়ে গেছিল। যে লাল সিপাহীরা মাও ছাড়া আর কাউর কথা শুনত না, তারা নিজের ইচ্ছা মতন চলতে শুরু করেছিল। কমিউনিস্ট পার্টীর কিছু বরিষ্ঠ সদস্যের ওপর এমন নির্মম হামলা হয়েছিল যে, কিছু লোকেরা তা সহ্য

করতে না পেরে আত্মহত্যা করে নিয়েছিল; ঘর-বাড়ি ভেঙে চুরে শেষ করে দেওয়া হয়, প্রাচীন স্মারক লিপি ধ্বংস করে দেওয়া হয়েছিল, আর বিশ্ববিদ্যালয় বন্ধ করে দেওয়া হয়েছিল। ব্রিটিশ এম্বাসী জ্বালিয়ে দেওয়া হয়েছিল এবং ছাত্ররা ভারতীয় দূতাবাসের সমস্ত কাঁচ ভেঙে দিয়েছিল।

আমাদের দূতাবাসের দুজন কম বয়সী আধিকারী পীকিং দূতাবাসে ছিল, তারা সেই সময় পশ্চিম পাহাড়ের দিকে পিকনিক করতে গেছিল। তাঁরা ছবি তুলেছিল বলে তাদের আটক করে নেওয়া হয়েছিল ও তাদের সাথে খুবই দুর্ব্যবহার করা হয়েছিল। তাদের ওপর যে শুধু অত্যাচার করা হয়েছিল তাই নয়, তাদের মৃত্যুদণ্ড পর্যন্ত শোনানো হয়েছিল। নিঃসন্দেহে এই বিদ্রোহ এমন মনোবৈজ্ঞানিক যুদ্ধের অংশ ছিল যে, যা মাও এবং তাঁর লাল সৈন্যরা সকলের উৎসাহ কেড়ে নেওয়ার জন্যই করেছিল। বহু চাপ ও বিরোধীতা জানানোর পরেই চীন সরকার তাদের ছাড়তে বাধ্য হয়েছিল, কিন্তু তাদের ছাড়ার আগেও দুই লক্ষ লোকের সামনে তাদের ঠেলে দেওয়া হয়েছিল। তাদের ধাক্কা দেওয়া হয়, লোকেরা তাদের ধরে মারে, তাদের ওপর থুতু পর্যন্ত দেওয়া হয়েছিল। এমন ব্যবহার কোনো ডিপ্লোমেটিক ব্যবহারের মধ্যেই পড়ে না।

ব্রিওনিতে জওহরলাল নেহেরু, জোসিপ ব্রোজ টীটো এবং গমল আব্দুল নাসিরের মধ্যে যে মিটিং হয়েছিল, 1966 সালের অক্টোবর মাসে তার দশম বছর সম্পূর্ণ হয়েছিল। টৌটী ও নাসির এই সময়ে দিল্লীতে এসেছিলেন, কনফারেন্স রাষ্ট্রপতি ভবনে শুরু হয়েছিল। সেখানে ইন্দিরা গান্ধি নিজের ভাষণ দিয়ে অনুষ্ঠানের সূচনা করেছিলেন, সেই সময় হঠাৎই মাইক্রোফোন কাজ করা বন্ধ করে দিয়েছিল, আমি ভয় পেয়ে যাই, কিন্তু অতি সহজেই সংশোধনের উপায় পাওয়া গেছিল।

1967 সালে প্রেসিডেন্ট এস. রাধাকৃষ্ণণের পাঁচ বছরের কার্যকাল সমাপ্ত হোতে চলেছিল। তিনি প্রধানমন্ত্রীর কার্য শৈলী নিয়ে সর্ব সম্মখে সমালোচনা করতেন। 1967 সালের 25 শে জানয়ারি, গণতন্ত্র দিবসের আগের দিন সন্ধ্যায় তিনি রাষ্ট্রের উদ্দেশ্যে বার্তা প্রেরণ করেছিলেন, 'সমস্ত অসুবিধার জন্য ছাড় দেওয়া হলেও, আমরা ব্যাপক অক্ষমতা এবং আমাদের ব্যবস্থাপনাকে খারাপ করে দেওয়ার ব্যাপারটা সহ্য করতে পাচ্ছি না।' ইন্দিরা গান্ধী এই কথা শুনে খুবই অসন্তুষ্ট হন ও রেগে গেছিলেন, আর ঠিক করেছিলেন যে, রাধাকৃষ্ণণকে তিনি দ্বিতীয় কার্যকাল সমর্পণ করবেন না। এই শক্তিশালী, দম্ভপূর্ণ রাজনীতিবিদের ওপর তীর নিক্ষেপ করার জন্য বিদ্বান দার্শনিককে মূল্য দিতে হয়েছিল। যখন তিনি এই কথা বলেছিলেন তখন আমি ইন্দিরা গান্ধীর পাশেই বসেছিলাম, 'আমি ওনাকে দ্বিতীয় কার্যকাল কখনই দেব না।'

পরবর্তী রাষ্ট্রপতি হয়েছিলেন ড. জাকির হুসেন। তিনি ছিলেন অদ্ভুত বিশেষত্বের মালিক এবং বিখ্যার একজন শিক্ষাবিদ, তিনি স্বাধীনতার আগে মহাত্মা গান্ধীর সাথে কাজ করতেন। তাঁর চরিত্রের মধ্যে ছিল উৎকৃষ্টতা ও অসাধারণ বিনয় ভাব, যার জন্য তিনি খুবই পরিচিত হয়ে উঠেছিলেন।

1967 সালের শুরুতেই লোকসভা নির্বাচন ছিল। 15 থেকে 21 শের মধ্যে ভোটগ্রহণ পর্ব শেষ হয়েছিল। সেই সময়কার ঘটনা আজও আমার স্মৃতিতে জ্বলজ্বল হয়ে রয়েছে। 1967 সালের 8 ই ফেব্রুয়ারী, প্রধানমন্ত্রী ভুবনেশ্বরে একটি নির্বাচন র‍্যালীতে অংশ নিয়েছিলেন, শতাধিক লোক তাঁকে একের পর এক প্রশ্ন করছিল, তারপরেই তাঁকে ঢিল ছুঁড়ে মারা হয়। একটা পাথর তাঁর নাকে লেগেছিল। তাঁর নাক দিয়ে রক্ত গড়াচ্ছিল কিন্তু তিনি নিজের ভাষণ চালিয়ে যাচ্ছিলেন। পরে চিকিৎসা করার সময় জানা গেছিল যে, তাঁর নাকের হাড়ে সামান্য চিড় ধরেছে - তাঁর ওপরের ঠোঁটেও আঘাত লেগেছিল। সঙ্গে কোনো ডাক্তার ছিল না, এই কথা জেনে আমার হাত-পা অবস হয়ে গেছিল, সেখানে যারা উপস্থিত ছিল তাদের কাউরই ব্লাডগ্রুপ সম্পর্কে জানা ছিল না।

26 শে ফেব্রুয়ারী নির্বাচনের ফল ঘোষণা করা হয়েছিল, আর কংগ্রেস নামমাত্র জনমত পেয়ে একটুর জন্য বেঁচে গেছিল। সী. গোপালাচারীর নেতৃত্বে তৈরি স্বতন্ত্র পার্টির পরিণাম খুব ভালো পাওয়া গেছিল, যাতে প্রাক্তন রাজকুমার সহ কর্পোরেট জগতের বহু লোক অন্তর্ভূক্ত ছিল। কংগ্রেস বিহার, ইউ.পি, পাঞ্জাব, রাজস্থান ও পশ্চিমবঙ্গের রাজ্যসভায় সরকার গঠনে অসমর্থ হয়। অনেক কংগ্রেস নেতা পরাজিত হয়েছিলেন, যাঁদের মধ্যে উল্লেখ যোগ্য হলেন - সী. সুব্রমণ্যম, সচিন চৌধুরি ও এস.কে.পাটিল প্রমুখ। যখন মন্ত্রালয় গঠনের কাজ চলছিল, তখন কে. কামরাজ চাইছিলেন যে, প্রধানমন্ত্রী মোরার জী দেসাইকে নিজের গৃহ এবং উপ প্রধানমন্ত্রী রূপে অন্তর্ভূক্ত করুর। প্রধানমন্ত্রীর মুখ্য সচিব এল. কে. ঝা কয়েক বছর ধরে মোরার জী দেসাইয়ের অধীনে কাজ করেছিলেন, তিনিও নিজের সহযোগিতা জানিয়েছিলেন। সব মিলিয়ে আমলারা মোরারজীর সাথেই ছিলেন। একটু সংকোচ থাকা সত্ত্বেও প্রধানমন্ত্রী মোরারজীকে অর্থ মন্ত্রী ও উপ প্রধানমন্ত্রী রূপে মেলে নিলেও এই অর্থ এই ছিল না যে, তিনি মন্ত্রীমণ্ডলের দ্বিতীয় স্থানে এসে গেছিলেন। মোরার জী দেসাই প্রধানমন্ত্রীকে আশ্বাসন দিয়েছিলেন যে, তিনি তাঁকে সর্বথ ভাবে সাহায্য করবেন।

বী. জী. বর্গীজ নিজের আত্মজীবনীর ফার্স্ট ড্রাফ্‌টে লিখেছিলেন,

1967 সালের নির্বাচন ছিল একটা ঐতিহাসিক ঘটনা। কংগ্রেসের দলীয় প্রভুরা চ্যালেঞ্জের মুখে পড়ে গেছিল, বিশেষকরে রাজ্যের ক্ষেত্রে এমন

স্থিতিই দেখা গেছিল। সংঘবাদ নতুন অর্থ লাভ করেছিল কারণ এখন কেন্দ্র ও রাজ্যের সমস্যা ও বিবাদ, কংগ্রেস ওয়ার্কিং কমেটি বা এআইসীসীর অধীনে, পরিবারের মধ্যেই নিষ্পত্তি করা যাচ্ছিল না। লোকেদের মধ্যে বেশ কিছু নতুন রাজনৈতিক শব্দাবলী তথা নিয়ম সামনে আসছিল। ঘেরাও, বন্ধ, জিরো ওভার, বিদ্রোহ, আয়া রাম গেয়া রাম, ফ্লোর টেস্ট, রাষ্ট্রপতি ভবন ও রাজভবন প্যারেড, শাইটিং ব্রিগেড, বুথ কব্জা করা প্রভৃতি শব্দ শব্দকোষের অংশ হয়ে উঠেছিল।

(বী. জী. বর্গীজ, ফার্স্ট ড্রাফ্‌ট উইটনেস টু দ্যা মেকিঙ্গ অফ মর্ডন ইণ্ডিয়া, ট্রাংকিউবার প্রেস, চেন্নাই, 2010)

নির্বাচনের পর, আমি বিদেশ নীতি নিয়ে একটা প্রবন্ধ লিখি, তা বী.জী. বর্গীজের দেওয়া এক বিচার (মেন্ডেট ফর চেঞ্জ) -এর ওপর ভিত্তি করে করা হয়েছিল, এতে বিদেশ নীতির প্রজাতান্ত্রিকরণের কথা বলা হয়েছিল। আমি নিজের প্রবন্ধে আমাদের বিদেশ নীতির দুর্বলতা গুলিকে তুলে ধরেছিলাম। ভারত বিশ্ব এবং তার সমস্যা গুলিকে অভিজ্ঞতার দৃষ্টিতে না দেখে একটা সরল ও নৈতিকতাবাদী দৃষ্টিতে দেখত। আমার লেখায় এমনি কিছু প্রশ্ন তুলে ধরা হয়েছিল। 1967 সালে নন-এলাইন্ড নীতির অর্থ কি ছিল? পাকিস্তান ও চীনের ব্যাপারে আমাদের কি নতুন দৃষ্টিভঙ্গীর আবশ্যকতা ছিল? আমদের কি দক্ষিণ-পূর্ব এশিয়া, জাপান, নিউজিল্যান্ড এবং অস্ট্রেলিয়া প্রভৃতিকে কাচ থেকে দেখা উচিত না? আমি একথাও বলেছিলাম যে, আমাদের আফ্রিকা ও ল্যাটিন আমেরিকার প্রতি অধিক ধ্যান দেওয়া উচিত। আমি এই কথা বলার ঝুঁকিও নিয়েছিলাম যে, ভারতের নিজের পরমাণু শক্তি হয়ে ওঠা উচিত এবং সংযুক্ত রাষ্ট্রের সুরক্ষা পরিষদের পাঁচ স্থায়ী সদস্যের পরমাণু একাধিপত্ব নিয়েও প্রশ্ন করা উচিত। আমার বলার আসল উদ্দেশ্য ছিল যে, যেকোনো দেশের বিদেশ নীতি প্রভাবপূর্ণ হওয়া উচিত, আর তার কাছে শক্তি থাকাটা খুবই জরুরি। এই কথা গুলি ছিল গতানুগতিক বুদ্ধি ও বিবেকের ওপরে। আমি ইজরায়েলের প্রতি আমরা যে নীতি প্রদর্শন করতাম তা কতখানি বিবেক পূর্ণ সেই নিয়েও প্রশ্ন করেছিলাম, তা ছিল খুবই স্থির, কঠোর ও অকল্পনাশীল বক্তব্য - ইজরায়েলের সাথে ডিপ্লোমেটিক কুষ্ঠরোগীর মতো ব্যবহার করা হচ্ছিল। আমি ভারতের আরব নীতিতেও সংশোধন আনা প্রয়োজন বলে জানিয়েছিলাম।

যদিও আমার মাথায় এটা ছিল যে, আমাদের মুসলমান সমুদয়ের আবেগ ও ভাবনার কথা মায়ায় রাখা উচিত, এটাও বোঝার ছিল যে, আবরের কোনো দেশ কাশ্মীর সমস্যায় আমাদের সঙ্গ দেয়নি। আমার মতে, পাকিস্তানকে সম্পূর্ণ রূপে উপেক্ষা করা উচিত, কারণ আমাদের উদাসীনতাই ওদের কাছে সবচেয়ে বড় চিন্তার বিষয় হয়ে উঠবে।

বি.জী. বর্গীজ আর আমার চেষ্টার কিছু সুফল সঙ্গে সঙ্গেই দেখা গেছিল, বর্গীজকে শীঘ্রই সচিবালয় ত্যাগ করতে হয়েছিল, আর আমার লেখা ঠান্ডা ঘরে ঢুকিয়ে দেওয়া হয়েছিল।

1967 সালের মার্চ মাস, স্বেতলানা প্রসঙ্গের জন্য ভারত ও ইউএসএসআর-এর মধ্যে একটা ফাটল দেখা গেছিল। স্বেতলানা জোসেফ ছিলেন স্টালিনের কন্যা, তিনি একজন কঠোর কমিউনিস্ট ব্রজেশ সিংহকে ভালোবেসে ফেলেছিলেন, তিনি বেশ কয়েক বছর ধরে মাস্কোতে থাকছিলেন। ব্রজেশ সিংহ অসুস্থ হয়েছিলেন বলে, ডাক্তাররা তাঁকে কোনো গরম এলাকায় থাকতে বলেছিলেন, আর তাঁকে ভারতে ফিরে আসার পরামর্শ দিয়েছিলেন। ব্রজেশ ভারত ফিরে আসার অনুমতি পাননা, আর তিনি সেখানে নিজের প্রাণ হারান। অথচ সিংহের ছাই বিসর্জিত করার জন্য স্বেতলানাকে ভারতে অসারা অনুমতি দেওয়া হয়েছিল।

1967 সালের 23 শে মার্চ, আমেরিকার রাষ্ট্রদূত চেস্টর বউল্স, ইন্দিরা গান্ধীর জন্য

একটা মেমো নিয়ে আসেন, যা স্বেতলানা 6 ই মার্চ আমেরিকার দূতাবাসের এক সদস্যকে দিয়েছিলেন। তিনি প্রধানমন্ত্রীকে তা দেখার জন্য নিবেদন করেছিলেন। ইন্দিরা গান্ধী রাষ্ট্রদূতকে জানিয়েছিলেন যে, সোভিয়েত ভারতের ওপর আরোপ লাগাচ্ছে, তিনি স্বেতলানাকে ভারত থেকে যাওয়ার অনুমতি দিয়ে দিয়েছিলেন। 7 ই মার্চ, স্বেতলানা রাশিয়ার রাষ্ট্রদূতের সাথে লাঞ্চ করার সময় ভারতে থাকার ব্যাপারে অনুমতি চেয়েছিলেন, কিন্তু তাঁর আর্জি না-মঞ্জুর করে দেওয়া হয়। রাষ্ট্রদূত তাঁকে তাঁর পাসপোর্ট ও মাস্কোর প্লেনের টিকিট দিয়ে বলেছিলেন যে, তিনি যেন পরের দিনই ভারত ছেড়ে চলে যান। স্বেতলানা একটি ট্যাক্সিতে বসে সোজা ইউএসের দূতাবাসে গিয়ে শরণ চান। তিনি নিউ ইয়ার্কের প্লেনে উঠতে রাজী হয়েছিলেন। সোভিয়েত খুব রেগে গেছিল আর মাস্কোতে আমাদের রাষ্ট্রদূতকে বিদেশ মন্ত্রী এন্দ্রেঈ গোময়কো বেশ কিছু কড়া কথা শুনিয়েছিলেন।

1967 সালের জুলাই, প্রধানমন্ত্রীর সচিব এল.কে. ঝা রিজার্ভ ব্যাঙ্ক অফ ইন্ডিয়ার গভর্নর হিসাবে নিযুক্ত হয়েছিলেন। ঝায়ের স্থানে পরমেশ্বর নারায়ণ হসকরকে নিয়ে আসা হয়েছিল। আমার জন্য এটা ছিল সুখকর ঘটনা, কারণ ঝা-এর সাথে আমার খুব একটা বোনত না। আসলে তাঁর পরামর্শ ছাড়াই আমাকে প্রধানমন্ত্রীর সচিবালয়ে সামিল করা হয়েছিল, যা তিনি ভালো চোখে দেখতেন না। হকসরের বুদ্ধি ছিল যেমন তীক্ষ্ণ, তেমনি তিনি ছিলেন জবরদস্ত চরিত্রের মালিক। ভারতের প্রতি তাঁর নেহেরুবাদী ভিজন এবং তাঁর প্রতিভা আমাকে বিশেষ রূপে প্রেরিত করেছিল। আদর্শের দিক থেকে তিনি ছিলেন বাম পন্থী, অল্প বয়সে তিনি সক্রিয় কমিউনিস্ট হিসাবে পরিচিত ছিলেন।

কয়েক মাসের মধ্যেই, হকসর প্রধানমন্ত্রীর সচিবালয়কে ভারত সরকারের সবচেয়ে শক্তিশালী সংস্থায় পরিণত করেছিলেন, আর মন্ত্রীমন্ডলের সচিবালয়ের শক্তি দুর্বল হয়ে পড়েছিল। খুব শীঘ্রই তিনি প্রধানমন্ত্রীর খুব কাছের, বিশ্বাসের পরামর্শ দাতা হয়ে উঠেছিলেন। হকসর রিসর্চ এন্ড অনেলসিস ইউঙ্গ (র)-এর স্থাপনার ক্ষেত্রেও বিশেষ ভাবে সাহায্য করেছিলেন, এটাই ছিল ভারতের প্রথম ইন্টালীজেন্স বিউরো। 1967 সালের শেষ পর্যন্ত ভারতে সবচেয়ে শক্তিশালী সিবিল সার্ভেন্ট ছিল।

কিন্তু দলের ভেতরে প্রধামন্ত্রীর সমস্যার শেষ হচ্ছিল না। আর্থিক স্থিতির স্তর কিছুতেই যেন আশানুরূপ হচ্ছিল না, সবুজ বিপ্লব ভারতের কৃষি ক্ষেত্রে পরিবর্তন আনতে সক্ষম হলেও ভারতের খাদ্যের চাহিদা যেন কিছুতেই মিটছিল না। বিহারে খড়া দেখা দেওয়ার ফলে সবচেয়ে বেশি সমস্যা গ্রস্ত হয়েছিল। প্রধানমন্ত্রী বিহার পর্যবেক্ষণের জন্য গেছিলেন, সেখান থেকে তিনি মুজফফরনগরের কাছে অবস্থিত পুনারে গেছিলেন, যাতে করে ভূদান আন্দোলনের নেতা বিনোবা ভাবের সাথে দেখা করতে পারেন। আমিও তাঁর সাথেই ছিলাম। তিনি জয়প্রকাশ নারায়ণের সাথেও দেখা করেছিলেন। গ্রামের দিকে যাওয়ার সময়, বিহারের জনতাদের অবস্থা দেখে তিনি খুবই বিব্রত হয়ে পড়েছিলেন।

বিদেশে যাত্রার সময় ইন্দিরা গান্ধী পুরোপুরি উপভোগ করতেন। তাঁর ভদ্রতা, স্টাইল ও গরিমার জন্য সকলে তো তার প্রতি আকর্ষিত হতোই সেই সঙ্গে তিনি সকলের সাথে অতি সহজে মিশতে পারতেন বলে, আরো বেশি সকলে প্রভাবিত হতো। তিনি যেখানেই যেতেন, সেখানেই তাঁকে সম্পূর্ণ উৎসাহ ও আনন্দের সাথে স্বাগত জানানো হতো। 1967 সালের সেপ্টেম্বর- অক্টোবরের মধ্যে প্রধানমন্ত্রী, হকসরের পরামর্শ অনুসারে আনুষ্ঠানিক ভাবে পোল্যান্ড, বল্গারিয়া, রোমানিয়া ও যোগোস্লাভিয়ায় গেছিলেন। এগুলি ছিল সোভিয়েত ইউনিয়ানের উপগ্রহ রাজ্য, কিন্তু প্রতিটা রাজ্যেরই আলাদা করে পরিচয় ছিল, আর তারা প্রত্যেকেই ভারতকে খুব সম্মান করত। পূর্বী ইউরোপিয়ান যাত্রার শেষে, প্রধানমন্ত্রী কৌরোতে দুদিন কাটিয়েছিলেন, সেই সময় তাঁর সাথে প্রেসিডেন্ট গমাল আব্দল নসীরের দীর্ঘ ক্ষণ কথা বার্তা হয়েছিল। 1967 সালের জুন মাসে, ইজরাইলে ছয়দিন ধরে যে যুদ্ধ সংগঠিত হয়েছিল তার জন্য মিশর খুবই আহত হয়েছিল। পরাজয়ের পরে নাসীর নিজের ত্যাগপত্র দিয়েছিলেন কিন্তু তা স্বীকার করা হয়নি। তিনি সেখানকার সবচেয়ে পুরানো ও জনপ্রিয় নেতা ছিলেন। আরবের অন্যান্য দেশ তাঁর প্রশংসা না করলেও তাঁকে খুবই সম্মানের চোখে দেখা হতো। তিনি মিশরের জন্য খুবই গুরুত্বপূর্ণ ছিলেন, ইন্দিরা গান্ধীর এই যাত্রাকে তিনি খুবই প্রশংসা করেছিলেন। তিনি ভারতের সাথে তাঁর দেশের নিকটতম সম্পর্ক স্থাপন করতে চেয়েছিলেন এবং তিনি চেয়েছিলেন যে, নির্মাণের কাজে দুই দেশ একে অপরকে সাহায্য করবে এবং আমদানি-রপ্তানী সম্পর্কেও তিনি দৃঢ় করতে চেয়েছিলেন। তিনি একথাও জানিয়ে দিয়েছিলেন যে, কোনো আরব দেশ ইজরাইলকে কোনো রকম ভাবেই মান্যতা দেবে না।

1968 সালে নাসির ভারতে এসেছিলেন, তাঁর সম্মানের জন্য লাল কেল্লায় খাওয়া-দাওয়ার আয়োজন করা হয়েছিল, তাতে মিশরের রাষ্ট্রীয় সঙ্গীত বাজানো হয়েছিল। পরে, নাসির প্রধানমন্ত্রীকে জানিয়েছিলেন যে, তাঁরা ভুল রাষ্ট্রীয় সংগীত বাজিয়েছে। তারা রাজা ফারুখের সময় যেটা রাষ্ট্রীয় সংগীত ছিল, সেই গানটা গেয়েছিল, 1952 সালে বিপ্লবের পর নাসির তা বদলে দিয়েছিলেন।

1970 সালে হৃদরোগে আক্রান্ত হয়ে নাসির প্রাণ হারিয়েছিলেন। সেই সময় তাঁর বয়স ছিল মাত্র বারো বছর। আসলে ছয় দিন ধরে যুদ্ধ চলার পর ইজরাইলের কাছে তাঁদের পরাজয় তাঁকে ততটাই আহত করেছিল, যতটা আহত চীনের কাছে পরাজয়ের পর নেহেরু হয়েছিলেন।

1968 সালে শ্রীমতি গান্ধী দক্ষিণ আমেরিকায় গেছিলেন, ভারতের প্রধানমন্ত্রীদের মধ্যে তিনিই প্রথম সেখানে গেছিলেন। তিনি তিন সপ্তাহের জন্য সেখানে গেছিলেন। তাঁর যাত্রার সময় আর্জেন্টিনায় ব্রিটিশ রাষ্ট্রদূত ভারতীয় প্রতিরূপকে জিজ্ঞাসা করেছিল যে, 'তোমাদের প্রধানমন্ত্রীকে স্বাগত জানানোর জন্য যে ভিড় হয়, তার জন্য তোমরা কতটাকা খরচ করো?' উত্তর পেয়েছিল, 'এক টাকাও না...।' বেশিরভাগ দক্ষিণ আমেরিকার দেশ গুলি দক্ষিণ ভারতের সম্পর্কে খুব কমই জনাত - অনেকে তো জানত যে, ইন্দিরা গান্ধী মহাত্মা

গান্ধীর কন্যা ছিলেন - লোকেরা ভারতের মহিলা প্রধানমন্ত্রীকে দেখার জন্য খুবই উদ্গ্রীব হয়ে থাকত। ভারত তাদের কাছে সাপ ও সাপেদের খেলার দেশ হিসাবেই পরিচিত ছিল।

তিনি যত জায়গায় ভাষণ দিয়েছিলেন, সর্বত্রই ভারতের স্বাধীনতা আন্দোলন, আমাদের বিদেশ নীতি - যাতে কাশ্মীরের বিষয়ে বিশেষ রূপে জোর দেওয়া হয়েছিল - এবং বিকাসশীল দেশের আর্থিক সমস্যা নিয়ে বর্ণনা দিয়েছিলেন। 'আমরা কেবল আদর্শবাদের সাথে তার সম্মখীনতা করতে পারছি না, কেবল সংবেদনশীলতার সাথেও তার সম্মখীনতা করা যায় না আমাদের স্পষ্ট চিন্তাধারা ও কঠোর বিশ্লেষণের প্রয়োজন।' তিনি ব্যুনোস এরীজের বিশ্ববিদ্যালয়ে যা বলেছিলেন, তাতে ব্যুনোস এরিজে একটা সুখকর আশ্চর্য অনুভব করেছিলাম, আমরা ভিক্টোরিয়া ওঁক্যাম্পোর সাথে দেখা করার সুযোগ পেয়েছিলাম, তিনি ছিলেন একজন কবি সেই সাথে একটি বিখ্যাত পত্রিকা 'সর'-এর সম্পাদক। 1924 সালে, রবীন্দ্রনাথ ঠাকুর, ব্যুনোস এরীজের থেকে বাইরে অবস্থিত, বিশাল এস্টেট স্যান ইসিদ্রোতে ছয় সপ্তাহ কাটিয়েছিলেন। তিনি গীতাঞ্জলিকে স্প্যানিশ ভাষায় অনুবাদ করেছিলেন। কিছু সময়ের জন্য তিনি বিজয়ার প্লেটোনিক প্রেমেও পড়েছিলেন, তিনিই ভিক্টোরিয়ার এই নাম দিয়েছিলেন। গুরুদেব ভারতে ফিরে এসে একটা অসাধারণ কবিতা লিখেছিলেন। ইন্দিরা গান্ধী ছিলেন বিশ্বভারতী বিদ্যালয়ের চান্সলর, তিনি ভিক্টোরিয়ার সাহিত্যকে ডক্টরেট উপাধী প্রদান করেছিলেন। ভিক্টোরিয়ার তখন বেশ বয়স হয়ে গেছিল, তাঁর চোখের দৃষ্টিও ক্ষীণ হয়ে এসেছিল। এমন বিখ্যাত একজন ব্যক্তির সাথে দেখা করতে পেরে আমি খুবই আনন্দিত হয়েছিলাম।

তাঁর দক্ষিণ আমেরিকার বিশ্ববিদ্যালয়ে ঠাকুরের কবিতা পড়ানো ও শেখানো হতো। দক্ষিণ আমেরিকার চারটি দেশে মহাত্মা গান্ধীর মূর্তি স্থাপন করা হয়েছিল।

1968 সালের জুন মাসে, যখন সোভিয়েত চেকস্লোভাকিয়ার স্বাধীনতা ও প্রভুত্বসত্তাকে উল্লঙ্ঘন করে, তখন শ্রীমতি গান্ধী সার্বজনিক দিক থেকে তার নিন্দা করেছিলেন। তিনি নিজের ডিপ্লোমেটিক চ্যানেলের মাধ্যমে নিজের অসহজতাকে অবশ্যই প্রকট করে দিয়েছিলেন। এই দেশ বাংলাদেশ সমস্যার সময় আমাদের সাহায্য করেছিল, আর চীন বা পাকিস্তান যাতে এই ব্যাপারে হস্তক্ষেপ করতে না পারে সেই দিকেও কঠোর দৃষ্টি প্রদান করেছিল। আমি রাশিয়ার বিদেশ মন্ত্রীর সাথে কথা বলার জন্য দুইবার সোভিয়েত ইউনিয়ানে গেছিলাম, আর আমার মনে হয়েছিল যে, এই দেশ ভারতের প্রকৃত বন্ধু।

1968 সালের 28 শে আগস্ট, উইলিংটন হাসপাতালে, ড. রৌরের হাতে আমার পুত্র জগতের জন্ম হয়েছিল, সে এসে আমাদের জীবনে অসীম খুশির সঞ্চার করেছিল। ফোন, চিঠি, বার্তা সবের দ্বারাই শুভেচ্ছা জ্ঞাপন করা হয়েছিল। ইন্দিরা গান্ধী খুবই স্নেহের সাথে নিজের হাতে লেখা একটা চিঠির দ্বারা শুভেচ্ছা বার্তা পাঠিয়েছিলেন। আমাদের পরিবার ও বন্ধুরা এই আনন্দকে আরো কয়েক গুণ করে তুলেছিল। জগত সারা দিন ঘুমাত আর রাতে উপদ্রব করত। আমি ওর লেংটি বাঁধতে শিখে গেছিলাম। আমি আর হেম পালাক্রমে ওকে

কোলে নিতাম, সারা রাত ধরে ওকে কোলে নিয়ে বারান্দায় ঘুরে বেরাতে হতো। জগত ছিল খুব সুন্দর বাচ্চা। আমাদের কাছে সে ছিল সবচেয়ে মূল্যবান সম্পত্তি। সমস্ত বাবা-মায়ের কাছেই তার সন্তান বিশেষ হয়ে ওঠে, কিন্তু জগত সত্যিই অসাধারণ ও বিশেষ ছিল।

এক বছর বাদে আমাদের কন্যা ঋতু এই পৃথিবীতে আসে। এই সময় ইন্দিরা গান্ধী অসাধারণ একটা চিঠি লিখেছিলেন, 'তুমি অবশ্যই আমাদের কয়েকজনের মতো খুব ভালো পরিকল্পনা করেছো। আমার মনতো সর্বদাই একটা মেয়ের জন্য কাঁদত, তাই জগতের বোন আসার পর তোমাদের যে কতখানি আনন্দ হচ্ছে আমি তা বুঝতে পারছি।'

1969 সালে ইন্দিরা গান্ধীকে বিভিন্ন রকম সমস্যার সম্মখীনতা করতে হয়েছিল। তার মধ্যে সিন্ডীকেটের চেষ্টা ছিল সবচেয়ে গুরুত্বপূর্ণ, এর নেতৃত্ব প্রদান করেছিলেন কংগ্রেসের প্রেসিডেন্ট এস. নিজলিঙ্গপ্পা, তিনি মোরারজী দেসাইয়ের সমর্থন প্রাপ্ত করেছিলেন। সেই বছরে ফোরিদাবাদে এআইসীসীর মিটিং-এর সময়, নিজলিঙ্গপ্পা ইন্দিরা গান্ধীর কাজ করার পদ্ধতি এবং তাঁর অর্থনৈতিক নীতি সম্পর্কে সর্ব সম্মুখে সমালোচনা করেছিলেন। সব কিছু নিলাম হোতে চলেছিল, ইন্দিরা গান্ধীর তরফ থেকে একটা পদক্ষেপ গ্রহণ করা আবশ্যক হয়ে উঠেছিল। নিজের পদ সুরক্ষিত রাখার জন্য, শ্রীমতি গান্ধী প্রথমেই উপ প্রধানমন্ত্রীকে একটা চিঠি লিখেছিলেন, তাতে বলা হয়েছিল যে, তিনি চান যে তিনি যেমন কাজ করছেন তেমন কাজ করুন কিন্তু মন্ত্রীমন্ডলের অর্থমন্ত্রীর পদ ত্যাগ করে নিজের জন্য অন্য কোনো পোর্টফোলিয়ো নির্বাচন করুন। সেটা ছিল একটা নির্ভীক নির্ণয়। এটা বোঝাই যাচ্ছিল যে, এতে করে মোরারজী দেসাই অপমানিত বোধ করবেন, তিনি মন্ত্রীমন্ডলের কাছে ত্যাগপত্র জমা করেন। এরপর ইন্দিরা চোদ্দটা ব্যাঙ্কের রাষ্ট্রীকরণ করেছিলেন, সারা দেশ জুড়ে তাঁর এই কাজের জন্য প্রশংসা করা হয়েছিল। সিন্ডীকেটের আহ্বানের জবাব দেওয়ার জন্য প্রধানমন্ত্রী সঠিক রাজনৈতিক বুদ্ধির পরিচয় দিয়েছিলেন। আমি এই ধরনের উচ্চস্তরীয় বার্তার অংশ ছিলাম না ঠিকই কিন্তু সচিবালয়ের সকলেই জানত যে কি হচ্ছে। সেই সময় প্রচণ্ড মানসিক চাপের মধ্যে দিয়ে তাঁর দিন কাটছিল, বাহ্যিক ভাবে তাঁকে খুবই শান্ত ও অবিচল মনে হলেও তিনি যে কতটা চিন্তিত ছিলেন তা আমি জানতাম। এই সংকট কালের সময় তিনি নিজের পরামর্শদাতা পী.এন. হকসরের ওপর সম্পূর্ণ রূপে ভরসা করেছিলেন।

1969 সালের আগস্ট মাসে তিনি কয়েকদিনের জন্য কাবুলে গেছিলেন, তাঁর সাথে রাজীব ও সোনিয়াও গেছিলেন। 1947 সালের পর সেখানে গিয়ে খান আব্দুল গফফর খানের সাথে তাঁর দেখা হয়েছিল, সন্ধ্যার সময় পী.এম. আমাকে বলেছিলেন যে, আমি যেন বাদশাহ খানের বাড়ি গিয়ে তাঁকে জিজ্ঞাসা করি যে, তিনি কখন দেখা করতে পারবেন। তিনি জানিয়ে ছিলেন যে, আমি যেন বিকেল চারটের সময় তাঁর সাথে দেখা করতে যাই। আমার পৌঁছাতে পনেরো সেকেণ্ড দেরি হয়েছিল বলে, তিনি খুবই রুষ্ঠ হয়েছিলেন, আর আমাকে বলেছিলেন যে, আমার সময় মতো আসা উচিত ছিল।

একদিন দুপুরে শ্রীমতি গান্ধীর হাতে একটু সময় ছিল, তিনি ঠিক করেছিলেন যে, এই ফাঁকা সময়ে তিনি আমার সাথে কোথাও ড্রাইভে যাবেন। কাবুলের বাইরে কয়েক মাইল দূরে একটা জীণ-শীর্ণ বাড়ি দেখা যাচ্ছিল, তার চারপাশে কিছু গাছ ছিল। তিনি আফগান সুরক্ষা আধিকারীকে জিজ্ঞাসা করেছিলেন যে, ওখানে কি আছে। সে জানিয়েছিল যে, ওটা 'বাগ-এ-বাহার', শ্রীমতি গান্ধী সেখানে যাওয়ার সিদ্ধান্ত নিয়েছিলেন। প্রোটোকল বিভাগের জন্য সমস্যার সৃষ্টি হয়েছিল, কারণ তারা সেখানে কোনো সুরক্ষার বন্দোবস্ত করেনি। আমরা বাবরের কবর স্থানের দিকে এগাই। তিনি কবরস্থানের সামনে দাঁড়িয়ে একবার মাথাটা নিচু করেন, আমি ঠিক তাঁর পিছনে দাঁড়িয়েছিলাম। তিনি বলেন, 'আমি ইতিহাসকে স্পর্শ করছিলাম।' আমি তাঁকে বলেছিলাম যে, 'আমি দুটি ইতিহাস স্পর্শ করছিলাম।' তিনি যখন আমার কথার উদ্দেশ্য বুঝতে পারেননি, তখন আমি বিস্তারিত ভাবে বলি যে, 'ভারতের সম্রাজ্ঞীর উপস্থিতিতে বাবরকে শ্রদ্ধাঞ্জলি প্রদান, আমার জন্য খুবই গৌরবের বিষয়।'

1969 সালের 2 শরা অক্টোবর, বাদশাহ খান মহাত্মা গান্ধীর জন্ম শতবার্ষিকীর জন্য দিল্লীতে এসেছিলেন। প্রধানমন্ত্রী সহ, জয়প্রকাশ নারায়ণ এবং তাঁর মন্ত্রীমন্ডলের বেশ কিছু সহকর্মী তাঁকে স্বাগত জানানোর জন্য এয়ারপোর্টে গেছিলেন। 1947 সালের জুন মাসের পর তিনি এই প্রথম ভারতের মাটিতে পা দিচ্ছিলেন। ঠিক করা হয়েছিল যে, প্রধানমন্ত্রী ও বাদশাহ খান একই গাড়িতে উঠবেন। জয়প্রকাশ নারায়ণও গাড়ির দিকে এগিয়ে গেছিলেন। যখন একজন সুরক্ষা আধিকারী তাঁকে আটকানোর চেষ্টা করেছিলেন তখন এই প্রথম বার আমি জে.পী.-কে অত ক্রোধিত অবস্থায় দেখেছিলাম। তিনি তাকে ধাক্কা দিয়ে গাড়িতে বসে পড়েছিলেন।

বাদশাহ খান ইন্দিরা গান্ধীর সাথে নিজের কন্যার মতো ব্যবহার করেছিলেন, আর তিনি যে ভারতের প্রধানমন্ত্রীর সাথে আছেন তা তাঁর ব্যবহারে প্রকাশ পাচ্ছিল না। বাদশাহ খান ছিলেন সেই ধরনের মানুষ যারা নিজেরাই নিজেদের নিয়ম তৈরি করে। 1969 সালের 14 ই নভেম্বর আমরা ওনাকে তিনমূর্তি ভবনের লনে জওহরলাল নেহেরু মেমোরিয়াল সম্পর্কে কিছু বলার জন্য আমন্ত্রণ জানিয়েছিলাম। তিনি এক ঘন্টা ধরে বক্তৃতা দিয়েছিলেন, কিন্তু একবারও নেহেরুর নাম উচ্চারণ করেননি। তিনি এই ভুল জেনে বুঝেই করেছিলেন, কারণ নেহেরু ইন্ডিয়ার বিভাজন স্বীকার করে নিয়েছিলেন বলে, তিনি কখন তাঁকে ক্ষমা করতে পারেননি।

1969 সালের 3 শরা মে, ড. জাকির হুসেন হঠাৎই এই দুনিয়া ছেড়ে চলে যান। সেই সময় ইন্দিরা ও হকসর দিল্লীতে ছিলেন না। ড. হুসেনের মৃত্যুর পর যে একটা পদ খালি হয়ে গেছিল তাই নয় বরং গভীর রাজনৈতিক জটিলতাও সামনে এসে উপস্থিত হয়েছিল। প্রধানমন্ত্রীর সামনে তখন সবচেয়ে বড় যে সমস্যা উপস্থিত হয়েছিল তা হল, তিনি তাঁর উত্তরাধিকারী রূপে কাকে নির্বাচন করবেন?

জুন মাসে ব্যাঙ্গালোরে, কংগ্রেস সংসদীয় মিটিং ডাকা হয়েছিল, তখন বেশির ভাগ

লোকই লোকসভার অধ্যক্ষ এন. সঞ্জীব রেড্ডির নাম নিয়েছিলেন। প্রধানমন্ত্রী প্রথমে তাঁকে নেওয়ার জন্য মন ঠিক করে ফেলেছিলেন, কিন্তু পরে তিনি আপত্তি জানান কারণ তিনি ছিলেন সিন্ডীকেটের খুব কাছের লোক।

উপরাষ্ট্রপতি বী.বী. গিরি এই পদে বসার জন্য আগ্রহ প্রকাশ করেছিলেন, কিন্তু তিনি বেশি সমর্থন পাননি। এমনকি প্রধানমন্ত্রীরও তাঁকে এই পদে বসানোর ইচ্ছা ছিল না। কিন্তু পরে যখন তিনি তাঁর মন্ত্রীমন্ডলের বরিষ্ঠ অফিসারদের সঙ্গে আলোচনা করেন তখন তারা বলেছিল যে, গিরিই এই পদের জন্য সবদিক দিয়ে আদর্শ। প্রধানমন্ত্রীর নিকটতম পরামর্শদাতাদের মধ্যে ছিলেন মধ্যপ্রদেশের মুখ্যমন্ত্রী দ্বারিকা প্রসাদ মিশ্রা; কংগ্রেস ওয়ার্কিং কমেটির সদস্য তথা নেহেরু পরিবারের অন্যতম বিশ্বাযোগ্য ব্যক্তি উমা শঙ্কর দীক্ষিত এবং পী.এন. হকসর। রাষ্ট্রপতি নির্বাচনের সময় বহু প্রচার চলেছিল। ততদিনে এটা ঠিক হয়ে গেছিল যে সিন্ডিকেট কি চায়, তাদের এটাই উদ্দেশ্য ছিল যে, কোনো মতেই যেন প্রধানমন্ত্রীর প্রার্থী জিততে না পারে। তারা রেড্ডীকে সমর্থন করছিল আর তার হয়েই প্রচারও চালাচ্ছিল। তৃতীয় প্রত্যাশী ছিলেন সী.ডী. দেশমুখ, তিনি জওহর লালা নেহেরুর সরকারে অর্থমন্ত্রী ছিলেন। প্রধানমন্ত্রীর সচিবালয়ের সকল সদস্য সংসদ ভবনেই ছিলেন, যেখানে ভোট হচ্ছিল। বী.বী. গিরি খুবই অল্প ভোটে জয় লাভ করেছিলেন। প্রধানমন্ত্রীর জন্য দুটি ভাষণ প্রস্তুত করা হয়েছিল-একটা ভাষণ প্রস্তুত করা হয়েছিল তাঁর বিজয়ের কথা ভেবে, আর একটা ভাষণ প্রস্তুত করা হয়েছিল তাঁর পরাজয়ের কথা ভেবে। সেই দিন পরিণাম ঘোষণা হোতে হোতে অনেক রাত্রি হয়ে গেছিল, কিন্তু সকলেই সেখানেই উপস্থিত ছিলেন।

নভেম্বর মাসে সিন্ডীকেট অপ্রত্যাশিত ভাবে গালাগালি দিতে শুরু করেছিল। নভেম্বর মাসের এক তারিখে প্রধানমন্ত্রী রাষ্ট্রপতি ভবনে চেকস্লোভাকিয়ার প্রেসিডেন্ট এন্টোনিন নোভোট্নীর সাথে মিটিং-এ ব্যস্ত ছিলেন। তাঁর এক সচিব যশপাল কাপুর এসে সংবাদ দিয়েছিলেন যে, অনুশাসনহীনতার আরোপ দিয়ে নিঞ্জলিঙ্গপ্পা তাঁকে কংগ্রেস থেকে বহিস্কৃত করেছেন। আমি যখন তাঁকে এই ঘটনার কথা জানাই তখন তিনি বলেছিলেন যে, ঘাবরানোর কোনো প্রয়োজন নেই। বাইরের থেকে তাঁকে দেখে খুবই শান্ত বলে মনে হচ্ছিল, কিন্তু তাঁর আন্তরিক সংঘর্ষের কল্পনা আমি করতে পাচ্ছিলাম। তিনি ছিলেন মোতোলাল নেহেরুর দৌহিত্রী, জওহরলাল নেহেরুর কন্যা, তাঁকে সেই পার্টী থেকে বহিস্কৃত করা হয়েছিল, যে পার্টীর ভিত তৈরি করেছিলেন তাঁর পরিবারের লোকেরা। এর ফলে কংগ্রেসের মধ্যে এক বিরাট ফাটল ধরেছিল, ইন্দিরা গান্দী তাদের থেকে আলাদা হয়ে একটি নতুন দল গঠন করেছিলেন, কংগ্রেস (আর)। কামরাজ মূল কংগ্রেস পার্টী (ও) -এর প্রধান হয়েছিলেন।

প্রিবী পর্স সমাপ্ত করার জন্য ষাটের দশকের শেষ থেকেই সরকারের ওপর চাপের সৃষ্টি হোতে শুরু হয়েছিল। স্বাধীনতার সময় নেহেরু এবং সর্দার প্যাটেল এই বিষয়ের দিকে ধ্যান দেননি, নেহেরু সমস্ত সুবিধা প্রিবী পার্সেই শেষ করে দিতে চেয়েছিলেন, কিন্তু সর্দার প্যাটেল

এবং লর্ড মাউন্ট ব্যাটেন মনে করেছিলেন যে, এই রাজ্য গুলি ভারতের বশ্যতা স্বীকার করে নিয়েছে, সুতরাং তাদের ভালো-মন্দ দেখার দায়িত্বও ভারতের। এর জন্য ঠিক হয়েছিল যে, রাজকুমারদের সুবিধা এবং প্রিবী পর্স বজায় রাখা হবে।

1967 সালে, শিমলায় অল ইন্ডিয়া কংগ্রেস কমেটির বৈঠক সংগঠিত হয়েছিল। সেই সময় যুব কংগ্রেসের নেতা চন্দ্রেশেখর প্রিবী পর্স সমাপ্ত করার জন্য প্রস্তাব দিয়েছিলেন। সেখানে কেবলমাত্র পঁচিশ জন ছিল, তাঁদের উপস্থিতিতেই প্রস্তাব পাশ করে দেওয়া হয়, প্রধানমন্ত্রী ইন্দিরা গান্ধী পর্যন্ত অবাক হয়ে গেছিলেন, কারণ তিনি নিজে এই মিটিং-এ ছিলেন না। যদিও তিন বছর এই প্রস্তাব লাগু করা যায়নি, 1970 সালের শুরুতে এই নিয়ে সংসদে আবার চর্চা শুরু হয়। চারদিকে এর নিন্দা চলছিল, আর তা বেশি দিন টিঁকিয়ে রাখা সম্ভব হচ্ছিল না। রাজকুমারদের সাথে বোঝাপড়া শুরু হয়েছিল আর সংবিধান সংশোধনের নির্ণয় নেওয়া হয়, যাতে এই অসুবিধা একেবারে দূর করা যায়।

রাজবংশের লোকেরা এই নিয়ম মেনে নিতে রাজি হচ্ছিল না। তারা একটা কনকর্ড নামক তন্ত্র স্থাপিত করেছিল, তাতে কিছু দিগ্‌ভ্রান্ত রাজ পরিবারের নাম উঠেসেছিল, যাতে আমার শাশুড়ি মা পাটিয়ালার মহারাণীর নামও ছিল। এর নেতৃত্ব সামলাচ্ছিলেন বিশেষ তিনজন লোক - ভোপালের বেগম সাহেবা, বড়োদার গায়কবাড় তথা ধৃঙ্গধরার রাজা। আমার শ্বশুর সহ বড় রাজ্যের শাসকরা এতে সামিল হননি। শুধুমাত্র বড়োদা ছিল এর বাইরে।

সমাধান করার জন্য সরকারের ওপর প্রচণ্ড চাপের সৃষ্টি করা হচ্ছিল। গৃহ মন্ত্রালয়ের রাজ্যমন্ত্রী কে.সী.পন্তকে শাসকদের সাথে কথাবার্তা বলার জন্য পাঠানো হবে বলে ঠিক করা হয়েছিল। আমি তখন ইন্দিরার সচিবালয়ের সদস্য ছিলাম। আমাকে এই ব্যাপারে সচিবালয়ের প্রতিনিধিত্ব করতে বলা হয়েছিল। আমি ব্যক্তিগত ভাবে প্রধানমন্ত্রীর সাথে বহু রাজকুমারের কথাবার্তা বলার সুযোগ করে দিয়েছিলাম। আমি তাদের সমস্ত বিষয় সম্পর্কে অবগত করতাম। যখন আমার রাজকুমারদের সাথে কথাবার্তা বলার খবর প্রকাশ হয়ে পড়ে, তখন অনেক আঙুলও আমার দিকে উঠেছিল। বলা হয়েছিল যে, 1948–49 সালে সর্দার প্যাটেলও এই কাজই করেছিলেন। আসলে সেটা ছিল আলাদা ব্যাপার। 1948 এবং 1970 -এর মধ্যে অনেক পার্থক্য হয়ে গেছিল।

শ্রীমতি গান্ধী সবকিছু শান্তির মধ্যে দিয়েই সুসম্পন্ন করতে চেয়েছিলেন। যাতে কোনো বিবাদ না হয়, তার জন্য তিনি রাজকুমারদের কাছে চিঠি প্রেরণ করেছিলেন। বহু লোক নিজেদের মত জানিয়েছিল, কিন্তু কিছু লোক দূরে থাকাটাকেই শ্রেয় ভেবেছিল। বিশেষ করে কনকর্ডের সাথে যুক্ত লোকেরা। প্রধানমন্ত্রী এবং পন্ত এই কনকর্ডের সাথে যুক্ত ব্যক্তিদের সাথে অনেক আলোচনা করেছিলেন।

1969 সালে, সংবিধান সংশোধনের জন্য একটা বিল পাশ করা হয়েছিল। রাজকুমারগণ ও রাজাদের বিশ্বাস করানো হয়েছিল যে, তাদের আর্থিক সমস্যার মধ্যে ঠেলে দেওয়া হবে

না। বিভিন্ন সরকারি বিভাগের সাথে বহু আলোচনার পর ঠিক করা হয়েছিল যে, তাদের নিঃশুল্কে একসাথে দশ বছরের প্রিবীপার্স দেওয়া হবে। তারা নিজেদের মহলেই থাকতে পাতেন। তাদের পতাকা ওড়াতে পারতেন এবং লালা রং-এর নম্বর প্লেটও লাগাতে পারতেন, তারা এই গুলি শোনার পর রাজি হয়ে গেছিল। আমি জানতে পেরেছিলাম যে, তারা কি অর্থ পাচ্ছে সেটা তাদের কাছে বড় কথা ছিল না, আসলে যে শান তাদের ছিল সেটা বজায় রাখাই ছিল তাদের কাছে বড় কথা।

মন্ত্রীমণ্ডলের তিনজন নেতা আমার ওপর ব্যক্তিগত ভাবে চাপের সৃষ্টি করেছিলেন, যাতে আমি নিজের শাশুড়ি মাকে কনকর্ড থেকে আলাদা করতে সফল হই। সর্দার স্বর্ণ সিংহ, সূচনা ও প্রসারণ মন্ত্রী কে.কে. শাহ তথা রাজ্য মন্ত্রী আই.কে. গুজরাল এমনটাই চাইতেন। আমি সোজা সংসদ ভবনে যাই, তিনি তখন লোকসভায় ছিলেন। আমি তাঁকে একটা নোট পাঠাই, তাতে লেখা ছিল আমি তাঁর সাথে তখনি দেখা করতে চাই। তিনি তখনই বাইরে এসে, জিজ্ঞাসা করেছিলেন যে, 'নটবর !কোনো সমস্যা হয়েছে কি?' আমি তাঁকে বলি যে, আমি তাঁর কার্যালয়ের একজন ভারতীয় বিদেশ সেবা অফিসার রূপে কাজ করছিলাম, তখন আমি পাটিয়ালার মহারাণীর জামাই ছিলাম না। আমি আজ পর্যন্ত কখন আমার শাশুড়ির সাথে আফিস বা রাজনৈতিক বিষয়ে কোনো কথা বলিনি। আমি তাঁকে এই তিনজন নেতার নাম বলে দিই, আর দুই দিনের মধ্যেই তিনি এই মন্ত্রীদের আলাদা আলাদা করে নিজের কাছে ডেকে বলেছিলেন, 'নটবরকে এই মামলার থেকে বাইরে রাখো। ও আমার জন্য আর আমার নির্দেশ পালনের কাজ করে।' এই কারণেই তিনি সকলের কাছ থেকে অখণ্ড নিষ্ঠা লাভ করতেন। আমি এমন কোনো প্রধানমন্ত্রীর কথা ভাবতে পারি না, যিনি একজন মধ্যম মানের আধিকারীর নালিশের ওপর সঙ্গে সঙ্গে এইভাবে কাজ করতে পারেন।

লোকসভায় রাজকুমারদের প্রিবীপর্স সমাপ্ত করার জন্য বিল পাশ করে দেওয়া হয় কিন্তু রাজ্যসভায় তা পাশ হচ্ছিল না, এই পরাজয়, যেকোনো সরকারের কাছে ছিল একটা বিরাট অগ্নিপরীক্ষা। সেই দিন রাতেই রাষ্ট্রপতিকে একটা নোটিফিকেশান পাঠান হয়, যে রাজকুমারদের রাষ্ট্রপতি মান্যতা প্রদান করেছিলেন, তা যেন রদ করে দেওয়া হয়।

কনকর্ড এই বিষয় নিয়ে সুপ্রীমকোর্টে হাজির হয়েছিল, যার ফলে সরকারের সিদ্ধান্ত রদ করে দেওয়া হয়েছিল। 1971 সালে, সংবিধানের 26 তম সংশোধন পাশ হয়, যার দ্বারা শাসকদের প্রিবীপর্স সহ সমস্ত রকম সুবিধা বন্ধ করে দেওয়া হয়েছিল। রাজকুমারগণ বিচার করতে না পারার জন্য নিজেদের পায়েই কুড়ুল মেরেছিল। তখন তারা ভারতের সাধারণ নাগরিকে পরিণত হয়েছিলেন, তাদের প্রিবীপর্স বন্ধ করে দিয়ে তার বদলে কিছুটা টাকা তুলে দেওয়া হতো, কোনো রকম সুযোগ সুবিধাও তাঁদের দেওয়া হতো না।

শেষ পর্যন্ত সরকার তাদের এক বছরের জন্য প্রিবীপর্স দিতে রাজি হন এবং শাহী রাজবংশের শাসন ইতিহাস হয়ে গেছিল।

প্রধানমন্ত্রী ইন্দিরা গান্ধী, 1970 সালের অক্টোবর মাসে, ইউ.এন. মহাসভার 25 তম বর্ষে ভাগ নেবেন বলে সিদ্ধান্ত নিয়ে ফেলেছিলেন, সেখানে বহু দেশের সরকারের মুখ্য ব্যক্তিরাও অংশ গ্রহণ করতে আসছিলেন। 20 শে অক্টোবর, মঙ্গলবারের ইয়ার ইন্ডিয়ার বিশেষ প্লেনে রওনা হয়েছিলেন, আর সেই দিন সন্ধ্যা চারটের সময় তিনি নিউইয়ার্কে পৌঁছে গেছিলেন। তাঁর সাথে রাজ্য মন্ত্রী নন্দিনী শতপথী, তাঁর প্রধান সচিব পী.এন. হকসর, তাঁর সূচনা বিষয়ক পরামর্শ দাতা শারদা প্রসাদ, ড. কে.ফী. মাথুর এবং আমিও ছিলাম। নিউইয়ার্কে তাঁকে একটা খাওয়া-দাওয়ার অনুষ্ঠানে ডাকা হয়েছিল, তাতে অন্য দেশের নেতারাও এসেছিলেন। তিনি নিজের বিদেশ সফরে সর্বদাই বুদ্ধিজীবিদের সাথে দেখা করার জন্য উৎসুক হয়ে থাকতেন। সেখানে বহু লেখক, সংগীতজ্ঞ ও শিক্ষাবিদ্দের আমন্ত্রণ জানানো হয়েছিল। 23 শে অক্টোবর ইউএন মহাসভায় তিনি বলেছিলেন, 'আমি নিজের দেশের তরফ থেকে চার্টরের নিয়ম এবং উদ্দেশ্যের প্রতি গহন বচনবদ্ধতার কথা বলতে এসেছি। যবে থেকে ভারত একটা স্বাধীন রাষ্ট্র হিসাবে পরিগণিত হয়েছে, তবে থেকেই তার বিদেশ নীতিতে ইউ.এন গুরুত্বপূর্ণ ভূমিকা পালন করেছে। দেশ স্বাধীনতা লাভ করার পরেই নেহেরু জানিয়েছিলেন যে, এই পৃথিবী নিজের শত্রুতা, ঘৃণা এবং আন্তরিক কঠোরতা থাকা সত্ত্বেও নিকটতম সম্পর্ক তৈরির দিকে এগিয়ে চলেছে, আর একটা বিশ্ব রাষ্ট্রমণ্ডলের গঠন করছে। এই একটা রাষ্ট্রের জন্য স্বাধীন ভারত কাজ করবে, যাতে স্বাধীন লোক একে অপরকে মুক্ত ভাবে সাহায্য করবে এবং কোনো বর্ণ বা দলের লোক অন্যদের শোষণ করবে না...'

তিনি আরোও বলেছিলেন, 'আমরা সর্বদাই বলে এসেছি যে, পৃথিবীতে শক্তি নয় শান্তি এবং সামনা-সামনি টক্করের বদলে একে অপরকে সাহায্য করা উচিত। এই বিশ্ব সংহারের জন্য নয় বিকাশের জন্য। মানব জাতির সবচেয়ে দুর্ভাগ্য হল আমাদের কাছে উপায় আছে, আমাদের কাছে ভিজন আছে, কিন্তু এক পা এগিয়ে যাওয়ার জন্য যে সংকল্প ও বিশ্বাসের প্রয়োজন তা আমাদের কাছে নেই। মৈত্রেয়ী যেমন উপনিষদে লিখেছিলেন, এই মনই সমস্ত বন্ধনের স্রোত। এই বন্ধন থেকে মুক্তি পাওয়ার পরেই মানুষ এগিয়ে যেতে সমর্থ হবে। আগামি বছরে, ইউএনের মাধ্যমে একটা অন্তর্রাষ্ট্রীয় রূপান্তরের যুগ আসবে, যাতে ন্যায় এবং শান্তির একটা নতুন যুগের জন্য পূর্ণ স্বীকৃতি অন্তর্ভুক্ত থাকবে।'

ইউএসে ভারতীয় রাষ্ট্রদূত এল.কে.ঝা ইন্দিরা গান্ধীকে বলেছিলেন যে, তিনি যেন 24 শে অক্টোবর রাষ্ট্রপতি নিক্সনের সাথে ডিনার করে, 25 শে অক্টোবর দেশে ফিরে যান। তিনি যখন রাজি হননা, তখন তিনি বলেছিলেন যে, কেনো তিনি যেতে পারছেন না তা যেন রাষ্ট্রপতিকে একটা পত্র দ্বারা তিনি জানিয়ে দেন। প্রধানমন্ত্রী আমাকে একটা চিঠির খসরা তৈরি করতে বলেন। আমি জানতাম তিনি রিচার্ড নিক্সনকে পছন্দ করেন না, তাই আমি চিঠি লেখার জন্য সেই সমস্ত শব্দেরই ব্যবহার করেছিলাম যেগুলি ডিপ্লোমেটিক রূপে সঠিক হলেও তাতে ছিল উষ্ণতার অভাব, ঝা এই চিঠি পড়ে খুবই হতাশ হয়েছিলেন। তিনি

আমাকে বলেছিলেন যে, আমি যেন প্রধানমন্ত্রীকে গিয়ে এই পত্র সৌহাদ্রপূর্ণ করতে বলি। আমি ঝাকে বলেছিলাম যে, আপনি তো ওনাকে খুব ভালোই চেনেন; তিনি অনেক চিন্তা ভাবনা করার পরেই এই চিঠি লিখেছেন আর এতে উনি কোনো রকম বদল করবেন বলে আমার মনে হয় না। সবচেয়ে বড় কথা হল, রাষ্ট্রপতি নিক্সন এটা বুঝতে পর্যন্ত পারেননি যে, ইন্দিরা গান্ধী তাঁর আমন্ত্রণে অংশ নিতে চাইছিলেন না।

ফেরার পথে তিনি কাহিরে গিয়ে তাহির প্যালেসে রাষ্ট্রপতি অনবর সাদাতের সাথে দেখা করেছিলেন।

তিনি নিজের আবেগ ব্যক্ত করতে গিয়ে বলেছিলেন, তিনি এবং ভারতের লোকেরা মিশরের রাষ্ট্রপতি নাসিরের মৃত্যুর খবর পেয়ে শোক সংতপ্ত হয়ে উঠেছিলেন। প্রধানমন্ত্রী ব্যক্তিগত দিক থেকে খুবই আহত হয়েছিলেন, কারণ নাসির ছিলেন তাঁর বাবার ঘনিষ্ঠ বন্ধু।

প্রধানমন্ত্রী রাষ্ট্রপতিকে জানিয়েছিলেন যে, ভারত সংযুক্ত আরব গণরাজ্যের (ইউএআর) ভবিষ্যৎ নিয়ে খুবই চিন্তিত হয়ে উঠেছিল, বিশেষ করে এশিয়ার ক্ষেত্র নিয়ে, যা সামরিক দৃষ্টিতে খুবই গুরুত্বপূর্ণ ছিল। তিনি বিশ্বাস করতেন যে, রাষ্ট্রপতি সাদাত, রাষ্ট্রপতি নাসিরের নীতি মনেই চলবেন। ভারত ফিলীস্তীনী লোকেদের অধিকার তথা বোঝাপড়ার জন্য যে চুক্তি হয়েছিল তাতে ইউএআরকেই সমর্থন করেছিল। ইন্দিরা রাষ্ট্রপতিকে ভারতের অবস্থা সম্পর্কেই অবগত করেছিলেন। তিনি জানিয়েছিলেন যে, আমাদের অবস্থা খুবই জটিল হয়ে উঠেছিল, কারণ আথির্ক শক্তি ছিল কয়েকজন ধনী লোকেদের হাতে আর কৃষিক্ষেত্র নির্ভর করত সম্পূর্ণ রূপে জলসেচের সুবিধার ওপরে। ভারতের সবচেয়ে বড় সমস্যা ছিল নির্ধনতার সমস্যা। লোকে পরিবর্তন চাইত - সামাজিক ন্যায়ের সাথে আর্থিক সমানতা। সরকারি নীতির ওপর ছিল বামপন্থী ও দক্ষিণ পন্থীদের চাপ। ইউএসএসআর ভারতের সাহায্য করছিল কিন্তু আমরা নিজেদের ক্ষেত্রে বিস্তৃত করতে চাইছিলাম, একটা শক্তির ওপর নির্ভর করে থাকলে আর চলছিল না। পাকিস্তান ভারতের জন্য বিরাট সমস্যার সৃষ্টি করছিল। পূর্ব পাকিস্তানের আর্থিক অবস্থা ছিল খুবই খারাপ। তিনি ভারত ও চীনের সম্পর্ক নিয়েও কথা বলেছিলেন।

তিনি রাষ্ট্রপতির কাছ থেকে পশ্চিম এশিয়ার অবস্থা সর্ম্পাকে জানতে চেয়েছিলেন। রাষ্ট্রপতি সাদাত বলেছিলেন যে,

1969 সালের জুন মাসে সুডান ও লিবিয়াতে যে বিপ্লব হয়েছিল তারপর থেকে এটা স্পষ্ট হয়ে গেছিল যে, ইউএআর-এর অবস্থা খারাপ হওয়ার পিছনে কোনো বিশ্ব শক্তির হাত আছে। ইউএআর ইউএনের কাছ থেকে সাহায্যে আশা করেছিল, কিন্তু তা সবদিক থেকে ইজরায়েলেরই সাহায্য করেছিল।

তিনি বলেছিলেন, যখন ইউএস প্রতিনিধি শ্রী রিচার্ডসন, রাষ্ট্রপতি নাসিরের অন্তিম সংস্কারের জন্য এসেছিলেন, তখন সাদাত তাঁকে জিজ্ঞাসা করেছিলেন যে, ইজরায়েলের মতো ছোটো দেশ কিভাবে প্রতিদিন ইউএআরকে আক্রমণ করছে, এমনকি দশ লক্ষ পাউন্ডের

(ওপরে) কে. নটবর সিংহ, জওহরলাল নেহেরু এবং আমেরিকার রাষ্ট্রপতি ডেউইট ডি. আইজেনহওয়ার, 1961

সামনের সারিতে চৈনিক প্রমুখ চাউ-এন-লাই, মার্শাল চু-তহ, ড. এস রাধাকৃষ্ণন, চেয়ারম্যান মাও-তসে তুঙ্গ, রাজদূত আর.কে.নেহেরু, রাষ্ট্রপতি ল্যু শাউকী। পিছনের সারিতে ডানদিক থেকে তৃতীয় হলেন কে. নটবর সিংহ

সী. রাসগোপালাচারীর সাথে, 1962, নিউইয়র্ক

(ওপরে) ঈ.এম. ফোর্স্টরের সাথে, 1954

(বামে) জওহরলাল নেহেরু, আর. কে. নারায়ণ এবং কে. নটবর সিংহ। তিন মূর্তি বন, 1961

(ওপরে) রাজা রাওয়ের সাথে, নিউইয়র্ক, 1963

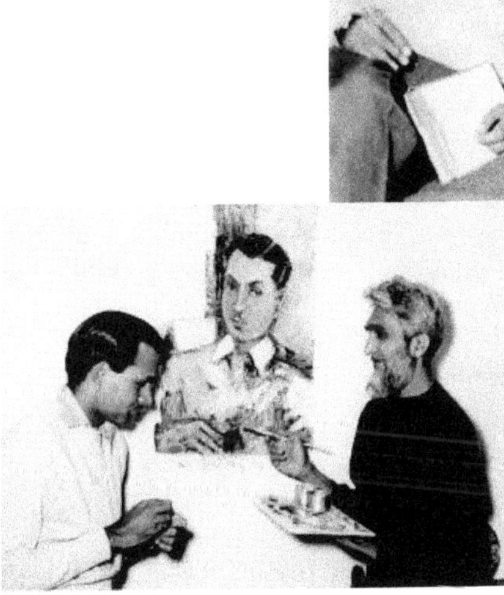

(বামে) এম. এফ. হুসেন নিউইয়র্কে তাঁর পোট্রেট অঙ্কনের সময়, 1963

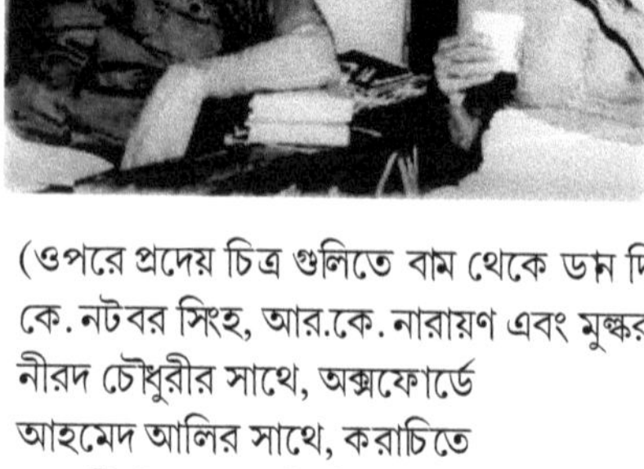

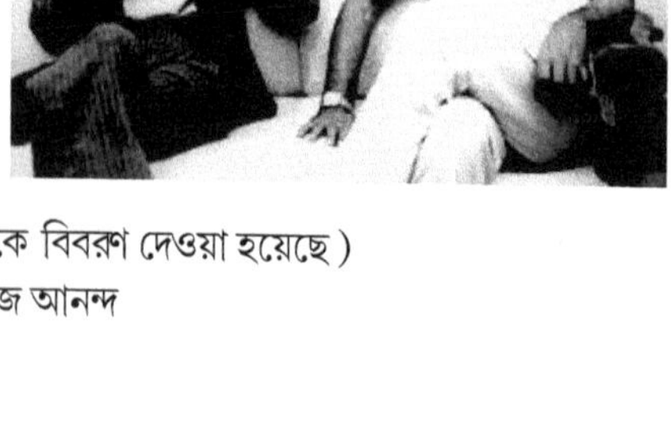

(ওপরে প্রদেয় চিত্র গুলিতে বাম থেকে ডান দিকে বিবরণ দেওয়া হয়েছে)
কে. নটবর সিংহ, আর.কে. নারায়ণ এবং মুল্করাজ আনন্দ
নীরদ চৌধুরীর সাথে, অক্সফোর্ডে
আহমেদ আলির সাথে, করাচিতে
তকাজী শিবশঙ্করা পিল্লাইয়ের সাথে, তকাজী
আমাউরে ডে রিয়েনকোট এবং হান সুয়েন, জেনি ।

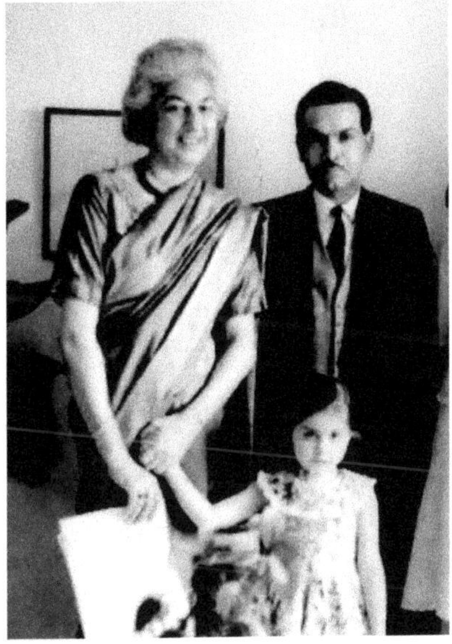

শান্তা রামা রাওয়ের সাথে, নিউইয়র্কে

(বামে) মদাম সুঙ্গ চিঙ্গলিঙ্গের সাথে, 1955

(নীচে বামে) আর.এন.কাও, পীএন ধরের সাথে

(নীচে) পী.এন. ঈস্কর

লর্ড মাউন্ট ব্যাটেনের সাথে লণ্ডনে, 1975

পরম পবিত্র দলাই লামার সাথে, চিত্রতে বিকাস স্বরূপকেও দেখা যাচ্ছে।

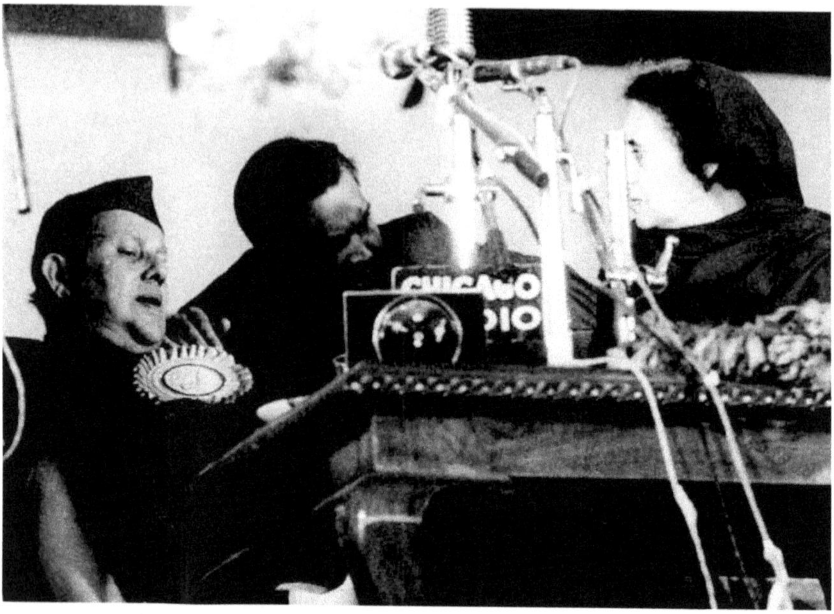

(ওপরে) কংগ্রেসের অধ্যক্ষ দেবকান্ত বরুয়া এবং ইন্দিরা গান্ধীর সাথে, 1974

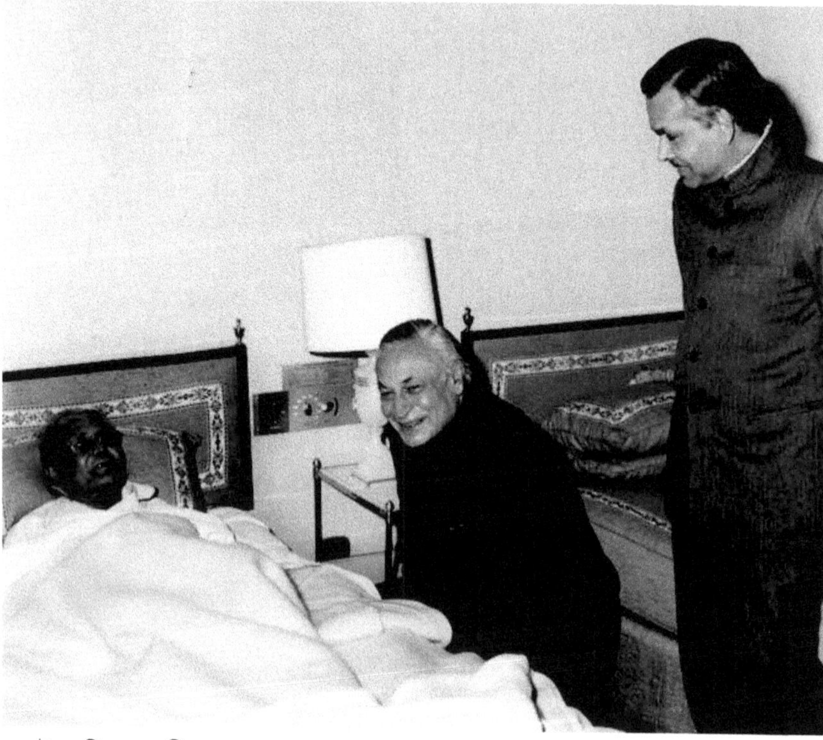

কে. নটবর সিংহ এবং বী.কে. নেহেরুর অসুস্থ জয় প্রকাশ নারায়ণের সাথে দেখা করতে যাওয়া, লন্ডন, 1977

বোমা পর্যন্ত বর্ষণ করছিল। ইউএআর-কে সোভিয়েত ইউনিয়ান সাহায্য করছিল। যদি আমেরিকা ইজরায়েলকে সাহায্য করা বন্ধ করে দিত, তাহলে ইউএআর কখনই ইউএসএসআরের কাছ থেকে আস্ত্রশস্ত্রের সাহায্য পেত না। তিনি এটাও জানিয়েছিলেন যে, পাকিস্তানের রাষ্ট্রপতি য়াহয়া কাহিরা গেছিলেন, আর সেখানে গিয়ে পশ্চিম এশিয়ার সাথে সম্পর্ক স্থাপনের জন্য আমেরিকার লাইন নির্বাচন করেছিলেন। 1956 সালে স্বেজ সংকটের সময় জওহরলাল নেহেরু ভারতের সংসদে যে ভাষণ দিয়েছিলেন তা মিশরের লোকেরা কখন ভুলবে না। তাঁদের মধ্যে প্রায় দুই ঘন্টা ধরে কথাবার্তা চলার পর ইন্দিরা গান্ধী তাঁকে ভারতে আসার জন্য আমন্ত্রণ জানিয়েছিলেন।

কাহির থেকে যাওয়ার আগে, তিনি এবং ভারতের প্রতিনিধিরা রাষ্ট্রপতি নাসিরের কবরে শ্রদ্ধাঞ্জলি অর্পণ করেছিলেন। ইন্দিরা গান্ধী তাঁর বিধবা পত্নী ও পুত্রের সাথেও দেখা করেছিলেন।

প্রধানমন্ত্রীর সচিবালয়ে পাঁচ বছর কাজ করার পর আমি পুনরায় বিদেশ মন্ত্রালয়ে ফিরে যেতে চাইছিলাম। তিনি আমাকে অনুমতি দিয়েছিলে, আমাকে পোল্যান্ডে নিযুক্ত করা হয়েছিল। আমার যাওয়ার আগেই 1971 সালের 25 শে মার্চ পাকিস্তানের সশস্ত্র সেনা পূর্ব পাকিস্তানের লোকেদের ওপর আক্রমণ করেছিল। আমি পোল্যান্ডে রাষ্ট্রদূত রূপে কাজ করার জন্য ২ শরা এপ্রিল দিল্লী থেকে বারসার উদ্দেশ্যে রওনা দিয়েছিলাম। পোল্যান্ডের রাষ্ট্রপতিকে নিজের পরিচায় পত্র দেখানোর আগেই , পূর্ব পাকিস্তানের ভয়ঙ্কর ঘটনার কথা সংবাদ মাধ্যমের সাহায্যে সারা বিশ্বে ছরিয়ে পরেছিল। পোল্যান্ডের সরকার অতি সচেতন ভাবেই কোনো মতামত জানায় না। বিদেশ মন্ত্রলায়ের কাছ থেকে আমি এই সম্পর্কিত খবরা খবর পেতাম।

ভারতীয় উপমহাদ্বীপের পোল্যান্ডের উপবিদেশমন্ত্রী ছিলেন রোমল্ড স্পাসোভস্কী, তিনি ভারতের রাষ্ট্রদূতও ছিলেন। আমি তাঁকে খুব ভালো করেই চিনতাম, আর দুইবার তাঁর সাথে প্রধানমন্ত্রীর সাক্ষাতেরও ব্যবস্থা করে দিয়েছিলাম। তিনি খুবই উল্লেখযোগ্য ডিপ্লোমেট ছিলেন। আমি প্রায়ই পোল্যান্ডের বিদেশী কার্যালয়ে তাঁর সাথে দেখা করতাম, আর তাঁকে পূর্ব পাকিস্তানের ঘটনা জানাতাম। সারা বিশ্বে পাকিস্তানের নির্যাতনের কথা ছরিয়ে পড়েছিল, সকলেই তাদের ঘৃণার চোখে দেখছিল। ভারতের ওপর প্রবল চাপের সৃষ্টি হয়েছিল; পূর্বী পাকিস্তান থেকে লক্ষ্যাধিক শরণার্থী ভারতে চলে এসেছিল নিজেদের জীবন বাঁচানোর জন্য।

অক্টোবরের শেষ সপ্তাহে, পোল্যান্ডে পাকিস্তানী রাষ্ট্রদূত, একজন বাঙালি ভদ্রলোক আমার সাথে দেখা করতে আসেন। তিনি পশ্চিম পাকিস্তানের লোকেদের মতো ছিলেন না, তাঁর সাথে কথা বলে আমার বেশ ভালো লেগেছিল। আমার সাথে দেখা হওয়ার পর তিনি যখন তাঁর অঞ্চলের লোকেদের কষ্টের কথা বলছিলেন তখন তাঁর চোখে জল এসে গেছিল। তিনি বলেছিলেন যে, পাকিস্তানী সেনাদের মধ্যে 85 শতাংশ ছিল পাঞ্জাবী তারা অকথ্য অত্যাচার করছিল। যে সরকার পূর্ব পাকিস্তানকে ধ্বংস করতে চেয়েছিল, তাঁর নিজেদের

লোকদের ওপর অত্যাচার করছিল, তেমন সরকারের হয়ে কাজ করা তাঁর জন্য অসম্ভব হয়ে উঠেছিল। আমি তাঁকে জানিয়েছিলাম যে, আমি তাঁদের লোকেদের জন্য সহানুভূতিশীল এবং গোপনে আমার তরফ থেকে যতটা সাহায্য করা যায়, ততটা করতেও প্রস্তুত ছিলাম।

সেই সময় জেনেভায় পাকিস্তানী রাষ্ট্রদূতদের একটা মিটিং-এ অংশ নিতে হয়েছিল। সেই বৈঠকের মুখ্য বিষয় ছিল-পূর্ব পাকিস্তানের ঘটনা তথা তাতে ভারতের ভূমিকা। রাষ্ট্রদূত বশীর আমাকে একটা বড়সড় খাম ধরিয়ে দিয়েছিলান। 'এটা জেনিভা মিটিং-এর রেকর্ড। দয়া করে এটা আপনাদের প্রধানমন্ত্রীকে দিয়ে দেবেন। উনি তোমাকে খুব সুনজরে দেখেন, ওনাকে বলো উনি যেন আমাদের লোকেদের রক্ষা করেন।' আমি তো কথাটা শুনে অবাক হয়ে যাই। এটা ছিল একটা অসাধারণ ঘটনা। একজন পাকিস্তানী রাষ্ট্রদূত ভারতের একজন রাষ্ট্রদূতের হাতে টপ-সিক্রেট কিছু নথিপত্র তুলে দিয়েছিলেন। আমি তাঁকে ভরসা দিয়েছিলাম যে, সপ্তাহের শেষ পর্যন্ত তা প্রধানমন্ত্রীর কাছে পৌঁছে যাবে। এমন ঘটনা গোয়েন্দা গল্পেই দেখা যায়। আমি তা বিদেশ মন্ত্রালয়ে না পাঠিয়ে সরাসরি প্রধানমন্ত্রীকে পাঠিয়ে দিয়েছিলাম, তা না হলে এই মূল্যবান কাগজ গুলি এক টেবিল থেকে আর এক টেবিলে নাচতে থাকত।

কিছু দিন বাদে একটা নাটকীয় ঘটনা ঘটে, অনেক রাতে রাষ্ট্রদূত আমার বাসায় আমার সাথে দেখা করতে এসেছিলেন। তাঁর অবস্থা ছিল খুব খারাপ, তা বলার অপেক্ষা রাখে না। তিনি এতটুকু সময় নষ্ট না করে বলেন, 'এই হল সাইফর কোড (গোপনীয় শব্দাবলির চাবিকাঠি, যার দ্বারা গোপন বার্তার অর্থ বোঝা যায়), এই গুলিই পাকিস্তানের রাষ্ট্রদূত প্রয়োগ করে।' আমি হতভম্ব হয়ে গেছিলাম। যেকোনো রাষ্ট্রদূতের কাছে সাইফার কোডের গুরুত্ব অপরিসীম, কারণ এর মাধ্যেমেই সে মন্ত্রালয়ের সাথে টপ-সিক্রেট বিষয়ে কথা বলে থাকর। দূতাবাসে তা কেবল দুইজন লোকের কাছে থাকে - মিশনের প্রধান তথা সাইফর সহায়ক। আমি পাকিস্তানের সাইফার কোড নিয়ে দিল্লী চলে গেছিলাম এবং তা 'র' -এর প্রধান রামেশ্বর নাথ কাওকে দিয়ে দিয়েছিলাম, তিনি ছিলেন অতিব যোগ্য ইন্টালীজেন্স অফিসার, খুব কম লোকই তাঁর নাম জানত, আর তাঁকে চিনতেন গুটি কয়েক লোক।

আমার বারসা ফিরে আসার আগেই, পাকিস্তানী রাষ্ট্রদূত অবসর নিয়ে নিয়েছিলেন। তিনি পোল্যান্ডের বিদেশী কার্যালয় থেকেই সেই সম্পর্কে সূচনা দিয়ে দিয়েছিলেন। তাঁর থেকে সমস্ত কূটনৈতিক অধিকার ছিনিয়ে নেওয়া হয়েছিল, কিন্তু তখনও তাঁকে অযোগ্য বলে ঘোষণা করা হয়নি। তিনি অসহ্য অবস্থার মধ্যে দিয়ে দিন কাটাচ্ছিলেন, যদি সরকার তাঁকে সরকারী নিবাস খালি করতে বলত, তাহলে তাঁর কাছে থাকার জায়গা পর্যন্ত ছিল না। দ্বিতীয়ত, যদি সরকার সরকারী বাহন কেড়ে নিত তাহলেও তাঁর কাছে যাতায়াত করার জন্য নিজেস্ব কোনো যানবাহন ছিল না। এটাই অনেক বড় কথা যে, তাঁর হাত খালি ছিল না। তিনি আগেই ব্যাঙ্ক থেকে নিজের এবং অফিসের কাজের সমস্ত টাকা উঠিয়ে নিয়েছিলেন।

তখন তিনি আর রাষ্ট্রদূত ছিলেন না, যে কারণে তিনি বিদেশ কার্যালয়ে কাউর সাথে দেখা করতে পারছিলেন না। তিনি দ্বিধায় পড়ে গেছিলেন - তাঁর হয়ে কেউ মুখ খুলবে কি খুলবে না? আমি একটা নির্দিষ্ট সীমার বাইরে গিয়ে আমার বাঙালী বন্ধুকে সাহায্য করতে পারছিলাম না। আমি পোল্যান্ডের বিদেশ উপমন্ত্রীর সাথে ব্যক্তিগত ভাবে কথা বলেছিলাম, আর তাঁকে বলেছিলাম যে, আমার বাঙালি বন্ধুকে যান ঘরটা খালি করতে না হয়।

তিনি আমাকে ভরসা দিয়েছিলেন। পোল্যান্ডের মিডিয়ায় তাঁর ব্যাপারে কোনো খবর প্রকাশিত হয় না। পাকিস্তানি সরকার নিজের ফাঁদে এমন জরিয়ে পড়েছিল যে, তাদের কাছে পোল্যান্ডের একজন রাষ্ট্রদূতকে নিয়ে ভাবার মতো সমায় ছিল না।

1971 সালের 17ই ডিসেম্বর, ইন্দিরা গান্ধী সংসদে নিম্নলিখিত ভাষণ পেশ করেছিলেন, 'আমি একটা ঘোষণা করতে চাই। পশ্চিম পাকিস্তানের সেনারা কোনো রকম শর্ত ছাড়াই বাংলাদেশের কাছে আত্মসমর্পন করেছে। আজ ঢাকায় আত্মসমর্পনের হস্তাক্ষর হয়েছে, 16.31 ওভর্স আইএসটীতে, লেফ্ট জেনারল এ.এ.কে. নিয়াজী পাকিস্তানের পূর্ব কমান্ডের তরফ থেকে করেছে। পূর্বী মোর্চাতে লেফটানেন্ট জেনারল জগজীত সিংহ অরোড়া, ভারত ও বাংলাদেশের বলের জৌওসী-ইন-সী সমর্পন স্বীকার করেছে। এখন থেকে ঢাকা স্বাধীন দেশের রাজধানী।

এই ঐতিহাসিক ঘটনার জন্য সমগ্র রাষ্ট্র প্রসন্নতা ব্যক্ত করছে। আমরা বাংলাদেশের লোকেদের এই জয়ের জন্য জয়জয়কার করছি। আমরা মুক্তিবাহিনীর যুবক ও জোয়ানদের জন্য জয়জয়কার করছি। আমরা আমাদের তিন প্রকারের সৈনিক ও সীমা সুরক্ষা বলের ওপর গর্ব করছি, তারা খুবই ভালো ভাবে তাদের যোগ্যতা ও ক্ষমতার প্রদর্শন করতে সক্ষম হয়েছে। ভারত খুবই কৃতজ্ঞতার সাথে এই জোয়ানদের স্মরণ করবে, যারা এই যুদ্ধে প্রাণ হারিয়েছেন, আমরা তাদের শোকার্ত পরিবারের পাশেই আছি।

আমাদের সশস্ত্র সৈনদের কড়া নির্দেশ দেওয়া হয়েছিল, তারা যাতে পাকিস্তানি সৈন্যদের সাথে জেনিভা বৈঠকে যে নিয়মের কথা বলা হয়েছিল সেই ভাবেই আচরণ করে, আর বাংলাদেশের লোকেদের যেন সহানুভূতি দেখায়। মুক্তিবাহিনীর কমান্ডারও সেই আদেশই দিয়েছিলেন। যদিও বাংলাদেশের সরকার জেনিভা সন্ধিপত্রে হস্তাক্ষর করার সুযোগ পাইনি, কিন্তু তারা আগেই ঘোষণা করে দিয়েছিল যে, সেই অনুসারেই চলা হবে। এই উত্তরদায়িত্ব বাংলাদেশ সরকার, মুক্তিবাহিনী এবং ভারতীয় সশস্ত্র সেনাদের ওপরেই থাকবে, তারা যাতে যেকোনো রকমের প্রতিহিংসা দমন করতে পারে।

আমাদের উদ্দেশ্য ছিল খুবই সীমিত - বাংলাদেশের লোক তথা তাদের মুক্তিবাহিনীকে সাহায্য করা যাতে তারা যে আতঙ্কের মধ্যে দিয়ে দিন কাটাচ্ছিল তার থেকে তাদের মুক্ত করা যায়। আমাদের সশস্ত্র সেনারা এবার ফিরে আসবে কারণ তারা তাদের উদ্দেশ্য পূরণ করতে সক্ষম হয়েছে।

যে লক্ষাধিক লোকেদের বাড়ি থেকে উচ্ছেদ করা হয়েছিল, তারা পুনরায় তাদের

বাড়িতে ফিরে যাচ্ছে। এই সমস্ত লোকেদের পুনর্বাসনের জন্য সরকারকে কঠোর পরিশ্রম ও সংকল্প করতে হবে।

আমি এই আশা ও বিশ্বাস প্রকট করছি যে, এই রাষ্ট্রের নতুন জনক শেখ মুজীবুর্রহমান, নিজেদের লোকের কাছে অবশ্যই নিজের যোগ্য স্থান লাভ করবেন, আর তিনি বাংলাদেশকে শান্তি, প্রগতি ও সমৃদ্ধির পথে নিয়ে যাবেন। এবার সার্থক ও সুন্দর বাংলাদেশ গড়ে তোলার জন্য উপযুক্ত পদক্ষেপ গ্রহণের সময় এসে গেছে।

আমাদের শুভ কামনা তাদের সাথে আছে।

এই বিজয়ের গৌরব শুধু তাদের নয়, যে রাষ্ট্র মানবীয় আত্মাকে মূল্য দেয়, তারা এই মানুষদের স্বাধীনতা পাওয়ার ইচ্ছাকে এক গুরুত্বপূর্ণ মাইল স্টোন হিসাবেই দেখবে।'

'সোনার বাংলা!'

1974 সালে আমার জীবনে একটা শোকের ছায়া নেমে এসেছিল। তখন আমি লন্ডন দূতাবাসের ডেপুটী কমিশানারের পদে নিযুক্ত ছিলাম। 17 ই জুন আমি নিজের অফিসে বসে কিছু কাগজ পত্র পড়ছিলাম, সেই কাগজ গুলি ডিপ্লোমেটিক ব্যাগে করে আমার কাছে এসেছিল। আমার সচিব সাড়ে বারোটা নাগাদ আমাকে জানায় যে, আমার শ্বশুড় মশাই পাটিয়ালার মহারাজ যাদবেন্দ্র সিংহ টেলিফোনে আমার সাথে কথা বলতে চাইছেন। সেই সময় তিনি হল্যান্ডে ভারতীয় রাষ্ট্রদূত হিসাবে নিযুক্ত ছিলেন। তিনি ছিলেন, সুস্থ, সক্রিয় ও এজার্নীতে ভরপুর একজন মানুষ। আমি তাঁকে বিগত সাত বছর ধরে চিনতাম, কখন তাঁকে অসুস্থ হোতে দেখিনি।

আমাদের দুজনের মধ্যে খুব সাধারণ কথাবার্তা হয়েছিল, আমরা একে অপরের পরিবারের খবরাখবর নিই। কথা শেষ হওয়ার মুখে তিনি আমাকে বলেছিলেন যে, আমার নিজের দিকে ও হেম ও বাচ্চাদের দিকে বিশেষ ভাবে খেয়াল করা উচিত। এই কথাটা শুনে আমার ঠিক ভালো লাগেন, আমি কেমন যেন একটা ব্যাকুলতা অনুভব করেছিলাম।

সেই দিন আমার ল্যাঙ্কেস্টর হাউসে লাঞ্চ করতে যাওয়ার কথা ছিল। দুপুর আড়াইটে নাগাদ আমি যখন ইন্ডিয়া হাউসে ফিরে আসি তখন আমার সচিব মাথা নিচু করে আমার সামনে এসে দাঁড়ায়। আমি তাঁকে জিজ্ঞাসা করি, 'কি হয়েছে? তোমার মুখটা অমন শুকিয়ে আছে কেনো?'

সে একটু সংকোচ করে বলে, 'মহারাজা সাহেব আর নেই।'

আমি তাঁকে বাজে কথা বলতে মানা করি, কারণ দুই ঘন্টা আগে তাঁর সাথে আমার কথা হয়েছিল।

'শ্যার আমি জানি, কিন্তু হঠাৎই ওনার হৃদযন্ত্র বিকল হয়ে পড়ায় কুড়ি মিনিট আগে তিনি শেষ নিঃশ্বাস ত্যাগ করেছেন। তাঁর ব্যক্তিগত সচিব একটু আগেই আমাকে ফোন করেছিল। তারা আপনার সাথে কোনো ভাবেই যোগাযোগ করতে পাচ্ছিল না।'

আমার কাছে সেটা কোনো ছোট ঘটনা ছিল না। খানিকক্ষণ আমি কোনো কথা বলতে পারিনি। তাঁর বয়স ছিল মাত্র একষট্টি বছর। আমি খানিক ক্ষণ মাথায় হাত দিয়ে চুপ করে বসেছিলাম।

নিজেকে একটু সামলে নিয়ে আমি 84 পার্ক স্ট্রীট স্থিত ঘরের দিকে রওনা দিই। সারা রাস্তা জুড়ে এটাই ভাবছিলাম যে, আমি স্ত্রীকে এই খবরটা কিভাবে দেব? আমি গিয়ে দেখি হেম বড় ঘরটা ফুল দিয়ে সাজাচ্ছিল, তাঁকে কিছু বলার আগেই তিনি আমাকে জিজ্ঞাসা করেছিলেন, 'পাপা...?'

আমি বলেছিলাম, 'হ্যাঁ, কিন্তু তুমি কিভাবে জানলে?'

'আমাকে কেউ বলেনি, কিন্তু তোমার বাড়ি ফেরা দেখেই আমি বুঝতে পেরে গেছি।'

আমরা এম্সটর্ডনের প্রথম প্লেনে বসেই হাসপাতালের উদ্দেশ্যে রওনা হই। মহারাজার শরীর একটা বিরাট টেবিলের ওপর রাখা ছিল। তাঁর পাগড়ি খুলে দেওয়া হয়েছিল, তাঁর মুখে একটা শান্তির রেখা লক্ষ্য করেছিলাম। হেম তাঁর বাবার মাথায় চুম্বন দিয়ে তাঁর চরণ স্পর্শ করেছিলেন। কিন্তু তারপর তিনি আর নিজেকে সামলাতে পারিনি।

1974 সালের 21 শে জুন, সূর্যাস্তের আগেই তাঁর দেহ দাহ করে দেওয়া হয়েছিল, তাঁর শেষকৃত্য সম্পন্নের সময় হাজারের বেশি লোক উপস্থিত ছিল। প্রায় এক সপ্তাহ ধরে সংবাদ পত্রের প্রথম পৃষ্ঠায় তাঁকে নিয়েই খবর ছাপা হয়েছিল। শোকবার্তার জোয়ার দেখা গেছিল।

লন্ডন ফেরার আগে আমি আর হেম ইন্দিরা গান্ধীর সাথে দেখা করতে গেছিলাম, তিনি আমাদের 1 সফদরজঙ্গ রোডে অবস্থিত তাঁর নিজের বাড়ির পিছনের দিকের বাগানে নিয়ে গেছিলেন। শ্রীমতি গান্ধী পাটিয়ালার মহারাজাকে বিগত তিরিশ বছর ধরে চিনতেন, তাঁর সাথে তাঁর বন্ধুর মতো সম্পর্ক ছিল। তাঁর স্বামী ফিরোজ গান্ধী মারা যাওয়ার পর, ইন্দিরা বেশ কিছু দিন আমার শাশুড়িমার সাথে তাঁদের গ্রীষ্মকালিন মহল চৈলে কাটিয়েছিলেন। তাঁরা ছিলের ঘনিষ্ঠ বন্ধু।

হেম কয়েকবার তাঁর বাবাকে আত্মজীবনী লেখার জন্য চাপ দিয়েছিলেন, তিনি কয়েক পৃষ্ঠা লিখেও ছিলেন, তাঁর প্রথম পৃষ্ঠার একটা পংক্তি এখানে তুলে ধরছি

'যখন কাউর কিছু বলার প্রয়োজন হয়, সেই সময় যদি সে চুপ করে থাকে তাহলে তা পাপ এবং তা গুরুতর অপরাধ।সাহসী ব্যক্তি, সর্বদাই কোনো ব্যক্তির অনুচিত কাজের বিরুদ্ধে আওয়াজ করবেই, তাকে শুধু বলার অধিকার টুকু দিতে হবে। বাকি লোকেরা মনে যা আসবে বলবে, কিন্তু তাতে কি...।'

এটাই তাঁর সমাধির লেখা হতো পারে।

অধ্যায় -১০

আপৎকাল

সংবিধান সভায় একবার এই নিয়ে তর্ক উঠেছিল যে, ড. আম্বেতকার বলেছিলেন যে, 'ভারতের প্রজাতন্ত্র ভারতীয় মাটির উপরিভাগ মাত্র। যা অনিবার্য রূপেই অপ্রজাতান্ত্রিক।' তাঁর কথার মধ্যে একটা গভীর সত্যতা লুকিয়েছিল, কিন্তু প্রকৃতি সত্য হল, 1975 সালের 26 শে জুন ইন্দিরা গান্ধী যে কূটনৈতিক প্রহার করেছিলেন, ভারতের প্রজাতন্ত্রকে সেই প্রহার সহ্য করতে হয়েছিল।

এই বিষয় সম্পর্কে সবচেয়ে ভালো প্রমাণ পাওয়া যায় পী.এন.ধরের লেখা 'ইন্দিরা গান্ধী, দ্যা এমারজেন্সি ও ইন্ডিয়ান ডেমোক্রেসি' নামক পুস্তকে। তিনি লিখেছিলেন - 'আমি এটাই বলতে চাই যে, যদি আপৎকালের অর্থ এই হয় যে, যে নিয়ম ও ন্যায়ের দ্বারা প্রজাতান্ত্রিক ব্যবস্থা চালানো হয় তাতে কাটছাঁট করা তাহলে বলা যায় যে ভারতের লোকতান্ত্রের কাঠামোতে তা অনেক আগে থেকেই করা হয়েছিল, 1975 সালের 26 শে জুনেরও অনেক আগেই এই ব্যাপারে চাপ আসতে শুরু করেছিল, কিন্তু তা এতই ধীর গতিতে সম্পন্ন হচ্ছিল যে, সেদিকে কাউর নজর পড়ছিল না। 1975 সালের 26 শে জুন নাটকীয় ঘটনা ঘটার পরই ভারতীয়দের চোখ সেই দিকে আকৃষ্ট হয়েছিল।

আপৎ কাল সম্পর্কে বহু ঘটনা লেখা যায়, কিন্তু আমি কেবল ইংল্যান্ডে এর প্রভাব সম্পর্কিত আলোচনার মধ্যেই সীমা বদ্ধ থাকব।

যেকোনো দিক থেকে বিচার করেই বলা যায় যে, ইন্দিরা গান্ধী ছিলেন একজন শক্তিশালী, তেজস্বী ও আকর্ষণীয় নেতা। 1971 সালে পাকিস্তানের সাথে যুদ্ধের পর, তাঁর প্রতিষ্ঠা নিয়ে কাউর মনে কোনো সংশয় ছিল না। যদিও এই আনন্দ বেশি দিন অনুভব করা সম্ভব হয়নি, কারণ তিন বছরের মধ্যে আর্থিক ও রাজনৈতিক সংকটের জন্য, সবকিছু খারাপ হয়ে গেছিল। 1974 সালে, জয়প্রকাশ নারায়ণ গণ আন্দোলন চালিয়েছিলেন, তিনি নাগরিকদের হিংসাত্মক পন্থায় দেশ বদলানোর জন্য আহ্বান জানিয়েছিলেন, লোকেরা তা পছন্দও করেছিল।

1975 সালের জনু মাসের শুরুতে, জাময়কার, কিঙ্গস্টনে ইন্দিরা গান্ধী কমনওয়েলথ সভায় অংশ গ্রহণ করেছিলেন। সেখানেই তিনি পদ্মজা নাইডুর মৃত্যুর খবর পেয়েছিলেন, যার ফলে তিনি তাড়াতাড়ি দেশে ফেরার সিদ্ধান্ত নিয়েছিলেন। 12 জুন, এলাহাবাদ হাইকোর্টের বিচারপতি জগমোহন সিনহা প্রধানমন্ত্রীর বিরুদ্ধে রাজ নারায়ণের আপিলের ভিত্তিতে রায় দিয়েছিলেন। বিচারপতি সিনহা যে, শুধুমাত্র 1971 সালে তাঁর রায়বরেলির নির্বাচন খারিজ

করেছিলেন তাই নয়, বরং তিনি জানিয়েদিয়েছিলেন যে, ছয় বছর তিনি কোনো রকম নির্বাচনের লড়াই লড়তে পারবেন না।

তিনি প্রথমেই যেটা করতে পারতেন সেটা হল ত্যাগপত্র দিয়ে দেওয়া, কিন্তু সিদ্ধার্থ শঙ্কর রায় ও সঞ্জয় গান্ধীর কথায় তিনি ত্যাগপত্র জমা করেননি। 26 শে জুন তিনি এর জবাব দেন। রাষ্ট্রপতি ফখরুদ্দীন আলি আহমদ রাষ্ট্রে আপৎ কালের ঘোষণা করে দিয়েছিলেন।

সংবিধানের 352 ধারার 1 -তে প্রাপ্ত শক্তির প্রয়োগ করেছিলেন তিনি, 'আমি ফখরুদ্দীন আলি অহমেদ, ভারতের রাষ্ট্রপতি, এটা ঘোষণা করছি যে, দেশের অভ্যন্তরে যে উথাল-পাতাল চলছে তার জন্য ভারতের ওপর সংকট দেখা দিয়েছে, আর একটা সংকট জনক আপৎকাল দেখা দিয়েছে।

মন্ত্রীমন্ডল যখন এই কথা জানতে পারে, তখন এই সিদ্ধান্ত নেওয়া হয়ে গেছিল। সর্দার স্বর্ণ সিংহ আপতকাল লাগু করার কারণ জিজ্ঞাসা করেছিলেন, কিন্তু তিনি বেশি ক্ষণ কোনো বিরোধীতা করতে পারেননি।

ইন্দিরা গান্ধীর প্রধান তিন পরামর্শদাতাদের আমরা 'তিন ব্যক্তিদের রাজ' বলে ডাকতাম - ডী.কে.বরুয়া, সিদ্ধার্থ শঙ্কর রায় এবং রজনী পটেল। কিন্তু জানা যায় যে পটেল কিছু দিনের জন্য খুবই খ্যাতি অর্জন করেছিলেন, কিন্তু তাঁকে শীঘ্রই তাঁর সহকর্মীদের সহ সরিয়ে দেওয়া হয়েছিল।

26 শে জুনের সকালে, বিভিন্ন রাজনৈতিক দলের শতাধিক নেতাকে বন্দি করে নেওয়া হয়েছিল, তাঁর মধ্যে ছিলেন, জয়প্রকাশ নারায়ণ (যিনি ইন্দিরা গান্ধীর ওপর প্রজাতন্ত্র হন্তার অভিযোগ এনেছিলেন), মোরারজী দেসাই, অটল বিহারী বাজপেয়ি, এল.কে. আডবাণী। চরণ সিংহ, অশিক মেহেতা, এম. করুণানিধি, ও জয়পুর ও গোয়ালিওরের রাজমাতা। বিশেষ সংবাদ পত্র গুলিকে বিদ্যুত প্রদান বন্ধ করতে দেওয়া হয়েছিল, তুর্কনামা গেটের কাছে অবস্থিত একটা বিশেষ কাঠামো ভেঙে দেওয়া হয়েছিল সঞ্জয় গান্ধীর অর্ডারে।

এলাহাবাদের উচ্চ ন্যায়ালয় ইন্দিরা গান্ধীর বিরুদ্ধে যে সিদ্ধান্ত নিয়েছিল, ব্রিটেন তাতে প্রথমে ডাউট-অফ-বেনিফিট প্রতিক্রিয়া জানিয়েছিল। আমার নিকটতম ব্রিটিশ বন্ধুদের মধ্যে একজন ছিলেন বিখ্যাত প্রবন্ধকার এভম লেখক, জন গ্রির এই ব্যাপারে 'নিউ স্টেট্সম্যান'-এ একটা প্রবন্ধ লিখেছিলেন, যাতে বিচারপতি সিনহার সিদ্ধান্ত নিয়ে কথা বলা হয়েছিল।

যদিও 26 শে জুনের পর ব্রিটিশ মিডিয়া একেবারেই বিপরীত সুরে গান গাইছিল। 'দ্যা টাইমসের' দুই পৃষ্ঠা জুড়ে বিজ্ঞাপন প্রকাশিত করা হয়েছিল, যাতে শতাধিক বিদ্বান ও বিখ্যাত লোকেদের নাম অন্তর্ভুক্ত ছিল, তাঁদের মধ্যে উল্লেখ যোগ্য ছিলেন - ফেনর ব্রাকবে, শ্রীমতি লাস্কী, লেডী ক্রিপ্স তথা ডেম সাইবিল থ্রোনডাইক, এঁরা সকলেই ভারতের বন্ধু ছিলেন। তাঁরা এমরজেন্সী, রাষ্ট্রীয়-প্রান্তিয় নেতা ও বিশেষ করে জয়প্রকাশ নারায়ণের গ্রেপ্তারের জন্য খুবই সমালোচনা করেছিলেন। জুলাইয়ের মাঝামাঝি সময় থেকে ব্রিটিশ মিডিয়া সঞ্জয়ের নিন্দা করতে শুরু করেছিল। আসলে তিনি নিজের মায়ের ওপর চাপ সৃষ্টি করে তাঁকে চালনা করছিলেন।

এমনেস্টী ইন্টারন্যাশানাল আমার এবং বী.কে. নেহেরুর ওপর চাপ সৃষ্টি করছিল; অন্তর্রাষ্ট্রীয় সমাজবাদী নেতা জর্জ ফর্নাডীজকে মুক্ত করার জন্য চাপ দেওয়া হচ্ছিল, সেই কারণে সারা দেশ ব্যাপী রেল ধর্মঘট শুরু হয়ে গেছিল। সেই সময় তিনি এমন একটি দলের সদস্য ছিলেন যা ইংরেজ এবং সমাজবাদীদের কাছে খুবই জনপ্রিয় ছিল। ব্রিটিশ বিদেশ মন্ত্রী জেম্‌স কলঘনও ভারতীয় বিদেশ মামলার মন্ত্রী ওয়াই.বী.চৌহানের সাথে ফর্নাডীজকে বন্দী করার বিষয় নিয়ে আলোচনা করেছিলেন।

আপৎকাল ঘোষণা করার তিন মাস বাদে, আমি ইন্দিরা গান্ধীকে ব্যক্তিগত ভাবে একটা চিঠি লিখেছিলাম। আমি আপৎকালকে সমর্থন করেই বলেছিলাম যে, আশা করি তা শীঘ্রই সমাপ্ত হয়ে যাবে। প্রধানমন্ত্রী আমার চিঠির কোনো জবাব দেননি, যা ছিল আমার কাছে আশ্চর্য বিষয়। মহারাণী বকিংঘম মহলে একটা রিসেপশানের আয়োজন করেছিলেন, সেখানে লর্ড মাউন্ট ব্যাটন আমাকে এবং বী.কে.নেহেরুকে বলেছিলেন, 'তোমরা আমাদের সব বন্ধুকে বন্দী করে নিয়েছো ?'

তিনি গোয়ালিওর এবং জয়পুরের রাজমাতা তথা জয়পুরের মহারাজা ভবানী সিংহের সাথে কথা বলতেন। আমরা চুপ করে ছিলাম, কিন্তু মাউন্টবেটনের কথা অন্যরা শুনছিল।

ফেরন ব্রকওয়ে আপৎকাল নিয়ে সবচেয়ে বেশি আপত্তি জানিয়েছিলেন। তিনি ছিলেন ব্রিটিশ সংসদের গুরুত্বপূর্ণ লেবার নেতা, তিনি 1920 এবং 1930 সাল থেকে গান্ধীজী ও জওহরলাল নেহেরুকে চিনতেন। তিনি ইন্দিরা গান্ধীর সাথেও কয়েকবার দেখা করেছিলেন। ভারতের স্বাধীনতা আন্দোলনকেও তিনি সমর্থন করতেন, তাই তাঁকে কোনো ভাবেই উপেক্ষা করা যাচ্ছিল না। আমি তাঁর সাথে দেখা করার জন্য সময় চেয়েছিলাম। তিনি আপৎকাল তথা জেপীকে বন্দী করার জন্য নিন্দা করেছিলেন, 'যখন আমি প্রথমবার জয়প্রকাশের সাথে দেখা করেছিলাম, তখন হয়তো তোমার জন্ম হয়নি। আমাকে গান্ধীজী তাঁর সাথে পরিচয় করিয়ে দিয়েছিলেন। চার বছর আগে তোমরা তাঁকে আমাদের কাছে পাঠিয়েছিলে, যাতে পূর্বী পাকিস্তানের ওপর পাকিস্তান যে অত্যাচার করছিল, তাতে ভারতের মনোভাব ব্যক্ত করার জন্যই তাঁকে পাঠানো হয়েছিল। আমিই সংসদে কঞ্জরভেটিভ এবং লেবার সদস্যদের নিয়ে মিটিং-এর আয়োজন করেছিলাম, জেপী সেই সময় খুবই সংবেদনশীলতা ও আবেগের সাথে কথা বলেছিলেন। তিনি খুব ভালোভাবে ভারতের পক্ষ হয়ে কথা বলেছিলেন, আর সংসদে তাঁর ভাষণের প্রভাব ছিল অনুকূল। আর এখন তুমি কি বলতে চাইছো, উনি দেশদ্রোহী, সেটা আমাকে মানতে বলো ?'

তাঁর সাথে আমি যদি তর্ক করতাম সেটা কখনই শোভোনিয় হতো না, তাই আমি তাঁকে প্রধানমন্ত্রীকে তাঁর চিন্তা ধারা জানিয়ে একটা চিঠি লিখতে বলি, আমি তাঁকে ভরসা দিয়েছিলাম যে, এই চিঠি আমি তাঁর কাছে পৌঁছে দেব। কিছুদিনপরে তাঁর লেখা চিঠি আসে আরআমি সেটা প্রধানমন্ত্রীকে পাঠিয়ে দিয়েছিলাম। আমি সাহস করে তাঁকে লিখেছিলাম যে, 'আমি জানি যে আপনার সমালোচকদের কি উত্তর দেওয়া উচিত, কিন্তু আপনার বন্ধুদের কি বলব তা জানি না।' তিনি কোনো উত্তর দেননি। ব্রকওয়ে জয়প্রকাশ নারায়ণকেও চিঠি লিখেছিলেন,

কিন্তু সেই চিঠি শেষ পর্যন্ত তাঁর কাছে পৌঁছায়নি।

ইংল্যান্ডে ভারতীয় দলের মধ্যেও বিভাজন দেখা গেছিল। কেবল তিরিশ শতাংশ লোক আপতকালকে সমর্থন করছিল, বাকি সকলেই ছিল তার বিরুদ্ধে। ইন্ডিয়া হাউসের বাইরে অনেক প্রদর্শন হয়েছিল, যাতে জেপী সহ অন্য নেতাদের মুক্ত করার জন্য স্লোগান দেওয়া হচ্ছিল। লন্ডনের অতি গুরুত্বপূর্ণ স্থানে ইন্ডিয়া হাউস অবস্থিত ছিল। এই স্থানটি নির্বাচনের পিছনে একটা কারণ ছিল, সেটা হল, সেখান থেকে মিডিয়ার কভারেজ খুব সহজেই পাওয়া যাচ্ছিল। এমনি একটা প্রদর্শনের সময়, হাই কমিশানারকে তাদের হাত থেকে ত্রান পাওয়ার জন্য পিছনের গোপন দরজার সাহায্য নিতে হয়েছিল। ভারতে যখন বীবীসীর কার্যলয় বন্ধ করে দেওয়া হয়েছিল তখন মিডিয়াকে শান্ত রাখা আমাদের পক্ষে অসম্ভব হয়ে উঠেছিল।

আপৎকালের আশাহীন দুষ্প্রভাব সামনে এসে হাজির হয়। আমি প্রায়ই 'নিউ স্টেট্সম্যানে' পুস্তকের সমীক্ষা লিখতাম, সেটা ছিল এক প্রভাবশালী বামপন্থী সাপ্তাহিক পত্রিকা। সম্পাদক এন্থোনী হবার্ড আপৎকালের ঘোষণার সাথে সাথে সমীক্ষকের তালিকা থেকে আমার নামটা কেটে বাদ দিয়ে দিয়েছিলেন।

আমি আপৎকালের সামাজিক ও আর্থিক পরিণাম সম্পর্কে সেখানে কোনো রকম উল্লেখ করিনি। তা নিয়েও বিচার করার প্রয়োজন ছিল, কিন্তু ইউ.কে-তে কেউই সেই ব্যাপ্যারে ধ্যান দেয়নি, তারা শুধুমাত্র রাজনৈতিক দিকেই নজর দিয়েছিল।

প্রথম কয়েকমাস আমি আপৎকালের সমর্থন করেছিলাম, কিন্তু তার প্রচার করিনি। সেই উদাসীনতা পূর্ণ দুর্বল সপ্তাহ গুলিকে, মাস গুলিকে ও বছর গুলিকে আজও পিছন ঘুরে দেখি, তখন শুধু একটা কথাই মনে হয়, ওই সময় যে আচরণ করেছিলাম, তাতে কোনো ভালো হয়নি।

1975 সালের নভেম্বরে, কংগ্রেসের অধ্যক্ষ ডী.কে. বরুয়া লন্ডনে গেছিলেন এবং উনি 14 ই নভেম্বর ভারতের বিখ্যাত ব্যবসায়ি লর্ড স্বরাজ পালের আয়োজিত একটি অনুষ্ঠানে অংশ নিয়েছিলেন। অতিথিদের মধ্যে মাইকেল ফুট, রেগনাল্ড মডলিঙ্গ, শ্রীদত্ত 'সোনী' রামফল তথা জেম্স ক্যামরন ছিলেন। কংগ্রেসের অধ্যক্ষ আপৎকালের সমর্থনে একটা অতিব জঘন্য ভাষণ দিয়েছিলেন। তাঁর ভাষণ এতটাই নীরস ছিল যে, অতিথিরা প্রায় ঘুমিয়েই পড়েছিলেন।

আমি ব্যক্তিগত ভাবে ডী.কে. বরুয়াকে খুবই পছন্দ করি। তিনি সকলের সাথে খুব ভালো করে মিশতে পারতেন, খুব মজার কথা বলতেন এবং পড়াশোনার ব্যাপারেও খুবই শৌখিন ছিলেন, কিন্তু ব্রিটিশ আদপ-কায়দা সম্পর্কে তাঁর তেমন কোনো জ্ঞান ছিল না। ইংল্যান্ডে ডিনারের পর যে ভাষণ দেওয়ার রেওয়াজ ছিল তা হতো খুবই সংক্ষিপ্ত এবং হাসির। আমার ভাষণ তাঁর ক্ষতিকে সামান্য হলেও পূরণ করতে পেরেছিল।

আমি এখানে আমার ভাষণের খানিকটা অংশ উদ্ধৃত করছি, 'দুই দিন আগে আমার সাথে কয়েকজন লোক এই ডিনারের বিষয়ে আলোচনা করছিল, আমি যখন জানতে পারি

যে মি. মাইকেল ফুট সবার আগে বক্তব্য রাখবেন তখন আমি ভয় পেয়ে যাই। আমার বুকের ভেতরেটা ধরাক ধরাক করছিল। কয়েক বছর আগে ইউএসে আমি তাঁর ভাই হগের সাথে ছিলাম, কিন্তু বিরোধী পক্ষদের সাথে। রাইট ফুটের সাথে টক্কর দেওয়া খুবই কষ্টকর, কিন্তু লেফ্‌ট ফুটের সাথে কোনো মোকাবিলাই করা যায় না।'

'আমাদের আজকের চেয়ারম্যান তথা এমপী মিস্টার নেল্ডন গ্রাফিথ্‌স, আমার মুখ দেখেই কিছু বুঝতে পেরেছিলেন এবং তিনি আমাকে জিজ্ঞাসা করেছিলেন যে, তোমাকে বলতেই হবে এর কোনো মানে আছে কি? এল্ডন এটাতো এমন প্রশ্ন, যা আমার মতো ডিপ্লোমেটের আপনার মতো রাজনেতাকে জিজ্ঞাসা করা উচিত ছিল...

'যদি এটা সম্পূর্ণ রূপে ব্রিটিশ সমারোহ হতো তাহলে আমি তাঁর কথা মেনে নিতাম। যেহেতু এটা একটা ইন্ডো-ব্রিটিশ সমারহো তাই আমি প্রতিশ্রুতি দিতে চাই যে, এটা সবাই জানে যে, ভারতের সাথে সম্পর্কিত সমারোহ এখানে কখনই সময়ের মধ্যে শেষ হয় না, মনে হয় যে শুরু তো হয়ে গেছে কিন্তু শেষ তো হচ্ছেই না। মিস্টার গ্রাফিথ্‌স বলেছিলেন যে, এখানে এমনটা হবে না। তিনি সময়ের মধ্যে শুরু করেছিলেন আর সময়ের মধ্যে শেষ করার দায়িত্ব আমার ওপর ছেড়ে দিয়েছেন।

'ইংরেজরা সময়ের ব্যাপারে খুব সচেতন। আমি এখানে কাউর অপমান করছি না। আমাদের ভারতে এমন কোনো সমস্যা নেই। কিন্তু যখন ব্রিটিশদের কিছু ভালো লাগে তখন তারা ঘড়ির কাঁটা কোন দিকে গেলো সেদিকে তাকিয়েও দেখে না, তাই আজ যদি আমি আপনাদের সময় থেকে এক-দুই মিনিট অতিরিক্ত নিয়ে থাকি তাহলে দয়া করে আমাকে মার্জনা করবেন।'

মিডিয়ার লোকেরা এই ডিনারের দিকে তাকিয়েও দেখেনি।

ডিসেম্বর মাসে আমাকে বিদেশ মন্ত্রালয়ের থেকে দিল্লীতে ডেকে পাঠানো হয়েছিল। আমি সেখানে গিয়ে প্রধানমন্ত্রীকে জানিয়েছিলাম যে, আপৎকালের জন্য আমাদের কত সমস্যা ভোগ করতে হচ্ছে। তিনি সেই কথার দিকে কোনো গুরুত্ব না দিয়ে বলেন যে, 'আপনার হাই কমিশান ঠিক ভাবে কাজ করছে না।' তিনি কিভাবে এমন একটা কথা বলেছিলেন, তা আমি বুঝতে পারিনি। আমিও জবাবে বিশেষ কিছু বলতে পারিনি, আমি শুধু এইটুকুই বলেছিলাম যে, 'আমরা লন্ডনের পরিস্থিতি সামলানোর চেষ্টা করছি।' লন্ডনে আপৎকালের বিচার থেকে বাঁচা প্রায় অসম্ভব ছিল, কারণ সেটাকে অনেক দিক দিয়ে ভারতেরই বিস্তার বলা যেতে পারে।

কত মন্ত্রী, সংসদের সদস্য ও বরিষ্ঠ আধিকারী ইন্ডিয়া হাউসে এসে হাই কমিশানারকে লেবর ও কনজারভেটিভ দলের সদস্যদের সাথে দেখা করানোর কথা বলেছিলেন তার কোনো ইয়ত্তা নেই, ব্রিটিশ প্রতিষ্ঠানের কেউই এই দিগ্‌ভ্রমিত লোকেদের সাথে সাক্ষাৎ করার ব্যাপারে আগ্রহী ছিলেন না। ইংল্যান্ডে এই আপৎকালকে সঠিক প্রতিপন্ন করা কঠিন হয়ে উঠেছিল। আমেরিকার প্রতিক্রিয়াও ছিল সেই রকমই। এমনকি নিউইয়ার্কের বিখ্যাত ব্যক্তিত্ব তথা জওহরলাল নেহেরু এবং ইন্দিরা গান্ধীর খুব কাছের বন্ধু ডোরোথী নরমনও আপৎকালের বিরোধীতা করেছিলেন। আমি সব কথাই তাঁকে জানিয়েছিলাম।

ডিসেম্বরে আমি ভারতে আসি। আমি যখন বাইরে ছিলাম, তখন আমার মনে হয়েছিল যে, সেই সময় প্রধানমন্ত্রী রক্ষা মন্ত্রী বংশী লাল ও সঞ্জয় গান্ধীর হাতের পুতুল হয়ে গেছিলেন। তাঁরা তাঁকে বুঝিয়েছিলেন যে, আপৎকাল থাকাটা খুবই জরুরি এবং সাধারণ জনগণও তা সমর্থন করছে।

আমাকে বলা হয়েছিল যে, গাড়ি সময় মতন চলছে, আর আধিকারীরাও সময় মতন নিজেদের কাজ করছেন। খুব কঠোরতার সাথে অনুশাসনের প্রয়োগ করা হচ্ছে। এমনকি আচার্য বিনোবা ভাবেও আপৎকালকে 'অনুশাসন পর্ব' নাম দিয়েছিলেন।

কিছু দিন বাদে, প্রধানমন্ত্রী আমাকে লাঞ্চে আমন্ত্রণ জানিয়েছিলেন। আমার খুব ভালো মনে আছে যে, সেদিন টেবিলে রাজীব, সোনিয়া, সঞ্জয় ও ফারুখ আব্দুল্লাও উপস্থিত ছিলেন। কোনো রকম বিবাদিত বিষয় নিয়ে আলোচনা হয়নি, কিন্তু এটা বুঝতে পেরেছিলাম যে, রাজীব তাঁর ভাইয়ের গতিবিধির বিষয়ে সন্তুষ্ট নন, আর আপৎকালের ব্যাপারে তাঁকে খুব অসহায় বলে মনে হয়েছিল।

আমি বী.কে. নেহেরুকে সেই সময় সম্পর্কে লিখেছিলাম, 'কিন্তু আমি সঞ্জয় সম্পর্কে রাজীবের সাথে কথা বলেছিলাম। তিনি খুবই অসন্তুষ্ট, বিব্রত ও অসহায় ছিলেন, কারণ যা হচ্ছিল তা সকলের সাথেই হচ্ছিল, আর তারা সকলে সঞ্জয়ের বন্ধু বা সমর্থক ছিলনা। আমি রাজীবকে জিজ্ঞাসা করেছিলাম যে, তাঁর মা এইসব করার অনুমতি কিভাবে দিলেন; তিনি বলেছিলেন যে, যতদূর তিনি জানেন তাতে করে মা সবই তাঁর ছেলের ওপর ছেড়ে দিয়েছিলেন। তিনি প্রধানমন্ত্রী হিসাবে নিজের শক্তির প্রয়োগ করতে পারছিলেন না, তিনি সেই শক্তি সঞ্জয়ের হাতে দিয়ে দিয়েছিলেন। আমি যতদূর দেখেছি, তাতে আমার মনে হয়েছে যে, তিনি নিজেকে দেশের রাষ্ট্রপতি বা বিদেশ মন্ত্রী ভাবতে শুরু করেছিলেন। দেখে মনে হচ্ছিল তিনি যেন জানেনই না দেশের ভেতর কি চলছে। ফোরী (ব্রজ কুমার নেহেরুর স্ত্রী মগদোলনা ফ্রীডম্যান, বিয়ের পর তাঁর নাম বদলে রাখা হয়েছিল শোভা নেহেরু। মিত্র - পরিজনেরা ফোরী নেহেরু বলেই ডাকতেন।-সং.) ইন্দিরাকে সত্যি বলতে ভয় পেতেন না। তিনি ইন্দিরাকে বলেছিলেন যে, তিনি চন্ডীগড় সম্পর্কে শুনেছিলেন যে, সেখানে যুবক ও বয়স্কদের জোর করে পৌরষত্বহীন করা হচ্ছিল বলে তারা খুবই অসন্তুষ্ট হয়ে পড়েছিল। এই কথা শুনে তিনি নিজের মাথা ধরে বসে পড়েছিলেন, আর বলছিলেন যে, 'আমি কি করব, আমি কি করব? এরা আমাকে কিছুই বলে না।'

পরের দিন আমি প্রধানমন্ত্রীর সাথে দক্ষিণ ভারতের সফরে গেছিলাম। বহু লোক তাঁকে স্বাগত জানানোর জন্য জমা হয়েছিল, কারণ দক্ষিণে আপৎ কালের কোনো ছায়া পড়েনি, আমি সেখানকার আইএএসের সহকর্মীর সাথে কথা বলেছিলাম। কিছু লোক খুব সাবধানে শব্দ চয়ন করলেও কিছু লোক মুক্ত কণ্ঠে আপৎ কালের সমালোচনা করেছিল। তাদের মতে এটা কোনো প্রশাসনিক বিষয় নয়, বরং একটা নৈতিক বিষয় ছিল। তাদের মধ্যে একজন বলেছিল যে, প্রধানমন্ত্রী আমাদের গণতন্ত্রের নৈতিক আধারকে আহত করছেন।

আমার কাছে দেওয়ার মতো কোনো জবাব ছিল না। সাধারণত আমার প্রধানমন্ত্রীকে সব জানানো উচিত ছিল, কিন্তু এটা কোনো সাধারণ সফর ছিল না। যদি আমি কোনো কথা বলতাম তাহলে আমাকে সেই সমস্ত লোকেদের নামও নিতে হতো, কিন্তু আমি তাদের নাম করতে পারতাম না, কারণ তাহলে তাদের সাথে বিশ্বাসঘাতকতা করা হতো। আমি চুপ করে থাকাটাকেই ঠিক বলে মনে করেছিলাম।

আমি দিল্লী ফিরে গিয়ে বিদেশ সচিব কেওল সিংহের সাথে দেখা করেছিলাম, তিনি ছিলেন একজন আইসীএস। তিনি ছিলেন সক্ষম ও পরিশ্রমি কিন্তু তাঁর মধ্যে সাহস ও কল্পনার অভাব ছিল। প্রধানমন্ত্রীর সাথে আমার সম্পর্ক দেখে তিনি বলেছিলেন যে, আমি কঠিন সময়তেও খুব ভালো কাজ করছি। আমি তাঁকে ধন্যবাদ জানিয়েছিলাম। তিনি তাদের দলে ছিলেন যারা আপৎকাল ঘোষণা হওয়ার সাথে সাথে, সমস্ত ভারতীয় মিশনকে এমন পত্র পাঠিয়েছিল যা পড়ার যোগ্য ছিল না। আমার তো তা খুবই হাস্যকর বলে মনে হয়েছিল। আমি এই পত্রের কিছু অংশ আপনাদেরও পড়াতে চাই

'যদি সরকারের নীতি সম্পর্কে আধিকারীরা কোনো রকম আপত্তি জানায় বা তা লাগু করার ব্যাপারে যদি কোনো সংকচ থাকে, তাহলে তাদের নিজেদের সন্দেহ দূরে রেখে কাজ করা উচিত নতুবা নিজের মনের কথা সরকারকে জানিয়ে পদত্যাগ করা উচিত। এই রাজনৈতিক নীতি বা নির্ণয় গুলিকেলাগু করলে অনেক ভালো ফল পাওয়া যাবে।

শুধু তাই নয়, এই পত্রতে তারা ;সংবিধানিক এমারজেন্সি'-র কথাও বলেছিলেন।

'মিশনের প্রধান বা তার অধিনে যে সমস্ত আধিকরীরা কাজ করছে, তাদের থেকে এটা আশা করা যেতেই পারে যে, তারা এই নৈতিক মূল্যকে ভুলবেনা, যার অধিনে একজন নিষ্ঠাবান সিভিল আধিকারী, পূর্ণ সমর্থনের সাথে সরকারের নীতি লাগু করে থাকে। সরকারী নীতি প্রয়োগের ব্যাপারে যদি কোনো রকম শিথিলতার খবর পাওয়া যায় তাহলে তাকে তার জন্য গম্ভীর পরিণাম ভোগ করতে হবে। এই পত্র বিশেষ করে মিশনের প্রধান সম্পর্কে লেখা হয়েছে, আমরা আশা করতে পারি যে, আপনি নিজের অধীনস্থদের কাছ থেকে এমনই অনুশাসনের আশা করবেন।'

1976 সালের মাঝামাঝি সময়ে একজন ইংরেজ হাতিয়ার বিক্রেতা আমার সাথে দেখা করতে এসেছিলেন। তিনি আমাকে বলেছিলেন যে, ভারত নিজের প্রতিরক্ষা ব্যবস্থা পরিবর্তন করতে চলেছে, সোভিয়েত রাশিয়ার থেকে আর অস্ত্র কিনবে না। তিনি জানিয়েছিলেন যে, তিনি দিল্লীতে গিয়ে রক্ষা মন্ত্রীর সাথে কথা বলেছেন, তাঁর কাছ থেকেই তিনি এমন খবর পেয়েছেন। আমি অবাক হয়ে যাই। যেহেতু উচ্চাধিকারী বাইরে ছিলেন সেই কারণে আমি সঙ্গে সঙ্গে বিদেশ সচিবকে একটা গোপনীয় টেলিগ্রাম পাঠিয়েছিলাম। সেই সময় সঞ্জয় সমস্ত মন্ত্রালয়ের ফাইল দেখতেন এবং সমস্ত মন্ত্রীদের তলবও পাঠাতেন, তিনি এই টেলিগ্রাম দেখে ফেলেছিলেন।

1976 সালের শেষে এই অবস্থার জন্য ইন্দিরা গান্ধী অসহজ বোধ করতে শুরু করেছিলেন। তাঁর পরামর্শদাতারা তাঁকে লোকসভার কার্যকাল বারিয়ে ছয় বছর করতে বলেছিলেন এবং আপৎ কাল লাগু রাখার পরামর্শ দিয়েছিলেন। এখানে ইন্দিরাকে প্রশংসা করে একটা কথা বলতেই হয় যে, সেই সময় তাঁর অন্তরাত্মা জেগে উঠেছিল এবং তাঁর ভেতরে যে গণতান্ত্রিক মনোভাব ঘুমিয়ে পড়েছিল, তা সহসা জাগ্রত হয়। তিনি লোকসভা নির্বাচনের কথা ঘোষণা করেছিলেন যা 1977 সালের শুরুতেই হয়েছিল। তাঁর নির্বাচন অভিযানের সময় তাঁকে বহু সমস্যা জনক পরিস্থিতির সম্মখীনতা করতে হয়েছিল। মিটিং-এ লোক হতো খুবই কম, কোনো কোনো জায়গায় তো লোকেরা বিরোধীতা জানানোর জন্য কালো পতাকা পর্যন্ত টাঙিয়ে দিত। একটা-দুটি মিটিং-তো বন্ধই করে দেওয়া হয়েছিল। এর মধ্যে জয়প্রকাশ নারায়ণ বিভিন্ন দলের নেতাদের তাঁর সাথে সংঘবদ্ধ করতে সক্ষম হয়েছিলেন, তাঁরা সকলে মিলে লোকসভা নির্বাচনে লড়াই করেছিলেন। পরিণাম সামনে আসলে জানা যায় যে, ইন্দিরা গান্ধী এবং তাঁর পুত্র অমেঠী ও রায়বরেলী থেকেও হেরে গেছিলেন। সারা উত্তর ভারত জুরে কংগ্রেস একটা মাত্র আসনে জয় লাভ করেছিল, দক্ষিণ ভারতের অবস্থা অনেক আশা জনক ছিল।

1977 সালের 21 শে মার্চ আপৎকাল লাঘব করা হয়। এর কয়েকদিনের মধ্যেই বাবু জগজিভন রাম, উত্তরপ্রদেশের প্রাক্তন মুখ্যমন্ত্রী এইচ.এন. বহুগুণা তথা ওড়িশার নন্দিনী সৎপথী কংগ্রেসের কাছে ত্যাগ পত্র জমা করে জেপীর দলে শামিল হয়েছিলেন। এই নির্বাচনের পর, জনতা পার্টির 'মিলি-জুলি' সরকার মোরারজী দেসাইয়ের নেতৃত্বে 1977 সালের 22 শে মার্চ শপথ গ্রহণ করেছিল। আমাদের মতো হাই কমিশান লোকেদের কাছে এটা খুবই আশচর্যের বিষয় ছিল যে, কিভাবে কংগ্রেসকে সাফ করে দেওয়া হয়েছিল। আমাদের মনে সন্দেহ ছিল, কিন্তু এই ব্যাপাক পরাজয়ের জন্য আমরা প্রস্তুত ছিলাম না।

আজ চল্লিশ বছর বাদেও আপৎ কালের স্মৃতি এতটুকু ম্লান হয়নি। যাদের বয়স পঞ্চাশের ওপর, তাদেরও এই উথাল-পাতাল করা মাস গুলির কথা অবশ্যই মনে আছে। আপতকাল ইন্দিরা গান্ধীর প্রতিষ্ঠার ওপর একটা স্থায়ী কলঙ্ক লেপন করেছিল, কিন্তু তাঁর অনুতাপের কথা আমি জানতাম, অথচ তিনি তার জন্য নিজেকে ছাড়া অন্য কাউকে দায়ি করতে পারছিলেন না। একবার তিনি একথা বলেছিলেন যে, আসলে সরকারকে সমূলে উৎপাটিত করার জন্যই আপতকালের ষড়যন্ত্র রচনা করা হয়েছিল, কিন্তু আজ পর্যন্ত তেমন কোনো ষড়যন্ত্রের হদিস মেলেনি।

একজন ডিপ্লোমেটের কর্তব্য হল, নিজের সরকারের নীতিকে সমর্থন জানিয়ে তাকে ঠিক বলে পতিপন্ন করা, কিন্তু অনেক সময় তা পতিপন্ন করানোর জন্য প্রচণ্ড চাপের সৃষ্টি করা হয়। এই সময়ে অবৈধ্যকে বৈধ্য বলা, অবিক্রয়ের যোগ্যকে বিক্রয়ের যোগ্য, কোনো রকম প্রগতি ছাড়াই প্রগতির পথে অগ্রসর হচ্ছি, এমন কিছু প্রমাণ করার চেষ্টা করেছিলাম। এই সময় আমিও নিজেকে ধিক্কার জানাতে বাধ্য হয়েছিলাম। এটা ছিল আমার জীবনের এমন একটা পর্ব যা নিয়ে আমি কখনই কোনো ভাবেই গর্ব করতে পারিনি।

অধ্যায় - ১১

জাম্বিয়াতে কাটানো বছর

1977 সালে যতদিন না পর্যন্ত মোরারজী দেসাই প্রধানন্ত্রীর আসনে বসেছিলেন, ততদিন পর্যন্ত আমার জীবনে কোনো রকম ঝুঁকি ছিল না। 1977 সালের 24 শে মার্চ, তখন আমি লন্ডনে উচ্চপদস্থ পদে আসীন, নেহেরুর কাছে একটা প্রচন্ড গোপনীয় বার্তা এসেছিল, তাতে লেখা ছিল যে, আমাকে যেন আমার পদ থেকে সরিয়ে অন্য কোনো ব্যক্তিকে সেখানে নিযুক্ত করা হয়। আমার স্ত্রী ও আমার দুই সন্তানকে এই খবর যে কতটা বিচলিত করতে পারত, তা নিশ্চই আন্দাজ করতে পারছেন।

জুন মাসে লণ্ডনে রাষ্ট্রকুল সম্মেলন হওয়ার কথা ছিল, তাতে মোরারজী দেসাইয়ের অংশ গ্রহণের কথা ছিল। সম্পর্কে ইন্দিরা গান্ধীর ভাই বী.কে. নেহেরুর সাথে তিনি 9 - কেনসিঙ্গটন প্যালেস গার্ডেন্সে ছিলেন, লন্ডনের কয়েকটা উল্লেখ যোগ্য স্থানের মধ্যে সেটা ছিল একটা। একথা শুনে আমি খুবই অবাক হয়েছিলাম, কারণ বী.কে. নেহেরুও আমার মতোই আপৎকালকে সমর্থন জানিয়েছিল। আমি জানতে পেরেছিলাম যে, মোরারজী দেসাই প্রধানমন্ত্রীর পদে বসার পরেই, বী.কে. নেহেরুর স্ত্রী ফোরী নেহেরু তাঁকে আগ্রহ সহকারে একটা চিঠি লিখেছিলেন। শ্রীমতি গান্ধী এটা জেনে খুবই রুষ্ঠ হয়েছিলেন যে, তাঁরই খুড়তুতো ভাই তাঁর সবচেয়ে বড় প্রতিদ্বন্দ্বীকে অতিথি হিসাবে নিজের কাছে রেখেছেন। আমাকে জোর করে অনিবার্য ছুটিতে পাঠিয়ে দেওয়া হয়েছিল, তাই আমি প্রধানমন্ত্রীর সাথে দেখা করিনি। কিন্তু একদিন সন্ধ্যার সময় বী.কে. নেহেরু আমাকে ফোন করে বলেন যে, প্রধানমন্ত্রী উচ্চাযোগের বিবেকাধীন অনুদানের (গুপ্ত তদন্তের কোষ) রেজিস্টার দেখতে চাইছেন। গুরুত্বপূর্ণ কূটনৈতিক পদাধিকারিরা এই অনুদানের অর্থ পায় এবং উপযুক্ত ছিলাম বলে এই কাজ আমিই দেখা শোনা করতাম। বী.কে. আমাকে জিজ্ঞাসা করেছিলেন যে, গত এক বছর ধরে এই অর্থ কিভাবে ব্যবহার করা হয়েছে, সরকার কত টাকা নিয়েছিল? আমি তাঁকে রেজিস্টার নিয়ে মোরারজীকে দেখিয়ে দিতে বলেছিলাম। আমাকে মোট পাঁচ হাজার পাউন্ড দেওয়া হয়েছিল, যার মধ্যে থেকে পাঁচশো পাউন্ড খরচ হয়েছিল আর বাকি টাকা সরকারকে ফিরিয়ে দেওয়া হয়েছিল।

আমি পরে জানতে পারি যে, প্রধানমন্ত্রী তা দেখে রেগে গেছিলেন আর তাঁর মনে হয়েছিল যে, আমি জেনে বুঝে কোনো তথ্য গোপন করছি। লন্ডনে তাঁর প্রশাসকরা

তাঁকে বলেছিল যে, আমার সাথে ইন্দিরা গান্ধীর খুব ভালো সম্পর্ক সেই কারণে ডিপ্লোমেটিক ব্যাগে করে প্রায়ই আমার কাছে অনেক টাকা আসত। এখন এই কথা গুলি মনে পড়লে হাসি পায় ঠিকই কিন্তু সেই সময় আমার অবস্থা যে কি হয়েছিল তা শুধু আমিই জানি।

নিঃসন্দেহে বলা যায়, মোরারজী দেসাই এটা জানতেন না যে, ডিপ্লোমেটিক ব্যাগে কি থাকে। এই ব্যাগ কারেন্সি আদান প্রদানের জন্য ব্যবহার করা হয় না, এ শ্রেণীর ব্যাগে গোপন কাগজ পত্র ও নথি থাকে, বী- শ্রেণীর ব্যাগে খবরের কাগজ বা অন্য প্রয়োজনীয় কাগজ পত্র থাকে, আর এই সমস্ত ব্যাগ ফর্স্ট সেক্রেটারীর চোখের সামনে খোলা হয়। তাতে কোনো রকম নগদ অর্থ আসে না। মোরারজী কোনো রকম প্রমাণ পাননি, যার ফলে তিনি শান্ত হয়ে গেছিলেন।

এক বা দুই দিন বাদে নেহেরু আমাকে পুনরায় ফোন করেছিলেন, 'নটবর! আমাকে পীএম বলেছেন যে, তুমি এমারজেন্সি লাগু হওয়ার দিন অর্থাৎ 26 শে জুন হাই কমিশানারদের জন্য একটা শ্যাম্পেন পার্টির আয়োজন করেছিলে।' এই কথাটা শুনে খুব হাসি এসেছিল। আমি তাঁকে মনে করিয়ে দিই যে, সেদিন আমরা দুজনে একসাথে ছিলাম এবং মিডিয়ার করা বিভিন্ন প্রশ্নের উত্তর দিচ্ছিলাম। আমি বলতে বাধ্য হয়েছিলাম যে, 'বীজু ভাই! আপনি বিশ্বাসের সাথে বলতে পারেন কি আপনিও 9 কে.পী.জী.-তে শ্যাম্পেনের পার্টী দেননি?' বি.কে. নেহেরু খুব মজা করে কথা বলতে পারতেন, তিনি কথাটা হাসির ছলে উড়িয়ে দিয়েছিলেন।

মোরারজী দেসাই প্রধানমন্ত্রী হওয়ার কয়েক সপ্তাহের মধ্যেই আমাকে জাম্বিয়ার হাই কমিশানার করে সরিয়ে দেওয়া হয়েছিল। জনতা পার্টির রাজত্বে আফ্রিকাকে কালাপানী (শাস্তির এলাকা) বলে মনে করা হতো। যদি মোরারজি দেসাই এটা জানতেন যে, আমি 1962 সাল থেকে রাষ্ট্রপতি ক্যানেথ কৌন্ডা কে চিনতাম তাহলে তিনি আমাকে ওখানেও পাঠাতেন না, অন্য কোনো জায়গায় পাঠাতেন। যখন মিস্টার কৌন্ডা নিউইয়ার্কে ডিকোলানাইজেশান কমেটির কাছে নিজের বক্তব্য নিয়ে এসেছিলেন তখন আমি এই কমেটির প্রতিবেদক ছিলাম।

1977 সালের 10 ই আগস্ট আমরা লন্ডন থেকে রওনা হয়েছিলাম। দশ ঘন্টা প্লেনে যাওয়ার পর পরের দিন সকালে লুসাকায় পৌঁছে ছিলাম। আমি এর আগেও ইউএনের কাজের জন্য দুইবার লুসাকায় গেছিলাম কিন্তু আমার স্ত্রী এই প্রথমবার আফ্রিকায় গেছিলেন। আমার দুই সন্তান জগত আর ঋতু সেই সময়ে নয় আর সাত বছরের ছিল। আমি তাদের ভারতের একটা বোর্ডিং স্কুলে পাঠিয়ে দিয়েছিলাম।

সেই সময় লুসাকা খুব ভালো জায়গা ছিল এবং সেখানকার জলবায়ুও খুব ভালো ছিল। জাম্বিয়ায় সেই সময় দক্ষিণ আফ্রিকার বর্ণভেদ শাসন তথা দক্ষিণী রোডেশিয়াতে ইআন স্মিথ সরকারের বিরুদ্ধে মোর্চাতে সবার আগে ছিল। সেখানকার স্বাধীনতার জন্য এই

সেনারাই সবচেয়ে উপযুক্ত ছিল। দক্ষিণ আফ্রিকার আফ্রিকান ন্যাশানাল কংগ্রেস (এএনসী), জিম্বাবয়ে আফ্রিকান পীপল্স ইউনিয়ন (জাপু) তথা সাউথ ওয়েস্ট আফ্রিকান পীপলস আর্গনাইজেশানের নেতা নিজেদের অধিকতর সময় লুসাকাতেই কাটাতেন। আমি তাদের পছন্দ করতাম এবং সাহায্যও করতাম। তাঁরা খুবই কঠিন সময়ের মধ্যে দিয়ে জীবন অতিবাহিত করছিলেন। পশ্চিমী গণতান্ত্রিক দেশ, জাতিবাদী দক্ষিণ আফ্রিকা এবং ইআন স্মিথ শাসনকে সমর্থন জানাচ্ছিল। ইআন স্মিথ ঘোষণা করেছিলেন যে, আগত হাজার বছরেও দক্ষিণী রোডেশিয়াতে একজন ব্যক্তি, এক মতের সিদ্ধান্তে নির্বাচিত হোতে পারবে না, অথচ 1980 সালের এপ্রিলের মধ্যে সম্পূর্ণ বিষয় পরিষ্কার হয়ে গেছিল। যদিও তখনও বর্ণভেদের ওপর বাধা নিষেধ আরোপ করেতে করতে দশ বছর কেটে গেছিল। 1990 সালের 10 ই ফেব্রুয়ারী নেলসন ম্যান্ডেলা জেল থেকে মুক্তি পাওয়ার পর আফ্রিকার পরিস্থিতি বদলে গেছিল।

আমাকে বোৎসবানের জন্যও মান্যতা দেওয়া হয়েছিল, যদিও সেখানকার নেতৃত্ব দেওয়া হয়েছিল রাষ্ট্রপতি সেরেৎসে খামার হাতে। 1950 সালের তিনি অক্সফোর্ডের একটা শ্বেতাঙ্গকে বিবাহ করার পর সমস্যার শুরু হয়েছিল। ইংরেজ সরকার এই বিবাহের বিরোধীতা করেছিল এবং তাঁর আংকেল বোৎসবানার প্রধান তাঁর কাছ থেকে অধিকারে কেড়ে নিয়েছিলেন। খামা কাউর সামনে মাথা নত করেননি। দশ বছে বাদে বোৎসবানারে রাজধানী গাবোরোন থেকে জয় লাভ করে ফিরেছিলেন।

জাম্বিয়ার রাষ্ট্রপতি খুবই ধার্মিক ব্যক্তি ছিলেন। তাঁর বৈবাহিক জীবন ছিল খুবই সুখের, যা নিয়ে তিনি মগ্ন থাকতেন এবং গান্ধীজীকে নায়ক মনে করে পূজা করতেন। তিনি ছিলেন ভারতের প্রকৃত বন্ধু। তাঁর সাথে ইন্দিরার সম্পর্কও খুব ভালো ছিল। 1977 সালের নির্বাচনে ইন্দিরা গান্ধি পরাজিত হওয়ার পর রাষ্ট্রপতি কৌন্ডা আমাকে জিজ্ঞাসা করেছিলেন, 'নটবর, ইন্দিরা নির্বাচনে হেরে গেছে, কিন্তু ওর সাথে আমার বন্ধুত্ব শেষ হয়ে যায়নি, যে ভবাইে হোক তাঁকে এই কথা জানিয়ে দিও।' কৌন্ডার একভারতীয় গুরু ছিলেন, তাঁর নাম রঙ্গনাথন, তিনি একজন অধ্যাপক হিসাবে জাম্বিয়ায় গেছিলেন। তিনি তাঁর জ্যোতিষ গণনার সাহায্যে আগত দিনে কি হোতে চলেছে তার আন্দাজ করতে পারতেন। কৌন্ডা রাষ্ট্রের হিতের ব্যাপারে কোনো রকম সিদ্ধান্ত নেওয়ার আগে তাঁর সাথে আলোচনা করতেন। রঙ্গনাথনের কৃপায় জাম্বিয়ায় আমি একজন ডিপ্লোমেটিক হিসাবে খুবই মান সম্মান লাভ করেছিলাম এবং রাষ্ট্রপতির সাথে খুব সহজেই দেখা করতে পারতাম। অন্য কোনো মিশনের কোনো প্রধানকে এই সুবিধা প্রদান করা হতো না।

জোশুআ নকোমো দক্ষিণী রোডেশিয়ার একজন বিখ্যাত নেতা ছিলেন। 1962 সালে তিনি ইউ.এনে নিজের প্রস্তাব নিয়ে এসেছিলেন। ভারত তখন তাঁকে সম্পূর্ণ সমর্থন দিয়েছিল। কমিটিতে আমি ছিলাম ভারতের প্রতিনিধি, তাঁর সাথে খুব ভালো পরিচয়ও

ছিল আমার। 1964 থেকে 1974 সাল পর্যন্ত ইআন স্মিথের শাসন তাঁকে বন্দি করে রেখেছিল। আমি লুসাকায় পৌঁছেই তাঁর সাথে যোগাযোগ করার চেষ্টা করেছিলাম। মোরারজী দেসাইয়ের সাথে দেখা করে তাঁর কোনো লাভ হয়নি, তিনি আমাকে সেই কথা জানিয়েছিলেন। কয়েক মাস আগে লন্ডনের কমনওয়েলথ সম্মেলনে তাঁর সাথে মোরারজী দেসাইয়ের দেখা হয়েছিল। প্রধানমন্ত্রী তাঁকে আতঙ্কবাদী বলেছিলেন। দক্ষিণ আফ্রিকার স্বাধীনতা আন্দোলনের অন্যতম সেনা জোশুআ এই কথা শুনে খুবই অপমানিত বোধ করেছিলেন, আর মিটিং সেখানেই সমাপ্ত করে দেওয়া হয়েছিল। লুকাসায় আমাদের খুব ভালো বন্ধুত্ব হয়ে গেছিল। ভারতের খাদ্য তিনি খুব পছন্দ করতেন। আমরা অনেকক্ষণ ধরে বিভিন্ন রাজনৈতিক বিষয় নিয়ে আলোচনা করতাম। দক্ষিণ আফ্রিকার বিভিন্ন ঔপনিবেশিক দেশ সম্পর্কে তিনি আমাকে অবগত করেছিলেন।

দক্ষিণ আফ্রিকা, দক্ষিণ রেডেশিয়া ও নাম্বিয়াতে কি হচ্ছে তা মোরারজী দেসাই জানতেন না, তিনি সেখানকার কোনো নেতাকেও ঠিক মতন চিনতেন না। তিনি কখন তাঁদের জানারও চেষ্টা করেননি। অন্যদিকে জওহর লাল নেহেরু, ইন্দিরা গান্ধী ও রাজীব গান্ধীর সাথে তাঁদের ব্যক্তিগত পরিচয় ছিল। ভারত, গান্ধীজী, জওহর লাল নেহেরু এবং ইন্দিরা গান্ধীকে তাঁরা খুব সম্মান করতেন।

সেখানে যাওয়ার কয়েক মাস বাদেই, আমি বিদেশ মন্ত্রালয়কে লিখিত ভাবে জানিয়ে ছিলাম যে, জোশুআ নিজের দল নিয়ে ভারতে যেতে চান। তাঁর সাথে তাঁর দল জাপুর তিনজন বরিষ্ঠ নেতা থাকবে, তাই লুসাকা থেকে নৌরোবী তথা সেখান থেকে দিল্লী আসা যাওয়ার জন্য ফার্স্ট ক্লাস বিমান টিকিট নেওয়া কথা জানিয়েছিলাম। যাতে তারা তাঁদের সম্মান রাখে, সেই কথাও বলেছিলাম। এই নিমন্ত্রণের মধ্যে কোনো নীতি নির্ণয়ের বিষয় ছিল না। আমরা আফ্রিকার প্রায় সমস্ত স্বাধীনতা আন্দোলনকে সফল করার জন্য মানবতাবাদী সাহায্য প্রদানের জন্য লক্ষাধিক অর্থ ব্যয় করেছিলাম; চারটে ফার্স্ট ক্লাস টিকিট কাটার জন্য ভারতের ওপর এমন কিছুই চাপ পড়ত না, অথচ ভারত থেকে যে জবাব এসেছিল তা দেখে আমি হতভম্ব হয়ে গেছিলাম। তারা জানিয়েছিল যে শুধুমাত্র জোশুআকেই ফার্স্ট ক্লাস টিকিট দেওয়া হবে। বাকি নেতাদের ইকোনামিক ক্লাসে আসতে হবে। আমি মন্ত্রালয়ের আফ্রিকি বিভাগের প্রধানকে কূটনৈতিক ভাষায় একটা বার্তা পাঠিয়েছিলাম, আর বিচার করতে বলেছিলাম যে, এমন একজন জনপ্রিয় ও সাহসী নেতার সাথে এমন ব্যবহার কেনো করা হচ্ছে। সেই সাথে আমি একটা মজার কথাও লিখেছিলাম, বড় বড় উট গেলার পর একটা ছোট্ট মশাকে এরিয়ে চলছি। আমার এই বার্তা বিদেশ সচিব পীএমকে দেখিয়েছিলেন। পীএম আমার উপহাস বুঝতে না পেরে বলেছিলনে যে, আমি আজ্ঞার পালন করছি না।

আমি জোশুআকে জানিয়েছিলাম যে, সেই সময় ভারত সরকার তাঁকে স্বাগত

জানানোর জন্য প্রস্তুত ছিল না, হয়তো কিছু দিন বাদে তাঁর যাওয়ার ব্যবস্থা করা হবে। আমার কাছে এই বিষয়টা এই ভাবে শেষ করা ছাড়া আর কোনো উপায় ছিল না। আমি আর কিই বা বলতাম? তিনি ছিলেন খুব ভালো মানুষ, তিনি আমার কূটনীতি হয়তো বুঝতেও পারেননি। 1978 সালের ফেব্রুয়ারী মাসে আমি দুই মাসের ছুটিতে বাড়িতে এসেছিলাম। শ্রীমতি গান্ধীর সাথে দেখা করে তাঁকে রাষ্ট্রপতি কৌন্ডা ও জোশুআয়ের শুভকামনা জানিয়েছিলাম। আমি যখন তাঁর সাথে তাঁর নতুন বাড়ি ওয়েলিংডন ক্রীসেন্টে দেখা করতে গেছিলাম তখন আইবী আমার পিছনে ছিল।

আমি যখন লুসাকায় ছিলাম না, সেই সময় জাম্বিয়ার প্রধানমন্ত্রী মাইঞ্জা চোনা 'দ্যা টাইমস্ অফ লন্ডন'-এ মুরারজী সরকার শ্রীমতি গান্ধীর প্রতি যে খারাপ ব্যবহার করছিলেন সেই সম্পর্কে একটা লম্বা চিঠি লিখেছিলেন। এই ঘটনা সংসদ পর্যন্ত গেছিল, যদিও সেই ব্যাপারে আমার কোনো হাতই ছিল না। পীএম এতে আমার নাম যোগ করে দিয়েছিলেন, যদিও হাঙ্গামা খুব তাড়াতাড়িই ঠান্ডা হয়ে গেছিল।

আমি লুসাকায় ফিরে আসার পর মোরারজীর কাছ থেকে আসা একটা কষ্টদায়ক উপহার আমার জন্য অপেক্ষা করছিল। আমি যখন সেখানে ছিলাম না, তখন রাষ্ট্রপতি কৌন্ডা মোরারজীকে দক্ষিণ আফ্রিকা ও দক্ষিণ রোডেশিয়ার সংকট সম্পর্কে অবগত করানোর জন্য একটা চিঠি লিখেছিলেন, তাতে শেষে তিনি আমার সম্পর্কেকয়েকটা প্রশংসা সূচক বাক্যের উল্লেখ করেছিলেন, 'চিঠি শেষ করার আগে, আমি আপনার পাঠানো রাষ্ট্রদূত কুমার নটবর সম্পর্কে কয়েকটা কথা বলতে চাই, তিনি এখানে খুব ভালো মানিয়ে নিয়েছেন। তাঁর দুর্লভ রাজনৈতিক অন্তর্দৃষ্টি তথা আমাদের বর্তমান সংকটকে তিনি এত শীঘ্র সমাধান করতে পারেন যে, তা দেখে আমি সত্যিই খুব আনন্দিত।

'এর আগে এখানে ভারতের যে রাষ্ট্রদূত ছিলেন, তাঁর ফেরার কথা শুনে আমি সত্যিই হতাশ হয়েছিলাম, একটু চিন্তাতেও পড়েছিলাম, কারণ তিনিও ছিলেন খুবই যোগ্য এবং বিচক্ষণ। তাঁর পরিবর্তে আপনি কাকে পাঠাচ্ছিলেন তা আমি জানতাম না। আমি একজন উপযুক্ত মানুষকে পাঠিয়েছিলেন, যার জন্য আমি খুবই খুশি হয়েছি।

'জাম্বিয়া যখন স্বাধীনতা প্রাপ্তির জন্য সংঘর্ষ করছিল, তখন থেকে আমি কে. নটবর সিংহকে চিনি। 1962 সালে আমরা যখন জাম্বিয়ার স্বাধীনতা আন্দোলনের বিষয়ে কথা বলার জন্য ইউএনে গেছিলাম, তখন তিনি ইউএনেতেও আমাদের খুবই সাহায্য করেছিলেন।

'এটা ঠিক যে, একজন রাষ্ট্রদূত হিসাবে আপনি এর থেকে যোগ্য আর কাউকে পাঠাতে পারতেন না। বিশেষ করে রোডেশিয়া, নাম্বিয়া ও দক্ষিণ আফ্রিকার জটিল পরিস্থিতির সময়ে তিনি আরও যোগ্যতার প্রমাণ দিতে পেরেছেন, তারা যখন নিজেদের সংঘর্ষ চালিয়ে যাচ্ছিল।

প্রধানমন্ত্রী দেশাই তার জবাবে লিখেছিলেন

'আমাদের নতুন রাষ্ট্রদূত সম্পর্কে আপনি যা লিখেছেন, তা আমি খুবই আগ্রহ সহকারে পড়েছি। নটবর সিংহ আপনার আশা পূরণ করতে পেরেছে দেখে আমার খুবই ভালো লাগছে, দক্ষিণ আফ্রিকা সম্পর্কে ও আমাদের সমস্ত তথ্য দিত।'

আমার মনে হয়েছিল যে, দেসাই জী তাঁর হাই কমিশানারকে ছোটো করার চেষ্টা করেছিলেন। আমি 1978 সালের মে মাসে ওনাকে লিখেছিলাম যে

প্রিয় প্রধানমন্ত্রী,

18.12.1977 তারিখে কৌন্ডার পত্রের উত্তরে আপনি যে জবাব পাঠিয়েছিলে, তা আমি লুসাকায় ফিরে দেখতে পেয়েছি। রাষ্ট্রপতি খুবই উদারতার সাথে আমার কাজের প্রশংসা করেছিলেন। সাধারণত সরকারের সেটা স্বাগত করা উচিত। আপনি যে কঠোর উত্তর পাঠিয়েছেন তাতে করে লুসাকায় আমার কাজ করাটা আরোও কষ্টকর হয়ে উঠবে। আমি জানি যে, আপনি নাম্বিয়ায় আপনার হাই কমিশানারকে কখনই ছোটো করার চেষ্টা করবেন না, কিন্তু এমন অনুমান করা যেতে পারে, আর সেটাই করা হয়েছে। এটা কোনো ব্যক্তিগত বিষয় নয়।

আমার প্রশংসা করে সম্মানের সাথে যে চিঠি লেখা হয়েছিল তাতে করে আমি ভারতের বিশ্বাসযোগ্য নাগরিকের পরিচয় দিতে পেরেছি। আমি আশা করি যে, আমি আপনারও ততটাই বিশ্বাসযোগ্য ও ভরসার মানুষ, যাকে ছাড়া কোনো ডিপ্লোমেটিক এজেন্ট নিজের কর্তব্য ও দায়িত্বের পালন করতে পারে না।

প্রধানমন্ত্রী 1978 সালের 23 শে মে জবাব পাঠিয়েছিলেন

প্রিয় নটবর সিংহ

1978 সালের 15 ই মে H.C/3/78 নম্বর চিঠির সন্দর্ভে এই চিঠি লেখা হচ্ছে। আপনি বিদেশী লোকেদের দেওয়া প্রমাণপত্রকে এত গুরুত্ব দেন দেখে আমি সত্যিই অবাক হচ্ছি। তাদের মতামত তাদের কাছে, আর আমাদের মতামত আমাদের কাছে। তারা যা বলছে, আমরা সেটাকেই মেনে নেব বা সেটাকেই ঠিক বলে ভাবব তার কোনো মানে নেই। আমার তো মনে হয়না আমি রাষ্ট্রপতিকে চিঠিতে এমন কিছু লিখেছি যার জন্য আপনাকে নিজের কর্তব্য পালনের ক্ষেত্রে লজ্জিত হোতে হবে। এই ব্যাপারে আপনি একটু বেশিই সংবেদনশীল হয়ে পড়েছেন, আর একজন হাই কমিশানার হিসাবে আপনার এতটা সংবেদনশীল হওয়া কি উচিত? বিদেশে ভারতীয় কোনো প্রতিনিধির বিশ্বাস বা ভরসা কম হওয়ার কোনো প্রশ্নই আসছে না। যদি বিশ্বাস বা ভরসার অভাব থাকত, তাহলে তাদের সেখানে রাখাই হতো না।

বিনীত

মোরারজী দেসাই

মন্ত্রালয়ে আমার কিছু বন্ধু ছিল, যারা আমাকে সেখানে কি চলছে সেই সমস্ত বিষয়ে অবগত করত। ইন্দিরা গান্ধীর সময়ে যারা তাদের সামনে মাথা নিচু করে কথা বলত, তখন তারাই তাদের গালাগালি দিয়ে কথা বলতে শুরু করেছিল। আমি এটাও জানতে পেরেছিলাম যে, আমি প্রধানমন্ত্রীকে যে চিঠি পাঠিয়েছিলাম তা তারা আবজ্ঞার চোখে দেখছিল, আর এটা সত্যিও ছিল। 1978 সালের 1 লা জুন আমি প্রধানমন্ত্রীকে আর একটা চিঠি লিখেছিলাম, যা তাঁকে উত্যক্ত করার জন্য যথেষ্ট ছিল।

প্রিয় প্রধানমন্ত্রী,

15 ই মে আপনাকে যে চিঠি দিয়েছিলাম আপনি সঙ্গে সঙ্গে তার উত্তর দিয়েছিলেন বলে, আমি সত্যিই কৃতজ্ঞ। চিঠিতে এমন কিছু অংশ ছিল, যা পড়ে আমার প্রতি গম্ভীর অন্যায়ের সূচক বলে মনে হয়েছে। তাই আমি আপনাকে উত্তর না লিখে থাকতে পারলাম না। আমি সাদরে বিনয়ের সাথে নিজের কথা জানাতে চাই

14.4.1978 সালে আমার ভারত বিদেশ সেবার পঁচিশ বছরের কার্যকাল সম্পূর্ণ হয়েছে। তার মধ্যে পাঁচ বছর একমাস আমি প্রধানমন্ত্রীর সাথে কাজ করেছি (যার জন্য আমার সাথে এই বিশেষ ব্যবহার করা হচ্ছে কিন্তু আমি নিজের অতীতকে ভুলতে পারিনি বা ভুলব না) এই পঁচিশ বছরের মধ্যে, আমার কখন কাউর থেকে প্রমাণ পত্র নেওয়ার প্রয়োজন হয়নি। আমি এমন কোনো গতিবিধিকে নিজের জন্য তুচ্ছ বলে মনে করি। যদিও একজন মিত্র রাষ্ট্রের বিশিষ্ট মানুষ যখন, নিজের দেশে নিজের প্রতিনিধির প্রশংসা করে, তাহলে আমরা কম পক্ষে তাকে তো কৃতজ্ঞতা জানাতেই পারি। শ্যার, এটা আপনি নিশ্চই স্বীকার করবেন যে, রাষ্ট্রপতি কৌন্ডা কোনো সাধারণ মানুষ নন বরং অন্যদেশের প্রধানদের তুলনায় তাঁর কার্যকাল অনেক গৌরবান্বিত, গত চোদ্দো বছর ধরে তিনি তাঁর দেশকে নেতৃত্ব প্রদান করে চলেছেন।

আপনি নিজের চিঠিতে লিখেছেন যে, আমি অকারণে সংবেদনশীল হচ্ছি। সংবেদনশীলতা, চরিত্র পরিশুদ্ধতার একটা গুণ।

শেষে আমি আপনাকে একটা কথা বলতে চাই যে, আপনি যে সরকারের নেতৃত্ব প্রদান করছেন, সেই সরকারের আমার প্রতি এখনও ভরসা আছে এটা জেনে আমার খুবই ভালো লাগল।

সবিনয়

আমি এই চিঠির কোনো উত্তর পাইনি। আমি আশাও করিনি। এর একটাই উত্তর পেয়েছিলাম, আমার পদোন্নতি আটকে দেওয়া হয়েছিল।

1979 সালের জুলাই মাসে, রাষ্ট্র সংঘের সম্মেলন আয়োজিত হোতে চলেছিল, ততদিন আমার জাম্বিয়ায় দুই বছর সম্পূর্ণ হয়ে গেছিল, আর্থিক পরিস্থিতি নষ্ট হয়ে যাচ্ছিল। রাষ্ট্রীয় কারেন্সি কওয়াচার অবমূল্যায়ন হচ্ছিল। বর্ষের শুরুতেই এএনসী সেল, জাম্বিয়ার ওপর

আক্রমণ করেছিল এবং তারা লুসাকা স্থিত জোশুআর বাংলো আগুনে জ্বালিয়ে দিয়েছিল। জাম্বিয়ার দল কিচ্ছু করতে পারিনি। কৌন্ডার জনপ্রিয়তা আর অধিকার নিয়ে বিভিন্ন প্রশ্ন উঠতে শুরু হয়েছিল।

রাষ্ট্রসংঘের সম্মেলনের, মহাসচিবের নির্বাচন হোতে চলেছিল। শ্রীদত্ত 'সোনী' রামফলের পাঁচ বছরের কার্যকাল 1980 সালে সম্পন্ন হয়ে গেছিল। তিনি নিজের জন্য আর একটা কার্যকালের দাবি করেছিলেন কিন্তু কৌন্ডা এই ব্যাপারে জানতেন। আমি রামফলকেও চিনতাম। তিনি নিজের ভূমিকা খুব ভালো করে পালন করতে জানতাতেন। আমারও মনে হতো যে, সর্বসম্মতির দ্বারা তাঁকে পুনরায় নির্বাচিত করা উচিত।

জুনের শুরুতে ব্রিটিশ হাই কমিশানার আমাকে এমনিই বলেছিল, 'তাহলে আপনারা মহা সচিব পদের জন্য জগত মেহেতার নাম ঠিক করছেন। আপনারা নিশ্চই আগে জাম্বিয়ার লোকেদের সাথে কথা বলে নিয়েছেন। তারা কি বলছে?'

আমি তো অবাক হয়ে যাই। মন্ত্রালয় আমাকে এই ব্যাপারে কিছুই জানায়নি। আমি সঙ্গে সঙ্গে বিদেশ সচিবকে তার পাঠাই। তিনি কোনো জবাব দেন না।

এই রাষ্ট্র সংঘের কার্যক্রমের আয়োজক ছিলেন রাষ্ট্রপতি কৌন্ডা। তিনি আমাকে ডেকে জিজ্ঞাসা করেন যে, ভারতের তরফ থেকে সোনী রামফলকে পুনরায় নিযুক্ত করার ব্যাপারে কেনো এত বিরোধীতা করা হচ্ছে? আমার কাছে সেটাও ছিল একটা খবর। আমি বলেছিলাম যে, হয় তো তাঁর বুঝতে কোনো সমস্যা হয়েছে বা কোনো রকম ভুল হয়ে গেছে। ড. কৌন্ডা আমাকে দিল্লী থেকে জেনে নিয়ে সেই ব্যাপারে রিপোর্ট দিতে বলেছিলেন।

সৌভাগ্য বশত, রামফলের বিশেষ সহায়ক মোনী মল্‌হোত্রা, দুই দিনের জন্য লুসাকায় এসেছিলেন। আমরা পাঁচ বছর ধরে ইন্দিরা গান্ধীর অফিসে সহকর্মী হিসাবে কাজ করেছি। তাঁর কাছ থেকেই জানতে পারি যে, ভারত পুনরায় সোনীকে নিযুক্ত করার ব্যাপারে বিরোধীতা করছে।

আমি জিজ্ঞাসা করি, 'ভারতের প্রত্যাশী কে?'

উত্তর আসে, 'বিদেশ সচিব, জগত মেহেতা।'

'কেনো নতুন দিল্লী থেকে আপনাকে কিছু জানানো হয় নি?'

'না।'

আমরা দুজনেই হতাশায় মাথা নাড়াই। লুসাকা ছিল রাষ্ট্রসংঘের উদ্যক্তা আর ভারতের হাই কমিশানারকেই অন্ধকারে রাখা হচ্ছিল।

17 ই জুন আমার কাছে একটা পত্র আসে, যাতে লেখা ছিল জগত মেহতা ভারতের তরফ থেকে প্রত্যাশী হবেন। পত্রে এটাও লেখা ছিল যে, জন্মভূমি গুআনিয়া ছাড়া কমনওয়েলথের সমস্ত রাষ্ট্রে এই খবর দিয়ে দেওয়া হয়েছে। আমি কৌন্ডার পক্ষেই ছিলাম, আর ইন্দিরা গান্ধীর মতো আমরাও রামফলকে আর একটা কার্যকাল দিতে চাইছিলাম।

আমি আমার লোকেদের কাছ থেকে সাউথ ব্লকে যে উথাল পাথাল চলছিল সেই সমস্ত খবর পাচ্ছিলাম। সেখানে আমার তার পাঠানো হচ্ছিল না। সমস্ত কমনওয়েলথ দেশে উপস্থিত ভারতীয় মিশন গুলিকে বলা হয়েছিল যে, লুসাকার সাথে যেন কোনো পত্র বিনিময় না চলে। এমনকি মোরারজী দেসাইকে পর্যন্ত অন্ধকারে রাখা হয়েছিল। আসলে তাঁকে বলা হয়েছিল যে, আমি ভারতের হিতের বিরুদ্ধে কাজ করছি, এমনকি তাঁকে অযৌক্তিক ভাবেই বোঝানো হয়েছিল যে, আমি মেহতার সাথে কূটনৈতিক খেলা খেলছি। বিদেশ সচিব তো প্রধানমন্ত্রীকে এটা পর্যন্ত বলেছিলেন যে, তাঁর প্রার্থীই জনমত প্রাপ্ত করেছে।

লুসাকাতে নেতারা আসার আগেই ভারতীয় প্রতিনিধি মন্ডলের এডভান্স পার্টী এসে গেছিল। জগত মেহতা আধিকারীদের নির্বাচন করেছিলেন এবং নির্দেশ দিয়ে পাঠিয়েছিলেন।

ততদিনে, রাষ্ট্রপতি কৌন্ডা ও সোনী রামফলের মধ্যে সমস্ত কথা হয়ে গেছিল এবং তিনি সর্বসম্মতির খুব কাছেই পৌঁছে গেছিলেন।

ভারতের প্রতিনিধি হিসাবে প্রধানমন্ত্রী নিজে আসছিলেন। কথাটা শুনে আমার যে খুব ভালো লেগেছিল এমন কথা আমি বলতে পারব না। খাওয়া দাওয়ার ব্যাপারে তাঁর যে বাছ-বিচার ছিল সে কথা সবাই জানত, তিনি আসার আগেই তাঁর খাওয়া দাওয়া সম্পর্কিত নির্দেশ চলে এসেছিল। তাঁর খাদ্যাভ্যাস কোনো সাধারণ মানুষের মতো ছি না বা কোনো সাধু সন্তের মতোও ছিল না। 'ভারতীয় মিষ্টান্ন (গরুর দুধের তৈরি) যেমন - সন্দেশ, পেড়া, চমচম এবং গাজরের হালুয়া।' গান্ধীবাদী আহার!

এর মধ্যে ভারতের রাজনৈতিক ঘটনাতেও বিশেষ নাটকীয় পরিস্থিতির সৃষ্টি হয়েছিল। ডিপ্লোমেসী বা বিদেশ নীতি সম্পর্কে তিনি খুবই কম জানতেন। তিনি এত বুদ্ধিমান ছিলেন যে, এরই ব্যাপারে নিজের অজ্ঞানতা বা সীমাবদ্ধতাকেই সম্মান দিতেন। তিনি শ্যাম নন্দন মিশ্রাকে বিদেশী মামলার মন্ত্রী করে খুবই ভুল করেছিলেন।

1979 সালের 1 লা আগস্ট এস.এন. মিশ্রা লুসাকায় পৌঁছেছিলেন। এই দিন সন্ধ্যাতেই আমার সাথে রাষ্ট্রপতি কৌন্ডার কথা হয়েছিল। তিনি মিশ্রার মহাসচিব পদে নির্বাচনের বিষয়ে টাটকা একটা খবর দিয়েছিলেন।

কনফারেন্স শুরু হওয়ার একদিন আগে বিদেশ সচিব জগত মেহেতা পৌঁছেছিলেন। আমি তাঁকে পরিষ্কার জানিয়ে দিয়েছিলাম যে, তিনি এই পদ পাবেন না।

রাষ্ট্রের প্রমুখ গণ একটা গোপনীয় বৈঠকে নিজেদের মধ্যে আলোচনা সেরেছিলেন। রাষ্ট্রপতি কৌন্ডা সকলকে জানিয়ে দিয়েছিলেন যে, সর্বসম্মতির দ্বারা রামফলকে পুনরায় নির্বাচন করা হয়েছে, পরবর্তি পাঁচ বছর তিনিই এই দায়িত্ব সামলাবেন। এই কথা এখানেই শেষ হয়ে যাওয়া উচিত ছিল, কিন্তু এর পর যা ঘটেছিল তা ছিল খুবই নিন্দনীয় ও নোংরা কাজ। এমন বৈঠকে বিদেশ সচিবদের (মন্ত্রী) ডাকা হয় বটে কিন্তু তাদের কোনো কথা বলার

অধিকার থাকে না। মিশ্রা কথা বলার অনুমতি চান। তিনি আরোপ করেন যে, মহাসচিব নির্বাচন সঠিক পন্থায় হয়নি। এই কথা বলে তিনি যে শুধু সভাপতিকে অপমান করেছিলেন তাই নয় বরং রাষ্ট্রপতি ও প্রধানমন্ত্রীর ওপরেও আরোপ এনেছিলেন।

তঞ্জানিয়ার রাষ্ট্রপতি ছিলেন, রাষ্ট্রসংঘের সবচেয়ে বরিষ্ঠ সদস্য, তিনি মিশ্রাকে জিজ্ঞাসা করেছিলেন যে, ভারতীয় মন্ত্রী কতবার কমনওয়েলথ বৈঠকে ভাগ নিয়েছে। 'একবারও না।' তখন তিনি পরিষ্কার ভাষায় জানিয়ে দিয়েছিলেন যে, রামফলকে সর্বসম্মতিতেই নির্বাচন করা হয়েছে এবং এই প্রক্রিয়াও সকলের সম্মতিতেই সম্পন্ন হয়েছে। রাষ্ট্রপতির এই উত্তর তাঁকে অপমানিত করার জন্য যথেষ্ট ছিল।

এরপর মার্গারেট থেচারের সময় আসে। তিনি মিশ্রার হস্তক্ষেপকে একেবারে উপেক্ষা করে দেন। সেখানে আরো কিছু বিষয় নিয়ে আলোচনা হওয়ার কথা ছিল, যার মধ্যে সবচেয়ে উল্লেখযোগ্য ছিল, দক্ষিণ রোডেশিয়ার মামলা। সেখানে একটা ঐতিহাসিক নির্ণয় নেওয়া হয়েছিল, দক্ষিণ রোডেশিয়াকে স্বতন্ত্র রাষ্ট্রের মর্যাদা দেওয়ার কথা বলা হয়েছিল, যাতে সকল নাগরিক সমান অধিকার ভোগ করতে পারে। এটা ছিল খুবই উল্লেখযোগ্য ঘটনা। আট মাসের মধ্যে রোডেশিয়া ও জাম্বিয়া স্বাধীন হয়ে যেত।

কিন্তু মিশ্রাও নিজের সিদ্ধান্তে অনড় ছিলেন। তিনি সম্মেলনের এক দিন বাদে কৌন্ডাকে চিঠি লিখে নিজের আপত্তি জানান। তিনি বাহাত্তর ঘন্টা আগেই বিদেশ মন্ত্রী হিসাবে নির্বাচিত হয়েছিলেন, তাই চুপচাপ অন্য রাষ্ট্রের প্রমুখদের সম্মতি মেনে নেওয়াই ছিল সবচেয়ে বুদ্ধিমানের কাজ।

অতি শীঘ্রই মন্ত্রী ও বিদেশ সচিবের ভূমিকা সকলের সামনে এসে গেছিল। লুসাকার বিফলতা নিয়ে ভারতীয় মিডিয়াও খুবই সমালোচনা করেছিল। দেসাই, মিশ্রা ও মেহতার যথেষ্ট শিক্ষা হয়েছিল। লোকেরা তাঁদের ভুলে গেছিল, কেউই তাঁদের জন্য একটা ফোঁটা চোখের জল ফেলেনি।

মোরারজী দেসাই ছিলেন একজন সংযমি নেতা কিন্তু সেই সঙ্গে তিনি ছিলেন গোঁয়ার এবং দাম্ভিক, তাঁর জীবনে হাস্যরস ও আবেগের যথেষ্ট অভাব ছিল। তিনি হয়তো কখন জন মেনার্ড কেন্সের বাক্য গুলিকে পড়ে দেখেননি। প্রধানমন্ত্রী হওয়া সত্ত্বেও, তিনি খুবই আত্ম-পান্ডিত্যাভিমানী ও অকল্পনাশীল ছিলেন। সেই কারণে আজ তাঁর মৃত্যুর পঁয়ত্রিরিশ বছরের মধ্যেই তাঁকে সবাই ভুল গেছে।

যে সময়ে আমি ইন্দিরা গান্ধীর সচিবালয়ে ছিলাম সেই সময় মোরারজী ছিলেন উপপ্রধানমন্ত্রী। ভারত সম্পর্কে তাঁদের দুজনের দৃষ্টিভঙ্গি ছিল একেবারেই আলাদা। শ্রীমতি গান্ধী সর্বদা তাঁকে সম্মান করে কথা বলতেন, তিনিও নিজের মতো করে সঠিক ব্যবহারই করতেন, কিন্তু একেবারেই নিজের মতো করে, ইন্দিরা সম্পর্কে কোনো রকম সমালোচনার সুযোগ পেলে তিনি কখনই ছাড়তেন না। তিনি নিজের মনে মনে ঠিক করে রেখেছিলেন

যে, কামরাজ প্লান (মন্ত্রিমন্ডলের বরিষ্ঠ মন্ত্রীগণ তথা মুখ্য মন্ত্রীদের নিজেদের পদ থেকে পদত্যাগ করা উচিত যাতে সে নিজের সংস্থাকে সম্পূর্ণ সময় দিতে পারে।) তাঁর বিরুদ্ধেই ব্যবহার করা হয়েছিল।

1978 সালের শেষর দিকে, আমি যখন লুসাকায় ছিলাম তখন রাষ্ট্রপতি কৌন্ডা ঠিক করেছিলেন যে, তিনি তাঁর প্রধানমন্ত্রী ডেনিয়াল লিসূলোকে এক বিশাল প্রতিনিধি মণ্ডলের সাথে ভারতে পাঠানোর কথা ভেবেছিলেন। জাম্বিয়ার পীএম ছিলেন দিল্লী বিশ্ববিদ্যালয়ের ছাত্র। প্রায় এমনটাই হতো যে, মিশনের প্রধান প্রতিনিধি দলের সাথে আসতেন বা দুই দিন আগে এসে বিদেশ মন্ত্রী বা প্রধানমন্ত্রীকে তাঁদের সম্পর্কে জানাতেন। শেষ দিন পর্যন্ত আমি যখন মন্ত্রালয়ের কাছ থেকে কোনো রকম খবর পাইনা তখন ঠিক করি যে, আমি প্রতিনিধি মন্ডলের সাথেই যাব।

আমি যখন নতুন দিল্লীতে এসে পৌঁছাই তখন সবাইকে দেখেকেমন হতভম্ব বলে মনে হচ্ছিল। পরে জানতে পেরেছিলাম এটাও ছিল আমাকে ভারতে আসতে না দেওয়ার একটা পরিকল্পনা। কিন্তু এটা কাউর মাথায় আসেনি যে, আফ্রিকান প্রোটোকল (রাজনৈতিক শিষ্টাচরণ) সম্পর্কে খুবই সজাগ থাকে। যদি জাম্বিয়ান প্রধানমন্ত্রী এবং রাষ্ট্রপতি হাই কমিশানারকে নিজের সাথে না পেতেন তাহলে তাঁরে অবশ্যই খুবই খারাপ লাগত।

আমার অপ্রত্যাশিত আগমন সম্পর্কে সঙ্গে সঙ্গে মোরারজী দেসাইয়ের কাছে সংবাদ পৌঁছে গেছিল। তিনি আমাকে পরের দিন সকাল আটটায় দেখা করতে বলেছিলেন। আমি স্ত্রীর সাথে আমার শাশুড়ি মায়ের ছতরপুরের ফার্ম হাউসে ছিলাম। ঠান্ডাও ছিল খুব। আমার স্ত্রী আমাকে 1- সফদরজঙ্গ রোডে নিয়ে গেছিলেন। আমার মাথায় বিভিন্ন স্মৃতি ঘুরে বেরাচ্ছিল। পাঁচ বছর ধরে প্রায় প্রতিদিন এই বাড়িতে যেতাম কিন্তু তখন সেখানে আর আগের মতন আকর্ষণ ও জৌলস ছিল না। আমাকে মুরারজীর ঘরে পাঠানো হয়েছিল, এই ঘরও খুবই শূন্য ও বেজান লাগছিল।

আমাকে দেখেই উনি বলেছিলেন, 'আপনি তো না ডাকতেই চলে এসেছেন।'

আমি বলেছিলেম, 'আপনিই তো আমার সাথে দেখা করতে চাইছিলেন, তাই আমি এসেছি।'

'আমি অনুমতি ছাড়া আপনার ভারতে আসার কথা বলছি, আপনার একবার জিজ্ঞাসা তো করা উচিত ছিল?'

জাম্বিয়ার দলের সাথে আমার আসার দরকার কি ছিল তা আমি তাঁকে বলি। তিনি তখনও বলেন যে, আমার মন্ত্রালয়ের কাছ থেকে অনুমতি নেওয়া উচিত ছিল।

কিছুক্ষণ একটা রুদ্ধ নিস্তব্ধতার পর তিনি বলেন, 'আপনি আতঙ্কাবাদী নকোমোদের কেনো সমর্থন করছেন?' তিনি স্বাধীনতা সংগ্রামী জোশুআ নকোমোর কথা বলছিলেন।

আমি বলেছিলাম, 'উনি কোনো আতঙ্কবাদী নন। উনি হলেন একজন সাহসী

স্বাধীনতা সংগ্রামী। আমরা সবদিক দিয়েই তাঁকে এবং তাঁর পার্টিকে সমর্থন জানিয়ে এসেছি।'

মোরারজী কিছুতেই নিজের জেদ থেকে এক ফোঁটাও সরছিলেন না, 'আমি চাইনা যে, আমাদের রাজনৈতিক ব্যক্তিত্বরা ওদের কোনো ভাবে সাহায্য না করুক।' কথাটা তিনি অর্ধেক আমাকে আর অর্ধেক নিজেকে বলেছিলেন। কিছুক্ষণ বাদে তিনি আমাকে বলেছিলেন যে, আমার কাছ থেকে যে রিপোর্ট এসেছে, তা জাম্বিয়ার বিরুদ্ধে। আমি তাঁকে বলেছিলাম যে, জাম্বিয়ার দুটি পক্ষের সম্পর্ককে দৃঢ় করার জন্য আমাকে নিযুক্ত করা হয়েছিল, আর জাম্বিয়া হল একটা মিত্র রাষ্ট্র তাহলে আমার রিপোর্ট কিভাবে জাম্বিয়ার বিরুদ্ধে হতো পারে? কৌন্ডা ছিলেন একজন একনিষ্ঠ গান্ধীবাদী।

মোরার জী উত্তর দেন, 'গান্ধীবাদী! উনি তো আতঙ্কাবাদীদের আর্থিক সহায়তা প্রদান করে থাকেন।' তাঁর মনে আফ্রিকার জন্য কোনো আবেগ ছিল না, তিনি আমার কথাকে ভুল প্রতিপন্ন করার চেষ্টা করছিলেন। তিনি আমার লুসাকা রিপোর্ট পড়েছেন, তাঁর এই মিথ্যে অভিযোগ সব মিলিয়েই আমি খুবই আশ্চর্য হয়ে গেছিলাম। আমি তাঁকে বলেছিলাম যে, আমার রিপোর্ট শুধু উনিই পড়তে পারেন, অন্য কাউর তা দেখার কোনো অনুমতি ছিল না। আমি যখন তাঁর কাছ থেকে বিদায় নিচ্ছিলাম তখন উনি বলেছিলেন যে, 'তোমার স্ত্রী কোথায়?' আমি তাঁকে জানিয়েছিলাম যে, উনি আমার সাথেই ছিলেন আর বাইরে গাড়িতে বসে আমার জন্য অপেক্ষা করছেন। উনি আমার স্ত্রীর সাথে দেখা করতে চেয়েছিলেন, কিন্তু আমি বিনম্রতার সাথে না করে দিয়েছিলাম। অফিস সংক্রান্ত বিষয়ে তিনি তো আমাকে আদেশ দিতে পারতেন কিন্তু আমার ব্যক্তিগত জীবনে কোনো আদেশ দেওয়ার অধিকার তাঁর ছিল না।

সেই সময়, আমার শাশুড়ি মা ছিলেন, রাজ্য সভার জনতা পার্টির সদস্য, তিনি ছিলেন মোরারজীর খুব কাছের লোক। সন্ধ্যে বেলা সংসদ থেকে ফিরে এসে তিনি বলেছিলেন যে, মোরারজী তাঁকে বলেছেন, 'তোমার জামাই খুবই অসভ্য।'

মোরারজী সর্বদা যেমন ব্যবহার করতেন তেমনি ব্যবহার করেছিলেন, আর আমিও তাঁর সাথে তেমনি ব্যবহার করেছিলাম, যেমন করতাম। নিজের কেরিয়ারের কথা মাথায় রেখে যদি বলি, তাহলে বলতে হবে প্রধানমন্ত্রীর সাথে এই ভাবে কথা বলা উচিত হয়নি।

1979 সালের ডিসেম্বর মাসে কয়েকদিনের ছুটিতে লন্ডন গেছিলাম। আমি নিজের বই মহারাজা সূরজমলের পাণ্ডুলিপি প্রকাশক এলন এন্ড উনউইনকে দিতে চেয়েছিলাম।

লণ্ডনের ঔপনিবেশিক কার্যালয়, দক্ষিণ রোডেশিয়ায় দ্রুততার সাথে যে অবনতি দেখা যাচ্ছিল, সেই ঘটনাকেই ঘিরে ছিল। এমনকি একথাও বলা হয়েছিল যে, দক্ষিণ রোডেশিয়া 1980 সালের 20শে এপ্রিল স্বাধীন হয়ে যাবে, যার নাম হবে জিম্বাবয়ে। রবার্ট মুগাবে রাষ্ট্রপতি হিসাবে শপথ গ্রহণ করবেন।

1980 সালের 24শে জানুয়ারি পুনরায় ইন্দিরা গান্ধী প্রধানমন্ত্রীর আসনে বসেন।

নিজের পদ সামলানোর পরেই তিনি লুসাকায় আমাকে ফোন করে জিজ্ঞাসা করেছিলেন যে, 'ভারতে কবে আসছো?' আমি বলেছিলাম, 'আপনি যখনই চাইবেন তখনই চলে আসব।' আমরা কয়েক দিনের জন্য দিল্লী গেছিলাম, হেম তাঁর সাথে দেখা করেছিলেন, আমার পরবর্তি নিযুক্তি সম্পর্কে ইন্দিরাকে প্রশ্ন করা হলে, তিনি জানিয়েছিলেন যে, সম্ভবত পাকিস্তান! মন্ত্রালয়ের অনেকেই বলছিল যে, আমাকে লণ্ডনের হাই কমিশানার হিসাবে নিযুক্ত করা যেতে পারে, কিন্তু হেম পাকিস্তান যাওয়ার ব্যাপারে আগ্রহ দেখিয়েছিলেন।

লুসাকা থেকে ফিরেই, আমি রবার্ট মুগাবের সাথে দেখা করার জন্য হরারে গেছিলাম। তিনি যেখানে উঠেছিলেন, অর্ধেক রাতে আমি সেখানে তাঁর সাথে দেখা করতে গেছিলাম। এই স্থান সম্পর্কে খুব কম লোকই জানত। আমি তাঁকে স্বাধীনতার অনুষ্ঠানের কার্যসূচী সম্পর্কে জিজ্ঞাসা করি। তিনি জানিয়েছিলেন যে, এই দায়িত্ব গভর্নর শ্যার ক্রিস্টোফর সোম্সকে দেওয়া হয়েছে। আমি মুগাবে কে বলেছিলাম যে, তাঁর দেশই ব্রিটিশ রাজত্বের পরাধীনতায় থাকা শেষ দেশ ছিল। সুতরাং সেই স্বাধীনতা লাভের অনুষ্ঠান যদি কোনো ব্রিটিশের দায়িত্বেই থাকে তাহলে কখনই সেই অনুষ্ঠান অবিস্মরণীয় ও জাঁকযকম পূর্ণ হোতে পারে না। আমি তাঁকে জিজ্ঞাসা করেছিলাম যে, এই অনুষ্ঠানে আসার জন্য আমি তাঁর পক্ষ থেকে ইন্দিরা গান্ধীকে নিমন্ত্রণ জানাতে পারি কি? আমি অল ইন্ডিয়া রেডিয়োতে এই সংবাদের প্রচার করে দিয়েছিলাম। পরিণাম স্বরূপ এই অনুষ্ঠানে আশির বেশি রাষ্ট্রপতি ও প্রধানমন্ত্রী অংশ গ্রহণ করেছিলেন।

হরারে বহু সরকার ইন্দিরা গান্ধী ও রাষ্ট্রপতি জিয়া-উল-হকের সাথে দেখা করতে এসেছিল। ইন্দিরা গান্ধী আমাকে বলেছিলেন যে, পাকিস্তানের রাষ্ট্রপতির সাথে দেখা করতে যাওয়া উচিত। জিয়া-উল-হকও জেদ করেছিলেন ইন্দিরার সঙ্গে দেখা করার, যাই হোক তাঁদের দেখা হওয়ার পর ইন্দিরা পরিষ্কার ভাষায় তাঁকে বলেছিলেন যে, ভারতের প্রতি তাঁদের দৃষ্টি ভঙ্গি বদলানো খুবই জরুরি। সেটা ছিল একটা স্মরণীয় সাক্ষাৎকার। ফিরে যাওয়ার আগে জিয়া ইন্দিরাকে পাকিস্তানের ফটো এলবাম উপহার দিয়েছিলেন। তাঁর যাওয়ার পর আমার এলবাম খুলে দেখলে দেখি যে, পুরো কাশ্মীরটাকেই পাকিস্তানের অংশ বলে গণ্য করেছিলেন তিনি। প্রধানমন্ত্রী তা দেখে আশ্চর্য হননি, আর আমাকে এই এলবাম জিয়াকে ফিরিয়ে দিতে বলেছিলেন। এই এলবাম দুমাস আমার কাছেই ছিল। ইসলামাবাদে গিয়ে আমি তা তাঁকে ফিরিয়ে দিয়েছিলাম।

অধ্যায় - ১২
পাকিস্তানে

ভারত-পাক সম্পর্কের মধ্যে সর্বদাই একটা সমস্যা ছিল আর আজও তা আছে। অতীতের গহ্বর থেকেই ভবিষ্যৎ উঠে আসে। প্রথম থেকেই কাশ্মীর নিয়ে এই দুই দেশের মধ্যে একটা বিভ্রাট রয়েই গেছে। আমারা যদি এই সম্পর্ককে আরো বিগড়াতে না চাই তাহলে আমাদের পাকিস্তানের সাথে অনেক বেশি বাস্তব সম্মত চুক্তি করতে হবে।

1980 সালের 20 শে মে আমি আমার স্ত্রী হেমকে নিয়ে ইসলামাবাদে পৌঁছেছিলাম। প্লেন মাটিতে নামার সাথে সাথেই আমি জানলা দিয়ে বাইরের দিকে দেখি। সেখানে মিডিয়ার লোকরা নিজের সাজ সরঞ্জাম নিয়ে দাঁড়িয়েছিল। এটা দেখার পর আমার একটা সুখকর আশ্চর্যের অনুভূতি হয়েছিল, ভেবেছিলাম কমপক্ষে পাকিস্তান নিজেদের নীতিতে কিছু হলেও পরিবর্তন এনেছে, তারা ভারতের রাষ্ট্রদূতকে গণ্যমান্য অতিথির সম্মান দিতে শিখেছে, কিন্তু প্লেন থেকে বাইরে বেরনোর পর কোনো ক্যামেরা ক্লিক করেনি বা টি.ভি.র কোনো সাংবাদিক এগিয়ে আসেনি। তাহলে তারা কার জন্য অপেক্ষা করছিল ? আমার পিছনের ভদ্রলোক বাইরে আসার সাথে সাথে মিডিয়ার লোকেরা তাঁকে দেখে হুমরি খেয়ে পরে, মালদ্বীপের লঘুকায় বিদেশ মন্ত্রীই ছিলেন তাদের লেন্সের কেন্দ্রবিন্দু।

আমার ভাবী সহায়ক সতী লাম্বা এবং দূতাবাসের অন্যান্য বরিষ্ঠ আধিকারীরা আমাকে স্বাগত জানাতে এসেছিল। আমি অবিলম্বে নিজের কাজ শুরু করতে চেয়েছিলাম। এমনিতে আমি একটু চিন্তিতও ছিলাম। ইসলামাবাদের থেকে বড় কোনো প্রতিযোগিতা মূলক কাজ বিদেশ মন্ত্রালয় আমাকে দিতেও পারত না।

ইসলামাবাদের উদ্দেশ্যে রওনা হওয়ার আগে আমাকে ভারতে অবস্থিত পাকিস্তানী রাষ্ট্রদূত আব্দুস সত্তার ডেকেছিলেন। 1954 সালের জুন মাসে লণ্ডনে তাঁর সাথে আমার প্রথম পরিচয় হয়েছিল, সেই সময় বিদেশ এবং কমনওয়েলথ অফিসে চার সপ্তাহের কোর্সের আয়োজন করা হয়েছিল। তাঁর সাথে দেখা হলে আমরা একে অপরকে সেলাম জানাই, তিনি আমার সফলতার জন্য শুভকামনা করেছিলেন। আমি তাঁকে বলেছিলাম, 'দীর্ঘদিন ধরে আমিও আপনার মতোই ডিপ্লোমেটিক জগতের সাথে যুক্ত আছি। আমি জানি যে, নিজের গন্ডীর মধ্যে থেকে বন্ধুদের সাথে কি কথা বলা যায়, কিন্তু কি কথা বলা যায় না, তা আপনি আমাকে বলুন।'

তিনি অতি সহজ ভাবে যা বলেছিলেন, আমার আজও সেই কথা গুলি মনে আছে, 'কখনই বলবেন না যে, আমরা সকলে একই রকম। যদি আমরা একই হতাম তাহলে 1947 সালে আলাদা কেনো হয়েছিলাম?' আমি যতদিন পাকিস্তানে ছিলাম ততদিন এই কথাটা মাথায় রেখে চলতাম।

আমি ভারত-পাক সম্পর্ক সম্বন্ধে খুবই বিস্তারিত ভাবে পড়াশোনা করেছিলাম। অনেকেই পাকিস্তান সম্পর্কে এমন রায় দিতেন যাতে জটিল তথ্যও অনেক সহজ ও আড়ম্বরপূর্ণ বলে মনে হতো। পাকিস্তানের কাছে ভূগোলতো ছিল কিন্তু কোনো ইতিহাস ছিল না। পাঁচ হাজার বছর পুরানো ইতিহাসের সন্ধান তারা চালাচ্ছিল যা সফল হওয়ার কোনো সম্ভবনা ছিলনা, আর তা সফল হয়ও নি। এই দেশের সবচেয়ে গভীর সমস্যা হল, তারা নিজেদের পরিচয় খুঁজে পাইনি, তারা আজও এই সমস্যার সাথেই চলছে। 1971 সালে সবচেয়ে দুঃখজনক ঘটনা ঘটেছিল, যখন পূর্ব পাকিস্তানের লোকেরা বিদ্রোহ ঘোষণা করেছিল। পাঞ্জাবী মুসলমান, পাঠান, বলূচী কাবুলের প্রধান বা সিন্ধী বডেরাওয়েয়র তুলনায় এরা নিজেদের হীন মনে করত, নিজেদেরকে দ্বিতীয় শ্রেণীর নাগরিক মনে করার জন্য তারা খুবই দুঃখে ছিল এবং অশান্তির মধ্যে দিয়ে জীবন কাটছিল।

আলাদা পরিচয় পাওয়ার জন্য সেখানকার লোকেরা একটা রাষ্ট্রের দাবি করছিল, তা ধর্মের থেকে অনেক উপরে। পাকিস্তান আজ পর্যন্ত এই প্রশ্নের উত্তর পাইনি যে, 'আমরা কারা?'

যেকোনো ভারতীয় রাজনৈতিক ব্যক্তিত্বের কাছে ইসলামাবাদ ছিল একটা বিরাট বড় চ্যালেঞ্জ। ধরে নেওয়া যেতে পারে যে, আপনি কোনো রকম গোপনীয়তা ছাড়া নিজের জীবন অতিবাহিত করছেন। (লেখক বলতে চেয়েছেন যে, পাকিস্তানে বিশেষ করে ইসলামাবাদে ভারতীয়দের ওপর প্রতিটা মুহূর্তে, প্রতিটা জায়াগায় বেলজ্জের মতো লক্ষ্য করা হতো। -সং.) নতুন দিল্লীতে যেমন পাকিস্তানী রাজনৈতিক ব্যক্তিত্ব সম্পর্কে একথা বলা যায় না। যে কোনো পাকিস্তানী নতুন দিল্লীর প্রশংসা করতে বাধ্য হতো। ইসলামাবাদে ভারতীয় ডিপ্লোমেটিকরা যেমন একাকীত্ব বোধ করত, দিল্লীতে কিন্তু পাকিস্তানীরা তা বোধ করত না।

একজন রাষ্ট্রদূতকে বিভিন্ন ধরনের কাজ করতে হয়। তাকে সবার আগে এটা বুঝতে হয় যে, সত্তায় কার হাতে কি অধিকার আছে। পাকিস্তানে এই কাজ খুব সহজ ছিল। আসলে সেখানে শক্তির কোনো হস্তান্তর বা বিতরণ ছিল না। রাষ্ট্রপতি জিয়া-উল-হকের সমান কেউ ছিল না। তিনিই ছিলেন সশস্ত্র দলের প্রধান, চীফ মার্শাল, ল প্রশাসক এবং রাষ্ট্রপতি সব কিছুই। তাঁকে কাউর কাছে কোনো জবাবদিহি করতে হতো না। যদিও মিডিয়ার ওপর সেন্সর ছিল না কিন্তু তাদের কাছে এইটুকু স্বাধীনতাও ছিল না যে, তারা রাষ্ট্রপতি বা তাঁর সৈন্যদল সম্পর্কে কিছু বলার, প্রসারিত করার অধিকার পেত না, তা গোপন করে রাখা হতো।

1980 সালের 28 শে মে, রাষ্ট্রপতি জিয়া-উল-হকের কাছে নিজের পরিচয় পত্র এবং মান্যতা পত্র প্রস্তুত করেছিলাম। সেখানকার ক্রেডেন্সিয়াল সেরিমনি নতুন দিল্লীর মতো জাঁকযমক ও স্মরণীয় হোত না ঠিকই কিন্তু আমার সেই দিনের ঘটনা আজও খুব ভালোই মনে আছে। ইসলামাবাদ যাওয়ার আগে ইন্দিরা গান্ধী আমাকে বলেছিলেন যে, আমি যেন পাকিস্তানের রাষ্ট্রপতির সাথে ভারতীয় বন্দিদের নিয়ে অবশ্যই কথা বলি, তাদের লাহৌরের একটা ছোট্ট কোট লাখপত জেলে কষ্টের মধ্যে বন্দি করে রাখা হয়েছিল। আমি তাই করি। রাষ্ট্রপতি সেই ব্যাপারে নিজের অজ্ঞানতার কথা জানিয়েছিলেন, কিন্তু সেই সাথে তিনি এটাও বলেছিলেন যে, আমাকে অতি শীঘ্র কিছু না কিছু জানানো হবে।

রাষ্ট্রপতি জিয়া-উল-হকের কাছে শক্তি থাকলেও ব্যক্তিত্ব ছিল না। তিনি শাসক হওয়ার আগে পাকিস্তানের লোকেরা তাঁকে নিয়ে যথেষ্ট উপহাস করত। তিনিও জানতেন যে, তাঁর পিছনে লোকেরা তাঁর সম্পর্কে কি বলে। তিনি নিজের আকর্ষণ বৃদ্ধির জন্য বিনম্রতা, ধৈর্য্য এবং ভদ্রতার ব্যবহার করতেন। চাউ-এন-লাইয়ের মতো তিনিও জনগণের সাথে সম্পর্ক গড়তে খুব নিপুণ ছিলেন। তিনি বহুদিন পাকিস্তানকে শাসন করেছেন, তাঁর রাজত্ব কাজ ছিল 11 বছরের।

1977 সালে তিনি পাকিস্তান পীপুল্স পার্টির ফৌজী বিপ্লবের সাহায্যে সত্তা ছিনিয়ে নিয়েছিলেন এবং সংবিধানিক শক্তির ওপরে গিয়ে একনায়কতন্ত্রের গঠন করার চেষ্টা করেছিলেন। তখন তিনি কাউর কাছে কোনো জবাব দিতে বাধ্য ছিলেন না। তিনি যখন পাকিস্তানে ঘোষণা করেছিলেন যে, তিনি পাকিস্তানে সময়ের আগেই নির্বাচন করাতে চান তখন এই ঘোষণার পিছনে কোনো দৃঢ় নিশ্চয় ছিল না। পাকিস্তান পীপুল্স পার্টিও জুল্ফিকার আলী ভুট্টোকে ফাঁসি দেওয়ার পর নিজেদের মধ্যে ছিন্নভিন্ন হয়ে গেছিল। সোভিয়েত ইউনিয়ান যখন আফিগানিস্তানকে যব্জা করেছিল তখন তা জিয়া-উল-হকের কাছে আশীর্বাদ হয়ে উঠেছিল। ভুট্টোর ফাঁসি হয়ে যাওয়ার পর রাজনৈতিক দিক থেকে তিনি খুব একা হয়ে গেছিলেন। সোভিয়েত ইউনিয়ান কাবুলে পা রাখতেই তিনি শাপ মুক্ত হয়ে যান (ভুট্টোর ফাঁসির পর মুসলামন দেশ গুলি তাঁর সাথে সমস্ত রকম সম্পর্ক ছিন্ন করেছিল)। যে মুসলমান দেশ গুলি তাকে আলাদা করে দিয়েছিল, তারাই তখন তাঁকে আঁকড়ে ধরে আর ওনাকে ইসলামিক দেশের সংগঠনের চেয়ারমান করে দিয়েছিল। এমন প্রতিযোগিতা তাঁর জীবনে এর আগে কখন আসেনি। তাঁর বিরুদ্ধে কোথাও কিছু তিনি সহ্য করতেন না। যখন বালুচিস্তান ও সিন্ধির মধ্যে অসন্তোষ চলছিল তখন প্রেস এই দুই প্রান্ত সম্পর্কে কোনো রকম খবর ছাপতে পারেনি। পাকিস্তানের রাজনৈতিক প্রক্রিয়া যেন থমকে গেছিল।

জিয়া-উল-হক ছিলেন স্টিফেন কলেজের ছাত্র, এই নিয়ে তিনি খুবই গর্ব করতেন, আর সেই কারণেই জেনারেলের সাথে আমার একটা বন্ধুত্বের সম্পর্ক ছিল। তিনি কলেজের এমন কোনো উল্লেখযোগ্য ছাত্র ছিলেন না, কিন্তু তিনি সেই দুর্বলতাকে নিজের সৈন্য উৎকৃষ্টের

দ্বারা পূরণ করেছিলেন। আর আমার কাছে সবচেয়ে বড় যে অস্ত্র ছিল তাহল ইন্দিরা গান্ধীর সাথে আমার সম্পর্ক। জিয়া-উল-হক জানতেন যে, আমার সাথে সরাসরি সাউথ ব্লকের যোগাযোগ আছে।

কিছু দিনের মধ্যেই আমাদের মধ্যে একটা সুবিধা জনক ও কাজ চালানোর মতো সম্পর্ক হয়ে গেছিল। এমনিতে তিনি খুবই বিনম্র ও সৌহার্দ্রপূর্ণ ছিলেন। আমি ঠিক ও ভদ্র ছিলাম। প্রায় একমাস শেষ হয়ে এসেছিল। আমাদের মধ্যে একটা সহজ সম্পর্ক গড়ে উঠছিল। আমাদের মধ্যে হয়তো কোনো ভাতৃত্ববোধ ছিল না কিন্তু একে অপরের সাথে সহজভাবে ও শান্তিতে কথা বলতে পারতাম।

জিয়া ব্যক্তিগতভাবে খুবই ধর্মনিষ্ঠ ছিলেন। সিগারেট পর্যন্ত পান করতেন না। মদ্যপান ছিল তাঁর কাছে নিন্দনীয় বিষয়। দিনে পাঁচবার নামাজ পড়তেন। পাকিস্তানিরা হুইস্কী পান করতে পছন্দ করত কিন্তু তাঁর 11 বছরের কার্যকালে (বড় বড় শক্তিশালী পাকিস্তানি) কখন কোনো জনসমাবেশে কাউকে মদ্যপান করতে দেখা যায়নি। পাকিস্তানের উচ্চবর্গিয় পাঞ্জাবী তথা করাচীর লোকেরাও তাঁর আত্ম সংযম দেখে মোটেই প্রভাবীত হোত না, কারণ তারা ছিল খুবই অহংকারি, নির্লজ্জ, দাম্ভিক এবং সামন্তবাদী। তাদের জীবন শৈলী ছিল খুবই বিলাসিতাপূর্ণ এবং আড়ম্বরপূর্ণ।

একবার প্রসিদ্ধ শায়র জোশ মলীহাবাদী নিজের মনের কথা আমাকে বলেছিলেন। তিনি পাকিস্তানে থাকার জন্য খুবই অনুতাপ করতেন। নেহেরুর কথা না শুনে তিনি ভুল করেছেন এটাই ছিল তাঁর সবচেয়ে বড় দুঃখ। জোশ সাহেব মাতাল ছিলেন না, কিন্তু বোতল তাঁর কাছে অচেনাও ছিল না। উৎকৃষ্ট শায়েরি লেখার জন্য হুইস্কীই তাঁকে প্রেরণা দিত। জিয়ার পাকিস্তানে তিনি নিজেকে খুবই অসহায় বলে মনে করতেন তাই প্রতিদিনই মদ্যপান করতেন, কিন্তু গোপনে। আমি মদ্যপান করতাম না। মুসলমানদের উৎসবে আমি তাঁকে উপযুক্ত উপহারও প্রদান করতাম।

পাকিস্তানের এম.এফ.হুসেন নামে পরিচিত সৈয়দীন খুবই মদ্যপান করতেন। লাহৌর সংগ্রহালয়ে তাঁর সাথে জিয়ার সাক্ষাতের কথা তিনি আমাকে বলেছিলেন। সৈয়দীন ছিলেন কঞ্চির মতো রোগা। রাষ্ট্রপতি তাঁকে জিজ্ঞসা করেছিলেন যে, 'আপনি কি কিছু খাওয়া-দাওয়া করেন না? কি রোগা হয়ে গেছেন!' তিনি বলেছিলেন, 'দেখুন খাওয়ার কথা বলতে পারব না, কিন্তু পান অবশ্যই করি।'

আমি যখন পাকিস্তানে গেছিলাম তখন তা কট্টোর ইসলামিক দেশে পরিণত হয়েছিল। জিয়াকে নিজাম-এ-মুস্তফা (ধার্মিক শাসন) -এ অহমদী এবং শিয়া দোয়াম ধারার নাগরিক বলে মনে করা হতো। আমার ইসলামাবাদে পৌঁছানোর দুই সপ্তাহের মধ্যেই, আমি সরকারকে পাকিস্তান সম্পর্কে টাটকা খবর দিয়েছিলাম, আর এই পরিবর্তিত পরিস্থিতি ভারত-পাক সম্পর্ককে কিভাবে প্রভাবিত করছিল তাও জানিয়েছিলাম। আসলে আমি

কোনো রকম পূর্বধারণার ভিত্তিতে কোনো রিপোর্ট দিতে চাইনি, তাই আমি সেই অনুসারেই কাজ করেছিলাম। সেই সময় ভারতের প্রথম শত্রুই ছিল পাকিস্তান। উর্দু প্রেস গুলি ভারতের খুবই বিকৃত ছবি বানাতো। পাকিস্তানের উর্দু মিডিয়া ছিল খুবই শক্তিশালী। সংবাদপত্রের মালিক, সম্পাদক তথা সংবাদের চ্যানেল গুলি ভারতের বিরোধীতা করত। আমার এখনও মনে আছে যে, ইন্দিরা গান্ধী ও তাঁর পরিবার সম্পর্কে সবচেয়ে লজ্জাজনক কথা ওখানেই পড়েছিলাম। একটা সংবাদ পত্র লিখেছিল যে, ভারতীয় প্রধানমন্ত্রী নার্ভাস ব্রেকডাউনের শিকার ছিলেন এবং তিনি শতাধিক পূজারি ও জ্যোতিষিদের তাঁর জন্য প্রার্থনা করতে বলেছিলেন। আরো একটা বোকার মতো খবর ছাপা হয়েছিল যে, মেনকা গান্ধীকে নজর বন্দী করা হয়েছিল। আমাদের সাম্প্রদায়িকতা সম্পর্কে উর্দু সংবাদপত্র গুলি যা খুশি লিখত। আমাদের প্রজাতন্ত্রকে পাখণ্ডী বলা হতো, আমদের আর্থিক ও শিল্পের প্রগতি নিয়ে সন্দেহ প্রকাশ করা হতো এবং মুসলমানদের সাথে করা আমাদের প্রতিটা ব্যবহারকে ভর্ৎসনা করা হতো। আমি প্রধানমন্ত্রীকে জানিয়েছিলাম যে, আগামী দিনে যাই হোক না কেনো আমি সবকিছুর মোকাবিলা করতে রাজী আছি।

'আমার নিজের কাজ পছন্দ হয়েছিল', এখানে আমি ওগডন নশের শব্দ তুলে নিজের কথা জানতে চাই, 'আমি ইসলামাবাদ ইভিনিউর অফিসে বসে, নিজেকে বলেছিলাম, তুমি দায়িত্বে পরিপূর্ণ একটা দায়িত্ব পেয়ছো। পেয়ছো না ?'

আমার অগ্নিপরীক্ষা কি ছিল ? সবার আগে ছিল কাশ্মীর। দ্বিতীয়ত ছিল, পাকিস্তানের পরিচয় নিয়ে গভীর সংকট, যা ইসলামিক গণরাজ্যের জীবনের প্রতিটা অংশকে প্রভাবিত করেছিল। তৃতীয়ত আইএসআই-এর ওপর কঠোর দৃষ্টি রাখা। সেই সময় মনে করা হোত যে, খালিস্তান আন্দোলনের পিছনে কোনো নিজেদের ব্যক্তির হাত আছে, চতুর্থ ছিল শীর্ষস্থ উর্দু সংবাদপত্র, বিশেষ করে নয়া-এ-বক্তের সাথে সৌহার্দ্রপূর্ণ সম্পর্কে গড়ে তোলা। পঞ্চম পরীক্ষা ছিল, ভারত-পাক বিভাজনের পরিণাম স্বরূপ যে সমস্যার সৃষ্টি হয়েছিল তা দূর করা।

কাশ্মীর বিগত 68 বছর ধরে দুই দেশের মধ্যে পড়ে পিষছে, আর এই সমস্যার কোনো সমাধান খুঁজেই পাওয়া যাচ্ছে না। পরিস্থিতি যেমন ছিল তেমনি রয়ে গেছে। পাকিস্তানের তরফ থেকে কট্টোরপন্থীদের ঘুষপ্যাঠ জারী রয়েছে।

পাকিস্তানী সরকারের এজেন্ডায় কাশ্মীর সমস্যা ছিল সবচেয়ে গুরুত্বপূর্ণ বিষয়, আর যখন এই দেশে ছিলাম তখন সর্বদা তাই নিয়েই আমাকে ব্যস্ত থাকতে হতো। বর্তমানের মতো তখন পাকিস্তান কাশ্মীর নিয়ে অবসাদ গ্রস্ত ছিল, আর সেই বিষয় তারা সমস্ত অন্তর্রাষ্ট্রীয় মঞ্চে তুলেছিল। তা সংযুক্ত রাষ্ট্র হোক বা নন-এলাইন্স আন্দোলন হোক বা রাষ্ট্রসংঘের সম্মেলন। যদিও ভাতর এক ইঞ্চিও পিছনে সরতে রাজী ছিল না, কিন্তু ভারত এই ব্যাপারে খুব সচেতনতাও দেখায় নি। পাকিস্তানের সবচেয়ে শক্তিশালী সংস্থা ,পাকিস্তানের সেনা

সকলের সামনেই বলত যে, এই ব্যাপারে তারা কোনো রকম বোঝাপড়া করতে রাজি নয়। পাগলামি ও রাজনীতি কখনই দুটি একসাথে চলতে পারে না।

সেই সময় পাকিস্তানের আর্থিক অবস্থা খুব ভালো ছিল না। মুদ্রা স্ফীতির দর খুব বেশি ছিল, জিনিস পত্রের দাম দ্রুতগতিতে বৃদ্ধি পাচ্ছিল, শিল্পের উৎপাদন কম ছিল, যার ফলে রাষ্ট্রের মনোবলও ক্ষীণ হয়ে আসছিল। বালুচিস্তান ও সিন্ধি চাপের মধ্যে ছিল। ভূমি ঠিক করার জন্য কোনো উপযুক্ত পদক্ষেপ নিতে পারেনি এবং আর বিস্তৃত নজরে পাকিস্তান একটি সামন্তবাদি দেশে পরিণত হয়েছিল। আমলা ও সৈন্যদের হাতেই সমস্ত শক্তি ন্যস্ত ছিল। আমরা পাকিস্তানকে পরাজিত তো করতে পারছিলাম না, কিন্তু দুর্বল অবশ্যই হচ্ছিল।

ভারতের তরফ থেকে সমানে একটা দুই তরফা ব্যবসার প্রস্তাব দেওয়া হচ্ছিল, যা তাদের আর্থিক অবস্থা উন্নতির জন্য সাহায্য করত, কিন্তু পাকিস্তান সরকার সমানে পিছনে চলে যাচ্ছিল, তারা সমানে ভারতের প্রস্তাবকে উপেক্ষা করছিল। পাকিস্তানের সুরক্ষা বাজেটও ছিল খুব ভারি।

পাকিস্তানের রাজনীতিবিদ্‌দের গুণবত্তা নিয়ে কোনো রকম প্রশ্নই করা যায় না। তাদের একতা ও যোগ্যতার কোনো তুলনাই ছিল না। তাঁদের কাছে বিদেশ সেবা ছিল একটা উদ্দেশ্য এবং যোগ্যতরা পরিচয়, কিছু লোক তো আবার একে অভিযান বলে মনে করত। আমি এখানে সেই রকম কয়েকজনের নাম নিতে চাইব যাঁরা আমাকে খুবই সম্মানের চোখে দেখতেন, তাঁরা হলেন, সাহবজাদা ইয়াকুব আলী খান, আগা শাহী, অব্দুস সত্তার প্রমুখের নাম করা যায়। অন্তর্রাষ্ট্রীয় স্তরে কাশ্মীর প্রসঙ্গকে দীর্ঘ দিন ধরে জীবিত রাখার জন্য কড়া সংকল্প ও কৌশলের প্রয়োজন হতো। তারা ভারতের সাথে মোকাবিলা করার জন্য চীন ও ইউএসের সাথে খুব ভালো সম্পর্ক বজায় রাখার চেষ্টা করত। 1962 থেকে 1971 সালের মধ্যে আমেরিকা যখন মাওয়ের চীনের বিরোধীতা করছিল তখন এই দেশ উভয়ের সাথেই সুসম্পর্ক গড়তে চাইছিল। ইউএসের সাথে পাকিস্তানের সম্পর্ক নিকটতম হয়ে উঠেছিল - কাশ্মীর প্রসঙ্গে পাকিস্তানকেই তারা সাহায্য করছিল। এই ঘটনা পাকিস্তানের মিডিয়ায় ধরা পড়েছিল। তারা জিয়াকে অর্থ, হাতিয়ার ও বারুদ দিচ্ছিল। তিনিই মুজাগিদীনদের তৈরি করেছিল, প্রশিক্ষণ দিয়েছিল এবং তাদের হাতে ভয়ঙ্কর হাতিয়ার তুলে দিয়েছিল, এরাই ভবিষ্যতে তালিবান নামে পরিচিত হয়েছিল। ইউএসের হাত ধরেই মুসলমান আতঙ্কবাদীদের জন্ম হয়েছিল, আর আজ সবাই সেই পরিণামই ভোগ করছে।

একজন ফৌজীর রূপে জিয়া, চতুর রাজনীতিবিদ্ হিসাবে প্রমাণিত হয়েছিলেন। তিনি দেশকে নিয়ন্ত্রণে রাখার জন্য চারটি উপায়ের প্রয়োগ করেছিলেন। প্রথমত, তিনি ছিলেন একজন সুপ্রিম কমান্ডার, এবং তাঁর হাতে সশস্ত্র বাহিনী ছিল। দ্বিতীয়ত, তিনি নিজের পরিশ্রমের দ্বারা ধার্মিক নেতা তথা কট্টোরপন্থী ধার্মিক দল দাঁড় করিয়েছিলেন। তৃতীয়ত, তিনি প্রচুর পরিমাণে মাদ্রাসা খোলার জন্য সৌদী আবর ও কুয়েত থেকে অর্থ

সঞ্চয় করেছিলেন, চতুর্থত, সোভিয়েত ইউনিয়ান যখন আফগানিস্তানের ওপর আক্রমণ করেছিল (আমেরিকা ও ইসলাম দেশ গুলির থেকে সম্পূর্ণ রূপে সাহায্য প্রাপ্তি করার জন্য) তখন সেই পরিস্থিতিতে তাদের ভয় দেখিয়ে সম্পূর্ণ রূপে শোষণ চালাতেন। এই পরিস্থিতিকে ইসলামের ওপর হামলার নাম দিয়ে নিজের দেশের মধ্যেও একটা দৃঢ়তার সৃষ্টি করতে চেয়েছিলেন।

জিয়ার ভারতীয় নীতির মধ্যেও একটা বিশেষ গুণ লক্ষ্য করা যেত। তাঁর মধ্যে সবচেয়ে বড় গুণ ছিল, তিনি কখন পদ, স্তর বা মহত্তের পরোয়া করতেন না, আর সমস্ত ভারতীয়দের সাথে কথা বলতেন। আমি যখন ওখানে গেছিলাম তখন জানতে পারি যে, আমার আগের রাষ্ট্রদূত, জিয়া যখন অন্য ভারতীয়দের সাথে কথা বলতেন তখন তাতে অংশ নিতেন না। আমি এই নীতি বদলে দিয়েছিলাম। এটা ছিল এমন এক পরিবর্তন যা রাষ্ট্রপতি বা পাকিস্তানের বিদেশ কার্যালয়ের পছন্দ হতো না। এমন বৈঠকে ভারতের রাষ্ট্রদূত থাকবেনা, আমি তা মেনে নিতে পারতাম না।

নিজের দৃষ্টিভঙ্গী অনুসারে রাষ্ট্রপতি এতটাই ধর্মনিষ্ঠ ছিলেন যে, তিনি কখন ভারতের সাথে সাংস্কৃতিক আদান-প্রদানের ব্যাপারেও মঞ্জুরি দিতেন না। একবার তিনি আমাকে বলেছিলেন যে, এই অনুষ্ঠান চলা কালিন যদি কোনো মেয়ে কম জামাকাপড় পরে মঞ্চে উঠে আসে তাহলে তিনি তা সহ্য করতে পারবেন না। যদিও তাদের সঙ্গীতজ্ঞ ও গীতিকারদের ভারত কখনই অনাদর করেনি, কিন্তু ভারতের কোনো সংগীতজ্ঞকে পাকিস্তানে যেতে দেওয়া হতো না। একবার আমি জিয়ার বিরুদ্ধে যেতে সফল হয়েছিলাম। 1981 সালের গণতান্ত্রিক দিবসের দিনে আমি ওস্তাদ আমজাদ আলি খানকে আমার বাড়িতে আমন্ত্রণ জানিয়েছিলাম, সরোদ বাজানোর জন্য। সেদিন আমি পাকিস্তানের বহু আধিকারীক ও সংগীতজ্ঞদেরও আমন্ত্রণ জানিয়েছিলাম, এই বিষয়টা খুবই সফল হয়েছিল।

পাকিস্তানে করাচি যা ছিল, ভারতে সেই স্থান দেওয়া হয়েছিল মুম্বাইকে। এই দুই মহানগরীর আদাপ কায়দাও অনেকটা একই রকম ছিল, সুখবাদী, ব্যবসায়ি ও বুদ্ধিজীবিদের বাস, দিল্লী/ ইসলামাবাদের অফিসারদের সন্দেহের চোখে দেখা প্রভৃতি বহু মিল ছিল। দুই স্থানেই অর্ধেক রাতে খাদ্য পরিবেশন করা হয়। দুই শহরেই রাতের হোটেল গুলিতে সুন্দরী মেয়েদের হাতছানি আছে। সিন্ধী ভঢ়েড়া বিলাসপূর্ণ জীবন যাপন করত। ট্রাকের ব্যবসা নিয়ন্ত্রণ করে থাকে পাঠানরা। বালুচি ও কাবুলের লোকেদের পোশাক আশাক ও বন্দুক গুলি দেখলেই তাদের ভয়ঙ্কর লাগত। হত্যা ছিল খুব সাধারণ বিষয়। আদালতের সাহারা পাওয়া মুশকিল ছিল। কাবুলের লোকেদের মেরে কাবুলেরই ভালো করার চেষ্টা করত। যারা লক্ষ্ণৌ থেকে এখানে এসেছিল, তারাই লক্ষ্ণৌর ভাষাকে জীবিত রেখেছিল। সাবরী ব্রদর্স কাবুলের বিশেষ কলার ব্যাপারে খুবই নিপুন ছিল আর আহমদ আলী দিল্লীর এই সমৃদ্ধ সভ্যতার নজির ছিলেন, যিনি 'টুইলাইট ইন দিল্লী' কে অমর করে রেখেছেন।

1956 সালের জুলাই মাসে, বীজিঙ্গে আমার সাথে আহমদ আলির পরিচয় হয়েছিল। তিনি প্রধানমন্ত্রী হুসেন শাহিদ সুহরাবর্দীর সাথে এসেছিলেন। 1976 সালে যখন তাঁর সাথে আমার লন্ডনে দেখা হয়েছিল, তখন তিনি আগের কথা কিছু মনেই করতে পারেননি। পাকিস্তানের রাষ্ট্রদূত হওয়ার পর আমাদের সাথে প্রায়ই দেখা হতো। তখন বিপ্লবী অহমদ আলি এক বিখ্যাত ব্যক্তিত্ব হয়ে উঠেছিলেন। আমি প্রায়ই এই বিষয় নিয়ে তাঁর পিছনে লাগতাম। 84 বছর বয়সে তিনি করাচিতে শেষ নিঃশ্বাস ত্যাগ করেছিলেন।

সেই সময় করাচীর কয়েকজন বিখ্যাত নাগরিকদের মধ্যে বেগম লিয়াকতআলীর নাম ছিল খুবই উল্লেখ যোগ্য, তিনি ছিলেন একজন খ্রীষ্টান, কিন্তু নবাবজাদা লিয়াকত আলি খানের সাথে তাঁর বিবাহ হওয়ার পর তিনি মুসলিন ধর্ম গ্রহণ করেছিলেন। তিনি তাঁর দেশের রাষ্ট্রদূত হিসাবে এসেছিলেন, সেখানে তিনি বিজয়লক্ষ্মী পন্ডিতের মতোই কাজ করেছিলেন, আর আর্থিক কায়দা-কানুনের কোনো খেয়াল করেননি। এই মহান মহিলা যাতে কোনো রকম ভাবেই অসন্তুষ্ট না হল সেই দিকে সর্বদা খেয়াল রাখা হতো। 1947 সালের আগে পাকিস্তানের একজন বিখ্যাত ব্যক্তি প্রফেসার আই.এম. কুরৌশী সেই সময় আর চলা ফেরা করতে পারেন না। আমি একবার করাচীর নৌসৈনিক হাসপাতালে তাঁর সাথে দেখা করেতে গেছিলাম। জিন্নার কট্টোর সমর্থকদের সেই সময় পাকিস্তানের লোকেরা ভুলে গেছিল কিন্তু জিয়া তাঁর সাথে সম্পর্ক বেজায় রেখেছিলেন। কুরৌসী তাঁকে সেন্ট স্টিফেন কলেজে পড়িয়েছিলেন।

আর এক ভদ্রলোকের নাম ছিল শররতবাজ খান মজারী, তিনি ছিলেন খুবই সুসভ্য, শিষ্ট, সুন্দর ও শৌখিন ধরনের মানুষ, পড়াশোনার বিষয়েও তাঁর খুবই আগ্রহ ছিল, তিনি ছিলেন শরীফ কবীলাঈয়ের প্রধান। এই কবীলাঈ নেতা অনেক দূর যেতে পারতেন, কিন্তু তিনি এগাতে পারেননি। হাফিস পীরজাদা দম্পতি খুবই সুন্দর ও অদ্ভুত ছিলেন, আর তাদের সাথে কথা বলতে খুব ভালো লাগত। বলা হতো যে, এমন কোনো মানুষ নেই যে কিনা বেগম পীরজাদার রূপ দেখে আকৃষ্ট হতো না। জটোই, হারুন এবং দৌলতানা নিজেদের শাহী ঐতিহ্যকে ধরে রেখেছিলেন। তাঁদের সাথে সেই 22 টি পরিবারের সম্পর্ক ছিল, যাদের কাছে কোনো একটা সময় সম্পূর্ণ পাকিস্তানের 30 শতাংশ সম্পত্তি ছিল। তাঁদের জীবনশৈলী দেখলে ফ্রান্স ও রাশিয়ার বিপ্লবের উপহাস বলে মনে হতো, কারণ তাঁরা শুধু কেক খেতেন। তাঁদের কাছে রুটি ছিল গরিবদের খাবার। তাঁরা সকলেই রাজনীতির সাথে যুক্ত ছিলেন এবং প্রান্তিয় ও রাষ্ট্রীয় মন্ত্রীমণ্ডলে ওঠা-বসা ছিল।

1981 সালের পরে, জিয়া ভারতের সাথে দুতরফা নীতি গ্রহণ করেছিলেন। তিনি ভারতের সামনে একটা শান্তি প্রস্তাব রেখেছিলেন। এর দ্বারা তিনি যে শুধু ইসলামিক জগতকে শান্ত রাখতে চেয়েছিলেন, তাই নয় বরং তিনি অন্যান্য দেশের কাছেও এটা প্রমাণ করতে চেয়েছিলেন যে, পাকিস্তান প্রতিবেশি দেশের সাথে সুসম্পর্ক গড়ে তুলতে চাইছে।

অন্যদিকে, তিনি ভারতের প্রভাব খর্ব করার জন্য সমস্ত রকম চেষ্টা চালিয়ে যাচ্ছিলেন এবং সমানে তিনি দাবি করছিলেন যে, সমস্ত সার্ক ক্ষেত্রে আমরা আধিপত্য বিস্তার করছি। সত্তায় বসে থাকা এই ব্যক্তির সাথে মোকাবিলা করা ছাড়া আমাদের কাছে আর কোনো বিকল্প ছিল না। আমার মনে হয়েছিল যে, পাকিস্তানের লোকেদের এটা বোঝানো খুবই জরুরি যে, আমরা জিয়ার তন্ত্রকে স্বীকার করছি। আমার মনে হয়েছিল যে, আমাদের নিজেদের সরকার সম্পর্কে বেশি কথা না বলে পাকিস্তানের লোকেদের নিয়ে বেশি কথা বলা উচিত। কিন্তু এখন আমি স্বীকার করছি যে, আমার এই চিন্তাধারা একদম ঠিক ছিল না। সাধারণত সমস্ত দেশের নাগরিক নিজের দেশের বিদেশ নীতিকেই সমর্থন করে।

আমার কার্যকালে, ভারত-পাক সম্পর্কের ক্ষেত্রে ঠিকঠাক থাকলেও সৌহার্দ্রপূর্ণ ছিল না, মাঝেমধ্যে তার ওপর চাপেরও সৃষ্টি করা হতো। যখন ইউএসে পাকিস্তানকে এফ-16 বিমান উপহার দিয়েছিল তখন আমি রাষ্ট্রপতি জিয়ার সাথে দেখা করে কথা বলেছিলাম। তিনি বেশ রুক্ষতার সাথেই আমাকে বলেছিলেন যে, 'কুমার সাহেব! আপনারা তো সোভিয়েত রাশিয়ার কাছ থেকে এর চেয়ে অনেক বেশি কিছু পাচ্ছেন।' আমি একটু বেলজ্জের মতোই জিজ্ঞাসা করেছিলাম যে, পাকিস্তানের এত বড় সৈন্য দল তৈরি করার কারণ কি, আর কেনই বা পাকিস্তান প্রতিরক্ষার জন্য এত বাজেট রেখেছে? বাংলাদেশ বিভাজনের পর সেনা ও বাজেট দুটিই তো কমে যাওয়া উচিত ছিল। তাঁর পরের জবাব শুনে আমি অবাক হয়ে গেছিলাম, 'ভারতই হল আমাদের সবচেয়ে বড় সমস্যা। আপনাদের অর্ধেক সেনা তো আমাদের দিকে মুখ করে দাঁড়িয়ে আছে।' আমি তাঁর সাথে আর কোনো তর্কে না গিয়ে, তাঁকে শুধু মনে করিয়ে দিয়েছিলাম যে, ভারতকে তো চীন ও পাকিস্তান দুই দিকেই চোখ রাখতে হয়, তাই বড় সৈন্য দল না থাকলে সেটা সম্ভব না।

জিয়া আর আমি বেশির ভাগ সময়তেই নিজেদের গণ্ডীর মধ্যে থেকেই একে অপরকে আক্রমণ চালিয়ে যেতাম। তিনি নিজের মনোভাব বোঝানের বিষয়ে খুবই পটু ছিলেন আর সেই সাথে স্বাভাবিক ভদ্রতারও একটা মিশ্রণ থাকত। কিন্তু যখনই কাশ্মীরের নিয়ে প্রসঙ্গ উঠত, তখন তিনি আর নিজের ওপর নিয়ন্ত্রণ রাখতে পারতেন না। একবার তিনি আমাকে বলেছিলেন, 'কুমার সাহেব! কাশ্মীর তো আমার রক্তের সাথে মিশে আছে।'

উত্তরে আমি বলেছিলাম, 'শ্যার, কাশ্মীর আমার অস্থির মজ্জায় (হাড়ের ভেতরের মজ্জার মধ্যেই রক্ত উৎপন্ন হয়) মিশে গেছে।'

এই কথাবার্তা ছিল শুধুমাত্র শব্দের জাল।

এমনিতে রাষ্ট্রপতি আমার সাথে সর্বদাই সম্মানের সাথে কথা বলতেন, তিনি সর্বদাই বলতেন যে, তিনি ভারতের সাথে একটা ভালো সম্পর্ক তৈরি করতে চান কিন্তু আমরা ইন্টালিজেন্স এজেন্সির কাছ থেকে জানতে পারতাম যে, ভারতকে ছোটো করার জন্য পাকিস্তান কি কি চেষ্টা চালাত। এক সন্ধ্যায়, একটা সিনেমা হলে একটা ব্যানার দেখানো

হয়েছিল, তাতে লেখা ছিল যে, ভারতীয় দূতাবাসের একজন সদস্য মোটর দুর্ঘটনায় প্রাণ ত্যাগ করেছে। সেই সিনেমা হলে দূতাবাসের দুই তিনটি পরিবারের লোক সিনেমা দেখতে গেছিল, তারা সেখান থেকে তাড়াহুড়ো করে বেরিয়ে যায়। পরে জানা গেছিল যে, এমন কোনো ঘটনাই ঘটেনি। যাকে মরা বলে প্রচার করা হচ্ছিল সে তো সুস্থ ছিল।

কখন-কখন এর থেকেও বেশি হাস্যকর ঘটনা ঘটত। একদিন, আমার উপ কমিশানার এস.কে. লাম্বাকে নিজের কার্যালয়ে ডেকে পাঠানো হয়েছিল আর বলা হয়েছিল যে, আমাদের দূতাবাসের দুজন আধিকারীকে অবাঞ্ছিত বলে ঘোষণা করা হয়েছে কারণ তারা পাকিস্তানের বিরুদ্ধে ক্ষতিকারক বেআইনি তদন্ত করছিল। তারা ছিল, আমাদের ফার্স্ট সেক্রেটারী সন্তোষ কুমার তথা আমাদের মেডিকেল অফিসার মেজর বী.এইচ. রাও। আমি আর লাম্বা দুজনেই অবাক হয়ে গেছিলাম কারণ এই দুই ব্যক্তির সাথে ইন্টালীজেন্সের কাজের কোনো সম্পর্ক ছিল না। আমাদের আমাদের সহকর্মীদের জন্য বিশেষ চিন্তিত ছিলাম কারণ তাদের জীবন এর জন্য নষ্ট হয়ে যেতে পারত। মেজর ড. রাওয়ের কাছে এই ঘটনা ত্রাসের থেকে কোনো অংশেই কম ছিল না। এই ঘটনার পর তাঁকে আর বিদেশের কোনো কাজে পাঠানো হয়নি।

আরো একটা ঘটনা ঘটেছিল, তাতে ভারতের সংসদ ও প্রেসের নামও উঠে এসেছিল। খান আব্দুল গফ্ফর খানের ছেলে বলী খানের সাথে দেখা করার জন্য বিদেশ কার্যালয়ের থেকে অনুমতি চেয়েছিলাম। তিনি যে শুধু ভারতের পরিচিত ছিলেন তাই নয়, বরং আমাদের দেশে তাঁর অনেক বন্ধুও ছিল। তিনি তাঁর পৈতৃক গ্রাম চরসদ্দায় থাকতেন, যা পেশওয়ারের খুব কাছেই অবস্থিত ছিল। আমাকে অনুমতি দেওয়া হয়নি, কিন্তু আমার অফিস থেকে কোনো ভাবে এই খবর বিবিসির কাছে পৌঁছে গেছিল যার ফলে সারা বিশ্বে এই খবর ছরিয়ে পড়েছিল।

ভারত অনুমতি না দেওয়ার জন্য একটা তিক্তো প্রতিক্রিয়া প্রকট হয়েছিল। পাকিস্তান তা ভাবতে পারেনি আর কয়েক সপ্তাহের মধ্যে, আমি বলী খানের সাথে দেখা করতে সক্ষম হই।

পাকিস্তান সরকার তাঁকে অনেকবার জেলে পাঠিয়েছিল কিন্তু তিনি কিছুতেই তাদের সাথে কোনো রকম বোঝাপড়া করতে রাজী ছিলেন না এবং তিনি নিজের ঐতিহ্য ধরে রাখতে পেরেছিলেন। আমাদের মধ্যে যে তিন ঘন্টা কথাবার্তা হয়েছিল তার থেকে আমি পাকিস্তানের বেশ কিছু টাকটা খবর পেয়েছিলাম। তিনি আমাকে বলেছিলেন যে, রাষ্ট্রপতি জিয়া ফ্রন্টিয়ার প্রান্তের গভর্নরের কাছে বলেছিলেন যে, তারা যেন আমাকে পাকিস্তানের প্রধানমন্ত্রী হওয়ার প্রস্তাব দেয়। বলী মানা করে দিয়েছিলেন কারণ তাঁর শর্ত ছিল যেন সেনাদের বৈরকোঁতে ফেরত পাঠানো হোক, কিন্তু সরকার তা করতে রাজী ছিল না। তিনি ছিলেন খুবই ব্যক্তিত্ব সম্পন্ন মানুষ, তিনি খুব হাসাতেও পারতেন। কিছু দিনের

মধ্যেও আমাদের মধ্যে একটা সুন্দর বন্ধুত্বের সম্পর্ক গড়ে উঠেছিল। তিনি ইন্দিরা গান্ধীর সম্পর্কেও কথা বলেছিলেন, দেশ বিভাজনের আগে থেকেই তিনি তাঁকে চিনতেন। তিনি নিজ হস্তে একটা চিঠি লিখেছিলেন ইন্দিরা গান্ধীর উদ্দেশ্যে, তা আমিই তাঁর কাছে পৌঁছে দিয়েছিলামন। তিনি আমার সামনে জিয়া সরকার ও তার নীতির বিশ্লেষণ করেছিলেন, যার জন্য আমি সারা জীবন তাঁর কাছে কৃতজ্ঞ থাকব।

জিয়া পাকিস্তানকে পশ্চিম এশিয়রা দেশ বানাতে চাইছিলেন কিন্তু আরবের সাথে বন্ধুত্বের সম্পর্ক থাকলেও আরব কিছুতেই তাদের নিজেদের দলে অন্তর্ভূক্ত করতে চাইছিল না। সৌদি আরবের সাথে তাঁর সম্পর্ক খুব ভালো ছিল। তাঁর অনেক সৈন্য দল তথা রেজীমেন্ট সৌদী আরবে সেবা প্রদান করছিল, আর জিয়া নিজেও একবার সেখানে গেছিলেন। বলী খান বলেছিলেন যে, ভারত আর পাকিস্তান দুই দেশই প্রচুর বোঝা ঘাড়ে করে নিয়ে বেঁচে আছে, যে কারণে কোনো দেশই একটা স্থির নীতি নির্ধারণ করে মুক্ত ভূমিকা পালন করতে পারছিল না। তখন বিভাজনের সমস্যা শেষ হয়ে গেছিল - এক ভাইকে পাকিস্তানে কবর দেওয়া হয়েছিল তো আর একজনকে ভারতে। ভারতের কোনো মেয়ে বিয়ের পর পাকিস্তানে ছিল তো পাকিস্তানের কোনো মেয়ে বিয়ের পর ভারতে ছিল। শিখেদের বহু তীর্থস্থান পাকিস্তানে ছিল যার মধ্যে উল্লেখ যোগ্য ছিল ননকানা সাহিব এবং পঞ্জা সাহিব। মুসলমানদের নিজামুদ্দীন দরগা ও আজমের সরিফ ভারতেই রয়ে গেছে। তাই বলা যায় যে, কোনো শিখ বা ভারতীয় যেমন পাকিস্তানে গিয়ে হারিয়ে যেতে পারত তেমনি কোনো পাকিস্তানিও ভারতে এসে হারিয়ে যেতে পারত। বলী খান ছিলেন যোগ্য বাবার যোগ্য সন্তান, নির্ভীক, সাহসী, মনখোলা তথা জোশে ভরপুর ব্যক্তিত্ব সম্পন্ন মানুষ। তাঁর সঙ্গে দেখা করে ফিরে আসার পর আমার খুবই ভালো লাগছিল। আজও যখন কোনো নামী ব্যক্তিত্বের সাথে আমার পরিচয় হয় তখন আমার খুবই ভালো লাগে।

অন্য রাষ্ট্রদূতদের তুলনায় আমি জিয়ার সাথে অনেক বেশিবার দেখা করেছিলাম। সৌদী আরব ও ইউএসের রাষ্ট্রদূতদের কথাটা আলাদা ছিল। এক মিটিং-এ তাঁকে বেশ খুশি খুশি দেখে আমি তাঁকে বলেছিলাম যে, পাকিস্তান যে একটা ইসলামিক দেশ তাই নিয়ে তাঁর মনে কোনো সন্দেহ আছে কি? কারণ তিনি বারবারই বলতেন যে, পাকিস্তান ইসলামিক দেশ আর তিনি একজন মুসলমান। আমি একজন হিন্দু, কিন্তু বারংবার নিজের ধর্মের কথা বলার প্রয়োজন মনে করি না। তিনি একটু ভয় পেয়েই বলেছিলেন যে, 'কুমার সাহেব, আপনি এমন কথা কিভাবে বলছেন, আমি একজন সুন্নী মুসলমান আর সেই নিয়ে কোনো রকম সন্দেহ প্রকাশ করার কোনো জায়গাই নেই। আমি পাকিস্তানে প্রকৃত ইসলাম নিয়ে আসতে চাই। আমাদের বর্তমান সিয়াসী ইমারত (লোকতন্ত্র) পশ্চিমের দান যার ইসলামে কোনো স্থান নেই। এই দেশ ইসলামের নামে বানানো হয়েছিল। এখানে পশ্চিমের কোনো নীতির কোনো স্থান নেই।'

একদিন আমি নিজের ছাদে হাঁটছিলাম, হঠাৎই আমার এক চাকর এসে আমাকে বলে যে, রাষ্ট্রপতি কথা বলতে চাইছেন। তিনি ফোনে কুশল মঙ্গলের কথা জিজ্ঞাসা করেন, আর তারপর তিনি জিজ্ঞাসা করেছিলেন যে, রাতে তাঁর সাথে ডিনারে যেতে পারব কিনা? আমি রাজি হয়ে যাই। তিনি বলেন, 'আপনি নিজের বন্ধুদের নামের তালিকাটা দিতে পারেন কি?' আমি জবাব দিই যে, 'শ্যার, আপনার ইন্টালীজেনশ এজেন্সীর কাছে আগেই আমি আমার বন্ধুদের নামের তালিকা দিয়ে দিয়েছি।' 'যদি কোনো নাম বাদ পড়ে যায় তাহলে আমি চাইব যে, আপনি সেই নাম গুলি আমাদের জানান।'

1947 সালের 11 ই আগস্ট মহম্মদ আলি জিন্না পাকিস্তানের সংবিধান সভায় যা বলেছিলেন, তার সাথে জিয়ার অবস্থার বিচার করলে ভালো হবে

আমাদের এমন মন ভাব নিয়ে কাজ করতে হবে যাতে আগত ভবিষ্যতে (এই দেশে) সংখ্যা লঘু ও সংখ্যা গরিষ্ঠ সম্প্রদায়, হিন্দু ও মুসলমান সম্প্রদায়ের দূরত্ব শেষ হয়ে যাবে, কারণ আমাদের দেশে আজ যেমন মুসলমানদের মধ্যে পাঠান, পাঞ্জাবী, শিয়া এবং সুন্নী আছে তেমনি আমাদের হিন্দুদের মধ্যেও ব্রাহ্মণ, বৈষ্ণব, ক্ষত্রিয় প্রভৃতি আছে, বাঙালী ও মাদ্রাসীদেরও এর মধ্যে গণনা করা যায়, এই সব ভেদ ভাব (পাকিস্তানে) সমাপ্ত হয়ে যাবে। আপনি যদি আমাকে জিজ্ঞাসা করেন তাহলে আমি বলব যে, এই জাতিগত ভেদাভেদই ভারতের সামনে স্বাধীনতা পাওয়ার পথে সবচেয়ে বড় বাধা। যদি এমনটা না হতো তাহলে আমরা বহু দিন আগেই স্বাধীন হয়ে যেতাম। কোনো শক্তিই কোনো রাষ্ট্রকে প্রগতির পথে বাধা দিতে পারে না, বিশেষ করে যে রাষ্ট্রে চল্লিশ কোটি লোক বাস করে, সেই রাষ্ট্রকে ধরে রাখাতো সম্ভবই না। তাই এর থেকে আমাদের শিক্ষা নেওয়া উচিত। পাকিস্তানে আপনি স্বাধীন; আপনি স্বাধীনভাবে নিজের মন্দিরে যেতে পারেন; আপনি স্বাধীনভাবে নিজের মসজিদেও যেতে পারেন; আপনি যে ধর্মেরই লোক হোন না কেনো স্বাধীনভাবে নিজের ধর্মের স্থানে যেতে পারেন। আপনি যে ধর্ম বা সম্প্রদায়েরই লোক হোন না কেনো, তাতে আমাদের দেশের কিছু যায় আসবে না...আমাদের মূল ভিত্তিই হল, আমরা একই দেশের স্বাধীন নাগরিক, আমাদের সকলের সমান অধিকার আছে। ইংল্যান্ডের বাসিন্দারা গত কয়েক বছর, খুবই সমস্যার মধ্যে দিয়ে কাটিয়েছে, তাদের সরকার তাদের ওপর যে বোঝা চাপিয়ে দিয়েছিল তার জন্য তাদেরকে আগুনের ওপর দিয়ে চলতে হয়েছিল। আজ আপনি অবশ্যই বলতে পারেন যে, ইংল্যান্ড রোমান ক্যাথালিক বা প্রোটেস্টেন্ট নয়; এখন সেখানকার সমস্ত মানুষ সেই দেশের নাগরিক, মহান ব্রিটিনের সমান অধিকার প্রাপ্ত নাগরিক, আর তারা সকলেই একই রাষ্ট্রের সদস্য।

পাকিস্তানের আকার ও তার জন সংখ্যা দেখে জিয়া সেটিকে ইসলামিক দেশ বানানোর কথা ভেবেছিলেন। কিন্তু তাঁর সেই ইচ্ছা কিছুতেই সম্পূর্ণ হচ্ছিল না। ইরান বাধা দিচ্ছিল কারণ সেটা ছিল একটা শিয়া দেশ। দ্বিতীয়ত, সৌদী আরব ও মিশরের মতো

ইসলামিক দেশ গুলি তাঁকে ইসলামিক দেশের প্রধান করতে চাইছিলেন না।

রাষ্ট্রপতি মাঝেমাঝে বলতেন যে, ইন্দিরা কেনো তাঁর বিরুদ্ধে কূটনৈতিক নীতির ব্যবহার করেন তা তিনি বোঝেন না। যাই হোক না কেনো। মেরারজীর সাথে তাঁর সম্পর্ক খুব ভালো ছিল। 1981 সালের 10 ই জানয়ারী আমি রাষ্ট্রপতির সাথে তাঁর রাওলপিন্ডীর নিবাসে দেখা করতে গেছিলাম, সেখানে আমাদের মধ্যে একটা দীর্ঘ ও কঠিন বৈঠক হয়েছিল, ইন্দিরা গান্ধীকে তিনি একটা চিঠি দিয়েছিলেন, যাতে তিনি দুই দেশের মধ্যে একটা স্বাভাবিক সম্পর্ক গড়ে তোলার কথা বলেছিলেন, যাতে শান্তি, বিশ্বাস, স্থিরতা তথা আফগানিস্তানের মামলায় শান্তির পরিবেশ বজায় থাকে।

চিঠিটা পড়ার পর ইন্দিরার মনে হয়েছিল যে, তাতে সংকোচ, সন্দেহ ও ভুল বোঝাবুঝি আছে। প্রধানমন্ত্রী কাশ্মীর প্রসঙ্গ নিয়ে ক্ষুব্ধ আছেন, এই ভেবে তিনি অবাক হয়ে গেছিলেন। তাঁর মতে 1972 সালে জুল্ফিকার আলী তথা ইন্দিরা গান্ধীর মধ্যে শিমলা নিয়ে যে চুক্তি হয়েছিল, তা কাশ্মীর সমস্যাকে বিশ্বের দরবারে নিয়ে যাওয়ার থেকে বাধা দিতে পারেনি। তাতে পরিষ্কার লেখা ছিল যে, দুই দেশের মধ্যে বোঝাপড়াই কাশ্মীর সমস্যার সমাধান করতে পারে। তিনি বলেছিলেন যে, ইন্দিরা ও জুল্ফিকারের মধ্যে একটা অলিখিত বোঝাপড়া আছে, যা শিমলা চুক্তির মধ্যে দিয়ে প্রকাশিত হয়নি। তাঁর মতে পাকিস্তান এই বোঝাপড়ার ব্যাপারে সম্পূর্ণ রূপে প্রতিজ্ঞা বদ্ধ।

আমি তাঁকে মনে করিয়ে দিয়েছিলাম যে, তিনি কাশ্মীর সমস্যাকে, ইউএনের ভাষণে ফিলিস্তীনের সাথে যুক্ত করে দিয়েছিলেন। এটা শিমলা চুক্তির প্যারাগ্রাফ ছয়ের বিপরীত ছিল

দুটি সরকারই ঠিক করে নিয়েছিল যে, তাদের প্রধানরা ভবিষ্যতে নিজেদের সময় মতো দেখা করবে এবং এর মধ্যে, দুই প্রতিনিধিই নিজেদের মধ্যে দেখা করে এটা ঠিক করে নেবে যে স্থায়ী শান্তি তথা সাধারণ সম্পর্ক বহাল রাখার জন্য কি করা যেতে পারে। এছাড়া যুদ্ধ বন্দীদের ফিরে আসা, জম্মু ও কাশ্মীর সম্পর্কে অন্তিম নির্ণয় তথা ডিপ্লোমেটিক সম্পর্ক বহাল রাখার ব্যাপারেও আলোচনা করা হবে।

এই চুক্তি আজ পর্যন্ত ভারত-পাক সম্পর্কের ক্ষেত্রে আরো সমস্যার সৃষ্টি করেছে।

আমার সেই সময় মনে হয়েছিল যে, জিয়া শব্দের জাল বুনছেন এবং শিমলা বোঝাপড়ার আড়ালে ভারতের বিরুদ্ধে কথা বলছেন। তিনি জনতার সামনে শিমলা চুক্তি নিয়ে কথা বলতেন কিন্তু ব্যক্তিগত ভাবে কোনো সম্মান দিতেন না কারণ তাতে জুল্ফিকারের হস্তাক্ষর ছিল। তিনি বলেছিলেন যে, তিনি ভারতকে বড় দেশ হিসাবে সম্মান জানাতে প্রস্তুত, তিনি ভারত পাকিস্তানের মধ্যে কোনো প্রতিযোগিতা না করে শান্তির সাথে থাকতে চেয়েছিলেন। সেই সাথে তিনি একথাও বলেছিলেন যে, তিনি ভারতের ছত্রছায়ায় বাঁচতে চান না। তাঁর সাথে কথা বলার সময় এটা তো পরিষ্কার হয়ে গেছিল যে, তাঁর নীতির সাথে

আমাদের নীতির কোনো মিল ছিল না।

তিনি বলেছিলেন যে ভারত দুই রকম ব্যবহার করেছে, করাচীতে কাউন্সেলর জেনারলের কার্যালয় স্থাপিত করে গুরুত্বপূর্ণ পদক্ষেপ নিয়েছিল, অন্যদিকে বাংলাদেশ গঠনের সময় যা করেছে তা তিনি কিছুতেই ভুলতে পারছিলেন না। তিনি সোভিয়েত রাশিয়ার বিষয়েও যথেষ্ট সতর্ক ছিলেন। তাঁর দেশ ভারতের সাথে শান্তিতে থাকতে চাইছিল, কিন্তু তাঁর মনে হয়েছিল যে, ভারতের নেতৃত্বের তা ভালো লাগছে না।

শান্তির যে দুর্বল বার্তা তিনি দিয়েছিলেন, সেই অনুসারে দুই একটা কাজও তিনি করেছিলেন। কিছু মাঝি এবং জেলে ভারতের জল সীমা অতিক্রম করে পাকিস্তানে ঢুকে পড়েছিল। তাদের ছেড়ে দেওয়া হয়। এইপ্রথমবার ভারতের রাষ্ট্রদুত রূপে 1981 সালের 26 শে জানয়ারী পাকিস্তানের টি.ভি.-তে আমি কিছু বলার সুযোগ পেয়েছিলাম। যদিও আমার ভাষণ আগে আমাকে বিদেশ কার্যালয়ে জমা করতে হয়েছিল। আমি উর্দুতে বলেছিলাম, পরে জানতে পেরেছিলাম যে, পাকিস্তান সম্পূর্ণ উৎসাহের সাথে এই অনুষ্ঠান দেখেছিল।

1980 সালে ইসলাম দেশের সংগঠনের চেয়ারম্যান রূপে, ইউএনেতে ভাষণ দেওয়ার জন্য রাষ্ট্রপতি জিয়াকে আমন্ত্রণ জানানো হয়েছিল। আমাকে বিদেশ মন্ত্রালয়ের তরফ থেকে সেই সফরে নিউ ইয়ার্কে থাকতে বলা হয়েছিল। নিউ দিল্লী ও ইসলামাবাদে আমাকে সচেতন করে দিয়ে বলা হয়েছিল যে, যদি জিয়া ভাষণের সময় কাশ্মীর প্রসঙ্গে কোনো রকম অনিয়ন্ত্রিত কথা বলে ফেলেন তাহলে ভারত-পাক সম্পর্কের ক্ষেত্রে খুবই খারাপ প্রভাব পড়বে। পাকিস্তানের তরফ থেকে সমস্ত ক্ষেত্রেই এটা বলা হয়েছিল যে, রাষ্ট্রপতি আমাদের মনের কথা জানেন এবং তিনি অবশ্যই সেই হিসাবেই কথা বলবেন।

28 শে সেপ্টেম্বর আমি নিউইয়ার্কে পৌঁছে গেছিলাম। পাঁচ বছর বাদে ইউএনের মাটিতে পা দিয়েছিলাম। খুব বেশি পরিবর্তন হয়নি। বিদেশ মন্ত্রী পী.বী. নরসিমহা রাও আগেই পৌঁছে গেছিলেন আর তাঁর সাথে ইউএনের ভারতীয় প্রতিনিধি ব্রজেশ মিশ্রা ছিলেন। স্পষ্ট চিন্তাধারা, শান্ত, দৃঢ়প্রত্যয়ী তথা কখন-কখন আক্রমক মনভাবের শ্রী মিশ্রা পরবর্তি কালে ভারতের রাষ্ট্রীয় সুরক্ষার পরামর্শ দাতা হয়েছিলেন।

যেমনটা ভেবেছিলাম, আমরা খবর পাই যে, পাকিস্তানিরা নিজেদের প্রতিশ্রুতি ভঙ্গ করেছে। রাষ্ট্রপতি কাশ্মীর সম্পর্কে যা বলছিলেন তা আমাকে কখনই বলা হয়নি। তাঁর ভাষণের বিষয়টি আগেই পড়ে নেওয়া হয়েছিল, আর তা পড়ে বুঝতে পেরেছিলাম যে, ভাষণের কয়েকটা অংশ একেবারেই মেনে নেওয়া যায় না। ব্রজেশ আমি আমি পী.বী. কে বলেছিলাম যে, জিয়া যখন ভাষণ দেবেন তখন তিনি যেন সেখানে না থাকেন।

1 লা অক্টোবর রাষ্ট্রপতি জিয়া যখন সভায় পা রেখেছিলেন তখন সেখানে বেশির ভাগ লোকই ছিল ইসলাম দেশের প্রতিনিধি। তিনি সংযুক্ত রাষ্ট্র মহাসভার অধ্যক্ষকে অভিবাদন জানিয়ে মঞ্চে গিয়ে দাঁড়িয়েছিলেন। কিছুক্ষণ বাদে আমাদের কানে এক মৌলবীর কোরান

পাঠ কানে আসে। মহাসভায় এমন কিছু হোতে পারে তা কেউ কখন ভাবতে পর্যন্ত পারেনি। একঘেয়েমি জিয়ার ভাষণ কাউকেই প্রভাবিত করতে পারেনি। তিনি প্রায় 85 মিনিট ধরে ভাষণ দিয়েছিলেন। তিনি খুবই হাল্কা ভাবে কাশ্মীর প্রসঙ্গকে ফিলিস্তিনের সাথে যুক্ত করে পেশ করেছিলেন

'আমরা সেই পরিস্থিতি সম্পর্কে যথেষ্ট সজাগ যার জন্য ফিলিস্তিন নিজের মাতৃভূমিতে স্বাধীন রাষ্ট্র করতে পারছে না এবং আমরাও জম্মু-কাশ্মীরের লোকেদের দেওয়া প্রতিশ্রুতি পালন করতে পারছিনা, তাদের বলা হয়েছিল যে, তাদেরকে এতটাই যোগ্য করে তোলা হবে যাতে তারা নিজেদের ভবিষ্যতের সিদ্ধান্ত নিজেরাই নিতে পারে।'

'যেহেতু জম্মু-কাশ্মীর সম্পর্কিত বিষয় ভারত-পাক সম্পর্ককেও প্রভাবিত করে, তাই আমি বলতে চাই যে আমাদের প্রতিষ্ঠা নীতির আধার বজায় রেখে ভারতের সাথে সাধারণ সম্পর্ক গড়ার প্রয়াস জারি রাখতে চাই, আর 1972 সালের শিমলা চুক্তিকেও পালন করতে চাই।'

জিয়া-উল-হকের জন্য এটা ছিল জয়ের সময়। এক বছর আগে পর্যন্ত মুসলিম দেশ গুলি তাঁর দিকে ফিরেও দেখত না অথচ আজ তাঁর হয়েই কথা বলছিল। এই প্রাপ্তির জন্য তিনি খুবই খুশী মনে উৎসাহের সাথে নিজের দেশে ফিরে এসেছিলেন। ইউএন তথা ওয়াশিংটনে তাঁর প্রদর্শনের জন্য দেশের লোকেদের কাছেও তাঁর সম্মান কয়েক গুণ বৃদ্ধি পেয়েছিল। ইসলামাবাদের বাইরে দুটি সপ্তাহ তাঁর কিভাবে কেটেছিল তা কাউকে বলার প্রয়োজন হয়নি। ইসলামি দেশ তাঁকে নিজের করে নিয়েছিল, তিনি নিজের বাড়িতে সুরক্ষিত জীবন যাপন করছিলেন।

বছরের মধ্যভাগে যখন বিদেশ মন্ত্রী নরসিমহা রাও পাকিস্তান সফরে গেছিলেন, তখন একটা বিরাট ঘটনা ঘটেছিল। আসলে তিনি যেতে চাননি, আমিই প্রধানমন্ত্রীকে তাঁকে পাঠানোর জন্য আগ্রহ দেখিয়েছিলাম। নরসিমহা নিজের ইচ্ছা প্রকট করেছিলেন যে, ভারত পাকিস্তানের সাথে একটা স্নেহের সম্পর্ক গড়ে তুলতে চায়, দুই দেশের প্রতিনিধিদের মধ্যে খুবই ভদ্রতার সাথে এই আলোচনা হয়েছিল এবং নরসিমহা একটা সদ্ভাবনা তৈরি করতে সফল হয়েছিলেন।

এই বছরেরই জুন মাসে, আমি কিছু সলা পরামর্শ করার জন্য দিল্লী গেছিলাম, ভারতে যখন পাকিস্তানী রাষ্ট্রদূত, বিদেশ সচিবের সাথে দেখা করতে গেছিল তখন কমনওয়েলথে পাকিস্তানের পুনঃ প্রবেশের কথা উঠেছিল। বিদেশ সচিব এবং আমি বলেছিলাম যে, এখনও ভারত সেই বিষয় নিয়ে ভেবে দেখেনি, কারণ এখনও পর্যন্ত সেই নিয়ে কোনো কথা ওঠেনি, আপনি যখন এই প্রসঙ্গ তুলেছেন তখন ভারত অবশ্যই ভেবে দেখবে।

আমার মনে হয়েছিল যে, পাকিস্তানকে পুনরায় কমনওয়েলথে ঢোকানো ঠিক হবে না। এটা কোনো সাধারণ সমস্যা ছিল না কারণ, ইউকে, অস্ট্রেলিয়া, কানাডা, নিউজিল্যান্ড

তথা কিছু ইসলামিক দেশ সহ অনেক গুলি দেশ পাকিস্তানের সাথে ছিল। আমি পাকিস্তানের প্রবেশ বন্ধ করার জন্য একটা কারণও দেখিয়েছিলাম, কারণ তখনও পর্যন্ত পাকিস্তান সম্পূর্ণ রূপে প্রজাতন্ত্রকে পালন করছিল না। (জুল্ফিকার আলি ভুট্টো 1971 সালে বাংলাদেশের যুদ্ধের পর, 1972 সালে কমনওয়েলথ ছেড়ে দিয়েছিলেন।) সেই সময় সেখানকার সৈন্যরা সংবিধানের অবমাননা করে, একনায়কতন্ত্রের নিয়ম পালন করেছিল, কমপক্ষে ছয়বার তারা ন্যায় ব্যবস্থা ভেঙে দিয়েছিল, সার্বজনিক ভাবে নিজেদের প্রতিশ্রুতি ভঙ্গ করেছিল, যাতে দেশে নির্বাচনের কথাও তুলেছিল। এছাড়া পাকিস্তান কাশ্মীর সমস্যা নিয়েও কথা তুলেছিল। প্রধানমন্ত্রী আমার কথায় স্বীকৃতি দিয়েছিলেন।

1981 সালের সেপ্টেম্বর মাসে, মেলবর্নে কমনওয়েলথের প্রধানরা দেখা করেছিলেন। তাদের এজেন্ডাতে পাকিস্তানের পুনঃ প্রবেশের কথাও ছিল। পাকিস্তানের পুনঃ প্রবেশের ব্যাপারে, ভারত মুখ্য খেলোয়াড়ের ভূমিকা নিয়েছিল। আমি কমনওয়েলথের মহাসচিব জেনারল সোনী রামফল এবং তাঁর সহায়কের সাথে দেখা করেছিলাম, যাতে এই বিষয়ে পাকিস্তানের গতিবিধির দিকে নজর রাখা যায়। ভারতের সাহায্য ছাড়া পাকিস্তান কিছুতেই পুনরায় কমনওয়েলথে প্রবেশ করতে পারত না। মেলবোর্নে এই বিষয়টিকে আনুষ্ঠানিক ভাবে সামনে আনা হয়নি, কিন্তু কিছু দেশ নিজেদের মধ্যে এই বিষয় নিয়ে অবশ্যই কথা বলেছিল, তারা পাকিস্তানকেই সমর্থন করছিল। মেলবোর্নের পরিণাম দেখে পাকিস্তানের সরকার অখুশী হয়েছিল। 1989 সালে, কুয়ালালম্পুরে, পাকিস্তান কমনওয়েলথে প্রবেশের অনুমতি পেয়েছিল।

1981 সালের 29 শে সেপ্টেম্বর, ইন্ডিয়ান এয়ারলাইন্সের দিল্লী থেকে শ্রীনগর যাওয়ার একটা প্লেন খালসারা হাইজ্যাক করে নিয়েছিল। তাদের সাথে পাকিস্তান ইন্টালীজেন্স এজেন্সির সম্পর্ক ছিল। সেই সময় প্রধানমন্ত্রী কমনওয়েলথের সম্মেলনে অংশ গ্রহণ করতে গেছিলেন। আমি লাহৌর এয়ারপোর্টে 24 ঘন্টা কাটাই এবং বিদেশ সচিব ও প্রধানমন্ত্রীকে সমস্ত ঘটনা জানাই। হঠাৎই একজন হাইজ্যাকারকে আমার সামনে উপস্থিত করা হয়েছিল। সে নিজের হাত আমার দিকে এগিয়ে দেয়, আমি তার সাথে করমর্দন করি। সেখানে আমি জানতে পেরেছিলাম যে, সে ছিল হাইজ্যাকারদের নেতা। আমার তখন এটাই চিন্তা হচ্ছিল যে, যদি কোথাও এই করমর্দনের ছবি ছাপানো হয়, তাহলে বিরাট সমস্যার সৃষ্টি হবে, যাই হোক সৌভাগ্য বশত কোথাও সেই ছবি ছাপানো হয়নি। আমি রাষ্ট্রপতি জিয়াকে বারংবার বলছিলাম যে, তিনি যেন হাইজ্যাকারদের ভারতের হাতে তুলে দেন। তিনি বহুবার প্রতিশ্রুতি দিয়েছিলেন, কিন্তু সে কাজ তিনি করেননি।

প্রতিবছর ভারত থেকে বহু তীর্থযাত্রী গুরুনানকের জন্মস্থান ননকানা সাহিবে ঘুরতে যেত। 1981 সালের 21 থেকে 28 শে নভেম্বরের মধ্যে প্রায় 3500 জন শিখ তীর্থযাত্রা করার জন্য সেখানে গেছিল। তাদের নেতা ছিলেন সর্দার আত্মা সিংহ, তিনি

ছিলেন প্রাক্তম অকালী মিত্র। 500 জন মহিলার নেতৃত্ব দিচ্ছিলেন রাজ্যসভার সদস্য ড. রাজেন্দ্র কৌর। তাঁর সাথে বিদেশী মামলার অফিসারও ছিল।

আমি এবং আমার স্ত্রী লাহৌর থেকে ননকানা সাহিবে গিয়ে সেখানে কয়েক ঘন্টা অতিবাহিত করেছিলাম। আমার স্ত্রী হলেন পাটিয়ালা মহারাজের কন্যা, তাই বহু শিখ তাঁর সাথে দেখা করতে এসেছিল। পাকিস্তানের আধিকারীকরা সত্যিই খুব ভালো ব্যবস্থা করেছিল। সম্পূর্ণ ভবনটিকে রং করা হয়েছিল, বাগান গুলি সুন্দর করে সাজিয়ে দেওয়া হয়েছিল। আমি এবং আমার ইন্টাজীন্সে এজেন্সির স্টাফরা বুঝতে পেরেছিলাম যে, এই তীর্থযাত্রীদের মধ্যে কয়েকজন আইএসআই-এর লোক আছে। আসলে সেখানে তীর্থযাত্রী ও পাকিস্তানিদের মধ্যে কিছু বেআইনি কাজ চলছিল, ভারত থেকে কিছু শাল ও রুপোর জিনিসপত্র নিয়ে গিয়ে সেখানে বিক্রী করা হচ্ছিল।

26 শে নভেম্বর রাষ্ট্রপতি জিয়া তীর্থযাত্রীদের সাথে দেখা করেন। তিনি ইসলামাবাদেও গেছিলেন এবং অনেক বরিষ্ঠ শিখ প্রতিনিধি সেখানে জিয়ার সাথে দেখা করেছিল। 1981 সালে এই তীর্থযাত্রীদের সাথে বিদেশ মন্ত্রালয়ের অফিসার লক্ষ্মী পুরীও ছিলেন, তিনি নরসিমহার সাথে পাকিস্তান সফরেও গেছিলেন। পুরীর সাথে পাকিস্তানে ভালো ব্যবহার করা হয়নি। তিনি পাকিস্তানের দৃষ্টিভঙ্গীকে স্বীকার করে নিয়েছিলেন বলে আমি সেই সময় কিছু করতে পারিনি, কিন্তু আমি একটা কথাই বলতে চেয়েছিলাম যে, শ্রীমতি পুরী কোনো সাধারণ মহিলা ছিলেন না, তিনি ছিলেন ভারতের বিদেশ সেবা মন্ত্রালয়ের অফিসার। আমি লক্ষ্মীকে বলেছিলাম যে, পাকিস্তানের বিদেশ মন্ত্রালয় যাই বলুক না কেনো, তাঁকে আমার সাথে যেতে হবে। জিয়া লক্ষ্মীকে দেখেই অসন্তুষ্ট হয়েছিলে, আর তিনি প্রথম ও শেষবার আমাকে মিস্টার এম্বাসেডার বলে সম্বোধিত করেছিলেন।

রাষ্ট্রপতি নিজের বাড়ির লনে সকলের সাথে দেখা করছিলেন। আমাদের যাওয়ার আগেই সমস্ত তীর্থযাত্রী নিজেদের জায়গায় বসে পড়েছিল। আমি নিজের জায়গায় গিয়ে বসেছিলাম এবং লক্ষ্মীকে আমার সামনের চেয়ারে বসতে বলেছিলাম। জিয়ার একজন সহায়ক অতি শীঘ্র তাঁর কাছে গেছিল। আমি ভেবেছিলাম যে, যদি তাঁকে সেখান থেকে চলে যেতে বলা হয় তাহলে আমি উঠে যাব, কিন্তু তখনই লনের এক কোণায় বেগম জিয়া এসে উপস্থিত হয়েছিলেন এবং তাঁকে তাঁর সাথে চা পান করার জন্য আমন্ত্রণ জানিয়েছিলেন। আমি নিজের কথা রেখেছিলাম জিয়া নিজের নম্বর করে নিয়েছিলেন।

পাকিস্তানী মিডিয়া এবং সরকার শিখ তীর্থযাত্রীদের ভরপুর অভিনন্দন জানিয়েছিল। তাদের স্বাগত জানিয়ে মিডিয়ার মুখ্যপেজে আনা হয়েছিল, রাষ্ট্রপতি অনেক আগে থেকেই এই খেলার ছক সাজিয়ে নিয়েছিলেন।

শিখ প্রতিনিধি মন্ডল চলে যাওয়ার পর আমি তাঁর সাথে প্রায় 29 মিনিট অতিবাহিত করেছিলাম। তিনি আমাকে ইসলামিক ক্যালেন্ডারের (হিজরী) প্রথম থেকে ডাকটিকিটের

এলব্যাম সহ হিন্দু বিরোধী একটা পর্চা দেখিয়েছিলেন, যা লাহৌরে ছাপা হয়েছিল এবং চারদিকে বিতরণ করা হচ্ছিল। রাষ্ট্রপতি জানিয়েছিলেন যে, কে এই পর্চা গুলি ছাপিয়েছে তা তিনি জানেন, কিন্তু সে এমন কথা লিখল কিভাবে তা জেনেই তিনি অবাক হচ্ছিলেন। আমি তাঁকে বলেছিলাম যে, এমন ঘটনা দুই দেশের সম্পর্ককে প্রভাবিত করতে পারে। তিনি বিষয়টা দেখার প্রতিশ্রুতি দিয়েছিলেন কিন্তু সেই ব্যাপারে কোনো রকম পদক্ষেপ নেননি। মহারাজা রণজীত সিংহের 200 তম জন্ম বার্ষিকী উপলক্ষ্যে আয়োজিত অনুষ্ঠানে তাঁর সাথে আমার দেখা হয়েছিল। পাকিস্তান সরকার ভারতের শিখ যাত্রীদের পাকিস্তানে আসার অনুমতি দেয়নি। সেই প্রথমবার আমার রাষ্ট্রপতিকে দেখে চিন্তিত ও উদাসীন বলে মনে হয়েছিল।

তখন আমি তাঁর সাথে খালিস্তানের গতিবিধি নিয়ে আলোচনা করেছিলাম, যাতে গঙ্গা সিংহ ঢিল্লো, জগজীত সিংহ এবং তাদের সহকর্মীরা যুক্ত ছিল, তাদেরকে ননকানা সাহেবের যাত্রার সময় ক্ষতিকারক রাজনৈতিক গতিবিধিতে লিপ্ত হওয়ার জন্য অনুমতি দেওয়া হয়েছিল। আমি রাষ্ট্রপতিকে সাবধান করে দিয়ে বলেছিলাম যে, তিনি যেন খালিস্তানী সরকারকে বসতি স্থাপনের কোনো প্রতিশ্রুতি না দেন। তিনি হেসে বলেছিলেন, 'আপনি নিশ্চিন্তে থাকুন। আমরা এখানে শিখদের এমন কিছু করতে দেব না যাতে ভারত লজ্জিত হয়। তাদের শুধুমাত্র ধার্মিক কাজেরই অনুমতি দেওয়া হবে।' এরপর তিনি আমাকে জানিয়েছিলেন যে, তিনি তিনবার গঙ্গাসিংহ ঢিল্লোর সাথে দেখাতো করেছেন, কিন্তু কখন খালিস্তান নিয়ে কোনো কথা বলেননি।

তারপর আমি বিমান অপহরণের কথা বলি, আর তিনি কথা দিয়েছিলেন যে, জিজ্ঞাসাবাদ সম্পূর্ণ হয়ে যাওয়ার পরেই এই হাইজ্যাকারদের আমাদের হাতে তুলে দেওয়া হবে। পাকিস্তানের রাষ্ট্রদূত আমাদের বিদেশ মন্ত্রালয়ের এক বরিষ্ঠ আধিকারীকে যে কথা বলেছিল আমি তাঁকে সেই কথা জানিয়েছিলাম। সে বলেছিল যে, ভারত আর পাকিস্তানের মধ্যে যেহেতু কোনো প্রত্যর্পণ চুক্তি স্বাক্ষরিত হয়নি, সেই কারণে এই হাইজ্যাকারাদের ভারতের হাতে তুলে দেওয়া যাবে না। জিয়া আমাকে যা বলেছিলেন, সেটা ছিল সম্পূর্ণ এর বিপরীত। রাষ্ট্রপতি জানিয়েছিলেন যে, তিনি রাষ্ট্রদূতের এমন কোনো কথা শুনতে পাননি, এবং তিনি আমাকে ভরসা দিয়েছিলেন যে, অপহরণকর্তাদের তুলে দেওয়ার ব্যাপারে কোনো রকম বিষয় বাধার সৃষ্টি করবে না এবং তার জন্য তিনি যেকোনো রকম চুক্তিতে স্বাক্ষর করতে রাজী আছেন।

বলা যেতে পারে যে, জিয়া ভেবেছিলেন যে, যদি তিনি অপহরণকারীদের ভারতের হাতে তুলে দেন তাহলে তিনি ভারতের সদ্‌ভাবনা জয় করতে সক্ষম হবেন, আর যদি আগামী দিনে অল-জুল্ফিকারের দলের কোনো ব্যক্তি যদি ভারতের মাটি থেকে, তাঁর ওপর বা তাঁর শাসনের ওপর হামলা করলে আমরাও অপরাধীদের তাঁর হাতে তুলে দিতে বাধ্য

হব। পাকিস্তানের যে সমস্ত প্রেস ইন্দিরা গান্ধী এবং তাঁর পরিবার সম্পর্কে কুৎসা রটনা করছিল তা নিয়ে আমি শেষে কথা তুলি। রাষ্ট্রপতি আমাকে বলেছিলেন যে, তাঁদের দেশে চার থেকে পাঁচটা বিষয়ে সেন্সর প্রযোজ্য হয় - ইসলামীকরণ, রাজ্যপ্রমুখ, প্রতিরক্ষা, ইসলামী দেশ তথা পাকিস্তানের আদর্শবাদ। বাকি সমস্ত বিষয়ে প্রেস নিজের ইচ্ছা মতো যা খুশি ছাপতে পারে।

কিছু দিনের জন্য আমি দিল্লী সফরে এসেছিলাম, সেখান থেকে ফিরে গিয়ে আমি জিয়ার সাথে দেখা করি এবং 1981 সালের 14 – 22 শে নভেম্বরের মধ্যে পাকিস্তানি এয়ারফোর্সের অনাধিকার ঘুসপ্যাঠের তালিকা দেখাই। তিনি তা খুবই মন দিয়ে পড়ার পর ফোনে এয়ার চীফ মার্শল আনওয়ার শমীমের সাথে কথা বলেন। তিনি আমার সূচী অনুসারে তাঁর কাছ থেকে তৎকাল রিপোর্ট চেয়েছিলেন। জিয়া উপহাস করে বলেছিলেন, 'আমি আপনাদের ভারতীয় অফিসারদের সম্পূর্ণ নম্বর দিই, আমাদের সৈন্যরা আড়াই মিনিটের জন্য ভারতীয় এলাকায় ঢুকে পড়েছিল, তারা সেইটুকু ঘুসপ্যাঠকেও মাথায় রেখেছে।'

এরপর আমি আবার হাইজ্যাকারদের নিয়ে কথা বলি। তিনি বিরক্ত হয়ে বলেন যে, এখন জিজ্ঞাসা বাদের পর্ব শেষ হয়নি। এরপর তিনি অকারণেই নিজেদের নির্বাচন নিয়ে কথা বলতে শুরু করেন। সংবিধান অনুসারে, নির্বাচনের আগে অভিযান চালানোর জন্য 90 দিন সময় দিতে হতো, পাকিস্তান উত্তাল হওয়ার জন্য এই দিন কটা ছিল যথেষ্ট। রাষ্ট্রপতি বিরক্ত হয়ে বলেছিলেন যে, নেতাদের রাজনৈতিক অপরিপক্কতা সমস্ত অভিযান প্রক্রিয়াকে বিষাক্ত করে তোলে আর সেই সাথে তিনি ভারতের সেই সমস্ত নেতাদের বংশানুক্রমে প্রাপ্ত অভিজ্ঞতা নিয়েও প্রশংসা করেছিলেন। আমি তাঁকে জানিয়েছিলাম যে, আমাদের সংস্থা খুব ভালো করে কাজ করছে, আমরা প্রধানমন্ত্রী ইন্দিরা গান্ধীর কাছ থেকে সম্পূর্ণ রূপে সাহায্য পাচ্ছি।

কয়েক মাস বাদে, সেন্ট স্টীফনের একদল ছাত্র পাকিস্তানে এসেছিল। তাদের সাথে প্রিন্সিপাল ও দুজন শিক্ষক ছিলেন। যাঁর মধ্যে একজন ছিলেন ঈ.আর. কপাড়িয়া। আমি রাষ্ট্রপতিকে তাঁদের সাথে দেখা করানোর জন্য কয়েক মিনিট সময় চেয়েছিলাম। তিনি একটু ভাবুক হয়ে পরেছিলেন। ওয়াগা বর্ডারে তিনি ফোনে কাপড়িয়ার সাথে কথা বলেছিলেন, প্রফেসার নিজেই হতভম্ব হয়ে গেছিলেন।

তাঁদের জন্য আয়োজিত ডিনারে আমি তাঁদের নিয়ে গেছিলাম। অল্পবয়সী ছাত্রেদের সাথে প্রিন্সিপাল রাজপালও খুবই উৎসাহিত হয়েছিলেন। আমি ভেবেছিলাম একটা ছোট্ট ডিনারের আয়োজন করা হবে কিন্তু স্টেট হাউসে পৌঁছানোর পর আমাদের একটা বিশাল ডাইনিং হলে নিয়ে যাওয়া হয়েছিল, সেখানে রাষ্ট্রপতি ছাড়াও তিনজন ক্যাবিনেট মন্ত্রী, চার জন চান্সলর ও অন্যান্য ব্যক্তিরাও উপস্থিত ছিলেন। তাঁদের সাথে আমিও অবাক হয়ে গেছিলাম। ছাত্রদের উৎসাহের কথা বলে বোঝানো যাবে না। প্রিন্সীপাল রাজপাল 1944

সালের একটা পুরানো ফটো বার করেছিলেন, সেখানে জিয়ার ছবি ছিল। তিনি ছবিটা নিয়ে মাথায় ঠেকান আর বলেন যে, এই অমূল্য সম্পত্তিটি তিনি অতি যত্নে সামলে রাখবেন। তাঁর কাছে এই ফটোর কোনো কপি ছিল না, কারণ সেই সময় কলেজ থেকে কোনো ফটো কেনা যেত না। ডিনারের সময় তিনি প্রিন্সিপালকে জিজ্ঞাসা করেছিলেন যে, তাঁরা পাকিস্তানের কোথায় কোথায় যেতে চান। তিনি জানিয়েছিলেন যে, সম্পূর্ণ দলটি গাড়িতে করে মোহনজোদড়ো থেকে করাচী যেতে চায়। জিয়া বলেছিলেন যে, তাঁরা তাঁর নিজেস্ব বিমানে যেতে পারেন। সম্পূর্ণ দল রোমাঞ্চিত হয়ে উঠেছিল। হোটেলে ফেরা পর তাঁরা আরোও আশ্চর্য হয়ে গেছিলেন, কারণ তাঁদের প্রত্যেকের জন্য উপহার রাখা ছিল, কয়েকটা উপহার তো খুবই মূল্যবান ছিল। প্রফেসারকে উপহার স্বরূপ গালিচাও দেওয়া হয়েছিল। পাকিস্তানের কোনো ছাত্রদল যদি এইভাবে ভারতে যেত তাহলে রাষ্ট্রপতি তো দূরের কথা কোনো রাজ্য মন্ত্রীও তাদের সাথে দেখা করত না।

1981 সালে স্টীফেন্স কলেজের একশো বছর সম্পূর্ণ হয়েছিল। রাষ্ট্রপতি জিয়া সেই সময় ভারতে এসে এই অনুষ্ঠানে অংশ নিতে চেয়েছিলেন, কিন্তু ইন্দিরা গান্ধী আপত্তি তুলেছিলেন। তখন আমি তাঁকে কলেজের পত্রিকা দ্যা স্টীফনিয়নের জন্য কিছু লেখার অনুরোধ করেছিলাম। তিনি তাই করেছিলেন, আর যখন তা প্রকাশিত পুস্তকটি তাঁকে দিয়েছিলাম তাতে তিনি অগস্টাইন পলের একটা লেখা দেখতে পেয়েছিলেন। তিনি যখন কলেজে পড়তেন তখন তাঁর সাথে একই ঘরে থাকতেন। রাষ্ট্রপতি আমাকে পলের ঠিকানা খোঁজার জন্য আগ্রহ দেখিয়েছিলেন। তিনি তাঁকে নিজের ফটোতে হস্তাক্ষর করে একটা চিঠি দিতে চেয়েছিলেন। আমি কোনো রকমে পলের ঠিকানা জোগার করেছিলাম। তিনি ব্যাংককে ভারতের দূতাবাসের জন্য কাজ করতেন। রাষ্ট্রপতি তাঁকে চিঠি পাঠিয়েছিলেন, কিন্তু তিনি ছয় থেকে সাত সপ্তাহ পর্যন্ত কোনো উত্তর পাঠাননি। তিনি আমাকে সেই কারণের সন্ধান করতে বলেছিলেন। আমাকে পল একজন সৎ সিভিল সার্ভেন্টের মতন বলেছিলেন যে, তিনি এই ছবি ও চিঠি তো পেয়েছেন কিন্তু তার জন্য তাঁর জীবনই বদলে গেছে। ইন্ডিয়ান ইন্টালীজেন্স কুকুররের মতো তাঁর পিছনে পড়ে গেছিল, কারণ পাকিস্তানের রাষ্ট্রপতি ছিলেন তাঁর বন্ধু। আমি মধ্যস্থতা করার পর তিনি এই যন্ত্রণার হাত থেকে মুক্তি পেয়েছিলেন। এই সবই ছিল কলেজের সেই বন্ধুত্বের পরিণাম! এর থেকে সেই সময়কার ভাবত-পাক সম্পর্কের সংবেদনশীলতা ও দুর্বলতা সম্পর্কে আন্দাজ করা যায়।

পকিস্তানে যাওয়ার পর আমি একটা জিনিস বুঝেছিলেম যে, ভারতীয় দূতাবাসের সাথে ভুট্টোর পরিবারের কোনো সম্পর্ক নেই। মোরারজীর শাসন কালে রাষ্ট্রদূত শঙ্কর বাজপেয়ীকে ভুট্টো পরিবারের থেকে দূরে থাকার নির্দেশ দেওয়া হয়েছিল। আমার এই বিষয়টি অসংলগ্ন বলে মনে হয়েছিল। জুন মাসে দিল্লী যাওয়ার পর সুযোগ নিজের থেকেই সামনে এসে গেছিল। নুসরত ভুট্টো ইন্দিরার পুত্র সঞ্জয়ের মৃত্যুর পর তাঁকে সমবেদনা

জানিয়ে একটা শোক বার্তা পাটিয়েছিলেন। আমি নুসরত ভুট্টোর সাথে দেখা করার জন্য ইন্দিরার কাছ থেকে অনুমতি চেয়েছিলাম। তিনি আমার পরামর্শ স্বীকার করে নিয়েছিলেন।

ভুট্টোর পরিবার করাচীতে থাকত। শ্রীমতি ভুট্টোকে কিল্ফটন স্থিত নিবাসে নজরবন্দি করে রাখা হয়েছিল, পাকিস্তানি সেনা ও ইন্টালিজেন্স এজেন্টদের ঘেরাটোপে থাকতেন তিনি। কাউন্সিল জেনারল মণিশঙ্কর আয়ারও কিছু করতে পারেননি, কারণ তাঁকে তাঁর থেকে দূরে থাকতে বলা হয়েছিল। আমার উদ্যমি ও সদাজাগ্রত সহায়ক এস.কে.লাম্বার সাথে গোপনীয় ভাবে কয়েকজন পাকিস্তানির সম্পর্ক ছিল, তার মধ্যে জুল্ফিকার আলি ভুট্টোর দন্ত চিকিৎসক ড. নিয়াজীও ছিলেন। তিনি ছিলে পাকিস্তানের পীপুল্স পার্টীর সদস্য এবং বেশ কয়েকবার জেলের হাওয়াও খেয়েছিলেন। আমি দাঁতে ব্যথার বাহানা করে তাঁর সাথে দেখা করার জন্য সময় নিয়েছিলাম। আমি তাঁক ক্লিনিকে গিয়ে তাঁকে বলেছিলাম যে, আমি নুসরত ভুট্টোর সাথে দেখা করতে চাই। আর তার জন্য আমি তাঁর কাছে সাহায্য চেয়েছিলাম। ড. নিয়াজীও ঘেরাটোপের মধ্যেই ছিলেন। তিনি আমাকে বলেছিলেন যে, এটা এত সহজ কাজ নয়, কিন্তু তিনি চেষ্টা করবেন। কয়েক সপ্তাহ বাদে তিনি আমাকে খবর দিয়েছিলেন যে, শ্রীমতি ভুট্টো 21 শে আগস্ট করাচিতে আমার সাথে দেখা করেবেন। কয়েকদিন বাদে আমি করাচির উদ্দেশ্যে রওনা দিয়েছিলাম। কিন্তু এটা ছিল আমার ডিপ্লোমেটিক জীবনের কয়েকটি দুঃখজনক ঘটনার একটি।

জুল্ফিকার আলি ভুট্টো এক শাহী পরিবারে জন্ম গ্রহণ করেছিলেন। তাঁর পিতা শাহনওয়াজ ভুট্টো ছিলেন একজন বিখ্যাত মানুষ। ভুট্টো স্টেনফোর্ড ও অক্সফোর্ডে পড়াশোনা করেছিলেন। একজন ডিপ্লোমেট রূপে তিনি আমাদের বিরুদ্ধে চীনের সাথে বন্ধুত্ব করেছিলেন এবং 1972 সালের জুলাই মাসে শিমলা চুক্তির সময় ইন্দিরা গান্ধীর সাথে বেশ তর্কবিতর্ক হয়েছিল। ইন্দিরা গান্ধী নিজের পরামর্শ দাতা পী.এন. হকসরের কথা অনুসারে বিষয়টি মেনে নিয়েছিলেন। তিনি ভারত-পাক সম্পর্কের ভবিষ্যৎ দেখায় চেষ্টা করেছিলেন। যদি ভুট্টো খালি হাতে যেতেন তাহলে একদিনও বাঁচতে পারতেন না। পাকিস্তানের একটা অস্থির অংশ ভারতের ভালো চাইছিল না। স্বর্ণ সিংহ, ওয়াই. বী. চৌহাণ তথা ফখরুদ্দীন আলী অহমদের মতো নেতারা চুপ করে ছিলেন। হকসরের জয় হয়। 1972 সালের 2 শরা জুলাই শিমলা চুক্তিতে হস্তাক্ষর হয়েছিল, যা আজও আমাদের পীড়িত করে।

জিয়া ভুট্টোর সংরক্ষণে ছিলেন। যখন চিফ অপ আর্মী স্টাফের পদ রিক্ত হয়েছিল তখন ভুট্টো বহু বরিষ্ঠ অফিসারকে অদেখা করে জিয়াকে এই পদে বসিয়ে দিয়েছিলেন। তিনি ভেবেছিলেন যে, জিয়ার মতো সরল ও বিনীত অফিসার তাঁর কোনো ক্ষতি করতে পারবে না, আর এই ভরসাতেই তিনি নিজের জীবন দাঁওতে লাগিয়ে দিয়েছিলেন।

সমস্ত ঘর জুরে একটা বিচিত্র দুঃখের ছায়া ছিল। শ্রীমতি ভুট্টো নিজের ছোটো মেয়ে সনমের সাথে ছিলেন আর তাঁর বড় মেয়ে বেনজিরকে লরকানা জেলে বন্দী বানিয়ে

রাখা হয়েছিল। তিনি সময় দেওয়ার জন্য আমি যখন তাঁকে ধন্যবাদ জানিয়েছিলাম তখন তিনি আমাকে বলেছিলেন যে, তিনি মিশ্রিত খবর পেয়েছিলেন, যে কারণে তিনি ঠিক করতে পারছিলেন না যে, আমি কি কারণে তাঁর সাথে দেখা করতে চাইছি। আমি তাঁকে ভরসা দিয়েছিলাম যে, আমার তাঁর সাথে দেখা করার ব্যাপারে কেউ আটকাতে পারত না, কারণ আমার কাছে ইন্দিরা গান্ধীর লিখিত পত্র ছিল। ভুট্টোর সময়ে এই হাউস বিভিন্ন গতিবিধিতে পূর্ণ থাকত। তখন তা দেখে কোনো অতি যত্নে সামলে রাখা কবর বলে মনে হচ্ছিল। তিনি যে কতটা হতাশ ছিলেন তা বলে বোঝানো যাবে না। বেনজিরের সাথে তাঁর কোনো সম্পর্ক ছিল না, তিনি কাউর সাথে দেখা পর্যন্ত করতে পারতেন না। একজন শুভচিন্তক হিসাবে আমি তাঁর কাছে জানতে চেয়েছিলাম যে, বাস্তবে কি অবস্থায় তাঁর স্বামীকে ফাঁসি দেওয়া হয়েছিল। শ্রীমতি ভুট্টো বলেছিলেন যে, তাঁর স্বামীকে ফাঁসি দেওয়ার কয়েক ঘন্টা আগেই মেরে দেওয়া হয়েছিল। জেল সুপারেন্টেন্ডেট তাঁকে জানিয়েছিল যে, ফাঁশি হবে ভোর সাড়ে চারটে, আর পরিবারের লোকেদের শেষবারের মতো রাত্রির আটটা থেকে নয়টার মধ্যে দেখা করতে বলা হয়েছিল। পরে তাঁর ফাঁসির সময় রাত্তির দুটো করে দেওয়া হয়েছিল। পাকিস্তানী সেনার একজন জেনারল তার দুই অফিসারকে নিয়ে ফাঁসি দেওয়ার এক ঘন্টা আগে তাঁর সেলে গেছিল। তারা তাঁকে দিয়ে এমন কিছু কাগজে সই করিয়ে নিতে চেয়েছিল যাতে পূর্ব পাকিস্তানের ওপর সরকারের যে অত্যাচারের আরোপ আছে তা থেকে সরকারকে রেহাই করা যায়। ভুট্টো জেনারলের কলার চেপে ধরেছিলেন। তাদের মধ্যে যে টানাহেঁচরা হয়েছিল তাতে ভুট্টো পরে যান এবং তাঁর মাথা ফেটে গেছিল। শ্রীমতি ভুট্টোর কথা অনুসারে তাঁকে ফাঁসিকাঠে ঝোলানোর আগেই তিনি মারা গেছিলেন।

আমি হোটেলে পৌঁছাতেই রাষ্ট্রপতি জিয়া-উল-হক আমাকে ফোন করেছিলেন। তিনি আমি কেমন আছি জানতে চান এবং করাচিতে কেমনভাবে সময় অতিবাহিত করছি তাও জানতে চান। আসলে তিনি আমাকে বুঝিয়ে দিতে চেয়েছিলেন যে, আমার গতিবিধির ওপর তাঁর নজর আছে।

1981 সালের শীতকালে, শ্রীমতি ভুট্টোর বাড়িতেই তাঁর সাথে দীর্ঘ সময় ধরে কথা বলার সুযোগ পেয়েছিলাম। শ্রীমতি ভুট্টো একাই ছিলেন, তাঁর কাশির সাথে রক্ত আসছিল। পাকিস্তান সরকার তাঁকে চিকিৎসার জন্য দেশের বাইরে যেতে দিচ্ছিল না, আর রাষ্ট্রপতির সামনে এই বিষয় নিয়ে কথা বলার ক্ষমতা কাউর ছিল না। আমি তাঁকে পরামর্শ দিয়েছিলাম যে, তিনি যেন সরকারকে তাঁর জন্য ছয়জন বিখ্যাত ডাক্তার নিযুক্ত করতে বলেন, তারাই যেন রাষ্ট্রপতির কাছে রিপোর্ট পেশ করে। যদি রিপোর্টে তাঁর অসুস্থতার প্রমাণ হয়ে যায় এবং তার জন্য তাঁকে যদি বিদেশ যাওয়ার পরামর্শ দেওয়া হয় তাহলে শ্রীমতি গান্ধী মানবিকতার ভিত্তিতে জিয়ার কাছে সার্বজনিক আপিল করতে পারেন।

তিনি আমার পরামর্শ মেনে নিয়েছিলেন, কয়েকদিন বাদে, ডাক্তারের দল এই

রিপোর্ট দিয়েছিল যে, তাঁর চিকিৎসার জন্য তাঁকে বিদেশ পাঠানো উচিত। আমি ইন্দিরাকে সব জানিয়েছিলাম, তিনি কথাবার্তা বলার জন্য আমাকে দিল্লীতে ডেকেছিলেন। তিনি ঠিক করেছিলেন যে, জিয়াকে চিঠি লিখে জানাবেন, যাতে মানবীয় অধিকারের ভিত্তিতে শ্রীমতি ভুট্টোকে চিকিৎসার জন্য বিদেশে পাঠানোর অনুমতি দেওয়া হয়। রাষ্ট্রপতির কাছে এই চিঠি আমারই নিয়ে যাওয়ার কথা ছিল, আমি তাঁকে সেই চিঠি দিলে তিনি একটুও অবাক হননি। শ্রীমতি ভুট্টোর ব্যাপারে আমাদের হস্তক্ষেপকে তিনি তাঁর দেশের বিষয়ে আমাদের হস্তক্ষেপ বলে বিবেচিত করেছিলেন। আমি তাঁকে বলেছিলাম যে, শ্রীমতি গান্ধী অনেক ভবে চিন্তে তাঁকে এই চিঠি লিখে আপীল জানিয়েছেন, এতে কোনো রাজনীতি নেই। সত্যি বলতে কি আমি এটা চাইনি যে, ভুট্টোর ফাঁসির পর তাঁর বিধবা স্ত্রীর মৃত্যুর অপবাদও তাঁর মাথাতেই আসুক। শ্রীমতি ভুট্টো চিকিৎসার জন্য লন্ডনে চলে গেছিলেন এবং তাঁর পরিবর্তে বেনজিরকে পীপুল্স পার্টির নেতা হিসাবে নির্বাচন করা হয়েছিল।

আমি রাষ্ট্রপতিকে অনেকবার বলেছিলাম যে, যদি ভারত ও ইসলামাবাদের মধ্যে একটা ব্যাবসায়িক সংযোগ তৈরি করা যায় তাহলে দুই দেশই লাভবান হবে। পাকিস্তান আমেরিকা এবং জাপান থেকে যে জিনিস নিত তাই ভারতের কাছ থেকে নিলে অনেক কম দামে নিতে পারত আর তা রাজনৈতিক পরিস্থিতির জন্যও অনুকূল হতো, কিন্তু বিজনেস লবী ও সমস্ত শক্তিশালী সেনা এর বিরুদ্ধে ছিল। আমার কাজ যেমন রোমাঞ্চকর ছিল তেমনিই কঠোর পরীক্ষাও দিতে হতো, কিন্তু কখন কখন আমি খুব কণ্ঠিত বোধ করতাম কারণ দিল্লী পাকিস্তানকে সাহায্য করার জন্য সমস্ত রাস্তাই খুলে রেখেছিল।

পাকিস্তান থেকে যাওয়ার কয়েক মাস আগে মহাসচিব আমাকে একটি নথিপত্র দিয়েছিলেন, যাতে ভারত-পাক নো-ওয়ার সম্পর্কে লেখা ছিল। তিনমাস আগে যখন পী.বী. নরসিমহা রাও পাকিস্তানে এসেছিলেন তখন এই ব্যাপারে কোনো উল্লেখ করা হয়নি। পরে আমি জানতে পেরেছিলাম যে, এই কাজ করা হয়েছিল আমেরিকার কংগ্রেসকে প্রভাবিত করার জন্য, যারা পাকিস্তানকে সাহায্য করার জন্য ভোট দিতে চেয়েছিল।

দুর্ভাগ্যবশত, প্রায় দুমাস ভারতের কাছ থেকে এই প্রস্তাব নিয়ে কোনো জববা আসেনি। তাতে আমাদের কোনো ভালো হয়নি। কোনো ভালো প্রভাবের সৃষ্টি হয়নি। শেষপর্যন্ত আমি এবং বিদেশ সচিব আর.বী.সাঠে প্রধানমন্ত্রীকে এই জবাব দেওয়ার জন্য মানিয়ে নিতে পেরেছিলাম, কিন্তু পীবী কোনো রকম তাড়াহুড়ো দেখাননি। তিনি 1949 সালে ভারতের পক্ষ থেকে এই ধরনের একটা প্রস্তাবের কথা নিয়েই বসেছিলেন। আমি তাঁকে এই প্রস্তাবের কথা ভুলে যেতে বলেছিলাম, কারণ এই প্রস্তাবের মধ্যে কাশ্মীরের লোকেদের মনভাবও জরিয়েছিল। শেষ পর্যন্ত ভারতও সন্ধির প্রস্তাব দিয়েছিল, কিন্তু 1 লা মে আমি যখন ইসলামা বাদ ছেড়ে চলে আসছিলাম, তখনও পর্যন্ত পাকিস্তানের তরফ থেকে কোনো উত্তর পাওয়া যায়নি।

আমি চাই যে, ভারত ও পাকিস্তান কাছাকাছি আসুক এবং তারা যেন সত্যিকারের ভ্রাতৃত্বপূর্ণ প্রতিবেশি রাষ্ট্র হয়ে উঠতে পারে। এই ক্ষেত্রে কাশ্মীর হল সবচেয়ে বড় বাধা। কেউ দক্ষিণ ভারতে গিয়ে কাশ্মীর নিয়ে কোনো আলোচনা করেনা, কিন্তু পাকিস্তানের যে কোণাতেই যাওয়া হোক না কেনো কাশ্মীরের নাম উঠে আসবেই।

বহু বছর ধরে আমি খুব কাছ থেকে আত্মীয়ের মতো এই বিষয়টা দেখেছি বলে, আমি মনে করি যে, ভারত বা পাকিস্তানের কোনো সরকাই এক ফোঁটা জমিও ছেড়ে দেবে না। যে সরকার এই কাজ করবে তাঁকে পরের দিনই পদচ্যুত করে দেওয়া হবে। পাকিস্তানি সেনা ও আইএসআই পাকিস্তানের কোনো সরকারকে কাশ্মীর সম্পর্কে কোনো রাজনৈতিক ছাড় দেওয়ার সুযোগই দেবে না।

অধ্যায় - ১৩

দুটি শীর্ষ-সম্মেলন

1981 সালের অক্টোবর মাসে মেকওয়ার্নে কমন ওয়লেথের শীর্ষ সম্মেলন সংগঠিত হওয়ার পর ঠিক হয়েছিল যে পরবর্তী কমন ওয়েলথ রাষ্ট্রাধ্যক্ষের বৈঠক (চোগম বা CHOGM) ভারতে আয়োজন করা হবে। এই বৈঠক সংগঠিত করার ব্যাপারে আমাদের ক্ষমতা নিয়ে শ্রীমতি গান্ধীর মনে কোনো সংশয় ছিল না ঠিকই কিন্তু অস্ট্রেলিয়ার বাইরে আমরা তা কতটা সুপরিকল্পিত করে তুলতে পারব সেই নিয়ে একটা প্রশ্ন তাঁর মনে ছিল। যার ফলে মেলবোর্ন থেকে ফিরে আসার পরেই 1983 সালে চোগম গঠনের জন্য তিনি মুখ্য সংযোজকের সন্ধান করতে থাকেন। আমি বিভিন্ন পরামর্শ প্রদানের জন্য প্রায়ই দিল্লী যেতাম। সেই সময় একবার সাউথব্লকে গিয়ে আমি জানতে পেরেছিলাম যে, এতে আমার নামও সংগঠিত আছে। ইসলামাবাদ ফিরে যাওয়ার আগের দিন আমার কাছে একটা ফোন আসে, তাতে আমাকে জানানো হয়েছিল যে, আমি যেন একবার প্রধানমন্ত্রীর সাথে দেখা করে নিই। এই সাক্ষাতে প্রধানমন্ত্রী আমাকে সরাসরি জানিয়েছিলেন যে, 'ইসলামাবাদে তোমার যে জিনিসপত্র আছে এবার তা গোছাতে শুরু কর। 1983 সালের চোগমের মুখ্য সংযোজক তুমিই হবে।' এই কথাটা শোনার পর আমি খুব বেশি আশ্চর্য হইনি।

আমার প্রতি তাঁর এই আস্থার জন্য আমি তাঁকে ধন্যবাদ জ্ঞাপন করেছিলাম। এটা যে সত্যিই কত বড় সম্মান, তা বলে বোঝানো যায় না। সাধারণ কথাবার্তার সময় আমি বলি, 'মহাশয়া! আমি তো কখন বিদেশ- মন্ত্রীদের বৈঠক করাইনি, 1975 সালে আমি আপনার সাথে জমাইকা শীর্ষ সম্মেলনে গেছিলাম, সেখান থেকে আমি কিছু জ্ঞান প্রাপ্ত করেছিলাম, আর আপনার সাথেই লুসাকা ন্যাম (এন এ এম বা NAM) শীর্ষ বা কিঙ্গস্টনে ছিলাম। পাকিস্তানে তো আমি মাত্র দুবছর আছি। এই কাজটা করতে আমার খুব ভালো লাগছে, আমার বিশ্বাস যে এই কাজে কোনো রকম গড়বড় করিনি।' আমার কথা শেষ না হতেই উনি চোখ না তুলেই বলেন যে, 'যাও আলেকজান্ডারের সাথে দেখা করে নাও!' ওখানেই বৈঠক শেষ হয়ে যায়।

ইসলামাবাদ ছাড়তে আমার খুব কষ্ট হয়েছিল। বিদেশ মন্ত্রালয়ের থেকে প্রাপ্ত কাজ গুলির মধ্যে এই কাজটা বোধহয় সবচেয়ে বেশি উৎসাহপ্রবণ ও দায়িত্বের কাজ ছিল। প্রায় এগারো বছর ধরে লণ্ডন, লুসাকা ও ইসলামাবাদে কাটানোর পর আমি সাউথ ব্লকে ফিরে

আসার সুযোগ পেয়েছিলাম। আমার জন্য একটা নতুন পদ তৈরি করা হয়েছিল 'মুখ্য সংযোজক চোগম 1983'। কুইন এলিজাবেথ সহ 48 জন রাষ্ট্রাধ্যক্ষের এই সম্মেলনে যোগদানের কথা ছিল, অথচ এত বড় একটা সম্মেলনের ব্যাপারে কাউর কাছে কোনো রকম আইডিয়া ছিল না। এই ব্যাপারে কিছু পরিকল্পনা মাফিক আমি যখন এগাতে শুরু করেছিলাম, সেই সময় এক অপ্রত্যাশিত পরিস্থিতির সৃষ্টি হয়। 1982 সালে প্রধানমন্ত্রীর সাথে আমাকে ওয়াশিংটনে যেতে হয়েছিল, আসার সময় চব্বিশ ঘন্টার জন্য আমার টোকিওতে ছিলাম, এই সময় আমাদের সাথে পার্থ সারথী এবং পী.সী. আলেকজান্ডারের মতো গণ্যমান্য ব্যক্তিরাও ছিলেন। এঁরা দুজনেই ছিলেন প্রধানমন্ত্রীর কার্যালয়ের কর্ণধার অফিসার। সেখানেই আমি জানতে পারি যে, ইরাক-ইরাণের যুদ্ধের জন্য সপ্তম ন্যাম শীর্ষ সম্মেলন বাগদাদে সংগঠিত হবে না। এই সময় ন্যামের চেয়ারম্যান ছিলেন প্রেসিডেন্ট ফীড্‌ল কাস্মো, তিনি শ্রীমতি গান্ধির কাছে জানতে চেয়েছিলেন যে, 1983 সালের মার্চ মাসে ভারতে এই সম্মেলন সংগঠিত হওয়া সম্ভব কিনা। আমি অবাক হয়ে বলি, 'জিজ্ঞাসা করার জন্য ধন্যবাদ, কিন্তু সম্ভব না! ন্যাম সম্মেলন গঠন করার জন্য কমপক্ষে তিন বছর সময়ের দরকার, বিজ্ঞানের ব্যাপারে আমাদের সক্ষমতা চোগমের জন্য পর্যাপ্ত নয়, ন্যাম সম্মেলনের কথা ভুলে যাওয়াই ভালো।' দিল্লী ফিরে আসার পর ফীড্‌ল কাস্মোর প্রস্তাব নিয়ে ভাবনা চিন্তা করা আর, আর শেষ পর্যন্ত তা স্বীকারও করে নেওয়া হয়। একই বছরে দুটি বিশ্ব সম্মেলনের প্রধান হওয়ার গৌরব ভারতীয় প্রধান মন্ত্রী পাচ্ছিলেন, যেটা ছিল খুবই সন্মানের বিষয়।

সেই সময় আমাদের কেন্দ্রবিন্দু হয়ে ওঠে ন্যাম সম্মেলনের আয়োজন! ন্যাম সম্মেলনে দেশের একজন প্রতিনিধিকে সেক্রেটারী জেনারেল করা হয়, কোনো রকম পরামর্শ ছাড়াই এই পদের জন্যও প্রধানমন্ত্রী আমাকেই মনোনিত করেছিলেন। বেশির ভাগ লোকেরই মনে হয়েছিল আমি এই কাজের জন্য উপযুক্ত নই, আমার এই আয়োজনের ক্ষমতা নেই। কিন্তু আমার ভাগ্য সুপ্রসন্ন ছিল, আর প্রধানমন্ত্রী যখন একবার ঠিক করে ফেলেই ছিলেন তখন আর কেই বা কি বলতে পারে। আমি বিদেশ মন্ত্রালয় থেকে নিজের ভরসার যোগ্য, পরিশ্রমি ও উৎসাহী কিছু সঙ্গিদের নিয়ে একটা টিম গঠন করি। তারা সকলেই নিষ্টার সাথে নিজেদের কর্তব্য পালন করেছিল। মাঝে মধ্যে কিছু কিছু সমস্যা দেখা দিলেও টীম-স্পিরীট সেই সমস্যার সমাধান করতে সক্ষম হয়েছিল।

ইতিমধ্যে প্রধানমন্ত্রী আমাকে ডেকে জিজ্ঞাসা করেন যে, যে সমস্ত শীর্ষস্থানীয় নেতারা আসছেন তাঁদের 'সংসদ ভিলেজে' থাকার ব্যবস্থা করা যাবে কিনা? এতে যে কেবল পয়সা বাঁচবে তাই নয়, সিকিউরিটি (সুরক্ষা) নিয়েও কোনো রকম সমস্যা ছিল না। কথাটা শুনে আমার মাথায় তো বজ্রপাত হয়। আমি কোনো রকম চিন্তা ভাবনা না করেই বলে দিই যে, 'মহাশয়া! আপনি নিশ্চই চিন্তা ভাবনা করে এই কথা বলছেন না।' মুখ থেকে নির্গত কথা আমি ফিরিয়েও নিতে পারছিলাম না। কিন্তু আমি সংকোচিত হয়ে গেছিলাম। প্রধানমন্ত্রী কাগজ সরিয়ে, চশমা খুলে আমার দিকে তাকিয়ে বলেন, 'প্রিয় নটবর সিংহ! আমি যথেষ্ট

ভাবনা চিন্তা করেছি!' একটু থেমে বলেন, 'আপনার কি মনে হয়...এত এত টাকা কোথা থেকে আসছে? যদি খরচ একটু কম করা যায়, তাহলে করব না কেন?'

আমি ওনাকে বহু বছর ধরে চিনতাম, তাই আমি চুপ করে গেছিলাম। উনি তখন নিজের ফাইল দেখাতে শুরু করেন। কিছুক্ষণ বাদে আমি বলি যে, আমি কিছু বলতে পারি? উনি মাথা নাড়িয়ে সম্মতি দেন,আমি তাঁকে আমার বাগদদা, বেকগ্রেড এবং ইদানার যাত্রার কথা স্মরণ করিয়ে আস্বস্ত করে বলি যে, আমি ন্যামের শীর্ষ সম্মেলনের আয়োজন দেখেছি, ওদের চেয়ে ভালো আয়োজন করব। উনি বলেন, 'লুসাকাতে যেখানে থাকতে দিয়েছিল, সেই ঘর সম্পর্কে তো কিছু বলারই নেই।'

মহাশয়া! লুসাকা নূতন দিল্লী নয়। জাম্বিয়ার লোকেরা যতটা সম্ভব করা যায় তাই করার চেষ্টা করেছিল,আপনার সাথে অন্যান্য রাষ্ট্রের অধ্যক্ষরাও ছিলেন, আর লুসাকাতে আপনার সাথে আমিও ছিলাম, সমস্ত ডেলি গেটসদের পাঁচ তারা হোটেলে থাকার বন্দোবস্ত করেছিল ওরা, কোনো ইউনিভার্সিটির হোস্টেলে নয়।'

কিন্তু প্রধান মন্ত্রীর সাথে বেশি তর্ক করা যায় না, তিনি একটা বড় দল গঠনের সিদ্ধান্ত নিয়েছিলেন, সেই দলে ছিলেন রাজীব গান্ধী, জী. পার্থসারথী, পী. সী. এলেকজান্ডার, দিল্লীর উপরাজ্যপাল জগমোহন এবং আমি। আমাদের এই উইনিভার্সিটির হোস্টেল দেখতে যাওয়ার জন্য পাঠানো হয়েছিল, আমারা সেখানে পৌঁছানোর পর জী. পার্থসারথী এবং পী.সী. এলেকজান্ডার চেয়েছিলেন যে রাজীব গান্ধী কিছু বলুক। রাজীব সবার আগে ডাইনিং রুমের দিকে গেছিলেন, তা দেখে একটা কলেজ ক্যান্টিন বলে মনে হচ্ছিল, সেখানে বসার জন্য কোনো বেঞ্চি ছিলনা, টেবিলের ওপর কোনো ক্লথ ছিল না। রাজীব কিছু না বলে ফ্ল্যাট দেখতে চলে যান। সেখানে ছিল তিনটে ছোটো ছোটো বেড রুম। একটা কমন বাথ্রুম আর টেলিফোনের কোনো সুবিধা ছিল না। পার্থসারথী বলেন যে, সেখানে বিদেশ মন্ত্রীগণদের থাকার বন্দোবস্ত করা যেতে পারে। তখন আমি আর সহ্য করতে পারছিলাম না। তখন আমি জোড় গলায় বলি যে, এখানে তো সেক্রেটারীরাও খুশিতে থাকতে পারবে না, আর ন্যামের বিদেশি মন্ত্রীরা কমন বাথরুম ব্যবহার করবে? রাজীব আমার কথা বুঝতে পারেন, আর এই কথা নাকোচ করে দেন। হয়তো তাঁর কোনো অনভিজ্ঞ বন্ধু তাঁকে এমন পরামর্শ দিয়েছিলেন, যা পরে শ্রীমতি গান্ধীও অনুভব করতে পেরেছিলেন।

এই ভাবে মূল্যবান সময় অতিবাহিত হচ্ছিল। শুধু যে আমার মাথার উপরেই খাঁড়া ঝুলছিল তা নয়, পার্থসারথী ও এলেকজান্ডারের ওপরেও ছিল তার ঘা। এই ব্যাপারে কোনো সিদ্ধান্তেই আসা যাচ্ছিলো না, কিন্তু শেষ পর্যন্ত ভাগ্য সুপ্রসন্ন হয়। ন্যাম দেশের রাজদূতদের কানে এই কথা গেলে তারা আমার ডিপুরী এস. কে. লাম্বাহকে বলে দেয় যে, যদি এই কথা সত্যি হয় তাহলে তাদের দেশের প্রধানমন্ত্রী বা রাষ্ট্রপতি এই সন্মলনে অংশ গ্রহণ করবে না। আমি এই কথা রাজীব ও সোনিয়াকে জানিয়ে দিয়েছিলাম, শেষ পর্যন্ত এই প্রস্তাব খারিজ হওয়াতে আমি খুবই শান্তি অনুভব করেছিলাম।

1983 সালের ফেব্রুয়ারীতে কিউবার এক উচ্চ স্তরীয় টিম আসে, আমাদের লোকেদের সাথে সুরক্ষা ব্যবস্থা সম্পর্ক পরামর্শ করার জন্য। এই দলের নেতৃত্ব প্রদান করেছিলেন কিউবার উপরাষ্ট্রপতি, টাফেল রোড্রীগেজ। তিনি ছিলেন খুবই বোঝদার ও বুদ্ধিমান মানুষ, তাঁর মেজাজ ছিল সহজ সরল ওপ বিনোদ প্রিয়। তাঁর সাথে কথা বলে খুবই ভালো লাগত। একটা পর্যায় শেষ হওয়ার পর উনি আমাকে বলেছিলেন, 'প্রিয়মিত্র !তোমাদের এই ব্যবস্থাপনা দেখে আমি খুবই সন্তুষ্ট। আর তোমারা রেকর্ড সময়ের মধ্যে তা করে ফেলেছ। কিন্তু সুরক্ষার বিষয় নিয়ে আমি একটু চিন্তিত। আমি তোমাকে বন্ধু ভেবেই কথা গুলো বলছি। ইতিমধ্যে নয়বার ফিডেককে মারার চেষ্টা করা হয়েছে। সব প্রয়াস ব্যর্থ হয়েছে ঠিকই কিন্তু আমরা সর্বদা সজাগ থাকি।'

আমি তাঁকে আস্বস্ত করে বলি যে, 'সুরক্ষার বিষয় নিয়ে আমাদের কোনো সমস্যা নেই। কোনো রকম অপ্রিয় ঘটনা ঘটবে না। আপনি নিশ্চিন্তে থাকতে পারেন।' আমি তাঁকে বলি যে, 'প্রধানমন্ত্রীর গাড়ির পিছনে সিকিউরিটি গাড়ি চলবে।' তাঁর মুখে আমি সন্দেহের ছায়া দেখেছিলাম, কিন্তু উনি ছিলেন খুবই সংবেদনশীল মানুষ, উনি আর একটা কথাও বলেননি। এই বিষয়ে আর কোনো কথা হয়নি। এর ঠিক 19 মাস বাদে ইন্দিরা গান্ধীকে হত্যা করা হয়েছিল।

যাইহোক, তিনমাসের মধ্যেই একটা মিরাক্কেল দেখাতে সক্ষম হয়েছিলাম। হাজার হাজার লোক নিয়ে দুটি রাত কেটে যায়, কোনো রকম অভিযোগ ছাড়াই। টিম ওয়ার্ক যে কি গুরুত্বপূর্ণ তা সেদিন আরো ভালো করে অনুধাবন করতে পেরেছিলাম, প্রশাসনিক দিক দিয়ে সামান্য সমস্যা দেখা দিলেও তার সমাধান করতে কোনোই অসুবিধা হয়নি, মিডিয়া পর্যন্ত সেই কথা পৌঁছায় পর্যন্ত নি। একটু ঝগড়া হয়েছিল, কিন্তু এত বড় কাজের জন্য তা ছিল অপরিহার্য।

ঠিক করা হয়েছিল যে, সমস্ত দেশের সরকারের লোকেরা রাষ্ট্রধ্বজা হাতে নিয়ে বিজ্ঞান ভবনের মুখ্য দ্বার দিয়ে ভেতরে প্রবেশ করবে, আর প্রধানমন্ত্রী মুখ্য দ্বারেই তাঁদের স্বাগত জানাবেন।

অনুষ্ঠানের কিছু দিন আগে আমার কানে আসে যে, রাষ্ট্রধ্বজা হাতে ভেতরে আসার সময় সকলের তল্লাশি নেওয়া হবে। আমি প্রধানমন্ত্রীর কাছে গিয়ে তাঁকে আমার সাথে বিজ্ঞান ভবন যাওয়ার জন্য অনুরোধ জানাই। তিনি আমার কথা শুনে অবাক হয়ে বলেন, 'নটবর !কোনো সমস্যা আছে কি?' আমি যা জানতাম তা ওনাকে জানাই আর বলি যে, 'মহাশয়া ! কখনও আপনার তালাশি নেওয়া হয়েছে? এই ধরণের সন্মেলনে গিয়ে কখনও লাইনে দাঁড়িয়ে থাকতে হয়েছে? সকাল দশটায় সেমিনার শুরু হবে আর আমরা বিদেশি ও ডেলিগেটসদের সকাল সাতটায় আসতে বলেছি। রাষ্ট্রধ্বজাগণ 9.15 - 9.55 এর মধ্যে আসবে, সিকিউরিটিরা কখনই চাইবে না যে রাজা, প্রধানমন্ত্রী বা রাষ্ট্রপতিরা লাইনে দাঁড়িয়ে থাকুক। আপনি নিজে একবার বিজ্ঞান ভবনে গিয়ে সেখানকার সুরক্ষা ব্যবস্থা দেখে নিন।'

মুখ্য দ্বারে লাগানো সিকিউরিটী ইকুউমেন্ট দেখে তিনি একটু কটাক্ষ করে আমাকে জিজ্ঞাসা করেন যে, 'কে সিকিউরিটী ব্যবস্থায় পরিবর্তন করেছে?' যে এই গড়বড় করেছিল

আমি ইশারা করে তাঁকে দেখাই। সে পী.সী. এলেকজান্ডারের পাশে দাঁড়িয়েছিল। তার কথা না শোনার ক্ষমতা এলেকজান্ডারেরও ছিলনা। শ্রীমতি গান্ধি তাকে তিরস্কৃত করে বলেন যে, রাষ্ট্র ধ্বজা হাতে সকলে মৌলনা আজাদ মার্গ অলংকৃত দরজা দিয়ে প্রবেশ করবে। যদি আমার প্রধানমন্ত্রীর কাছে যাওয়ার সুযোগ না থাকত তাহলে এই সম্মেলন অরাজকতা দিয়ে শুরু হোত আর বিভ্রাটের মধ্যে দিয়ে শেষ হোত। মধ্যে এমন কিছু হাস্যকর ঘটনা ঘটেছিল যা মানসিক চাপ একটু হলেও কম করতে পেরেছিল। উত্তর কোরিয়ার উপ বিদেশমন্ত্রী তাঁর এক লম্বা আমলার দল নিয়ে নূতন দিল্লীতে আসেন ব্যবস্থাপনা দেখতে। তিনি চেয়েছিলেন যে, তিনি এবং তাঁর দলের সকলে একটা হোটলে থাকবে। আর সেখানে যেন অন্য কেউ থাকতে না পারে। আর তিনি যে রাস্তা দিয়ে যাবেন তা যেন চব্বিশ ঘন্টা আগে থেকেই বন্ধ করে দেওয়া হয়, আর হলে কমপক্ষে তাঁকে আটটা সিট্ দিতে হবে।

আমি তাঁকে অনেক কষ্টে বোঝাতে পরেছিলাম যে, কোনো রাষ্ট্রধ্বজাকে যতটা সম্মান করা হয়, তাঁদের লিডারকেও ততটাই সম্মান দেওয়া হবে। আমি তাঁকে কোনো রকম অভিযোগের সুযোগ দেব না।

প্রেসিডেন্ট সাদ্দাম হোসেন জানিয়েছিলেন যে, তিনি আর তাঁর দলের লোকজন একটা বোইঙ্গ 747 নিয়ে আসবেন, আর তার বুলেটপ্রুফ গাড়ি আর কমান্ডোজরা আলাদা আসবে, শেষ পর্যন্ত তিনি আসেননি, কিন্তু তাঁর উপরাষ্ট্রপতি ও কমান্ডোজরা এসেছিল, তাদের জন্য হোটেল তাজ মানসিংহতে থাকার বন্দোবস্ত করা হয়েছিল। ইরাকী কমান্ডোজরা নিজের গরম দেখালেও আমাদের কমান্ডোজরা তাদের ঠান্ডা করতে সক্ষম হয়েছিল। আর কিছু ঘটনা ঘটেছিল, ইরানীরা কিছুতেই খ্রীস্টানদের পাশে বসতে চাইছিল না। ওদিকে জর্ডনের বিদেশ মন্ত্রী চেয়েছিলেন যে, তাদের রাজা যেন ইরাক ও ইরাণের থেকে দূরে থাকে। নেপালের রাজা নিজেকে উপেক্ষিত মনে করেছিলেন, কিন্তু তেমন কোনো ঘটনা ঘটেনি। পাকিস্তানের রাষ্ট্রপতি জিয়াউল হক দিনে পাঁচবার নামাজ পাঠ করতেন, তাই তাঁর একটা আলাদা প্রার্থনা গৃহের প্রয়োজন ছিল, যা তাঁকে দেওয়া হয়েছিল।

7 ই মার্চ প্রেসিডেন্ট কাস্ত্রোঁ সপ্তম ন্যাম সম্মেললের উদ্‌ঘাটন করেন। এর আগে কখনও একত্রে দিল্লীতে এত রাষ্ট্রাধ্যক্ষ ও শাসনাধ্যক্ষের সমাবেশ ঘটেনি। কিন্তু এই দিন সকালে কোনো রকম বিলম্ব হয়নি, কোনো সমস্যার সৃষ্টি হয়নি বা কোনো রকম যাধা বিপত্তি দেখা যায়নি। আমি যখন ফীডেল কাস্ত্রোঁ আর ইন্দিরা গান্ধীর সঙ্গে একই মঞ্চে দাঁড়িয়েছিলাম তখন আমার বুকটা একটু ফুলে উঠেছিল। আমার বাবা-মা এই দৃশ্য দেখতে পেলে না জানি কত আনন্দ পেতেন! পরের দিন সারা বিশ্বের সংবাদপত্রে এই তিনজনের ছবি ছাপা হয়েছিল।

কিন্তু সুবর্ণ দিন গুলো বেশিক্ষণ স্থায়ী হয় না। সেই সময়তেই আমি একটা সমস্যায় জরিয়ে পরেছিলাম। সর্তা কাম্বাহ একটা কূটনৈতিক বোম্ব বিস্ফরিত করেছিল 'শ্যার একটা বড় সমস্যার সৃষ্টি হয়েছে। মি. অরাফাত এখনই জানিয়েছেন যে, তাকে পরিকল্পনা মাফিক অপমানিত করা হয়েছে, তিনি এখনই দিল্লী ছেড়ে চলে যেতে চাইছেন।' আমি সঙ্গে সঙ্গে

প্রধানমন্ত্রীকে সমস্ত ঘটনা জানাই। অপরাহ্নের পরেই ফীডেল কাস্ত্রোঁ এর দায়িত্ব ইন্দিরা গান্ধীকে সমর্পিত করতে চেয়েছিলেন, তাই ইন্দিরা গান্ধীকেই এই সমস্যার সমাধান করতে হোত। ইন্দিরা গান্ধী তখনই বিজ্ঞান ভবনে যাওয়ার সিদ্ধান্ত নিয়েছিলেন আর ফীডেল কাস্ত্রোঁকেও সেখানে পৌঁছাতে বলেন। এই কিউবার নেতা যে সমস্যার সৃষ্টি করেছিলেন তাতে আমি একটা শিক্ষা পেয়েছিলাম। পী এল ও -এর নেতা (অরাফাত) খুবই বিখ্যাত ব্যক্তি ছিলেন এবং ফীডেল কাস্ত্রোঁর সাথেও তাঁর ভালোই পরিচয় ছিল। অরাফতের রাগ কাস্ত্রোঁকে বিব্রত করতে পারেনি। তিনি অরাফতকে জিজ্ঞাসা করেন যে, তিনি নিজেকে ইন্দিরা গান্ধীর বন্ধু বলে মনে করেন কিনা? উত্তরে বলেন, 'বন্ধু! উনি তো আমার বোনের মতো। ওনার জন্য তো আমি সব কিছু করতে পারি। তখন কাস্ত্রোঁ নিজের করিশমা দেখান 'তাহলে ছোটো ভাইয়ের মতো ব্যবহার করুন, আর আশা করি যে দুপুরে সম্মেলনে যোগ দেবেন।' দুই মিনিটের মধ্যে সমস্ত ঝগড়া কোথায় যেন উবে যায়।

ইন্দিরা গান্ধী ছাড়া এই সম্মেলনের অপর তারকা ছিলেন কাস্ত্রোঁ। কাস্ত্রোঁর দলে বুক পুরস্কার প্রাপ্ত গ্যাবরীন গর্সিয়া মারক্বেক অন্তর্ভূক্ত ছিলেন। আমি এবং এচ. বাই শান্তা প্রসাদ তাঁকে প্রধানমন্ত্রীর সাথে দেখা করাতে নিয়ে যাই। তাঁরা দুজনেই খুবই আনন্দিত হয়েছিলেন।

ভারতে আয়োজিত এই সম্মেলনের পরে ন্যামের আন্দোলন সর্বাধিক শক্তিশালী হয়ে ওঠে। সেই সময় ইরাক-ইরাণ ও কম্যুনিয়নের মধ্যে বিবাদ চলছিল কিন্তু এই সম্মেলনে তার কোনো ছায়া পড়তে দেওয়া হয়নি। তা এতটাই সফল হয়েছিল যে, বাইরের জগতের সামনে আমাদের একটা সুন্দর প্রতিচ্ছবি গড়ে উঠেছিল। এর কিছুটা শ্রেয় আমিও লাভ করেছিলাম। বহু অপ্রত্যাশিত জায়গা থেকেও আমাকে শুভেচ্ছা বার্তা পাঠানো হয়েছিল, কিন্তু সবচেয়ে বেশি আনন্দ পেয়েছিলাম প্রধানমন্ত্রীর পাঠানো একটা চিঠি থেকে। তা লেখা হয়েছিল 1983 সালের 18 ই মার্চ।

প্রিয় নটবর

ন্যাম-সম্মেলন সফল হওয়ার পিছনে তোমার যে ভূমিকা আছে, তার প্রশংসা জ্ঞাপনের জন্য আমি তোমাকে এই চিঠি লিখছি। সফলতার সাথে অনুষ্ঠানটি শেষ হয়েছে, তাই আমি অকপটেই বলতে পাড়ি যে, আমাদের হাতে সময় ছিল খুবই কম আর তার সাথে ছিল বিভিন্ন সমস্যা, তাই আমার মনে আশঙ্কা কম ছিল না-কিন্তু তোমার দ্বিগুণ প্রচেষ্টাই এই সফলতা এনে দিয়েছে। এই সম্মেলন যে সবদিক দিয়ে সফল হয়েছে তাতে কোনো সন্দেহ নেই। তোমার দলের প্রত্যেক সদস্যকে আমার তরফ থেকে ধন্যবাদ জানিয়ে দিও। তুমি উৎফুল্লতার সাথে এক বিরাট দায়িত্ব পালন করেছো। কিন্তু এটা সবে শুরু, আগত তিন বছরে আমাদের বহু সমস্যার সম্মুখীনতা করতে হবে। আমাদের দলবদ্ধ হয়েই কাজ করতে হবে আর এখন থেকেই দিল্লী ডিক্লেরেশানের প্রস্তুতি শুরু করে দিতে হবে।

প্রধানমন্ত্রী

ন্যাম শীর্ষ সম্মেলন শেষ হওয়ার পর ক্লান্তি দূর করার কোনো প্রশ্নই আসছিল না, কারণ

কিছুদিনের মধ্যেই চোগম হওয়ার কথা ছিল। কমন ওয়েথলের আয়োজনে এত সমস্যা হয়না, এর সদস্য সংখ্যা 50 এর কম হয়, বিচার-বিচেনাও ইংরেজি প্রকৃতির, যা ন্যামের ক্ষেত্রে হয় না। কমন ওয়েলথে পাঁচ বছরের জন্য একজন সেক্রেটারীকে নির্বাচিত করা হয়, লন্ডনে তার বেশ কিছু অফিস থাকে, কিন্তু ন্যামের ক্ষেত্রে তেমন কোনো অফিস থাকে না। দুটির মধ্যে 'দি রিট্টরীট' ছিল এক বিরাট পার্থক্য। সপ্তাহের শেষে কমন ওয়েলথের নেতারা সাধারণ ভাবেই একে অপরের সাথে দেখা করে আর সেই সময় তাদের সাথে তাদের সহায়করা থাকে না। সেই বছর প্রধানমন্ত্রী 'দি রিট্রীট'-এর জন্য গোয়াকে নির্বাচিত করেছিলেন। তাতে সমস্ত শাসনাধ্যক্ষ এবং রাষ্ট্রাধ্যক্ষ মুক্ত ভাবে মেলামেশা করার সুযোগ পায় ও আনন্দ করতে পারে। এতেকিছু অপ্রীতিকর ঘটনাও ঘটে যার জন্য সেই সময় গোয়ার কায়াকল্পই বদলে দেওয়া হয়েছিল। এমনকি সেখানে বেশ কিছু রাস্তা পুনরায় গঠন করা হয়েছিল।

এই বছর, গায়নার সোনী রামফলকে মডেল সেক্রেটারী জেনারেল করা হয়েছিল। তাঁকে দ্বিতীয়বার নির্বাচন করা হয়েছিল, 1985 সালে তাঁর সময় সীমা শেষ হওয়ার কথা ছিল। আমি প্রধানমন্ত্রীকে বলেছিলাম যে, পরবর্তি সম্মেলনে পুনরায় সোনীকে নির্বাচন করা সম্ভব হবে না হয়তো। তাই 1983 সালেই 1985 সালের নির্বাচনের হাওয়া বুঝে নিতে চেয়েছিলাম। উনি আমাকে প্রেসিডেন্ট কান্ডা ও বর্নহমের প্রধানমন্ত্রীর সাথে কথা বলতে বলেন। আমি তাই করি। আমি মার্গারেট থেচারের থেকে একটু আগে ছিলাম, উনি সেক্রেটারীকে খুব একটা ভালো চোখে দেখতেন না, আর সেই সাথে জানতে পেরেছিলেন তে, ইন্দিরা গান্ধী রামফলকে সাহায্য করেন, তা উনি ভালো চোখে দেখেননি। আয়রণ লেডি মার্গারেট থেচারকে সকলেই ভয় পেত, কিন্তু ইন্দিরা গান্ধীর সামনে উনি একটু গুটিয়ে যেতেন। আমি একবার শ্রীমতি গান্ধীকে ওনার সম্পর্কে জিজ্ঞাসা করলে উনি বলেছিলেন যে, 'কি আয়রণ লেডি !আমার তো ওকে সোফার এক কোণে চুপচাপ বসে থাকা নির্বল মহিলা বলেই মনে হয়।' এই সম্মেলনের পরের দিন প্রধানমন্ত্রী আমাকে গোপনে রাষ্ট্রপতি ভবন থেকে জেনে আসতে বলেন যে, কুইন এলিজাবেথ সেদিন মাদার টেরিজার জন্য ইনভেস্টীয়ার করবেন কিনা, মাদার টেরিজাকে সেখানে 'অর্ডার অফ দি মেরিট' প্রদানের কথা ছিল। মিনিস্ট্রী সেক্রেটারী এই খবর এনে দেয়, শুধু যে স্থানই ঠিক হয়ে গেছিল তা নয়, বেকিংহাম প্যালেসের স্টেশনর্সে নিমন্ত্রণপত্রও পাঠিয়ে দেওয়া হয়েছিল।

আমি এই কথা প্রধানমন্ত্রীকে জানালে উনি তা শুনে খুশি হন না। ইতিমধ্যে লোকসভার এক সাংসদ হেমবতী নন্দন বহুগুণা প্রধানমন্ত্রীকে একটা চিঠিতে জানিয়েছিলেন যে, কুইন এলিজাবেথের রাষ্ট্রপতি ভবনে ইনভেস্টীয়র করার কোনো অধিকার নেই-শুধুমাত্র রাষ্ট্রপতিই তা করতে পারেন। উনি বলেছিলেন যে, এই কথা লোকসভায় উত্থাপন করা উচিত। বহুগুণা ঠিকই বলেছিলেন, ইংরেজরা আমাদের ওপর একটু বেশিই ভরসা করে ফেলেছিল। কিন্তু সেই ভুল শোধরানোটা ছিল খুবই জরুরি। প্রোটোকলের এই অভূতপূর্ব সমস্যার সমাধানের দায়িত্ব পড়েছিল আমার ওপর। শ্রীমতি গান্ধী আমাকে মার্গারেট থেচারের সাথে কথা

বলতে বলেছিলেন, আমি ব্রিটিশ হাইকমিশনার রবার্ট বেড গ্রের সাথে কথা বলি, আমি ওনাকে জানই যে, কুইনের প্রতি আমাদের মনে যথেষ্ট সম্মান আছে, কিন্তু মাদার টেরিজাও আমাদের কাছে গণ্যমান্য ব্যক্তিত্ব, তাই এই স্থান নির্বাচনের আগে আমাদের সাথে একটু কথা বলা উচিত ছিল। আমি অত্যন্ত ভদ্রভাবে তাঁকে এটাও বুঝিয়ে দিয়েছিলাম যে, কুইন এখন আর ভারতের রাণী নন।

কয়েক ঘন্টার মধ্যেই মার্গারেট থেচারের ফোন এসে যায়, তিনি জানান যে, সেদিন আর স্থান পরিবর্তনের মতো সময় ছিলনা, এতে যে শুধু কুউনের সমস্যা হবে তাই নয়, বরং ইউকে মিডীয়া সম্পূর্ণ ঘটনার কথা জেনে যাবে।

এদিকে উচ্চ শক্তির প্রোটোকল ডায়নামাইট ফোটার উপক্রম হয়েছিল। এই ঘটনায় বিশ্বের চারজন বিখ্যাত মহিলার বিশেষ ভূমিকা ছিল   দুই জন প্রধানমন্ত্রী, একজন রাণী এবং একজন সন্ত-মহিলা। ভারতের মিডীয়ার কাছে এই খবর প্রকাশিত হয়ে গেলে কি হত? আমি মার্গারেট থেচারের কথা শ্রীমতি গান্ধীকে জানাই, যা শুনে উনি একটু ক্ষুব্ধ হয়েছিলেন। পরক্ষণেই উনি একটা গুগলি ছাড়েন, 'নটবর, আমার তরফ থেকে মার্গারেট থেচারকে জানিয়ে দাও যে, কুইন এখানে অনুষ্ঠান তো করতে পারেন, কিন্তু পরের দিনই বিষয়টা লোকসভায় উঠবে, আর সেই তিক্তো আলোচনাতে কুইনের নাম উঠবে। আমার মনে হয় যে, কুইনকে এই কথা জানিয়ে দেওয়া উচিত।'

রাষ্ট্রপতি ভবনে তখন কোনো ইনভেস্টীয়ার সেমীনার অনুষ্ঠিত হয় না। কুইন মোঘল গার্ডেনে মাদার টেরিজাকে চা পানের আমন্ত্রণ জানান, আর সেখানেই এই নবেল পুরস্কার বিজেতাকে অর্ডার অফ মেরিট প্রদান করা হয়েছিল। এর পিছনে কত ঘটনা ঘটে গেছিল, তা মাদার টেরিজা জানতে পর্যন্ত পারেননি।

চিগমের পর ইন্দিরা গান্ধী পুনরায় আমাকে আর একটা প্রশংসা পত্র পাঠিয়েছিলেন। তাতে দুটি শীর্ষ সম্মেলনেরই কথা ছিল।

উত্তরে আমি জানিয়ে ছিলাম

যখন ঔপন্যাসিক পাস্টরনৈক জানতে পেরেছিলেন যে, ওনাকে নোবেল পুরস্কার দেওয়া হবে, তখন উনি নোবেল প্রাইজ কমিটির পারমানেন্ট সেক্রেটারী এণ্ডম ওস্টলিঙ্গকে একটা চিঠি লিখেছিলেন   'আমি খুবই কৃতজ্ঞ, অভিভূত, গর্বিত বোধ করছি। আপনার কাছ থেকে 14 ই ডিসেম্বর চিঠিটা পাওয়ার পর আমারও একই কথা বলতে ইচ্ছা করছে। বস্তুত সমস্ত রাষ্ট্রের উচিত আপনাকে ধন্যবাদ জ্ঞাপন করা।

1984 সালের জন্য শুভকামনা সহ

চোগম শেষ হওয়ার পর পদ্ম পুরস্কারের জন্য আমি তাঁদের নাম উত্থাপিত করেছিলাম যাঁদের পরিশ্রম ও সমর্পণ ছাড়া এত বড় সফলতা পাওয়া সম্ভব ছিল না। আমি প্রথমে প্রায় আধা ডজন নাম লিখে ফেলেছিলাম।যে সরকারি ও বেসরকারি লোকেরা 1982 -র এশিয়ান গেমসের আয়োজন করেছিল, খুবই উদারতার সাথে তাদের পদ্মশ্রী আর পদ্মভূষণ দ্বারা

শোভিত করা হয়েছিল। কিন্তু যখন আমি জানতে পারি যে, চোগমের হয়ে যাঁরা কাজ করেছিলনে তাদেরকে পুরস্কার দেওয়া হবে না, তখন আমি অবাক হয়েছিলাম। এটি 'নিত্য ক্রম সম্মেলন' আখ্যা দিয়ে তিনি বিষয়টা আরো জটিল করে তুলেছিলেন। আমি হয়তো সমস্ত মর্যাদা বোধই হারিয়ে ফেলেছিলাম 'মহাশয়া, আমি সম্মানের সাথে বলতে চাই যে, এই ধরণের একটা উচ্চ স্তরীয় সম্মেলনকে আমি নিত্যক্রম সম্মেলন বলা যায় না। আগামি কুড়ি বছরেও দিল্লীতে এমন শীর্ষ সম্মেলন অনুষ্ঠিত হবে না। যখন এশিয়ান গেমসের কার্যকর্তাদের পুরস্কার প্রদান করা হয়েছিল তখন কি ন্যাম ও চোগনের মতো এত রকম সমস্যা ছিল? আমার কোনো পুরস্কারের দরকার নেই, কিন্তু অন্যদের সম্মান জানানো উচিত।'

শেষ পর্যন্ত 1984 সালের 26 শে জানয়ারি দুজনকে পুরস্কার প্রদান করা হয়েছিল, ভারতের উপরাষ্ট্রপতি হামিদ আন্সারীকে পদ্মশ্রী এবং আমাকে পদ্মভূষণ প্রদান করা হয়েছিল। 1984 সালের 31 শে মার্চ রাষ্ট্রপতি ভবনে পুরস্কার বিতরণ সমারোহের আয়োজন করা হয়েছিল, তখন প্রধানমন্ত্রী আমাকে অভিনন্দন জ্ঞাপন করতে গিয়ে একথা বলতে ভোলেন নি যে, 'একে মাথায় উঠতে দিও না যেন।'

এই দিন আমার সাথে ঔপন্যাসিক থকাজী শিব শঙ্কর পিল্লাইয়ের দেখা হয়েছিল, যদিও তিনি উত্তর ভারতে খুব বেশি পরিচিত ছিলেন না। ওনাকেও পদ্মভূষণ দেওয়া হয়েছিল। 1962 সালে আমি থকাজীর উপন্যাস 'চেম্মীন'-এর উপর 'নিউইয়ার্ক টাইম্‌স রিভুউ'-তে একটি সমীক্ষা লিখেছিলাম। তখন থেকে তাঁর সাথে আমার পরিচয়। এর ঠিক তিন বছর বাদে যখন আমি ম্যাক্যিজম-নিউইয়ার্কের জন্য একটি আধুনিক ভারতীয় লঘু কথার সমগ্র তৈরি করেছিলাম তখন তাঁকে আমি একটা লঘুকথা অন্তর্ভূক্ত করার জন্য অনুরোধ জানিয়ে ছিলাম, তিনি আমার সেই অনুরোধ স্বীকার করে নিয়েছিলেন।

1914 সালে থকাজী নামক এক গ্রামে পিল্লাই জন্মগ্রহণ করেছিলেন,তাঁর পিতা কৃষক হলেও তাঁর পরিবার ছিল সংস্কৃতি মনস্কা, শিল্প কলারও যথেষ্ট প্রভাব ছিল তাঁদের ওপর। অধ্যয়নের সময় থেকেই তাঁর জীবনে মার্কস বাদের প্রভাব দেখা গেছিল। রাজনৈতিক দিক থেকেও তিনি বাম পন্থী ছিলেন। 1966 সালে তাঁর পাঠানো একটি চিঠিতে তিনি আমাকে লিখেছিলেন যে, 'আমি জন্মগত ভাবে কৃষক, পেশায় উকিল, আর স্বভাবে লেখক। ফ্লাওবর্র, বাল্সক, ডে. মোপাসাঁ, হয়ূজো, গোগোল, দোস্তোবোস্কী এবং টল্সটয় প্রমুখদের প্রভাব আমার ওপর যথেষ্ট। কোনো ভারতীয় লেখক আমাকে লেখার জন্য উদগ্রীব করতে পারেনি...মলয়ালম ফিকশানের বিকাশের জন্য ঠাকুরও আমাকে সাহায্য করতে পারেনি।'

অধ্যায় - ১৮

১৯৮৪

আমি যখন সেনা বিভাগে কাজ করতাম তখন মাঝে মধ্যে রাজনৈতিক জীবনে প্রবেশের একটা ইচ্ছা আমার হোত, পাকিস্তানে থাকার সময় আমার সেই ইচ্ছায় পরিবর্তন ঘটেছিল।

1983 সালে আমি দুই বার শীর্ষ সম্মেলনের সফলতা আস্বাদনের সুযোগ লাভ করেছিলাম। যার ফলে আমি রাষ্ট্রের কাছে একটা পরিচিত মুখ হয়ে উঠেছিলাম। যেকোন সিভিল সার্ভেন্টের কাছে এটা এক বিরাট প্রাপ্তি।

দ্বিতীয় শীর্ষ সম্মেলনের সমাপ্তির শেষে আমি নিজের পুরানো জীবনের কথা ভাবতে শুরু করেছিলাম। আমি কি আই এফ এসে আছি নাকি রাজনীতিতে নিজের ভাগ্য পরীক্ষা করে দেখছি? আমি একটা সুষ্ট সমৃদ্ধ কেরিয়ার ত্যাগ করার কথা ভাবছিলাম। তখনও আমার পাঁচ বছর চাকরি ছিল। আমার চাকরি জীবনের তিরিশ বছরের অভিজ্ঞতা থেকে আমি জানতাম যে, অবসর গ্রহণের পর অফিসারদের কি হয়, এদিক-ওদিক ঘোরা ছাড়া আর কোনো কাজই হয় না। আমি এমন জীবনের সাথে তাল মিলিয়ে চলতে পারব না। একটা অজানা ক্ষেত্রে প্রবেশ করে আমি নিজের কেরিয়ার খুঁজতে চাইছিলাম। কমনওয়েলথ শীর্ষ সম্মেলন শেষ হওয়ার পর কিছু কথা বলার জন্য আমি প্রধান মন্ত্রীর কাছ থেকে একটু সময় চেয়েছিলাম। আমি ছিলাম আই এফ এফ-এর উচ্চ পদস্থ অফিসার, কিন্তু আগামী পাঁচ বছরে আমার জন্য তেমন কোনো আকর্ষণীয় কাজ আমি খুঁজে পাচ্ছিলাম না। 'আমি রাজ্য সভার সদস্য হয়ে রাজনীতিতে আসতে চাই। তিনি গুরু গম্ভীর গলায় আমাকে বলেন, 'আমাকে এটা নিয়ে ভাবতে হবে।'পরে আমি আর.কে. ধাবানকেও আস্বস্ত করতে সক্ষম হয়েছিলাম। তিনি আমাকে সাহায্যের প্রতিশ্রুতি দিয়েছিলেন। আমি কি একটু বেশিই তাড়াহুড়ো করছিলাম? নাকি বুঝতে চাইছিলাম না? আমি কি নিজের কপালকে পরীক্ষা করার দুঃসাহস দেখাচ্ছিলাম? কোনো রকম চিন্তা ভাবনা ছাড়াই কি অজানা পথে হাঁটার কথা ভাবছিলাম? একটা অতি পুরানো কথা আমাকে সান্ত্বনা দিতে পেরেছিল, 'না বললে কিছুই পাওয়া যায় না।'

পরবর্তি কয়েক সপ্তাহ আমার খুবই অশান্তির মধ্যে দিয়ে কাটে। গণতন্ত্র দিবসের আগের দিন রাতে আমি একটা সুখকর বার্তা পাই - যা আমার মনের আগুনে জল দিয়েছিল। পী. সী. এলেকজান্ডার যখন আমাকে ডেকে জানান যে আমি রাজ্যসভায় প্রবেশ করতে পারি তখন আমার মনের অশান্তি দুর হয়। বহু গোপন কথাই যেমন 'লিক' হয়ে যায়

তেমনি এই কথাটাও 'লিক' হয়ে গেছিল। আমি জানতে পারি যে, রাজীব গান্ধীর ঘনিষ্ঠ লোকেরা চায় না যে আমি রাজ্যসভায় যোগ দিই। রাজীব গান্ধীর লোকেরা চেয়েছিল যে, আমার রাজ্যসভার বদলে লোকসভা নির্বাচনে দাঁড়ানো উচিত।

শুনেছিলাম যে, ইন্দিরা গান্ধীরও মন বদলে গেছিল। ঠিক করেছিলাম যে, যদি প্রধানমন্ত্রী এমন কথা জানান তাহলে আমি রাজনীতিতে যোগদানের স্বপ্ন ত্যাগ করব। উনি বোধ হয় আমাকে বুঝতেই পারেননি।

প্রধানমন্ত্রী আমাকে ডেকে খুবই শান্ত ভাবে বলেন যে, 'নটবর! তুমি লোকসভার জন্য কেনো চেষ্টা করছো না?' আমি এই প্রশ্নের জন্য মনে মনে তৈরি ছিলাম, তাই জবাবে বলি যে, 'মহাশয়া! আমি আপনাকেই নির্ণয়ের সুযোগ দিচ্ছি! আপনি যা করবেন আমি খুশি হয়ে সেটাই স্বীকার করে নেব।'আমি শীঘ্রই আমার সেবা থেকে অবসর গ্রহণ করি। এটা জীবনের কোনো সাধারণ অধ্যায় ছিল না, এটা ছিল এক বিরাট সিদ্ধান্ত। বিয়ে করার সিদ্ধান্ত গ্রহণের পর এমন একটা বড় সিদ্ধান্ত আমি নিয়েছিলাম।

আমার স্ত্রী হেম আমার পাশেই ছিলেন। গত তিরিশ বছর ধরে আমরা আমাদের জিনিস পত্র গোছাতে গোছাতে ক্লান্ত হয়ে পড়েছিলাম। আমি বিদেশ মন্ত্রালয়ে চিঠি পাঠিয়ে সেবা নিবৃত্তির আগেই মুক্তি পাওয়ার জন্য আবেদন জানিয়েছিলাম। আমার কোনো আফসোস হয়নি ঠিকই কিন্তু গত তিরিশ বছরের বিভিন্ন কথা মনে বারংবার উঁকি দিয়ে যাচ্ছিল। আমায় সাউথ ব্লককেও বিদায় জানাতে হয়েছিল। বন্ধুদের কাছ থেকে বিদায় নেওয়ার সময় আমার কণ্ঠস্বর রুদ্ধ হয়ে যাচ্ছিল।

এই সময় আমি পঞ্চাশ পার করে ফেলেছিলাম। লোকসভা থেকে জয় লাভ করব এমন কোনো গ্যারান্টি ছিল না। কিন্তু একটা জিনিস আমার পক্ষে ছিল, আমাকে নিজের নির্বাচন ক্ষেত্রের সন্ধান করতে হয়নি। আমার বাসভূমি ভরতপুরই ছিল আমার নির্বাচন এলাকা। সেখানে আমার পরিবারের লোকেদের অনেকেই চিনত। সেখানকার পরিস্থিতি জানার জন্য আমি নিজে বেশ কয়েকবার ভরতপুরে গেছিলাম, সেখানকার অভিজ্ঞতা আমাকে বেশ উৎসাহিত করেছিল।

1984 সালের 6 ই জুনের এক ঘটনা ভারতের রাজনৈতিক জীবনকে নাড়িয়ে দিয়েছিল, ভারত সরকার নির্ণয় নিয়েছিল যে, শিখদের পবিত্র স্থান স্বর্ণ মন্দির (গোল্ডেন টেম্পল) থেকে খালিস্তানী আতঙ্কবাদীদের বের করে দেওয়া হবে। এই নির্ণয় শুধু যে শিখদের জীবনকেই ভয়বহ করে তুলেছিল তাই নয়, ভারতের অন্যান্য সমুদয়ের প্রতিও তার প্রভাব পড়েছিল খুবই গভীর।

এই সময় আমি এবং পী. বী. রাওসিমহা রাও দুজনেই জাকার্তা, ইন্দোনেশিয়ায় গেছিলাম, ইন্দোনেশিয়ার নেতাদের সঙ্গে মিটিং-এর সময় 5 ই জুন আমারা দুজনেই টি.ভি.তে আমাদের দেশের পরিস্থিতি দেখতে পায়েছিলাম।

পাঞ্জাবে, বিশেষকরে অমৃতসরে চাপ খুবই বৃদ্ধি পাচ্ছিল। জেনারেল সিংহ মিভন্ডরানবালে এবং তার কিছু সাথি স্বর্ণ মন্দিরের মধ্যে লুকিয়ে বসেছিল। দুটি সন্ধ্যায় অবস্থা খুবই ভয়ানক হয়ে উঠেছিল। স্বর্ণ মন্দিরের আশেপাশে বহু সেনাদের দাঁড় করিয়ে দেওয়া হয়েছিল, যাতে তারা আশেপাশের পরিস্থিতির ওপর নজর রাখতে সক্ষম হয়। প্রধানমন্ত্রীকে প্রতি মুহূর্তে বার্তা প্রেরণ করা হচ্ছিল। তাঁকে বলা হয়েছিল যে, ভিন্ডরানবালে এবং তার সাথিদের মন্দিরের ভেতরে ঢুকেই টেনে বার করতে হবে, তা ছাড়া কোনো উপায় নেই। কিন্তু প্রধানমন্ত্রী নির্দেশ দিয়েছিলেন যে, কোনো অবস্থাতেই যেন স্বর্ণ মন্দিরের ওপর গুলি চালানো না হয়। কিন্তু সে কথা মানা হয়না। অকাল দলের খুবই লোকসান হয়েছিল। পরের দিনই লেফ্‌ট জেনারেল কৃষ্ণ স্বামী সুন্দরজীর কমান্ডে ভারতীয় সেনাদল স্বর্ণ মন্দিরকে আক্রমণ করে; মন্দিরের বিরাট দরজা ভাঙার জন্য ট্যাঙ্কের প্রয়োগ করা হয়, আর প্রচুর গোলাগুলিও চলে। দুই পক্ষই বহু ক্ষণ ধরে গুলি চালায়। শেষ পর্যন্ত সেনাদল পুরো ক্ষেত্রকে নিজেদের নিয়ন্ত্রনে নিতে সক্ষম হয়। ভিন্ডরানবালে এবং তার বেশ কিছু সাথি মারা যায়। তার মধ্যে ভারতীয় মেজর জেনারল শাহবেগ সিংহও ছিলেন, উনি খালিস্তানি হয়ে গেছিলেন। আমার মনে আছে যে, আমি নরসিমহা রাওকে বলেছিলাম যে, 'এটা খুবই ভয়ঙ্কর ঘটনা, এর থেকে বাঁচা অসম্ভব, শিখরা কখনই এই কথা ভুলবে না বা ক্ষমাও করতে পারবে না।' নরসিমহা রাও নিজের চিন্তাতেই মগ্ন ছিলেন, তিনি কোনো কথাই বলেন না।

সেনাদের কিছু রেজিমেন্ট বিদ্রোহ করেছিল। শিখরা খুবই আহত হয়েছিল - দেশে বিদেশে তার প্রভাব পড়েছিল। রাষ্ট্রপতি জৈল সিংহ খুবই কাতর হয়ে পড়েছিলেন, তিনি যে কোনো ভাবেই এই ঘটনার সাথে জরিত ছিলেন না তাতে কোনো সন্দেহ নেই। আমার সালা ক্যাপ্টেন অমরিন্দর সিংহ ছিলেন সেই সময় কংগ্রেসের লোকসভার সদস্য, তিনি শুধু লোকসভা ত্যাগ করেননি, তিনি কংগ্রেস পর্যন্ত ত্যাগ করেছিলেন।

আমরা যখন দিল্লীতে এসে পৌঁছাই তখন পরিস্থিতি অনেকটাই বদলে গেছিল, কিন্তু একটা চাপা উত্তেজনা ছিল। যখন সম্পূর্ণ ঘটনা প্রকাশিত হয় তখন প্রধান মন্ত্রী বুঝেছিলেন যে, তাঁর জীবনে বিপদ ঘনিয়ে এসেছে। তিনি ঘনিষ্ট লোকেদের বলতেন যে, তাঁকে যে মূল্যই দিতে হোক না কেনো, তা নিয়ে তিনি ভয়ভীত নন, কিন্তু তাঁর পুত্র বা নাতিদের ওপর কোনো বিপদের কথা তিনি ভুলেও ভাবতে পারতেন না। সম্পূর্ণ রাষ্ট্রের মানসিক অবস্থাতেই এক বিরাট পরিবর্তন দেখা গেছিল, এমনকি রাজনৈতিক মহলেও দেখা গেছিল বেশ কিছু পালা বদল - সব ক্ষেত্রেই কেমন যেন অবসাদ ও চিন্তার ছায়া পড়েছিল। বিশ কয়েক মাস এই ভাবেই কেটে যায়। ইন্দিরা গান্ধী বুঝতে পারছিলেন যে, তিনি কাউর ঋণ দেওয়া জীবন অতিবাহিত করছেন। শুধু অমৃতসর বা আর্মিই নই সারা উত্তরভারত একটা চাপের মধ্যে দিয়ে দিন অতিবাহিত করছিল। রাষ্ট্রপতি জৈল সিংহের জীবন কাটছিল খুবই কষ্টের মধ্যে দিয়ে - সেনা দলে যে সমস্ত শিখরা ছিল, তাদের মনে হচ্ছিল যে, শিখদের পবিত্র স্থানকে

দূষিত করাই কি সেনাদের কাজ?

স্লিপডিস্কের কারণে আমি ব্যথায় এত কষ্ট পাচ্ছিলাম যে, আমাকে হাসপাতালকে ভর্তি হতে হয়েছিল। আটই আগষ্ট হাসপাতালে শ্রীমতি গান্ধী আমাকে একটা সহানুভূতি পূর্ণ পত্র পাঠান, অক্টোবর মাসে ওনার সাথে আমার তিনবার দেখা হয়েছিল, উনি মারা যাওয়ার কয়েকদিন আগেও ওনার সাথে আমার কথা হয়েছিল। একবার শ্রীনগর থেকে ফেরার পর উনি কাশ্মীরি পোশাকেই ছিলেন, তখন আমি তাঁকে জানাই যে, আমি ভরতপুর যাচ্ছি রাজনৈতিক গতিবিধির হাওয়া অনুধাবনের জন্য। কংগ্রেসের পোশাকের সঙ্গে নিজেকে মানিয়ে নেওয়া ছিল আমার কাছে একটা বিরাট গুরুত্বপূর্ণ কাজ। তাঁর মতে, 'তুমি যখন রাজনীতিতে এসেই পড়েছো, তখন গায়ের চামড়াটা মোটা করাটা খুবই জরুরি।' তার ঠিক দুই দিন বাদে তিনি ভুবনেশ্বরে গেছিলেন, 30 শে অক্টোবর রাতে তিনি সেখান থেকে দিল্লী ফিরে আসেন। আর পরের দিন সকালেই সেই ভয়ঙ্কর ঘটনা ঘটে।

1984 সালের 31 শে অক্টোবর ইন্দিরা গান্ধীর হত্যা দেখে সারা রাষ্ট্র কেঁপে উঠেছিল। সেই দিন সকালে আমি ভরতপুর যাওয়ার জন্য প্রস্তুত হচ্ছিলাম। প্রায় সকাল সোয়া নটা নাগাদ আমার ফোন বেজে ওঠে। এম ওয়াই শারদা প্রসাদ ফোন করে জানান যে, একটা ভয়ঙ্কর ঘটনা ঘটে গেছে — প্রধানমন্ত্রীর গুলি লেগেছে। শারদাপ্রসাদ খুবই ঠান্ডা প্রকৃতির মানুষ ছিলেন, আর সর্বদাই তিনি নিজের আবেগকে নিয়ন্ত্রণে রাখতে পারতেন, কিন্তু এই খরব দেওয়ার সময়তে তাঁর গলাও কম্পিত হয়ে উঠেছিল। শ্রীমতি গান্ধী আমার জন্য অনেক কিছু করেছিলেন, আমিও আবেগ আপ্লুত হয়ে পড়ি।

আমি আকবর রোডে পৌঁছানোর পর যেখানে শিখ বডি গার্ড শ্রীমতি গান্ধীকে গুলি মেরেছিল শারদা প্রসাদ আমাকে সেখানে নিয়ে যান। একটা চেক্ সরকার দ্বারা প্রদত্ত গ্লামরিভরে তাঁর চশমা পড়েছিল। সেখানে যে রক্ত পরেছিল তখনও তা শুকায়নি। শারদা প্রসাদ আমাকে সম্পূর্ণ ঘটনা জানান। প্রধানমন্ত্রী একজন বিখ্যাত ফ্লীম এক্টর-প্রোডিউসার, পীটর ডাস্টিনোবাকে একটি সাক্ষাৎকার প্রদানে রাজী হয়েছিলেন। এই ইন্টারভিউ প্রদানের কথা ছিল আকবর রোডে, তা সফদরজঙ্গ রোল কম্পাউন্ডের মধ্যেই আসে। শারদা এই সময় পীটর উস্টিনোর সাথে কথা বলছিলেন, খুব কাছ থেকেই তাঁর উপরে গুলি চালানো হয়েছিল। ওস্টিনোভ এবং টেকনিশিয়ানরা এই গুলির আওয়াজ রেকর্ড পর্যন্ত করে নিয়েছিল। কিন্তু আমি আর শারদা ওস্টিনোবকে অনুরাধ করি যে, যাতে সে কখন এই রেকর্ডিংয়ের প্রয়োগ না করে, আর এই মানুষটা নিজের মৃত্যু পর্যন্ত নিজের প্রতিশ্রুতি পালন করেছিলেন।

সোনিয়া গান্ধী এবং আর. রে ধাওয়ান রক্ত ভরা ইন্দিরার শরীর নিয়ে একটি গাড়ি করে অল ইন্ডিয়া ইনস্টিটিউট অফ মেডিকেল সায়েন্সের (এমস্) উদ্দেশে রওনা হয়েছিলেন, সেখানে পৌঁছানোর সাথে সাথে তাঁকে অপারেশন থিয়াটারে নিয়ে যাওয়া হয়। কিন্তু গুলি লাগার সাথে সাথেই প্রধানমন্ত্রীর মৃত্যু হয়ে গেছিল।

সেই সময় কিছুই ঠিক ছিল না। রাজীব গান্ধি ছিলেন পশ্চিম বাংলায় আর জৈল সিংহ ছিলেন যমনে। প্রধানমন্ত্রীর প্রিন্সিপাল সেক্রেটারী এবং ক্যাবিনেট সেক্রেটারী দুইজনেই ছিলেন দিল্লীর বাইরে। রাষ্ট্রপতি দেশে ফিরে আসার পর সন্ধ্যা পাঁচটার পর এই ঘটনা প্রসারিত হোতে শুরু করে। এমসে প্রচণ্ড ভিড় হয়ে গেছিল। কংগ্রেসের সমস্ত মন্ত্রী, কার্যকর্তা এবং মিডীয়ার লোকজনেরা এমস ছেয়ে ফেলেছিল। শিখদের ওপর হামলা শুরু হয়ে গেছিল।

রাষ্ট্রপতি ফিরে না আসা পর্যন্ত রাজীব গান্ধী শপথ বাক্য পাঠ করতে পাচ্ছিলেন না। সোনিয়া গান্ধী কিছুতেই চাইছিলেন না যে, তাঁর মায়ের জায়গায় রাজীব বসুন। তিনি ভয় পাচ্ছিলেন যে, তাঁর স্বামীকেও মেরে দেওয়া হবে। রাজীবের বক্তব্য ছিল যে, মরতে তো ওনাকে হবেই। রাজীব একাই শপথ বাক্য পাঠ করার জন্য প্রস্তুতি নিয়েছিলেন। কিন্তু তিনি ভেবেছিলেন যে, এরফলে সকলের সম্মুখে একটা ভুল বার্তা যেতে পারে, নতুন ক্যাবিনেটে আধা ডজন নতুন মন্ত্রীকে অন্তর্ভূক্ত করা হয়েছিল।

এদিকে রাজনৈতিক মহল ছিল খুবই উত্তপ্ত, আর অন্যদিকে শিখদের উপর অত্যাচারও বৃদ্ধি পাচ্ছিল। তিনদিনের মধ্যে প্রায় 3000 জন শিখকে খুবই নৃশংস ভাবে হত্যা করা হয়েছিল। তাদের বাড়ি ঘর লুট করে রাস্তায় বার করে দেওয়া হয়। সেনাদের মধ্যেও অশান্তির শেষ ছিল না - একদল শিখ বেটিলিয়ান বিদ্রোহ করে দিয়েছিল। তাদের আলাদ করে দেওয়া হয়, ও এই কথাটা গোপন রাখা হয়।

যে সময় ইন্দিরা গান্ধী মারা গেছিলেন সেই সময় বিদেশের মাটিতে তিনি একজন অসাধারণ নেত্রী হিসাবে পরিচিত ছিলেন। তাঁকে শেষ সন্মান টুকু প্রদানের জন্য বিদেশের বহু বিখ্যাত ব্যক্তিত্ব এই ভারতে এসে উপস্থিত হয়েছিলেন। ফিডেল কাস্ত্রোঁ, মারগারেট থেচার, জে. আর. জয়বর্ধনে, জিয়া-উল-হক এবং কেনেথ কৌণ্ডা ছাড়াও বহু রাষ্ট্রাধ্যক্ষ ও শাসনাধক্ষ্য তাঁর শেষ যাত্রায় তাঁকে সঙ্গ দিয়েছিলেন ইউ এস এস আর -এর উপপ্রধানমন্ত্রী, ইরাণের প্রধানমন্ত্রী, সীরীয়ার রাষ্ট্রপতি তথা আমেরিকার উপরাষ্ট্রপতি জর্জ বুশ সিনিয়ারও উপস্থিত ছিলেন।

এই মহান ব্যক্তিত্বরা নিজেদের গন্তব্যে ফিরে যাওয়ার পর একদিন রাজীব গান্ধী আকবর রোডে সান্ধ্যভোজে আমাকে আমন্ত্রণ জানান। শুধুমাত্র ভাত ও নুন ছাড়া ডাল পরিবেশন করা হয়েছিল। সেখানে কে. কে. ফোতেদার ও অরুণ সিংহও ছিলেন। খেতে খেতে মাঝপথেই রাজীব আমাকে বলেন যে, আমি যেন তাঁর সাথে কনে যাই। তিনি বলেছিলেন যে, শহরের অবস্থা খুবই বিপদ জনক, তিনি ঠিক করেছিলেন যে, লেফটনেন্ট গভর্নারকে সরিয়ে সেই স্থান আমাকে দেওয়া হবে। আমি সেই কথা ভাবতে পর্যন্ত পারছিলাম না, আমি তাঁকে জানাই যে, গত 31 বছর ধরে আমি মাতৃভূমির সেবা করেছি ঠিকই, কিন্তু আমার এমন কোনো প্রশাসনিক জ্ঞান বা অভিজ্ঞতা নেই। আমি কিভাবে এই পদ গ্রহণ

ইন্দিরা গান্ধী, কে.নটবর সিংহ, এবং মহারাণী এলিজাবেথ দ্বিতীয়, নতুন দিল্লী, 1983

ইন্দিরা গান্ধীর সাথে বিচার - বিবেচনা, পালম, 1967

(ডানে) জাম্বিয়ার প্রধানমন্ত্রী, মোরারজী দেসাই এবং অটল বিহারী বাজপেয়ি। কে. নটবর সিংহ মোরারজীর পিছনে, নতুন দিল্লী, 1983

(ওপরে) অটল বিহারী বাজপায়ি - এর সাথে নৌরোবী, 1977

(ডানে) শ্রীদথ (সোনী) রামপাল, কে. নটবর সিংহ এবং জুলিয়াস ন্যারেরে, 1982

হেম আর কে. নটবর সিংহ লতা মঙ্গেশকারের সাথে, 1975

কে. নটবর সিংহ সম্রাট হেলে সিলাসী -প্রথমের সিংহের সাথে, আদিস অবাব, 1962

কে. নটবর সিংহ রাষ্ট্রপতি জিয়া - উল - হক্কর সাথে,
নিজের দস্তাবেজ প্রস্তুত করার পর, 1980

(ওপরে) ইন্দিরা গান্ধী, ফিদেল কাস্ত্রো এবং কে. নটবর সিংহ, নন - অ্যালাইমেন্ট শীর্ষ সম্মেলনে, 1983

(ডানে) কে. নটবর সিংহ, গ্যাব্রিয়ল গার্সিয়া মার্কেজ এবং ফিদেল কাস্ত্রো, হাবানা 1987

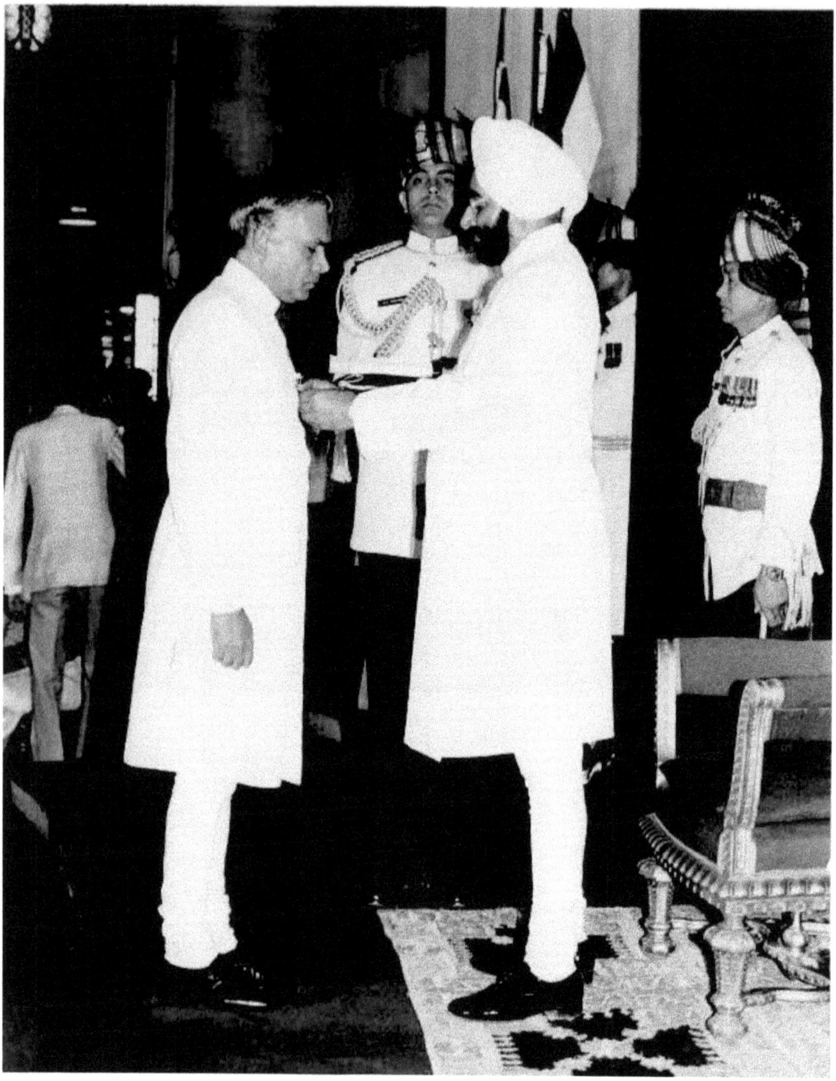

রাষ্ট্রপতি জ্ঞানী জৈল সিংহের দ্বারা পদ্মভূষণ প্রদানের সময়, 1984

চিন্তিত হেম, 1974 লন্ডন

রাজ্যমন্ত্রী পদে শপথ গ্রহণের পর রাষ্ট্রপতি জ্ঞানী জৈলসিংহের সাথে দেখা করার জন্য প্রতীক্ষারত, 1984

বিদেশ মন্ত্রালয়ের কর্মীদের সাথে, প্যারিসে 1988

করব ? আমি তাঁকে আরো বলি যে, তাঁর মা ইন্দিরা গান্ধী চাইতেন যে আমি ভরতপুর থেকে লোকসভা নির্বাচনের জন্য লড়াই করি, সেই কারণেই আমি ভারতীয় বিদেশ মন্ত্রালয়ের থেকে অবসর গ্রহণ করেছিলাম। তারপর আমি তাঁকে বলি যে, আমাকে একবার আমার স্ত্রীর সাথেও এই বিষয় নিয়ে আলোচনা করতে হবে।

হেম কিছুতেই রাজীবের এই প্রস্তাব মেনে নিতে পারছিল না। উনি নিজে একজন শিখ আর তাঁর সমুদয়ের লোকদের নির্মম ভাবে হত্যা করা হচ্ছিল। মহারাজ পটিয়ালের জামাতাকে লেফটনেন্ট গভর্নার হিসাবে নিযুক্ত করে রাজীব কি বার্তা পৌঁছে দিতে চাইছিলেন ?

আমি রাজীবকে জানিয়ে দিই যে, এমন পরিস্থিতিতে আমার এই পদ স্বীকার করা একদম ঠিক হবে না। আমার অনুপস্থিতিতে অরুণ সিংহ আর ফোতেদার রাজীবকে এটাই বুঝিয়ে ছিলেন যে, দিল্লীর তৎকালীন পরিস্থিতি সামলানোর জন্য আমিই হলাম সবথেকে সঠিক ব্যক্তি। সেই সময় গৃহ মন্ত্রী ছিলেন পী. বী. নরসিমহা রাও, তিনি আমার শপথ-গ্রহণ অনুষ্ঠানের জন্য অপেক্ষা করছিলেন, পরের দিন সকাল এগারোটায় তাঁর আসার কথা ছিল। অরুন সিংহ তো আমাকে সাবধান করার সুরে বলেছিলেন যে, প্রধানমন্ত্রীর কথা অমান্য করা ঠিক হবে না। কিন্তু সেই সময় ফোতেদার আমাকে সমর্থন করেন এবং নিজের আগের রায় বদলে ফেলেন। তারপর রাজীব আর আমাকে জোর করেন নি।

বস্তুত আমাকে দিল্লীর লেফটনেন্ট গর্ভনার করার ইচ্ছা ছিল গোপী অরোড়া, অরুণ নেহেরু আর অরুণ সিংহের মস্তিষ্ক প্রসূত ফল। তাঁরা চাইছিলেন আমি যাতে লোকসভা নির্বাচনে ভাগ নিতে না পারি। কিন্তু তাঁদের এই পরিকল্পনা ব্যর্থ হয়ে যাওয়ার পর তাঁরা নতুন পরিকল্পনার সন্ধান করতে থাকেন। অরুন নেহেরু আমাকে ডেকে পাঠিয়ে বলেন যে, প্রধানমন্ত্রী আমাকে ভারতের প্রতিনিধি করে লণ্ডনে পাঠাতে চান। আমি প্রধানমন্ত্রীর সাথে দেখা করে তাঁকে বলি যে, অরুণ নেহেরুর কথা শুনে আমার খুব অদ্ভুত বলে মনে হয়েছে, কারণ আমি ফরেন সার্ভিস ছেড়ে দিয়েছি। আমি বুঝে গেছিলাম যে আমি যাতে লোকসভা নির্বাচনের সময় টিকিট না পাই সেই কারণে তাঁরা এই নোংরা খেলা খেলে যাচ্ছিল। যাঁর হাত ধরে আমি এই পথে এসেছিলাম, সেই ইন্দিরা গান্ধী তখন আর ছিলেন না। রাজীব আমাকে ভরসার কথা শোনান, তিনি বলেন যে কোনো রকম পরিবর্তন করা হবে না, কংগ্রেসের প্রতিনিধি হিসাবে আমি ভরতপুর থেকে নির্বাচনে দাঁড়াব। আমি আস্বস্ত হওয়ার পরে রাজীবের খুব কাছের বন্ধু এই ভদ্র ও ভরসাযোগ্য মানুষটিকে অন্ধকারের মধ্যে পথভ্রষ্ট করতে চাইছিল।

অধ্যায় - ১৫

রাজীব গান্ধীর সাথের বছর গুলি

1986 সালের ডিসেম্বরে লোকসভা নির্বাচনে কংগ্রেস দল অভূত পূর্ব সফলতা লাভ করেছিল। কংগ্রেসের সবচেয়ে আশাবাদী মানুষটাও বোধ হয় ভাবতে পারেনি যে, কংগ্রেস 513 টি সিটের মধ্যে 413 টিতে জয়লাভ করবে। রাজীব যে স্থিতি লাভ করতে সক্ষম হয়েছিলেন তা ওনার দাদামশাই বা মাও কখন পাননি। এই নির্বাচনে ভারতীয় জনতা পার্টি (বিজেপী) কেবল মাত্র দুটি সিট্ প্রাপ্ত করতে সক্ষম হয়েছিল। এক অটল বিহারী বাজপাই দুই লাল কৃষ্ণ আডবাণী জয় লাভ করতে সক্ষম হয়েছিলেন।

এই ব্যাপক জয়ের ফলে শুধু যে কংগ্রেসেরই খুশী হয়েছিল তাই নয়, সারা রাষ্ট্র যেন আনন্দে নেচে উঠেছিল। এক যুবক নেতা এগিয়ে গিয়ে নেতৃত্ব প্রদান করেছিলেন। তিনি এসেছিলেন প্রবল হাওয়ার দাপট হয়ে আর তাতেই উড়েছিল দুঃসাহসিকতার বিজয় পতাকা। তিনি দেশকে একবিংশ শতাব্দীর কথা বলে সচেতন করে তুলতে চেয়েছিলেন, যা তখন 16 বছর দূরে ছিল। সমস্ত মহলেই দেখা গেছিল বিশ্বাস ও উৎসাহের পরিপূর্ণতা। এই নতুন সকাল নতুন না লাগলেও অন্ধকার যে অস্তমিত হয়েছিল তাতে কোনো সন্দেহ নেই। রাজীব বিশ্বাস করতেন যে, শ্রীমতি গান্ধীর আকস্মিক দুঃখ জনক মৃত্যুই এই জয় এনে দিয়েছে। সকলের মুখেই ছিল তাঁর নাম। প্রত্যেক ভোটদাতারা যে কতটা সহানুভূতিশীল ছিলেন, এই জয়ই তা প্রমান করে দেওয়ার জন্য যথেষ্ট ছিল।

আমিও নিজের নির্বাচন ক্ষেত্র থেকে বিপুল ভোটে জয়লাভ করতে সক্ষম হয়েছিলাম। সেই সময় আমি লোকসভায় প্রথম পদার্পণ করেছিলাম, তাই মন্ত্রী মণ্ডলে আমাকে অন্তর্ভুক্ত করা হবে এমন কোনো আশা আমার মনে ছিল না। আমার প্রিয় বন্ধু, প্রথমবার সাংসদ হওয়া সুনীল দত্তের সাথে আমি যখন অশোকা হোটেলে বসে লাঞ্চ করছিলাম তখন হোটেলের এক ম্যানেজার আমাকে এসে বলেন যে, 'শ্যার! প্রধানমন্ত্রী আপনার সাথে কথা বলতে চান।' কথাটা শুনে আমি অবাক হই, কারণ গত সন্ধ্যাতেই আমার সাথে তাঁর কথা হয়েছিল, এই টুকু সময়ের মধ্যে কি এমন ঘটে গেছিল আমি তা কিছুতেই বুঝতে পারছিলাম না।

পী এম আমাকে জিজ্ঞাসা করেন, 'সন্ধ্যা পাঁচটার সময় আপনি কি করবেন?'

আমি জবাব দিই 'কিচ্ছু না।'

'ঠিক সন্ধ্যা পাঁচটায় রাষ্ট্রপতি ভবনে পৌঁছে যাবেন।'

'অবশ্যই যাব! কিন্তু আপনি আমাকে কি দিচ্ছেন?'

'পৌঁছানোর পর জানতে পারবেন!' আর উনি ফোন রেখে দেন। আমি এসে সুনীল ভাইকে সব কথা বলি, উনি গদ্‌গদ্ হয়ে যান, ওনার বিশ্বাস ছিল যে, আমাকে অবশ্যই কোনো না কোনো পদ দেওয়া হবে।

হেম আর আমি পাঁচটা বাজার কিছুক্ষণ আগেই রাষ্ট্রপতি ভবনে পৌঁছে যাই। যেখানে শপথ গ্রহণ করার জন্য সকলে বসেছিল আমাকে সেখানে নিয়ে যাওয়া হয়। মিনিস্টর অফ স্টেট প্রদানের কথা ছিল আমাকে, কিন্তু রাষ্ট্রপতি জৈল সিংহ এই ব্যাপারে খুবই গোপনীয়তা রক্ষা করেছিলেন, রেজিস্টারে সই করার সময় আমার বুকের ভেতরটা ধুক্‌পুক্ করছিল। আমাকে কোন মন্ত্রী পদ দেওয়া হবে তখন তা ছিল রহস্য।

শপথ গ্রহণ সমারোহের পরে চায়ের পার্টির সময় জানতে পারি যে, আমাকে মিনিস্টর অফ স্টেট, স্টীল-এর পদ দেওয়া হয়েছে, আমি জানতাম যে, বিদেশ মন্ত্রালয়ে আমাকে কোনো পদ দেওয়া হবে না, কিন্তু হোম বা ইনফরমেশান ব্রডকাস্টিঙ্গ বা ডিফেন্স মন্ত্রলায়ে কোনো পদ পাওয়ার আশা ছিল।

পরের দিন সকালে সাউথ ব্লকের কনফারেন্স রুমে মিনিস্টর অফ স্টেটের মন্ত্রী হিসাবেই প্রধানমন্ত্রীর সাথে সাক্ষাৎ ঘটেছিল। তিনি বিশেষ কিছু কথা বলেছিলেন, সকলের চোখ ছিল রাজীবের ঘনিষ্ঠ দুই বন্ধু অরুণ নেহেরু আর অরুণ সিংহের দিকে। কোরপোরেট ক্ষেত্র সম্পর্কে তাঁরা দুজনেই খুবই অভিজ্ঞ ছিলেন, তাঁদের হাতে অনেক শক্তিও ছিল, যার ফলে কখন কখন তাঁরা তার অপব্যবহারও করতেন। আগে-পিছে না ভেবেই তাঁরা নিজেদের সম্পূর্ণ শক্তির প্রয়োগ করে দিতেন। প্রধানমন্ত্রীর কাছে যাওয়ার পথ ছিল তাঁদের নিয়ন্ত্রণে, তাঁদের প্রশাসনিক অভিজ্ঞতা তো ছিলই না, কুশাসনের ফল কি হোতে পারে সেই দিকেও কোনো নজর ছিল না।

স্টীল সম্পর্কিত উৎপাদন এবং রাজনীতি সম্পর্কে আমি ধীরে ধীরে অভিজ্ঞতা সঞ্চয় করতে শুরু করি। এই ক্ষেত্রে সম্পর্কে আমি একেবারেই অনভিজ্ঞ ছিলাম, যেকারণে আমি ভারতের প্রায় সমস্ত স্টীল প্ল্যান্ট গুলি ঘুরে দেখেছিলাম, একটা বিষয় স্পষ্ট হয়েছিল যে, স্টীল উৎপাদন মুখ্যত স্টীল সম্পর্কিত রাজনীতির উপরেই নির্ভর করে। প্রতি প্ল্যান্টেই কয়েকটি ট্রেড ইউনিয়ান ছিল, একটি ছিল সিপিআই গ্রুপের নিয়ন্ত্রণে তো অপরটি কংগ্রেসের দখলে। নিয়ম ও শাসন কি তা বোধ হয় তারা জানতই না। স্টীল মাফিয়ারা খুবই সমস্যার সৃষ্টি করত। জামসেদপুরের স্টীল প্ল্যান্ট দেখে মনে একটু আশার সঞ্চার হয়েছিল। সেখানে কোনো ট্রেড ইউনিয়ান ছিল না, সেই কারণে এই প্ল্যান্টের সাথে অন্যান্য প্ল্যান্টের প্রচুর পার্থক্য ছিল।

সেই সময় আমাদের বার্ষিক স্টীল উৎপাদন সাউথ কোরিয়া, চিন, আমেরিকা, জাপান ও ইউকের থেকে অনেক কম ছিল। সে কোনো স্টীল প্ল্যান্ট গড়ে তোলার জন্য কোটি কোটি

টাকা খরচ হোত। বহু ভালো ইঞ্জিনিয়ার ও মানুষেরা তাতে চাকরি পেত। মাফিয়া ও ট্রেড ইউনিয়ানের লোকেদের সাথে মুখ্যমন্ত্রীর সরাসরি যোগ থাকত, নিজেদের ভোটের জন্য তারা তাদের ব্যবহার করত।

অন্ধ্রপ্রদেশের মুখ্যমন্ত্রী এন. টী. রামারাও-এর দৃষ্টি থাকত ভাইজার্ক (বিশাখাপত্তনমের) স্টীল প্ল্যান্টের দিকে, তিনি ছিলেন বিখ্যাত অভিনেতা ও রাজনেতা, তাঁর ফ্যানসেরও অভাব ছিল না। তেলেগুতে দেওয়া তাঁর বক্তৃতা শোনার জন্য সেখানকার লোকেরা মন্ত্র মুগ্ধের মতো ছুটে আসত, আসলে তাঁর গলার স্বর ছিল খুব সুন্দর। কংগ্রেস পার্টী তাঁকে রাজ্য সভায় সিট না দেওয়ার জন্য তিনি তেলেগু দেসম পার্টী তৈরি করে এসেম্বলী নির্বাচনে বিপুল ভোটে জয়লাভ করেছিলেন।

তিনি একবার হায়দ্রাবাদে তাঁর বাড়িতে আমাকে লাঞ্চের আমন্ত্রণ জানিয়েছিলেন। তাঁর খাওয়া দাওয়া ছিল জবরদস্ত, আমাকে 14 রকমের ব্যঞ্জন পরিবেশন করা হয়েছিল। ভাইজার্ক প্ল্যান্ট সম্পর্কে কথাবার্তা বলার জন্যই আমি তাঁর সাথে দেখা করতে গেছিলাম। এমনিতে মুখ্যমন্ত্রী সবই জানতেন, তিনি কথা দিয়েছিলেন যে, অতি শীঘ্র তিনি সমস্যার সমাধান খুঁজে বার করবেন, আসলে অন্ধ্রপ্রদেশের লোকেরা অন্ধ্রপ্রদেশের বাইরের কাউকে এই প্ল্যান্টে কাজ করতে দিতে চাইত না, কিন্তু আমি তাঁকে বলেছিলাম যে, এই প্ল্যান্টের জন্য কেন্দ্র সরকার অর্থ বিনিয়োগ করেছে, সুতরাং যে কোনো ভারতবাসী এই প্ল্যান্টে কাজ করতে পারে। আমি শেষ পর্যন্ত বলি যে অন্ধ্রপ্রদেশের লোকেদের অগ্রাধিকার দেওয়া যেতে পারে, কিন্তু তার চেয়ে বেশি কিছু করা সম্ভব নয়। আমি নিজের সিদ্ধান্তে অটল থাকি, যার ফলে অভিনেতা শেষ পর্যন্ত রাজী হোতে বাধ্য হন।

এই মুখ্যমন্ত্রী আসলে ছিল শোম্যান। তিনি আমাকে নিজের বিরাট বাড়ি ঘুরিয়ে দেখান, আমার মনে হয়েছিল যে সেখানে স্টুডিও ও মিউজিয়ামের সমন্বয় ঘটেছে। বিদায়ের সময়তে তাঁর সাথে একটা বন্ধুত্ব পূর্ণ সম্পর্ক গড়ে উঠেছিল।

মন্ত্রী হিসাবে আমার মাসিক কোটা ছিল 10 লক্ষ টন স্টীল, যা আমি নিজের ইচ্ছা মতন যে কাউকে দিতে পারতাম। আমি তা ফিরিয়ে দিই এবং সেই বন্টনের জন্য আমি একটা কমিটি গঠন করেছিলাম। যার ফলে নিম্নপদস্থ অফিসারদের সামনে আমার সম্মান কয়েকগুণ বৃদ্ধি পেয়েছিল। স্টীল ম্যাগনেটসরাও বুঝতে পেরে গেছিল যে, এ কোনো সাধারণ মানুষ নয়।

প্রথম তিনমাসের মধ্যেই আমি বুঝতে পেরে গেছিলাম যে, রাজীব গান্ধীর সরকার কিভাবে কাজ করে, তৎকালীন অর্থ মন্ত্রী ভি.পি. সিংহ ছিলেন তাঁর খুব কাছের লোক। ক্যাবিনেট বৈঠকের সময় তিনি ছিলেন প্রধানমন্ত্রীর ডানদিকে আর নরসিমহা রাও ছিলেন তাঁর বাম দিকে। স্টেটের মন্ত্রী একটু দূরে বসেছিলেন। ক্যাবিনেট মন্ত্রীরা স্টেটের মন্ত্রীদের একটু দূরে রাখতেন, আর কোনো গুরুত্বপূর্ণ ফাইল তাঁদের কাছে পৌঁছাতো না। কিন্তু

স্টীলের ক্যাবিনেট মন্ত্রী বসন্ত সাঠে ছিলেন উদার মানসিকতার লোক তিনি আমাকে সম্পূর্ণ ছাড় দিয়ে রেখেছিলেন।

আমার মন তো স্টীলে ছিলই না, আমি বিদেশ মন্ত্রালয়ের সাথে যুক্ত হতে চাইছিলাম। 1985 সালের 11 ই মার্চ রাজীব আমাকে তাঁর সাথে মস্কো যেতে বলায় আমি খুবই খুশি হয়েছিলাম। সভিয়েত ইউনিয়ানের কমিউনিস্ট পার্টীর জেনারেল সেক্রেটারী এবং ইউ এস এস আর প্র্যাশীডিয়ামের চেয়ারম্যান কন্সটেনটিন ওস্টীনোবিল চর্নিঙ্কোর অন্তেষ্টীতে অংশ গ্রহণের জন্য যাচ্ছিলাম আমরা। প্রধান মন্ত্রীর দলে ছিলেন নরসিমহা রাও, অল ইন্ডিয়া কংগ্রেস কমিটির ফাইন এফিয়ার বিভাগের প্রধান পী. শিব শঙ্কর, পার্থ সারথী এবং রমেশ ভান্ডারি। আমরা সকলে বোইঙ্গ 747 প্লেনে উড়েছিলাম। ওই দিন সন্ধ্যায় সেখানে পৌঁছানোর পরে ভারতীয় দল চনিঙ্কোর প্রতি শ্রদ্ধা জ্ঞাপন করতে গেছিল। ফুলে ঢাকা তাঁর শরীর নিশ্চল হয়ে পড়েছিল। পরের দিন সকালে খুবই ঠান্ডার মধ্যে তাঁকে কবরস্থ করা হয়েছিল, আর তারপর নতুন জেনারেল সেক্রেটারী মিটমাল গোর্ভোচেব একটা রিসেপশানের আয়োজন করেছিলেন।

রিসেপশানের আয়োজন করা হয়েছিল ক্রেমলিনের ঐতিহ্যবাহী সমৃদ্ধশালী গ্রেট হলে। যুদ্ধের কথা মানুষ ভুলে গেছিল কিন্তু এই সুন্দর ইমারতের কথা ভোলা ছিল অসম্ভব। আমাদের প্রধানমন্ত্রী নতুন সেক্রেটারী জেনারেলের সাথে সংক্ষিপ্ত বৈঠকের পর আমাদের সাথে তাঁর পরিচয় করিয়ে দেন। অন্যান্য ইউরোপীয়ান লিডারদের সাথেও সেখানে পরিচয় হয়েছিল। এটা ছিল প্রধান মন্ত্রীর প্রথম বিদেশ সফর, তাঁর সাথে ছিলেন তাঁর স্ত্রী সোনিয়া গান্ধী। মুখের হাসির রেখা টেনে তিনি সকলের সাথে খুব মার্জিত ভাবে কথা বলছিলেন।

দিল্লী ফিরে এসে আমি পুনরায় নিজের কাজে লেগে যাই, যদিও এই কাজ করতে আমার এতটুকু ভালো লাগত না। সালের মধ্যভাগে আমাকে ফর্টীলাইজার মন্ত্রালয়ের স্টেট মিনিস্টার করে দেওয়া হয়েছিল। স্টীলের কাজের থেকেও এই কাজ অনেক বেশি ক্লান্তিকর ছিল। দিল্লীর লোকেরা কথা বলার মতো বিষয় বস্তু পেয়ে গেছিল। তারা বলে ‘নটবর তো আজকাল গোবরের মন্ত্রী হয়ে গেছে।’ একবার আমাকে এক বস্তা সাদা পদার্থ দেখানো হয়েছিল, তা দেখে আমার চিনি বলে মনে হয়েছিল। তখন এই বিভাগের সচিব আমার দিকে তিরস্কারের দৃষ্টিতে তাকায়, কারণ উই গুলি ছিল ফার্টীলাইজার (সার)।

তবে আমার বিশ্বাস ছিল যে, এই ক্লান্তিকর কাজের হাত থেকে আমি খুব শীঘ্রই রেহাই পেতে চলেছি। অপ্রত্যাশিত ভাবে হাতে এমন কিছু এসে গেছিল, যা আমি কখন ভুলতে পারব না। রাজীব গান্ধি আমাকে জানান যে, বাহয়াসের রাজধানী নসাউতে অক্টোবর মাসে যে কমনওয়েলথ শীর্ষ কনফারেন্স অনুষ্ঠিত হতে চলেছিল, সেই দলে আমাকে অন্তর্ভুক্ত করা হয়েছে। তিনি আমাকে সেখানে যাওয়ার আজ্ঞা দেন, আর ক্যারীবিয়ান দ্বীপ সমূহকে কোনো ভাবে আমরা সাহায্য করতে পারব কিনা, তাও দেখতে বলেন।

আমি প্রথমে নিউইয়ার্কে উপস্থিত হই। আমি ৮ ইউ. এস.-এর স্থায়ী প্রতিনিধিকে

বহামাসের রাজদূতের সাথে কথা বলতে বলি, এবং তাদের প্রধান মন্ত্রী শ্যার লিন্ডেন অস্কার পিন্ডলিঙ্গের সাথে আমার সাক্ষাৎ-এর বন্দোবস্ত করতে বলি। আমি সেখানে তিনদিন থাকলেও বাহামাস ডেলীগেশানের কোনো জবাব আমি পাই না। বাহামাসে আমাদের কোনো দূতাবাস ছিল না, ওয়াশিংটনে উপস্থিত আমাদের রাষ্ট্রদূত প্রদীপ কল বাহামাসের দূতাবাসের সাথে যোগাযোগ করে সেখানকার প্রধানমন্ত্রীর সাথে একটা মিটিং-এর ব্যবস্থা করিয়ে দেয়। কিন্তু তাতেও বিশেষ কোনো লাভ হয়না, বুঝতে পেরে গেছিলাম যে, বাহামাসের রাজনৈতিকবিদ্দের ধরা খুবই সমস্যা জনক। সেখানে তিন দিন থেকে আমি নিউইয়ার্কে চলে আসি। তখন আমাদের রাষ্ট্রদূত আমাকে জানায় যে, হোলিম্যান চন্দ্রাস্বামী আমার সাথে কথা বলতে চান। আমি ওয়াশিংটনে আছি, সেই কথা উনি কিভাবে জানলেন, তা আমি জানি না। কানে ফোন নিতেই আমি অবাক হয়ে যাই, 'কুমার সাহেব! পিন্ডলিঙ্গ আপনার সাথে দেখা করছে না?'

আমি জিজ্ঞাসা করে বসি, 'কিন্তু আপনি তা জানলেন কি করে?'

উনি আমার প্রশ্নের কোনো উত্তর না দিয়ে বলেন, 'আমি আপনার সাক্ষাতের ব্যবস্থা করে দিয়েছি, কাল উনি আপনার সাথে দেখা করবেন।'

যেখানে রাজনীতিবিদ্রা অসফল, সেখানে স্বামীজি সফল হয়েছিলেন।

পরের দিন আমি শ্যার লিন্ডনের সাথে দেখা করি। বেঁটেখাটো শ্যামলা রঙের ব্যক্তি, আমাকে দেখে হাসেন। ওনার সাথে কথা বলে আমি বুঝতে পারি যে, ব্যবস্থাপনা করার জন্য উনি ব্রিটিশদের কাছ থেকে সাহায্য পাচ্ছেন। নাসাউতে দুই দিন থেকে আমি বুঝতে পারি যে, সেখানে রাজনীতির থেকে মাজাকেই বেশি প্রাধান্য দেওয়া হয়। নাসাউতে ফন এন্ড ফ্রলিকের বোলবোলাও ছিল, আর সেই দিকেই সম্পূর্ণ ধ্যান দেওয়া হতো।

1985 সালের অক্টোবর মাসে আমরা নাসাউর উদ্দেশ্যে রওনা দিই। রাজীব গান্ধী খানিকক্ষণ লন্ডনে ছিলেন, সেখানে 10 ডাউনিঙ্গ স্ট্রীটে তিনি মার্গরেট থেচারের সাথে দেখা করতে গেছিলেন। সাউথ আফ্রিকার বর্ণ বিদ্বেষ নীতি নিয়ে আলোচনা করা ছিল এই সাক্ষাতের প্রধান উদ্দেশ্য। ব্রিটেনের প্রধান মন্ত্রী এই বর্ণ বিদ্বেষ নীতির ব্যাপারে খুবই অসন্তুষ্ট ছিলেন। ব্রিটিশ নীতিই হল, কিভাবে সাপও মরবে আর লাঠিও ভাঙবে না তা দেখা। সার্বজনিক ভাবে এই বিষয়ের সমালোচনা করত কিন্তু গোপনে আফ্রিকার সাথে সম্পর্কও বজায় রেখে চলত। বর্ণ বিদ্বেষ নীতি এতই লজ্জাজনক যে, আমরা 1959 সালেই কেপ টাউনের সাথে সমস্ত রকম সম্পর্ক ছেদ করে দিয়েছিলাম। পরের শীর্ষ সম্মেলনে যাতে সাউথ আফ্রিকার বিষয়ে একটা রিপোর্ট পেশ করা যায়, সেই কারণে রাজীব বিশিষ্ট কিছু লোকদের নিয়ে একটা দল গঠন করেছিলেন।

পর্যটকদের জন্য নাসাউ ছিল স্বর্গ। সেখানকার জলবায়ু, বালি, সূর্য, সমুদ্র সব মিলিয়ে এমন একটা ছটা বেরাত যে, ছুটি কাটানোর জন্য তার চেয়ে ভালো জায়গা আর কিছু হতেই

পারে না। সেখানে কোনো বন্ধন ছিল না, আর ভোগ-বিলাস ও যৌন সম্পর্ক গঠনের ব্যাপারেও খোলা ছাড় ছিল।

নাসাউ কনফারেন্সের প্রথম দিনই মার্গরেট থেচারের পরেই রাজীবের বক্তব্য রাখার কথা ছিল। এটা কোনো সহজ কাজ ছিলনা, কারণ মার্গারেট থেচার খুবই উন্নত মানের বক্তৃতা দিতেন। আমি রাজীবের ঠিক পিছনে বসেছিলাম। উনি যখন লিখিত পৃষ্ঠাটা দূরে সরিয়ে রাখেন, তখন আমি শঙ্কিত হয়ে পড়ি। কিন্তু উনি এত সুন্দর ওনার বক্তব্য রেখেছিলেন যে, বহু রাষ্ট্রাধক্ষ্য এসে তাঁকে অভিনন্দন জ্ঞাপন করেছিলেন। এমন ঘটনা খুবই কম ঘটে। কিন্তু জুন মাসে ইউ.এস. কংগ্রেসের সামনে উনি যে ভাষণ দিয়েছিলেন, তার সামনে এটা তো কিছুই ছিল না। উনি শ্রতাদের মন্ত্র মুগ্ধ করে দিয়েছিলেন, সেখানে উপস্থিত ছিলেন, সীনেটর্স ও বেশ কিছু উচ্চ পদস্থ ব্যবসায়ি, এমন সুযোগ খুব কমই আসে। কিন্তু রাজীব সেটাকে স্মরণীয় মুহূর্ত করে তুলেছিলেন।

1985 সালে রাজীব ভারতের প্রধানমন্ত্রী ছিলেন না, তিনি ছিলেন কংগ্রেসের প্রেসিডেন্ট। সেই বছরের ডিসেম্বরে তাঁর জনপ্রিয়তা ছিল চূড়ান্ত। রাজীবের মতে কংগ্রেসকে পুর্নজীবন দান করে তাকে নতুন করে তোলা ছিল খুবই জরুরি, এই কথাই মহাত্মা গান্ধী বহু বছর আগে বলে গেছিলেন। সেই বছর কংগ্রেসের অধিবেশন হয়েছিল মুম্বাইতে।

কংগ্রেস পার্টি হল বিশ্বের একটি প্রাচীন গণতান্ত্রিক পার্টি। 1885 সালের 29 শে ডিসেম্বর এ. ও. হিউম এই পার্টি গঠন করেছিলেন। মহাত্মা গান্ধীর সময় থেকে ভারতে এই পার্টির সংগঠন ধীরে ধীরে বিস্তার লাভ করতে শুরু করে। 1920 সাল থেকে মহাত্মা গান্ধী এই পার্টির সাহায্যে এক আন্দোলনের রূপ দান করেছিলেন। তিনি পুরায় পার্টির সংবিধান তৈরি করেন, একটি ওয়ার্কিং কমেটি এবং অল ইন্ডিয়া কংগ্রেস কমিটি গঠন করেন এবং সেই সাথে কোনো রকম রক্তপাত ছাড়াই রাজনৈতিক বিপ্লব এনে দিয়েছিলেন। উনি সকলকে মাথা উঁচু করে এগিয়ে যাওয়ার আহ্বান জানিয়েছিলেন। স্বাধীনতা আন্দোলনের সময় তাঁর আহ্বানে ভারতের প্রায় চার কোটি মানুষ ছুটে গেছিল। সবচেয়ে বড় কথা ছিল সাধারণ লোকেদের সচেতন করে তোলা।

এই শতাব্দীর সেশান মুম্বাইয়ের ব্রওয়ান স্টেডিয়ামে হওয়ার কথা ছিল। সেখানে সুরক্ষার ব্যবস্থাও ছিল বেশ কড়া। মুখ্য দ্বারে পুলিশ ও কংগ্রেস নেতাদের মধ্যে ধাক্কাধাক্কি শুরু হয়েছিল। সুনীল দত্তের সাহায্যে আমি ভেতরে ঢুকতে পাই। এই উৎসবে আগত বিদেশীদের দেখাশোনা করার দায়িত্ব ছিল আমাদেরই ওপর। এই অধিবেশনের মুখ্য অতিথি ছিলেন খান আব্দুল গফ্ফর খান।

রাজীব যখন নিজের বক্তব্য পেশ করতে যাচ্ছিলেন, তখন লোকেরা দাঁড়িয়ে তাঁকে অভিবাদন জানিয়েছিল। এই মুর্হূত ছিল খুবই আবেগ ঘন। তাঁর দাদু,মা সকলেই কংগ্রেসের প্রেসিডেন্ট ছিলেন। তাঁর বক্তব্য থেকে তাঁর আদর্শের পরিচয় পাওয়া যাচ্ছিল। তিনি কংগ্রসের

কিছু হারিয়ে যাওয়া নীতির কথা বলেছিলেন, যা এখন পর্যন্ত হারিয়েই আছে। তিনি সত্তার দালালদের কথাই বলতে চেয়েছিলেন, যাদের চিন্তাভাবনা ছিল পুরাতন এবং যাদের সেই অর্থে কোনো 'ভিজন' ছিল না। তাদের কাছে নৈতিকতার থেকে টাকার কদর ছিল বেশি।

রাজীবের ভাষণের প্রভাব ছিল খুবই গভীর। তাঁর বক্তব্য ছিল একেবারে নতুন, তা খুব ভালো করে লেখাও হয়েছিল। তিনি ঐতিহ্যের পথে না হেঁটে নতুন কিছু কাজ করার কথা ভেবেছিলেন। তিনি কংগ্রেস ও সম্পূর্ণ দেশকে একবিংশ শতাব্দীর উপযুক্ত করে গড়ে তুলতে চাইছিলেন।

মুম্বাই থেকে ফেরার পর আমাদের উৎসাহও ছিল প্রবল। কিন্তু কংগ্রেসের প্রবীণ নেতাদের তাঁর বক্তব্য ভালো লাগেনি। আসলে সত্তার দালাল বলতে তিনি তাদেরই বোঝাতে চেয়েছিলেন। তারা যেকোনো উপায়ে রাজীবকে পরাস্ত করতে চাইছিল। রাজীবের সামনে তাঁর প্রশংসা করলেও পিছন দিক দিয়ে ছুঁড়ি মারার কথাই ভাবতেন তারা। সেই সময় উৎসাহে ভরপুর কিছু প্রখর বুদ্ধি সম্পন্ন নেতাই রাজীবের মার্গ দর্শন করাত। আসলে তাঁর অভিজ্ঞতা ছিল কম। তাই যখন তাঁর সামনে জটিল পরিস্থিতির সৃষ্টি হয়, তখন তারা তাঁকে বাঁচাতে সক্ষম হয় না। কংগ্রেসের ইতিহাস ও স্বাধীনতা আন্দোলন সম্পর্কে তাদের তেমন গভীর জ্ঞান ছিল না। তাঁর পরামর্শ দাতারা তাঁকে পরিবর্তনের পরামর্শ দিলেও সতর্কতা ও সচেতনতার বার্তা প্রদান করেনি, আসলে প্রত্যেক পরিবর্তনের জন্যও যে পরিবর্তনের প্রয়োজন তা বোধ হয় তারা ভুলেই গেছিল। রাজীবের ভাষণ প্রভাবশালী হলেও লোকেরা তাঁকে ভুলতে শুরু করেছিল।

1986 সালের অক্টোবরে প্রধানমন্ত্রী আমাকে বিদেশ মন্ত্রালয়ে (মিনিস্ট্রী অফ এস্কটর্নল এফেয়ার্স) পাঠিয়ে দেন। এর ঠিক একমাস আগে 1986 সালের 1 লা সেপ্টেম্বর রাজীব অষ্টম ন্যাম শীর্ষ সম্মেলনে যোগদান করার জন্য জিম্বাবোয়েতে গেছিলেন। আমি ওনার সাথেই ছিলাম। সেই সময় উনিই ছিলেন এই সম্মেলনের চেয়ারম্যান, দুপুরের পর তা জিম্বাবোয়ের প্রধানমন্ত্রীকে অর্পণের কথা ছিল। সকাল থেকে পী.এল.ও-এর চেয়ারম্যান ইরাণের ওপর কটাক্ষ বর্ষণ করছিল। দুপুরের খাওয়ার সময় আমি জানতে পারি যে, ইরাণী ডেলিগেশানের নেতা অয়াতুল্লাহ খুম্যানী নিজের প্রত্যুত্তর দেওয়ার অপেক্ষায় আছেন। আমি রাজীবকে বলি যে, এমন ঘটনা ঘটলে এই সম্মেলনে ঝগড়ার সৃষ্টি হতে পারে। আমি তাঁকে অয়াতুল্লাহের সাথে কথা বলতে বলি। আমি আয়তুল্লাহকে বলি যে, ভারতের প্রধানমন্ত্রী আপনার সুবিধা মতন আপনার সাথে একটু কথা বলতে চান। তিনি শীঘ্রই প্রস্তুত হয়ে যান। আমি আর রাজীব ওনার সাথে কথা বলতে গেছিলাম। রাজীব তাঁকে বলেছিলেন যে, তিনি তাঁর সাথে প্রধানমন্ত্রী হিসাবে নন বরং ইরাণের বন্ধু ও শুভাকাঙ্ক্ষী হিসাবে কথা বলতে চান। দুই দেশের মধ্যে বহু যুগ ধরেই একটা সম্পর্ক বিরাজ মান ছিল, রাজীব তাঁকে বলেন

'আমি আপনার কাছে একটা দয়া চাইতে এসেছি।'

অয়াতুল্লাহ বলেন যে, 'আপনি আমাকে বলুন যে, আপনি আমার থেকে কি চান, আমি অবশ্যই তা করব।'

রাজীব বলেন, 'আমি শুনেছি যে, আপনি অরাফাতকে জবাব দেওয়ার জন্য নিজের অধিকারের ব্যবহার করতে চান।'

অয়াতুল্লাহ তাঁকে জিজ্ঞাসা করেছিলেন যে, ভারতীয় প্রধান মন্ত্রী তাঁকে দিয়ে কি করাতে চান। তখন রাজীব তাঁকে তাঁর অধিকার ব্যবহার না করার অনুরোধ করেন। প্রায় পনেরো সেকেণ্ড বাদে আয়তুল্লাহ জবাব দেন যে, 'যদি ভারতীয় প্রধানমন্ত্রী একজন বন্ধু হিসাবে আমার কাছ থেকে এমন কিছু চান তাহলে আমি তেমনটাই করব।' এটা ছিল রাজনৈতিক পরামর্শের ব্যাপারে রাজীবের এক বিরাট জয়।

রাজীব গান্ধী ভারত ও সোভিয়েতের সম্পর্ককে নতুন দিগন্তে নিয়ে গেছিলেন। 1985 সালের মার্চ মাসে তিনি গোর্ভাচবের সাথে একটি সংক্ষিপ্ত বৈঠকে লিপ্ত হয়েছিলেন (আগেও এই কথা বলা হয়েছে)। দুই মাস পরে রাজীব আর সোনিয়া এক সপ্তাহের জন্য সোভিয়েত ইউনিয়ানে গেছিলেন। সেখানে তাঁরা বেশ কিছু জায়গা ঘুরে দেখেছিলেন, এবং ভারতের সাথে সোভিয়েতের সম্পর্ক নিয়েও রাজীব এবং গোর্ভাচেভের মধ্যে যথেষ্ট কথাবার্তা হয়েছিল। তাঁদের মধ্যে রাজনৈতিক, আর্থিক, সাংস্কৃতিক এবং সৈন্য সহযোগিতা নিয়েও খোলাখুলি আলোচনা হয়েছিল, সেই সাথে আধুনিকীকরণের ক্ষেত্রে যে সমস্যা দেখা দিচ্ছিল তা নিয়েও আলোচনা হয়। ভারতে কিভাবে সংযুক্ত শিল্পের পরিকাঠামো গড়ে তোলা যায় তা নিয়েও আলোচনা হয়েছিল। পরমাণু বিদ্যার বিকাশ ও তা পরীক্ষা করে দেখার ব্যাপারে ভারত, আর্জেন্টিনা, গ্রীস, ম্যাক্সিকো, তঞ্জানিয়া ও সিডনি যে বিরোধীতা জানিয়েছিল গোর্ভাচেব আগে থেকেই সেই মত স্বীকার করেছিলেন। এশিয়ায় সৃষ্ট সমস্যার ব্যাপারেও তাঁরা বিভিন্ন মতামত জানিয়েছিলেন কারণ এর সাথে দুই দেশেরই স্বার্থ জরিয়ে ছিল। পশ্চিমী এশিয়ার সংঘর্ষের ব্যাপারেও তাঁরা বিচার-বিবেচনা করেছিলেন, এছাড়া 'নন এলাইন্ড' দেশগুলির ভূমিকা সম্পর্কেও তাঁদের মতামত প্রায় একই ছিল।

রাজীবের কার্যের ব্যাপারে গোর্ভাচেভ নিজের ব্যক্তিগত আগ্রহের প্রদর্শন করেছিলেন, সেই সাথে যুক্তিও দেন। আসলে দুজনেই ছিলেন আধুনিক বিচার সম্পন্ন নেতা - তাঁরা নতুন কিছু করতে চেয়েছিলেন, ভবিষ্যতের নেতা ও নতুন বিচার ধারাকে স্বাগত জানিয়েছিলেন তাঁরা। এই সময় ভারত ও সোভিয়েত ইউনিয়ান আধুনিকতা, পূর্ণনবীকরণ এবং মূলভুত সমস্যার সমাধানের জন্য জুঝ ছিল। তাঁরা দুইজনেই মুক্ত কণ্ঠে ঘোষণা করেছিলেন যে, যে দেশ বা রাজা জনগণের স্বাধীনতা হনন করতে চায় তাঁরা তার বিরুদ্ধে এবং কোনো রকম সম্রাজ্যবাদ, উপনিবেশবাদ, নয়া-উপনিবেশবাদ বা একনায়কতন্ত্রের বিরোধীতা করছেন তাঁরা।

সোভিয়েত রাশিয়ার কমিউনিস্ট পার্টীর জেনারল সেক্রেটারী হওয়ার কিছু দিনের মধ্যেই গোর্ভাচেভ সোভিয়েত ইউনিয়ানের শেষ বিশ্বের সাথে সম্পর্ক নির্ধারণের মূলভূত

সিদ্ধান্তকে তিলাঞ্জলি দিয়ে দিয়েছিলেন। তিনি সম্পূর্ণ সোভিয়েত সিস্টেমকে সম্পূর্ণ রূপে বদলে দিতে চেয়েছিলেন, কারণ বিগত কয়েক বছর ধরে তার গতি স্তব্ধ হয়ে গেছিল। তিনি সম্পূর্ণ রুশি সমাজে পরিবর্তন এনে সামাজিক ও অর্থনৈতিক ক্ষেত্রের পরিবর্তন ঘটাতে চেয়েছিলেন। তিনি তাঁর দেশকে গণতান্ত্রিক দেশ রূপে প্রতিষ্ঠিত করতে চেয়েছিলেন। এই পরিবর্তনকে পেরেস্ট্রাইকা নাম দেওয়া হয়েছিল। আথির্ক বিকাশের জন্য তিনি যে নীতি নির্ধারণ করেছিলেন তা গ্লাসনোস্ট নামে পরিচিত ছিল। গোর্ভাচবের আনা বিপ্লবদের দিকে সারা বিশ্বের নজর ছিল। কিন্তু তিনি প্রাথমিকতা নির্ধারণের ব্যাপারে কিছু ভুল ভ্রান্তি করে ফেলেছিলেন। উনি 'গ্লাসনোস্টের' আগে 'পেরেস্ট্রাইকা' শুরু করে দিয়েছিলেন। চৈনিকরা এই ব্যাপারে যথার্থতা অবলম্বন করতে সক্ষম হয়েছিল। তিনি যদি ক্রম ঠিক রাখতে পারতেন তাহলে আগে গ্লাসনোস্ট চালু করে তার পরে পেরেস্ট্রাইকা শুরু করতেন।

ফিরে এসে রাজীব কিছু মন্ত্রীকে এই ব্যাপারে সংক্ষেপে জানিয়েছিলেন, গোর্ভাচেভ তাঁকে যথেষ্ট প্রভাবিত করতে সক্ষম হয়েছিলেন। কিন্তু পরিবর্তনের যে ঝড় গোর্ভাচেব সোভিয়েতে আনতে চেয়েছিলেন তাতে বহু লোক তাঁর বিরোধীতা করতে শুরু করেছিল - বিশেষ করে পুরানো সেন্ট্রাল কমিটির সদস্য এবং পলিট বিউর বেশি বিরোধীতা করছিল। কিন্তু রাজীব বিশ্বাস করতেন যে, গোর্ভাচেভ এই প্রতিবন্ধকতা কাটিয়ে অবশ্যই নতুন ভোর দেখাতে সক্ষম হবেন।

1986 সালে গোর্ভাচেবের ভারতে আসার কথা ছিল। ব্যাঙ্গালোরে সার্ক সম্মেলন শেষ হওয়ার পর এই নিয়ে আয়োজনের শুরু হয়। 1986 সালের 25 শে নভেম্বর তিনি যখন তাঁর স্ত্রীকে নিয়ে ভারতে এসেছিলেন তখন তাদের উষ্ণ অভ্যর্থনা জানানো হয়েছিল। তা দেখে আমার 1955 সালে খুশচেব ও বুলগার্নিগের আগমনের কথা মনে পড়ে গেছিল। রাজীবের সাথে রাষ্ট্রপতি ভবনে গোর্ভাচেবের একান্তে কথাবার্তা হয়েছিল। ভারতের পক্ষ থেকে সেখানে আর কেউ উপস্থিত ছিল না। শুধুমাত্র নোটসের জন্য সোভিয়েত দোভাষিকে ওখানে রাখা হয়েছিল। গোর্ভাচবের আগমন সম্পর্কিত প্রস্তুতির সময়ে পী.এম. এস্কর আমাকে বারংবার বলেছিলেন যে, এই সময়ে যা যা ঘটবে তার প্রতিটা বিষয় নোট করে রাখতে, কারণ সোভিয়েতের লোকেরা এঁদের দুজনের মিটিং-এর প্রতিটা কথা জানতে চায়। গোর্ভাচভের এই যাত্রার মূল উদ্দেশ্য ছিল 'দিলে ডিক্লেরেশান'-এর ওপর স্বাক্ষর হয়ে যাওয়া, আসলে এটা ছিল দুই নতুন নেতার 'নতুন দৃষ্টিভঙ্গী'-র প্রতিফলন। 1986 সালের 27 শে নভেম্বর তা লাগু হয়। সঙ্গে সঙ্গে এর জোরদার প্রভাব দেখা গেছিল। এই ডেক্লেরেশানে বলা হয়েছিল

'এই পারমানবিক যুগে মানবতার একটি নতুন রাজনৈতিক চিন্তা বিকশিত করাটা খুবই জরুরি কারণ এই বিশ্ব একটা নতুন ধারণা চাইছে, যাতে মানবতাকে জীবিত রাখার জন্য একটা মজবুত গ্যারান্টি নিহিত আছে।

বংশানুক্রমিক রূপে আমরা যে বিশ্ব লাভ করেছি, তা বর্তমান ও ভবিষ্যৎ প্রজন্মের লোকেরা সমান ভাবে পাচ্ছে বা পাবে। তাই বৈশ্বিক মানব মূল্যকে গুরুত্ব প্রদান করাটা আমাদের কাছে খুবই জরুরি।

মানব জীবনের চরম মহত্বকে স্বীকার করাটা খুবই জরুরি। মানব জীবনকে টিকিয়ে রাখার জন্য সর্বাপেক্ষা জরুরি নীতি হল অহিংসা। পৃথিবীর ভারসাম্য বজায় রাখার জন্য অন্তর্রাষ্ট্রিয় সুরক্ষা ব্যবস্থা কায়েম রাখাটা খুবই জরুরি।

এই রকম একটা অহিংসার বার্তা যুক্ত কাগজে সোভিয়েতের নেতার স্বাক্ষর এটা প্রমাণ করে দিচ্ছিল যে, সত্যিই সোভিয়েত ইউনিয়ান স্টানিজ যুগ থেকে অনেকটা দূরে চলে গেছিল। দুটি দেশই একটি ইন্টারনেশানাল কনভেন্‌শনের পরামর্শ দিয়েছিল, যাতে করে পারমানবিক অস্ত্রের প্রয়োগ বা তার হুমকি প্রদানের ব্যাপারে বাধা নিষেধ আরোপিত হচ্ছিল। এটা খুবই অদ্ভুত ও অভুতপূর্ব বিষয় ছিল। দুটি দেশের অধিকারিকদেরই এই ডিকলেরেশান তৈরির ব্যাপারে কয়েক ঘন্টা সময় লেগেছিল, তাতে আমিও ছিলাম। সোভিয়েতের কার্যকলাপের ক্ষেত্রে কত রকম পরিবর্তন এসে গেছিল তা আমি নিজেই অনুধাবন করতে পাচ্ছিলাম। তারা তখন আর টিয়া পাখির মতো মানুষের শেখানো বুলি আওরাত না। অর্থাৎ বোঝাই যাচ্ছিল যে পেরেস্ট্রৈইকার প্রভাব শুরু হয়ে গেছিল।

গোর্ভাচেভের স্ত্রী রাইসা মাকসিমোভ্‌না সোনিয়ার সাথে ঘন্টার পর ঘন্টা সময় কাটাতেন। কিন্তু রাজীব ও সোনিয়া তাঁর খুব কাছের হয়ে উঠতে পারেননি, কারণ তাঁকে খুশি করা ছিল প্রায় অসম্ভব ও তিনি ছিলেন অহংকারি প্রকৃতির মানুষ। আমি নিজের পোশাকের ব্যাপারে খুবই সতর্ক থাকতাম।

1988 সালে গোর্ভাচেব আর একবার ভারতে এসেছিলেন। ইন্ডো সোভিয়েত ফেস্টিবলের ক্লোজিং সেরিমনিতে অংশ গ্রহণের জন্য, তা এক বছর আগে শুরু হয়েছিল। এটা ছিল একেবারেই বন্ধুত্বপূর্ণ পরিবেশ। তাঁদের দুজনের পোশাক ও শরীরের ভাষাই বলে দিচ্ছিল যে তাঁরা একে অপরের কতটা কাছের। ব্যক্তিগত দিক থেকেও তাঁদের মধ্যে বন্ধুত্ব গড়ে উঠেছিল। গোর্ভাচেব তাঁদের দেশে সংগঠিত পরিবর্তন সম্পর্কে প্রধানমন্ত্রীকে অনেক কথা বলেছিলেন। তিনি রাষ্ট্রের বিভাজন সংক্রান্ত বিরোধের ব্যাপার নিয়ে উদ্বেগ প্রকাশ করেছিলেন। রাজীব নিজেও শিখদের আক্রমণের কথা জানিয়েছিলেন। গোর্ভাচেব দেশে ফিরে রাজীবকে একটা লম্বা চিঠি লিখেছিলেন, তাঁর দেশ ক্রমশ আক্রমণাত্মক হয়ে উঠছিল, সেই বিষয়ে সমাধানের পরামর্শ চেয়েছিলেন তিনি। রাজীব গান্ধী জবাবে একটা তিরিশ পৃষ্ঠার চিঠি লিখে সেই ব্যাপারে নিজের মতামত জানিয়েছিলেন।

1991 সালের ফেব্রুয়ারীতে রাজীব ও সোনিয়া পুনরায় সোভিয়েত উইনিয়ানে যাত্রা করেছিলেন। ততদিনে রাজীব প্রধানমন্ত্রী পদ থেকে সরে গেছিলেন এবং তাঁর স্থানে চন্দ্রশেখরকে প্রধানমন্ত্রীর আসনে বসানো হয়েছিল। সঠিক পন্থায় এই যাত্রার আয়োজন

করা হলেও রাজীব এই ব্যাপারে চন্দ্রশেখরকে পর্যন্ত কিছু জানাতে চাননি। রাজীব সোনিয়া ছাড়া রমেশ ভান্ডারী, মণিশঙ্কর আয়ার এবং একজন উদীয়মান সাংবাদিক রাজীব শুক্লাও ছিলেন। আমরা যখন মস্কোতে পৌঁছেছিলাম তখন সেখানকার কোনো বরিষ্ঠ সোভিয়েত অধিকারী আমাদের স্বাগত জানাতে আসেনি।

আমরা ক্রেমলিনের পাশে অবস্থিত দুটি গেস্ট হাউসে গিয়ে উঠি। রাজীব গোর্ভাচবের সাথে দেখা করার ইচ্ছা প্রকাশ করেন। গোর্ভাচেব তিনবার দেখা করতে আসেন, কিন্তু তাঁদের দুইজনের মধ্যে সে রকম কোনো বিশেষ বিষয় নিয়ে আলোচনা হয়নি। সন্ধ্যার সময় উনি রাজীব সোনিয়া সহ দলের সকলকেই বোলশোই থিয়েটারে একটি বিশেষ প্রদর্শন দেখার জন্য আমন্ত্রণ জানান। যে নেতা ভারত-সোভিয়েতের মিত্রতা স্থাপনের ব্যাপারে এতটা দৃঢ়তা প্রদর্শন করেছিলেন, যিনি রাজীবকে নিজের খুব কাছের লোক বলে মনে করতেন তিনি ফেব্রুয়ারিতে রাজীবের এই যাত্রার সময় বেশ খানিকটা উদাসীনতাই দেখিয়েছিলেন। পরের দিন সকালে আমরা তেহরানের উদ্দেশ্যে রওনা দিই, সেখানে রাজীবকে স্বাগত জানানোর জন্য প্রেসিডেন্ট রফ্‌সগানী নিজে উপস্থিত ছিলেন। তিনি রাজীবকে জানিয়েছিলেন যে, গোর্ভাচেভ নিজে জানিয়েছিলেন যে রাজীব আসছেন। ভারতের বর্তমান উপরাষ্ট্রপতি হামিস আন্সারী সেই সময় ইরাণের রাজদূত ছিলেন। তিনিই আমাদের সুখ সুবিধার সম্পূর্ণ খেয়াল রেখেছিলেন। আর ভারত-ইরাণ সম্পর্কের ব্যাপারে সঠিক বিশ্লেষণ প্রস্তুত করেছিলেন। কিন্তু রাজীবের নিধনের পরে গোর্বাচেভ অত্যন্ত ভাবুকতার সাথে লিখেছিলেন

শেষবার রাজীব যখন আমার সাথে দেখা করতে এসেছিলেন তখন তিনি ভারতের প্রধানমন্ত্রী ছিলেন না, তখন তিনি ছিলেন বিপক্ষ দলের নেতা। তাঁর মনের অবস্থা আমি বুঝতে পারছিলাম। আমি এবং আমার স্ত্রী সেই সময় তাঁকে সহানুভূতি এবং সাহারা দিতে চেয়েছিলাম। কিন্তু তাঁর সাথে দেখা করার পর আমি বুঝতে পেরেছিলাম যে, রাজীব নিজের ভুল গুলি বুঝতে পেরেছেন, তিনি নিজের এবং তাঁর দলের ভুল গুলি নিয়ে মুক্ত কণ্ঠে আলোচনা করেছিলেন - তিনি একজন পোক্তো নেতার মতনই সমস্ত ঠিক ও ভুল গুলির বিচার করতে পেরেছিলেন, তিনি যে অভিজ্ঞতা সম্পন্ন হয়ে উঠেছিলেন তাতে কোনো সন্দেহই ছিল না। পরবর্তি নির্বাচনে তাঁর সফলতার কথা আমি জানতে পেরেছিলাম, যা শুনে আমার খুবই ভালো লেগেছিল। কিন্তু আমার এই ভারতীয় মিত্রর অসময়ে

এই দুঃখ জনক নিধনের কথা শুনে আমি খুবই আহত হয়েছি।

মিখাইন গোর্ভাচেব 'মামোইর্স' নিউইয়ার্ক ডবল ডে 1996।

অধ্যায় - ১৬

শ্রীলঙ্কার দুঃখজনক ঘটনা

1986 সালের নভেম্বর মাসে ব্যাঙ্গালোরে সার্ক শীর্ষ সম্মেলন সংগঠিত হয়েছিল।

এই সম্মেলনে সর্বাধিক গুরুত্বপূর্ণ নেতা ছিলেন রাজীব গান্ধী এবং শ্রীলঙ্কার প্রেসিডেন্ট জে. আর. জয়বর্দ্ধনে। এই সম্মেলনের একটা অলিখিত নিয়ম হল এতে কোনো রকম দ্বিপক্ষীয় বিষয়ের উত্থাপন করা যায় না। অনুষ্ঠানের শুরুতে সমস্ত রাষ্ট্রাধ্যক্ষ বক্তৃতা দেন, আর কোনো রকম বিবাদ দেখা যায়নি। আমরা জয়বর্দ্ধনের ভাষণের একটি প্রতিলিপি আগে থেকেই পেয়ে গেছিলাম, যার ফলে শ্রীলঙ্কার নীতি নিয়ে আমরা কঠোর সমালোচনা করারও সুযোগ পাই। আমরা নিজেদের শঙ্কার কথা তাঁকে জানাই, তিনি আমাদের ভরসা দিয়েছিলেন যে, তিনি ভাষণের সময় কোনো রকম আপত্তি জনক বিষয়ের উত্তাপন করবেন না।

মঞ্চে উঠে প্রেসিডেন্ট জয়বর্দ্ধনে বলেন যে, গান্ধী ও নেহেরুর দেশ তাঁকে এতটাই হৃদয়স্পর্শী অভ্যর্থনা জানিয়েছে যে, তা তিনি সারা জীবন মনে রাখবেন। তারপর উনি বলতে শুরু করেন যে, ভারত শ্রীলঙ্কার তামিল আতঙ্ক বাদীদের সাহারা দিয়েছিল এবং নেহেরু ও চাউ-এন-লাইয়ের মধ্যে যে পঞ্চশীল বোঝাপড়া হয়েছিল সেই অনুসারে কোনো দেশ অন্য কোনো দেশের অভ্যন্তরীণ বিষয়ে মাথা ঘামাতে পারবে না। রাজীব বহু বিবেচনা করে এই কথার কোনো উত্তর দেননি। প্রথম দিনের সম্মেলন শেষ হওয়ার পর তিনি আমাকে ও পী চিদাম্বরমকে নির্দেশ দিয়েছিলেন যে, আমরা যেন তামিলনাড়ুর মুখ্যমন্ত্রী এম. জী. রামচন্দ্রের সাথে যোগাযোগ করি, তিনি ভেলুপিল্লাই প্রভাকরণ, লিবরেশন টাইগর্স অফ তামিল ঐলামের সংস্থাপক ও নেতাকে সঙ্গে নিয়ে আসেন। এম.জী. রামচন্দ্রনের ইংরেজী ভাষায় কিছু সমস্যা ছিল তাই তিনি তাঁর দোভাষি বন্ধুকে সঙ্গে নিয়ে এসেছিলেন। তাঁর নামও ছিল প্রভাকরণ। বেল্লু প্রভাকরণও ইংরেজী বলতে পারতেন না তাই তিনিও এন্টোন বালা সিঘম্ নামের একজন দোভাষিকে সঙ্গে নিয়ে এসেছিলেন। তিনি ছিলেন একজন পাকা কমিউনিস্ট। তিনি ছিলেন এমন একজন মানুষ যার ওপর না ভরসা করা যাচ্ছিল, আর তাকে অগ্রাহ্যও করা যাচ্ছিল না।

প্রভাকরণকে প্রথমে দেখেই আমার খুব একটা ভালো লাগেনি। তিনি ছিলেন বেঁটেখাটো জেদি ও একরোখা প্রকৃতির মানুষ। তিনি সর্বদা ঐলামের নিয়ম মেনে চলতেন আর তা

ছাড়ার কথা ভাবতে পর্যন্ত পারতেন না। আমি জানতে চেয়েছিলাম যে উনি ভারতে অবস্থিত শ্রীলঙ্কার তামিলদের চাহিদার ব্যাপারে ঠিক মতন জানেন কিনা। আমাদের প্রধানমন্ত্রী প্রেসিডেন্ট জয়বর্ধনেকে তামিলদের অভিযোগের কথা জানিয়ে দিয়েছিলেন। তিনি বুঝিয়ে দিয়েছিলেন যে, ভারত ঐলামদের বিরুদ্ধে এবং লঙ্কার পক্ষে আছে।

প্রভাকরণের সাথে কথা বলা ছিল খুবই বিরক্তিকর কাজ। আমি তাঁকে বোঝানোর চেষ্টা করি যে, কোনো একটা সময়ে তাঁকে কোনো একটা সময়ে ভারত ও শ্রীলঙ্কার সংগঠিত শক্তির বিরোধীতা করতে হতে পারে। কিন্তু তাঁকে বোঝানো ছিল অসম্ভব। আমার এই প্রচ্ছন্ন ধমকীর বদলে তিনি আমাকে বলেছিলেন যে, 'আমার জীবন চলে গেলেও আমি, আমি ঐলান কখন ছাড়তে পারব না।' সত্যি বলতে কি কথার মধ্যে যতই দৃঢ়তা থাকুক না কেন আমার তাঁকে মানসিক দিক দিয়ে খুব বেশি দৃঢ় বলে মনে হচ্ছিল না। যদিও ব্যাঙ্গালোর প্রভাকরণকে লুকিয়েই রেখেছিল, কিন্তু প্রেসিডেন্ট জয়বর্দ্ধন তা কিভাবে জেনে গেছিলেন তা বলতে পারব না। উনি ধমকীর সুরে বলেছিলেন যে, 'রাজীব ওকে আমাকে দিয়ে দাও! আমি ওকে জাফতাতে ফাঁসি দিতে চাই, যেখানকার তামিল মেজরকে ও খুন করেছিল।'

আমাদের প্রধানমন্ত্রীর সাথে জয়বর্দ্ধনের অনেক গুলি মিটিং হয়েছিল। রাজীব যে কেনো লঙ্কার এই সমস্যার শীঘ্র সমাধান চাইছিলেন তা জানিনা। পাঞ্জাব ও আসামের সমস্যা শক্ত হাতে সমাধান করার পর হয় তো তাঁর আত্ম বিশ্বাস কিছুটা বৃদ্ধি পেয়েছিল। কিন্তু রাজীব শ্রীলঙ্কার এই সমস্যা সম্পর্কে সম্পূর্ণ রূপে ওয়াকিবহাল ছিলেন না। আমার মনে হয় যে কোনো রাষ্ট্রপতির বা প্রধানমন্ত্রীর সন্ধি-বার্তা নিয়ে কথা বলাই উচিত না, কারণ না তো তাঁরা তা বোঝেন আর তাঁদের তা বোঝার মতো যোগ্যতাও থাকে না। সময়ের সাথে সাথে জয়বর্দ্ধনে রাজীবের ওপর চেপে বসছিল।

এই সম্মেলনের পর আমি এবং রাজ্যমন্ত্রী চিদম্বরম বেশ কয়েকমাস ধরে শ্রীলঙ্কায় যাতায়াত করতে থাকি। যাওয়ার সময় আমরা এম. জী. চন্দনের সাথে অবশ্যই দেখা করতাম। রামচন্দন ছিলেন আগেকার দিনের বিখ্যাত সিনে অভিনেতা, সেই সময় তিনি প্রান্তীয় সরকারের প্রমুখ ছিলেন। অনেকেই বিশ্বাস করত যে তিনি গোপনে এলটিটিদের সাহারা ও অর্থ দুই দিতেন। এই সংগঠনের লোকেরা তামিলনাড়ুতে প্রশিক্ষণও লাভ করত। তিনি বিশ্বাস করতেন যে জাফ্‌তা তামিলনাড়ুরই ভেঙে যাওয়া অংশ। প্রধানমন্ত্রী রাজীব গান্ধি মনে করতেন যে, আমাদের অবশ্যই এন জী আর -কে বোর্ডে অন্তর্ভূক্ত করা উচিত, আর এটা ছিল সঠিক সিদ্ধান্ত কারণ তাঁর মতো শক্তিশালী মুখ্যমন্ত্রীকে এড়িয়ে চললে সমস্যা বাড়ত বই কমত না।

1986 সালের 19 শে ডিসেম্বর আমার ও চিদাম্বরমের জন্য সর্বাধিক গুরুত্বপূর্ণ ট্রিপ ছিল। শ্রীলঙ্কা সম্পর্কে চিদাম্বরম আমার থেকে অনেক বেশি জানতেন। শুধু শ্রীলঙ্কার প্রেসিডেন্টের সাথেই নয় আমাদের দেশের অনেক মন্ত্রীরা মাঝেমধ্যেই অথুলথমুদালী এবং

গামিনী দিস্সানায়কের সাথে দেখা করত। এঁরা দুজন ছিলেন শ্রীলঙ্কার উদীয়মান নেতা। ললিথ অথুলথমুদালী সেখানকার রাষ্ট্রীয় সুরক্ষার দায়িত্বে ছিলেন, তাঁর সাথে আমেরিকারও সম্পর্ক ছিল। ভারতের ওপর তাঁর কোনো বিশ্বাস ছিল না। আমাদের এক উচ্চ পদস্থ অফিসার ললিথের ওপর নজর রাখার কথা বলেছিলেন। প্রথম সাক্ষাতেই গামিণীর সাথে আমার সুসম্পর্ক গড়ে উঠেছিল। আমার তাঁকে বেশ ভালো লাগত। আমি আর চিদাম্বরম যখন এই দুই বন্ধুর সাথে আলাপ আলোচনা নিয়ে ব্যস্ত ছিলাম সেই সময় খবর আসে যে, শ্রীলঙ্কার এক বিমান বন্দরে আক্রমণ হয়েছে, 16 জন লোক মারা গেছে আর 40 জনলোক খুবই আহত হয়েছে। ললিলের সন্দেহ হয়েছিল যে এই বিস্ফোরণ করিয়েছে 'র' কারণ তারা শ্রীলঙ্কাকে চাপের মধ্যে রাখার চেষ্টা করছিল। আমি তাঁকে শান্ত করে বোঝানোর চেষ্টা করি যে, এইভাবে ভারতের নাম নিয়ে টানাটানি করলে তাঁরা কিছুই পাবে না। যেকোনো সমস্যা হলেই ভারতের নাম নেওয়াটা কোনো বিবেচনাপূর্ণ কাজ নয়। এর চেয়ে বরং নিজেদের ঘরোয়া সমস্যার সমাধান করাটা খুবই জরুরি। আমি এই প্রথম চিদাম্বরমের সাথে কাজ করার সুযোগ পেয়েছিলাম, তিনি যে কতটা বিস্তারিত ভাবে কাজ করেন তা বুঝতে পেরেছিলাম ও এই ব্যাপারে তিনি যে সত্যিই দক্ষ তা স্বীকার করতে কোনো দ্বিধা নেই। তাঁর সবচেয়ে বড় গুণ হল তিনি কখন ঘাবরান না।

আমরা শ্রীলঙ্কার প্রাক্তন প্রধানমন্ত্রী শ্রীমতি সিরীমানো বন্দরনায়কের সাথেও দেখা করে তাঁকে সম্মান জানাতে গেছিলাম। ভারতের সাথে আমাদের যে শত্রুতার সম্পর্ক গড়ে উঠেছিল তা দূর করাই ছিল আমাদের আসল উদ্দেশ্য। আমরা সেই সমস্যারই সমাধান খুঁজছিলাম। তিনি আমাদের সবকথা শোনার পর তাঁর কথা শুনেই বোঝা যাচ্ছিল যে তিনি জয়বর্দ্ধনকে পছন্দ করতেন না। জয়বর্দ্ধনে তাঁর সাথে সঠিক ব্যবহারও করত না। তিনি শ্রীলঙ্কার অভ্যন্তরীণ ব্যাপারে রাজীবের মাথা ঘামানোটাও পছন্দ করেননি।

কলম্বোতে থাকাকালিন সেখানকার প্রেসিডেন্ট যে বৈঠক ডেকেছিলেন তা নিয়ে প্রধানমন্ত্রী রানাসিঙ্ঘা প্রেমবাসার আপত্তি ছিল। শুধু তাই নয় তিনি আমাদের সঙ্গে দেখা পর্যন্ত করতে অস্বীকার করেন। দুই পক্ষই 19 ডিসেম্বরের তারিখটা ঠিক করেছিল যাত্রার জন্য, যা আমাদের মধ্যে সন্ধি বার্তা হয়ে উঠেছিল। দিল্লী ফিরে আসার পর আমরা প্রধানমন্ত্রী রাজীব গান্ধীকে জানাই যে শ্রীলঙ্কার নেতৃত্ব তো সম্পূর্ণ রূপে বিভাজিত। সেখানকার প্রধানমন্ত্রী প্রেমদাস ও সুরক্ষা মন্ত্রী ললিথ অথুলথমুদালী একদিকে ছিল আর অপরদিকে ছিল মিনিস্ট্রি অফ ল্যান্ডস, ল্যান্ডস ডেভালপমেন্ট এন্ড মহাবেলী ডেভলপমেন্ট গামিনী দিস্ত্রনায়ক এবং প্রেসিডেন্ট তাঁদের সাথেই ছিলেন। তাঁর কথা বলার ধরণ ছিল খুব সুন্দর এবং কখন তাড়াহুড়ো করতেন না। তিনি বৌদ্ধ ধর্মাবলম্বি ছিলেন, কখন উঁচু স্বরে কথা বলতেন না। কিন্তু তাঁর একটা দোষও ছিল - তিনি ছিলেন খুবই চালাক ও বাহানাবাজ আর তা ধরা ছিল খুবই শক্ত।

এই বছরের 19 শে ডিসেম্বর এম.জী. রামচন্দ্রের কাছে একটা প্রোপাজাল পাঠানো হয়। আমাদের গুপ্তচর বাহিনী প্রভাকরণ ও তাঁর দলের সাথিদের দিকে নজর রেখেছিল। 1986 শেষ হয়ে গেলেও শ্রীলঙ্কাকে সংঘর্ষ মুক্ত করার সম্ভবনা ক্ষীণই থেকে যায়। সেখানকার সরকার ও এলটীটীই-দের মধ্যে ক্রমাগত সংঘর্ষের ফলে শ্রীলঙ্কার আর্থিক অবস্থাও খারাপ হয়ে যায়।

ইতিমধ্যে আমি এবং চিদাম্বরম বেশ কয়েকবার কলম্বোতে গেছিলাম। চিন্নাইয়ের মুখ্যমন্ত্রীর অফিসে আমরা প্রভাকরণের সাথে দেখা করি, এম জী আর আমাদের সাথে কোনো রকম পরামর্শ না করেই এলটীটীই-কে চুপচাপ 4 কোটি টাকা দিয়েদিয়েছিল। কোনো নিয়ম-কানুনই তারা মানেনি, কিন্তু এই ব্যাপারে রাজীবও কিছু করতে পারেনি। এমজীআর-এর দৃষ্টি তামিলনাড়ুর গণ্ডীর মধ্যেই আবদ্ধ ছিল। ওদিকে আমাদের গুপ্তচর বাহিনীরা নিজেদের মধ্যে সংযোগ রাখতে পারছিল না, যে কারণে অবস্থা আরো গুরুতর হয়ে উঠছিল। শ্রীলঙ্কার অবস্থা খারাপ দেখে পাকিস্তান, চীন, সৌদি আরব ও ইজরাইল নিজেদের লাভের সন্ধান করে যাচ্ছিল। ইজরাইলের লোকেরা শ্রীলঙ্কাকে কমান্ডোজ ও ট্রেনিং প্রদান করছিল। সেই সাথে তারা আমাদের কমান্ডোজদেরও প্রশিক্ষণ দিয়ে যাচ্ছিল। কমনওয়েলথ সেক্রেটারী জেনারলের পরামর্শ ছিল যে কমনওয়েলথের দেশ গুলির সাথে আলোচনা করে এই সমস্যার সমাধান খোঁজা যেতে পারে। আমরা শ্রীলঙ্কার সমস্যাটিকে অন্তর্রাষ্ট্রীয়করণ করে তোলার চেষ্টা করছিলাম।

1987 সালের মে মাসে সমস্যা আরো জটিল হয়ে যায়। ললিথ আথুলথমুদালী জয়বর্দ্ধনেকে বুঝিয়ে দিয়েছিলেন যে, অপারেশন 'লিবরেশান' এর সময় এসে গেছে। জাফতা ঘিরে ফেলা হয় আর শহরে প্রয়োজনীয় সামগ্রী ঢোকাও বন্ধ হয়ে যায়। 27 শে মে জয়বর্দ্ধনে যখন বলেন যে, 'এবারের লড়াই এপার-ওপারের লড়াই' তখন সমস্যা আরো জটিল হয়ে যায়। রাজীব গান্ধি বিচলিত হয়ে পড়েছিলেন তিনি যে কতটা অখুশী সেই বার্তা তিনি সেখানে পৌঁছে দিয়েছিলেন। 28 শে মে প্রধানমন্ত্রী শ্রীলঙ্কাকে জানিয়ে দিয়েছিলেন যে, ভারত সরকার শ্রীলঙ্কার তামিলদের অবশ্যই সুরক্ষা প্রদান করবে। কিন্তু এই হুমকি তারা গ্রাহ্যই করেনি। এই দিকে জাফতার অবস্থা দিনে দিনে খারাপ হয়ে যাচ্ছিল, প্রয়োজনীয় দ্রব্যের ভাণ্ডার নিঃশেষিত হোতে শুরু করেছিল। জাফ্তা দ্বীপের মানুষেরা আহাকার শুরু করে ধিয়েছিল। 1987 সালের 2 শরা জুন রাজীব সমুদ্রপথে ওষুধ ও প্রয়োজনীয় সামগ্রী পাঠানোর সিদ্ধান্ত নিয়েছিলেন। পী.বী. নরসিমহারাও আমাকে একটা বক্তব্যের খসরা তৈরি করতে বলেছিলেন, যাতে করে ভারতের বক্তব্য শ্রীলঙ্কার কাছে স্পষ্ট হয়ে যায়। কিন্তু একটা কথা ঠিক যে, শ্রীলঙ্কা আমাদের কাছে কোনো রকম সাহায্য চাইনি, তাই এমন কাজ করা মানে মিত্র দেশের সমুদ্রের সীমা লঙ্ঘন করা ছাড়া কিছুই নয়।

ওদিকে নির্দ্দিষ্ট দিনে ভারতের মালবাহী জাহাজ জাফ্তার তটে গিয়ে উপস্থিত হয়,

শ্রীলঙ্কার সৈন্যবাহিনী ভারতীয় জাহাজ আটকায় এবং তাকে ফিরে যেতে বলে। জাহাজ ফিরে আসে। আমরা বড় কমান্ডারকে স্পষ্ট জানিয়ে দিয়েছিলাম যে, কোনো রকম ঝগড়া-অশান্তি যেন না হয়। এই ঘটনা প্রধানমন্ত্রীর ভালো লাগেনি, তিনি কঠোর কার্যাবাহী করার সিদ্ধান্ত নিয়েছিলেন। 7 নম্বর রেসকোর্স রোডে একটা মিটিং ডাকা হয়েছিল। আমাকেও তাতে অংশগ্রহণ করতে বলা হয়েছিল। মিটিং শুরু হওয়ার কয়েক মিনিট বাদে আমাকে সেখানে পৌঁছেছিলাম। সেই মিটিং-এ ছিলেন ক্যাবিনেটের বিভিন্ন মন্ত্রীগণ, বিভিন্ন প্রতিরক্ষা বাহিনীর প্রমুখ, প্রধানমন্ত্রীর প্রিন্সিপাল সেক্রেটারী, র-এর অধিকারী এবং বিদেশ সচিব, দশ মিনিট ধরে সেখানকার কথাবার্তা শোনার পর আমি কেমন সমস্যা বোধ করছিলাম। আমার মনে হয়েছিল সেখানে কিছু অসাধারণ বিষয়ে কথাবার্তা চলছে। আমি পী.এমকে জিজ্ঞাসা করি যে, 'আমরা আসলে কি করতে চলেছি?' তাঁর কথা শুনে আমার অশান্তি বৃদ্ধি পায় - তিনি ঠিক করে ফেলেছিলেন যে প্লেনের সাহায্যে প্রয়োজনীয় সামগ্রী জাফতায় ফেলা হবে। আমি জিজ্ঞাসা করি যে, আমারা কি শ্রীলঙ্কার সরকারকে এই ব্যাপারে কিছু জানিয়েছি? ক্যাবিনেটের এক বিশেষ সদস্য আমার ওপর চিৎকার করে ওঠেন, 'নটবর মহাশয়! আপনি কি বলতে চাইছেন? আমরা কেনো শ্রীলঙ্কাকে জানাতে যাব?'

'কারণ শ্রীলঙ্কা একটা স্বাধীন রাষ্ট্র, এবং তা সংযুক্ত রাষ্ট্র সংঘ তথা ন্যাম ও কমনওয়েলথের সদস্য। তা আমাদের নিকটতম প্রতিবেশী রাষ্ট্রও বটে। আমাদের সাথে কোনো রকম শত্রুতাও নেই। আমরা যদি প্লেনের সাহায্যে জাফতায় দ্রব্য সামগ্রী ফেলি তার মানে সেখানকার বায়ুসীমা লঙ্ঘন করা হবে। তারপর আমি জিজ্ঞাসা করি যে, 'ইউ.এন.-এ আমাদের যে স্থায়ী প্রতিনিধি চিন্ময় গরেখান আছেন আমরা তাকে কি কিছু জানিয়েছি?' তাও করা হয়নি। আমি বলেছিলাম যে, এমনটা করা খুবই জরুরি, তাতে করে এটা ঠিক করা যায় যে, সুরক্ষা পরিষদ শ্রীলঙ্কার বিষয় নিয়ে কোনো রকম মিটিং ডাকবে না। (এই সময় শ্রীলঙ্কা সুরক্ষা পরিসদের সদস্য ছিল।) সুরক্ষা পরিষদের বেশিরভাগ সদস্যরাই যে শ্রীলঙ্কার প্রতি সহানুভূতিশীল হবে সেই বিষয়ে আমার কোনো সন্দেহ ছিল না। তখন প্রধানমন্ত্রী চিন্ময়ের সাথে কথা বলতে রাজী হন। চিন্ময় খুবই বিচক্ষণ এবং বুদ্ধিমান মানুষ ছিলেন। আমি তাঁকে আমাদের চিন্তা ভাবনার কথা জানিয়েছিলাম। কথাগুলি শুনে ও ঘাবরে গেছিলেন, আমি তাঁকে বলি যে, সুরক্ষা পরিষদ যেন এই ব্যাপারে কোনো রকম মিটিং ডাকতে না পারে। তিনি নিজের কাজ করেছিলেন, আর কোনো রকম মিটিংও ডাকা হয়নি। আমি রাজীবকে জিজ্ঞাসা করেছিলাম যে, শ্রীলঙ্কার যে হাই কমিশানার বর্নাড তিলকরালে (যিনি তখন দিল্লীতেই ছিলেন) আমাদের এখানেই আছেন তাঁকে কোনো কিছু জানানো হয়েছে কিনা? প্রধানমন্ত্রী তাঁকে দুপুরবেলা সাউথব্লককে ডাকতে বলেন।

বর্নাড ছিলেন খুবই আপন ভোলা মানুষ। আমি তাঁকে এই কথা বলা মাত্র মনে হচ্ছিল যে, তখনি চেয়ার থেকে পড়েই যাবেন। তিনি জিজ্ঞাসা করেছিলেন যে এয়ারড্রপ কখন

হবে। আমি তাঁকে বলি যে দুপুর 2:30 থেকে 3:00 -র মধ্যে। আমি তাঁকে তাঁদের প্রেসিডেন্টের সাথে কথা বলতে বলি। তিনি বলেন যে, তাঁর সাথে এত শীঘ্র যোগাযোগ করা সম্ভব হবে না। আমি তাঁকে আমার ফোন ব্যবহার করতে বলি। তিনি তাঁদের প্রেসিডেন্টের সাথে সিংহলীজ ভাষায় কথা বলেন। আমি তাঁদের কথাবার্তা বুঝতে পারিনা ঠিকই কিন্তু প্রেসেডিন্টের কণ্ঠস্বর খুবই জোরে শোনা যাচ্ছিল। এই কথা কেনো তাঁকে আগে জানানো হয়নি, সেই নিয়েই তিনি রাগারাগি করছিলেন।

আমি কোলম্বোতে জে.এম.দীক্ষিতের সাথে যোগাযোগ করে এয়ারড্রপের সময় জানিয়ে দিই। দুটি প্লেন যাওয়ার কথা ছিল, একটাতে প্রয়োজনীয় দ্রব্য সামগ্রী আর একটাতে মিডিয়ার প্রতিনিধিদের থাকার কথা ছিল। আমি ঠিক করে দিয়েছিলাম যে প্রয়োজনীয় দ্রব্য পূর্ণ প্লেনটা আগে যাবে, তারপর যাবে মিডিয়ার প্লেন, তা না হলে এমন খবর উঠতে পারে যে, ভারত এলটীটীইকে অস্ত্র দিয়ে সাহায্য করছে।

শেষপর্যন্ত 1987 সালের 4 ঠা জুন এয়রড্রপের কাজ শেষ হয়। কার্গো প্লেনের সাথে ফাইটার এয়ারপ্লেনও ছিল। কিন্তু এরফলে শ্রীলঙ্কা ঘোর অপমান বোধ করেছিল। শ্রীলঙ্কা সরকার কোনো সাহায্য চাইনি, তা সত্ত্বেও আমরা একটি স্বাধীন রাষ্ট্রের বায়ু সীমা লঙ্ঘন করেছিলাম।

ওদিকে শ্রীলঙ্কার সৈন্যরা এলটীটীইদের ওপর ক্রমাগত আক্রমণ চালিয়ে যাচ্ছিল, যাতে করে প্রভাকরণের মনে হয়েছিল যে, সে হয়তো ফেঁসে গেছে। সে শ্রীলঙ্কায় অবস্থিত তাদের প্রতিনিধিদের সাথে যোগাযোগ করে 'দি হিন্দু' সম্পাদক এন. রামের সহায়তায় জানাতে চেয়েছিল যে, শ্রীলঙ্কা যদি তাদের প্রস্তাব স্বীকার করে নেয় তাহলে সে তাদের বশ্যতা স্বীকার করে নেবে। এন. রাম এই কথা গামিনী দিস্সানায়ককে জানিয়ে দিয়েছিলেন, এলটীটীই দের প্রস্তাব ছিল 1. জাফ্‌তায় শ্রীলঙ্কার সৈন্যদের আক্রমণ বন্ধ করতে হবে, এবং সীমানাতেই তাদের সীমাবদ্ধ থাকতে হবে। 2. নর্দান এবং ঈর্স্টন প্রিন্সিক্স্‌সকে একত্রে মিলিয়ে দিতে হবে। 3. 19শে ডিসেম্বরের প্রস্তাব অনুসারে শক্তির বিভাজন করতে হবে। 4. সিংহলীজ ভাষার মতো তামিল ভাষাকেও রাষ্ট্রিয় ভাষার সম্মান দিতে হবে। 5. কোনো তামিলিয়ানকেই দেশের উপরাষ্ট্রপতি করতে হবে। গামিনী এই প্রস্তাব দিক্ষীতের কাছে পাঠিয়ে দেন। তিনি আসলে ভেবেছিলেন যে, শ্রীলঙ্কার সরকার হয়তো এই প্রস্তাব মেনে নিতে পারে। রাজীবের মনও বদলে গেছিল। তিনি ভেবেছিলেন যে এই প্রস্তাব নিয়ে শ্রীলঙ্কার সরকারের কাছে গিয়ে, তাকে রাজী করানো যেতে কারে।

পরবর্তী কিছুদিনের মধ্যে কলোম্ব ও নূতন দিল্লীর সম্পর্ক দ্রুততার সাথে অবনতির দিকে যেতে শুরু করে। গামিনী ও দীক্ষিত মিলে রাজিনামার প্রতিরূপ গঠন করতে শুরু করেন যার নাম দেওয়া হয়েছিল 'নন-পেপার'। আমার নেতৃত্বে একটি দল গঠন হয়েছিল, সেই দলে ছিলেন কে.পী.এস. মেনন (জুনিয়ার) কুলদীপ সহদেব, তানেম সেন, র'-এর

ডায়রেক্টর তথা প্রতিরক্ষা মন্ত্রালয়ের বরিষ্ঠ প্রতিনিধি গণ। রাজিনামা প্রতিরূপ গঠনের ব্যাপারে শুধু বিশ্লেষণের জন্য তাঁরা প্রতিদিন নিজেদের মধ্যে যোগাযোগ করতেন, যাতে পরে প্রধানমন্ত্রীর স্বীকৃতির প্রয়োজন ছিল।

কিন্তু ভারত-শ্রীলঙ্কার রাজিনামার ব্যাপারে একটা বিরাট বাধা ছিল নরসিমহা রাও, কিন্তু তিনি সেই ব্যাপারে প্রধানমন্ত্রীকে কিছু বলতে চাননি। তাঁর শঙ্কার পিছনে হয়তো যুক্তি ছিল, কিন্তু ততক্ষণে অনেকটাই দেরি হয়ে গেছিল, তখন সংঘর্ষের পরিবেশটা মতৈক্যের পরিবেশ করে তোলাটাই ছিল সবচেয়ে বেশি জরুরি।

রাষ্ট্রপতি গামিনীকে প্রভাকরণকে রাজিনামার কথা জানিয়ে দিতে বলেছিলেন, কারণ এন.রাম.-এর পরামর্শ অনুসারেই রাজিরামা গঠন করা হয়েছিল। আশা করা হচ্ছিল যে, শ্রীলঙ্কার সংঘর্ষ বোধ হয় এবার শেষ হবে, কিন্তু ভারতে ভ্রম বৃদ্ধি পাচ্ছিল। প্রধানমন্ত্রী ভারতীয় বার্তাকারকদের দুমাস বাদ বাদই বদলে দিতেন। আমাকে সরিয়ে প্রধানমন্ত্রীর অফিসের কিছু আধিকারী সরাসরি কোলম্বের সাথে কথা বলতে শুরু করে দেয়। পরে আমি জানতে পরেছিলাম যে, দীক্ষিতকে বলা হয়েছিল যে, তিনি যেন প্রভাকরণকে দিল্লীতে আসার জন্য রাজী করতে পারেন। আমাদের উচ্চ পদস্থ এক সেক্রেটারী প্রভাকরণের সাথে সম্পর্ক গড়ে তুলেছিলেন।

এই রাজিনামার প্রতিরূপে যখন কিছু পরিবর্তন আনা হচ্ছিল, তখন 25 শে জুলাই আমাকে 7 নং. রেসকোর্সে আয়োজিত মিটিং-এ যোগ দিতে বলা হয়েছিল। ভারত চাইছিল যে, 26 শে জুলাইই কোলম্বো এই রাজীনামায় স্বাক্ষর করুক, কিন্তু কোলম্বের মতানুসারে এই তারিখ নির্ধারণের ব্যাপারে তাড়াহুড়ো দেখানো হয়েছিল। তখন আমি জানতে পারি যে, প্রভাকরণ অশোক হোটেলে আছে, পরে তিনি জানিয়েছিলেন যে, তাঁকে নাকি সেখানে নজরবন্দী করে রাখা হয়েছিল। হয়তো প্রধানমন্ত্রীর সাথে তাঁর সাক্ষাৎও হয়েছিল, কিন্তু তিনি তা স্বীকার করেননি। রাজীব এম জী আর কে দিল্লীতে এসে প্রভাকরণকে বোঝাতে বলেছিলেন, এম জী আর তাতে সফলও হন।

আমার মতে প্রধানমন্ত্রীর প্রভাকরণের সাথে দেখা করা উচিত ছিল না। পরে প্রধানমন্ত্রীকে এই বিষয়ে জিজ্ঞাসা করলে তিনি খুবই ক্রুদ্ধ হয়ে বলেন যে, 'উনি আমাকে কথা দিয়েছিলেন।' আমি বলেছিলাম তাঁর কথার কোনো দাম নেই। তাঁর কাছ থেকে লিখিত রজামন্দী আদায় করা উচিত ছিল, কারণ তিনি নিজের সুবিধা অনুসারে যেকোনো সময় ডবল ক্রস করতে পারতেন। প্রভাকরণ এমন কাজ বহুবার করেছিলেন।

নিজেদের মধ্যে ঠিক হয়েগেছিল যে, 29 শে জুলাই কোলম্বোতে রাজিনামায় স্বাক্ষর করা হবে। আমি রাজীবকে বলেছিলাম যে, এই বিষয়ে অবশ্যই ক্যাবিনেটের দুজন বরিষ্ঠ মন্ত্রীর যাওয়া উচিত, বিশেষ করে নরসিমহা রাও ও এন.ডী. তিওয়ারীর। কিন্তু শুধু নরসিমহা রাওই গেছিলেন তাঁর সাথে ছিলেন তামিলনাড়ুর এক সাংসদ। 1987 সালের 29 শে জুলাই

সকাল 10 টায় কোলম্বোতে পৌঁছানোর পর রাজীবকে জানানো হয়েছিল যে, তিনি য়ার্ন রোড দিয়ে যেতে পারবেন না, কারণ বহু শ্রীলঙ্কার অধিবাসী সেই রাস্তা বন্ধ করে রেখেছে, তারা ভারত-শ্রীলঙ্কার রাজিনামার বিরুদ্ধে। আমরা হেলিকাপ্টারের সাহায্যে কোলম্বোতে গিয়ে পৌঁছাই। দাঙ্গার ফলে সেই সময় সম্পূর্ণ শহরই যথেষ্ট বিধ্বস্ত ছিল। প্রেসিডেন্টের সম্পত্তিতেও আগুন লাগিয়ে দেওয়া হয়েছিল। রাজীব ভিড়কে আকর্ষণ করতে খুবই সক্ষম ছিলেন কিন্তু তিনিও এই বার নিরব হয়ে গেছিলেন। শ্রীলঙ্কা সরকারের বরিষ্ঠ নেতারাও স্বাগত সমারোহে ছিলেন না, এমনকি যখন উপরাষ্ট্রপতি রাজিনামায় স্বাক্ষর করেছিলেন তখনও এমন ঘটনাই ঘটেছিল। এমনকি প্রধানমন্ত্রী প্রেমদাস, ললিত অথুলথমুড়লী এবং শ্রীমতি বন্দারনায়েকও এতে ছিলেন না।

প্রেসিডেন্ট যে লাঞ্চে আয়োজন করেছিলেন তাতেও খুব বেশি লোক দেখা যায় নি, আর অতিথিরা খুবই ধীরে ধীরে কথা বলছিল। দুপুরে এই রাজিনামায় স্বাক্ষরের পর প্রেসিডেন্ট একটি রিসেপশানের আয়োজন করেছিলেন। আমি এবং শ্রী রাও যখন শ্রীলঙ্কার কিছু নেতাদের সঙ্গে কথা বলছিলাম তখন রাজীব, জয়বর্দ্ধনে এবং আরো কয়েকজন আধিরাকী কোনো গুরু গম্ভীর বিষয় নিয়ে আলোচনা করছিল। শ্রী রাও আমাকে কি বিষয়ে কথা হচ্ছে তা জানতে বলেন। আমি রাজীবকে সেই কথা জিজ্ঞাসা করলে, তাঁর উত্তর শুনে আমার ভয় কয়েকগুণ বৃদ্ধি পেয়েছিল। জয়বর্দ্ধনে বলেছিলেন যে, যদি ভারত কিছু সৈন্য শ্রীলঙ্কাতে না পাঠায় তাহলে রাতারাতি সেখানকার পালা বদল ঘটে যেতে পারে। আমি তাঁকে বলি যে, বিষয়টি খুবই গুরুতর, দিল্লীতে পৌঁছে আগে ক্যাবিনেট মন্ত্রীদের সাথে আলোচনা করে তবেই এই বিষয়ে সিদ্ধান্ত নেওয়া যেতে পারে। উনি তখন বলেন যে, ভারতীয় সৈন্য ততক্ষণে বোধহয় কোলম্বোর উদ্দেশ্যে রওনা দিয়ে দিয়েছে, তখন আমি অবাক হয়ে যাই। আমি যখন শ্রী রাওকে পী.এম.-এর আদেশের কথা বলি, তখন তিনি অবাক হয়ে যান। তিনি পী.এমের সাথে কোনো কথা বলতে চাননি। প্রকৃত সত্য এটাই হয়ে ওঠে যে, শ্রীলঙ্কার জাতীয় সংঘর্ষে ভারত ধীরে ধীরে জরিয়ে পড়ছিল।

1987 সালের 30 শে জুলাই ছিল কালা দিবস। রাজীব গান্ধী যখন গার্ড অফ অনারের দেখাশোনা করতে শুরু করেছিলেন, তখন বিজিয়া সেহনা বিজেমুনি রাজীব গান্ধিকে রাইফেলের বাঁট দিয়ে প্রহার করেন। গুরুতর আহত হলেও রাজীবের তৎপরতা তাঁকে বাঁচিয়ে দিয়েছিল, কিন্তু ভবিষ্যতের একটা আঁচ সেদিনই পাওয়া গেছিল।

পরবর্তি দুমাসে কোনো শান্তি ছিল না, দি আই পি কে আগস্টে আসতে পেরেছিল। ঠিক করা হয়েছিল যে, এলটীটীইকে নিশ্চিহ্ন করেই নিশ্বাস ফেলা হবে। সৈন্য বিভাগের চিফ্ বলেছিলেন যে, দুই সপ্তাহের মধ্যেই প্রভাকরণ ও এলটীটীইদের শায়েস্তা করা সম্ভব হবে। তিনি যে মূর্খের মতো অহংকার বর্ষণ করেছিলেন তাতে কোনো সন্দেহই নেই। দি আই পি কে নিজেদের উদ্দেশ্য কি তাই বুঝতে পারেনি, এছাড়া জাফ্তার ভূগোল ও

এলটীটীইদের অবস্থান সম্পর্কেও তারা খুব একটা ওয়াকিবহাল ছিল না।

হতাহতের সংখ্যা বৃদ্ধি পাওয়ার সাথে সাথে সংসদে সরকারের ওপর কটাক্ষের বাণ বর্ষণ হোতে শুরু করে। বে. এন. দীক্ষিত লিখেছিলেন 'রাজীব গান্ধীকে সেখানকার রাজনীতি, সৈন্য ও গুপ্তচরদের সম্পর্কে সঠিক বার্তা দেওয়া হয়নি। তিনি মরিচিকার পিছনে ধাওয়া করে এই রাজিনামায় স্বাক্ষর করিয়েছেন, যার ফলে এত সমস্যার সৃষ্টি হচ্ছে।' কিন্তু আসলে দীক্ষিত নিজে রাজীবকে পরামর্শ প্রদান করেছিলেন। এই ব্যাপারে আমি অন্ধকারে ছিলাম না ঠিকই কিন্তু সংসদের হাত থেকে রাজিনামাকে দূরে রাখার বিষয়টা আমাকেই দেখতে বলা হয়েছিল।

র-এর চীফ বর্মা রাজীবকে বলেছিলেন যে র সারাসরি জয়বর্দ্ধনের সাথে যোগাযোগ রাখবে, বিদেশ মন্ত্রালয় ও প্রতিরক্ষা বিভাগে এই ব্যাপারে কিছু জানানোই হয়নি। কিন্তু র-এর এই লোকানো কূটনীতির পরিণাম হয় ভয়াবহ। জয়বর্দ্ধনে দীক্ষিতকে আবেগের সাথে বলেছিলেন, 'শ্রীলঙ্কাকে এই পরিস্থিতি থেকে রক্ষা করার জন্য ভারত সরকারের কাছে কত নীতি আছে?' কার্যকারী করার মতো কোনো যুক্তি সংগত নীতিও ছিল না আবার নিজেদের মধ্যে সংযোগও বিচ্ছিন্ন হয়েছিল। সেনা ও তাদের বরিষ্ঠ আধিকারীদের সাথে যোগাযোগ বিচ্ছিন্ন হচ্ছিল, অন্যদিকে আমাদের হাই কমিশানারদের মধ্যে ছিল তীব্র মতভেদ।

আই পী কে এফ এবং এলটীটীইদের হাত থেকে বাঁচার কোনো উপায় জয়বর্দ্ধনের কাছে ছিল না। আর সেই কারণেই তাঁকে বিভিন্ন অপ্রত্যাশিত সমস্যার সম্মোখীনতা করতে হচ্ছিল। জুলাইয়ের শেষে ভারত ও শ্রীলঙ্কার মধ্যে যে রাজিনামা স্বাক্ষরিত হয়েছিল তা এলটীটীইদের একপ্রকার জোর করেই মানতে বাধ্য করা হয়েছিল, যা নিয়ে একটা সন্দেহের অবকাস থেকেই যায়। 1988 সালের এপ্রিলে খোলসা হয়ে গেছিল যে, ভারত সরকার এই রাজিনামা মানানোর ব্যাপারে এলটীটীইকে প্রচুর টাকা প্রদানের প্রতিশ্রুতি দিয়েছে। লণ্ডনের এক পত্রিকায় এই সংবাদ প্রকাশিত হয়েছিল। এই খবর ছরিয়ে পড়ার কারণ যে ভারত বা কোলম্বো ছিল তাতে সন্দেহ ছিল না, বরং দীক্ষিতই ছিল তার উৎস। এর থেকে এটা বোঝা যাচ্ছিল যে এলটীটীই-র সাথে একটা ভালো সম্পর্ক গড়ে উঠেছে, যে ব্যাপারে র গুরুত্বপূর্ণ ভূমিকা পালন করেছিল। মনে করা হয়েছিল যে, এই বিষয়ের অবনতির উদ্দেশ্যেই এই খবর 'লীক্' করা হয়েছিল।

যারফলে ভারত সরকারকে সমস্যায় পড়ে সাংসদের সামনে একটা বক্তব্য রাখতে হয়েছিল। বাধ্য হয়ে আমি এবং বিদেশ মন্ত্রালয়ের রাজ্যমন্ত্রী সংসদে বলে যে 'এলটীটীই'-র মিলিটারী নীতি পরিবর্তন করে শান্তিপ্রিয় গণতান্ত্রিক নীতি গ্রহণের জন্য সাহায্যের প্রয়োজন, তাই ঠিক করা হয়েছে যে, এলটীটীইকে কিছু আর্থিক সাহায্য প্রদান করা হবে। এমনকি এটাও বলা হয়েছিল যে, যতদিন না এই সংগঠনের লোকরা ঠিক মতো জীবন যাপন করতে পারবে ততদিন পর্যন্ত এই সাহায্য প্রদান করা হবে। সত্যি বলতে কি, ভারত-শ্রীলঙ্কার

রাজিনামা যাতে প্রভাকরণ মেনে নেয় সেই কারণেই এই টাকা দেওয়া হয়েছিল। এটা ছিল খুবই লজ্জাজনক ও নিন্দনীয় কাজ। আগেই বলা হয়েছে যে, প্রভাকরণ আগে থেকেই এই রাজিনামা স্বীকার করে নিয়েছিলেন। কিন্তু তিনি সেই সময়তেই বলেছিলেন যে, এই ব্যাপারে কিছু সমস্যা আছে, বিশেষ করে তাঁর দলের লোকেদের মানানোর বিষয় নিয়ে। এই সংগঠনকে আর্থিক সাহায্য প্রদানের অর্থ ছিল এই সমস্যার হাত থেকে রেহাই পাওয়া।

অন্যদিকে রাজনৈতিক প্রেক্ষাপটে বিচার করলে দেখা যায় যে, এলটীটীই ভারত-শ্রীলঙ্কার রাজিনামা স্বীকার করার আগেই আর্থিক সাহায্য ওশুল করে নিতে চেয়েছিল, কিন্তু প্রথম কিস্তিই গেছিল, কারণ রাজিনামা স্বাক্ষরিত হওয়ার তিনমাসের মধ্যেই এলটীটীই এবং আই পী কে এফ -এর মধ্যে সংঘর্ষ শুরু হয়েগেছিল।

কিন্তু সময় অতিবাহিত হওয়ার সাথে সাথে রাজিনামাও খণ্ড খণ্ড হয়ে ছরিয়ে পড়তে থাকে। 1988 সালের শেষের দিকে জয়বর্দ্ধনে অবসর নিয়ে নিয়েছিলেন, তাঁর স্থানে আসেন প্রেমদাস, উনি জয়বর্দ্ধনের সমস্ত নীতি খারিজ করে দিয়েছিলেন। তাঁর সাথে রাজীবের আকাশ পাতাল পার্থক্য ছিল।

1989 সালের লোকসভা নির্বাচনে রাজীব পরাজিত হয়েছিলেন এবং তাঁর পরিবর্তে বী.পী.সিংহ প্রধানমন্ত্রীর আসনে বসেন। বী.পী. সিংহ ও রাষ্ট্রপতি প্রেমদাসের সাথে বোঝাপড়া হয়ে গেছিল, এবং আইকে পীএফ -কে শ্রীলঙ্কা থেকে ভারতে ফিরিয়ে নিয়ে আসা হয়। বস্তুত প্রথম থেকেই শ্রীলঙ্কার জাতীয় সংঘর্ষ ঠিক মতো সামলানো সম্ভব হয়নি। তাই তা সম্পূর্ণ রূপে ব্যর্থই থেকে গেছিল।

অধ্যায় -১৭

চীনের সাথে সু-সম্পর্ক স্থাপন

ভারত-চীন সম্পর্ক পরিবর্তনের ক্ষেত্রে একজন রাজনৈতিক ব্যক্তিত্ব হিসাবে আমার কিছু ছোট্ট অভিজ্ঞতা আছে। 1988 সাল থেকে তা শুরু হয়েছিল। আমি বিদেশ মন্ত্রী হওয়ার তিন মাস বাদে আমার সাথে রাজীবের একটা মিটিং হয়। সেই সময় চীন ও পাকিস্তানের সাথে আমাদের সম্পর্ক খুবই খারাপ ছিল। পাকিস্তানের সাথে তিনটি ও চীনের সাথে একটি যুদ্ধ হয়ে গেছিল। 1986 সালে এই মন্ত্রালয়ে আসার পর প্রধানমন্ত্রীর সাথে আমার বেশ দীর্ঘ আলোচনা হয়েছিল। আমি তাঁকে সরাসরি জিজ্ঞাসা করেছিলাম যে, 'আপনার বিদেশি নীতির ভিজন কি? আপনি কোন বিষয় গুলিকে বেশি গুরুত্ব দেন?' উনি জবাব দেওয়ার বদলে পাল্টা জিজ্ঞাসা করেছিলেন, 'তোমার কি মত নটবর?' আমি এইরকমই একটা সুযোগের সন্ধান করছিলাম। আমি চীনের সাথে সু-সম্পর্ক গড়ার ব্যাপারেই সবচেয়ে বেশি আগ্রহী ছিলাম। আমি ওনাকে বলেছিলাম যে, আমি চীন থেকে নিজের কর্ম জীবন শুরু করেছিলাম। আমি সেখানকার প্রথম আই.এফ.এস. অফিসার ছিলাম যে কিনা চৈনিক ভাষাও শিখেছিল। 1960 সালের এপ্রিলে যখন চাউ-এন-লাই শেষবারের মতো রাজীবের দাদামশাইয়ের সাথে কথা বলতে এসেছিলেন তখন আমি লিয়াজন অফিসার ছিলাম। তখন সীমান্ত সমস্যা দূর করার যে সুযোগ আমাদের হাতে এসেছিল, তা আমরা হারিয়ে ফেলি। সেই সময় আমাদের সামনে তিনটি পথ খোলা ছিল, 1. যা চলছিল তা চলতে দেওয়া, 2. যুদ্ধ করা, 3. কথাবার্তার মাধ্যমে পরিস্থিতি সামলানো। প্রথম নীতি মেনে নিলে চীনেরই সুবিধা ছিল, যুদ্ধ কখনই সমস্যার সমাধান হোতে পারে না, সুতরাং কথাবার্তার মাধ্যমে সমস্যার সমাধান করাই ছিল বুদ্ধিমানের কাজ। 1962 সালে নেহেরু সংসদে স্বীকার করেছিলেন যে, একমাত্র কথাবার্তার মধ্যে দিয়েই এই সমস্যার সমাধান করা সম্ভব হবে।

এই সময় চীনের যে শক্তিশালী দীর্ঘ বিদেশ মন্ত্রালয় ছিল, তাতে আমিও ছিলাম। তাতে পী.বী. নরসিমহা রাও, জী পার্থসারথি এবং এস. গোপালও ছিলেন। 1962 সালের যুদ্ধ নিয়ে এঁরা তিনজনেই খুবই বিরক্ত ছিলেন, একজন তো একথা পর্যন্ত বলেছিলেন যে, চাউ-এন-লাইই নেহেরুকে হত্যা করেছেন। এই তিনজনই ইন্দিরার বিদেশ নীতিকে গতিহীন করে দিয়েছিলেন। আমি রাজীবকে বলেছিলাম যে, আবেগ বা মাথাগরম দিয়ে বিদেশ নীতি চলে না। আমি আরো বলি, 'আপনার কাছে লোকসভার 413 জন সদস্য আছে, আপনি

জওহরলাল নেহেরুর পৌত্র এবং ইন্দিরা গান্ধীর পুত্র। কোনো বুদ্ধি সম্পন্ন ব্যক্তি আপনার ওপর বিশ্বাসঘাতকতার আরোপ দিতে পারবে না। বহু দিন আগেই প্রধানমন্ত্রীর চীনে যাওয়ার দরকার ছিল।

রাজীব আমার পরামর্শ স্বীকার করে নিয়েছিলেন এবং আমাকে চীন যাত্রার প্রারম্ভিক প্রস্তুতি নিতে বলেন। কিন্তু বোফোর্স ও শ্রীলঙ্কার সমস্যা নিয়ে এতই জল ঘোলা হয়েছিল যে, এই বিষয় নিয়ে এগাতে 18 মাস দেরি হয়ে গেছিল। 1988 সালের জানয়ারির পর থেকে এই বিষয় নিয়ে মাথা ঘামানো গেছিল। চীন সম্পর্কে দেশের মানুষের যে ধারণা ছিল তা পরিবর্তন করাটাও ছিল খুবই জরুরি। তাই আমাকে বিজেপির অটল বিহারি বাজপায়ী, ঈ.এম.এস. নম্বূদরী পায়, সী পী আইয়ের রাজেশ্বর রায় এবং পশ্চিমবঙ্গের মুখ্যমন্ত্রী জ্যোতি বসুর সঙ্গে দেখা করতে বলা হয়েছিল। জ্যোতি বসু আমাকে এই যাত্রার ব্যাপারে সাবধান করেছিলেন, চৈনিকরা তাঁকে বলেছিল যে,

ম্যাক মোহন লাইন তারা মানে না কিন্তু এই বিষয়ের ব্যাপারে যে প্রগতির দরকার তা তারাও স্বীকার করেছিল। জ্যোতি বসু যখন চীনে গেছিলেন তখন তিনি তাদের জিজ্ঞাসা করেছিলেন যে, সিকিমকে কেনো ভারতের অংশ বলে মানা হয়না? তারা বলেছিল এত খুবই সামান্য বিষয়, যে কোনো দিন এই সমস্যার সমাধান করা যেতে পারে। রাজীবের জ্যোতি বসুর পরামর্শ খুবই ভালো লেগেছিল।

চীন সত্যিই রাজীবের সাথে কথা বলতে চায় কিনা তা সুনিশ্চিত করার জন্য রাজীব গোপনে পী.এন. হস্করকে কিছু দিন আগে চীনে পাঠিয়েছিলেন। সেখানে হস্করের সাথে চীনের নেতারা এই বিষয়ে বিস্তৃত আলোচনা করেছিল, সেখান থেকে ফিরে এসে উনি রাজীবকে জানান যে, চৈনিকরা মন থেকে চায় রাজীব যেন চীনে যান।

1988 সালের 18 ই ডিসেম্বর রাজীব চীনের উদ্দেশ্যে রওনা দেন। তাঁর সাথে আমি, পী.বী.নরসিমহারাও, দিনেশ সিংহ, দী. শঙ্করানন্দও চিনে গেছিলাম। সকাল দশটায় গ্রেট হল অফ দি পীপুলে প্রধানমন্ত্রীকে উষ্ণ অভ্যর্থনা জানানো হয়েছিল। তারপর ডেলিগেশান স্তরে কথাবার্তা হয়। প্রধানমন্ত্রী নিজের প্রতিভার বলে তিনটি মিটিং করেন। ভারত-চীন সম্পর্ক নিয়ে খুবই বিস্তৃত ভাবে কথা বার্তা হয়েছিল, রজীবের এই যাত্রা ভারত-চীনের সম্পর্ককে একটা নতুন স্তরে নিয়ে গেছিল। তারাও বলেছিল যে, তাদের সরকার চায় এবার সীমার সমস্যার সমাধান করতে। চাউ-এম-লাই ও জওহরলাল নেহেরু যেভাবে আলোচনার মধ্যে দিয়ে এই সমস্যার সমাধান করতে চেয়েছিলেন, তখন তারাও সেই পথেই হাঁটার কথা ভাবছিল। যদিও উভয়পক্ষই 1962 -র কথা উত্থাপিত করেছিল, কিন্তু সেই সাথে এই কথাও বলেছিল যে, তাদের ভবিষ্যতের কথা বলা উচিত। বীজিং রাজীবের প্রস্তাব অনুসারে তিন সংযুক্ত কার্য সমূহ স্থাপিত করার কথা স্বীকার করে নিয়েছিলেন। প্রথমে সীমার বিষয়ে দেখা হবে, দ্বিতীয়ত আর্থিক বিষয়ে ও তৃতীয়ত ব্যবসা, বিজ্ঞান ও

বাণিজ্যের ব্যাপারেও একে অপরকে সহযোগিতা করবে।

রাজীব পরে বলেছিলেন যে, এই সব কাজ এত সহজে সম্পন্ন হবে না, কারণ লীপিংকে তাঁর খুব বেশি উৎসাহি বলে মনে হয়নি। চীনের রাজনীতি খুব কূট ও তারা খুব মেপে পা ফেলে। তাদের ধারণা, রণনীতি ও কার্যবিধি এক সাথেই চলে। তারা কোনো রকম তাড়াহুড়ো ছাড়া অতি সূক্ষ্মতার সাথে কাজ করে। শীঘ্র কোনো কাজ করার ব্যাপারে তাদের কোনো রকম ভরসা নেই। অন্তর্রাষ্ট্রীয় ক্ষেত্রেও চীনের নেতারা দুরদৃষ্টি সম্পন্ন হয়ে থাকেন। তাদের ঐতিহ্য বহু পুরানো। হংকং-এর মামলা নিয়ে তারা ইংরেজদের 1997 সাল পর্যন্ত আটকে রেখেছিল। তারা ইচ্ছা করলে 1949 সালের পর যেদিন খুশি অধিকার করে নিতে পারত।

রাজনৈতিক আঘাতের ব্যাপারে চৈনিকরা সূক্ষ্মতার সাথে বিচার করে। ধৈর্য্য ধরে চিন্তাভাবনা করার পরেই তারা যেকোনো প্রশ্নের উত্তর দেয়। তাদের সৈন্যদের রণনীতিও বহু আলাদা। বিংশ শতাব্দীতে মাওতসেতুঙ্গ, হোচী মিং এবং জেনারেল গুপেন সুনৎজুর সিদ্ধান্তের ভিত্তিতে অপ্রাত্যাশিত আক্রমণের বিদ্যা নির্গত হয়েছিল। বৈদেশিক নীতির ক্ষেত্রে তারা কালো-ফর্সা দেখেনা, বরং চোখের ধূসর রঙের দিকেই বেশি লক্ষ্য করে থাকে। হেনরী কিমিঞ্জর তাঁর পুস্তক 'অন চাইনা'-তে লিখেছিলেন যে, 'চৈনিক রাজনীতিতে একটা বিশেষ প্রবৃত্তি লক্ষ্য করা যায়, যাতে একটা খণ্ডের মধ্যেই তাদের সমস্ত পারদর্শীতার ঝলক চোখে পড়ে। রণনীতি ও শাসনতন্ত্র চালনা করার ক্ষেত্রে তারা এতটাই পটু যে তারা বিরোধীদের দুর্বল করে নিজেদের পক্ষকে দৃঢ় করে তুলতে সক্ষম হয়।'

আমরা ভেবেছিলাম যে, সীমার ব্যাপারে অতি শীঘ্রই কোনো সমাধান বেরিয়ে আসবে। কিন্তু চীনের ইতিহাস দেখলে বোঝা যায় যে, তাদের দূরদৃষ্টি কতটা গভীর। প্রাচীন 'জাপানের' মতো চৈনিকরা শাসনতন্ত্রের ক্ষেত্রে দীর্ঘকালীন দৃষ্টি দিয়ে থাকে, যেখানে আমরা সর্বদাই লঘুকালীন দৃষ্টির কথা ভাবি।

দুই নেতাই অন্তর্রাষ্ট্রীয় মামলার ব্যাপারে বহু ক্ষণ আলোচনা করেছিলেন। রাশিয়ার সাথে চীনের সীমান্ত নিয়ে যে বিবাদ ছিল তা দূর হয়ে গেছিল অন্যদিনে ভিয়েতনামের যুদ্ধের পরিসমাপ্তি ঘটেছিল, যা ছিল চীনের কাছে এক বিরাট পাওয়া। কিছু দিন আগেই গোর্ভাচেব ভারত থেকে ঘুরে গেছিলেন, রাজীব লী পেঙ্গকে তাঁর সাথে হওয়া সমস্ত কথাই জানিয়েছিলেন। লে পেঙ্গ রাজীবকে জানিয়েছিলেন যে, তাঁর সাথে আমেরিকার সম্পর্ক খুবই ভালো; বস্তুত জাপানের পর আমেরিকার ব্যবসাই ছিল সবচেয়ে বড়।

রাজীব ছিলেন বিরাট মাপের নেতা, তিনি যদি কোনো ভুলও করে ফেলতেন তাও পালানোর চেষ্টা করতেন না। তিনি যখন লী পেঙ্গের সাথে দেখা করতে গেছিলেন তখন কে.পী.এস. মেননকে সঙ্গে নিয়ে যাননি। পরে তিনি আমাকে জিজ্ঞাসা করেছিলেন যে, কিভাবে মেননকে বোঝানো যেতে পারে। আমাকে তাঁকে বলি যে, মেননকে ডেকে বলুন

যে, তাঁকে সঙ্গে না নিয়ে তিনি খুবই ভুল করে ফেলেছেন। রাজীব তাইই করেছিলেন, আর আস্বস্ত করেছিলেন যে, 'এবার থেকে সমস্ত মিটিং-এই তাঁকে সঙ্গে করে নিয়ে যাবেন।' এমন গৌরব জনক ব্যবহার বেশির ভাগ প্রধানমন্ত্রীই করেন না।

পরবর্তি দুই দিনের মধ্যে রাজীব প্রেসিডেন্ট য়ঙ্গ শঙ্গফুলের সাথে দেখা করেন, তিনি 'কলচারাল রিভোল্যুশন'-এর জন্য গত 13 বছর জেলে ছিলেন। য়ঙ্গ চেয়েছিলেন যে, আমাদের তিব্বত নীতি একটা সঠিক দিশা পাক। রাজীব ওনাকে বলেছিলেন যে, ভারত তিব্বতকে নিজের অংশ বলেই মনে করে। প্রধানমন্ত্রী আমাকে বলেছিলেন যে, চৈনিক নেতারাও তিব্বতের বিষয় নিয়ে যথেষ্ট চিন্তিত। তাঁর সাথে কমিউনিস্টস্ট পার্টীর জেনারেল সেক্রেটারী মাও জিয়ানের সাথেও অনেকক্ষণ কথার্বাতা হয়েছিল।

কিন্তু রাজীবের যাত্রার ফল সম্পূর্ণ রূপে নির্ভর করছিল ডেঙ্গ জিয়াওজিঙ্গের সাথে সাক্ষাতের ওপর। এই সবথেকে গুরুত্ব পূর্ণ মিটিংটি 21 শে ডিসেম্বর সকাল সাড়ে দশটায় গ্রেট হল অফ দী পিপুলে সংগঠিত হয়েছিল। সর্বাধিক শক্তিসম্পন্ন ডেঙ্গ প্রথমেই রাজীবকে বলেছিলেন, 'আমার যুবক বন্ধু আমি আপনাকে চীনে স্বাগত জানাচ্ছি, আপনি এই প্রথম চীনে এলেন।' দুজনে প্রায় 45 সেকেণ্ড ধরে করমর্দন করেছিলেন। এর থেকে স্পষ্টই বোঝা যাচ্ছিল যে, ডেঙ্গও চাইছিলেন যে, যাত্রা সফল হোক। অন্যকোনো দেশের তুলনায় চীনের আবেগের দাম একটু বেশি দেওয়া যেতে পারে। যদি করমর্দনের বিষয়টা আনুষ্ঠানিকতার মধ্যেই সীমাবদ্ধ থাকত, তাহলে আমাদের সম্পূর্ণ যাত্রাই ব্যর্থ হোত। ডেঙ্গ রাজীবকে বলেছিলেন, '1966 সালে যখন আপনার দাদু এবং মা চীনে এসেছিলেন তখন আমি তাঁদের সাথে দেখা করেছিলাম।তখন আমি পার্টীর জেলারেল সেক্রেটারী ছিলাম।'

চীন ও ভারতের মিডিয়ার যে সমস্ত লোক সেখানে উপস্থিত ছিলেন তারা প্রতিটা কথা খুব মন দিয়ে শুনেছিল। চীনের নেতার প্রতিটা কথার মধ্যেই তাঁর আবেগের স্পষ্ট ছাপ ছিল ঠিকই, কিন্তু তিনি যে যথেষ্ট বিচার বিবেচনা করে কথা গুলি বলছিলেন তাতে কোনো সন্দেহ নেই। তাঁদের মিলনের পর একটা বৈদ্যতিক ভাব প্রকাশিত হয়েছিল। বহু যুগ ধরে যে বন্ধুত্বপূর্ণ সম্পর্ক লক্ষ্য করা যায়নি, তা যেন এক মুহূর্তের মধ্যেই শেষ হয়ে গেছিল।

(হেনরী কিসিঙ্গর 'অন চাইনা' নিউইয়ার্ক পে-গুইন গ্রূপ 2011)

রাজীবের দাদু বা মা যা পাননি, রাজীব সেখানে তা পেয়েছিলেন। সেখানে উপস্থিত লোকেদের জন্য সেটা ছিল এক ঐতিহাসিক মুহূর্ত।

ডেঙ্গ আর রাজীব দুজনেই পুরানো তিক্ততা ভুলে গিয়ে ভবিষ্যতের দিকে দৃষ্টিপাত করতে চেয়েছিলেন। ডেঙ্গের কাছে এই যাত্রা ছিল খুবই গুরুত্বপূর্ণ। তিনি বলেছিলেন যে, ভারত আর চীন কাছাকাছি আসলে পৃথিবীর ভারসাম্য রক্ষিত হবে। আগত দিনে দুই দেশেরই আর্থিক বিকাশের ব্যাপার নিয়ে উভয়ের মধ্যে গুরুতর আলোচনা হয়েছিল। ডেঙ্গ বলেছিলেন যে, বিকাশ শুধু ভারত বা চীনের নয় সমগ্র মানবতার জন্য তা সর্বাপেক্ষা হিতকর দিক।

নিজের নীতি সম্পর্কে উনি অতি সংক্ষেপে বলেছিলেন যে, 'একাধিপত্যের বিরোধীতা করে বিশ্ব শান্তি বজায় রাখতে হবে।'

ডেঙ্গের মতে মানবতার সামনে দুটি গুরুত্বপূর্ণ প্রশ্ন ছিল শান্তি ও বিকাশ। চীন ইউ এসের সাথে সম্পর্ক ঠিক করে নিয়েছিল। ডেঙ্গ রীগনের সাথে হওয়া কথাবার্তার উল্লেখ করে বলেছিলেন যে, 'চারটি ডুবন্ত সাবমেরিন -তাইবান, দক্ষিণ কোরিয়া ও ইজরাইলের নীতি পরিত্যাগ করে দিন।' তবে থেকে ইউ এসের নীতিতে এই চার দলের প্রতি পরিবর্তনের ভাব স্পষ্ট হয়েছিল। ইউ এসের সাথে এদের ঘনিষ্টতা কমতে শুরু করেছিল।

তিনি বলেছিলেন যে, বিশ্বের পাঁচে ভাগের এক ভাগ চিনে অবস্থিত, কিন্তু তাঁরা এই সম্পদ অন্য কাউর সাথে ভাগ করতে পারবে না। তিনি রাজীবকে বলেছিলেন যে, একবিংশ শতাব্দীর কথা ভাবার আগে চীন বিংশ শতাব্দী তো দেখে নিক। এই চৈনিক নেতার মতে, বিশ্ব বদলাচ্ছিল ঠিকই, কিন্তু তিনি চাইছিলেন যে, মানুযের মধ্যে পরিবর্তন আসুক। তখন তিনি আর্শ্চয জনক একটা কথা বলেছিলেন, চীন ভুল করে তার কুড়িটা বছর নষ্ট করে ফেলেছে। 1976 সালে গ্যাবগ অফ ফোর (চাণ্ডাল চৌকড়ী) -এর পরাজয়ের পর চীনের মধ্যেও পরিবর্তন এসেছিল। তাঁর কথায় মনে হয়েছিল যে, এবার বিশ্বের দ্বার চীনের জন্য উন্মুক্ত। প্রতিটা ক্ষেত্রেই পরিবর্তন এসেছিল, চীনের রাজধানীর বাইরে গেলে প্রধানমন্ত্রী নিজেই তার অনুধাবন করতে পারতেন। ডেঙ্গ পুনরায় জোর দিয়ে বলেছিলেন যে, যতক্ষণ না ভারত ও চীন বিকশিত হচ্ছে ততক্ষণ পর্যন্ত এশিয়া প্যাসিফিক শতাব্দী বাস্তবিক হোতে পারবে না। এরপর ডেঙ্গ নেহেরু ও চাউ এন লাইয়ের দ্বারা 1954 সালে স্থাপিত শান্তিপূর্ণ সহ অস্তিত্বের সিদ্ধান্তের কথা তোলেন, তা ছিল অন্তর্রাষ্ট্রীয় সংবাদ বৃদ্ধির একটা আধার। তিনি একথাও জানিয়েছিলেন যে, সোভিয়েত ইউনিয়ান নিজে এই পাঞ্চ সিদ্ধান্তের পক্ষে।

রাজীবও ভারতের উন্নতির কথা ডেঙ্গকে জানিয়েছিলেন। পুরানো বাধা বিপত্তি দূর করে আধুনিকতার মহল তৈরির ব্যবস্থা চলছিল। আর্থিক ক্ষেত্রের পরিবর্তন লক্ষ্য করা যাচ্ছিল।

সন্ধ্যের সময় যখন আমি রাজীবকে জিজ্ঞাসা করেছিলাম যে, ডেঙ্গের সাথে তাঁর মিটিং কেমন হল, তখন তিনি বলেছিলেন যে, 'আমরা এগিয়ে গেছি, আর 1962 পিছনে চলে গেছে।' তিনি আরো বলেন যে, চৈনিক নেতাদের সঙ্গে যত কথা বলছিলেন তত বেশি মতৈক্যের ভাব প্রকাশিত হচ্ছিল।

ডেঙ্গ-রাজীবের মিটিং-এর ফলে শুধু ভারত আর চীনই আলোড়িত হয়নি, বরং সারা বিশ্ব আলোড়িত হয়েছিল।

পরে রাজীব গান্ধী প্রধানমন্ত্রী লী পেঙ্গের সাথেও কথা বলেন। নিজেদের মধ্যে কথাবার্তা বলার সময় তাঁরা ঠিক করেছিলেন যে, নিজেদের মধ্যে সম্মান বজায় রাখার জন্য পাঞ্চ সিদ্ধান্ত মেনে নেওয়া খুবই জরুরি - পরস্পরকে আক্রমণ না করা, কেউ কাউর

অভ্যন্তরীণ বিষয় নিয়ে মাথা ঘামাবে না, নিজেদের হিতের সুরক্ষা, শান্তিপূর্ণ সহ অস্তিত্ব পালন, যা ভারত ও চীন দ্বারা সংযুক্ত রূপে বানানো হয়েছিল, কঠিন সময় পার করে নিজেদের জীবন্ত করে তুলেছিল - এই সিদ্ধান্ত যেকোনো দুটি রাষ্ট্রের মধ্যে সুসম্পর্ক গড়ে দেওয়ার জন্য যথেষ্ট ছিল। এই সিদ্ধান্ত অন্তরর্রাষ্ট্রীয় রাজনীতি ও আর্থিক ক্ষেত্রে এক বিরাট ভূমিকা পালন করেছিল। দুই পক্ষই ভারত-চীন সম্পর্ক কায়েম করার জন্য প্রার্থনা করেছিল, দুই পক্ষই চেয়েছিল যে, এবার সম্পর্কের পরিবর্তন ঘটে বন্ধুত্বপূর্ণ সম্পর্ক গড়ে উঠুক। এতে যে শুধু দুটি দেশের মূলগত পরিবর্তন ঘটত তাই নয়, এশিয়াতেও একটা সুদৃঢ় স্থায়িত্ব গড়ে তোলা সম্ভব হোত। দুটি পক্ষই ঠিক করেছিল যে, নিজেদের মধ্যে বন্ধুত্বের সম্পর্ক গঠন করার জন্য লাগাতার চেষ্টা চালিয়ে যাবে।

দুই দেশের নেতারাই খুবই সততার সাথে ও গভীর ভাবে ভারত-চীন সীমার প্রশ্ন নিয়ে বিচার বিবেচনা করেছিল, আর এটা বুঝেছিলেন যে শান্তি পূর্ণ মৈত্রী বার্তাই এই প্রশ্নের সমাধান করতে পারে। তাঁরা এটা ঠিক করেছিলেন যে, দুই পক্ষ যাতে একসাথে কাজ করতে পারে সেই কারণে সঠিক মহল তৈরি করবেন, আর এমন পরিস্থিতির তৈরি করা হবে যাতে সীমা সম্পর্কিত বিবাদ অতি সহজে দূর করা যেতে পারে। এই সময় কিছু পদক্ষেপ গ্রহণের নির্ণয় নেওয়া হয়েছিল - যথা সংযুক্ত গ্রুপ বানিয়ে আর্থিক সম্পর্ক, ব্যাবসা, বিজ্ঞান ও শিল্পের ক্ষেত্রেও সহযোগিতা প্রাপ্ত করা হবে - যাতে করে সীমা সংক্রান্ত বিবাদ দূর হয়ে অতি সহজে মৈত্রীর বন্ধন গড়ে উঠতে পারে।

চীনে তিব্বত সংক্রান্ত প্রশ্ন তুলে ভারত যে চীনের বিরুদ্ধে নয় সেটা বুঝিয়ে দেওয়া হয়েছিল। ভারতীয় পক্ষ এটা স্পষ্ট করে দিয়েছিল যে, ভারত এটাই মানে বা জানে যে, তিব্বত হল চীনের একটি অংশ, চৈনিকরা তিব্বতে যা খুশি করতে পারে, তা নিয়ে ভারতের কোনো মাথা ব্যথা নেই।

রাজীব গান্ধীর এই অসাধারণ সফর বিদেশনীতির একটা বড় জয় ছিল। এটা ঠিক যে, গত 25 বছর ধরে ভারত-চীন সীমান্তে যে কোনো রকম সমস্যা দেখা যায়নি তার কারণ হল এই যাত্রা। এই ঘটনা আমার জন্য খুবিই স্মরণীয়, এতে আমারও কিছু ভূমিকা ছিল।

অধ্যায় - ১৮
কংগ্রেসের পরাজয়

1989 সালে কংগ্রেস যে মহাবিজয় লাভ করেছিল তা আসলে ছিল ইন্দিরা গান্ধীর প্রতি শ্রদ্ধাঞ্জলি। তার সাথে পার্টির বা তার কাজের কোনো সম্পর্ক ছিল না। 1989 সালে নির্বাচনের সময় জনগণের কংগ্রেসের প্রতি মোহভঙ্গ হয়ে গেছিল, আর তারাই এই পার্টিকে বাইরের রাস্তা দেখিয়ে দিয়েছিল। সরকারের মধ্যে একাত্মতার অভাব, পার্টিতে নৈতিকতার অভাব, বোফর্স কেলেঙ্কারির জন্য সংসদ ও দেশের বিরক্তি, এই সমস্ত কারণই কংগ্রেস পার্টির অবনতির জন্য দায়ি ছিল।

1986 থেকে 1987 সাল প্রধানমন্ত্রীর খুবই সমস্যার মধ্যে দিয়ে অতিবাহিত হয়েছিল। তাঁর সরকারের ওপর তাঁর লাগাম হাল্কা হয়ে গেছিল। নিজেদের মধ্যে একাত্মতা বোধ কমে যাচ্ছিল। একটা দিশাহীন গতিবিধি স্পষ্টই পরিলক্ষিত হচ্ছিল। দার্জিলিং-এর পাহাড়ে গোরখা ন্যাশালান লিবরেশন ফ্রন্টের আন্দোলন, শাহক্ষেত্র মামলায় বিরোধ এবং রাম জন্মভূমি নিয়ে বিরোধ তাঁকে বিভিন্ন দিক দিয়ে আক্রমণ শুরু করেছিল। তিনি এই তিনটি মামলার একটিও ঠিক মতন সামলাতে পারেননি।

1970 সাল থেকেই দার্জিলিং-এর লোকেরা গোরখাল্যান্ড নাম নিয়ে একটা স্বতন্ত্র রাজ্য চাইছিল। 1986 সাল পর্যন্ত সেই চাহিদা আরোও বৃদ্ধি পেয়েছিল। সুভাষ ঘিসিং-এর নেতৃত্বে গোরখাল্যান্ড ন্যাশানাল লিবরেশন ফ্রন্ট একটা হিংসাত্মক প্রতিরোধ দেখাতে শুরু করেছিল, যাতে বহু লোক মারা গেছিল এবং প্রান্তরে প্রায় তালা লেগে গেছিল। এই আন্দোলন প্রায় দুই বছর ধরে চলার পর 1989 সালে দার্জিলিং নিজেদের সমর্পণ করে দেয়।

শাহবানু ছিলেন একজন বিবাহ বিচ্ছেদা মুসলমান মহিলা, যিনি সুপ্রীম কোর্টে আপিল করেছিলেন যে, তাঁর প্রাক্তন স্বামী যেন তাঁকে মাসহারা বাবদ 500 টাকা করে দেয়। 1985 সালে সুপ্রীম কোর্ট এই মহিলার পক্ষেই রায় দিয়েছিল এবং বলে দিয়েছিল যে, আইন অনুসারেই এই সিদ্ধান্ত গ্রহণ করা হয়েছে। এতে মুসলমান মৌলবীরা খুবই রেগে গেছিল, কিন্তু রাজীব গান্ধী কোনো রকম পরোয়া না করেই নিজের সরকারের এক কনিষ্ঠ মন্ত্রী আরিফ মহম্মদ খানকে এই সিদ্ধান্তের হাত থেকে বাঁচানোর জন্য দাঁড় করিয়ে দিয়েছিলেন। আরিফ যদিও অতি সুন্দর ঢঙে সরকারকে বাঁচানোর চেষ্টা করেছিল, কিন্তু মুসলমান পার্সনাল

ল বোর্ড আরিফের ভাষণ শুনে আরো বিরক্ত হয় এবং জানিয়ে দেয় যে, যদি শাহবানুর ওপর সরকারের সমর্থন একই রকম থাকে তাহলে মুসলমান সমুদয়ের একটা বড় অংশ তার থেকে আলাদা হয়ে যাবে। প্রধানমন্ত্রী নিজের মন বদলে ফেলেন, প্রধানমন্ত্রীর এই হঠাৎই মত পরিবর্তনের বিষয়টা আরিফ মেনে নিতে পারেননি, যার ফেলে তিনি সঙ্গে সঙ্গে পদত্যাগ করেছিলেন। সারা দেশ এটাই বলতে চেয়েছিল যে, প্রধানমন্ত্রী এই মামলার সমাধান সঠিক ভাবে করতে পারেননি।

1986 সালে বাবরি-মসজিদ-রাম-জন্মভূমির বিষয় উত্থাপিত হয়। বেশ কিছু বছর ধরে এই বিষয়টা ধামাচাপা দিয়ে রাখা হয়েছিল এবং সেই ক্ষেত্রে তালা লাগিয়ে দেওয়া হয়েছিল, হঠাৎই তালা ভেঙে সেখানে পূজা করা শুরু হয়ে যায়। জনগণের মতে রাজীবের বন্ধু ও রাজ্য মন্ত্রী অরুণ নেহেরুর কথা অনুসারেই এই কাজ হয়েছিল। প্রধানমন্ত্রীর এই নির্ণয় দিকে সকলের আঙুল ওঠে এবং রাজনৈতিক মহল উত্তপ্ত হয়ে উঠেছিল। এল.কে.আডবাণী এই সুযোগের সদ্ব্যবহার করেছিলেন, যা রথ-যাত্রা রূপে সামনে এসেছিল, শেষ পর্যন্ত 1992 সালের 6 ই ডিসেম্বর মসজিদ ভাঙাই ছিল এর পরিণতি। যার ফলে দেশের বেশ কিছু জায়গায় সাম্প্রদায়িক দাঙ্গার শুরু হয়ে গেছিল।

1986 সালের 24 শে মার্চ 28.5 কোটি ডলারের এক কন্ট্রাক্টে সরকার এবং বিফর্স নামক একটি সুইডশ কম্পানীর মধ্যে একটি চুক্তি স্বাক্ষরিত হয়েছিল, যা অনুসারে এই কম্পানী 410 হাউভিট্জর 155 এম এম-এর তোপের অভাব পূরণ করবে। এর প্রায় একবছর বাদে 1987 সালের 16 ই এপ্রিল সুইডেনের

রেডিরো আরপ করেন যে, বোফর্স বেশ কিছু ভারতীয় নেতাদের কী-ব্যাক (ঘুয) দিয়েছে, এর সাথে বেশ কিছু মুখ্য আধিকারীও অন্তর্ভূক্ত আছে।বিরোধীরা রাজীবের দিকে তীর মারে আর তিনি ঘুষ নিয়েছেন এমন অপবাদ প্রচার করতে থাকে। আমি তখনও জানতাম আর আমি আজও বিশ্বাস করি যে, প্রধানমন্ত্রী একটু বিচার বিবেচনা করলেই খুব পরিষ্কার ভাবে এই সমস্যার সমাধান করতে পারতেন। তিনি ইচ্ছা করলে ক্যাবিনেট সেক্রেটারীর নেতৃত্বে কিছু বরিষ্ট আধিকারীকদের একটি দল গঠন করে নিজে তার থেকে রেহাই পেতে পারতেন, তারাই বোফর্স মামলার তদন্ত করতে পারত। এতে হয়তো বিরোধীরা খুশি হত না, কিন্তু রাজীবের গায়ে যে বিষাক্ত কলঙ্ক লেগেছিল, তাঁকে তার হাত থেকে বাঁচানো যেত। তাঁর একটু ধৈর্য্যের সাথে বিবেকপূর্ণ হয়ে এই কাজ করা উচিত ছিল। কিন্তু তিনি তা করেননি। তিনি বোফর্সের এই পাঁকের মধ্যে ঝাঁপিয়ে পড়েন এবং যার ফলে কিছু পাঁক তাঁর গায়েও লেগে যায়।

বলা যেতে পারে যে, 1987 সালে রাজীব সরকারের সমস্ত ইন্ধন শেষ হয়ে গেছিল।

রাজীব গান্ধী খুবই তাড়াহুড়ো করতেন। নিজের পাঁচ বছরের কার্যকালে তিনি যা যা করছেন তা সত্যিই অতুলনীয়। তিনি বহু ভারতীয়ের মনোবৃত্তি বদলে তাদেরকে একবিংশ

শতাব্দীর জন্য উপযুক্ত করার ব্যাপারে সফলতা লাভ করেছিলেন। তিনি ছিলেন অধৈর্য্য প্রকৃতির মানুষ, তিনি ভাবতেন যে মুখের কথা জমা খরচের মধ্যে দিয়েই যে কোনো সমস্যার সমাধান করা যায়, আর সেই কারণেই তাঁকে অপ্রত্যাশিত পরিণাম লাভ করতে হয়েছিল।

1984 থেকে 1989 সালের মধ্যে তাঁর মন্ত্রী মন্ডলে দুই ডজনের থেকে বেশি পরিবর্তন দেখা গেছিল। শুধুমাত্র একজন মন্ত্রীই পাঁচ বছর ধরে একই পদে কাটিয়েছিলেন - মাধবরাও সিন্ধিয়া। তাঁর মন্ত্রীত্বকালে বিদেশ মন্ত্রালয়ে চারজন ক্যাবিনেট মন্ত্রী ও ছয়জন রাজ্য মন্ত্রী ছিল সত্যি বলতে কি মন্ত্রীদের নিজেদের কাজ করার বা কোনো দীর্ঘ মেয়াদি নীতি সম্পর্কিত পরামর্শ দেওয়ার কোনো সুযোগই দেওয়া হতো না। প্রধানমন্ত্রী পদের বসার 18 মাস পর্যন্ত তিনি তাঁর ঘনিষ্ট মন্ত্রীদের কথা অনুসারেই কাজ করে যেতেন, তিনি নিজের কোনো জ্ঞান দেখানোর চেষ্টাই করতেন না। তাঁদের বুদ্ধি প্রখর হলেও কোনো নীতি ছিল না। তাঁরা সমাজসেবক হওয়ার ভান তো করত কিন্তু আনাড়ি ও রাজনীতির দালাল। তারা একে অপরের ব্যাপারে মাথাও ঘামাতো। সব মিলিয়ে বলা যায় যে, এই দলটা ছিল একেবারেই দায়িত্বহীন, তাঁরা না সরকারের নিয়ম কানুন মানত আর উচ্চ পদস্থ ক্যাবিনেট মন্ত্রীদেরও কোনো রকম সম্মান করত না। তাঁদের সঙ্গই রাজীবের প্রতিষ্ঠাকে টলিয়ে দিয়েছিল।

1986 সালের জানয়ারী মাসে আফগানিস্তানের রাষ্ট্রপতি নঝিবুল্লাহের নূতন দিল্লীতে আসার কথা ছিল। রাজীব শেষ মুহূর্তে আমাকে ডেকে ওনার কাছে যেতে বলেন। রাষ্ট্রপতিকে স্বাগত জানানোর জন্য আমরা যখন বিমান বন্দরের দিকে যাচ্ছিলাম তখন রাজীব আমাকে বলেন, 'নটবর! আমরা পাকিস্তানের সঙ্গে যুদ্ধ করতে চলেছি।' 'অপারেশান ব্রাস ট্যাক্স' একটা সমস্যা হয়ে উঠেছিল। যদিও এই অপারেশানের জন্য বহু বিউরো কাজ করেছিল, কিন্তু আমি শুধু নিজের কথা বলতে চাই, যদি কোনো তথ্য পাওয়া যায়!

ভারতীয় সেনা দল জেনারল কৃষ্ণ স্বামী সুন্দরজী, চীফ অফ আর্মী স্টাফ, এর নেতৃত্বে একটি বিরাট সৈন্য দল গঠন করেছিল ভারত-পাক সীমান্তে, যার গুপ্ত নাম ছিল 'ব্রাস ট্যাক্স'। তখন রক্ষা মন্ত্রালয়ের রাজ্যমন্ত্রী অরুণ সিংহ এই ব্যাপারে নিজের স্বীকৃতি দিয়ে দিয়েছিল। এই বিশাল প্রস্তুতি দেখে পাকিস্তান ভয় পেয়ে গেছিল। সৈন্যরা যে অভ্যাস করত তা সীমান্তে ভয় কায়েম করে রাখার জন্য। ভারতীয় প্রেস জানিয়েছিল যে, পাকিস্তানও নিজেদের সীমান্তে সৈন্য দল রাখতে শুরু করেছে।

আমি বিদেশ মন্ত্রালয়ের রাজ্য-মন্ত্রী হিসাবে রাজীবকে বলি যে, বিদেশ মন্ত্রালয়ের কাছে তো এই ব্যাপারে কোনো সূচনা নেই। রাজীব বলেন তারা কিছু জানে না। আমি তো ভয় পেয়ে যাই, কারণ আমি বুঝেছিলাম যে, অরুণ সিংহ এবং জেনারল কৃষ্ণ স্বামী সুন্দরজী তাঁর অনুমতি ছাড়াই সব কিছু ঠিক করে ফেলেছেন। প্রধানমন্ত্রী আমাকে ও তৎকালিন বিদেশ মন্ত্রী এন.ডী. তিওয়ারী -কে বলেছিলেন যে, আমরা আমেরিকা ও সোভিয়েত সংঘের রাজদূতদের কাছ থেকে জানতে পারব যে, পাকিস্তানি সৈন্য কোথায় কোথায় আছে।

ওদের স্যাটালাইটের মাধ্যমে এই খবর তাঁর কাছে আসার কথা ছিল। আমেরিকা ও সোভিয়েত রাজদূতরা জানিয়েছিল যে, পাকিস্তানি সৈন্যরা যুদ্ধ করার জন্য সীমান্তে একত্রিত হয়নি। রাজীব সঙ্গে সঙ্গে একটা মিটিং ডেকে আমাদের সাথে এই দূতাবাসের কি কথা হয়েছে তা জেনে একটা পরিণামে আসতে চাইছিলেন। এই মিটিং-এ অরুণ সিংহ, শ্রী তেওয়ারি, এস-এল ফোতেদার, লেফিট জন. হজারীও ছিলেন। আমি দূতাবাসের কথা তাঁদের জানাই। অরুণ সিংহ তখন আমেরিকা ও রাশিয়ার সাটালাইটের যোগ্যতা নিয়ে প্রশ্ন তোলেন। এটা ছিল খুবই হাস্যকর বিষয়, রাজীব শেষ পর্যন্ত আমার কথাই শুনেছিলেন।

মিটিং-এর শেষে তিনি আমাকে ও শ্রী তেওয়ারিকে অপেক্ষা করতে বলেছিলেন, তিওয়ারির দিকে তাকিয়ে উনি বলেছিলেন 'আমার নিজের রক্ষা রাজ্য মন্ত্রীর সাথে কি রকম ব্যবহার করা উচিত?'

বিদেশ মন্ত্রী আমার দিকে দেখে চুপ করে গেছিলেন। রাজীব তখন আমার রায় জানতে চান। আমি বলে, এমন মন্ত্রীকে তো সরিয়ে দেওয়া উচিত, তখন উনি বলেন, 'অরুণ সিংহ আমার বন্ধু'। আমি দৃঢ়তার সাথে বলি, 'শ্যার! আপনি কোনো দুন স্কুলের ওল্ড বয়েস এসোসিয়েশানের প্রেসিডেন্ট নন, আপনি হলেন ভারতের প্রাধনমন্ত্রী। প্রধানমন্ত্রীর কোনো বন্ধু থাকে না।'

প্রধানমন্ত্রীর অফিস থেকে বেরানোর পর শ্রী তেওয়ারি আমাকে বলেন, 'নটবর! তোমার মুখে তো কিছুই আটকায় না!' আমি বলি যে, সমস্ত তথ্য প্রধানমন্ত্রীর সামনে রেখে আমাদের মতামত জানানোই হল আমাদের কর্তব্য। তিনি কি করবেন সেটা সম্পূর্ণ তাঁর ব্যাপার। কিছু দিন বাদে অরুণ সিংহকে বিত্ত মন্ত্রালয়ে নিয়ে আসা হয়। যদিও তিনি তার প্রতিকার করার চেষ্টা করেছিলেন, কিন্তু কোনো লাভ হয়নি। আসলে ততদিনে রাজীব তাঁর বন্ধুর কিছু সিদ্ধান্তের কথা জানতে পেরে গেছিলেন। শেষ পর্যন্ত তিনি তাঁকে মন্ত্রী মন্ডল থেকে সরিয়ে দেন, এবং তাঁকে রাজ্যসভা থেকে পদত্যাগ করতে বলেছিলেন।

'ব্রাস ট্যাক্স'-এর সম্ভবনাকে দুর করার জন্য বিদেশ মন্ত্রালয়ের বহু কাজ করতে হয়েছিল। প্রধানমন্ত্রী আমাকে বলেন যে, আমি যেন পাকিস্তানের বিদেশ সচিব অব্দুস্সতারকে ডেকে ডেলিগেশান স্তরের বার্তার আয়োজন করি এবং ভাবী যুদ্ধের হাত থেকে সকলকে রেহাই দিই। পাকিস্তানের সাথে একটা রাজিনামা হয় যাতে করে পাকিস্তানকে কাশ্মীর থেকে সৈন্য সরিয়ে নিতে বলা হয়েছিল। 1987 সালে যখন প্রেসিডেন্ট জিয়া-উল-হক একটি ক্রিকেট ম্যাচ দেখতে এখানে এসেছিলেন, তখন তাঁর সাথে প্রধানমন্ত্রীর কথা হয়েছিল। একজন রাজ্যমন্ত্রী ও সেনার মুখ্যাধিকারি এমন একটা সংবেদনশীল বিষয় নিয়ে কিভাবে এমন ছেলেখেলা করছিলেন তা ভেবেই আমি অবাক হয়ে যাচ্ছিলাম।

বিদেশ সচিব এ.পী. ভেঙ্কটেশ্বরকে প্রধানমন্ত্রী সার্বজনিক রূপে বরখাস্ত করলে খুবই সমস্যার সৃষ্ট হয়েছিল। তাতে করে অনেক ক্ষতিও হয়েছিল। সমস্ত বিউরোক্রাসী খুবই

আহত এবং ক্রোধান্বিতও হয়েছিল। 1985 সালের মাঝামাঝি সময়ে ভেঙ্কটেশ্বরকে বিদেশ সচিব করা হয়েছিল, উনি আমার থেকে এক বছরের বড় ছিলে, আমার সাথে ওনার ভালোই আলাপ পরিচয় ছিল। ওনার সার্ভিস রেকর্ডে কোনো দাগ ছিল না। তাঁর মস্তিষ্কও ছিল প্রখর। তাঁর বিনোদ বোধ কখন কখন মাত্রা ছাড়িয়ে যেত, কিন্তু তাতে কাউর কোনো রকম ক্ষতি হোত না। কখন কখন তিনি অসম্মান করেফেলতেন, যদিও একজন বিদেশ সচিব হিসাবে তাঁর দায়িত্ববোধ ও বিবেকশীলতার পরিচয় দেওয়া উচিত ছিল। তাঁর যোগ্যতা নিয়ে কোনো সংশয় ছিল না। তাঁর নিজের অনুমানই শেষ পর্যন্ত সমস্যার তৈরি করেছিল। আমি তাঁকে দুই একবার বলেও ছিলাম যে, প্রধানমন্ত্রীর সাথে যেন অপ্রীতিকর ঢঙে কথা না বলেন।

1986 সালের অক্টোবর মাসে আমি যখন বিদেশ মন্ত্রালয়ের রাজ্যমন্ত্রী তখন লক্ষ্য করি যে, প্রধানমন্ত্রীর কার্যালয় ও বিদেশ মন্ত্রালয়ের মধ্যে একটা অসন্তোষজনক পরিস্থিতির সৃষ্টি হয়ে রয়েছে। এর জন্য উভয় পক্ষই দায়ি ছিল। বিদেশ মন্ত্রালয়ের ব্যাপারে পীএমদের সর্বদা মাথা ঘামানো ভেঙ্কটেশ্বর পছন্দ করতেন না। আমি ভাবতাম যে প্রধানমন্ত্রী ও বিদেশ সচিবদের প্রতি ঠান্ডা ব্যবহার করে থাকেন। আবার বিদেশ সচিব প্রধানমন্ত্রীকে বেশি পাত্তা দিতনা। ভেঙ্কটেশ্বর সর্ব সম্মুখে প্রধানমন্ত্রীর যোগ্যতা নিয়ে প্রশ্ন তুলতেন এবং তাঁর কিছু বুদ্ধিহীন কাজের সমালোচনাও করতেন। তাঁর এই সব কথা রাজীবের কান পর্যন্ত পৌঁছে গেছিল।

একবার পাকিস্তানে গিয়ে ভেঙ্কটেশ্বর জানিয়েছিলেন যে, প্রধানমন্ত্রী ইসলামাবাদে যেতে ইচ্ছুক, কিন্তু তাঁর এমন কোনো বিচার ছিল না, আমরা সকলে এই কথা শুনে অবাক হয়েছিলাম, প্রধানমন্ত্রীতো খুবই রেগে গেছিলেন। বিদেশ সচিব নিজেই সরকারকে একটা সমস্যার মধ্যে ফেলে দিয়েছিল। এই পরিস্থিতির সমাধান করার দরকার ছিল, কিন্তু মিডীয়া যেন এই খবর নিয়ে উত্তেজিত না হয়ে পড়ে, সেটাও দেখার দরকার ছিল।

1987 সালের 21 শে জানয়ারি প্রধানমন্ত্রী একটা প্রেস কনফারেন্স ডাকেন। সেই কনফারেন্সে ভেঙ্কটেশ্বরকেও ডাকা হয়েছিল। সেখানে প্রধান মন্ত্রী পাকিস্তান যাত্রায় বিদেশ সচিবের উক্তি নিয়ে কথা তোলেন আর বলেন যে, 'আপনারা শীঘ্রই একজন নতুন বিদেশ সচিবের সঙ্গে পরিচিত হবেন।' এই কথা শুনে তাঁর সামনে বসে থাকা ভেঙ্কটেশ্বর সঙ্গে সঙ্গে পদত্যাগ করেন।

সকলের সামনে প্রধানমন্ত্রী বিদেশ সচিবের পদ কেড়ে নেবেন তা ভাবা যাচ্ছিল না, আমি সেই সময় মস্কোতে ছিলাম, রেডিওতে খবরটা শোনার পরেই আমি দিল্লী ফিরে আসর সিদ্ধান্ত নিই।

দিল্লী ফেরার প্রায় সাথে সাথেই আমি সোজা প্রধানমন্ত্রীর আবাস 7 নম্বর রেসকোর্স রোডে পৌঁছে যাই। সেখানে এন.ডী. তিওয়ারিও ছিলেন। আমি প্রধানমন্ত্রীকে বলেছিলাম

যে, যেভাবে ভেঙ্কটেশ্বরকে তাঁর পদ থেকে সরানো হয়েছে তাতে সিভিল সার্ভিসের লোকেরা খুবই ক্রোধান্বিত হবে। এই ব্যাপারে সিনিয়ার সিভিল সার্ভেন্টস্ এল.পী. সিংহ এবং পী.এন. হস্কর খুবই কটাক্ষ করেছিলেন। পরে আমি জানতে পারি যে, সোনিয়াও রাজীবকে এই নিয়ে যথেষ্ট কথা শুনিয়েছিলেন। রাজীব একদম বাচ্চার মতো জবাব দিয়েছিলেন যে, 'আমি এটা জানতাম না যে, উনি আমার সামনেই বসে আছেন।'

1889 সালের লোকসভা নির্বাচন রাজীব হেরে যান, তাঁর পরাজয়ের পর এই শতাব্দীতে 6 জন প্রধানমন্ত্রী রেসকোর্সে উপস্থিত হয়েছিলেন। 1989 সালে ন্যাশানাল ফন্ট একটা যৌথ সরকার গঠন করেছিল, যার নেতা ছিলেন রাজীবের পুরানো বিত্ত ও পরে রক্ষা মন্ত্রীর পদে আসীন হওয়া বিশ্বনাথ প্রতাপ সিংহ। তিনি কংগ্রেস ত্যাগ করেছিলেন এবং 1987 সালে যখন তাঁকে ক্যাবিনেট থেকে বরখাস্ত করে দেওয়া হয়েছিল তখন তিনি লোকসভা ত্যাগ করেছিলেন। অরুণ নেহেরু ও আরিফ মোহম্মদ ন্যাশানাল পার্টীতে অংশ গ্রহণ করেছিলেন।

1990 সালের 10 ই ফেব্রুয়ারী নেলসন ম্যান্ডেলা জেল থেকে মুক্তি লাভ করেছিলেন। সমগ্র বিশ্বের দৃষ্টি তখন ছিল সেই দিকে। কেন্দ্রে ভি.পি. সিংহের সরকার ঠিক করেছিল যে, বিদেশ মন্ত্রালয়ের অতিরিক্ত সেক্রেটারীর সাহায্যে ম্যান্ডেলাকে শুভকামনা পাঠাবেন। এটা ছিল একেবারেই ভুল সিদ্ধান্ত। আমি রাজীব গান্ধীকে কংগ্রেসের তরফ থেকে কোনো উচ্চ স্তরীয় ডেলিগেশানকে সেখানে পাঠাতে বলি, ম্যান্ডেলাকে শুভকামনা জানানোর জন্য। তিনি আমার পরামর্শ স্বীকার করে নিয়েছিলেন।

পী.বী. নরসিমহারাও, আনন্দ শর্মা এবং আমি সেখানের গেছিলাম এবং ম্যান্ডেলা ও তাঁর স্ত্রীর সাথে তঞ্জানিয়ার রাজধানী দার এ সলামের পশ্চিমে প্রায় 100 মাইল দূরে অবস্থিত তাঁদের গ্রামে তাঁদের সাথে দেখা করতে গেছিলাম। আমার এই যাওয়া ম্যান্ডেলার কাছে খুবই মর্মস্পর্শী হয়েছিল। তিনি বলেছিলেন যে, মহাত্মা গান্ধী এবং নেহেরু ছিলেন তাঁর প্রেরণার উৎস। 27 বছর জেলে থাকাকালিন তিনি ভারতের ন্যাশানাল কংগ্রেসের কাছ থেকে যে সহায়তা লাভ করেছিলেন তার জন্য তিনি কৃতজ্ঞতা প্রকাশ করেন।

তাঁর গৌরব, ভঙ্গিমা এবং আত্ম বিশ্বাস দেখে সত্যিই ভীষণ ভালো লাগছিল। তিনি খুব কম কথা বলতেন এবং খুব গম্ভীর স্বভাবের মানুষ ছিলেন তিনি। আমাদের সামনে খুবই দূরদর্শী, সাহসী এবং সৎ একজন মানুষ বসেছিলেন।

1990 সালের 21 শে মার্চ নাম্বিয়া তাদের স্বাধীনতা দিবস উদ্‌যাপিত করতে যাচ্ছিল। আমি রাজীবকে বলেছিলাম যে, তাঁর সেই সময় ওখানে থাকা উচিত। রাজীব বলেছিলেন যে, তিনি কোনো নিমন্ত্রণ পাননি। আমি তখনই প্রেসিডেন্ট কৌন্ডাকে লুসাকাতে ফোন করি, এবং চব্বিশ ঘন্টার মধ্যে নিমন্ত্রণ এসে যায়। কিন্তু নাম্বিয়ার রাজধানী ভিন্ড যাওয়ার একমাত্র পথ ছিল দক্ষীণ আফ্রিকার ওপর দিয়ে। কিন্তু রাজীব সেই পথ দিয়ে যেতে চাননি।

তখন জাম্বিয়ার প্রেসিডেন্ট তাঁকে প্রাইভেট প্লেনে নিজের সাথে যেতে বলেছিলেন।

18 তারিখ আমরা মুম্বাইতে পৌঁছাই, সেখান থেকে জাম্বিয়া এয়ারবাজের লুসাকার প্লেন ধরার কথা ছিল। রাজীব ঠিক করেছিলেন যে আমরা ইকোনমী ক্লাসে যাবেন। প্লেন ছাড়ার সাথে সাথে যাত্রীরা রাজীবের অটোগ্রাফ নেওয়ার জন্য উদগ্রীব হয়ে ওঠে। সেখানে এত ভিড় হয়ে যাচ্ছিল যে কেবিন স্টেওয়ার্ড তাঁকে ফার্স্ট ক্লাসে চলে যাওয়ার জন্য প্রার্থনা করেন, কারণ পরিস্থিতি এমন হয়েছিল যে, ডিনার পরিবেশন করা যাচ্ছিল না। কিন্তু রাজীব একা ফার্স্ট ক্লাসে যেতে রাজী হননি। আমাকে আপগ্রেড করা হলে চালক দলরা একটু স্বস্তি পায়।

সেই সময় রাজীব কোনো পদে ছিলেন না, কিন্তু কৌন্ডায় তাঁর সাথে একজন প্রধানমন্ত্রীর মতোই ব্যবহার করা হয়েছিল। আমাদের প্রেসিডেন্টের আবাস স্টেট হাউসে থাকতে দেওয়া হয়েছিল। আমরা যেদিন পৌঁছেছিলাম সেদিন কৌন্ডা একটা ডিনারের আয়োজন করেছিলেন, তাতে সোভিয়েত ইউনিয়ানের বিদেশ মন্ত্রী এডওয়ার্ড শেবরনারেকও ছিলেন। উনি রাজীবকে দেখনইনি। রাজীব যখন প্রধানমন্ত্রী ছিলেন তখন সেখানকার সরকার রাজীবের সঙ্গে দেখা করার কোনো সুযোগই ছাড়তনা, এই ব্যাপারে রাজীব কোনো প্রতিক্রিয়া ব্যক্ত করেননি, কিন্তু আমার খুব খারাপ লেগেছিল।

পরের দিন সকালে আমরা প্রেসিডিন্টের প্লেনে নাম্বিয়ার রাজধানীর উদ্দেশ্যে রওনা দিই। সেখানকার পরিবেশ ছিল উৎসব মুখর, লোকজনেরা নাচ-গান করছিল। 21 তারিখ এত বৃষ্টি হয় যে, যেখানে উৎসব হওয়ার কথা ছিল সেই মঞ্চ পর্যন্ত পৌঁছানো অসম্ভব হয়ে উঠেছিল। যাই হোক কোনো ক্রমে আমরা সেখানে পৌঁছাই, এবং সাউথ আফ্রিকার পতাকা নিম্নগামী করে নাম্বিয়ার পতাকা উর্ধ্বে উত্তলন দেখাই ছিল আমাদের লক্ষ্য। যেখানে অন্য দেশ ও বিদেশের মন্ত্রীগণ বসেছিলেন সেইখানেই আমি ও রাজীব বসেছিলাম। সকল নেতার নাম ঘোষণা করা হচ্ছিল, রাজীবের নাম ঘোষণার সাথে সাথে চারদিকে হাততালি পড়তে শুরু করে। তাঁর আগে প্রধানমন্ত্রী ভী.পী. সিংহের নামও ঘোষণা করা হয়েছিল, কিন্তু তাতে জনতা কোনো রকম উৎসাহ দেখায়নি। প্রধানমন্ত্রী তো ঠিক সময়ে পৌঁছাতে পর্যন্ত পারেননি, নতুন স্বতন্ত্র রাষ্ট্র নাম্বিয়াকে উদিত হোতে দেখার সুযোগই তিনি পাননি। আফ্রিকার বেশির ভাগ রাষ্ট্রাধ্যক্ষ নাম্বিয়ায় পৌঁছে গেছিলেন, এই মহান সময়ের সাক্ষী হয়ে থাকার জন্য। সাউথ আফ্রিকার প্রেসিডেন্ট এফ.ডাব্লু. ডি. ক্লার্কও সেখানে উপস্থিত ছিলেন। ইউনাইটেড নেশানের সেক্রেটারী জেনারল জাভিয়ার পেরেজদ ক্যুলর প্রেসিডেন্ট স্যাম ন্যূজোমা শপথ গ্রহণের পর তাঁকে ক্ষমতা প্রদান করেছিলেন। সেটা ছিল একটা ঐতিহাসিক ও মর্মস্পর্শী ক্ষণ-বিশেষ করে আমার জন্য, নাম্বিয়া স্বাধীন হওয়ার পিছনে আমারও একটা ছোট্ট ভূমিকা ছিল, যখন এউ.এন. কমিটিতে ডীকিলোনাঈজেশান (উপনিবেশবাদকে শেষ করা) নিয়ে তর্ক-বিতর্ক শুরু হয়েছিল সেই সময়ের কথা বলছি।

পরের দিন রাজীব ঠিক করেছিলেন যে, আমরা একটা রেষ্টুরেন্টে ডিনার করতে যাব। সেখানে পৌঁছানোর সাথে সাথে হাততালি বেজে ওঠে। অর্ধেক রেষ্টুরেন্ট জুড়ে বসেছিল শ্বেত চামড়ার লোকরা, যারা নাম্বিয়ায় তাদের শাসন খর্ব হয়ে যাওয়ার ফলে দুঃখ পাচ্ছিল। কিন্তু তারা সকলেই রাজীবকে যথেষ্ট সম্মান দেখিয়েছিল। রাজীব আমাকে জিজ্ঞাসা করেন, 'এরা আমাকে কি করে চিনল ?' আমি একটু মজা করে জবাব দিই যে, 'কারণ আপনার নাম নটবর সিংহ নয়!' পরের দিন সকালে শহরের বাইরে উপস্থিত ম্যান্ডেলার সাথে আমরা দেখা করেতে যাই। ম্যান্ডেলাকে রাজীব প্রথমেই বলেন যে, আমার কন্যা যখন জানতে পরেছিল যে আমি আপনার সাথে দেখা করতে আসছি, তখন সে আমাকে বলেছিল যে, আমি যেন আপনার সাথে করমর্দনের সময় তাকে স্মরণ করে নিই। আমি এখন সেটাই করছি। রাজীব তাঁকে ভারতের সমস্যার কথা জানান, তা দুর করার জন্য আমরা কি কি চেষ্টা করছি তাও তিনি বলেন। তিনি সেখানে একজন কংগ্রেসের নেতার মতো নন বরং একজন ভারতীয়ের মতো কথা বলছিলেন। ম্যান্ডেলা সাউথ আফ্রিকা বিশেষ করে আফ্রিকার দক্ষীণ ভাগের কথা বলেন। তিনি আশা করেছিলেন যে, এখন সাউথ আফ্রিকার প্রেসিডেন্টের সাথে বহু আলোচনা করতে হবে। যাতে সাউথ আফ্রিকাতেও ভোট গ্রহণের ব্যবস্থা করা হয়। সেই রাস্তা ছিল খুবই দুর্গম ও বাধাপূর্ণ। সেখানকার শ্বেতাঙ্গরা তাদের অধিকার চলে যাওয়ার কথা ভাবতে পারছিল না। সবচেয়ে বড় সমস্যা হয়েছিল শ্বেতাঙ্গ অধ্যুষিত তিন চতুর্থাংশ জমি নিয়ে। ম্যান্ডেলার মতে সেটাই ছিল সবচেয়ে বড় সমস্যা।

ম্যান্ডেলা ভারতের সাথে সম্পর্ক ঘনিষ্ট রাখার কথা ভেবেছিলেন। তিনি আফ্রিকার ন্যাশানাল কংগ্রেসের জন্য কিছু আর্থিক সাহায্য চেয়েছিলেন, যা রাজীব দিতে রাজী হয়েছিলেন।

এই সমারোহে টাইনী রিল্যাণ্ড উপস্থিত ছিলেন। তিনি ছিলে একজন ইংরেজ মহানুভাব, দক্ষীণ আফ্রিকায় তাঁর বিরাট ব্যবসা ও সাম্রাজ্য ছিল। তাঁর সাথে আমার লুসাকাতে পরিচয় হয়েছিল, তিনি যেকোনো সময়ে মানুষকে চমকে দিতে পারতেন - সদাহাস্য, হিসাবি এবং ব্যবসার ব্যাপারে জিনিয়াস ছিলেন তিনি। আমি তাঁকে জানই যে লন্ডন যাওয়ার জন্য আমরা প্লেনের টিকিট পাচ্ছিনা, রলেণ্ড বলেন যে তাঁর কাছে অনেক গুলি প্রাইভেট প্লেন আছে, রাজীব তাতে গেলে তিনি খুবই খুশী হবেন।

এয়ারপোর্টে যাওয়ার আগে রাজীবের ফটো তোলার শখ জেগে উঠেছিল, তিনি ফ্লিম কেনার জন্য ক্যামেরা শপে ঢোকেন। সেই দোকানের মালিক তাঁর কাছ থেকে ফ্লিমের দাম পর্যন্ত নেয় না।

আমরা একটা অতি সুসজ্জিত প্রাইভেট প্লেনে সারা রাত ওড়ার পর সকালে লণ্ডনে গিয়ে পৌঁছাই। রলেণ্ড ছিলেন খুব ভালো আপ্যায়ক, সাউথ আফ্রিকা সম্পর্কে তাঁর জ্ঞান ছিল অসীম।

দিল্লীর ফ্লাইট ধরার আগে রাজীব আমাকে মার্গারেট থেচার ও লেবার নেতা নীল

কিন্নকের সাথে যোগাযোগ করতে বলেন। আমাদের কল শ্রীমতি থেচারের অফিসে পৌঁছালেও সেখানকার লোকেরা আমাদের কোনো রকম সাহায্য করেনি। কিন্নক রাজীবের সাথে কথা বলে খুবই খুশি হয়েছিলেন। পরে থেচার কমনওয়েল সেক্রেটারী জেনারল সোনী রামফলকে অভিযোগের সুরে বলেছিলেন যে, রাজীব কিন্নকের সাথে দেখা করেছেন , কিন্তু তাঁর সাথে দেখা করেননি। সোনী আমাদের এই কথা জানালে, আমি একটা চিঠি লিখে থেচারকে সম্পূর্ণ ঘটনা জানাই।

এর আগে আমি কখন রাজীবের সাথে একা থাকার সুযোগ পাইনি। লোকে চারদিক থেকে তাঁকে ঘিরে রাখত, তাঁকে এত কাছ থেকে দেখার পর তাঁকে খুবই ভদ্র, আকর্ষণীয় এবং অহংকারহীনব্যক্তি বলে মনে হয়েছিল। এর আগে এমন মানুষের সাথে আমার কখন পরিচয় হয়নি। তিনি ছিলেন আনন্দ প্রিয় মানুষ, কোনো বাহান, কোনো অহংকার কিছুই ছিল না তার মধ্যে। তিনি আমাকে যথেষ্ট আরাম দিয়েছিলেন, কিন্তু তিনি একদম একা থাকতে ভালোবাসতেন না। তাঁর মাথায় ছিল প্রযুক্তির ভূত, তাঁর কাছে একটা ছোট্ট রেডিও ছিল, যাতে একটা এরিয়ল লাগানো ছিল, তিনি তা ঠিক করেন আর তারপর আমরা তাতে বীবীসী নিউজ শুনি।

আমরা যখন লুসকাতে ছিলাম তখন সেখানকার হাই কমিশানার এস.পী. সিংহ আমাদের ডিনারে আমন্ত্রণ জানিয়েছিলেন। সেখানে কয়েকটা পুরানো ভারতীয় পরিবার ছিল, তাঁরা রাজীবকে দেখে কিংকর্তব্যবিমূঢ় হয়ে গেছিল, কিন্তু রাজীব খুব শীঘ্রই তাদের সহজ করে দিতে সক্ষম হয়েছিলেন। তাঁর ব্যবহার দেখে মনে হচ্ছিল যে, তারা যেন তাঁর কতদিনের পুরানো বন্ধু, আসলে কোনো আত্মবিশ্বাসে পূর্ণ গরিমাময় মানুষই এমনটা করতে পারে। প্রধানমন্ত্রী থেকে সাধারণ সাংসদ হয়ে থাকা মামুলি কথা ছিল না। আসল নেতার পরিচয় দুর্দিনেই পাওয়া যায়।

বিংশ শতাব্দীর শেষ দশকে ভী.পী. সিংহ মন্ডল কমিশান রিপোর্ট পেশ করার পরেই সমস্যার শুরু হয়ে গেছিল। এতে বলা হয় যে, কিছু সরকারী এবং বিশ্ববিদ্যালয়ে চাকরির ক্ষেত্রে ওবিসি-দের (আদার ব্যাক ওয়ার্ড কাস্ট) জন্য 27 শতাংশ আসন সংরক্ষিত রাখা হবে। এদিকে ভারতীয় জনতা পার্টিও সেই সময় মাথা চাড়া দিয়ে উঠতে শুরু করেছিল। এই ঘটনা এবং এই উত্থান দিল্লীর বুকে উপদ্রব শুরু করে দিয়েছিল। এক বিদ্যার্থী মন্ডল কমিশানের রিপোর্টের বিরোধীতা করতে গিয়ে নিজের গায়ে আগুন দিয়ে দেয়।

এদিকে প্রধান মন্ত্রী ভী.পী. সিংহের উপপ্রধান মন্ত্রী দেবী লালা প্রধান মন্ত্রীর বিরোধীতা করতে শুরু করেছিল, যার ফলে 1990 সালের নভেম্বরে ভী.পী.সিংহ পদত্যাগ করতে ব্যাধ হন, তাঁর পরিবর্তে চন্দ্রশেখরকে প্রধানমন্ত্রী করা হয়। কোনো এক সময়ে চন্দ্রশেখরকে কংগ্রেসের ইয়ঙ্গটর্স লিডার হিসাবে পরিচিত ছিলেন। সেই সময় রাজীব ছিলেন প্রতিপক্ষের নেতা, তিনি চন্দ্রশেখরকে সমর্থন করবেন বলে ঠিক করেছিলেন। চন্দ্রশেখরের কাছে সেই

সময় মোট 44 জন সাংসদ ছিল। কিন্তু রাজীব ও চন্দ্রশেখরের এই যৌথ সরকার বেশি দিন চলেনি। যখন সাদ্দাম হুসেন কুয়েত আক্রমণ করেছিলেন তখন এঁদের দুজনের মতভেদ চূড়ান্ত হয়ে উঠেছিল। চন্দ্রেশেখর আমেরিকার যুদ্ধ বিমান গুলিকে মুম্বাই ও চেন্নাইতে পেট্রোল ভরার অনুমতি দেয়, তখন সেগুলি গল্ফের দিকে যাচ্ছিল, রাজীব তা মানতে পারেননি। তিনি এটাকে চন্দ্রশেখরের আমেরিকার প্রতি ধামা ধরা বলতেন। রাজীব নিজে প্রেসিডেন্ট জজ বুশ সিনিয়ারের সঙ্গে কথা বলার চেষ্টা করেছিলেন, কিন্তু তিনি রাজীবের কোনো কল গ্রহণই করেননি। শেষ পর্যন্ত ইউএস এম্বাসীর মাধ্যমে প্রেসিডেন্ট জজ বুশ 7 ফেব্রুয়ারী রাজীবকে কটাক্ষ করে কিছু কথা জানিয়েছিলেন

এই সংঘর্যে আমরা পারমাণবিক অস্ত্রের ব্যবহার করতে চাইনা। সম্প্রতি সংবাদ পত্রে আপনি জানিয়েছেন যে, ভারতের নিজের সক্ষমতার দ্বারা পারমাণবিক অস্ত্র গঠন করা উচিত, চিন্তার বিষয় হল, ভারত যদি এমনটা করে তাহলে দক্ষিণ এশিয়া জুড়েই অস্থিরতার সৃষ্টি হতে পারে।

গল্ফের দিকে যাওয়ার সময় আমাদের প্লেন ভারত থেকে ইন্ধন সংগ্রহ করছে বলে আপনি মনক্ষুণ্ণ, কিন্তু এই প্লেন গুলির ওড়াটা খুবই জরুরি। আপনি যদি রাজনৈতিক দিক থেকে বিরোধীতা করেন তাহলে আপনার আমার সাথে বহু কষ্টে করা দ্বিপাক্ষিক চুক্তির ওপর আঁচ আসতে পারে।

রাজীব ঠিক করেছিলেন যে, চন্দ্রশেখরের সরকার ভেঙে দেওয়া হবে। একসময় চন্দ্রশেখর বৈদেশিক মামলায় সহযোগিতা করার জন্য রোনেন সেনের হাত দিয়ে একটা ফাইল পাঠিয়েছিলেন, রাজীব তাতে স্বাক্ষর করে মাদ্রাস ও মুম্বাই বিমান বন্দরে আমেরিকারপ্লেন নামার অনুমতি দিয়েছিলেন। কিন্তু তাতে কোনো লাভ হয়না, চন্দ্রশেখরকে যেতেই হয়। রাজীব প্রেসিডেন্ট ভেঙ্কটরমনের সাথে দেখা করে তাঁকে জানান যে, তিনি নিজের সমর্থন ফিরিয়ে নিতে চান। চন্দ্রশেখর খুবই দ্রুততার সাথে কাজ করেছিলেন, লোকসভায় তাঁর পরাজয় ঘটার আগেই তিনি 1991 সালের 21 শে জুনই পদত্যাগ পত্র পাঠিয়ে দিয়েছিলেন।

পুনরায় লোকসভার ভোটের সময় এসেগেছিল, কংগ্রেস নিজের হারানো সম্মান ফিরে পাওয়ার জন্য জোর কদমে প্রচার অভিযানে নেমে পড়ে। 1991 সালের 17 ই মে রাজীব প্রচারের জন্য আমার ভোটকেন্দ্র ভরতপুরে গেছিলেন। তার আগে একটা মিটিং সেরে আমরা সন্ধ্যে চারটে নাগাদ ভরতপুরে গিয়ে পৌঁছেছিলাম। তাঁর সাথে ছিলেন তাঁর ঘনিষ্ট বন্ধু সুমন দুবে। তিন থেকে চার ঘন্টা ঘুমই রাজীবের জন্য যথেষ্ট ছিল, কিন্তু আমার জন্য নয়। তিনি সকাল সাতটায় উঠে প্রাতঃরাশ শেষ করে আগ্রার উদ্দেশ্যে রওনা হন, আমি তাঁকে প্রচার অভিযানের জন্য শুভকামনা জানাই, সেটাই ছিল তাঁর সাথে আমার শেষ দেখা।

21 শে মে আমি ভরতপুর থেকে 35 মাইল দূরে নিজের ভোটের প্রচারের জন্য

গেছিলাম। সেদিন রাতে প্রচণ্ড ঝড় বৃষ্টি হয়েছিল। এমন আবহাওয়ায় প্রচার সম্ভব নয় বলে আমি ভরতপুরে ফিরে আসি। সেখানে এসে আমি জানতে পারি যে, এক বোমা বিস্ফরণে রাজীব গান্ধির মৃত্যু হয়েছে। যে বোমা বিস্ফরণ করিয়েছিল সে নিজের গায়ে বোম বেঁধে এসেছিল। খবরটা আমি বিশ্বাস করতে পারিনি আমি মুখ্য নির্বাচন কমিশনার টী.এন.শেসনকে ফোন করি। ফোনে তাঁকে পাওয়া ছিল এক মিরাক্কেল বিষয়। তিনি আমাকে বলেন যে, রাত এগারোটার সময় তামিলনাড়ুর শ্রীপেরম্বুডুরে রাজীব মারা গেছেন। আমি আর আমার স্ত্রী তখনই দিল্লীর উদ্দেশ্যে রওনা দিই, এই বৃষ্টির মধ্যে আমরা সারা রাত শুধু এই কথাই বলছিলাম। রাজীব মাত্র 46 বছর বয়সে মারা যান। সোনিয়া, রাহুল ও প্রিয়াঙ্কার কথা ভেবে বুক ফেটে যাচ্ছিল।

দিল্লী থেকে 86 কিমি. দূরে ভরতপুর অবস্থিত, কিন্তু সেদিন মনে হচ্ছিল যে, এই দূরত্ব বোধ হয় আর কখন শেষ হবে না। আমি স্ত্রীকে আমাদের বসন্ত বিহারের বাড়িতে ছেড়ে সোজা পালামে চলে যাই। সেখানে প্রেসিডেন্ট ভেঙ্কটেশ মৃতদেহ আসার অপেক্ষা করছিলেন। এয়ারপোর্টেই আমার সাথে বী.জজ, ফোতেদার ও অরুণের সাথে দেখা হয়ে গেছিল। সকাল পৌনে ছটায় প্লেন এয়ারপোর্টে এসে পৌঁছায়, সোনিয়া আর প্রিয়াঙ্কা এই প্লেনেই ছিলেন। সোনিয়ার দুঃখ বোঝানোর মতোন কোনো শব্দ আমার মাথায় আসছে না।

শ্বেত বস্ত্রধারী সোনিয়া প্লেন থেকে নেমে প্রেসিডেন্টকে ধরেই কাঁদতে শুরু করেছিলেন। সেখানে উপস্থিত কোনো মানুষই চোখের জল সামলাতে পারেনি। আমার জগৎ খণ্ড খণ্ড হয়ে গেছিল, কিছুক্ষণ পরে প্রিয়াঙ্কা বাইরে আসে আর রাজীবের শরীর একটা গাড়িতে তোলা হয়। শরীর একটা সাদা চাদর দিয়ে ঢাকা ছিল। সোনিয়া আর প্রিয়াঙ্কা প্রেসিডেন্টের সঙ্গে গাড়ি করে বেরিয়ে যান। পোস্ট মর্টমের জন্য শরীরটা সোজা এআইআইমএসে নিয়ে যাওয়া হয়। তারপর দশ জনপথ আর তারপর তিনমূর্তি হাউসে। 24 শে মে রাজকীয় সম্মানের সাথে তাঁর শেষকৃত্য সম্পন্ন হয়েছিল। দুই দিকে হাজার হাজার লোকের মধ্যে দিয়ে তিন ঘন্টা ধরে তিনি তাঁর শেষ যাত্রা সম্পন্ন করেছিলেন। বিদেশের বহু গণ্যমান্য ব্যক্তি তাঁকে শেষ সম্মান জানাতে এসেছিলেন। তাঁর মৃত্যুর সময় তিনি একজন সাংসদ পর্যন্ত ছিলেন না কিন্তু তা সত্ত্বেও এই শেষ সময়ে ইউনাইটেড স্টেটের ভাইস প্রেসিডেন্ট ড্যান কেবল, দুইজন প্রাক্তন প্রধানমন্ত্রী সহ প্রিন্স চার্লস, পাকিস্তানের বেনজির ভুট্ট ও নবাজ শরিফ, আয়স অরাফাত, সোভিয়েত সংঘ ও চীনের উপপ্রধানমন্ত্রী, ভুটানের রাজা এবং আরো বহু বিদেশ মন্ত্রী উপস্থিত ছিলেন। দিল্লী থেকে ফিরে যাওয়ার আগে বেশির ভাগ ভি.আই.পিরাই 10 নং জনপথে গিয়ে সোনিয়ার সাথে দেখা করে এসেছিলেন। আমি সেখানে সর্ব সময়ের জন্য ছিলেম। আমার এখনও মনে আছে যে, বেনজির ভুট্ট এই ভয়ঙ্কর দুর্ঘটনার পর সোনিয়াকে রাজনীতি থেকে সরে গিয়ে ছেলে ও মেয়ে নিয়ে থাকতে বলেছিলেন। সোনিয়া চুপ করে বসেছিলেন। আমি বেনজির ভুট্টকে বলেছিলাম যে তিনি

তাঁর কথা বুঝতে পারেননি 'আপনিও তো আপনার বাবার দেখানো পথেই চলেছেন, আর নেহেরু গান্ধী পরিবারের তো জন্মই হয়েছে ভারতের সেবা করার জন্য। ওঁরা নিজের ঐতিহ্যকে বজায় রাখবেন।' বেনজির বলেন যে, এগুলি কোনো কথার কথা নয়, কিন্তু আমি সেই সময় তাঁর সাথে কোনো রকম তর্ক করতে চাইনি।

শেষকৃত্যের পরের দিন এলাহাবাদের এক বিশেষ ট্রেনে রাজীবের শরীরের ছাই নিয়ে যাওয়া হয়। সঙ্গে কংগ্রেসের বেশ কিছু বরিষ্ঠ সদস্যও ছিলেন। সারা রাত স্টেশান জুরে হাজার হাজার লোক প্রিয় নেতাকে শ্রদ্ধাঞ্জলি প্রদানের জন্য দাঁড়িয়েছিল। ত্রিবেনি সঙ্গমে রাজীবের ছাই বিসর্জন করার সময় প্রায় পাঁচ লক্ষ লোক দাঁড়িয়েছিল। অস্থি বিসর্জনের পর আমরা কয়েক ঘন্টা আনন্দ ভবনে অপেক্ষা করি, তারপর এই বিশেষ ট্রেনেই দিল্লী ফিরে আসি। আমরা কেউ চোখের পাতা ফেলতে পারিনি, কারণ সকলেরই রাজীবের সাথে কাটানো সময় গুলির কথা মনে পড়ছিল, আর একে অপরের সঙ্গে সেই নিয়েই আলোচনা করছিলাম।

জওহরলাল নেহেরু নিজের সারা জীবন কাটিয়ে শান্তিতেই এই পৃথিবী ত্যাগ করেছিলেন, 1980 সালের 22 শে জুন এক প্লেন দুর্ঘটনায় মাত্র 33 বছর বয়সে সঞ্জয়গান্ধী মারা গেছিলেন। 1984 সালের 31 শে অক্টোবর ইন্দিরা গান্ধীর এবং 1991 সালের 21 মে রাজীবকে হত্যা করা হয়েছিল। আমি ভাবছিলাম যে, নেহেরু-গান্ধী পরিবার আগুন নিজেদের দিকে টেনে আনে। মনে হচ্ছিল যেন কোনো অশুভ শক্তি তাঁদের পিছনে লেগে গেছে।

রাজীবের মৃত্যুর দুই দিন বাদে আমি লিখেছিলাম 'দেশ কাঁদছে, বিশ্ব আফসোস করছে। আমি নিজের ভেতরে একটা শূণ্যস্থান বোধ করছি, কিন্তু দুঃখ যেন কিছুতেই কাটছে না। অশ্রু শুকিয়ে যাবে, রাগ ঠান্ডা হয়ে যাবে, ভয়বহতা দূর হয়ে যাবে, কিন্তু মনের দাগ আর হৃদয়ের বেদনা কখন কমবে না।'

এই শেষকৃত্য সম্পন্ন হওয়ার পর রাজনৈতিক মহলে একা চাঞ্চল্যের সৃষ্টি হয়। অর্জুন সিংহ, এন.ডি.তিওয়ারি, শরদ পাওয়ার এবং মাধব রাও সিন্ধিয়া কংগ্রেসের প্রেসিডেন্ট হতে চাইছিলেন। সোনিয়াকে প্রেসিডেন্ট হওয়ার জন্য অনুরোধ করা হলে তিনি সরাসরি না করে দেন। আমি ওনাকে বলেছিলাম যে, এবার নিজের কাজ ঠিক করার সময় এসে গেছে, কারণ যাকে নির্বাচন করা হবে তিনিই প্রধানমন্ত্রীর আসনে বসবেন। আমি তাঁকে পী.এন.হস্করের সাথে পরামর্শ করতে বলি। পরে তিনি অনেকের সাথেই পরামর্শ করেছিলেন, তাতে এম.এল. ফোতেদারও ছিলেন।

পরের দিন উনি আমাকে 10 নং জনপথে হস্করকে নিয়ে যেতে বলেন, হস্কর তাঁকে এই পদ উপরাষ্ট্রপতি শঙ্কর দয়াল শর্মাকে দিতে বলেছিলেন। আমি তাঁকে বলেছিলাম যে আমি আর অরুণ আসফআলী এই ব্যাপারে উপরাষ্ট্র- পতির সাথে কথা বলব। অরুণ আসফ আলীর দেশ জুড়ে খুবই সম্মান ছিল। 1942 সালে ভারতছাড়ো আন্দোলনের সময়

তিনি গুরুত্বপূর্ণ ভূমিকা পালন করেছিলেন। তিনি শঙ্করদয়াল শর্মাকে খুব ভালো করেই চিনতেন। আমি বহু বছর ধরে শঙ্করদয়াল শর্মাকে জানতাম। ক্যাম্ব্রিজ ইউনিভার্সিটি থেকে আমি এঁদের দুজনকে চিনতাম।

আসফ আলী উপরাষ্ট্রপতিকে সোনিয়ার কথা জানান। তিনি ধৈর্য্য সহকারে আমাদের সব কথা শোনেন। তাঁর প্রতি সোনিয়ার বিশ্বাসের কথা শুনে তিনি খুবই কৃতজ্ঞতা প্রকাশ করেন। কিন্তু পরে তিনি যে কথা বলেছিলেন তা শুনে আমি ও অরুণ হতভম্ব হয়ে যাই। তিনি বলেছিলেন ‘ভারতের প্রধানমন্ত্রী হওয়া মানে পুরো সময়টা দেশের জন্য অতিবাহিত করা কিন্তু আমার বয়স ও স্বাস্থ্য আমাকে দেশের সর্বোচ্চ পদের সঙ্গে ন্যায় করতে দেবে না। কৃপা করে সোনিয়া জীকে আমার এই অসমর্থতার কথা জানিয়ে দেবেন।’

উপরাষ্ট্রপতি মানা করার পর আমি সোনিয়াকে পুনরায় হস্করের সাথে কথা বলতে বলি। সেই সময় হস্কর পী.ভী. নরসিমহা রাওকে এই প্রস্তাব দিতে বলেন। এর পর কংগ্রেসের ওয়ার্কিং কমিটির মিটিং হয় আর পী.ভী. নরসিমহা রাওকে অধ্যক্ষ হিসাবে নির্বাচিত করা হয়। সেই সময় আমার সাথে পী.ভী. সম্পর্ক খুব ভালো ছিল। প্রথম কয়েকদিন একটু সমস্যা হয়েছিল, কিন্তু তারপর তিনি কংগ্রসের বরিষ্ট নেতা ও তামিলনাড়ুর উপরাজ্যপাল পী.সী. আলেকজান্ডারের সাথে যোগাযোগ করতে শুরু করে দেন।

শরদ পাওয়ার এবং অর্জুন সিংহকে ঠান্ডা করাই ছিল সবচেয়ে বড় সমস্যা। যত দূর আমার মনে আছে, তাঁদের কংগ্রেসের প্রেসিডেন্ট করার কথা বলা হয়েছিল, তা না হলে অর্জুন সিংহ ও শরদ পাওয়ারের ভোট থেকে সরে যাওয়ার আশঙ্কা দেখা যাচ্ছিল। কিন্তু পী.বী. নরসিমহা রাও প্রধানমন্ত্রী হওয়ার সাথে সাথে কংগ্রেসের প্রেসিডেন্টও হতে চেয়েছিলেন। এর ফলে পী.বী. এবং অর্জুনের মধ্যে আরো মতভেদ দেখা গেছিল।

নরসিমহারাও ছিলেন সাধারণ পরিবারের লোক, সংস্কৃতে তাঁর জ্ঞান ছিল প্রখর। তিনি পড়ুয়া, বিদ্বান এবং উচ্চ চিন্তা ধারার মানুষ ছিলেন। বাইরে থেকে তাঁকে সন্ত বলে মনে হলেও বাসনা ও ভোগ বিলাসের প্রতি তাঁর আকর্ষণ ছিল প্রগাঢ়। তিনি ছিলেন খুবই চতুর, তাঁর ব্যঙ্গের ভাষা বোঝাও খুবই দুরূহ হোত। তিনি এতটুকু না হেসে নিজের কথা বলে দিতে পারতেন।

1990 সালের প্রথমেই রাজীব তাঁকে রাজ্যসভায় সীট না দেওয়ার কথা বলেছিলেন। সেই সময় তিনি রাজনীতি ছেড়ে দেওয়ার সিদ্ধান্ত নিয়েছিলান। সেই সময় তিনি খুবই আহত হয়েছিলেন, কারণ তিনি ছিলেন বরিষ্ট কংগ্রেস নেতা। তিনি মুখে কিছু না বললেও হায়দ্রাবাদ ফিরে যাওয়ার সিদ্ধান্ত নিয়ে ফেলেছিলেন, কিন্তু সেই সময় রাজিবের মৃত্যু হয়ে যায়।

1976 সালে গুরু চন্দ্রাস্বামী পঞ্চশীল পার্কে একটি যজ্ঞ করেছিলেন, সেই সময়তেই পী.বী. নরসিমহারাওয়ের সাথে আমার পরিচয় হয়, এরপর 1980 সালের তিনি বিদেশ

মন্ত্রী হন। ইন্দিরা যখন তাঁকে এই পদে বসিয়েছিলেন তখন পী.বী.-র রাজপথ ও বিদেশ নীতি সম্পর্কে কোনো অভিজ্ঞতাই ছিল না। তিনি এই ব্যাপারে সহজে তো কোনো সিদ্ধান্ত নিতেনই না, নিলেও তা বারংবার বদলাতে থাকতেন। তিনি বেশি কথা বলা পছন্দ করতেন না, একা থাকতেই ভালোসাবতেন। কিন্তু প্রধানমন্ত্রী হওয়ার পর তিনি একেবারেই বদলে গেছিলেন।

যখন নরসিমহারাও প্রধানমন্ত্রী হয়েছিলেন তখন দেশের সামনে ব্যালেন্স অফ পেমেন্টের খুবই গুরুতর সমস্যা দেখা গেছিল। প্রথমবার ভারত ইংল্যান্ডের এক ব্যাঙ্কে 47 টন সোনা বন্ধক রেখে সমস্যার সমাধান করেছিল। সেই সময় অর্থমন্ত্রী নির্বাচন করাই ছিল সবচেয়ে বড় কথা। প্রথমেই আঈ জী পটেলের নাম আসে, তাঁর কেরিয়ার ছিল খুবই ভালো এবং তিনি ভারতের কয়েকজন অর্থনীতিবীদদের মধ্যে অন্যতম ছিলেন। কিন্তু আঈ.জী. রাজী হনন না, কারণ এক তো তাঁর স্বাস্থ্য ঠিক ছিল না আর দুই, তিনি বড়োদা ছেড়ে দিল্লী আসতে চাইছিলেন না। তখন মনমোহন সিংহকে আমন্ত্রণ জানানো হয়, তিনি গত তিন বছর ধরে জেনিভাতে বসে নিজের কাজ করে যাচ্ছিলেন। সাউথ কমিশনের জেনারেল সেক্রেটারী হিসাবে নিজের কাজ শেষ হয়ে যাওয়ার পর তাঁর হাতে কোনো কাজ ছিলনা, সেই সময় তিনি প্রধানমন্ত্রী চন্দ্রশেখরের আর্থিক পরামর্শদাতা হিসাবে কয়েকদিন কাজ করেছিলেন। তারপর তাঁকে ইউনিয়ন পাব্লিক সার্বিস কমিশানের হেড হিসাবে নির্বাচন করা হয়েছিল। প্রথমে তিনিও অর্থ মন্ত্রী হতে চাননি, কিন্তু তাঁকে অনুরোধ করায় তিনি তা স্বীকার করে নেন। পরে তাঁর অসাধারণ প্রতিভার চমক দেখা গেছিল।

ভারত আর্থিক সংকটের সময় আঈ এম এফ-এর কাছেও সাহায্য চেয়েছিল, কিন্তু জানানো হয়েছিল যে, দেশ যদি আর্থিক দিক থেকে অগ্রগতির পথে হাঁটতে শুরু করে তবেই 1.4 কোটি ডলার ঋণ প্রদান করা সম্ভব। আর্থিক সংস্কারের জন্য বিদেশের ব্যাবসার পথ উন্মুক্ত করা এবং তাদের সাথে প্রতিযোগিতায় নামাটা ছিল খুবই জরুরি। নেহেরুর অর্থনীতির তিলাঞ্জলি দিয়ে পী.বী. নতুন পথে হাঁটছিলেন বলে কংগ্রেসের অনেক বরিষ্ঠ নেতাই মনক্ষুণ্ণ হয়েছিলেন। তাঁরা তো একটা মেলানো মেশানো অর্থনীতি চাইছিলেন। প্রথম দিকে তো কোরপোরেট জগত নিয়েও সমালোচনা করেছিলেন, কিন্তু ছয়মাসের মধ্যে মনমোহনের অসাধারণ নীতি দেখার পর তাঁরা সবাই চুপ করে যেতে বাধ্য হন।

1992 সালের 6 ই ডিসেম্বর কিছু হিন্দু সেবক বাবরি মসজিদ ভাঙতে শুরু করায় নরসিমহারাওয়ের কার্যকালে আঁচ পড়তে শুরু করে, মিডিয়া সারা বিশ্বকে দেখিয়েছিল যে, ভারত সরকার এই ব্যাপারে কতটা অসহায়। এই ভাঙার ফলে আলিগর, আগ্রা ও বারানসীতে দাঙ্গা শুরু হয়ে যায়। 6 দিনের অরাজকতার মধ্যে 222 জন লোক মারা যায় এবং 600 -র বেশি লোক আহত হয়েছিল। আর সব মুসলিমরাই মারা গেছিল। পী. বী. শীঘ্র কোনো নির্ণয় নিতে পারতেন না, যার ফলে তাঁর সামনে বিরাট সংকটের সৃষ্টি হয়েছিল।

মসজিদ ধ্বংস হওয়ার পর সাংসদে তাঁকে দেখে খুবই বিধ্বস্ত বলে মনে হচ্ছিল। আমি তাঁকে সারা পৃথিবীর কাছে মসজিদ ভাঙার কারণ তুলে ধরতে বলি - তা না হলে অন্তর্রাষ্ট্রীয় মিডিয়া সরকারকে প্রশ্নের বানে নাজেহাল করে দিত। শেষ পর্যন্ত তা করা হয়েছিল।

পী.বী.-র কাজ করার পদ্ধতি নিয়ে আমার মনে কিছু অভিযোগ ছিল, আমি তা প্রকাশও করতাম, অর্জুন সিংহ, এন.ডী.তিওয়ারি, শীলা দিক্ষীত, শিব চরণ মাথুর, এম.এ. ফোতেদার, পী. শিবশঙ্কর এবং স্বর্গীয় কে.এন. সিংহ আমার সাথে একমত ছিলেন। এই ধর্ম যুদ্ধের মাস্টারমাইন্ড ছিলেন অর্জুন সিংহ। নরসিংহার ওপর দুই দিক থেকে আক্রমণ করা হয়েছিল। প্রথমত তিনি প্রধানমন্ত্রী হওয়ার পর কংগ্রেসের প্রেসিডেন্টের পদ ত্যাগ করেননি, আর দ্বিতীয়ত তিনি যে অর্থনৈতিক পরিবর্তন আনতে চেয়েছিলেন তা কংগ্রেসের অনেক নেতারাই মানতে পারছিল না। শেষ পর্যন্ত আমরা মুখ্য কংগ্রেস ত্যাগ করে অন্য পার্টী বানাই দী তিওয়ারি কংগ্রেস!

1993 সালের মার্চ মাসে হরিয়ানার সুরজকুণ্ডে সংগঠিত সম্মেলনের সময় আমাদের প্রতিবাদ চরমে পৌঁছে গেছিল। আমরা তিওয়ারি কংগ্রসের 14 জন সদস্য প্রতিবাদ ব্যক্ত করার জন্য আলাদা বসেছিলাম। সেই সময় অজুর্ন সিংহ মানব বিকাশ মন্ত্রীত্বের পদ ত্যাগ করে দিয়েছিলেন। এম.এল. ফোতেদারও সেই কাজ আগেই করে ফেলেছিলেন। নরসিমহা রাও ঝগড়া করার মানুষ ছিলেন না, তিনি আপোশ করে নিতে চেয়েছিলেন। মাধবরাও সিন্ধিয়া প্রধানমন্ত্রীর আবাসে একটি মিটিং ডেকেছিলেন, তাতে কে.এন.সিংহ, শীলাদিক্ষীত, এম.এল. ফোতেদার ও আমাকে আমন্ত্রণ জানানো হয়েছিল। ফোতেদার পী.বী.-র সাথে কোনো সম্পর্কই রাখতে চাননি, যে কারণে তিনি মিটিং-এ না আসার সিদ্ধান্ত নিয়ে নিয়েছিলেন। কিন্তু আমাদের মিটিংও সুসম্পন্ন হয়নি, আমি তাঁকে অধ্যক্ষ পদ ত্যাগ করার কথা জিজ্ঞাসা করেছিলাম, কিন্তু তিনি আশ্চর্যজনক উত্তর দিয়েছিলেন প্রধানমন্ত্রী কংগ্রেসের অধ্যক্ষের কাছে ফাইল নিয়ে যাবে সেটা দেখতে ভালো লাগে না। আমি তাঁকে বলি যে, যদি জওহরলাল নেহেরুর ইউ.এন. টেবরের কাছে ফাইল নিয়ে যেতে কোনো সমস্যা না হয়ে থাকে, তাহলে আপনার কিসের সমস্যা ? উনি যখন আমাদের কাছে উপরাষ্ট্রপতি হওয়ার কথা বলেন তখন সমস্যা আরো গুরুতর হয়ে যায়।

প্রায় দুই বছর ধরে পী.বি. নরসিমহারাও কোনো বিদেশ মন্ত্রী নিযুক্ত করেননি। 1993 সালের প্রথম দিকে তিনি খুবই সম্মানীয় এবং বরিষ্ঠ নেতা প্রণব মুখার্জ্জীকে এই পদে বসান।

1993 সালে চীন আর ভারতের মধ্যেও বিবাদ সংগঠিত হয়েছিল। লাইন অফ একচুয়াল কন্ট্রোলে শান্তি ও স্থিরতা কায়েম রাখার জন্য এবং সীমাবর্তী ক্ষেত্র থেকে সৈন্য শক্তি কম করার বিষয়ে একটা চূড়ান্ত সিদ্ধান্ত নেওয়ার কথা বলা হয়েছিল। বস্তুত 1988 সালে রাজীবের চীনে যাত্রা করার একমাত্র উদ্দেশ্য ছিল চীন-ভারত সম্পর্ককে শক্ত করা। 1996

সালে এই বিষয়টাকে আরো দৃঢ়তা প্রদানের জন্য চীনের রাষ্ট্রাধ্যক্ষ জিয়াঙ্গ জেমিন ভারতে এসেছিলেন। ভারত-চীন সীমান্তে যে সৈন্য ক্ষেত্র আছে সেই ব্যাপারে বিশ্বাস প্রদান করার ব্যাপারে 29 শে নভেম্বর তিনি পী.বী. নরসিমহা রাওয়ের সাথে একটি চুক্তি স্বাক্ষর করেন। রাজনৈতিক ক্ষেত্রে সামান্যতম প্রগতিও সম্মান এনে দিতে পারে।

1995 সালে পারমাণবিক বোমা পরীক্ষা করে দেখার কথা উঠলে পী.বী. পিছিয়ে যান। কিন্তু যখন তাঁর পরামর্শদাতা ও বিশেষজ্ঞগণ তাঁকে বোঝান যে ভারত এই কাজে সক্ষম তখন তিনি রাজী হন। কিন্তু আমেরিকান স্যাটালাইট পোখরানের আশেপাশের পরিস্থিতি দেখে নিয়েছিল। স্যাটালাইট দ্বারা পাঠানো ছবি নিয়ে আমেরিকার রাজদূত ভারতে আসেন এবং তিনি প্রধানমন্ত্রীকে এই ছবি দেখান। প্রেসিডেন্ট ক্লিংটন সেখানে বেশ কড়া ভাষায় পী.বী. সাথে কথা বলেন, এবং পী.বী. তাঁর মত বদলে ফেলেন।

আমরা সকলে মিলে পী.বী. নরসিমহারাওকে সরিয়ে দেওয়ার যে যুক্তি করেছিলাম, তা বাস্তবায়িত হয়নি, কারণ তিনি আমাদের থেকে অনেক বেশি বুদ্ধিমান ছিলেন। কিন্তু সোনিয়া গান্ধী তাঁকে সমর্থন করতেন না। এক মিটিং-এ আমাদের কয়েকজন বরিষ্ঠ সদস্য তাঁকে বলার চেষ্টা করেছিলেন যে, ভারতের উন্নতির জন্য তিনি যে প্রক্রিয়ার ব্যবহার করছেন তাতে সোনিয়া সন্তুষ্ট নন, কিন্তু পী.বী. নরসিমহা রাও সেই কথায় কর্ণপাত করেননি। আসলে নরসিমহারাওয়ের হাত দুর্বল করে দেওয়ার জন্যই এই চেষ্টা করা হয়েছিল। প্রায় সমস্ত বরিষ্ঠ নেতাই জানতেন যে, সোনিয়ার তাঁর প্রতি ব্যবহারে নিরুৎসাহি।

আগত বছরে এমন অবস্থার সৃষ্টি হয়েছিল যে, 7 নং. রেস কোর্স রোড ও 10 নং. জনপথের মধ্যে বহুদিন কোনো কথাবার্তাই ছিল না। এই পরিস্থিতি সরকার বা পার্টির জন্য ভালো ছিল না।

1996 সালে লোকসভা নির্বাচনের সময় সীসরাম ওলা ছাড়া তিওয়ারি কংগ্রেসের সমস্ত নেতারই পরাজয় হয়েছিল। পার্টির কিছু বরিষ্ঠ সদস্য মনে করেছিলেন যে, সোনিয়া গান্ধী আমাদের পার্টিকে সমর্থন করেন বা করবেন। কিন্তু সোনিয়া সমস্ত রাজনৈতিক গতিবিধি থেকে নিজেকে আলাদা করেই রেখেছিলেন। আমার আজও অর্জুন সিংহের সেই কথা মনে আছে 'বিশ্বস্ততা দেখানোর এটাই ফল পেলাম।'

1996 সালের নির্বাচনে কংগ্রেস পরাজিত হয় এবং পী.বী. বিরোধীপক্ষের নেতা হিসাবেই সংসদে উপস্থিত থাকেন। যদিও দুইবারই বিরোধী পক্ষ হিসাবেও আমরা যথেষ্ট শক্তিশালী ছিলাম, কিন্তু সত্ত্বা হারিয়ে যাওয়ার অর্থ হল প্রভাব ও সংরক্ষণ হারিয়ে ফেলা। শীঘ্রই সকলে মিলে তাঁর ওপর আক্রমণ করে আর তিনি পার্টির প্রেসিডেন্টও থাকেন না। এরপর সকলেই সেই কথা ভুলে যায়, কংগ্রেস পার্টির কোষাধ্যক্ষ সীতারাম কেসরীকে এই পদে বসিয়ে দেওয়া হয়।

এটা ঠিক যে পী. বী. তাঁর অসাধারণ রাজনৈতিক ক্ষমতার প্রদর্শন করেছিলেন। কংগ্রেসের

তরফ থেকে খুব কম সমর্থন থাকা সত্ত্বেও তিনি নিজের পাঁচ বছরের রাজত্ব কাল সম্পন্ন করতে সক্ষম হয়েছিলেন।

1996 - 1998 সাল পর্যন্ত ভারতের রাজনৈতিক পরিস্থিতি ছিল খুবই সঙ্গিন। 1996 সালে যখন ভারতের যৌথ সরকার এইচ. ডী. দেবেগৌড়াকে প্রধানমন্ত্রীর আসনে বসায় তখন তা দেখে সকলেই হতভম্ব হয়ে গেছিল। তিনি কর্নাটকের একজন পরিচিত হলেও উত্তরভারতে বোধ হয় তাঁকে কেউই চিনত না। তিনি হিন্দি বলতে পারতেন না, তাঁর ব্যক্তিত্বের মধ্যেও কোনো বিশেষত্বের ঝলক দেখা যেত না। তিনি এমন কোনো নেতা ছিলেন না যে, লোকে তাঁকে বিশ্বাস করবে।

ব্যক্তিগত দিক থেকে দেবে গৌড়া পছন্দ করার মতো লোক ছিলেন, তিনি ছিলেন ভদ্র স্বভাবের মানুষ এবং বেশ মজাদার। তিনি সর্বদা আমাকে সিনিয়ার লিডার বলে সম্বোধন করতেন আর নিজের বেলায় বলতেন 'পোর ফার্মার' (গরিব কৃষক)। তাঁর অল্পকার্যকালে একটাই গুরুত্বপূর্ণ কাজ করেছিলেন - তিনি কাশ্মীরের জন্য সর্বাধিক স্বায়ত্ত শাসনের কথা বলেছিলেন। 1997 সালে তাঁর সরকার ভেঙে দেওয়া হয়, আর ইন্দ্র কুমার গুজরালকে তাঁর স্থানে বসিয়ে দেওয়া হয়েছিল। দেবে গৌড়ার মতো গুজরালও ইউনাইটেড ফ্রন্টের সদস্য ছিলেন, আর কংগ্রেসের সমর্থনেই তিনি প্রধানমন্ত্রী হতে পেরেছিলেন। তিনি তখন ইন্দিরা গান্ধীর সরকারে রাজমন্ত্রী ছিলেন তখন থেকেই আমি তাঁকে চিনতাম, তখনকার কয়েকজন মন্ত্রীই পারতেন সঞ্জয় গান্ধীর সামনে দৃঢ়তার সাথে দাঁড়িয়ে থাকতে, তাঁর মধ্যে তিনি ছিলেন অন্যতম। তিনি অভিজাত বর্গের লোকেদের মতো ভাব দেখাতেন না। ভারতের বিভাজনের আগে তিনি কমিউনিস্ট পার্টির কার্ড ধারণকারী সদস্য ছিলেন। ভারতের বিদেশ নীতিতে তাঁর কল্পনাশীলতা খুবই কার্যকারী বলে প্রমানীত হয়েছিল। দেবেগৌড়ার মতো তিনিও বেশি দিন টিঁকতে পারেননি, 1997 সালের এপ্রিল থেকে 1998 সালের মার্চ পর্যন্ত তিনি নিজের আসনে বসার সুযোগ পেয়েছিলেন।

সীতারাম কেসরি যখন কংগ্রেস পার্টির অধ্যক্ষ ছিলেন তখনও কংগ্রেসের সংগঠনের মধ্যে কোনো দৃঢ়তা দেখা যায়নি। মনে হচ্ছিল যেন তা নিজের ভিত্তি হারিয়ে ফেলেছে। 1996 সালের নির্বাচনের পর তাতে মাত্র 112 জন সদস্য ছিল। সোনিয়া তখন আমাকে জিজ্ঞাসা করেছিলেন যে, এবার কি করা যায়। আমি পরামর্শ দিই ,'পার্টিকে রি ইন্‌ভেন্ট করুন!' যদিও তা বলা যত সহজ ছিল করাটা ততটাই কঠিন ছিল। সোনিয়া কি এমনটা করতে পারবেন? তাঁকে প্রথমেই কি করতে হবে? অসন্তুষ্ট মহলে এই ধরনের বহু প্রশ্ন উঠতে শুরু করেছিল। এটা স্পষ্ট হয়ে যাচ্ছিল যে, সোনিয়া যদি কংগ্রেসের দিক থেকে এইভাবেই মুখ ঘুরিয়ে বসে থাকেন তাহলে কংগ্রেসের ভবিষ্যৎ একেবারেই অন্ধকার ময়। কেসরীও বেশি দিন টিঁকতে পারেননি। তিনি অনেক বরিষ্ঠ নেতা ছিলেন, কিন্তু বেশির ভাগ কংগ্রেসের লোকরাই তাঁকে সরিয়ে দেওয়ার জন্য ব্যস্ত হয়ে উঠেছিল। সোনিয়ার মতানুসারেই

তাঁর পদ ঠিক করা হয়েছিল, তিনি কংগ্রেসের প্রেসিডেন্টের পদে বসার পর তিওয়ারি কংগ্রেসের বিলুপ্তি ঘটে, সকলেই আবার কংগ্রেসে ফিরে আসেন। কিন্তু এই কাজ খুব সহজে হয়নি। কিছু ঘাঘু নেতা চেয়েছিলেন যে তিওয়ারি কংগ্রেস যেন মুখ্য কংগ্রেসে যোগ দিতে না পারে। সোনিয়া তাদের চাল বুঝতে পেরেছিলেন, এবং তাদের একটা কথাও তিনি শোনেননি।

1997 সালে ভারত নিজের স্বাধীনতার পঞ্চাশ বছরের উৎসব পালন করেছিল। ভারতে গণতন্ত্র, বিবিধের মধ্যে ঐক্য, ধর্ম-নিরপেক্ষতা শুধু যে জীবন্তই ছিল তা নয়, তার শিকড় অনেক বেশি গভীরে চলে গেছিল। তা কি ভাবে সম্ভব হয়েছিল? সত্যি বলতে কি, আমাদের লোকেদের সহজ বুদ্ধিমত্তাই ছিল এর কারণ। শুধু রাষ্ট্রের ব্যবস্থাপনার ব্যাপারেই আমরা সক্রিয় ছিলাম না, নিজেদের মধ্যে বিবাদও অতি সহজে দূর করতে পারতাম। এই বছর ভারত এক নিম্ন বর্গের মানুষকে রাষ্ট্রপতির পদে বসিয়েছিলেন। 1997 সালের 25 শে জুলাই কে. আর. নারায়ণন ভারতের রাষ্ট্রপতির পদে আসিন হওয়ার পর মহাত্মা গান্ধীর স্বপ্ন সার্থক হয়েছিল। এক্ষেত্রে সবচেয়ে উল্লেখ যোগ্য বিষয় হল নারায়ণনকে এই পদ দেওয়া ব্যাপারে কোনো রকম প্রচার করা হয়নি। তাঁকে রাষ্ট্রপতি ভবনে নিয়ে আসার জন্য সকলেই সম্মতি জানিয়েছিল।

1998 সালে সোনিয়ার সবচেয়ে বড় পরীক্ষা ছিল, সেই বছরের লোকসভা নির্বাচনে কংগ্রেসকে ভালো ফল দেওয়ানো। আমার নির্বাচন ক্ষেত্রে আমি বহু লোকের সমাগম ঘটাতে সক্ষম হলেও তিনি তাতে আলাদা রঙের ছোঁয়া দিয়েছিলেন। আমি খুব সহজে জিতে গেলেও সব মিলিয়ে কংগ্রেসের প্রদর্শন খুব ভালো ছিল না। অটল বিহারী বাজপেয়ির নেতৃত্বে ন্যাশানাল ড্যামোক্রেটিক এলাইন্স (এন ডী এ) কেন্দ্রে সরকার গড়তে সক্ষম হয়েছিল।

11 মে থেকে 13 মের মধ্যে এন ডী এ সরকার রাজস্থানের পোখরানে পাঁচটি পারমাণবিক বোমা পরীক্ষা করে দেখে। সারা বিশ্ব তা ভালো চোখে দেখেনি এবং ভারতের ওপর প্রতিবন্ধকতা জারি করা হয়েছিল। দেশেও এই কাজের ব্যাপারে খুবই কটাক্ষ করা হয়েছিল, কংগ্রেস পার্টী দ্বিধায় পড়ে যায়   এই পরীক্ষাকে স্বাগত করা হবে কি হবে না তা ঠিক করতে পারছিল না। সরকারের কোনো প্রশংসা করা হয় না। আমি পী.এম. হস্করের সাথে দেখা করি। তিনি দুটি কূটনৈতিক রায় দিয়েছিলেন   কংগ্রেসের এই পরীক্ষাকে স্বাগত জানানো উচিত। যদি এই পরীক্ষার ব্যাপারে কংগ্রেস নিন্দা করে তাহলে খুবই ক্ষতি হতে পারে।

সাধারণত যখন প্রধানমন্ত্রী এই পরীক্ষার ব্যাপারে অনুমতি দিয়েছিলেন তখন তাঁর প্রতিপক্ষ দলের নেতাদের কাছ থেকেও ভরসা নেওয়া উচিত ছিল। কিন্তু বিজেপি তা করেনি। তারা ভেবেছিল এই খবর সংবাদ পত্রে প্রকাশিত না হয়ে যায়। 28 তারিখে যখন লোকসভায় পারমাণবিক বিস্ফরণ নিয়ে সমালোচনা শুরু হয়েছিল তখন কংগ্রেসের তরফ থেকে আমিই প্রথম বলার সুযোগ পেয়েছিলাম। আমি অনেকক্ষণ ধরে নিজের বক্তব্য

রাখি, আর সংসদকে নিজের কথার মোহে জরিয়ে সরকারের সামনে একটা প্রশ্ন রাখি। আমি বলেছিলাম যে, ইউ.এনের স্থায়ী সদস্য দেশ গুলিকে এই ব্যাপারে প্রধানমন্ত্রীর লিখিত সূচনা দেওয়ার জন্য লোকসভায় একটা বিশেষ মিটিং ডাকা উচিত ছিল। কিন্তু তিনি এমন কিছুই করেননি।

আমি তখন লোকসভার লবিতে তখন এল. কে. আডবানী আমাকে জানিয়েছিলেন যে, পাকিস্তানও এর জবাব দেওয়ার জন্য 28 তারিখে পাঁচটি পারমাণবিক বোমা বিস্ফরিত করেছে। এর ফলে আমাদের উপদ্বীপ সুরক্ষার ব্যাপারে একটা নাটকীয় পরিবর্তন আনতে সক্ষম হয়েছিল। গত বেশ কয়েক বছর আগে থেকেই হাতিয়ারের ব্যাপারে ভারতের অবস্থা পাকিস্তানের থেকে অনেকটাই ভালো ছিল। কিন্তু দুটি দেশই যখন নিজেদের পারমাণবিক শক্তি দেখিয়ে দেয় তখন সকলের মুখ বন্ধ হয়ে গেছিল। আমেরিকা পাকিস্তানের প্রধানমন্ত্রীকে এই পরীক্ষা না করার জন্য খুবই জোর করেছিল। পাকিস্তানের প্রধানমন্ত্রীকে ওয়াশিংটনে ডেকে পাঠিয়ে রাষ্ট্রপতি কিলংটন তাঁকে বেশ কিছু কথা শুনিয়েছিলেন। নওয়াজ শরিফ খুবই ভয় পেয়ে গেছিলেন, তিনি বলেছিলেন যে, তিনি এই পরীক্ষা না করলে তাঁর সরকারের ভাবমূর্তি নষ্ট হোত ও সারা দেশে বিদ্রোহের আগুণ জ্বলে যেত।

এই পারমাণবিক বিস্ফরণের হাওয়া বহু দূরে গেছিল, মুসলমানদের মধ্যে খুবই জোশ দেখা গেছিল, কিন্তু আমেরিকা ছাড়াও পশ্চিমী দেশ গুলি এই ঘটনার কড়া নিন্দা করে, এবং ভারত ও পাকিস্তানের ওপর বেশ কিছু বাধা নিষেধ আরোপ করা হয়, যদিও তা বেশি দিন টেঁকেনি।

এই দুটি পরীক্ষার পর 'নন-প্রোলীফরেশন' এবং কম্প্রীহেন্সিব ইউক্লীথ -টেড-ওয়ান ট্রীটী' প্রভৃতি পুনারয় মাথা চাড়া দিয়ে উঠেছিল। কিন্তু এতে ভেদ ভাব থাকার জন্য আমরা এই সন্ধিতে স্বাক্ষর করতে অস্বীকার করি। সুরক্ষা পরিষদের সদস্যদের জন্য আলাদা মানদন্ড ছিল আর বাকি ও ইউ.এনের সদস্যদের জন্য ছিল আর এক রকম।

কিন্তু এই বিস্ফরণের ফলে ভারত-পাকিস্থানের সম্পর্কের ক্ষেত্রে এতটাই সমস্যার সৃষ্টি হয়েছিল যে, 1999 সালের 21 ফেব্রুয়ারী দুই দেশকেই লাহৌর ডিক্লেরেশানে (লাহোর ঘোষণা পত্র) স্বাক্ষর করতে হয়েছিল। এর ফেলে বেশ কিছু উপায়ের সমাধান হয়েছিল। এতে ঠিক হয়েছিল যে দুটি দেশ কোনো রকম পারমাণবিক প্রতিযোগীতা দেখাবে না এবং কাশ্মীর নিয়ে যে সমস্যা তা নিজেদের মধ্যেই ঠিক করে নেবে। প্রধানমন্ত্রী এই শান্তি প্রস্তাবকে সুদৃঢ় করার জন্য দিল্লী লাহোর বাস চলার অনুমতি দিয়েছিলেন।

পরে জানা গেছিল যে, পাকিস্তান এই সুযোগে কাশ্মীরে ঢোকার জন্য গোপনে সেনালাইন অফ কন্ট্রোল পার করে ফেলেছিল। কার্গিল নামক এক ক্ষেত্রের চারদিকে তারা জমায়েত হোতে শুরু করেছিল। 1999 সালের মে মাসের মধ্যে এই সংঘর্ষ খুবই বৃদ্ধি পেয়ে গেছিল, তা বাটালিক, অখনুর এবং সিয়থাচিনের কিছু এলাকায় ছরিয়ে পড়েছিল। সেখানে পাকিস্তানি

সেনারা কব্জা করে বসেছিল। ভারতের সেনারাও নিজেদের আক্রমণ শুরু করে দিয়েছিল, 'অপারেশান বিজয়'-এর নামে যার ফলে এই স্থান গুলি পুনরায় ফিরে পাওয়া গেছিল। পাকিস্তানের ওপর খুবই চাপ সৃষ্টি করা হয়েছিল এবং প্রেসিডেন্ট বিল কিলিংটনও তাঁর সাথে কথা বলেছিলেন। ততক্ষণে ভারতীয় সৈন্য দলের কয়েক জন প্রমুখ চোটি গুলিতে নিজেদের অধিকার কায়েম করতে সক্ষম হয়েছিলেন। 1999 সালের 26 শে জুলাই পাকিস্তান এই ক্ষেত্র থেকে নিজেদের সৈন্য সরিয়ে নেয়, কারগিলের যুদ্ধের সমাপ্তি ঘটে।

এই যুদ্ধের পর 1999 সালে পুনরায় ভোট হয় কারণ সরকার গঠনের জন্য এ আই এ ডী এম কে যে সমর্থন দিয়েছিল তা ফিরিয়ে নেয়। এবার এন ডি এ বহু ভোটে জয় লাভ করেছিল, পুনরায় বাজপেয়ি সম্পূর্ণ নিজের জোরে প্রধানমন্ত্রীর পদে বসেন।

1999 সালের ডিসেম্বর মাসে পুনরায় সীমান্তে সমস্যার সৃষ্টি হয়। ইন্ডিয়ান এয়ারলাইন্সের আই.সি.-184 প্লেন উড়েছিল যা কাঠমান্ডু থেকে নূতন দিল্লী আসছিল, কিন্তু তা হাই জ্যাক করে আফগানিস্তানের কন্ধারে নিয়ে যাওয়া হয়। দেশের অভ্যন্তরীণ চাপের জন্য এন ডী এ সরকার তাদের চাহিদা মেনে নিতে বাধ্য হয়েছিল, যাতে করে এন.ডী.এ সরকার এক দুর্দান্ত আতঙ্কবাদীকে ছাড়তে বাধ্য হয়। বিদেশ মন্ত্রী যশবন্ত সিং নিজে আফগানিস্তানে গিয়ে এই আতঙ্কবাদীকে তাদের হাতে তুলে দিয়ে ভারতের প্লেন ছারিয়ে নিয়ে আসেন। কান্ধার যাত্রার জন্য যশবন্ত সিংহকে যথেষ্ট ভৎর্সনা শুনতে হয়েছিল।

ব্যক্তিগত ভাবে বলতে পারি যে, গত বছরটা ভালো মন্দ দুই মিলিয়েই কেটেছিল। আমার নাতির জন্ম আমার পরিবারকে আনন্দে ভরিয়ে তুলেছিল। 1995 সালের 21 শে নভেম্বর হনূন আর 1997 এর 7 ই জানয়ারি হিস্মত জন্ম গ্রহণ করেছিল।

1998 সালের শেষটা ভালো কাটিনি। 1998 সালের 6 ই নভেম্বর সকালে ঘুম থেকে ওঠার পর আমি খুব ক্লান্ত বোধ করছিলাম এবং ঠিক মতন শ্বাস নিতে পাচ্ছিলাম না। বুকের মধ্যে একটা সমস্যা বোধ করছিলাম। আমি সঙ্গে সঙ্গে আমর বন্ধু ড. রবি কাস্লীবালকে ফোন করি, তিনি হলেন একজন বিখ্যাত হৃদবিশেষজ্ঞ। এঞ্জীওগ্রাফী করে জানা যায় যে দুটি ধমনীর 85 শতাংশ এবং তৃতীয় ধমনীর 60 শতাংশ ব্লক হয়ে গেছে। সোজা কথায় বলা যায় হার্ট এট্যাক হয়ে গেছিল আমি তাও চলে ফিরে বেড়াচ্ছিলাম। আমার মনে হচ্ছিল কোনো ঘোড়া এসে আমার পেটে লাথি মারছে।

আমি শরীর সম্পর্কে যথেষ্ট সচেতন থাকতাম, নিয়মিত বিভিন্ন পরীক্ষাও করাতাম, যাট বছর বয়স পর্যন্ত আমি টেনিস খেলেছি। কখন মদ বা সিগারেটে হাত দিই নি। প্রত্যেক দিন আমি কমপক্ষে সাত ঘন্টা ঘুমাতাম। আমি দিনে 12 ঘন্টা কাজ করতাম আর 1998 সালের শুরুতে নির্বাচনও লড়েছিলাম। কিন্তু কখন কখন বুক ধড়ফড় করত, কিন্তু মূর্খের মতো সেদিকে কোনো ধ্যান দিইনি। ভাবতাম যে হয়তো হার্নিয়ার কারণে এমটা হচ্ছে।

ঠিক হয়েছিল যে বাই পাস সার্জারি করতে হবে। সেই সময় আমি লণ্ডনে অপারেশান

করানোর কথা ভেবেছিলাম। কিন্তু ড. কাস্লীবাল ও ড. নরেশ বলেছিলেন যে, তার জন্য বিপদ হতে পারে। তাঁদের কথা মতো আমি 14 ই নভেম্বর এস্কর্টস হার্ট ইন্সটিটিশানে নিজের অপারেশান করাই।

এমন পরিস্থিতি কিভাবে সামলাবো তা ঠিক করতে পাচ্ছিলাম না, আমি কোনো প্যানিক করিনি। আমি রহস্যবাদী মাধ্যম বা গূঢ় বিদ্যায় বিশ্বাসি ছিলাম না, আধ্যাত্মিকতায় আমি ভরসা করতাম। অপারেশানের আগের দিন রাতে আমার সাথে একটা অদ্ভুত ঘটনা ঘটেছিল। আমি স্পষ্ট শুনেছিলাম যে, কেউ যেন আমাকে বলেছে, 'ভয় পেও না, সম্পূর্ণ বিশ্বাসের সাথে অপারেশান থিয়েটারে ঢুকবে, মনে যেন কোনো শঙ্কা না থাকে।' আমি আরাম করে ঘুমাই আর কোনো রকম শঙ্কা ছাড়া অপারেশান থিয়েটারে ঢুকেছিলাম। ছয় ঘন্টা বাদে জ্ঞান আসার পরে ডাক্তারা আমাকে বলেছিলেন যে, আমার ইতিবাচক মনোভাব, আত্মবিশ্বাস প্রভৃতি অপারেশান সফল করতে খুবই সাহায্য করেছে। শুধু তাই নয় অন্যদের মতো অপারেশানের পরেও অবসাদ আমাকে ঘিরে ধরতে পারেনি। কোনো কৃপা দৃষ্টি আমাকে এই সমস্যার সময় সাহায্য করেছিল। আমার কাছে এই শক্তির এজেন্ট ছিলেন ডাক্তার ত্রেহন এবং কাস্লীবাল, যাঁরা আমাকে নতুন জীবন দান করেছিলেন।

আমার অপারেশানের পর আর এক বাইপাস রোগী ড. কে.আর. নারায়ণন আমাকে ফোন করেছিলেন। তিনি বলেছিলেন - 'এই ক্লাবে তোমাকে স্বাগত জানাচ্ছি নটবর!' জবাবে আমি বলেছিলাম (কালমাকর্সের কাছে ক্ষমা প্রার্থনা করছি) - 'বিশ্বের বাইপাসর্স, এক হও, তোমরা ব্লকেজেস ছাড়া কিছুই হাড়াবে না।'

অধ্যায় - ১৯

ইউএসএসআর এর বধ

1955 সালের মধ্যে নিকিতা খুশচেব পলিট বিউরো এবং সেন্ট্রাল কমিটি থেকে সমস্ত প্রতিদ্বন্দীদের সরিয়ে ফেলেছিলেন, যথা জী. এম. মোলেন কোব এবং বী.এম.মোলোতোবা প্রমুখ। মোলোতোবা পার্টির উচ্চতম পদে আসীন ছিলেন এবং প্রায় এক দশক ধরে তিনি বিদেশমন্ত্রীও ছিলেন। কারনো বিচের অবস্থাও এমনি হয়েছিল।

1956 সাল পর্যন্ত নিকিতা খুশচেবের মুখোমুখি হওয়ার ক্ষমতা কাউর ছিল না। তিনি ছিলেন কমিউনিস্ট পার্টির জেনারেল সেক্রেটারী এবং পলিট বিউরোর সর্বাধিক বরিষ্ঠ সদস্য। 1956 সালের 24 – 25 শে ফেব্রুয়ারী রাতে তিনি কমিউনিস্ট পার্টির বিংশতিতম কংগ্রেসের একটি গুপ্ত মিটিং ডেকেছিলেন। তিনি জোসেফ স্টালিনের সমালোচনা করায় পেকিং থেকে প্রাহা পর্যন্ত কমিউনিস্ট বিশ্ব নড়ে গেছিল। ধীরে-ধীরে তাঁর এই স্পিচ বাইরের জগতে পৌঁছাতে শুরু করে। তাঁর মতে, ‘এটা ঠিক যে স্টালিন তার সমস্ত ক্ষেত্রেই নিজের নৃশংসতা, অসহিষ্ণুতা এবং ক্ষমতার অপব্যবহার করেছিলেন।’ এটা ছিল কমিউনিজিমের গোড়ায় এক বিরাট কষাঘাত। এটা ছিল একটা অপবাদ। সার্বজনিক দিক থেকে মাও তেস তুঙ্গ খুশচেভকে সমর্থন করতাম কিন্তু তিনি স্টালিনের সম্পর্কে যে অপবাদ দিয়েছিলেন তার ভর্ৎসনা করেছিলাম। 1964 সালে খুশচেভ অভ্যন্তরীণ বিদ্রোহের শিকার হন, যার নেতা ছিলেন এল. আই. ব্রেজনেব, পরে তিনিই পার্টির জেনারেল সেক্রেটারী হয়েছিলেন। কিন্তু ধ্বংসের লীলা শুরু হয়ে গেছিল। আমেরিকানরা গুপ্ত কর্ম ও মন্ত্রণার দ্বারা ইউএসএসআর -এর রক্ত চুষছিল। উই সময় ইউএসএসআর তাদের বাজেটের এক চতুর্থাংশ নিজেদের সৈন্য সুরক্ষা এবং পারমাণবিক প্রোগ্রামের পিছনে খরচ করত।

1991 সালের অক্টোবর মাসে পৃথিবী কাঁপানো একটা ঘটনা ঘটেছিল ইউনিয়ান অফ সোভিয়েত সিশালিস্ট রিপাব্লিক্স (ইউ এস এস আর) ভেঙে যায় - ভারতের সাথে এর সম্পর্ক ছিল বহু পুরানো।

তিরিশ বছর পুর্বে কমিউনিস্ট বিশ্ব বীজিঙ্গ থেকে প্রাহা পর্যন্ত ছড়িয়ে পড়েছিল। ভিয়েতনাম ও কিউবাও কমিউনিস্ট দেশ ছিল। 1917 থেকে 1989 এর মধ্যে কোটি কোটি মার্কসবাদীর জন্ম হয়েছিল। সোভিয়েত ইউনিয়ানে যারা বর্গ-সংঘর্ষ ও আর্থিক বিষমতার বিরুদ্ধে লড়াই করত তাদের দিকে কঠোর দৃষ্টি রাখত। অন্যভাবে বলা যায় যে, মার্কসবাদীরা

ইনকিলাভ এনে সারা বিশ্বের নিয়তির পরিবর্তন করবে বলে ভাবা হোত।

1956 সালে আমি বেজিং-এ ছিলাম এবং মাওৎসেতুঙ্গের জাদুতে আমিও মোহমুগ্ধ হয়ে গেছিলাম, চায়নার গণতন্ত্রের কমিউনিস্টদের প্রভাব আমার ওপর ছিল। 1956 সালে চীনে বসন্তের সময় হঙ্গারী বিপ্লব হয়েছিল। সোভিয়েত ইউনিয়ান তা একটা বিরাট বিপদের দৃষ্টিতে দেখেছিল এবং সৈন্য শক্তির দ্বারা তা ধ্বংস করে দেওয়ার চেষ্টা করেছিল। হঙ্গারীতে সোভিয়েতের এই ধরনের ব্যবহারের জন্য বহু লোক কমিউনিস্ট পার্টি ত্যাগ করেছিল।

এই ঘটনার ব্যাপারে ভারতের প্রতিক্রিয়া স্পষ্ট ছিল না। দিল্লী থেকে প্রাপ্ত নির্দেশের অবহেলা করে কৃষ্ণ মেনন সুরক্ষা পরিষদের এই কার্যে অংশ গ্রহণই করেনি, যাতে হঙ্গরীতে সোভিয়েত ইউনিয়ানের নিন্দা করা হোত। ততদিনে প্রচুর ক্ষতি হয়ে গেছিল। তার জন্য উভয় পক্ষে থাকারই আরোপ করা হয়েছিল, সুএজ ক্রাইসিসের ক্ষেত্রে এক ব্যবহার আর হঙ্গরীরে ঘটনার ক্ষেত্রে অন্য রকম কিছু।

1957 সালের নভেম্বর মাসে ইউএসএসআর-এর স্থাপনার চল্লিশতম বর্ষের জন্য মস্কোতে অনুষ্ঠান উদ্‌যাপিত হয়েছিল। মাওয়ের নেতৃত্বে একটা উচ্চস্তরীয় দল সেখানে পৌঁছেছিল, যাতে ডেঙ্গজিয়াও উপস্থিত ছিলেন। এয়ারপোর্টে তাদের স্বাগত জানানোর জন্য যে দল গেছিল, তাতে আমিও ছিলাম। মাও যে অনুষ্ঠানে অংশ গ্রহণ করতে এসেছিলেন তার জন্য তাঁকে সেখানে খুবই সম্মান দেওয়া হয়েছিল। খুশচেব তখনও মনে করছিলেন যে, কমিউনিস্ট বিশ্বের আসল নেতা সোভিয়েত ইউনিয়ানই। কিন্তু মাওতসেতুঙ্গ খুশচেভকে সাম্যবাদী জগতের নেতা বলে মানতেন না। বৈপ্লবিক রূপের আধারে তাঁর রেকর্ড যেকোনো কমিউনিস্ট নেতাদের থেকে অনেক ভালো ছিল।

1960 সালের প্রথম দিক থেকেই দুটি দেশের মধ্যে দ্রুততার সাথে মতভেদ বৃদ্ধি পাচ্ছিল। লক্ষ লক্ষ সোভিয়েত ইঞ্জিনিয়ার, বৈজ্ঞানিক, বিশ্ববিদ্যালয়ের প্রফেসার এবং ডাক্তারকে কোচীন ছেড়ে দেওয়ার জন্য হুকুম দেওয়া হয়েছিল। এই সময়ে চীন নিজেদের প্রয়োজনীয় জিনিস গুলির জন্য সোভিয়েত ইউনিয়ানের ওপর নির্ভরশীল ছিল, কারণ কয়েকটি দেশই সেই সময় তাকে প্রজাতান্ত্রিক দেশের মান্যতা প্রাদন করেছিল।

1956 সালের নভেম্বরে প্রথম এর বিরোধীতা করেছিল, তারপরে চেকোস্লোভাকিয়াও সোভিয়েতের বিরুদ্ধে বিদ্রোহ ঘোষণ করে। সোভিয়েত সেনেরা চেকের বিদ্রোহকে নির্ভীকতার সাথে দমন করেছিল, যাতে প্রচুর চেকের লোক মারা যায়। প্রাহার বসন্ত শেষ হয়ে গেছিল। কিন্তু ভারত সোভিয়েতের আক্রমনের কোনো নিন্দা করেনি। যার জন্য দায়ি ছিলেন পি.এম. হস্কর। তিনি ইন্দিরা গান্ধিকে বুঝিয়েছিলেন যে, সোভিয়েতের বিরুদ্ধে ভারতের কথা বলা ঠিক হবে না। এই কথা শুনে আমি বিচলিত হয়েছিলাম।

1970 সালে লেকিনের জন্মদিন পালন করা হয়েছিল, সেই অনুষ্ঠানে রাশিয়া ও চীনের কমিউনিস্ট পার্টির মধ্যেকার যে বিরোধীতা ছিল তা স্পষ্ট রূপে বোঝা গেছিল। চীন ও

সোভিয়েত সঙ্ঘের সীনান্তবর্তী এলাকা যেন যুদ্ধ ক্ষেত্রে পরিণত হয়েছিল। সাম্যবাদী ক্ষেত্রের বিভাজন হয়েগেছিল, এদিকে ভারতের কমিউনিস্ট পার্টীও বিভাজিত হয়ে যায়। 1975 সালের পর সোভিয়েত ইউনিয়ানে কিছু বুড়োর দলই রাজত্ব করছিল। পলিট বিউরোতে মাত্র তিন চারজন সদস্য ছিল, যারা 1979 সালে আফিগানিস্তানকে আক্রমণ করার সিদ্ধান্ত নিয়েছিল। সোভিয়েতের কাছে আফগানিস্তান ভিয়েতনামের মতোই পতিত হয়েছিল। আমার মনে আছে যে, ইন্দিরা গান্ধী নিজে মুখে প্রেসিডেন্ট ব্রেঝনেবকে বলেছিলেন যে, ভারতের সাথে সোভিয়েত সঙ্ঘের বহু দিনের ঘনিষ্ট সম্পর্ক থাকের জন্য সার্বজনিক দিক থেকে আফগানিস্তানের ওপর আক্রমণ করার ব্যাপারে কোনো রকম ভৎর্সনা করতে পারছে না, তা না হলে এই ঘটনার পর ভারত কখন মুখ বুজে থাকত না। যত তাড়াতাড়ি সোভিয়েত সঙ্ঘ আফগানিস্তানের থেকে বেরিয়ে আসবে ততই ভালো।

1985 সালে সোভিয়েত সঙ্ঘের কমিউনিস্ট পার্টীর সেক্রেটারী জেনারেল হন গর্বাচেভ। তিনি ছিলেন খুবই বুদ্ধিমান, নতুন চিন্তাধারা বিশিষ্ট মার্কসবাদী নেতা, কিন্তু তিনি যে সময় অধিকারে এসেছিলেন সেই সময় সোভিয়েত ইউনিয়ানের আর্থিক, সামাজিক, ও রাজনৈতিক অবস্থা ছিল খুবই খারাপ, যার জন্য সবদিক দিয়ে সংস্কারের পথ খুঁজে বার করাটা ছিল খুবই জরুরি। যিনি মনে করতেন যে সংশোধন ও পুনর্গঠনই হল সোভিয়েত ইউনিয়ানের মুখ্য চাহিদা। সারা দুনিয়া তাঁর প্রতিটা কথার সূক্ষ্ম বিচার বিশ্লেষণা করত। গর্ভাচেভ দুই বার ভারতে এসেছিলেন 1986 ও 1988 সালে। তিনি কোনো রকম নোটস বা ব্রীফ ছাড়াই দ্রুত গতিতে বলে যেতেন।

আপাত দৃষ্টিতে সোভিয়েত সঙ্ঘকে নিস্তরঙ্গ নদী বলেই মনে হোত। কিন্তু এই শান্তির মধ্যে যে ঘূর্ণাবর্তের সৃষ্টি হচ্ছিল তা গর্ভাচেভ বুঝে উঠতে পারেননি। আর যখন এক শক্তিশালী রাজনৈতিক দ্বন্দ্বের সৃষ্টি হয়, তখন তিনি নিজেও বিস্মিত হয়ে গেছিলেন।

নব্বই দশকের শেষের দিকেও এর শেষের সম্ভবনা দেখা যাচ্ছিল না। সোভিয়েত ইউনিয়ানে দ্রুততার সাথে সমস্ত ঘটনা ঘটে যাচ্ছিল। 1991 সালের আগস্ট মাসে গোর্ভাচেভ নিজের পরিবারের সাথে ক্রীমিয়ার ফোরোস নামক জায়গায় ছুটি কাটাতে গেছিলেন, যা ছিল প্রেসিডেন্টের গ্রীষ্মকালীন ভ্রমণের স্থান। কমিউনিস্ট পার্টীর উচ্চ স্তরের নেতারা যে সে কথা জানতেন না তাতে কোনো সন্দেহই নেই। সেই সময় কেজিবিও দুই ভাগে বিভাজিত হয়ে গেছিল - অর্ধেক লোক ছিল গোর্ভাচেভের সাথে আর অর্ধেক লোক ছিল বোরিস মেল্টমিনের সাথে। গোর্ভাচেভ যখন ছুটি কাটাতে ব্যস্ত ছিলেন তখন মাস্কো তাঁর হাত থেকে পরিত্রাণ পাওয়ার জন্য একটা চক্রান্ত করে।পার্টীর তিনজন বরিষ্ঠ নেতা কোনো রকম সংবাদ ছাড়াই ফোরেসে চলে যায়। গোর্ভাচেভকঠোরতার সাথে কাজ করেছিলেন, তাদের তিনজনকে পুনরায় মস্কো ফিরে যাওয়ার আদেশ দেন। 18 থেকে 21 শে আগস্ট পর্যন্ত তাঁকে তাঁর পরিবারের সাথে নজর বন্দি করে রাখা হয়েছিল, সমস্ত টেলিফোন লাইন কেটে

দেওয়া হয়, বৈদ্যতিক সংযোগ ছিন্ন করা হয়ে এমনকি সংবাদ পত্র পর্যন্ত দেওয়া হয়নি। শেষপর্যন্ত 22 শে আগস্ট গোর্ভাচেভ মস্কো ফিরতে সক্ষম হয়েছিলেন। ততদিন সমস্ত বিষয়টাই তাঁর হাতের বাইরে চলে গেছিল। গোর্ভাচভের দুটি স্কীম পেরেস্ট্রোইকা ও গ্লাসনোস্ট (পুর্নগঠন এবং উন্মুক্ততা) ব্যর্থ রূপে পর্যবসিত হয়। তিনি রাজনৈতিক উদারতা প্রদর্শনের ব্যাপারে অসফল হয়েছিলেন। এটা স্পষ্ট হয়ে গেছিল যে, সোভিয়েত ইউনিয়ানের ধ্বংসের ধ্বনি বেজে উঠেছিল।

সোভিয়েত ইউনিয়ানের হারিয়ে যাওয়া ভারতের জন্য খুবই চিন্তার বিষয় হয়ে উঠেছিল। আমাদের বৈদেশিক নীতির ক্ষেত্রে ভারত-সোভিয়েত মন্ত্রী এক সর্বাধিক গুরুত্বপূর্ণ অংশ ছিল। আমাদের দিপাক্ষীক সম্পর্ক খুবই ঘনিষ্ট ছিল। 1971 সালে ইন্ডো-সোভিয়েত মৈত্রীর সন্ধি এই সম্পর্ককে আরো দৃঢ় করে তুলেছিল। পরস্পরকে সম্মান ও বিশ্বাসের ওপরেই আমাদের এই সম্পর্ক টিঁকে ছিল। যে সময় গোয়া ও কাশ্মীরের ব্যাপারে ভারতের সুরক্ষা পরিষদ একা হয়ে গেছিল সেই সময় সোভিয়েত ইউনিয়ান ভারতকে খুবই সাহায্য করেছিল। এই দেশ দুটি ইউনাইটেড নেশানের সাথে মিলিত হয়ে কাজ করত। উপনিবেশবাদ ও জাতি বিদ্বেষের ব্যাপারে দুই পক্ষের দৃষ্টি ভঙ্গী একই ছিল। ভারতের জন্য ইন্ডো-সোভিয়েত ডিফেন্স কপারেশান খুবই গুরুত্বপূর্ণ হয়ে উঠেছিল। আমরা সোভিয়েত সঙ্ঘের কাছ থেকে টাকার বিনিময়ে দ্রব্য নিতাম, যাতে করে আমাদের বৈদশিক মুদ্রার সাশ্রয় হোত।

গোর্ভাচেভের পর রাশিয়ার প্রধান হয়ে উঠেছিলেন বোটিস মেল্টমিল। তিনি ছিলেন আমেরিকার হাতের পুতুল। স্বভাবে তিনি ছিলেন গোঁয়ার প্রকৃতির। যখন ব্লাদিমির পাইন রাশিয়া সরকারের প্রধান হয়ে উঠেছিলেন তখন ভারত- রাশিয়ার সম্পর্ক পুনরায় ভালো হয়ে উঠেছিল। দি ইউপীএটু রাশিয়ার প্রতি বিমুখ আর ব্যারাক ওবামা ভারতকে পছন্দ করে না।

অধ্যায় - ২০

সোনিয়া গান্ধী

'নটবর অন্য কাউর মুখ থেকে শোনার আগে আমি নিজে মুখে তোমাকে রাজীবের বিবাহের খবর শোনাতে চাই।'

1967 সালের প্রথম দিকেই ইন্দিরা গান্ধী আমাকে ফোনে এই কথা জানান।

আমি জিজ্ঞাসা করি, 'এই সৌভাগ্যশালী কন্যাটি কে?'

'একটি ইটালীয়ান মেয়ে। ক্রাম্ব্রিজে ওদের আলাপ হয়েছিল।'

'বিয়ে কবে হল?'

শ্রীমতি গান্ধী বলেন ফেব্রুয়ারিতে।'

সত্যিই এটা ছিল এক বিরাট খবর। দেশের মধ্যে রাজীব ছিলেন সর্বাধিক যোগ্য অবিবাহিত ছেলে, তাঁর ব্যক্তিত্ব যেকোনো মানুষকেই প্রভাবিত করতে পারত। সোনিয়া তাঁর থেকে দুই বছরের ছোটো ছিলেন। শুধু যে এক বিখ্যাত রাজনৈতিক পরিবারে তাঁর বিয়ে হয়েছিল তাই নয়, নেহেরু-গান্ধী নামক এক সংস্থার সাথে যুক্ত হয়েছিলেন তিনি। রাজীবের সম্পর্কে কিছু অপমানজনক উড়ো খরব রটেছিল কিন্তু এডবিজ অন্তোনিয়া এল্বীনো ম্যানোর সাথে বিয়ের খবর প্রচারিত হতেই সমস্ত কথা ধামা চাপা পড়ে যায়।

1968 সালের 25 শে ফেব্রুয়ারীতে তাঁদের শুভ বিবাহ সুসম্পন্ন হয়েছিল। তার ঠিক একদিন পরে শ্রীমতি গন্ধী হায়দ্রাবাদ হাউসে রাজীব-সোনিয়ার বিবাহের রিসেপশান রেখেছিলেন। সকলের চোখ ছিল নব বধূর দিকে। আমার মনে আছে, তিনি খুবুই নার্ভাস ছিলেন। টুরিন থেকে নূতন দিল্লী আসার জন্য বহু পথ অতিক্রম করতে হয়েছিল তাঁকে। একটি গোঁরা রোমান ক্যাথেলিক পরিবারের মেয়ে একেবারেই অজানা এক পরিবেশে এসে পড়েছিলেন। সাংস্কৃতিক দিক থেকে এই ধাক্কা বিচলতার সৃষ্টি করেছিল। ভারতে তাঁর কোনো বন্ধু ছিল না, ভারতীয় ভাষা, রীতি-নীতি, আদপ-কায়দা, ইতিহাস, ধর্ম কিছুই জানতেন না তিনি। আসল কথাটা হল তিনি রাজীবকে এবং রাজীব তাঁকে খুবই ভালোবাসতেন। একবার তিনি আমাকে বলেছিলেন যে, তাঁর জীবনে অন্য কোনো পুরুষ কখন আসেনি। সেই সময় সারা বিশ্বের বিরোধীতা করে রাজীব ও সোনিয়া বিবাহ করেছিলেন। তাঁদের দুজনকে একত্রে খুব ভালোও লাগত - সুন্দর রাজীবের সাথে ভদ্র সোনিয়া।

সোনিয়ার জীবন চারটি ভাগে ভাগ করা যেতে পারে। প্রথম জীবনে ছিল বৈবাহিক

জীবনের আনন্দ, প্রেম, মজা এবং বিশ্ব প্রসিদ্ধ শ্বাশুরির তত্ত্বাবধানে শিক্ষা প্রাপ্ত করা। সোনিয়া সৌভাগ্যশালী হলেও 1984 সালের 31 শে অক্টোবর শ্রীমতি গান্ধীর মৃত্যুর পর তাঁর ভাগ্যে খানিকটা অন্ধকার ঘনিয়ে এসেছিল। সোনিয়া এবং আর.কে.ধাওয়ানই তাঁর গুলি বিদ্ধ শরীরটা নিয়ে এমসে পৌঁছেছিলেন।

দ্বিতীয়ভাগের সময় কাল ছিল খুবই কম, মাত্র সাত বছর। কংগ্রেসের ওয়ার্কিং কমিটি একটা প্রস্তাব পাশ করিয়ে রাজীবকে তাঁর মায়ের আসনে বসিয়ে দিয়েছিল। সোনিয়া কিছুতেই চাননি যে রাজীব প্রধানমন্ত্রী হোন - তিনি ভয় পেয়েছিলেন যে, রাজীবকেও মেরে দেওয়া হবে। কিন্তু রাজীব তখন নিজের কর্তব্য পালনের বিষয়ে ব্যস্ত হয়ে উঠেছিলেন, নিজের ব্যক্তিগত জীবন নিয়ে ভাবার সময় তাঁর ছিল না। সোনিয়ার মুক্ত জীবন এখানেই শেষ হয়ে গেছিল। তিনি ভারতের প্রথম মহিলা হয়ে গেছিলেন - স্বামীর সাথে রাজকীয় যাত্রায় তাঁকে সারা পৃথিবী ঘুরে বেরাতে হোত। তখন আর রাজীব-সোনিয়ার জীবন দূরের ছিল না, রাজনৈতিক উত্থান-পতনের কেন্দ্রবিন্দু হয়ে উঠেছিলেন তাঁরা। কখন-কখন সোনিয়ার এই সব মোটেই ভালো লাগত না, কিন্তু তিনি এর সাথে নাগপাশে আবদ্ধ হয়ে পড়েছিলেন। প্রথম দিকে কোনো অপরিচিত ব্যক্তির সাথে কথা বলতে তিনি খুবই সমস্যা বোধ করতেন, তিনি খুবই কম কথা বলতেন। খুব কম রাষ্ট্রাধ্যক্ষের সাথেই তিনি একটু বেশি কথা বলতে পেরেছিলেন।

এই দিন গুলি এত সুন্দর ছিল যে তা বেশি দিন টেঁকেনি। ভাগ্যের কঠোর পরিহাসে রাজীবকে ফেলে দেওয়া হয়। 1991 সালের 21 শে মে তে তামিলনাড়ুর শ্রীপেরম্বুদূরে রাজীবের হত্যা করা হলে সোনিয়রা সোনার স্বর্গ ভেঙে খান খান হয়ে যায়। সোনিয়ার জীবন থেকে বসন্ত বিদায় নিয়েছিল।

তৃতীয় অধ্যায় চলে 1991 থেকে 1998 সাল পর্যন্ত। এই সময় সোনিয়া ছিলেন একেবারে একা। তাঁর সাথে ছিল রাজীবের জীবনেব স্মৃতি। তাঁর মধ্যে রাজনীতিতে প্রবেশের কোনো লক্ষণই দেখা যাচ্ছিল না। কটোরা গার্ডন্সে অনুষ্ঠিত এক এ আই সী সী মিটিং-এই তাঁর কাছে সবচেয়ে বেশি সার্বজনিক আপিল পৌঁছেছিল। সোনিয়া যখন সেখানে পৌঁছেছিলেন তখন বহু লোক দাঁড়িয়ে 'সোনিয়া-সোনিয়া' করে চিৎকার করতে শুরু করেছিল - সার্বজনিক ভাবে তাঁকে মঞ্চে আসার জন্য অনুরোধ জানানো হচ্ছিল। প্রায় দশ মিনিট ধরে ক্রমাগত হাততালি চলছিল। ওয়ার্কিং কমেটির একজন সদস্য তাঁর কাছে গিয়ে তাঁকে মঞ্চে এসে বসার অনুরোধ জানান। সোনিয়া সোজা কথায় বলে দিয়েছিলেন যে, এই প্রদর্শন বন্ধ না হলে তিনি উঠে চলে যাবেন।

সেই সময় সোনিয়া রাজীব গান্ধী ফাউন্ডেশান স্থাপিত করেন এবং রাজীবের ওপর একটা সুন্দর বইও প্রকাশিত হয়। এই কাজের জন্য তিনি তিন বছরেরও বেশি সময় ধরে ব্যস্ত ছিলেন। রাজীবের জায়গায় তিনিই নেহেরু মেমোরিয়াল ফান্ড এবং ইন্দিরা মেমোরিয়াল

ট্রাস্টের চেয়ারম্যান হয়েছিলেন, তিনি দিল্লীতে ষষ্ঠ অন্তর্রাষ্ট্রীয় সম্মেলন আয়োজিত করেছিলেন, যাতে বিখ্যাত বিদ্বান , শিল্পী এবং রাজনৈতিক ব্যক্তিত্বদের আমন্ত্রণ জানানো হয়েছিল। আমি থাকে দেশের অন্যান্য স্থানেও এমন সম্মেলন আয়োজন করার পরামর্শ দিই। প্রত্যেক শহরেই মিডিয়া এবং বুদ্ধিজীবিরা এই নিয়ে খুবই উৎসাহ দেখাত। সব ক্ষেত্রেই যে সোনিয়া কেন্দ্রবিন্দু হয়ে উঠেছিলেন তাতে কোনো সন্দেহই নেই। তিনি মিডীয়ার থেকে যত দূরে থাকার চেষ্টা করতেন, মিডিয়া তত তাঁর পিছন পিছন ঘুরত। এই সম্মেলন গুলিতে তিনি শুধু নিজের ভাষণ পড়ার কাজটি করতেন, বাকি সব আমাকে করতে হোত।

সোনিয়াই নরসিমহারাওকে প্রধানমন্ত্রীর আসনে বসিয়েছিলেন। কিন্তু তিনি শ্রী রাওকে পছন্দ করতেন না। একবার তো আমিও শ্রী রাওয়ের সঙ্গ ত্যাগ করে তিওয়ারি কংগ্রসের চলে গেছিলাম, কিন্তু পরে সব ঠিক হয়ে যায়।

1994 সালের ডিসেম্বর মাসে শ্রী রাওয়ের সাথে আমার সম্পর্ক স্বাভাবিক হয়ে যাওয়ার পরে তিনি একদিন আমাকে তাঁর 5 নং. রেসকোর্স রোডের বাড়িতে ডাকেন। তিনি সর্বদাই শান্ত স্বভাবের মানুষ ছিলেন, কিন্তু সেই দিন সকালে তাঁকে দেখে খুবই ক্রুদ্ধ ও অসার বলে মনে হচ্ছিল। তিনি বলেন,'আমি সোনিয়ার সাথে প্রতিযোগীতায় নামতে পারি, কিন্তু আমি এমনটা করতে চাইছি না। তাঁর কিছু পরামর্শদাতা আমার বিরুদ্ধে ওনাকে উসকাচ্ছেন। আমি তাদের নিয়ে ভাবছি না, কিন্তু সোনিয়ার ব্যাপারটা আলাদা। তাঁর আমার প্রতি ব্যবহার আমার শরীরের ওপর প্রভাব ফেলছে। উনি যদি চান যে, আমি 'হেরে যাই' তাহলে সোজাসোজি বলছেন না কেন? আমি ওনার সমস্ত ইচ্ছা ও প্রয়োজন সঙ্গে সঙ্গে পূরণের চেষ্টা করেছি। তুমি তো ওনার খুবই কাছের, ওনার সাথে অনেক কাজও কর। তোমার নিশ্চই জানা উচিত যে, উনি কেনো আমার সাথে এমন শত্রুতা পূর্ণ ব্যবহার করছেন?'

আমি ইন্দিরা গান্ধী মেমোরিয়াল ট্রাস্টের উপাধ্যক্ষ এবং নেহেরু মেমোরিয়াল ফান্ডের সচিব ছিলাম। তাই এই দুটি সংস্থার সম্পর্কিত কাজের ক্ষেত্রেই আমার সাথে ওনার বিভিন্ন বৈঠক হোত। রাজনৈতিক বিষয়ে ওনার সাথে আমার খুবই কম কথা হোত। আমি সেই কথা শ্রী রাওকে জানাই। রাজীব হত্যা কাণ্ডের যে মামলা হয়েছিল, তার গতি ধীমে থাকার জন্য সোনিয়া খুবই উৎকণ্ঠিত ছিলে, যা আমি জানতাম না। পী. বী. জানিয়েছিলেন যে, তিনি পী. চিদম্বরমের হাত দিয়ে জরুরি কাগজ পত্র সোনিয়ার কাছে পৌঁছে দিয়েছিলেন। তিনি গৃহ মন্ত্রী এস. বী. ছাবানকে মোকদ্দমার তৎকালিন পরিস্থিতি সম্পর্কেও সোনিয়াকে জানিয়ে দিকে বলেছিলেন। শেযে তিনি জানান যে, মোকদ্দমার জরুরি কাগজ পাত্র নিয়ে তিনি নিজে সোনিয়ার কাছে গেছিলেন, এবং কেনো দেরি হচ্ছে সে ব্যাপারে বিস্তারিত জানিয়ে এসেছেন। তাঁর কথা অনুসারে সোনিয়া সব কথা মন দিয়ে শুনেছিলেন, কিন্তু কিছুই বলেননি।

'উনি যা চান আমি তাই করি। কিন্তু উনি কখন আমাকে একটা ফোন পর্যন্ত করেন না। একদিন নেহেরু ফান্ডের মিটিং-এর পর আমি নিজেই ওনার বাড়িতে এনাকে ফোন করার

কথা ভাবি। আমি জানিয়ে দিয়েছিলাম যে, ওনার যখন খুশি উনি আমার সাথে কথা বলতে পারেন, তিনি কথাটা শুনে রাজিও হয়েছিলেন। কিন্তু একঘন্টা পরে তিনি বার্তা পাঠান যে, উনি আর এখানে ফোন করতে চাননা। কথাটা শুনে আমার মনে হয়েছিল যে, কেউ বোধহয় আমার গালে স্বজোরে কষাঘাত করল।'

আমি মোহম্মদ ইউনিসের সাথে যোগাযোগ করার পরামর্শ দিই। ইউনিস সাহেব সোনিয়ার সাথে সর্বদাই যোগাযোগ বজায় রাখতেন। বহু যুগ ধরে তাঁর সাথে নেহেরু পরিবারের একটা ঘনিষ্ঠ সম্পর্ক গড়ে উঠেছিল। তিনি হলেন খান আব্দুল গফফর খানের ভাইপো। পাকিস্তান গঠনের পর তিনি তাঁর পাঠান পরিবারের এমন একজন সদস্য ছিলেন, যিনি সেখানে যাননি। ইউনিস সাহেব ছিলেন স্পষ্ট বক্তা, বিশ্বাসী এবং তিনি খুব ভালো গান গাইতে পারতেন। কিছুদিন বাদে পী.বী. রাত্রির নয়টার পর তাঁর বাড়িতে যান, কোন রকম বাহুলতা ও পুলিশ ছাড়া গোপনে তিনি সেখানে গেছিলেন, আমিও তাঁর সাথে ছিলাম।

পী.বী-র এমন গোপনে মিটিং থেকে একটা বিষয় স্পষ্ট বোঝা যাচ্ছিল যে, তিনি সোনিয়ার সাথে সমস্যার সমাধানের ব্যাপারে উদ্গ্রীব হয়ে রয়েছেন। কিন্তু তা সম্ভব হয় না। হয়তো এর মধ্যে ইউনিস সাহেবের আসাটা সোনিয়া ভালো চোখে দেখননি।

1995 সালের সেপ্টেম্বরে ত্রিবেন্দ্রমে যে মিটিং হয়েছিল তা আমার খুব ভালো করে মনে আছে। সোনিয়া সেখানে পৌঁছানোর আগের দিন রাতে সুরক্ষা দপ্তরের প্রধান আমাকে জানিয়েছিলেন যে, বব্বর খালসা দল তাঁর ওপর চরম আক্রমণ করতে পারে। আমি কেরলের মুখ্যমন্ত্রী এ.কে. এন্টনীকে এই কথা জানিয়েছিলাম। ওনার সাথে যবে থেকে আমার পরিচয় হয়েছিল আমি তাঁকে সেন্ট এন্টনী বলেই ডাকতাম। তিনি খুবই প্রভাবশালি, সৎ ও স্বল্পভাষী ব্যক্তি ছিলেন। আমার মতো তিনিও এই খবর শুনে খুবই বিচলিত হয়ে উঠেছিলেন। তিনি আমার হোটেলে এসে আমাকে কি করা উচিত সেই নিয়ে প্রশ্ন করেছিলেন। আমি বলেছিলাম যে, প্রধানমন্ত্রী নরসিমহা রাওয়ের সাথে কথা বলা উচিত। আমরা এন্টনীর ঘরের দিকে যাই। তাঁর সাথে কোনো পুলিশ বা সুরক্ষা বিভাগের অফিসার ছিল না। তাঁর ঘরে কোনো পাহারাদারকেও দেখতে পাইনি। আমি ভেবেছিলাম যে, ওনার নিজেস্ব সহায়ক অবশ্যই থাকবে,কিন্তু আমি তাঁর কথা শুনে অবাক হয়েছিলাম, 'সন্ধ্যা ছয়টা বেজে গেছে, আমার সমস্ত স্টাফ চলে গেছে।' আমি তাঁকে পুনরায় জিজ্ঞাসা করি যে, 'আপনার কাছে প্রধানমন্ত্রীর ফোন নম্বর আছে কি?' তাঁর কাছে সেটাও ছিল না। যাই হোক আমি বহু কষ্টে প্রধানমন্ত্রীর সাথে যোগাযোগ করতে সক্ষম হই। উনি সেই খবর শুনে খুবই ভয় পেয়ে গেছিলেন। তিনি অনুনয়ের সুরে আমাকে বলেছিলেন, 'নটবর! তুমি আমার তরফ থেকে ওনাকে জানিয়ে দাও যে, সুরক্ষার কথা ভেবে তিনি যেন সেখানে না যান।'

'আপনি নিজে কেনো বলছেন না?'

জবাবে তিনি বলেছিলেন, 'না! আমার তরফ থেকে তুমি বললে বেশি ভালো হবে।'

আমি পী.বী. কে খুব ভালো করেই চিনতাম, তাঁর কথা গুলি শুনে আমার তাঁকে খুবই সতর্ক বলে মনে হয়েছিল। এদিকে সোনিয়া গান্ধীর ওপর আতঙ্কবাদীরা হামলা করতে পারে, অন্যদিকে তিনি সোনিয়ার সাথে কথা পর্যন্ত বলতে চাইছিলেন না। আমিও সোনিয়রা সাথে কথা বলি। তিনি জানিয়েছিলেন, 'আমি সকালের প্লেনে ত্রিবেন্দ্রমে পৌঁছাচ্ছি।' সোনিয়া একটা বিপদের ঝুঁকি নিতে চলেছিলেন। আমি আর এন্টনী একে অপরের দিকে দেখছিলাম। তখন আমাদের আর কিছু করার ছিল না।

ওদিকে পী.বী. নরসিমহা রাও খুবই দ্রুতগতিতে কাজ সারছিলেন। রাতারাতি ত্রিবেন্দ্রমে কমাণ্ডোজ বাহিনী পাঠিয়ে দিয়েছিলেন। সোনিয়ার যে রাজভবনে ওঠার কথা ছিল তা একটা ছোটো খাট কেল্লায় পরিণত হয়েছিল। যেখানে কনফারেন্স হওয়ার কথা ছিল সেখানেও সুরক্ষা ব্যবস্থা ছিল খুবই দৃঢ়।

সোনিয়ার জীবনের চতুর্থ পর্যায়ের দৌড় শুরু হয়েছিল 1998 সালের 14 ই মার্চ থেকে, আনুষ্ঠানিক ভাবে তিনি কংগ্রেসের অধ্যক্ষের পদে বসার পরেই, নূতন দিল্লীতে অনুষ্ঠিত একটি এআইসীসী-র বিশেষ বৈঠক তিনি সামলে নিয়েছিলেন।

তিনি কোনো সুবক্তা ছিলেন না, লোকেদের সাথে খুব ভালো করে কথাও বলতে পারতেন না, কিন্তু ভালো রাজনৈতিক ব্যক্তিত্ব হয়ে ওঠার জন্য এই দুটি খুবই অপরিহার্য। নিজের প্রথম ভাষণ তৈরি করার জন্য তাঁকে বেশ কয়েক ঘন্টা কঠোর পরিশ্রম করতে হয়েছিল। উনি সিরোফোর্টে প্রিয়াঙ্কাকে সঙ্গে নিয়ে গেছিলেন, আমাকেও ডেকে পাঠিয়ে প্রিয়াঙ্কার সাথে বসতে বলেছিলেন। তাঁর ভাষণের সূক্ষ্ম বিষয় গুলি সামলে দেওয়ার জন্য তিনি জয়রাম রমেশকেও ডেকে পাঠিয়েছিলেন। খুব নার্ভাস থাকা সত্ত্বেও সোনিয়া সেই বাধা সফলতার সাথে অতিক্রম করতে সক্ষম হয়েছিলেন।

আমার এখনও মনে আছে, যেকোনো ভাষণ তৈরি করতে সোনিয়ার 6 থেকে 8 ঘন্টা সময় লাগত। কখন কখন মধ্য রাত পর্যন্ত তিনি ভাষণ তৈরির কাজে লেগে থাকতেন। অনেক সময় এই ভাষণ তৈরির কাজটা আমার কাছে খুবই ক্লান্তিকর বলে মনে হোত। উনি নিজের ভাষণ পড়তেন আর আমি সময় নোট করতাম। তারপর তা হিন্দিতে অনুবাদ করা হোত। তারপর হিন্দি ভাষণ রোমান হরফে বড় বড় করে লেখা হোত, কিন্তু এমন পরিস্থিতি বেশি দিন চলে নি।

তাঁর ইংরেজি সব দিক দিয়েই খুবই ভালো ছিল, কিন্তু হিন্দিতে সমস্যা ছিল। যতক্ষণ না লিখিত পাঠ তাঁর সামনে আসত ততক্ষণ পর্যন্ত উনি হিন্দি বলতে পারতেন না। আমি তাঁকে ভাষণে বলার জন্য তুলসীদাসের চৌপাইয়া আর কবিরের দোঁহা মুখস্থ করতে বলি। কিন্তু তিনি পরাজয় স্বীকার করে নেন। 'আমার সামনে সব কিছু লেখা আছে তবু আমি কিছু বলতে পাচ্ছি না। তুমি চাও আমি নিজের থেকে কিছু বলি। এই সব ভুলে যাও।'

কংগ্রেসের বহু বরিষ্ঠ নেতারা নিজেদের পরামর্শ অনুসারে তাঁর জন্য ভাষণের প্রতিলিপি

গঠন করে পাঠিয়ে দিতেন, কিন্তু কিঞ্চিৎ এই সবের প্রয়োগ হোত। দীর্ঘ ভাষণ পত্র তৈরির সময় জয়রামের উপস্থিতি নিয়মিত বিষয় হয়ে উঠেছিল। তিনি কম্পিউটারে খুবই পারদর্শী, তাঁর উপস্থিত এই কাজকে খানিকটা হলেও সহজ করে দিত। সোনিয়া যে খুবই বুদ্ধিমান মহিলা তাতে কোনো সন্দেহ নেই। যে কারণে উনি কখন কখন সমস্যার মধ্যেও পড়তেন। কখন কখন তিনি আমাকে নিয়েও মজা করতেন, আমি সমস্যায় পড়লে ওনার খুব মজা লাগত।

এই সময় তো সোনিয়ার সাথে আমার প্রায়ই দেখা হোত। আমি তাঁকে স্মরণ করিয়ে দিয়েছিলাম যে, তাঁর পরিবার হল একটি অন্তর্রাষ্ট্রীয় সংস্থা, কিন্তু রাজীবের মৃত্যুর পর তা ধীরে ধীরে সকলের চোখের আড়ালে চলে যাচ্ছে। তাঁকেই একে পুনর্জীবন দান করতে হবে। তিনি জিজ্ঞাসা করেছিলেন যে, 'আমি কিভাবে করব?' আমি বলেছিলাম যে, বিদেশ মন্ত্রালয়ে আমার যে পুরানো সাথিরা আছে তাদের সাহায্যে এটা ঠিক করব যে, ভারতে যে সমস্ত প্রধানমন্ত্রী ও বিদেশ মন্ত্রীগণ আসবেন তারা যেন আপনার সাথে দেখা করে তবেই এখান থেকে যান। আপনি কংগ্রেসের অধ্যক্ষ, আর প্রতিপক্ষ দলের নেতাও আপনি।

আমি এই ব্যাপারে আমার বন্ধু ব্রজেশ মিত্রের সাথে কথা বলি। তিনি আমার কথা উড়িয়ে দেননি, কিন্তু কোনো রকম উৎসাহও দেখাননি। কয়েক মাস বাদে ভারতের বিদেশ মন্ত্রালয়, ভ্রমণশীল প্রধানমন্ত্রী ও বিদেশী মন্ত্রীদের কার্যক্রমে কংগ্রেস পার্টীর প্রেসিডেন্টের সাথে সাক্ষাতের বিষয়টিও অন্তর্ভুক্ত করে নিয়েছিলেন।

প্রথম দিকে সোনিয়ার এই সাক্ষাৎকার একদম ভালো লাগত না। তিনি জিজ্ঞাসা করতেন, 'আমি ওনাদের সাথে দেখা করে কি করব?' আমি বলেছিলেন, 'ওনাদের কথা শুনবেন, আপনি অনেক কিছু জানতে পারবেন।' 1995 থেকে 2005 সাল পর্যন্ত যখনই কোনো ভ্রমণশীল গণ্যমান্য বিদেশি অতিথি 10 নং. জনপথে আসতেন তার কয়েক মিনিট আগে আমি সেখানে পৌঁছে যেতাম। প্রথম দিকে সোনিয়া সংকোচিত ভাবে আমার দিকে দেখতেন। তাঁর দিকে লোকেদের চোখ তো যেতই। সময়ের সাথে সাথে সোনিয়া এই বিদেশী গণ্যমান্য ব্যক্তিদের সাথে কথা বলার ব্যাপারে আগ্রহ প্রকাশ করতে শুরু করেন।

1998 সালের 14 ই নভেম্বর, এস্কর্টসের হার্ট ইন্সটিটিউটে আমার বাইপাস হয়েছিল। আমি যতদিন হাসপাতালে ছিলাম সোনিয়া প্রতিদিন ফোনে ড. ত্রেহনের সাথে কথা বলতেন, আমার শরীরের খোঁজ খবর নিতেন। তিনি দুই বার হাসপাতালে আমাকে দেখতেও এসেছিলেন। আমার ব্যাপারে তাঁর এত চিন্তা দেখে আমি এবং আমার স্ত্রী হেম দুইজনেই খুবই অভিভূত হয়েছিলাম। অনেক সময় তো উনি আমাকে মধ্য রাতেও ফোন করে জিজ্ঞাসা করতেন যে, আমি অমুক চ্যানেলের অমুক পোগ্রাম দেখছি কিনা। আমার স্ত্রীর কাছেও তিনি এইভাবে ফোন করতেন।

2002 সালের 9 ই মে আমার পরিবারের সবচেয়ে অন্ধকার ময় দিন ছিল। সেদিন আমাদের মেয়ে ঋতু আমাদের ছেড়ে সারা জীবনের মতো চলে গেছিল। এই খবর আমি

সোনিয়াকে জানতেই তিনি আমাদের বাড়ি চলে এসেছিলেন। হেম, জগত ও আমার সাথে বেশ কয়েক ঘন্টা তিনি কাটিয়েছিলেন। দুঃখের সময় তিনি আমাদের যে সঙ্গ দিয়েছিলেন তা আমি কখন ভুলব না।

সোনিয়া নিজের নাতি-নাতনি ও প্রিয়াঙ্কার সুরক্ষা নিয়ে বেশ চিন্তায় থাকতেন। আমি তাঁকে কথা দিয়েছিলাম যে, এই ব্যাপারে আমি ব্রজেশ মিশ্রার সাথে কথা বলব, আমি সেই কথা পালনও করি। সোনিয়া যেমনটা চেয়েছিলেন সেই রকম ভাবেই তিনি তা করে দেবেন বলেছিলেন।

সোনিয়া আর আমার ঘনিষ্ঠতায় নজর লেগে গেছিল। আমি প্রায় প্রতিদিন 10 নং. জনপথে যেতাম। আমিই হয়তো ওনার সবচেয়ে বিশ্বাসযোগ্য ও হিতৈষী মানুষ ছিলাম। কিছু হিতকারী আমাকে শুনিয়েছিলেন যে, 'তুমিই বোধ হয় ওনার সবচেয়ে বড় সঙ্কটমোচক।' আমি তাদের বলেছিলাম, 'বাজে কথা বল না।'

সোনিয়ার সাথে আমার রাজনৈতিক কথাবার্তা কম হোতে শুরু করেছিল, খুব গুরুগম্ভীর ও প্রয়োজনীয় বিষয় ছাড়া কথা হোত না। কিন্তু তাঁর সাথে আমার খুব সাধারণ ও মজাদার কথাবার্তা হোত। আমি যখনই আমার বিদেশ যাত্রা শেষ করে তাঁর সাথে দেখা করতে যেতাম তখন তিনি আমাকে দেখেই বলেতেন, 'আপনার অভাবে চারদিক কেমন খালি খালি লাগত।'

এদিকে সোনিয়া সার্বজনিক দিক দিয়ে সকলের সাথে মেলামেশা করার ব্যাপারে দিনে দিনে সাহসী হয়ে উঠছিলেন, কিন্তু তখন অনেক কিছু করতে বাকি ছিল। এক পুরুষ প্রধান সমাজে তিনি কখন আরাম করার সুযোগ পেতেন না। ওয়ার্কিং কমিটির মিটিং-এও তিনি খুবই গম্ভীর থাকতেন ও কম কথা বলতেন।

জয়রামকে একবার নিজের অবিবেকশীল কাজের জন্য সোনিয়ার রাগের মুখে পড়তে হয়েছিল। তিনি জয়রামের সাথে দেখাই করতে চাইছিলেন না। তাঁর রাগ ও বিরক্তির স্পষ্টতা তখনই বোঝা যেত, যখন তিনি নিজের দরবার থেকে নির্গত করে দিতেন। জয়রাম এক সপ্তাহের বেশি তা মেনে নিতে পারেননি, তিনি আমার কাছে আসেন সমস্যার সমাধান খুঁজতে। তিনি আমাকে বলেন যে, 'শ্যার ম্যাডাম যদি আমাকে না নেন, তাহলে আমি যে কি করে বসব তা জানি না।' আমি বলেছিলাম, 'রমেশ! আপনার যা ইচ্ছা আপনি করতে পারেন, কিন্তু এই ঘরে কিছু করবেন না।' তাঁকে শান্ত করে ভরসা দিই যে, আমি সোনিয়ার সাথে এই ব্যাপারে কথা বলব। আমি তাঁকে জয়রামের মানসিক অবস্থার কথা জানাই। পরে তিনি নরম হন আর জয়রামের কোনো রকম সমস্যা হয় নি।

আর একবার সোনিয়ার রাগের পরিচয় পেয়েছিলাম, যখন তিনি অর্জুন সিংহের ওপর ক্ষুব্ধ হয়েছিলেন। অর্জুন সিংহ ছিলেন কংগ্রেসের একজন রহস্যজনক মানুষ। যেকোনো ঋণাত্মক বিশেষণই তাঁর জন্য প্রয়োগ করা যেতে পারে - ধূর্ত, চালাক, স্কীমবাজ প্রভৃতি।

সেই সময় তাঁর সময় ভালো যাচ্ছিল না। এক অনুষ্ঠানে কংগ্রেস ও সী ডাব্লু সী -এর বহু সদস্য উপস্থিত ছিলেন, সর্ব সমক্ষে তিনি বক্তৃতা দিতে উঠে বলেন যে, সোনিয়া গান্ধীর আশেপাশে এমন মানযুরা থাকে যারা কংগ্রেসের পুরানো লোকজনেদের সাথে তাঁকে দেখা পর্যন্ত করতে দেয় না। সোনিয়ার কানে 'অন্তরঙ্গ বন্ধু' কথাটা গেছিল, তিনি অর্জুন সিংহের সাথে দেখা করার বিষয়ে অসম্মতি প্রকাশ করেন। অর্জুন সিংহ যে শুধু সী ডব্লু সী-র সদস্য ছিলেন তাই নয়, তিনি রাজ্যপাল, মুখ্যমন্ত্রী, পার্টির ভাইস প্রেসিডেন্ট এবং ক্যাবিনেটের মিনিস্টারও ছিলেন। কিন্তু তিনি বহু চেষ্টা করেও সোনিয়রা সাথে দেখা করার সুযোগ পান না। এই প্রত্যাখানের পর একদিন আমার কাছে এসে নিজের ব্যথা-বেদনার কথা বলেন, আমি সোনিয়রা সাথে দেখা করে বলি যে, উনি 'অন্তরঙ্গ বন্ধু' - এই কথাটা বলেননি। এই কথা শোনার পরেও তিনি তাঁকে যথেষ্ট ঘুরিয়েছিলেন, তারপর ওনার সাথে কথা বলেন। সেদিন অর্জুন সিংগ দশ নং. জনপথ থেকে সোজা আমার বাড়িতে এসে আমারে আন্তরিক কৃতজ্ঞতা জানিয়েছিলেন। পরে তিনি আমাকে বলেছিলেন, 'নটবর সিংহ জী! এতদিন ধরে রাজনীতি করছি, কিন্তু আপনি আমার জন্য যা করেছেন তা কেউ কখন কাউর জন্য করে না' ওনার মুখের এই প্রশংসা বাক্য শুনে আমার খুব ভালো লেগেছিল।

1997 সাল গান্ধী পরিবারের কাছে একটা শুভ দিন নিয়ে আসে - সেই বছর সোনিয়ার কন্যা প্রিয়াঙ্কার শুভ বিবাহ সম্পন্ন হয়েছিল। প্রিয়াঙ্কাকে দেখে সকলের তাঁর ঠাকুমা ইন্দিরা গান্ধীর কথা মনে পড়ে যেত। তাঁর রূপ, তাঁর ঐতিহ্যের সাথে তাঁর প্রচুর মিল ছিল, কিন্তু তাঁর সাথে খ্রীশ্চান রবার্ট ভাদ্রার প্রণয়ের সম্পর্কের সৃষ্টি হয়েছিল। রোবার্ট নিজের সীমানায় আবদ্ধ ছিলেন, প্রিয়াঙ্কার এই পছন্দ দেখে সকলেই খুবই অবাক হয়েছিল। 1997 সালের 18 ই ফ্রেব্রুয়ারী তাঁর বিবাহ সংগঠিত হয়েছিল। এই অনুষ্ঠানে কাকে কাকে ডাকা হবে সে নিয়ে বহু জলপনা কল্পনা হয়েছিল, আশাবাদী লোকেরা ক্রমাগত 10 নং. জনপথে ফোন করে যাচ্ছিল। শেষ পর্যন্ত অসাধারণ নিমন্ত্রণ পত্র মাত্র কয়েকজনের হাতে গিয়েই পৌঁছেছিল, যাতে বিস্তৃত গান্ধী পরিবারের কোনো সদস্য ছিল না। অমিতাভ বচ্চন এবং তাঁর পুত্র, সুমন দুবে, সুনীতা কোহলী, সতীশ শর্মা, শীলা দিক্ষীত, আমার স্ত্রী এবং আমাকে এই অতিথি সমারোহে ডাকা হয়েছিল। কাশ্মীরি রীতিতে জাঁক যমকতার সাথে বিবাহের অনুষ্ঠান সুসম্পন্ন হয়েছিল, তারপর ডিনারের আয়োজন করা হয়। প্রিয়াঙ্কাকে ভীষণ সুন্দর লাগছিল। মিডিয়ার লোকেদের বাইরেই রাখা হয়েছিল।

1997 সালের 15 ই আগস্ট ভারতের পঞ্চাশতম স্বাধীনতা দিবসের অনুষ্ঠান পালনের সময় ইন্দিরা গান্ধী মেমোরিয়াল ট্রাস্ট একটা অন্তর্রাষ্ট্রীয় সম্মেলনের আয়োজন করেছিল, যাতে জাম্বিয়ার প্রেসিডিন্ট কেনেথ কন্ডাকে আপ্যায়ন করা হয়েছিল, এর আগে যত জনকে আপ্যায়ন জানানো হোত তাদের বারাখাম্বা রোডের ললিত সুরী হোটেলে থাকার বন্দোবস্ত করা হোত।

1997 সালে যাদের আপ্যায়ন করা হয়েছিল তাদের জন্য সোনিয়া ওবেরয় হোটেলের থাকার ব্যবস্থা করেন। কৌন্ডা একদিন দেরিতে এসেছিলেন, আর আগের মতো তিনি এয়ারপোর্ট থেকে সোজা সুরী হোটেলে চলে গেছিলেন। আমি সোনিয়াকে তাঁর আসার কথা জানাই এবং বলি যে তিনি সুরী হোটেলে চলে গেছেন। সোনিয়া সঙ্গে সঙ্গে তাঁর সাথে দেখা করে তাঁকে ওবেরয় হোটেলে নিয়ে আসতে বলেন। আমি কৌন্ডাকে বহু বছর ধরে চিনতাম, এই কাজটা আমার কাছে খুবই সমস্যা জনক হয়ে উঠেছিল। সোনিয়ার জেদের কারণে আমাকে তাঁর কাছে যেতে হয়, এবং তাঁকে শীফ্‌ট করার কথা বললে, তিনি বলেন যে, অনেকক্ষণ ধরে প্লেনে আসার ফলে তিনি ভীষণ ক্লান্ত বোধ করছেন, তিনি আরাম করতে চান।

আমি কৌন্ডার কথা সোনিয়াকে জানাই। আমি ভেবেছিলাম যে, ওখানেই এই ঘটনার নিষ্পত্তি হবে, কিন্তু এমনটা হয়না। তিনি নিজের প্রভাবের অহংকারে অন্ধ হয়ে আমাকে পুনরায় কৌণ্ডার কাছে গিয়ে তাঁকে ওবেরয় হোটেলে শিফ্‌টের কথা বলতে বলেন। তিনি যেন এই বিষয় নিয়ে জেদ না করেন, তা তাঁকে বোঝানোর চেষ্টা করেছিলাম, কিন্তু কোনো লাভ হয়নি। আমি তাঁকে এটা বলেছিলাম যে, তিনি বেকারই জেদ করছেন।

কৌন্ডা ছিলেন আফ্রিকার খুবই সম্মানিয় ও পছন্দের নেতা। তিনি সোনিয়ার থেকে 22 বছরের বড় ছিলেন। ইন্দিরা বা রাজীব গান্ধি কখন তাঁর সাথে কোনো রকম অশালীন আচরণ করেননি। আমি যখন পুনরায় কৌন্ডাকে সোনিয়ার কথা জানাই তখন তিনি আমাকে বলেন, এর জন্য তাঁকে অনেক ছোট হোতে হবে, 'আমি সুরীকে কি বলব?' কৌন্ডা আমার সমস্যার কথাও বুঝতে পাচ্ছিলেন। সুরীর কাছে ক্ষমা চাওয়ার পর, কান্ডা সেখান থেকে শিফ্‌ট করতে রাজি হন।

সোনিয়া জেনে বুঝে অনেক সময় নিজের স্বেচ্ছাচারিতা দেখাতে চান। এটা তাঁর একটা বিরাট দোষ। কৌন্ডার ঘটনায় সেই বিষয়টা খুব ভালো করেই বোঝা গেছিল।

1998 সালে সোনিয়া ঠিক করেছিলেন যে, এবার তাঁর লোকসভায় যাওয়ার সময় এসে গেছে। আমেঠী থেকে তিনি প্রচুর ভোটে জয় লাভ করেছিলেন। আমেঠী হল গান্ধী পরিবারের নিজেস্ব দুর্গ। কংগ্রেসের পার্লামেন্টারী পার্টির প্রেসিডেন্টের পদটা তাঁর জন্যই অপেক্ষা করছিল। লোকসভায় তাঁর কাজের প্রথম বছরে তিনি একবারেই কিছু বলেননি। কংগ্রেসের প্রেসিডেন্ট হওয়ার পরে সোনিয়া দুটি ভুল করেছিলেন।

আমি তখন ভাইরাল জ্বরে বিছানায়, তখন প্রেসিডেন্ট কে. আর. নারায়ণানের দুধে সচিব গোপালকৃষ্ণ গান্ধীর ফোন আসে আমার কাছে। তিনি বলেন যে, আমি জানো সোনিয়া গান্ধীকে জ্যোতি বসুর সাথে কথা বলে তাঁকে প্রধানমন্ত্রী হওয়ার জন্য আবেদন জানাই, তাঁকে ধর্মনিরপেক্ষ সরকার গঠনের বার্তা দিতে বলা হয়েছিল। কথাটা শুনে আমার বেশ ভালো লেগেছিল। আমি 10 নং. জনপথে সোনিয়ার সাথে কথা বলতে যাই। আমি যখন তাঁর স্টাডি-কাম-কনফারেন্স রুমে পৌঁছাই তখন সেখানে প্রণব মুখার্জী, অর্জুন সিংহ ও

এম.এল. ফোতেদার বসেছিলেন। আমি যখন নিজের বক্তব্য জানাই, তখন আমার মনে হয়েছিল ওখানে যে তিনজন বসেছিলেন তাঁদের আমার কথা ভালো লাগিনি, আর সোনিয়াকেও তাদের দিকেই বলে মনে হয়েছিল। কিন্তু আমার মনে হয়েছিল যে, জ্যোতি বসু আগের মন্ত্রীদের থেকে অনেক বেশি সফল হবেন। কিন্তু সীপীএমের পলিট বিউরের সদস্যরাই এই সমস্যার সমাধান করে দিয়েছিল। তারা জ্যোতি বসুকে প্রধানমন্ত্রী পদের প্রত্যাশী হওয়ারই অনুমতি দেয়নি। পরে এই বিরাট ভুল করার জন্য তাঁরাও আফসোস করেছিল।

দ্বিতীয় ভুলটি উনি করেছিলেন 1999 সালের এপ্রিলের শেষ সপ্তাহে। এন.ডী.এ. (ন্যাশানাল ডোমেক্রেটিক এলাএন্স)-এর নেতা অটল বিহারী বাজপেয়ি নিজেদের সরকার গঠন করছিলেন না, যে কারণের দ্রুত গতিতে রাজনৈতিক ঘটনাচক্র আবর্তিত হচ্ছিল। কংগ্রেস অন্য বিপক্ষ পার্টির সমর্থনে নিজেদের সরকার গঠনের কথা স্পষ্ট করে দিয়েছিলেন। অর্জুন সিংহ ও অন্য লোকেদের পরামর্শ অনুসারে সোনিয়া প্রেসিডেন্ট নারায়ণনের সাথে দেখা করতে যান আর তিনি জানিয়েছিলেন যে, 272 জন সংসদের সমর্থন আছে। সংখ্যা গোরিষ্ঠতা প্রাপ্তির ব্যাপারে রাষ্ট্রপতি তাঁকে দুই দিন সময় দিয়েছিলেন। মুলায়েম সিংহ যাদব, আগে সমর্থন করার প্রতিশ্রুতি দিলেও পরে সমর্থন সরিয়ে নেন, যার ফলে কংগ্রেসকে মুখ থুবরে পড়তে হয়েছিল। 1999 সালের 26 শে এপ্রিল লোকসভা ভঙ্গ করে দেওয়া হয়েছিল। সোনিয়াকে খুবই লজ্জায় পড়তে হয়েছিল। আসলে রাজনীতি যে কি বিরাট খেলা তিনি তখনও তা বুঝে উঠতে পারেননি। অন্য কোনো কংগ্রেস নেতা এমন ভুল কাজ করলে তাকে সেই সময় রাস্তা দেখিয়ে দেওয়া হোত।

2000 এবং 2003 সালের মধ্যে সোনিয়া আমেরিকা গেছিলেন, সেখানে তাঁর সাথে বহু গণ্যমান্য ব্যক্তির পরিচয় হয়েছিল - সেই সঙ্গে ছিলেন ভাইস প্রেসিডেন্ট ডিক চ্যানি এবং সেক্রেটারী অফ স্টেট কোন্ডালীজা রাইস। তিনি অক্সফোর্ড ও হংকং-এও গেছিলেন। এই যাত্রায় আমি তাঁর সঙ্গে ছিলাম। বিদেশের মাটিতে সোনিয়ার এক আলাদ ব্যক্তিত্ব চোখে পড়েছিল। তাঁকে অনেক বেশি সদয় ও কর্মঠ বলে মনে হচ্ছিল, কিভাবে নিজের চাহিদা পূরণ করা যায় সেই চেষ্টাই তিনি করছিলেন।

নিউইয়ার্কে এমন একটা ঘটনা ঘটেছিল, যার উল্লেখ করাটা খুবই জরুরি। সোনিয়া এবং আমাদের দলের লোকজন (আমি ছাড়াও মনমোহন সিংহ, মুরলী দেওরা, জয়রাম রমেশ) কালাচিল হোটেলে উঠেছিলাম, প্রতিদিনই আমাদের হোটেলে ফিরতে একটু রাত হয়ে যেত। আমি এটা দেখে অবাক হয়ে গেছিলাম যে, নিউইয়ার্কের সরকার সোনিয়ার জন্য কোনো রকম সুরক্ষার ব্যবস্থাই করেনি, তাঁর সুইটে যে কেউ ঢুকে পড়তে পারত, সোনিয়া এই ব্যাপারে খুব বেশি মাথা ঘামাননি, কিন্তু আমি সঙ্গে সঙ্গে অটল বিহারি বাজপেয়িকে ফোন করি। দিল্লীতে তখন অর্ধেক রাত্রি। আমি অটল জীকে বলেছিলাম যে, কোনো সুরক্ষা ছাড়া সোনিয়ার এখানে বিরাট বিপদ হয়ে যেতে পারে। বিরাট মনের মানুষ বাজপেয়ি

তখনই কোনো ব্যবস্থা করার কথা বলেছিলেন। আধা ঘন্টা বাদে ওয়াশিংটনের রাজদূত ললিত মানসিংহের ফোন এসেছিল। তিনি বলেছিলেন যে, প্রধানমন্ত্রী তাঁকে সঙ্গে সঙ্গে সোনিয়ার সুরক্ষার ব্যবস্থা করতে বলেছিলেন। প্রতিশ্রুতি পালনের ব্যাপারে তিনি ছিলনে খুব কঠোর।

2004 সালে অটল বিহারি বাজপেয়ির নেতৃত্বে এনডীএ লোকসভা নির্বাচনে পরাজিত হয়। তিনি নিজের ইন্ডিয়া শাইনিং মন্ত্র জনতাকে বোঝাতে পারেননি। ভোটদাতারা তা মানে না। তখন সোনিয়া এবং এনডীএ বর্হিবুত পার্টীর সদস্যরা মিলিত হয়ে ইউনাইটেড প্রোগ্র্যামিক এলাইন্স (ইউপীএ) গঠন করে, যার চেয়ারপার্সেন ছিলেন সোনিয়া। সকলেই আশা করেছিল যে, সোনিয়া এবার বহু দিন বাদে প্রধানহমন্ত্রী হিসাবে 7 নং. রেসকোর্সের গৃহে ফিরে আসবেন।

কিন্তু সেই সময় গান্ধী পরিবারের মধ্যেও সমস্যার সৃষ্টি হয়েছিল। রাহুল কিছুতেই তাঁর মাকে প্রধানমন্ত্রীর আসনে বসতে দিতে চাননি - তিনি ভয় পেয়েছিলেন যে তাঁর ঠাকুমা ও বাবার মতো মাকেও হত্যা করে দেওয়া হবে। রাহুল যখন জানিয়েছিলেন যে, তাঁর মা যাতে প্রধানমন্ত্রী না হন তার জন্য তিনি যে কোনো কাজ করতে পারেন। রাহুলের জেদ খুব প্রবল, সুতরাং সেটা কোনো সাধারণ হুমকি ছিল না। তিনি নিজের মাকে সিদ্ধান্ত নেওয়ার জন্য মাত্র 24 ঘন্টা সময় দিয়েছিলেন। সেই সময় মনমোহন সিংহ, সুমন দেবি, আমি এবং প্রিয়াঙ্কা সেখানেই ছিলাম।

সোনিয়া মনে মনে খুবই কষ্ট পাচ্ছিলেন, তাঁর চোখে জলও এসে গেছিল। মা হিসাবে তিনি কিছুতেই রাহুলের কথাটা ফেলে দিতে পাচ্ছিলেন না। তাই শেষ পর্যন্ত রাহুলের কথাই থেকে যায়। একমাত্র এই কারণেই সোনিয়া কখন প্রধানমন্ত্রীর আসনে বসেননি।

শুধুমাত্র আমি আর মনমোহন সিংহই সোনিয়ার এই নির্ণয়ের কারণ জানতাম। পরে সোনিয়া একটা মিটিং ডেকে ঘোষণা করেন যে, তিনি মন মোহন সিংহকে প্রধানমন্ত্রীর আসনে বসাতে চান।

পরে একদিন আমি উপহাস করে সোনিয়াকে বলেছিলাম যে, পৃথিবীর ইতিহাসে মাত্র দুজন ব্যক্তি এই ভাবে নিজের আসন পরিত্যাগ করতে পরেছেন, আর দুজনেই ইতালিতে জন্ম গ্রহণ করেছিলেন। তিনি জিজ্ঞাসা করেছিলেন, 'অপর জন কে ছিলেন?' আমি বলেছিলাম 'জুলিয়াস সীজার!'

নতুন সরকারের শপথ গ্রহণের কয়েকদিন আগে সোনিয়া একটি ডিনারের আয়োজন করেছিলেন 10 নং. জনপথে। সেখানে অমর সিংহ এসেছিলেন হরকিশান সিংহ সুরজিতের সাথে। এই অনুষ্ঠানে মনমোহন আমাকে কথায়া কথায় বলেছিলেন যে, আমাকে বিদেশ মন্ত্রালয় এবং অর্জুন সিংহকে হিউমান রিসোর্স ডেভালপমেন্ট মন্ত্রালয় দেওয়া হবে। ডিনারের পরে সোনিয়া আমাকে তাঁর সাথে যেতে বলেন। তিনি আমাকে বলেছিলেন যে, বিভিন্ন দিক

কে. নটবর সিংহ, বী.আর.   গত, মারগ্রেট থ্যাচার, রাজীব গান্ধী এবং পী.সী. আলেকজান্ডার,
10 - ডাউনিং স্ট্রীট, লণ্ডন 1985

রাষ্ট্রপতি রোনাল্ড রীগনের সাথে, হোয়াইট হাউসে, 1986

ডেঙ্গ জিয়াওপিঙ্গ পিঙ্গের সাথে, পী. বী. নরসীমহা রাও এবং দীনেশ সিংহকে দেখা যাচ্ছে, বেজীঙ্গ, 1988

(ওপরে) (বাম দিক থেকে ডান দিকে) রাজীব গান্ধী, কে.আর. নারায়ণন, কে. নটবর সিংহ এবং এইচ. ওয়াই. শারদা প্রসাদ

(বামে) ফিদেল কাস্ত্রো রাজীব গান্ধী, সোনিয়া গান্ধী এবং কে. নটবর সিংহকে হাবানা স্বাগত জানাচ্ছে

(ডানে) কে. নটবর সিংহ এবং রাজীব গান্ধীর সাথে ইয়াসির অরাফাত

কে. নটবর সিংহ, রাজীব গান্ধী এবং ফিদেল কাস্ত্রো, হবানা

(ডানে) কে. নটবর সিংহ,
রাজীব গান্ধী এবং
নেলসন ম্যান্ডেলা,
নামিবিয়া, 1990

(বামে) পী. বী. নরসীমহা রাও,
রাজীব গান্ধী এবং
কে. নটবর সিংহ, 1989

(ওপরে) জী. পার্থসারথী, পী. শিব শঙ্কর,
পী. বী. নরসিমহা রাও, রাজীব গান্ধী।
কে. নটবর সিংহ এবং রোমেশ াণ্ডারী, 1985

(ডানে) রাজীব গান্ধীর সাথে, মস্কোতে, 1985

কে. নটবর সিংহ, কৈনেথ কৌন্ডা, পী.বী. নরসিমহা রাও, নতুনদিল্লী, 1996

ওয়ারসাতে গার্ড অফ অনারের সময় সেলাম গ্রহণ, 1971

রাজীব গান্ধী এবং শ্রীলঙ্কার রাষ্ট্রপতি জে. আর. জয়বর্দ্ধনে শ্রীলঙ্কা চুক্তিতে হস্তাক্ষর করার সময়। কে. নটবর সিংহের সাথে পী.বী. নরসিমহাকে দেখা যাচ্ছে, কোলম্বো 1987

কে.নটবর সিংহের ভাষণের সময় হাসি মুখে রাজীব গান্ধী। পিছনে পী. বী. নরসিমহা বসে আছেন, 1984

রতপুরে কে. নটবর সিংহের সাথে রাজীবের শেষ দেখা। রতপুর, 1991 সালের 17 ই মে

দিয়ে এমন চাপ আসছে যাতে আমাকে বিদেশ মন্ত্রালয়ের মন্ত্রী না করা হয়, এমনকি তাতে আমেরিকা পর্যন্ত হস্তক্ষেপ করেছে। অন্য কোনো মন্ত্রালয়ের ভার দিলে আমার কোনো আপত্তি আছে কিনা জানতে চান। কথাটা শুনে আমার একটু রাগ হয়েছিল, আমি তাঁর সিদ্ধান্ত স্বীকার করতে পারিনি। বেশ কয়েক বছর ধরে আমি তাঁর বিদেশ মামলার ক্ষেত্রে প্রধান সহায়ক ছিলাম। আমি তাঁকে জিজ্ঞাসা করেছিলাম যে, 'আপনিও কি ভাবেন আমি এই কাজের যোগ্য নই?' 'দয়া করে নটবর এমন কথা বলবেন না।'

তিনি একটু তিক্তোতার সাথেই বলেছিলেন, 'আমি মূর্খ নই।'

তখন রাহুল একটা ছোট্ট কুকুরের বাচ্চা সঙ্গে নিয়ে ভেতরে প্রবেশ করেন, যাতে করে পরিবেশ খানিকটা হাল্কা হয়ে গেছিল। আমি রাহুলকে জিজ্ঞাসা করি যে, আমি যে বই গুলি দিয়েছিলাম তার মধ্যে তিনি কোন কোনটা পড়েছেন। রাহুল ও সোনিয়া দুজনেই পড়তে খুব ভালোবাসেন। রাহুল বলেছিলেন যে, শিমৌন পেরেসের আত্মকথা তিনি পড়েছেন আর তিনি এন্থনী সিম্বসনের লেখা নেলসন ম্যান্ডেলার জীবনীও পড়ে ফেলেছেন কিন্তু এই আত্ম কথা তাঁকে নিরাশ করেছিল। তখনও তাঁর কনর্ড ব্লটাকের লেখা রুশভেল্টের জীবনী পড়া বাকি ছিল, তখন সোনিয়া জিজ্ঞাসা করেছিলেন যে, আমার দেওয়া বই গুলির মধ্যে তাঁর কুকুর কোনটা ছিঁড়ে ফেলেছিল? রাহুলের সেই বইটার নাম মনে ছিল, আমি তাঁকে 'অগেস্ট আল এনীজীম' পড়তে দিয়েছিলাম। এই বইটা ইউ এসের চিফ কাউন্টার টেরারিজিম এডভাইজার, রিচর্ড এ. ক্লার্ক লিখেছিলেন, যাতে তিনি আতঙ্কাবাদের বিরুদ্ধে আমেরিকার যুদ্ধের বিশ্লেষণ করেছিলেন।

যখন ইউ পী এ সরকার ক্ষমতায় এসেছিল তখন সোনিয়া নিজে বিশেষ কিছু কিছু মন্ত্রালয়ের কার্য প্রণালীর ওপর নজর রাখতেন। আমাদের স্টাফদের মধ্যে এমন কেউ ছিল যে দশ নং. জনপথে ভুল তথ্য প্রদান করত। এই ক্ষুদ্র বুদ্ধির মানুষটা এইটা বুঝতে পারত না যে সে অজান্তে একটা বিরাট সংস্থা কত বড় ক্ষতি করে চলেছে। এই ধরণের মানুষ গুলি যে কোনো ক্ষেত্রে ঘুন ধরিয়ে দেওয়ার জন্য যথেষ্ট।

2005 সালের 22 শে ফেব্রুয়ারী আমি 10 নং. জনপথে গেছিলাম। আমার সোনিয়াকে আফগানিস্তানের রাষ্ট্রপতি হামিদ কারজাইয়ের সাথে দেখা করানোর ছিল। আমি মিটিং রুমে যাওয়ার সাথে সাথে সোনিয়া আমাকে বলেন, 'আমাকে এত সহজ ভাববেন না, যেকোনো সময়ে আমি যেকোনো অপ্রত্যাশিক ঘটনা ঘটিয়ে দিতে পারি।' তারপর এক বিরাট অমার্জিত টিপ্পনী আসে 'রক্ষা সওদার ব্যাপারে আপনি জরিয়ে পড়েছেন?'

এটা ছিল মৌখিক আতঙ্কবাদ। আমার ভেতরে যেন কিছু ভাঙার শব্দ হচ্ছিল। আমি বলি 'আপনি আমার ওপর গম্ভীর অভিযোগ আনছেন, আর আমার সতাত আর সম্মান নিয়েও প্রশ্ন তুলছেন। আপনি যে অভিযোগ করছেন তা প্রমাণ করতে পারবেন তো? আমি মন্ত্রীপদের পরোয়া করিনা - আমি এক্ষুণি পদত্যাগ করতে রাজি আছি - কিন্তু কেউ আমার

সততা নিয়ে প্রশ্ন করলে আমি সহ্য করতে পারব না।' এরপর আর একটা অনর্থক আরোপ উঠে আসে, 'আফ্রিকা থেকে একজন ডেলিগেশান এসেছেন আর আপনি কোনো রক্ষা সওদার ফাইল প্রণব মুখার্জ্জীকে দিয়েছেন কি?'

আমি তাঁকে জানাই যে, আমার শুধুমাত্র তার সাথে কথা হয়েছে, 'কোনো ফাইলে আমার কোনো স্বাক্ষর আছে কি?' ওনার কাছে আমার এই প্রশ্নের কোনো জবাব ছিল না, আর এই ব্যাপারে কোনো কথাই হয় না। স্পষ্টই বোঝা যাচ্ছিল যে, কেউ কোনো ষড়যন্ত্র করে যাচ্ছিল। এমন ধরনের লোকেরা বহু গুপ্ত খবরও পেয়ে যায়।

তিনি জিজ্ঞাসা করেন যে, 'আপনি কি নিজের প্ল্যানে এম. জে. আকরবকেও সঙ্গে নিয়ে গেছিলেন?'

আমি সোনিয়াকে জানিয়ে দিই যে, তিনি আমার বিশেষ প্ল্যানে যাননি। কিন্তু আমাদের হাতে এমন কোনো ক্ষমতা নেই যার দ্বারা আমরা কোনো বিশেষ মন্ত্রীর সাথে কোনো সংবাদিককে যেতে মানা করতে পারি। এক্সটার্নল পাব্লিসিটি ডিবীজন টিভি চ্যানেল ও সংবাদপত্রের সর্কুলার থেকে সাংবাদিকদের নাম চায় আর তারপর তার থেকে নির্বাচন করা হয়। আকবর এই ডিভিশানের সাথে কোনো কথাই বলেনি তিনি সরাসরি ভিজার জন্য পাকিস্তানের উচ্চ কমিশনারের সাথে কথা বলেছিলেন। আমি তাঁর ইসলামাবাদ যাওয়া আটকাতাম কি ভাবে? সোনিয়া জিজ্ঞাসা করেন, 'আপনার সাথে তাঁর দেখা হয়েছিল?' আমি জানিয়ে দিই যে, তাঁর সাথে আমার দেখা হয়নি। আমার একটা বড় প্রেস কন্ফারেন্সে উনি নিজেই উপস্থিত ছিলেন।

পরে 2005 সালের গরমের সময় আমি আর সোনিয়া কনভেন্সনের জন্য বিশেষ প্লেনে মস্কো গেছিলাম। এই মিটিং-এর পর আমি আর সোনিয়া 'ব্লাদমীর' নামক একটা ছোট্ট শহরের উদ্দেশ্যে প্লেনে করে রওনা হই। সোনিয়া কেন এই ছোট্ট শহরে যাচ্ছিলেন তা আমি জানতাম না, আমি তাঁকে সেই ব্যাপারে কোনো প্রশ্নও করিনি। ব্লাদমীর শহরটা চারদিক দিয়ে জঙ্গলে ঘেরা ছিল- চারদিকটা ছিল শান্ত। সোনিয়া একটা বড় ইমাতরের দিকে চলতে শুরু করেছিলেন, যা একটা ছোট্ট মিউজিয়ামে পরিণত হয়েছিল। একটা আট কোণ বিশিষ্ট ঘরের মধ্যে ঢুকেছিলেন, যার দেওয়ালে হস্তলিখিত কাগজ টাঙানো ছিল। সোনিয়া বলেন, 'বিশ্বযুদ্ধের সময় আমার বাবাকে এই ঘরেই আটকে রাখা হয়েছিল, তিনি কোনো রকমে পালিয়ে হেঁটেই ইতালি পৌঁছে গেছিলেন।' তারপর আমরা গ্রামের চারদিকটা ঘুরে দেখি। সেটা ছিল একটা আরাম দায়ক গরমের দিন। ব্লাদমীরে সব কিছুই শান্তিতে কাটছিল - কোথাও কোনো সমস্যা ছিল না। সেখানকার মহিলারা সোনিয়ার দিকে তাকিয়ে হাসছিল, কিন্তু সোনিয়ার জিজ্ঞাসু মন কোনো প্রশ্ন করে যাচ্ছিল। অবসর কাটানোর জন্য ব্লাদমীর খুবই সুন্দর স্থান।

ভোল্কয়ার রিপোর্ট নিয়ে আমার প্রতি সোনিয়ার ব্যবহার ছিল খুবই বিষাক্ত এবং

বিদ্বেষ পূর্ণ, যা আমি কিছুই সহ্য করতে পারছিলাম না। এই আরোপ যখন উঠেছিল তখন আমি ফ্র্যাঙ্কফর্টে ছিলাম। নূতন দিল্লী ফেরার আগে বিদেশ সচিব শাম সরণ আমাকে একটা ই-মেল দেখান যাতে কংগ্রেস পার্টীর অম্বিকা সোনী জানিয়েছিলেন যে, পার্টীর এই আরোপের সাথে কোনো সম্পর্ক নেই, সুতরাং নটবর সিংহ নিজেকে নিজেরই বাঁচাতে হবে। কথাটা শুনে আমি হতভম্ব হয়ে গেছিলাম, এই বক্তব্যের পিছনে যে কংগ্রেস পার্টীর সম্মতি ছিল তাতে কোনো সন্দেহই নেই।

দিল্লী ফিরে আসার পর আমি সোনিয়ার সাথে দেখা করিনি, আর তিনিও আমাকে ডাকেননি।

2005 সালের 8 ই নভেম্বর, অর্থাৎ এই রিপোর্ট সার্বজনিক হওয়ার পনেরো দিন বাদে, প্রধানমন্ত্রী মনমোহন সিংহ আমাকে বলেছিলেন যে, তিনি এবং কংগ্রেস প্রেসিডেন্ট সিদ্ধান্ত নিয়েছেন যে, আমি যেন বিদেশ মন্ত্রালয় থেকে পদত্যাগ করি আর কোনো বিভাগ ছাড়া মন্ত্রী হই। আমি 6 ই ডিসেম্বর নিজের পদত্যাগ পত্রর জমা দিয়ে দিই। মনমোহন হলেন এমন একজন মানুষ যিনি কখন নিজের সহযোগিদের পাশে দাঁড়ান না। উনি আমাকে সোনিয়ার সাথে দেখা করতে বলেছিলেন। কিন্তু আমি রাজী হইনি। যেখানে সম্মানের প্রশ্ন সেখানো কখন কোনো বোঝাপড়া আসতে পারে না।

15 নভেম্বর সোনিয়া গান্ধী হিন্দুস্তান টাইমস দ্বারা আয়োজিত ময়ূর শেরটন হোটলে বীজ-সম্বোধন-ভাষণ দেন। ওনার ভাষণ শেষ হওয়ার পর এংকার বীর সঙ্ঘভী ওনাকে জিজ্ঞাসা করেছিলেন যে, ভোল্কার রিপোর্টে আমার ওপর যে আরোপ লাগানো হয়েছিল সেই সম্পর্কে তাঁর কি মত। সোনিয়া তাঁকে জানিয়েছিলেন যে তিনি খুবই হতাশ হয়েছেন এবং যথেষ্ট মনক্ষুণ্ণও হয়েছেন। তিনি আরোও বলেন যে, তাঁর সাথে আমার শুধু মাত্র কাজের সম্পর্ক ছিল।

এর ঠিক এক বছর বাদে 2006 সালের অক্টোবর মাসে বীর সঙ্ঘভীকে সোনিয়া গান্ধী আর একটা ইন্টারভিউ দিয়েছিলেন। ভোল্কার রিপোর্ট নিয়ে প্রশ্ন করা হলে সোনিয়া পুনরায় বলেছিলেন যে, 'নটবর সিংহ পার্টীর নাম নষ্ট করেছে, আর আমার (সোনিয়ার) বিশ্বাস ভেঙেছে। উনি ছিলেন আমার সহকর্মী, আমি তাঁকে খুবই বিশ্বাস করতাম। উনি আমাকে ঠোকিয়েছেন....।'

আমি এবং আমার স্ত্রী দুজনেই ওই সাক্ষাৎকার দেখে আঁতকে উঠেছিলাম। আমার হাতে যখন কোনো বিভাগের ক্ষমতা ছিল না, তখন প্রেসিডেন্ট চেক্ প্রেসিডেন্টের সম্মানে একটা ডিনারের আয়োজন করেছিলেন, সেখানে আমার সিট সোনিয়ার সিটের সাথে লাগানো ছিল, কিন্তু সম্পূর্ণ ডিনারের সময়ে তিনি আমার সাথে একটাও কথা বলেন না, সবচেয়ে আশ্চর্যের বিষয় হল তাঁর বিপরীত দিকে চিফ্ গেস্টের আসন ছিল, সোনিয়া তাঁর সাথেও একটাও কথা বলেননি।

সার্বজনিক ক্ষেত্রে সোনিয়ার প্রতিচ্ছবি খুব স্বচ্ছ ছিল না, তার জন্য তিনি নিজেই দায়ি। তিনি কখনই খোলা মনে থাকেন না, আর কখন নিজের মনের কথা তিনি কাউকে বলেন না। রহস্যময় ও সন্দেহজনক ব্যক্তিত্বের অধিকারি এই মহিলা অন্যের মনে ভয়ের উদ্রেক তো করতে পারেন, কিন্তু কখন কাউর মনে শ্রদ্ধার সৃষ্টি করতে পারেন না।

তাঁর এই জীবনধারা আমাকে গ্রীক ট্রেজিডির কথা স্মরণ করিয়ে দিয়েছিল, যা ভারতের রঙ্গমঞ্চে উদ্‌ঘাটিত হোতে দেখতে পাচ্ছিলাম। তাঁর জীবন যেকোনো জীবনী লেখকের কাছে স্বপ্নের মতো। অনেকেই তাঁর জীবন কাহিনী বলার চেষ্টাও করেছে, কিন্তু তারা সকলেই অপারোক। সেই বইতে কোনো তথ্য, কোনো শৈলি, কোনো বিশ্লেষণ তো পাওয়াই যাবেনা, আর আবেগের কথা তো ছেড়ে দেওয়াই ভালো।

উনি যখন ভারতের মাটিতে পা রেখেছিলেন, তখন সম্মানের সাথে তাঁর বিয়ে দেওয়া হয়েছিল, তার আচরণ প্রধানমন্ত্রীর মতোই ছিল। এক শঙ্কিত, নার্ভাস মহিলা গত কয়েক বছরের মধ্যে উচ্চাকাঙ্ক্ষী, দৃঢ় ও কঠোর নেতা হয়ে উঠেছেন। তিনি মনক্ষুণ্ণ হলে কংগ্রেসের নেতারা পর্যন্ত ভয় পেয়ে যেত, যে কারণে তিনি টানা পনেরো বছর কংগ্রেসের প্রেসিডেন্টের পদে বসে আছেন, যা আজ পর্যন্ত কেউ পারেনি। কংগ্রেস তাঁর হাতের মুঠোয়, জওহর লালের থেকে তাঁর মুঠো অনেক দৃঢ় ও তা অনেক বছর ধরে টিঁকেও আছে। তাঁর রাজত্বে কোনো বিরোধের গন্ধ দেখা দিলে তা ধ্বংস করে দেওয়া হয়, এবং মুক্ত বিচার বিবেচনাকে একটা সীমার মধ্যে আবদ্ধ করে দেওয়া হয়েছে।তাঁর মৌনতাই হল তাঁর হাতিয়ার, তাঁর ভঙ্গিমা হল তাঁর বার্তা এবং ভাবহীন দৃষ্টি হল সচেতনতা প্রদান। বিরোধী পক্ষের নেতারাও তাঁর সাথে যথেষ্ট সংযত হয়ে কথা বলত। কিন্তু এই সব বিষয় গুলি দ্রুতগতিতে বদলে যাচ্ছিল, পার্টীর পরাজয় হোক বা কোনো ত্রুটি, তাঁর বিরুদ্ধে কোনো সমালোচনা করা যাবে না। সোনিয়া যেন কখন কোনো ভুল করতেই পারেন না। যারা তাঁর আগে পিছনে ঘোরে, তারা সর্বদা তাঁর নামের জয়ধ্বনিই করতে থাকে। তিনি একটা বিশেষাধিকারের আসনে বসে আছেন, যেখান থেকে তিনি রাজত্ব চালান ও শাসন করতে থাকেন।

তিনি কৃপাও করতে জানেন খুব কম, অপরাধের স্বীকৃতির পর বাদশাহের ভঙ্গিতে দণ্ড প্রদান করে থাকেন। এই সমস্ত আড়ম্বরের পিছনে খুব সাধারণ ও অসুরক্ষিত ব্যক্তি লুকিয়ে থাকে। কিন্তু চারদিকে তাঁর ব্যক্তিত্বের জয়ঢাক পেটানো হয়। আসলে রাজনীতিই তাঁকে শেষ করে দিয়েছে।

অধ্যায় - ২১

সহস্রাব্দের বছর

2002 সালে রাষ্ট্রপতি কে. আর. নারায়ণনের কার্যকাল শেষ হয়ে যাওয়ার পর, রাষ্ট্রপতি নির্বাচনের সময় এসে গেছিল। সোনিয়া আমাকে ও মন মোহন সিংহকে এই নির্বাচন সংক্রান্ত বিষয়ে নজর রাখতে বলেছিলেন। আমরা যখন রাষ্ট্রপতি নারায়ণনের সাথে দেখা করতে গেছিলাম, তখন তিনি অমাদের বলেছিলেন যে, রাষ্ট্রপতির আসনে কে বসবেন এখন তা ঠিক হয়নি। তারপর তিনি একটু ভেবে বলেন যে, যদি এন.ডী.এ. পী.সী. আলেকজান্ডারকে এই পদের জন্য মনোনিত করে তাহলে তিনি রাষ্ট্রপতি পদের প্রার্থী হতে পারেন। এই বিচার সমস্যার সৃষ্টি তো করেছিল, কিন্তু এটা ঠিক যে সেই ব্যাপারে কংগ্রেস প্রেসিডেন্ট কে তিনি সমর্থন করতেন।

আলেকজান্ডার প্রতিযোগিতায় এগিয়ে ছিলেন। তিনি যে শুধু অসাধারণ সিভিল সার্ভেন্ট বা উদ্দম মানুষ ছিলেন তাই নয়, তিনি ছিলেন উচ্চাকাঙ্ক্ষীও। তিনি নিজের আত্মকথা 'ইউ দি করীডোর্স অফ পাওয়ার'-এ তিনি লিখেছিলেন যে, প্রেসিডেন্ট হওয়ার প্রতিযোগিতায় তিনি নিজে দাঁড়ান নি, বরং তাঁকে এন.ডী.এ. সরকার দাঁড় করিয়েছিল। কথাটা ছিল সহজ-সরল কিন্তু এখানেই শেষ নয়। রাষ্ট্রপতির আসনের চক্করে আলেকজান্ডারের রাজনৈতিক প্রখরতার দুর্বলতা প্রকাশ পেয়ে গেছিল। তিনি এন.ডী.এ.-র প্রত্যাশী হয়ে যান আর নিশ্চিত ভাবেই কংগ্রেসের সমর্থনের প্রয়োজন দেখা দিয়েছিল।

এই বিষয়ে দুটি ব্যাপার স্পষ্ট করাটা খুবই জরুরি - কেনো এন.ডী.র. কে নারায়ণনকে সরিয়ে দিত চাইছিল আর কংগ্রেস কেনো আলেকজান্ডারকে সমর্থন করছিল না। আমার সাথে ব্রজেশ মিশ্রার সম্পর্ক ছিল খুবই ঘনিষ্ঠ, তিনি সেই সময় প্রধানমন্ত্রীর প্রিন্সীপাল প্রাইভেট সেক্রেটারী ছিলেন এবং ন্যাশানাল সিকিউরিটি এডভাইজারও ছিলেন। তিনি আমাকে এন.ডী.এ.-এর নারায়ণনকে সমর্থন না করার অনেক গুলি কারণ দেখিয়েছিলেন। তার মধ্যে মুখ্য কারণ হল তাঁর দুর্বল শরীর। এছাড়া নারায়ণন একবার ফিলিপিন্সের রাজ্যে যাত্রা করার ব্যাপারে অস্বীকার করেছিলেন, কিন্তু সুইডেন যাওয়ার ব্যাপারে কোনো রকম আপত্তি তিনি দেখাননি, কারণ সেখানে তাঁর কন্যা রাজদূত হিসাবে কাজ করতেন। তিনি 2002 সালের 2 শরা এপ্রিল ইন্দোনেশিয়ার রাষ্ট্রপতি মেগাবতী সুকর্ণ পুত্রীর সাথেও দেখা করতে চাননি, ব্রজেশের কথা অনুসারে এই কাজের দ্বারা তাঁর কর্তব্যের প্রতি অনিহার প্রকাশ পেয়েছিল।

সোনিয়া ব্যক্তিগত দিক থেকে আলেকজান্ডারের বিরোধী ছিলেন না- তাঁর শ্বাশুরির নিম্ন পদস্থ কর্মচারী রূপে আলেকজান্ডার তিন বছর কাজ করেছিলেন। এই বিরোধীতা ছিল রাজনৈতিক কারণে, সোনিয়া কিভাবে একজন এন.ডী.এ.-র প্রত্যাশীকে সমর্থন করতেন? দ্বিতীয় যে কারণটা ছিল, সেটা হল, নারায়ণন এবং আলেকজান্ডার দুজনেই ছিলেন কেরলার লোক। দুজন কেরলাবাসীকে পরপর দুইবার রাষ্ট্রপতি করা যাচ্ছিল না। অন্য রাজ্য গুলির কথাও ভাবতে হোত।

ঘটনা চক্র দ্রুত গতিতে ঘুরছিল। 19 শে মে 7 নং. রেসকোর্সের বাড়িতে প্রধানমন্ত্রীর সাথে কংগ্রেস প্রেসিডেন্টের কথা হয়। সেই মিটিং-এ ঠিক হয় যে, সোনিয়া কে. নারায়ণনকেই সমর্থন করবেন। প্রধানমন্ত্রী তাঁকে জানিয়েছিলেন যে, এনডীএ কিছুতেই পুনরায় কে. নারায়ণনকে রাষ্ট্রপতি করবে না। রাষ্ট্রপতি নারায়ণন উটিতে নিজের আয়ুর্বেদিক চিকিৎসা করিয়ে 22 শে মে দিল্লী ফিরে আসেন। 28 শে মে কংগ্রেসের প্রেসিডেন্ট তাঁর সাথে দেখা করতে যান, আর তাঁকে জানাতে চেয়েছিলেন যে, তিনি পুনরায় তাঁকেই রাষ্ট্রপতির আসনে দেখতে চান। এর ঠিক দুই দিন বাদে প্রধানমন্ত্রী বাজপেয়ি রাষ্ট্রপতির সাথে দেখা করে বলেন যে, এন.ডী.এ. চায় না যে তিনি পুনরায় পাঁচ বছর ধরে এই পদেই থাকুন।

নিজের আত্ম কথনে আলেকজান্ডার নিজের রাষ্ট্রপতি হোতে না পারার জন্য আমাকে দায়ি করেছিলেন। তিনি ব্রজেশের ওপরেও বেশ কিছু আঘাত হেনেছিলেন। তিনি লিখেছেন ‘ এই পরিস্থিতিতে একটা অপ্রাত্যাশিত ঘটনা ঘটেছিল, যার পিছনে গভীর ষড়যন্ত্রের ছাপ স্পষ্ট ছিল। হঠাৎই উপরাষ্ট্রপতি কৃষ্ণকান্তকে রাষ্ট্রপতি নির্বাচনের প্রত্যাশী রূপে দাঁড় করিয়ে দেওয়া হয়। এই চালের পিছনে মুখ্য ভূমিকা পালন করেছিলেন নটবর সিংহ, আর অপ্রত্যাশিত ভাবে তাঁকে সাহায্য করে যাচ্ছিলেন প্রধানমন্ত্রীর প্রিন্সিপাল সেক্রেটারী ব্রজেশ মিশ্র।’

আলেকজান্ডারের মতো অভিজ্ঞতা সম্পন্ন ব্যক্তি কিভাবে এমন লাঞ্ছনা আনতে পারেন আমি তা কিছুতেই বুঝতে পাচ্ছিলাম না। এতে গোপন করার মতন কোনো বিষয় ছিল না, কৃষ্ণকান্তকে চন্দ্রবাবু নাইডু সমর্থন করছিলেন। কৃষণকান্ত অন্ধ্রপ্রদেশের রাজ্যপাল ছিলেন এবং তাঁর সাথে নাইডুর সম্পর্ক ছিল খুব ভালো।

এই বইতে আলেকজান্ডার আরোও লিখেছিলেন যে, আমি আর ব্রজেশ দুজনে মিলে ঠিক করেছিলাম যে, কোনো রাজনৈতিক নেতাকে কিছু না জানিয়েই তাঁকে বাইরে করে দেওয়া হবে। তিনি তাঁর আত্মকথনে খুবই নির্ভীকতার সাথে বারংবার ‘নটবর ও ব্রজেশের’ দিকে আঙুল তুলে গেছেন। তাঁর মতে আমরা দুজনেই তাঁকে প্রতিযোগীতা থেকে সরিয়ে দিয়েছিলাম। কিন্তু আমরা তো শুধু মাত্র আমাদের দেওয়া নির্দেশ গুলি পালন করে যাচ্ছিলাম।

ইন্ডিয়া টু ডে -তে দেওয়া এক সাক্ষাৎকারে আলেকজান্ডার সরাসরি জানিয়েছিলেন যে, এই সওদা ঠিক হয়ে গেছে ‘কৃষ্ণকান্ত রাষ্ট্রপতি আর নটবর সিংহ উপরাষ্ট্রপতি হোতে চলেছেন।’ কিন্তু এটা গল্পই রয়ে গেছিল, যা কেউ কখন বিশ্বাস করতে পারিনি।

আমার ও ব্রজেশের দিকে আলেকজান্ডার যে তীর নিক্ষেপ করেছিলেন, আমরা চুপ করেই তা শুনে যাচ্ছিলাম, একটা কথা মনে হয়েছিল যে, তিনি কোন গরিবাময় আসন নিয়ে 'সওদার' কথা বলছেন, তা বোধ হয় তিনি নিজেও বুঝে উঠতে পাচ্ছেন না। ভালো-মন্দ মিলিয়েই মানুষের জীবন, হয়তো জীবনের সবচেয়ে উল্লেখ যোগ্য সময়ে তাঁর ভাগ্যই তাঁকে সঙ্গ দেয়নি।

প্রেসিডেন্ট কে. নারায়ণনকে নিয়ে যে টালবাহানা চলছিল, তাতে পরিস্থিতি আরো জটিল হয়ে উঠছিল। শেষ পর্যন্ত তাঁকে প্রতিযোগীতা থেকে বাইরে যাওয়ার অনুরোধ করা হয়েছিল। রাষ্ট্রপতি ভবন থেকে তিন লাইনের একটা বক্তব্য দেওয়া হয়েছিল '2002 সালে কিছু মিডিয়া এই রিপোর্ট তৈরি করেছে যে, রাষ্ট্রপতি কে. আর. নারায়ণন রাষ্ট্রপতি পদের প্রত্যাশী। আসলে একথা বলার কারণ হল তিনি এই পদের প্রত্যাশী নন।' এই ছোট্ট একটা বক্তব্য তৈরির পিছনে বহু দাপটশীল রাজনৈতিক নেতাদের হাত ছিল।

কংগ্রেস উপরাষ্ট্রপতি কৃষ্ণকান্তকে নিজের সমর্থন প্রদান করে। বোঝাই যাচ্ছিল যে, আলেকজান্ডারের রাষ্ট্রপতি হওয়ার সম্ভবনা খুবই কম হয়ে যাচ্ছিল।

2002 সালের 8 ই জুন নির্ণয় নেওয়ার দিন ছিল। ব্রজেশ আমাকে সকালে ফোন করে দুপুরবেলা আমাকে সাউথ ব্লকের অফিসে দেখা করতে বলেন। তিনি আমাকে জানান যে, এন.ডী.এ.-ও উপরাষ্ট্রপতি কৃষ্ণকান্তকে সমর্থন করছে। আমি থাকা কালিনই তিনি বাজপেয়িকে ফোন করেন 'নটবর এখানেই আছেন, আর তিনি বলছেন যে, কংগ্রেসও কৃষ্ণকান্তকে সমর্থন করেছে।' ব্রজেশ আমাকে জানান যে, প্রধানমন্ত্রী আজ একটা লাঞ্চের আয়োজন করেছেন, উপরাষ্ট্রপতির সম্বন্ধে এন.ডী.এ.-র ভাব তাতেই বোঝা যাবে। এই লাঞ্চে এল.কে.আডবানী, জসবন্ত সিংহ, জর্জ ফর্নাডিস ও প্রমোদ মহাজনের যোগদানের কথা ছিল। সন্ধ্যে বেলায় প্রধানমন্ত্রীর রাষ্ট্রপতির সাথে দেখা করে তাঁকে নিজেদের মতামত জানানোর কথা ছিল।

আমি সোনিয়াকে এই ব্যাপারে জানিয়েছিলাম। চন্দ্রবাবু নাইডুর কাছ থেকে কৃষ্ণকান্ত এই সব কথাই জেনে গেছিলেন। কিন্তু দুপুর তিনটের সময় ব্রজেশ আমাকে ফোন করে তখনই তাঁর সাথে দেখা করতে বলেন। আমি তাঁর সাথে দেখা করলে তিনি আমাকে জানান যে, প্রধানমন্ত্রী তাঁর সহযোগিদের উপরাষ্ট্রপতিকে রাষ্ট্রপতির আসনে বসানোর ব্যাপারে সম্মত করতে পারেননি। পী. সী. আলেকজান্ডারের নাম পুনরায় সামনে এসে যায়। আমি ব্রজেশকে বলি যে, আমাকে এই কথা এক্ষুণি কংগ্রেস প্রেসিডেন্টকে জানাতে হবে। কিন্তু আমি জানতাম যে, আলেকজান্ডার সম্পর্কে তাঁর নীতি বদলাবার নয়।

(পী.সী. আলেকজান্ডার 'থ্রু দি করীডোর্স অফ পাওয়ার এন ইনসাইডর্স স্টোরি' নতুন দিল্লী, হার্পর কলিংস ইন্ডিয়া, 2004.)

কৃষ্ণকান্ত যখন জানতে পারেন যে, এন.ডী.এ. তাঁর সঙ্গ ছেড়ে দিয়েছে তখন তিনি খুবই বিচলিত হয়ে পড়েন। সবচেয়ে দুর্ভাগ্যের বিষয় হল তিনি চাপ নিতে না পারার ফলে তাঁর হার্ট এট্যাক হয় এবং তিনি মারা যান। ওনার মৃত্যুর কিছুক্ষণ বাদে আমি সোনিয়ার সাথে তাঁর বাড়িতে যাই, তা ছিল খুবই হৃদয় বিদারক দৃশ্য। তাঁর 104 বছরের মা তাঁর মাথাটা নিজের কোলে নিয়ে বসেছিলেন। বাবা-মাকে যদি সন্তানের শেষকৃত্য করতে হয়, তার থেকে দুঃখ জনক ঘটনা বোধ হয় এই বিশ্বে আর কিছু নেই।

সেই সময় হঠাৎই এ.ফী.জে. আব্দুল কালামের নাম সামনে এসে যায়। কালামের তো কোনো নামই ছিল না, কিন্তু শেষ পর্যন্ত তিনিই রাষ্ট্রপতিভবনে এসে উপস্থিত হন। তিনি এই পদের কামনা পর্যন্ত করেননি, এই পদ নিজের থেকে হেঁটে তাঁর কাছে পৌঁছে গেছিল। এ.পী.জে. আব্দুল কালামের শপথ গ্রহণের আগে সংসদের মন্ত্রী প্রমোদ মহাজন তাঁর সাথে দেখা করতে গেছিলেন। তিনি ড. কালামকে কয়েকটা গলা বন্ধ কোর্ট বানানোর জন্য অনুরোধ করেছিলেন এবং চুল আঁচড়ানোর স্টাইলও বদলাতে বলেছিলেন। ড. কালাম গলা বন্ধ কোর্ট তো সেলাই করে নিয়েছিলেন, কিন্তু তিনি নিজের চুলের স্টাইল বদলান নি।

2003 সালে আমেরিকা সুরক্ষা পরিষদের ভ্রুক্ষেপ না করে ঈরাককে আক্রমণ করে দেয়। একটা ধর্ম নিরপেক্ষ, নন-এলাইন্ড দেশকে ধ্বংস করে দেওয়া হয়। সাদ্দাম হোসেন জন বিনাশের হাতিয়ার লুকিয়ে রাখছে এই বাহানায় এই দেশটা আক্রমণ করা হয়েছিল। কিন্তু এমন কোনো হাতিয়ার পাওয়া যায় না। এন.ডী.এ. হোসেনের সরকারকে সৈন্য পাঠানোর ব্যাপারে চিন্তা ভাবনা করতে শুরু করেছিল। কংগ্রেস তার বিরোধীতা করে, ইউ.এন.এস. না বলা পর্যন্ত কোনো সৈন্য পাঠানো যাবে না বলে ঠিক করা হয়। শেষ পর্যন্ত কোনো সৈন্য পাঠানো হয়নি। এই আক্রনের ব্যাপারে ভারতের লোকসভা ও রাজ্য সভার মধ্যে খুবই বিতর্ক চলেছিল, শেষ র্পযন্তর দুটি হাউসের তরফ থেকেই একটা সংযুক্ত প্রস্তাব পাশ করা হয়েছিল, যাতে এই যুদ্ধের ব্যাপারে সংসদের প্রতিক্রিয়া স্পষ্ট করে দেওয়া হয়েছিল, এটা ছিল খুবই গুরুত্বপূর্ণ বিষয়। আমিও রাজ্যসভার তরফ থেকে আমেরিকার এই আক্রমণের ব্যাপারে কঠোর সমালোচনা করেছিলাম।

2004 সালে লোকসভা নির্বাচনে এন.ডী.এ.-র পরাজয় ঘটে, আর কংগ্রেস অনেক গুলি পার্টীর সায়ে মিলিত হয়ে যৌথ দল গঠন করে, যা ইউনাইটেড প্রোগ্রেসিভ এলাইন্স (ইউ. পী.এ.) নামে পরিচিত হয়, এই দল সংখ্যা গোরিষ্ঠ হওয়ার ফলে সরকার গঠনের জন্য আর্জি পেশ করে। সকলেই আশা করেছিলেন যে সোনিয়া প্রধানমন্ত্রী হবেন। কিন্তু সমস্ত টি.ভি. চ্যানেল সংবাদ মাধ্যম জানিয়ে দেয় যে, সোনিয়া প্রধামন্ত্রীর আসনে বসছেন না।

কংগ্রেস নেতাদের একটা বৈঠক হয়। যতদূর আমার মনে পড়ছে, তাতে করে এই বৈঠকে উপস্থিত ছিলেন - মনমোহন সিংহ, প্রণব মুখার্জী, অর্জুন সিংহ, শিবরাজ পাটিল, গুলাম নবী আজাদ, এম.এল. ফোতেদার ও আমি নিজে। এই বৈঠকের কারণ একমাত্র

আমি আর মন মোহন জানতাম, আর কেউ জানত না। সোনিয়া খুবই কমলতার সাথে ঘোষণা করেছিলেন যে, তিনি মন মোহনকে প্রধানমন্ত্রীর আসনে বসাতে চান। মনমোহন সঙ্গে সঙ্গে বলেছিলেন যে, 'মহাশয়া, আমার কাছে জনমত নেই।'

কেউ কোনো কথা বলে না। আমাকে বলতে বলা হয়। আমি মন মোহনকে বুঝিয়ে বলে যে, যে সমস্ত ব্যক্তিদের কাছে জনমত আছে, তারা আপনাকে এই আসনে বসাচ্ছে। ইউ.পী.এ. সরকারের প্রমুখ হওয়া ছাড়া তাঁর কাছে আর কোনো বিকল্প পথ খোলা ছিল না।

কংগ্রেসের বেশ কিছু বরিষ্ঠ নেতার মনে কেনো সোনিয়া এই পদের জন্য মন মোহনকে নির্বাচিত করেছিলেন তা নিয়ে প্রশ্ন উঠেছিল। কংগ্রেস ওয়ার্কিং কমিটির (সী ডব্লু সী)-এর সদস্য গণ মন মোহনের থেকে সিনিয়ার ছিলেন। এই বিষয়টা না কেউ গিলতে পাচ্ছিল আর না উগরাতে পাচ্ছিল। কোনো কোনো সদস্যের মনে তো এই প্রশ্নও ছিল যে, তাদের কেনো অন্ধকারে রাখা হল?

দ্বিতীয় বড় সমস্যা ছিল, ইউপীএ-র অন্য অংশীদার দের সোনিয়ার এই মতে রাজী করানো। কংগ্রেসের বরিষ্ঠ নেতাকে ইউপীএ-র সদস্যদের বোঝানোর জন্য পাঠানো হয়েছিল, তারা যাতে সোনিয়ার এই মত মেনে নেয় তা দেখতে বলা হয়েছিল। এম.এল.ফোতেদার ও আমাকে ভী.পী. সিংহ, লালু প্রসাদ ও রামবিলাস পাসোয়ানের সাথে দেখা করতে বলা হয়েছিল। লালু আর পাসোয়ান এই কথা শুনে ফুটতে শুরু করেছিলেন। লালু নিজের বিহারী ভাষায় বেশ কিছু কথাও শুনিয়ে দিয়েছিলেন - তাঁর মত ছিল যে, তাঁদের কেনো আগে থেকে এই কথা জানানো হয়নি, কেনো টি.ভী. চ্যানেল থেকে তাঁদের এই কথা শুনতে হল? রাম বিলাস এই রকমই কিছু কথা শুনিয়ে ছিলেন কিন্তু লালুর মতো বলার ভঙ্গি তাঁর ছিল না। বিষয়টা খুবই জটিল হয়ে উঠেছিল, মনে হচ্ছিল এবার আমাকে নিজের রাজনৈতিক জীবন শেষ করে ফেলতে হবে।

সোনিয়া গান্ধী সেই দিনই দশ নং. জনপথে যৌথ দলের সহযোগিদের নিয়ে একটা মিটিং ডাকেন। তাতে বড় বড় মহারথীরা যোগ দিতে এসেছিলেন - হর কিশান সিংহ সুরজিত, এম. করুণা নিধি, এ. বী. বর্ধন, শরদ পাওয়ার, লালু প্রসাদ যাদব, রাম বিলাস পাসোয়ান, ফারুখ আব্দুল্লা এবং ঈ. আহমদ সহ অনেকে। তাঁরা সকলেই নিষ্টার সাথে সোনিয়াকে ইউ.পী.এ.-র চেয়ারম্যান পদে নিযুক্ত করেছিলেন, মনমোহন সিংহকে নয়। তাঁদের সবার প্রথম প্রশ্নটা ছিল তাহলে, তাঁদের কেনো অন্ধকারে রাখা হল? পুরো কথা বোঝানোর জন্য আমার পুরো এক ঘন্টা সময় লেগেছিল। শেষ পর্যন্ত তো সোনিয়া গান্ধীও ক্লান্ত বোধ করছিলেন, কিন্তু তাঁর আন্তরিক শক্তি তাঁকে দৃঢ়তা প্রদানের শক্তি দিয়েছিল।

19শে মে সোনিয়া, আমি ও মনমোহন একটা সাধারণ আলোচনায় বসেছিলাম, কাকে প্রধানমন্ত্রীর প্রিন্সিপাল সেক্রেটারী এবং কাকে ন্যাশানাল সীকিউরিটী এডভাইজার (এন এস এ) বানানো হবে সেই নিয়ে। মনমোহন সিংহ চাইছিলেন যে প্রিন্সিপাল সেক্রেটারী

যেন টী.কে.এ. নায়রকে করা হয়, তিনি তাঁকে খুব ভালো করে জানতেন। মনমোহন সিংহ এন এস এ-র জন্য আমার মত জানতে চেয়েছিলেন, আমি বলেছিলাম যে এই পদ বজায় রাখার ব্যাপারেই আমার কোনো সম্মতি নেই। আমরা গত পঞ্চাশ বছর ধরে এই পদ ছাড়াই কাজ করে এসেছি, আর ব্রজেশ মিশ্রার কথা অনুসারেই 1999 সালে এই পদের সৃষ্টি হয়েছিল। কিন্তু শেষ পর্যন্ত মনমোহন সিংহ জে.এন. দীক্ষিতকে এই পদের জন্য মনোনিত করেছিলেন।

এমন বহু উচ্চ বর্গের নেতা মনমোহনকে পদ পাওয়ার জন্য অনুরোধ জানাতেন যাঁরা বয়সের ভারে নড়তে পর্যন্ত পারতেন না। সবচেয়ে গুরুত্বপূর্ণ মন্ত্রালয় ছিল অর্থ, গৃহ, রক্ষা এবং বিদেশ মামলা মন্ত্রালয়। প্রধানমন্ত্রী নিজে তো সুরক্ষা কমিটির চেয়ারম্যান হনই, এছাড়া রক্ষার জন্য প্রণব মুখার্জি, গৃহের জন্য শিবাজী পাটিল, অর্থের জন্য পী. চিদাম্বরম এবং বিদেশ মামলার জন্য আমার নাম উঠে এসেছিল।

সীস রাম ওলা আমাকে জানিয়েছিলেন যে, হর কিশান সিংহ সুরজিত মনমোহন ও সোনিয়ার সঙ্গে দেখা করতে গেছেন। তিনি চাইছিলেন না যে আমি বিদেশ মন্ত্রী হই, তিনি আমেরিকার লবীর চিন্তা করেছিলেন, কারণ তা আমাকে বিদেশ মন্ত্রী করার পক্ষপাতি ছিল না। বেশ কিছু বছর ধরে আমাকে আমেরিকা বিরোধী বলে মনে করা হতো। আমি আমেরিকার বিদেশ নীতির কয়েকদিকের সমালোচনা করেছিলাম ঠিকই। 22 শে মে রাষ্ট্রপতি মনমোহন সিংহকে শপথ বাক্য পাট করিয়েছিলেন, আমি বিদেশ মন্ত্রী হিসাবেই শপথ গ্রহণ করেছিলাম। অশোক হোটেলে সংগঠিত এই অনুষ্ঠানে আমার স্ত্রী হেম ও ছেলে জগৎ উপস্থিত ছিল। আমাদের তিনজনের জন্য এটা ছিল এক অবিস্মরণীয় দিন।

সন্ধ্যে বেলায় আমি মনমোহন সিংহের সাথে দেখা করি। আমাকে বিদেশ মন্ত্রী করার জন্য তিনি শেষ পর্যন্ত লড়াই চালিয়ে গেছিলেন। শুনেছিলাম যে, আমেরিকান লবী আমাকে আটকানোর বহু চেষ্টা করেছিল, মন মোহন তা নিয়ে যথেষ্ট চিন্তিত ছিলেন, কারণ আমেরিকা হল যথেষ্ট শক্তিশালী, আর কিছু দেশকে (যাতে ভারতের নামও আছে) অস্থির করে তোলার জন্য তারা যা ইচ্ছা করতে পারে। আমি যখন তাঁকে কৃতজ্ঞতা জানাই তখন তিনি আমাকে বলেছিলেন যে, আমাদের বিদেশ নীতি দিল্লীতে তৈরি হয়, ওয়াশিংটনের ডীসীতে হয় না। আমি ভারত-আমেরিকার মধ্যে সুসম্পর্ক গঠনের জন্য সম্পূর্ণ চেষ্টা করার প্রতিশ্রুতি নিয়েছিলাম, কিন্তু কোনো অবস্থাতেই মাথা নত করার প্রশ্নই আসছিল না।

2004 সালের জুন মাসে ভারতের প্রতিনিধি হিসাবে আমাকে ওয়াশিংটনে যেতে হয়েছিল, রীগনের শেষকৃত্যে অংশ গ্রহণ করার জন্য। শেষকৃত্য সম্পন্ন হওয়ার পর আমার সেখানকার সেক্রেটারী অফ স্টেট কলিন পাওলের সাথে পরিচয় হয়েছিল, তারপর আমরা একটা সংযুক্ত প্রেস কন্ফারেন্সে যোগ দিয়েছিলাম। ঈরাকের সৈন্য পাঠানোর কথা জিজ্ঞাসা করলে আমি জানিয়েছিলাম যে, সুরক্ষা পরিষদ এই বিষয়ে যা বিচার করছে, সেই সিদ্ধান্ত অনুসারেই কাজ করা হবে। কিন্তু প্রেস ট্রস্ট অফ ইন্ডিয়ার সাংবাদিক একটা রিপোর্ট ফাইল

করে দেয় যে, নটবর সিংহের কথা অনুসারে ভারত ঈরাকে সেনা পাঠাবে। এর ফলে এনডীএর যে সমস্ত লোকেদের আমরা এই কাজ করার থেকে বিরত করেছিলাম, তারাই আমার সমালোচনা শুরু করে দেয়।

2004 সালের জুলাই মাসে আমি মনমোহন সিংহের সাথে থাইল্যান্ডের রাজকীয় যাত্রায় গেছিলাম। ব্যাংককে আমাদের সাথে থাইল্যান্ডের প্রধানমন্ত্রী ও বিদেশ মন্ত্রীর সাথে দেখা হয়। আমাদের প্রধানমন্ত্রী থাইল্যান্ডের রাজা মহামহিম ভূমি বোল আব্দুলের সঙ্গে দেখাও করতে গেছিলেন।

31 শে জুলাই মনমোহন আমাকে জিজ্ঞাসা করেছিলেন যে, আমি খালি আছি কিনা। যদি আমি খালি থাকি তাহলে যেন একবার ওনার সাথে দেখা করতে যাই। আমার কোনো কাজ ছিল না সেই কারণে আমি তাঁর সাথে দেখা করার জন্য হোটেলের ষোল তলায় অবস্থিত সুইটে দেখা করতে যাই। তিনি বলেন যে, তিনি ভীষণ একাকীত্ব বোধ করছিলেন, তৎকালিন দ্বি-শাসন ব্যবস্থার কেন্দ্রে পড়ে তিনি খুবই অসন্তুষ্ট হয়ে উঠেছিলেন। আমাদের মধ্যে দেশ সম্পর্কিত আরো কিছু কথা হয়েছিল। তারপরে আমি তাঁকে বলি যে, সোনিয়া যখন তাঁকে এই পদের জন্য নির্বাচন করেছেন তাহলে এই পদের জন্য তিনিই সবচেয়ে উপযুক্ত ব্যক্তি। আমি তাঁকে আশ্বস্ত করে বলেছিলাম যে, 'আমরা সকলেই আপনার সাথেই আছি।'

2004 সালের সেপ্টেম্বর মাসে আমি প্রধানমন্ত্রীর সাথে ইউ.এন.জেনারল এসেম্বলীর বার্ষিক অনুষ্ঠানে ভাগ নিতে গেছিলাম। সেখানে আমাদের বেশ কিছু দেশের বিদেশ মন্ত্রী ও রাষ্ট্রাধ্যক্ষের সাথে মিটিং হয়। যে মিটিং-এ আমাদের সাথে পাঁচ স্থায়ি সদস্য ও নন-এলাইন্ড দেশের রাষ্ট্রাধ্যক্ষের পরিচয় হয়েছিল সেই মিটিংটাই ছিল সবচেয়ে আগ্রহজনক। প্রধানমন্ত্রীর সাথে আমি সেক্রেটারী জেনারেল কোফী এননের সাথেও দেখা করতে যাই। আমার এখনও মনে আছে যে, একা পল বোলকারের সাথে প্রধানমন্ত্রীর টানা এক ঘন্টা মিটিং হয়েছিল।

আমার দ্বিতীয় যাত্রাস্থল ছিল ইন্ডোনেশিয়া। জাকার্তার এক মিটিং-এ প্রায় তিরিশ দেশের প্রতিনিধিরা জমায়েত হয়েছিল, পীড়িত ইন্দোনেশিয়াকে প্রয়োজনীয় সামগ্রী ও ধন প্রদানের উদ্দেশ্যে। বাকি সমস্ত দেশ থেকে রাষ্ট্রাধ্যক্ষ সেই মিটিং-এ অংশ নিতে এসেছিলেন, শুধুমাত্র আমাদের দেশ থেকে আমি প্রতিনিধি হিসাবে গেছিলাম, কারণ প্রধানমন্ত্রী যেতে পারেননি। জাকার্তায় আমি প্রায় তিরিশ বছর বাদে গেছিলাম। প্রথম 1969 সালে আমি ইন্দিরা গান্ধী সাথে প্রথম জাকার্তায় গেছিলাম।

সেই সময় আমাদের অর্থনৈতিক অবস্থা ধীরে ধীরে অগ্রগতির দিকে এগিয়ে যাচ্ছিল, বিদেশ থেকে বহু গণ্যমান্য ব্যক্তিরা সেই সময় দেশে আসতেশুরু করেছিলেন। বেশির ভাগ আফ্রো-এশিয়ান দেশ সেই সময় ভারতের দিকে সাহায্যের হাত বাড়িয়ে দিয়েছিল, আমেরিকা ও ইউরোপও ভারতে অর্থ নিবেশের ব্যাপারে আগ্রহ দেখাচ্ছিল। 2004 সালের গরমের

সময়, আমি পাকিস্তানে গেছিলাম, এবং আমার প্রতিরূপ খুর্শীদ মোহম্মদ কসুরীর সাথে সমস্ত রকম আলোচনা হয়ে গেছিল, এমনকি কাশ্মীরের প্রসঙ্গও বাদ পড়েনি। কাশ্মীরের প্রসঙ্গে আমাদের কাছে কোনো কমন গ্রাউন্ড ছিলই না। তখন আমার সাথে সেখানকার রাষ্ট্রপতি জেনারল মুশারেফের প্রায় 45 মিনিট ধরে কথা হয়েছিল। আমি তাঁর ব্যক্তিত্ব ও আত্মবিশ্বাস দেখে সত্যিই প্রভাবিত হয়েছিলাম। তাঁর ব্যবহার ছিল খুবই বন্ধুত্বপূর্ণ কিন্তু তিনি ছিলেন স্পষ্টবাদী। সেই সময় পাকিস্তানে তাঁর সবচেয়ে বেশি কদর ছিল। কিছু উর্দু সংবাদ পত্র ছাড়া বাকি সমস্ত মিডিয়া আমাকে স্বাগত জানিয়েছিল। বিশেষ করে লাহোর থেকে খুবই সম্মান লাভ করেছিলাম। 2004 সালের শেষের দিকে সারা বিশ্ব জেনে গেছিল যে, ভারত একটা উদীয়মান শক্তিতে পরিণত হয়েছে। তখন সে আর কাউর কৃপা বা দয়ার পাত্র ছিল না। আধুনিক বিশ্বে আর্থিক-নীতি বিদেশ নীতির ওপর নির্ভর করে। সারা বিশ্ব এই মূলগত পরিবর্তনকে স্বীকার করে নিয়েছে।

2005 সালে সংযুক্ত রাষ্ট্র তাদের 60 তম প্রতিষ্ঠা দিবস পালন করেছিল। সারা ইউ এন দেখে এটা মনে হচ্ছিল যে, এর চার্টরের এবার পুনঃ-নিরীক্ষণের প্রয়োজন দেখা দিয়েছে, যাতে তা আজকের বিশ্বের ক্ষেত্রে বেশি প্রাসঙ্গিক হয়ে উঠতে পারে। সুরক্ষা পরিষদের ক্রিয়া কলাপের ক্ষেত্রে তা আরো বেশি প্রয়োজনীয় হয়ে উঠেছিল।

তার স্থায়ী সদস্যের সংখ্যাও বৃদ্ধি পাইনি। জাপান, ব্রাজীল ও জার্মানির বিদেশ মন্ত্রীদের সাথে আমিও বেশ কয়েকটি দেশে গেছিলাম এই বিষয়ের ওপর জোর দেওয়ার জন্য, ইউ এনের চার্টর রিভিজন এখন খুবই জরুরি হয়ে উঠেছে। এইভাবে ইউ.এন -এর 60 তম প্রতিষ্ঠা দিবসে আমরা একটা সুবর্ণ সুযোগের সৃষ্টি করে দিয়েছিলাম। এটা তো বোঝাই যাচ্ছিল যে, কোনো একটা দেশ তো স্থায়ি সদস্য তৈরি করতে পারে না। তার জন্য বেশ কতগুলি দেশের প্রয়োজন ছিল এশিয়ার ভারত, জাপান, ইন্ডোনেশিয়া, নাইজেরিয়া ও সাউথ আফ্রিকা; ল্যাটিন আমেরিকার ব্রাজীল ও আর্জেন্টিনা। কিন্তু এই প্যাকেজের ক্ষেত্রেও বাধার সৃষ্টি হোতেপারত কারণ চীন জাপানের বিরোধীতা করত, রাশিয়া জার্মানীকে স্থায়ী সদস্য হোতে দিত না প্রভৃতি। বর্তমানে স্থায়ী সদস্য ক্রমাগত ভেটো অধিকারের ব্যবহার করে থাকে চার্টারের রিভীজন হওয়ার সম্ভবনাই গায়েব হয়ে গেছে।

এটাই স্পষ্ট হয়ে উঠেছিলো যে, বর্তমান স্থায়ী সদস্যরা নতুন সদস্যদের ভেটো অধিকার প্রাপ্ত করতে দেয় না। আমার মতে ভারতের এই রকম কোনো স্থায়ী সদস্য হওয়ার পদ স্বীকার করার কোনো প্রয়োজন ছিল না। নিউইয়ার্কে যখন জেনারল এসেম্বলীর সেশান চলছিল তখন সেখানে ব্রাজিলের প্রেসিডেন্ট, জাপানের প্রধানমন্ত্রী, জার্মানির বিদেশ মন্ত্রী এবং ড. মনমোহন সিংহ উপস্থিত ছিলেন, চার্টারের রিবীজন সম্পর্কে বিদেশী মন্ত্রীদের প্রয়াস শোনার জন্য। কিন্তু তা সফল হয়নি। পাঁচ স্থায়ী সদস্য কিছুতেই সদস্য সংখ্যা বৃদ্ধি করতে চাইছিল না। একটা ছোট্টো দল একটা বিরাট দলকে বেঁধে ফেলেছিল।

1945 সালের অক্টোবর মাসে যখন ইউ.এন. স্থাপিত হয়েছিল তখনকার আমেরিকার বিদেশ মন্ত্রী কর্ডেল হল ঘোষণা করেছিলেন যে,

'ভেটোর কারণেই উই এস ইউনাইটেড নেশানে অংশ গ্রহণ করতে বাধ্য হয়েছে। কোনো সামূহিক জবরদস্তি এই মহাশক্তিকে দাবিয়ে রাখতে পারবে না। ভেটোর থেকে এটা সুনিশ্চিত হয় যে, জেনারল এসেম্বলী বা সিকিউরিটি কাউন্সিলের পাঁচ স্থায়ী সদস্যের বিরুদ্ধে কিছু করতে পারবে না।'

অন্যভাবে বলা যায় যে, পী- 5 এর (পাঁচ স্থায়ী সদস্য) জরুরি রাষ্ট্রহীত ইউ এনের ন্যায় ক্ষেত্রের ওপর নির্ভর করবে কিন্তু এর ওপর ইউ এনের কোন ক্ষমতা ছিল না বা থাকবেও না।

1945 সালে যখন ম্যাক্সিকোর ডেলীগেট স্যান ফ্রান্সিসকো বলেছিলেন যে, 'ইউ.এন. চার্টারের অন্তর্গত ইঁদুরের ওপর অনুশাসন থাকবে, কিন্তু বাঘ মুক্ত ঘুরে বেরাতে পারবে।' তখন সেই কথা শুনে কেউই অবাক হয়নি।

পুনরায় 2005 সালে মনমোহনের সাথে ভোল্কারের সাক্ষাৎ হয়। তাঁদের মধ্যে কি কথা হয়েছিল তা কেউ জানে না।

2005 সালের 14–15 জুনের মধ্য রাত্রিরে সোনিয়া আর আমি এক বিশেষ উড়ো জাহাজে মস্কোতে গিয়ে পৌঁছেছিলাম। ওয়ার্ল্ড ফোরনের সংযোজক ব্লাদীমীর ইয়াকুনিন সোনিয়াকে 'দি অপলগ অফ সিভিলেজেশন্স' নিয়ে আলোচনার জন্য ডেকে পাঠিয়েছিলেন।

সেখানে পৌঁছানোর সাথে সাথে সোনিয়া ফোরমের সাথে যোগাযোগ করেছিলেন। মিটিং-এর শেষে আমি আর সোনিয়ে হেলিকাপ্টারে বসে ব্লাদমীরের উদ্দেশ্যে রওনা দিয়েছিলাম।

পরের দিন সকালে আমরা পীটর্সবর্গের উদ্দেশ্যে রওনা দিই। পীটার গ্রেট এই জমকালো শহরের সৃষ্টি কর্তা। তিনি সেটিতে নিজের পশ্চিমের জানলা বলতেন। রোমের মতন মানব কৃতির অদ্বিতীয় নমুনা এই শহর। পুশিকন এখানেই থাকতেন আর এখানেই তাঁকে হত্যা করা হয়েছিল। দোস্তোবোস্কী এবং আখমিতাবও এখানকারই বাসিন্দা ছিলেন।

প্রেসিডেন্ট পুটিন ও সোনিয়ার মধ্যে প্রায় সাড়ে তিন ঘন্টা ধরে মিটিং চলেছিল। পুটিন হলেন প্রভাবশালী ব্যক্তিত্বের অধিকারি এবং মনে হয় যে তিনি কখন কেজীবীতে থাকতেন। তিনি যে সোনিয়াকে খুবই সম্মান করেন তা তাঁকে দেখেই বোঝা যাচ্ছিল। উভয়পক্ষই স্থানীয় এবং বিশ্বের বিষয়ে কথাবার্তা বলেছিলেন। সুরক্ষা পরিষদের বিস্তার সম্পর্কে পুটিন বলেছিলেন যে, যদি ভারত এর সদস্য হয়ে যেত তাহলে আরো ভালো হোত। কিন্তু সুরক্ষা পরিষদের বিস্তার হল একটা জটিল বিষয় কারণ কোনো একটা দেশ এর সদস্য হোতে পারে না।

কথাবার্তা শেষ হওয়ার পর লাঞ্চ করা হয়। পুটিনের সাথে তাঁর একজন বরিষ্ঠ পরামর্শ দাতাও ছিলেন, তিনি আবার দোভাষী। যদিও পুটিন ইংরাজী বলতে পারতেন, কিন্তু আনুষ্ঠানিক

সময়ে তিনি রুশী ভাষাতেই কথা বলতেন। যেমন লাঞ্চের সময় তিনি ইংরেজিতেই কথা বলছিলেন। লাঞ্চের পর পুটিন সোনিয়ার কাছ থেকে বিদায় চেয়ে চলে যান।

নৌকা যাত্রা। আমরা যখন পোট ঘাটে পৌঁছেছিলেম তখন পুটিন নৌকার কাছে দাঁড়িয়েছিলেন। আমি সোনিয়াকে ফিসফিস করে বলেছিলাম যে, এই রকম বিশেষ দৃশ্য আমি আজ পর্যন্ত কোথাও দেখিনি।

কয়েক মিনিট বাদে ইউকুনিন আমার কাছে এসে বসে পড়েন 'মন্ত্রী মহাশয়! আপনি প্রেসিডেন্টকে আমার সম্পর্কে কি বলেছেন?'

আমি বলি, 'এই উনি অমুক-তমুক সাহেব।'

তিনি বলেন, 'উপহাস করবেন না, আপনি নিশ্চই কোনো উঁচু তলার মানুষ, কারণ প্রেসিডেন্ট এক্ষুণি এক্ষুণি আমাকে রেল মন্ত্রী করে দিয়েছেন।' লর্ড কার্জনের জীবনী সম্পর্কে লিখতে গিয়ে ওয়াশিংটন চার্চিল লিখেছিলেন যে, 'সকাল সোনার, দুপুর রূপোর ও রাত সীসার হোত।' মনমোহন সিংহের কার্যকালকে বোধ হয় সেই রূপেই বর্ণনা করা যায়।

তিনি কখন নিজের অপমান ভোলেন না, কিন্তু নিজের মনভাব লোকানোর বিষয়ে তিনি হলেন ওস্তাদ মানুষ। 2014 সালের 3 শরা জানয়ারি তিনি বলেছিলেন যে, তাঁর সবচেয়ে বড় প্রাপ্তি হল ন্যূকলীয়র ডীল (টমেরিকাতে)। এতে আমার কি ভূমিকা ছিল সেই ব্যাপারে আমি কখন কোনো কথা বলিনি, কিন্তু এবার বলাটা জরুরি হয়ে উঠেছে।

ভারত ইউ এস সিভিল নিউইয়ার্ক ডিল স্ট্রেটেজিক পার্টনারশিপ পদক্ষেপ (এন এস এস পী) ছিল একটা অপ্রত্যাশিত বিষয় যা প্রেসিডেন্ট বুশের প্রথম কার্যকাল ও প্রথম এন.ডী.এ. সরকারের মধ্যে প্রতিবন্ধকতার সৃষ্টি করেছিল। দি এন এসা এস পী ভারত ইউ এস দ্বিপাক্ষিক সহযোগিতাকে নিউক্লিয়ার এনার্জী, অন্তরিক্ষ এবং রক্ষা (বিশেষত বলিস্টিক মিসাইল ডিফেন্স) -র ক্ষেত্রে দরজা খুলে দিয়েছিল, যদিও এর প্যারামিটার ছিল খুবই সীমিত। প্রযুক্তিগত কিছু প্রতিবন্ধকতা থাকার জন্য ভারতের ক্ষেত্রে লাগানো কিছু জিনিস ইউ এস খুলতে বলেছিল। ভারতও সেই কথা স্বীকার করে নিয়েছিল। প্রযুক্তি গত প্রতিবন্ধকতার জন্য যে জিনিস গুলি খুলে নেওয়া হয়েছিল নিউক্লিয়ার সালায়র্স গ্রুপ (এন এস জী) তথা মিসাইল টেকনোলজি কন্ট্রোল রিজোম (মে টী সী আর) তা সঠিক দিকে জুড়ে দেবে বলে ঠিক করেছিল। ভারত এই ব্যাপারে সম্মতি প্রকাশ করেছিল, ঠিক হয়েছিল যে এমন আইন বানিয়ে দেবে যাতে সংবেদনশীল পদার্থ ও প্রযুক্তির ক্ষেত্রে ব্যাপক বৈধ্য নিয়ন্ত্রণ প্রযোজ্য করা যায়।

উইপীএ সরকার ইউ এসের সাথে এই চুক্তি চালিয়ে গেছিল। চিনের উত্থান ইউ এসেকে ভাবিয়ে তুলেছিল এবং তা ইউ সের ছবিকে ম্লান করে দিচ্ছিল, বিশেষ করে এশিয়াতে। ভারতের সাথে একটা রাজনৈতিক অংশীদারি সৃষ্টি হওয়ায় আমেরিকা এই প্রতিদ্বন্দ্বিতার ব্যাপারে একটু শান্তি পেয়েছিল। বিজ্ঞান ও প্রযুক্তির সাহায্যে ভারতে আর্থিক দিক থেকেও

দ্রুত উন্নতির দিকে এগিয়ে যাচ্ছিল। সামদ্রিক শক্তি এবং গণতান্ত্রিকতার সাথে সাথে প্রেসিডেন্ট বুস এবং তাঁর পরামর্শদাতা এমন কিছু দৃঢ়তার প্রমাণ পেয়েছিল যে তাঁরা আশ্বস্ত হয়েছিলেন - স্টেটের সেক্রেটারী কনডোলিজা রাইস ইউ এসের সাথে ভারতের একটা দীর্ঘকালীন অংশীদারী স্থাপনের ব্যাপারে আগ্রহ দেখিয়েছিলেন। 2005 সালের মাঝামাঝি সময়ে প্রধানমন্ত্রী মনমোহন সিংহকে ইউ এসে যাত্রা করার সিদ্ধান্ত নিতে হয়েছিল। ঠিক করা হয়েছিল যে, তখনই এই রণনৈতিক অংশীদারি চুক্তির কথা ঘোষণা করা ঠিক হবে।

এই বিষয়ে ভারতের বিদেশ মন্ত্রী শ্যাম সরণ নেতৃত্ব করছিলেন আর আমেরিকার তরফ থেকে ছিলেন নিকোলাস বর্নস, তিনি ছিলেন ইউ এসে ডিপার্টমেন্যট অফ স্টেটের আন্ডার সেক্রেটাররী। এই দুজনেই স্বীকৃত ফর্মুলা পাওয়ার জন্য ব্যস্ত হয়ে পড়েছিল, যাতে করে সিভিল নিউক্লীয়ারের অপারেশানের সম্মতি পাওয়া যায়, যার দ্বারা প্রধানমন্ত্রী মনমোহন সিংহের ইউ এসে যাত্রার ব্যপারে একটা বিজ্ঞপ্তি জারী করা সম্ভব হয়। 2005 সালের 18 জুলাই এঁরা দুজনে মিলে যে স্টেটমেন্ট দিয়েছিল তা খুবই জটিল ও সমস্যা জনক বার্তায় পরিণয হয়। কিন্তি 18 ই জুলাইয়ের সন্ধ্যে বেলাতেই প্রেসিডেন্ট বুশ ও প্রধানমন্ত্রী মনমোহন সিংহের মিটিং শেষ হওয়ার পরেই চুড়ান্ত পরিণতিতে পৌঁছানো সম্ভব হয়েছিল।

পরে পুরো সন্ধ্যাটাই পী.এমের সাথে কেটেছিল। ওই দলে এটোমিক এনার্জী বিভাগের সেক্রেটারী ড. অনিল কাকোদারও ছিলেন। ওই প্রস্তাবিক সংযুক্ত বক্তব্যের ওপর চর্চা করাই ছিল আসল উদ্দেশ্য। দলের বিশেষ কিছু সদস্য এই সংযুক্ত নিউক্লিয়ার প্রস্তাব নিয়ে বেশ আপত্তি তুলেছিল। তাদের আপত্তির মুখ্য উদ্দেশ্য ছিল ওই প্রস্তাবিত ডিডের জন্য ভারতের স্বাধীন স্ট্রেটিজিক নিউক্লিয়ার পোগ্রামের ক্ষেত্রে প্রচুর বাধা এসে যাবে এবং পোগ্রাম খুবই সমস্যা জনক ও ব্যয় সাপেক্ষ হয়ে উঠবে - ফলস্বরূপ ভারতের সমস্ত কাজেই সমস্যা দেখা দেবে। এর বিরুদ্ধে বহু যুক্তি তৈরি করা হয়েছিল, কিন্তু আমার মনে হয়েছিল যে, এটা এমন একটা সুযোগ যায় হাত ছাড়া করা উচিত হবে না। কিন্তু প্রধানমন্ত্রী ঠিক করে নিয়েছিলেন যে তিনি এত জটিলতায় যাবেন না, তিনি আমেরিকার সাথে একটা সহজ সরল চুক্তি করতে চেয়েছিলেন, যাতে করে ভবিষ্যতে সিভিল নিউক্লিয়ার এনার্জী সহযোগের ব্যাপারে আমারিকার ব্যাপারে আমাদের প্রতিবন্ধকতা প্রকাশ পায়। বিদেশ সচিবকে এই সম্পর্কির্ত কথা রাতেই ইউ এসে প্রতিরূপকে জানাতে বলা হয়েছিল।

প্রেসিডেন্ট জর্জ বুশের শাসন কালে স্টেটের সেক্রেটারী কান্ডোলীজা রাইস নিজের আত্মকথা 'নো হায়ার অনর এ মেমোরি অফ মাই ইয়ার্স ইন ওয়াশিংটন'-এ তিনি এই বিষয়ে লিখেছিলেন। আমি এর কিছু বাক্য আপনাদের সামনে তুলে ধরছি

'আমি একদিন আগে ভারতের প্রতিনিধি নটবর সিংহের সাথে বিলার্ড হোটেলে দেখা করতে গেছিলাম। সত্যি বলতে কি, স্টেট ডিপার্টমেন্টে এত ধুমধাম চলছিল যে আমি কোনো শান্ত এলাকায় যেতে চেয়েছিলাম, প্রেস থেকে দূরে একটা আনুষ্ঠানিকতা বর্জিত

অঞ্চলে তাঁর সঙ্গে দেখা করতে চেয়েছিলাম...নটবর সিংহ কিছুতেই রাজি হচ্ছিলেন না। তিনি চাইছিলেন চুক্তি হোক, কিন্তু ভারতের প্রধানমন্ত্রীর মনে হয়েছিল যে, তিনি এই চুক্তির ব্যাপারে ভারতীয়দের কখনই রাজি করতে পারবেন না। আমি একটু হতভম্ব হয়েছিলাম - হয়তো আমি নটবরের দৃঢ়তাকে তাঁর সরকারের পক্ষ থেকে কথা বলার ক্ষমতা ভেবে ভুল করেছিলাম...।'

আমাদের মিটিং-এর পরেই কন্ডোলীজা তাঁদের প্রেসিডেন্টকে জানিয়ে দিয়েছিলে যে, মনমোহন সিংহ এই ডীল করাতে পারবে না। রাইস নিজে মন মোহনের সঙ্গে দেখা করতে চাইছিলেন, কিন্তু মন মোহন তা স্বীকার করননি। তখন তিনি আমাকে ফোন করে জিজ্ঞাসা করেন যে, মনমোহন এত বিরক্ত হয়েছেন কেন। আমি তাঁকে বোঝানোর চেষ্টা করেছিলাম যে, তিনি তাঁর সাথে দেখা করতে চাইছেন না তা নয়, আসলে নিউক্লিয়ার ডিলের ব্যাপারে তিনি ভারতীয়দের রাজী করতে অক্ষম। কন্ডোলিজা আমাকে তাঁর সাথে একটা মিটিং করিয়ে দেওয়ার ব্যাপারে অনুরোধ জানিয়েছিলেন। শেষ পর্যন্ত আমি তা করাতে সফল হই।

পরের দিন সকালে প্রাতঃরাশের সময় সেক্রেটারী অফ সেস্ট এসেছিলেন। তিনি নিজের সাথে সংশোধিত রাজী নামা এবং পুনর্বীক্ষিত প্রারূপ এনেছিলেন প্রধানমন্ত্রী মনমোহন সিংহের সম্মতি পাওয়ার আশায়। আমিও সেখানে উপস্থিত ছিলাম। মনমোহন সিংহ যখন নতুন প্রারূপের এক আধ অংশের ব্যাপারে অসম্মতি দেখিয়েছিলেন তখন আমি বিদেশ সচিব শ্যাম সরণ ও শ্রী কাকোদরকে আমাদের নতুন, প্রধানমন্ত্রীর প্রারূপ নিয়ে সেখানে আসতে বলি। সেই সাথে সেই অংশ গুলিও আনতে বলেছিলাম, যেক্ষেত্রে প্রধানমন্ত্রী অসম্মতি জানিয়েছিলেন। এই নতুন প্রারূপ তিনি নিজের সাথে হোয়াও হাউস নিয়ে গেছিলেন প্রেসিডেন্ট বুশকে দেখানোর জন্য। সেই সময় সকাল সাড়ে নয়টা বেজে গেছিল, আর বুশের সাথে মনমোহনের মিটিং-এর কথা ছিল সকাল নয়টায়। আমি প্রধানমন্ত্রীর কাছে গিয়ে, কান্ডেলীজার পাশে বসি। তারপর আমরা সন্ধি বার্তা শুরু করতে বলি। দিল্লী ফিরে আসার পর সোনিয়া গান্ধীর সাথে দেখা করি। তিনি এই ব্যাপারে একেবারেই সম্মত ছিলেন না। তিনি জিজ্ঞাসা করেন,'নটবর! বাকি সবার কথা বাদ দিন, আপনি এই ব্যাপারে কিভাবে রাজি হলেন? আপনি তো জানেন, দেশের ভেতরে আমেরিকান নীতির সন্দর্ভে একটা অন্তরধারা প্রবাহিত হয়।' কিন্তু ছয়মাসের মধ্যে তিনি নিজের রায় বদলে দিয়েছিলেন।

এই নিউক্লিয়ার বিল লোকসভায় 2008 সালে পেশ করা হয়েছিল। খুব কম লোকের সম্মতিতেই এই বিল পাশ করা হয়েছিল, সমাজবাদী পার্টী এর সমর্থন করেছিল বলে, এই বিল পাশ হয়ে ছিল। কিন্তু 2013 সালে সমাজবাদী পার্টীর নেতা মুলায়ম সিংহ যাদব

(কন্ডোলিজা রাইস 'নো হায়ার অনার্স এ মেমোয়ার অফ নাই ইয়ার ইন ওয়াশিংটন' লন্ডন সাইমন এণ্ড স্পষ্টর 2011.)

বলেছিলেন যে, নিউক্লিয়ার লীলে সমর্থন করা ছিল 'তাঁর জীবনের সবচেয়ে ভয়ঙ্কর ভুল', এই পারমানবিক সওদার ব্যাপারে, সংসদ, বৈজ্ঞানিক গণ এবং সম্পূর্ণ দেশ বিভাজিত হয়ে গেছিল। এই বহু পরিচিত নিউক্লিয়ার ডীলের শেষ পর্যন্ত কি হয়েছিল ?

মনমোহন সিংহের বিদেশ নীতি সম্পর্কে বলা যায়, তাঁর কাছে এমন কোনো নীতি ছিলই না। বিদেশ মন্ত্রালয় সম্পূর্ণ রূপে হতোৎসাহিত হয়ে গেছিল, কারণ প্রধানমন্ত্রী সেই অফিস চালাতেন। সবচেয়ে বড় গন্ডগোল তো তখন হয়েছিল, যখন প্রধানমন্ত্রী একজন প্রাক্তন ক্যাবিনেট মন্ত্রীকে বিশেষ দূত হিসাবে জাপানে প্রেরণ করেছিলেন, কারণ আগে থেকেই একজন বরিষ্ঠ রাজদূত টোকিওতে বসেছিলেন। মনমোহন যখন প্রধানমন্ত্রীর পদে বসেছিলেন তখন বিদেশ নীতির ব্যাপারে সাধারণ সম্মতি ছিল খুবই অল্প। আমেরিকা উদাসীনতা দেখালেও, তিনি আমেরিকার পিছনে দৌড়াতে শুরু করেছিলেন। ভারত সমেত বেশ কিছু দেশে আমেরিকা গুপ্তচর প্রেরণ করলেও তিনি একটা কথাও বলেননি। যে প্রধানমন্ত্রী প্রেসিডেন্ট জজ বুশ করে বলেছিলেন যে, 'ভারতের লোক আপনাকে খুব ভালোবাসে।' এমন প্রধানমন্ত্রী সম্পর্কে আর কিই বলব, জানিনা উনি কোন ভারতীয়দের কথা বলেছিলেন ?

যতদিন মনমোহন এই পদে বসেছিলেন, ততদিন মনে হোত যে, ইউ এস প্রেসিডেন্ট ব্যারাক ওবামার বিদেশ নীতির র‍্যাডার থেকে ভারতকে বাদ দিয়ে দেওয়া হয়েছে। ভরসার যোগ্য সূত্র অনুসারে জানা গেছিল যে, 2013 সালে প্রধানমন্ত্রী যখন ওয়াশিংটনে গেছিলেন, তখন সেখানে তাঁকে খুব ঠান্ডা ভাবেই স্বাগত জানানো হয়েছিল, সেই বিদেশ তাররা কোনো ভাবেই সফল হয়নি। আমাদের প্রতিবেশীদের সাথে আমাদের সম্পর্ক যেমন হওয়া উচিত ছিল, তেমনটা হয়নি। 2011 সালে প্রধানমন্ত্রী যখন বাংলাদেশ সফরে গেছিলেন তখন পশ্চিমবঙ্গের মুখ্যমন্ত্রী মমতা ব্যানার্জী তাঁকে ধমকানোর সুরে কথা বলেছিলেন। প্রধামন্ত্রীর সাথে শ্রীলঙ্কার বিষয় নিয়ে বিচার বিবেচনা করার মতন সময় এ আই এ ডী এম কে (তামিলনাড়ু)-র হাতে ছিল না।

পাকিস্তান নীতি সম্পর্কে বলা যায় যে, 2006 সালেই মনমোহন সিংহ প্রথম ভুল করেছিলেন, শর্ম-এল-শেখে তিনি পাকিস্তানের তৎকালীন প্রেসিডেন্ট ইউসুফ রজা জিলানীর সাথে একটা সংযুক্ত বক্তব্য জারী করেছিলেন, যাতে স্পষ্ট হয়ে গেছিল যে, ভারতের সাহায্যেই পাকিস্তান বালুচিস্তানে এমন ধ্বংসের লীলা শুরু করেছেন। তিনি ভারতে ফিরে আসার পর তাঁকে খুবই ভর্ৎসনা সহ্য করতে হয়েছিল।

2013 সালে দিল্লীতে যখন মনমোহনের সাথে পাকিস্তানের প্রধানমন্ত্রী নওয়াজ শরীফের কথাবার্তা হয়েছিল, তখন তিনি টিপ্পনী করেছিলেন যে, এনার সাথে কথা বলে কোনো লাভ নেই, পাকিস্তান তো ভারতের পরবর্তী প্রধানমন্ত্রীর সাথে কথা বলতে চায়।

3 শরা জানয়ারির প্রেস কনফারেন্সে প্রধানমন্ত্রী আশা প্রকট করেছিলেন যে, 2014

সালের মে মাসের ভোটের আগেই তিনি পাকিস্তান সফরে যাবেন। এটা ছিল খুবই আশ্চর্য জনক কথা। তিনি গত দশ বছর ধরে পাকিস্তান যাওয়ার চেষ্টা করছিলেন, কিন্তু পাকিস্তান বারংবার আমাদের হিতের বিরুদ্ধে কাজ করার জন্য তিনি কিছুতেই এই কাজে সফল হোতে পারছিলেন না। যখনই মনমোহন পাকিস্তান যাওয়ার কথা ভাবতেন তখন পাকিস্তান কোনো না কোন ভাবে ভারতকে আহত করত।

ভারতের সাথে বহুকাল ধরেই আরব দেশ গুলির সম্পর্ক খুবই ভালো ছিল, কিন্তু তযার আমলে ভারত পশ্চিম এশিয়ার র‍্যাডার থেকে প্রায় বাদ পড়ে গেছিল। পাকিস্তান এবং আমেরিকার কূটনৈতিক চালের জন্য ভারতের সাথে আফগানিস্তানের বন্ধুত্বেও ফাটল ধরেছিল। চীনের ব্যাপারে এটাই বলা যায় যে, ক্রমাগত ঘুষপ্যাঠের জন্য ভারতের শরীরে ক্ষতের সৃষ্টি হয়ে গেছে।

সত্যি বলতে কি, মনমোহন যতদিন প্রধানমন্ত্রীর পদে বসেছিলেন, ততদিন তিনি বিদেশের বহু স্থানে গেলেও কোনো সফরই সার্থক হয়নি, এবং কোনো নতুন রাস্তারও সন্ধান আমরা পাইনি। তাঁর আমলে বিদেশ থেকেও বহু নেতারা এসেছিলেন কিন্তু কোনো দ্বিপাক্ষীক সম্পর্কই সার্থকতা লাভ করতে পারেনি। দক্ষিণ-পূর্ব এশিয়া আমাদের প্রতিবেশী হলেও, সেখানে আমাদের কোনো রকম উপস্থিতিই ছিল না। রাশিয়ার প্রেসিডেন্ট পুটিন ভারতের সঙ্গে মৈত্রীর সম্পর্ক বজায় রাখতে চাইলেও, রাশিয়ার সাথেও আমাদের সম্পর্ক নষ্ট হয়ে গেছিল।

নতুন দিল্লীতে প্রায় 140 বিদেশ মিশন ছিল। কিন্তু তারা তাদের দেশের কাছে এই বার্তাই পাঠাত যে, ভারতের অভ্যন্তরেই উত্থান-পতন চলছে। এরফলে আমাদের রাজনৈতিক ক্ষমতা ও বিদেশ নীতি দুর্বল হোতে শুরু করেছিল। এই কথাই বলা হয় যে, মনমোহন সরকার হাতে লাঠি নিয়ে ল্যেংড়ে ল্যেংড়ে চলত।

2014 সালের যোলই মে, লোকসভা নির্বাচনে কংগ্রেস সরকারকে চুড়ান্ত পরাজয়ের সম্মখীনতা করতে হয়েছিল, কারণ এই সরকার বা নেতৃত্ব স্থানীয় লোকেরা চাহিদাই বুঝে উঠতে পারিনি। জনগণের কোনো ইচ্ছাই তারা পূরণ করতে পারিনি।

3 শরা জানয়ারির প্রেস কন্ফারেন্সে প্রধানমন্ত্রী নিজের আর্থিক নীতিনিয়ে বেশ কিছু লম্বা চওড়া কথা বলেছিলেন। তিনি খুব ভালো অর্থনীতি বিদ্ হিসাবে পরিচিত, এই বিষয়ে তিনি ডক্টরেট উপাধি লাভ করেছিলেন, এই বিষয়ে তিনি একটি বইও লিখেছিলেন 'ইন্ডিয়াজ এক্সপোর্ট ট্রান্ডর্স এণ্ড প্রোস্পেক্টস ফর সেল্ফ সস্টেন্ড গ্রোথ'। কিন্তু সবচেয়ে বড় সত্য হল, তাঁর কার্যকালে আমাদের জীডীপী রেট 4.5 শতাংশের বেশি হয়নি।

প্রধানমন্ত্রীর এই প্রেস কন্ফারেন্স সম্পর্কে 'দ্যা হিন্দু'-তে লেখা হয়েছিল যে

'এটা স্পষ্ট রূপেই বোঝা যাচ্ছিল যে, প্রধানমন্ত্রী কিছুতেই নিজের নৈতিক দোষ ত্রুটির কথা স্বীকার করতে চাইছিলেন না যাতে বেশ বড় বড় ঘোটালা স্পেক্ট্রম এলোকেশান এবং

কোল ব্লাক এলিমেন্ট অন্তর্ভুক্ত ছিল। তিনি নিজেকে বাঁচারবার চেষ্টা চালিয়ে যাচ্ছিলেন, ইউ পী এ তাঁর সরকারকে পুনরায় নির্বাচিত করেছিল, তাতেই যেন তাঁর সব দোষ খণ্ডিত হয়ে যাচ্ছিল, তাই তিনি দুর্নীতির ব্যাপারে তো মুখই খোলেননি। ড. সিংহ নিজের শাসনকাল নিয়ে আত্মসন্তোষ প্রকাশ করে নিজের সমস্ত দুর্বলতা ও দায়িত্বহীনতার হাত থেকে নিজেকে বাঁচানোর চেষ্টা করেছেন। এমন চিন্তাজনক পরিস্থিতির জন্য ইউপীএ-র রাজনৈতিক মূল্য আরো ম্লান হোতে থাকবে।

ড. মনমোহন সিংহের প্রধানমন্ত্রীত্ব সম্পর্কে ইতিহাস কি সিদ্ধান্ত নেবে ? হয় তা উদাসীন হয়েই থাকবে আর নয়তো একটা মাত্র ফুটনোটের যোগ্যই মনে করবে। মনমোহন সিংহ নিজের উইলে কি লিখবেন ? আফসোসের বিষয়, হয়তো কিছুই পারবেন না।

অধ্যায় -২২

'দ্যা ভোল্কার' চক্রান্ত

1990 সালের 2 শরা আগস্ট ইরাকের প্রেসিডেন্ট সাদ্দাম হোসেন কুয়েতের ওপর চড়াও হয়ে বোমা বর্ষণ করতে শুরু করে। এই কার্যের জন্য চারদিকে চুড়ান্ত ভর্ৎসনা শুরু হয় এবং ইউ.এস. সিকিউরিটি কাউন্সিল ইরাকের ওপর প্রতিবন্ধকতা আরোপ করে। কুয়েতে 34 টি মিত্র রাষ্ট্রের সম্মিলিত সেনা বাহিনি পাঠানো হয়, ইরাককে হাটানোরে জন্য। 1991 সালের 24 শে ফেব্রুয়ারী এই কাজে সেনা বাহিনী সফল হয়। এর পরেও সেকিউরিটি কাউন্সিল ইরাকের ওপর থেকে এই প্রতিবন্ধকতা সরিয়ে নেয়নি। 1996 সালে সুরক্ষা পরিষদ ইরাকের লোকেদের সাহায্য করার জন্য 'আইল ফর ফুড' কার্যক্রম শুরু করে। এই কার্যক্রম অনুসারে ইউ.এনের তত্ত্বাবধানে ইরাকের সরকার তেল বিক্রী করে নিজেদের লোকেদের জন্য প্রয়োজনীয় জিনিস কিনতে পারত। কিন্তুএই সবই ইউ.এনের তত্ত্বাবধানেই হওয়া সম্ভব ছিল।

2003 সালের 20 শে মার্চ আমেরিকার সেনা ইরাকে ঢুকে পড়েছিল, 'নাশকতা মূলক' অস্ত্রশস্ত্র খুঁজে বার করার জন্য। সাদ্দাম হুসেনকে খুঁজে বার করা হয়েছিল আর 2006 সালের 30 শে ডিসেম্বর তাঁকে মেরে ফেলা হয় এবং 60 আরব ডলারের 'আইল ফর ফুড' পরিকল্পনা হঠাৎই বন্ধ করে দেওয়া হয়। এরপর যে নথি পাওয়া গেছিল সেই অনুসারে এই পরিকল্পনার মধ্যে বেশ কিছু ত্রুটি পরিলক্ষিত হয়ে ছিল। এর থেকে জানা গেছিল যে, সারচার্জ ও ঘুষ তেলের দামের সাথেই জুড়ে দেওয়া হতো, আর অবশিষ্ট ধন সাদ্দাম হোসেনের পকেটে এসে যেত।

দ্যা ইউনাইটেড স্টেট্স সিনেট এই সমস্ত অনুসন্ধানের আজ্ঞা দিয়ে দিয়েছিল, কিভাবে এই কার্যক্রম চালানো হতো তা খুঁজে বার করার জন্য। তখন ইউ.এনের সেক্রেটারি জেনারেল বহু অনুসন্ধানের পর বছরের শেষের দিকে গিয়ে একটা ইনডিপেন্ডেন্ট ইনকয়েরি কমিটি গড়েছিল, যা পরে 'ভোল্কার কমিটি' নামে পরিচিত হয়েছিল। উপরে যে সমস্ত আরোপের কথা বলা হয়েছে, সেই গুলির অনুসন্ধান করাই ছিল এর কাজ। এর চেয়ারম্যান ছিলেন পল ভোল্কার, তিনি ইউনাইটেড স্টেটস ফন্ডরাল রির্জবের প্রাক্তন চেয়ারম্যান ছিলেন। যে আরোপ এর উপর তোলা হয়েছিল তার সাথে সরাসরি অন্তান এবং তাঁর ছেলে কোজো যুক্ত ছিল। প্রায় 18 মাস ধরে এই কিমিটি অনুসন্ধান চালিয়েছিল এবং শেষ পর্যন্ত 2005

সালের 27 শে অক্টোবর কমিটি রিপোর্ট দাখিল করে। ভোল্কার রিপোর্টের নথিতে সেই সমস্ত কম্পানী এবং ব্যক্তিদের নামের উল্লেখ ছিল যাতা আইল ফর ফুড প্রোগ্রামের সাথে সরাসরি যুক্ত ছিল।

2005 সালের 26 শে অক্টোবর আমি মাস্কোতে গেছিলাম, রাশিয়ার বিদেশ মন্ত্রী সের্গরঙ্গী লাওরোপের সাথে দ্বিপাক্ষিক বৈঠকের জন্য। মিটিং শুরু হওয়ার আগে আমাকে জানানো হয়েছিল যে, অপরাহ্নের পর প্রেসিডেন্ট পুটিন নিজে এই বৈঠকে উপস্থিত থাকবেন। কথাটা শুনে আমি একটু অবাক হয়েছিলাম, কারণ সাধারণত বিদেশ মন্ত্রীদের বৈঠকের সময় কখন কোনো রাষ্ট্রাধ্যক্ষ থাকেননা। প্রেসিডেন্ট সঠিক সময়ে এসে ঠিক আমার সামনের টেবিলে বসেছিলেন। তাঁর বিদেশ মন্ত্রী আমার ডান দিকে বসেছিলেন। প্রায় 90 মিনিট ধরে এই মিটিং চলেছিল। আমি মনে মনে শুধু একটা কথাই ভাবছিলাম যে, পুটিন আমাকে কেনো এত সম্মান দিচ্ছেন? আসলে যখন জুন মাসে আমি সোনিয়ার সাথে এখানে এসেছিলাম তখন তিনি দেখেছিলেন যে সোনিয়ার সাথে আমার সম্পর্ক একদম বন্ধুর মতো, বিশেষ করে নৌকায় ভ্রমণের সময় আমাদের এই সম্পর্কের গাঢ়তা তিনি বুঝতে পেরেছিলেন, হয়তো সেই কারণেই তিনি আমার সাথে অমন ভালো ব্যবহার করেছিলেন। তাঁর সাথে আমার শেষ দেখা হওয়ার কথা ছিল 28 শে অক্টোবর। বিকেলের এই বৈঠক বিকেল পাঁচটা নাগাদ শেষ হয়েছিল, এর ঠিক দু ঘন্টা বাদে আমার ফ্রাঙ্কফর্ট যাওয়ার প্লেন ছিল। ফ্রাঙ্কফর্টে আমার রাত কাটানোর কথা ছিল।

পরের দিন সকাল পাঁচটার সময়, আমার অফিসের ডায়রাক্টার তাড়াহুড়ো করে আমার কাছে আসেন, আর বলেন যে, ইউ.এন.-এ অবস্থিত ভারতের প্রতিনিধি নিরুপম সেন তখনই আমার সাথে কথা বলতে চাইছিলেন। আমি নিরুপমকে জিজ্ঞাসা করি যে, এত সকালে আমাকে ডেকে তোলা হল কেন? আমি শুনে খুবই অবাক হয়ে গেছিলাম যে, ভোল্কার রিপোর্ট ইউ.এন. সেক্রেটারী জেনারেলের সামনে পেশ করা হয়েছিল, আর তাতে আমার নাম সহ কংগ্রেস পার্টী এবং অন্য কয়েকটি কোরপোরেট হাউজের নাম ছিল, যারা এই ব্যাপারে লাভান্বিত হয়েছিল। এই রিপোর্ট অনুসারে 1997 সালে তেলের ব্যাপারে কংগ্রেস ইরাকের সাথে যুক্ত ছিল। প্রায় সাড়ে ছয়টা নাগাদ আমার কাছে একটা মেল আসে, 'দ্যা হিন্দু'-র ফ্রন্ট পেজে যে রিপোর্ট ছাপা হয়েছিল তাই আমাকে মেল করে দেওয়া হয়েছিল।

ভোল্কার এই সম্পর্কে আমাকে কিছু বলেনি বা কংগ্রেস পার্টীকেও কিছু জানাননি। তাঁর আমাদের অবশ্যই জিজ্ঞাসা করা উচিত ছিল।

এটা ছিল সম্পূর্ণ আকস্মিক আঘাত। 2005 সালের শেষের দিকে যখন আমি মনমোহনের সাথে নিউইয়ার্কে গেছিলাম তখন আমি শুনেছিলাম যে, ভোল্কার রিপোর্ট সেক্রেটারী জেনারেলের কাছে অক্টোবর মাসে পেশ করা হবে। 2004 সালের সেপ্টেম্বর মাসে ভোল্কারের সাথে মনমোহনের কথা হয়েছিল। তিনি কেনো যে মনমোহনের সাথে

এতক্ষণ সময় কাটাচ্ছেন, তা ভেবে আমার একটু অবাক লেগেছিল। নিউইয়ার্ক থেকে ফিরে আসার পর আমি সোনিয়াকে বলেছিলাম যে, যদি কোঠী অন্নানের নাম এই রিপোর্টে ওঠে তাহলে তাঁর কাজ যাবে।

নিরুপম সেনের সাথে কথা বলার পর, আমি চিন্তা করছিলাম যে, আমাকে কি কি বলা হয়েছিল। তখন আমার কাছে দুটি মাত্র পথ খোলা ছিল এক তো সোজা নিউ ইয়ার্কে গিয়ে ভোল্কারের সাথে দেখা করে তাঁর কাছ থেকে সব জেনে নেওয়া , তা না হলে প্রধানমন্ত্রীকে পদত্যাগ পত্র দিয়ে দেওয়া। কিন্তু যখন আমার কোনো দোষ ছিল না, তাহলে পদত্যাগের প্রশ্ন আসছে কোথা থেকে? আমি ঠিক করে ফেলেছিলাম যে, দিল্লীতে ফিরে প্রধানমন্ত্রী ও কংগ্রেস প্রেসিডেন্টের সাথে কথা বলব।

সেই দিন আমি খুবই অশান্তির মধ্যে ছিলাম। আমি পী.এম.-কে টেলিগ্রাম করে জানিয়ে দিয়েছিলাম যে, আমি দিল্লীতে ফিরে নিজের বিষয়ে কথা বলতে চাই। কিন্তু আমার যাওয়ার আগেই কংগ্রেসের জেনারেল সেক্রেটারীর একটা কথা আমার কানে আসে - তিনি আমার প্রসঙ্গে পরিষ্কার জানিয়ে দিয়েছিলেন যে - 'এই রিপোর্টে যাদের নাম আছে, তাদের নিজেদের রক্ষা নিজেদেরই করতে হবে।' কথাটা শুনে আমার খুব অপমানে লেগেছিল। আমার বেশির ভাগ জীবন বিদেশ সেবা ও রাজনীতির মধ্যে দিয়ে কেটেছে, তাই আমি খুব ভালোই বুঝতে পেরেছিলাম যে, কংগ্রেস প্রেসিডেন্টের অনুমতি ছাড়া এমন কথা বলার ক্ষমতা তাঁর ছিল না। 1949 সালের জুলাই মাস থেকে গান্ধী-নেহেরু পরিবারের সাথে আমার সম্পর্ক শুরু হয়েছিল, তাই 'বেনিফিট অফ ডাউট' থেকে আমার একটা ছাড় পাওয়া উচিত ছিল।

রাত্রির সাড়ে নয়টা নাগাদ আমি পালাম বিমান বন্দরে নামি, সেখানে একদল মিডিয়ার লোক আমার জন্যই অপেক্ষা করছিল। আমি তাদের দেখেও না দেখার ভান করে রাত্রির সাড়ে এগারোটা নাগাদ নিজের বাড়িতে পৌঁছে যাই। আমার বাড়ির চারদিকে অসংখ্য সাংবাদিক ও টি.ভি. চ্যানেলের লোক ক্যামেরা হাতে দাঁড়িয়েছিল, যা দেখে আমি অবাক হয়ে যাই। ঘরের ভেতরে ঢুকতে আমার খুবই অসুবিধা হয়েছিল।

পরের দিন সকালে আমি জানতে পারি যে, পী.এম. শহরের বাইরে গেছেন। আমি সোনিয়ার সাথে কোনো রকম যোগাযোগ করিনি, কারণ পার্টির বক্তব্য শুনে আমি খুবই আহত হয়েছিলাম। আমি ভেবেছিলাম তিনি নিজেই আমাকে ডাকবেন। আমার মনে হয়েছিল যে, তিনি খুব ভালোই জানেন যে, কি হচ্ছে এবং কেনো হচ্ছে? কিন্তু পরের কয়েকটা দিন কি যে অশান্তির মধ্যে দিয়ে কেটেছিল তা আমি বলে বোঝাতে পারব না। মিডিয়া সিদ্ধান্ত করে নিয়েছিল যে, আমি দোষি। হয়তো ইউ.এন ক্যাবিনেটের বরিষ্ঠ মন্ত্রীরাই তাদের এই সিদ্ধান্ত নিতে সাহায্য করেছিল।

ইউ.এন. থেকে পারমানেন্ট মিশনের যে বার্তা পাঠানো হয়েছিল তাতে করে এটা স্পষ্ট

হয়ে গেছিল যে, এই রিপোর্টে সেই সমস্ত লোকেদের নামই আছে, যারা আইল ফুড কার্যক্রমের জন্য লাভান্বিত হয়েছিল, তাতে কিছু রাষ্ট্রাধ্যক্ষ এবং বিশে রাজনৈতিক ব্যক্তিত্বদের নাম যুক্ত ছিল। গ্লোবাল পলিসি ফরম ভোল্কারকের কাছে যে রিপোর্ট জমা করেছিল তাতে ভারতের দুটি নাম ছিল, ভীম সিংহ, কাশ্মীরের প্যান্থর পার্টীর প্রধান এবং কংগ্রেস পার্টীর।

2005 সালের 9 ই ফেব্রুয়ারী ইউ.এস. হাউস অফ রিপ্রেজেনটেটিভস -এর ওভার সাইড এণ্ড ইনভেস্টীগেশান সাব কমিটির দ্বারা প্রদত্ত রিপোর্টের চর্চা হয়েছিল। সেই সময় 207 জন সুবিধাভোগীর নাম সামনে এসেছিল, যাতে আমার নামও ছিল। এই মিটিং-এ এম ঈ এম আর আই -এর ড. নিমরড রাফেলী এই নামের তালিকা পেশ করেছিলেন। কিন্তু 9 ই মার্চ যে তালিকা প্রস্তুত করা হয়েছিল তাতে আমার নাম ঢুকিয়ে দেওয়া হয়। ভারত ছাড়া অন্য যে সমস্ত দেশের নাম এই তালিকায় ছিল তারা প্রত্যেকেই তা খারিজ করে দিয়েছিল।

আমি ফিরে আসার পর ভারতীয় সংসদে এই বিষয়ের উত্থাপন হয়। আমি রাজ্যসভায় এই পরিস্থিতি স্পষ্ট করার জন্য একটা বক্তব্য পেশ করেছিলাম। দুটি ক্ষেত্রেই সরকারের কাছে এটা স্পষ্ট হয়ে গেছিল যে, আমি কোনো রকম আর্থিক গন্ডগোল করিনি, আর ভোল্কার নিউ ইয়ার্কে ইন্ডিয়া মিশনের সাথে কোনো রকম যোগাযোগ করেনি, আর তিনি আমার সঙ্গেও কোনো যোগাযোগ করেননি, ভারত সরকারের কাছ থেকে আমি একটু স্বস্তি লাভ করেছিলাম, কিন্তু তা বেশি দিনের জন্য নয়।

এক-দুই দিনের মধ্যেই আমার জীবনে প্রবল সুনামি দেখা দিয়েছিল। কংগ্রেসের একজন কনিষ্ঠ কর্মী, অনীল মথরানী সেই সময় ক্রোশিয়ায় ভারতের রাষ্ট্রদূত হিসাবে নিযুক্ত ছিলেন, তিনি ‘ইন্ডিয়া টুডে’-র কাছে দেওয়া একটা সাক্ষাতকারে বলেছিলেন যে, 2001 সালে আমি যখন ইরাকে গেছিলাম তখন কংগ্রেস পার্টী আর আমি অয়েল ব্যারেলের ভাউচার চেয়েছিলাম। অল ইন্ডিয়া কংগ্রেস কমিটির বিদেশ মন্ত্রালয়ে মথরানী আমার নিচে কাজ করতেন, তিনি নিজের সাক্ষাৎকারে বলেছিলেন, ‘তিনি (নটবর সিংহ) প্রথম থেকে সব জানলেও তিনি চুপ করেই ছিলেন...। এখন যদি বলা হয় যে, কংগ্রেস ও নটবর সব কিছু জানত না, তাহলে সেটা একেবারেই বাজে কথা।

2001 সালের জানয়ারী মাসে কংগ্রেস পার্টী একটি সৌভাদ্রপূর্ণ দল বাগদাদে পাঠিয়েছিল, ইরাকের উপপ্রধানমন্ত্রী তারিক অজীবকে স্বাগত জানানোর জন্য, আমার সাথে তাঁর অনেক দিনের পরিচয় ছিল। এই দলের নেতা ছিলাম আমি। এই দলের অন্য সদস্যদের মধ্যে ছিলেন - এ. আর. অন্তুকে (মহারাষ্ট্রের প্রাক্তন মন্ত্রী), পী. শিব শঙ্কর; ক্যাবিনেট মিনিস্টার শ্রী এডুআর্ডো ফ্যালীরো; এবং অনিল মথরানী - ছিলেন তৎকালিন কংগ্রেসের বিদেশ মন্ত্রালয়ের সচিব। আমি ইরাকের রাষ্ট্রপতি সাদ্দাম হোসেনের জন্য কংগ্রেস প্রেসিডেন্টের তরফ থেকে একটা চিঠি নিয়ে গেছিলাম, যা আমি তারীক আজীজের হাতে দিয়ে দিয়েছিলাম।

যাওয়ার আগে সোনিয়া গান্ধীর সাথে আমার বিদেশ যাত্রা নিয়ে বিস্তৃত আলোচনা হয়েছিল, আর ঈরাক সরকারের সাথে কি কথাবার্তা হবে তাও ঠিক করা হয়েছিল। আমার পুত্র জগত সিংহ তখন কংগ্রেসের জেনারল সেক্রেটারী ছিল, সেও আমার সাথে গেছিল, কারণ বাইপাস সার্জারির পর আমার সাহায্যের জন্য একজন সহায়কের প্রয়োজন হতো। নন-এজাইন্ড স্টুডেন্টস ইয়ুথ অর্গানাইজেশান (এন এ এস ওয়াই ও) জগতকে যুবা সদস্য হিসাবে নিমন্ত্রণ জানিয়েছিল এছাড়া আর একজন সদস্য সুবেধ রাস্তকেও সাহায্যের জন্য ডাকা হয়েছিল। এই ব্যাপারে তাঁকে দুবার ইরাকে যেতে হয়েছিল। আমার যতত দূর মনে পড়ছে, রাস্তও আমাদের প্লেনেই ছিলেন।

আমাদের দল যখন বাগদাদে পৌঁছায় তখন জগতের এক কাছের বন্ধু সেইখানে ছিল, সে ব্যবসা করে এবং ইরাকে তার খুব ভালো যোগাযোগ আছে। তার সাথে রবার্ট বাড্রারও খুব ভালো সম্পর্ক। সে প্রায়ই বাগদাদ যেত।

মথরানীর সাক্ষাৎকারের পর সংসদে প্রবল ঝড় উঠেছিল, যাতে সংসদের লোক ছাড়াও মিডিয়ার লোকরাও ছিল। এক দুই দিনের মধ্যেই সবাই কেমন যেন আমার শত্রু হয়ে উঠেছিল। যারা সর্বদা আমার চারদিকে ঘুরে বেরাত তারাই আমার বিরুদ্ধে গিয়ে সোনিয়ার কাছ থেকে সিফারিশ চাইছিল। আমার সম্পর্কে মিডিয়ার লোকেরা খুবই লজ্জাজনক ও মিথ্যে কাহিনী রটিয়েছিল। প্রায় এক সপ্তাহ ধরে সংবাদপত্রের প্রথম পৃষ্ঠাতেই আমার নাম দেখা যেত, আর টি.ভি. চ্যানেল খুললেই শুধু আমার মুখ। এটা বোঝাই যাচ্ছিল যে, যাদের হাতে সেই সময় মুখ্য ক্ষমতা ছিল তারাই এই কাজ চালিয়ে যাচ্ছিল। এটা কখনই বলা হচ্ছিল না যে, শুধু আমার নাম নয় কংগ্রেস পার্টির নামও তার সাথে যুক্ত ছিল। দেশে এমন অনেক মানুষ ছিল যারা আমার হয়েও কথা বলছিল। প্রাক্তন প্রধানমন্ত্রী চন্দ্রশেখর আমার হয়েই কথা বলেছিলেন। একটি প্রেস কনফারেন্সে প্রতিপক্ষ দলের নেতা এল.কে. আডবাণী জানিয়েছিলেন যে, 'এমন তো নয় যে, কংগ্রেস নিজেকে বাঁচানোর জন্য নটবরকে বলির পাঁঠা বানাচ্ছে?'

আমি না প্যানিক করি আর না আমি অতি শীঘ্র কোনো সিদ্ধান্ত নিই। আমার নামে যত কুৎসাই রটুক না কেনো, আমি সহজে হাল ছাড়িনা।

আমার ইরাক সমস্যার তিন বছর বাদে 2004 সালের 28 শে ফেব্রুয়ারী আমি জানতে পারি যে, বাগদাদের ভারতীয় রাষ্ট্রদূত বিদেশ সচিব শ্যাম সরনকে একটা চিঠি লিখেছিল। তাতে সে জানিয়েছিল যে, সে 'টৌলটেন' দেখেছে একটা পাকিস্তানের সংবাদ পত্র 'জঙ্গ'-এর ওয়েবসাইটে এবং ইরাকের সংবাদ পত্র 'অলপইডা'-তে লেখা হয়েছিল যে, সদ্দাম হোসেনকে যারা রাজনৈতিক দিক থেকে সাহায্য করত তিনি তাদের তেল প্রদান করতেন। তেল পাওয়ার তালিকায় যাদের নাম উল্লেখ ছিল, তাদের মধ্যে ভীম সিংহ ও কংগ্রেস পার্টির নাম এসেছিল। বলা হয় যে 1997 সালের জুন মাসের পর উভয়কেই 10 লক্ষ ব্যারেল করে তেল দেওয়া

হয়েছিল। এই পত্র বিদেশ মামলা মন্ত্রালয়ের সচিব এবং এম অ এ -এর বিদেশী মন্ত্রী যশবন্ত সিনহাও দেখেছিলেন, কিন্তু তা নিয়ে কোনো রকম উত্থাপনই হয়নি।

4 ই নভেম্বর মনমোহনের সাথে আমার একটা দীর্ঘ বৈঠক হয়েছিল। এটা কোনো সুখকর মিলন ছিল না। আমি এতটাই ক্ষুব্ধ ছিলাম যে, আমার কথা তাঁর আক্রমণাত্মক বলে মনে হয়েছিল। কংগ্রেস প্রেসিডেন্ট প্রধানমন্ত্রীকে এটাই বলেছিলেন যে, যতদিন না এই বিবাদ শেষ হচ্ছে ততদিন আমি যেন বিদেশ মন্ত্রালয় ত্যাগ করে বিনা বিভাগের কোনো মন্ত্রী হয়ে যাই। পার্টী ও সরকারের উচ্চ পদস্থ কিছু লোক তাদের গায়ের জ্বালা মেটানোর জন্য আমাকে তাক করেছিল। কংগ্রেসে সোনিয়ার ইশারা ছাড়া একটা পাতা পর্যন্ত নাড়ানোর ক্ষমতা কাউর ছিল না। কোনো রকম দায়িত্ব ছাড়াই সমস্ত নিয়ন্ত্রণটা ছিল তাঁর হাতে, গাড়ির পিছন সিটে বসে তিনি ড্রাইভারকে নির্দেশ দিয়ে যেতেন। আমার তখন নিজেকে খুব একা বলে মনে হচ্ছিল। মিডিয়া আমার এবং আমার পরিবারের উপর চাপ খুব বাড়িয়ে দিয়েছিল। 6 ই ডিসেম্বর আমি ক্যাবিনেটেই আমার পদত্যাগ পত্র জমা করে দিয়েছিলাম।

2005 সালের 7 ই নভেম্বর ইউ.এন.-এর প্রাক্তন অণ্ডসেক্রেটারী জেনারেল বীরেন্দ্র দয়ালকে বিশেষ দূত হিসাবে নিযুক্ত করেছিল, যাতে সে ভোল্কার কমিটির সাথে যোগাযোগ বজায় রাখতে পারে। তিনি 17 ই ডিসেম্বর নিউ ইয়ার্কে পৌঁছান। তাঁর সাথে এনফোর্সমেন্ট ডায়রেক্টরও ছিলেন। তাঁদের ইউ.এন. থেকে সেই সমস্ত ভারতীয়দের নাম নিয়ে আসতে বলা হয়েছিল, যারা এই বিষয়ের সাথে যুক্ত ছিল। 24 শে নভেম্বর দয়াল বহু নথি নিয়ে এই দেশে ফিরে আসেন, আর সেই নথিপত্র তিনি এনফোর্সমেন্ট ডায়রেক্টরের (ঈডী) হাতে তুলে দিয়েছিলেন।

11 ই নভেম্বর সরকার কমিশান অফ এনকোয়ারি এক্ট অনুসারে বিচারপতি আর.এস. পাঠকের সাহায্যে 'এনকোয়ারি কমিটি' গঠন করে। কিন্তু যে ঢঙে এই অনুসন্ধান বিভাগের সৃষ্টি হয়েছিল তাতে করে মনে হচ্ছিল যে, সমস্ত কাজটা এক পেশেই হবে। নিচে এর চুক্তির (clause) অংশ প্রদান করলাম

4.1 ওই তারিখেই একটি অ নোটিফিকেশানে এস.ও. 1593 (এ) -এর দ্বারা সেকশান 11 অফ কমীশান অফ ইনকোয়ারি এক্ট 1952 কেন্দ্রীয় সরকার ঘোষিত করেছিল যে এই এক্টের বিশেষ কিছু নিয়ম থাকবে যার জন্য তা বিশেষ কিছু সত্তার ওপর প্রয়োগ করা যাবে। সেগুলি ছিল, সাব সেকশান (4) অপ সেকশান দ্যা সেকশান 4, সাব সেকশান (2), (3), (4) এবং (5) অফ সেকশান 5, সেকশান 5এ, সেকশান 6, সেকশান 9, সেকশান 10 এন্ড সেকশান 10 এ। যা উল্লেখ যোগ্য তা হল যে গুরুত্বপূর্ণ আইনের শর্ত অন্তর্ভুক্ত ছিল না, সেগুলি হল সেকশান 8 বী এবং সেকশান 8 সী। সেকশান 8 বী অনুসারে কমিশান সেই সমস্ত ব্যক্তিদের তলব করতে পারে যাদের অনুসন্ধানের কাজ এগানোর জন্য তলব করা প্রয়োজন বলে মনে করবে, সে নিজেকে বাঁচানোর জন্য কোনো নথি অবশ্যই জমা করতে

পারে। সেকশান 8 বী সেই ব্যক্তিদের চিঠি পাঠাতে পারে যার কথার ওপর ভিত্তি করে কমিশান কিছু তদন্ত চালাতে পারে, তবে যে সমস্ত সাক্ষিদের পেশ করা হয়েছে তাদের ডাকা যাবে না। কমিশানকে সম্মোধন করার জন্য বা প্রতিনিধিত্ব করার জন্য কোনো বৈধ্য প্রাক্টীশনারের প্রয়োজন।

4.2 - দ্যা কমিশানার অফ ইনকোয়ারি 1952 তে নিহিত আছে যে, এই এক্ট অনুসারে তদন্ত করার জন্য একটা বিশেষ কোডের প্রয়োজন। সরকারি আদেশানুসারে কোনো তদন্ত করার জন্য যদি কোনো সার্বজনিক গুরুত্বপূর্ণ বিষয় এসে পড়ে তবে তা দেখতে হবে। এই এক্ট এই সত্তা ধারকের জন্য প্রযোজ্য হবে। যখন কোনো বিশেষ লোকেদের প্রতি তা লাগু করা যাবে না তাহলে বুঝতে হবে যে, সরকারই চায় না যে তাদের ওপর এটা লাগু হোক। সরকার ইচ্ছা করলেই সেকশান 8 বী ও সেকশান 8 সী প্রয়োগ করতে পারত, কিন্তু তা করেনি। এই নিয়মের দ্বারা হয়তো সত্তার লোকেদের মুখোশ খুলে যেত, সেই কারণে তা গুপ্ত করে দেওয়া হয়েছিল। এর থেকে বোঝা যাচ্ছে যে এই নিয়মাবলির মধ্যে থেকে জেনেশুনেই সেকশান 8বী ও 8সী সরিয়ে দেওয়া হয়েছিল, যখন নোটিফিকেশানের কোনো নিয়ম অনুসারে সত্তা নিজের শক্তির দ্বারা যেকোনো রকমের পরিবর্তন আনতে পারে, তাহলে বোঝাই যাচ্ছে যে সরকার যেভাবে চায় তদন্তের কাজও সেই ভাবেই হয়ে থাকে। বিষয়টিকে এইভাবে দেখলে আরো স্পষ্ট হয়ে উঠবে যে, এই তদন্তকারীরা সেই শক্তির প্রয়োগ করতে পারেনি, যার দ্বারা কোনো সাক্ষিকে ডেকে ক্রশ একজামিন করা যেত বা কোনো বৈধ্য প্রাকটীশনার বা কোনো অন্য ব্যক্তি দ্বারা প্রতিনিধি প্রদান করা যেত।

আমি বিচারপতি পাঠককে অনেক দিন আগে থেকে জানতাম। আমার সাথে তাঁর বাবা জী.এম. পাঠকেরও পরিচয় ছিল যখন আমি ইন্দিরা গান্ধির সেক্রেটারী হিসাবে কাজ করতাম। 1987 সালে জী.এম. পাঠক অবসর গ্রহণের পর আমার কাছে এসেছিলেন, তিনি ইন্টারন্যাশানাল কোর্ট এন্ড জাস্টিস, হেগ-এ বিচারপতি রূপে নিযুক্ত হওয়ার জন্য আমার সাহায্য চেয়েছিলেন। সেই সময় আমি বিদেশ মামলা মন্ত্রালয়ের রাজমন্ত্রী ছিলাম। তাঁকে এই পদে নিযুক্ত করার জন্য আমাদের মন্ত্রালয় বহু চেষ্টা করেছিল। তারপর থেকে তাঁর সাথে যখনই দেখা হতো তখনই তিনি একজন বন্ধুর মতোই আমার সাথে কথা বলতেন।

2006 সালের 24 শে মার্চ আমি সীল করা খামে নিজের এফীডেবিট রেখে কমিটির কাছে জমা করেছিলাম। কিন্তু এপ্রিলের শুরুতে সংবাদ পত্রে এর কিছু অংশ প্রকাশিত হয়েছিল। আমি বিচারপতি পাঠককে এই 'লীক' সম্পর্কে জানতে চেয়ে একটা চিঠি দিয়েছিলাম, কিন্তু তিনি কোনো উত্তর দেননি।

2006 সালের 31 শে মে আমাকে পাঠক তদন্ত মামলায় পেশ হোতে বলা হয়েছিল। বিচারপতি পাঠক ছাড়াও তাঁকে সাহায্য করার জন্য কয়েকজন আইনি পরামর্শদাতা সেখানে ছিলেন, মন্ত্রালয় খুব ভাবনা চিন্তা করেই তাদের নির্বাচন করেছিল। পাঁচ মিনিটের মধ্যেই

বোঝা গেছিল যে, এই কমিটি আগে থেকেই সব ঠিক করে নিয়েছে। তাদের নির্দেশ দেওয়া হয়েছিল যে, তারা যেন কংগ্রেসের গায়ে কোনো রকম কাদার ছিটে লাগতে না দেয়।

2006 সালের 7 ই আগস্ট বিচারপতি পাঠক প্রধানমন্ত্রীর সামনে একটি আনুষ্ঠানিক রিপোর্ট পেশ করেছিলেন। তিনি কংগ্রেসের গায়ে কোন দাগ লাগতে দেননি। আমার সম্পর্কে তিনি জানিয়েছিলেন যে, 'নটবরের বিরুদ্ধে এমন কোনো তথ্য পাওয়া যায়নি, যার থেকে প্রমান হয় যে, এই কন্ট্রাকের সাথে যুক্ত থেকে নটবরের কোনো আর্থিক বা ব্যক্তিগত লাভ হয়েছে।' কিন্তু তা সত্ত্বেও আমাকে এবং আমার ছেলেকে অর্থ মন্ত্রালয়ের ঈডী চার্জশীট ধরিয়ে দিয়েছিল। বিচারপতি পাঠক একবার আমর কাছে স্বীকার করেছিলেন যে, তাঁর ওপর প্রচণ্ড চাপ ছিল। তিনি একথাও বলেছিলেন যে, কোথাও কোনো আর্থিক গন্ডোগোলের প্রমান তিনি পাননি।

2006 সালের ফেব্রুয়ারীতে আমার বন্ধু তথা রাজ্যসভার সদস্য শোভনা ভারতীর বাড়িতে পী চিদম্বরমের সাথে পরিচয় হয়। শোভনা হলেন স্বর্গীয় কে.কে. দিখার কন্যা। চিদাম্বর আমাকে জানিয়েছিলেন যে, সরকার এই কেসটা দুই সপ্তাহের মধ্যে বন্ধ করতে চাইছ, তাই তাঁর সাথে ই.ডী.-র অফিসে যেতে আমার কনো আপত্তি আছে কিনা সেটাই জানতে চেয়েছিলেন। আমি তাঁর সাথে যেতে রাজি হয়েছিলাম। তিনি আমাকে বলেছিলেন যে, ই.ডী.-র অফিসে যাওয়ার ব্যাপারটা কোনো মতেই জানাজানি হবে না।

ই.ডী.-র সাথে আমার দুইবার সাক্ষাৎ হয়েছিল। কিন্তু এই সাক্ষাতের খবর পরের দিনই মিডিয়া জানতে পেরে যায়। আমি অর্থমন্ত্রীকে ফোন করে জিজ্ঞাসা করি যে, এই খবর মিডিয়ার কাছে গেল কিভাবে? তিনি বলেন যে, 'নটবর, আমরা গণতান্ত্রিক দেশে বাস করি।'

আমার ছেলেকেও দুইবার ডাকা হয়েছিল, যদিও ভোল্কার রিপোর্টের কোথাও তার নাম ছিল না। তার পাসপোর্ট নিয়ে নেওয়া হয়, আর তাকেও চার্জশীট ধরিয়ে দেওয়া হয়েছিল।

আমি জানতে পারি যে, যিয়েন্দ্র দয়াল যে নথিপত্র সংগ্রহ করেছিল, তা পাঠক কমিটিকে দেখানো হয়নি। আমি যখন পাঠককে এই নথিপত্রের কথা জিজ্ঞাসা করেছিলাম তখন তিনি আমাকে জানিয়েছিলেন যে, 'আমি কি বলতে পারি - এটা অনেক লম্বা গল্প।' এই বিষয়ে একটা রহস্য থেকেই গেছিল। আমরা হাইকোর্টের কাছে এই নথিপত্র দেখার জন্য আপীল করেছিলাম কিন্তু আমাদের বলা হয়েছিল যে, কোর্ট এই ধরনের কাজ করতে পারে না, তা তার একতিয়ারের বাইরে।

2006 সালে ব্যাঙ্গালোরের এক ওয়ার্কার, অরুণ কুমার আগ্রবাল আরটিআই এপলিকেশানের দ্বারা সেন্ট্রাল ইনফরমেশান কমিশানের (সী আই সী) সামনে এই নথি পেশ করার আর্জী জানিয়েছিল, তখনকার চীফ ইনফরমেশান কমিশানার বজাহত হবীবুল্লাহ আগ্রাবালের আবেদন স্বীকার করার জন্য প্রয়োজনীয় কাগজপত্র পেশ করেছিলেন। কিন্তু বিভিন্ন মন্ত্রালয় থেকে একটাই কথা শোনা যাচ্ছিল যে, ফাইল ট্রান্সফার করে দেওয়া হয়েছে।

বহুবার না শোনার পর জানা গেছিল যতে, ফাইল ই.ডী-র কাছেই ছিল। ই.ডী হাইকোর্ট ও সুপ্রিম কোর্টের সামনে নিজের যুক্তি দেখিয়ে এই নথি না দেখানোর সিদ্ধান্ত অটুট থাকেন। শেষপর্যন্ত 2013 সালে সী আই সী এই বলে আগ্রবালের আপীল খারিজ করে দেয় যে, এই নথিতে ভারতের বহু প্রতিবেশি রাষ্ট্রের নাম আছে, তাদের নাম সামনে এসে গেলে ভারতের সাথে তাদের সম্পর্ক খারাপ হয়ে যেতে পারে।

ইউ.পী.এ. সরকার কেনো এই নথিপত্র উন্মুক্ত করতে চাইনি? একটা বিষয় তো জলের মতো পরিষ্কার যে, সেখানে এমন কোনো লোকের নাম ছিল সত্তা যার নাম গোপনই রাখতে চেয়েছিল।

ইডী ও কিছু গুপ্তচর বাহিনীর কাজকর্ম খুবই হাস্যকর বলে মনে হয়। একটি দলকে জয়পুরে পাঠানো হয়েছিল, বেনী পার্কে আমার নিজেস্ব কোনো বাড়ি আছে কিনা তা দেখার জন্য। দল এমন একটা বাড়ি খুঁজে পেয়েছিল যার দরজায় নটবর সিংহ লেখা ছিল। দরজায় বেল বাজায়, ঘর থেকে চাকর বেরিয়ে এলে তাকে জিজ্ঞাসা করে যে, 'নটবর সিংহ কোথায়?' চাকর বলে যে, সে ঘুরতে গেছে একটু বাদেই এসে যাবে। তখন সেখানে এই নটবরের ছেলে এসে উপস্থিত হয়, যার সাথে আমার ছেলে জগতের কোনো রকম মিল ছিল না। আমার ছেলে তখন লক্ষ্মণগড়ের এম এল এ ছিল, এবং সে ছিল অতি সুপরিচিত। এই ছেলেটা তাদের জিজ্ঞাসা করে যে, তারা কে এবং কেনো এসেছে? তাকে বলা হয়েছিল যে, তারা দিল্লী থেকে এসেছে, আর নটবর সিংহের সাথে দেখা করতে চায়। এই দল জিজ্ঞাসা করে 'আপনি কি কাজ করেন?' তখন তিনি জানান যে, তিনি গত 31 বছর ধরে আসামের টী-গার্ডেনে কাজ করছেন, আর তার সম্পূর্ণ নাম হল , নটবর সিংহ শেখাবত। সে নিজের ছোটো নাম ব্যবহার করত। আমি পরে ভৈর সিংহ শেখাবতকে এই কথা বললে হাসতে হাসতে তাঁর পেট ফাটার জোগার হয়েছিল।

পরে এই দল লন্ডন, জেনিভা, অম্মান, বাগদাদ, নিউইয়ার্ক ও সাইপ্রাসেও গেছিল। তারা জেনিভাতে থানা তল্লাশি চালিয়েও কোনো তথ্য পায়নি। লন্ডনে একটা সম্পত্তির পরীক্ষা করে, হয়তো তাদের মনে হয়েছিল সেটা আমার। সেখানে কোনো সম্পত্তির সন্ধান তারা পায় না। আমি এই বিভাগের কয়েকজন অফিসারকে চিনতাম। তারা গোপনে আমাকে জানিয়েছিল যে, আমি কখন কোথাও কোনো ভুল কাজ করিনি - বিদেশে আমার কোনো সম্পত্তি নেই বা কোনো বিদেশি ব্যাঙ্কে আমার কোনো একাউন্টও ছিল না। তা সত্ত্বেও তাদের সেই তদন্ত করতে হয়েছিল, কারণ তারা বাধ্য ছিল।

আমার কাছে বেশ কিছু বিচিত্র লোক এসেছিলেন, যাঁদের মধ্যে উল্লেখ যোগ্য হলেন, দিল্লী বিশ্ববিদ্যালয়ের একজন লেকচারার, ভিবানীর একজন কৃষক, সুপ্রীম কোর্টের একজন উকিল তথা বহু সাধু সন্ত। প্রত্যেকেই আলাদা আলাদা কারণে আসতেন। তাঁরা নিজের ইচ্ছায় আসত না বরং গুপ্তচর বাহিনী তাঁদের প্রেরণ করত। অদ্ভুত পরিস্থিতির সৃষ্টি হয়েছিল।

আমার পরিবারের ফোন ট্যাপ করা হয়েছিল, চিঠি এলে তা খুলে দেখা হতো। সবচেয়ে বড় কথা হল আমাদের ব্যাঙ্কের বই পর্যন্ত দেখা হয়েছিল, আমার পুরো পরিবারই এলোমেলো হয়ে গেছিল।

2008 সালের 26 শে জানয়ারীতে জয়পুরে এক বিশাল সভার আয়োজন করা হয়েছিল, মহারাজ সূরজ মলের শতাব্দী সমারোহের জন্য আয়োজিত হয়েছিল, আমি রাজ্যসভা ও কংগ্রেস পার্টি দুইয়ের থেকেই পদত্যাগ করেছিলাম।

পল ভোল্কারকে এনকোয়ারি ডিপার্টমেন্টের হেড করা হয়েছিল বলে, বেশ কিছু প্রশ্ন উঠে এসেছিল। এই তদন্তের ভার একজন নিরপেক্ষ ব্যক্তির হাতে দেওয়া উচিত ছিল, ভোল্কার তা কখনই ছিলে না। এখানে তাঁরও একটা স্বার্থ ছিল, কারণ তিনি ছিলেন কোফী অন্নানের খুব কাছের বন্ধু। তিনি আমেরিকার তরফ থেকে ইউনাইটেড নেশান এসোসিয়েশানের ডায়রেক্টর ছিলেন, তাঁর সাথে বেশ কিছু ইউ.এন কমিটিরও সম্পর্ক ছিল। সবচেয়ে বড় কথা হল ইউ.এন. সেক্রেটারী জেনারললেমন লোকের ওপর তদন্তের ভার দিয়েছিলেন যাঁর নিজের ওপর ও নিজের ছেলের ওপর তদন্তের অর্ডার ছিল। এমন মানুষকে কখনও স্বাধীন ও সম্পর্কহীন বলে ধরা যায় কি?

লস এঞ্জেলেস টাইমসের সংবাদিকদের সামনে ভোল্কার নিজে স্বীকার করেছিলেন যে, যদি ইউ.এন.-এর সামনে তাঁর তদন্তের সমস্ত সঠিক রিপোর্ট জমা পড়ত তাহলে অন্নানকে তাঁর পদ থেকে সরিয়ে দেওয়া হতো, যখন তেমন একটা মুহূর্তের সৃষ্টি হয়েছিল তখন তিনি নিজেই বলেছিলেন, 'আমি সমস্যা বোধ করছিলাম।' এই রিপোর্টের অনুসারে ভোল্কার রিপোর্ট প্রকাশিত হওয়ার কয়েক ঘন্টা আগে, সেক্রেটারী জেনারল এবং তার উকিল ভিল্কারকে বলেছিল যে, 'কোজো অন্নানের ব্যবসায়িক সম্পর্কিত গতিবিধির ভাষায় যেন পরিবর্তন আনা হয়।' যখন ভোল্কারকে জিজ্ঞাসা করা হয়েছিল যে, ইউ.এন. সেক্রেটারী জালালের পুত্র তাঁর নিজের পিতার পদের লাভ নিয়ে অয়েল ফর ফুড প্রোগ্রাম থেকে অনেক লাভান্বিত হয়েছিলেন, তখন ভোল্কার জবাব দিয়েছিলেন যে, 'আজ পর্যন্ত আমি সে ব্যাপারে কনো নথি পাইনি।'

এই ঘটনার পর প্রায় সাত বছর কেটে গেছে, কিন্তু ইডী এখনও পর্যন্ত এই ব্যাপারে কোনো রকম সিদ্ধান্তে আসতে পারেননি। ইডী আমার উকিলকে শুধুমাত্র একটা হেয়ারিং-এর সুযোগ দিয়েছিলেন। এখনও পর্যন্ত আমার বিরুদ্ধে কয়েকটা মনগড়ন ইনকাম ট্যাক্সের মামলা চলছে। 2010 সাল পর্যন্ত মিডিয়া তো আমাকে সূলে চরিয়ে রেখেছিল। কিন্তু কিছু লোক আছেন যাঁরা বিশ্বাস করেন আমি নির্দোষ। 'রিলায়েন্স...দ্যা রিয়েল নটবর'-এ অরুণ কে. আগ্রবাল বলেছিলেন, 'ভোল্কার রিপোর্টে কংগ্রেসকে জেনেবুঝে ফাঁসানো হয়েছিল। যাতে করে তারা প্যানিক মশালা পেতে পারে। এটা এই সত্তার দালাল ও ফান্ড কালেকটার্সদের চাল ছিল, যারা নিজেরাই কংগ্রেসের মধ্যে ছিল...যার ফলে নটবর সিংহকে সকলের সামনে

সূলে বসানোর মতো এক কূটিল চাল চালা হয়েছিল।' তিনি পরিষ্কার বলেছিলেন যে, এই জাল নির্মাণ করা হয়েছিল, আমাকে ফাঁসানোর জন্য।

2005 সালে 'দ্যা এশিয়ান এজ্' -এর রিপোর্ট অনুসারে, আমেরিকার পিঙ্ক-ট্যাঙ্ক বলেছিলেন যে, 'নটবরের দল ত্যাগ করার থেকে এই সংকেত পাওয়া যাচ্ছে যে, ভারত এবার আমেরিকার সাথে সম্পর্ক গড়তে চায়, ধরে নেওয়া যায় যে, তন্দুরি ওভেন থেকে গরম গরম রুটি বাইরে বেরিয়ে গেছে। এটা বিলক্ষণ যে, এর জন্য আমেরিকার খুব ভালো হয়েছে।

রাজনীতি হল একপ্রকার রক্তের খেলা, এর শীর্ষ স্থানে কেউ কাউর বন্ধু হয় না। মাত্র এক বছর আগে, গালাগালি দেওয়া, চরিত্র হনন করার মতো কাজ গুলি বন্ধ হয়েছে। আমাকে একেবারে আলাদা ভাবে বদনাম করা হয়েছিল। কিন্তু আমার স্নায়ুতন্ত্র খুবই দৃঢ় আর আত্মসম্মান প্রবল। আমরা জুঝতে পারি বলেই আমরা বেঁচে থাকি।

উপসংহার

যে মানুষ এই পৃথিবীতে আসে, তাকে এক না একদিন এই পৃথিবী ছেড়ে চলে যেতে হয়। আমরা যখন সবাই চলে যাই তখন শুধুমাত্র ঈশ্বরই থেকে যান, যিনি অপরিবর্তনীয়। জীবনের এই রঙ্গমঞ্চে যে আসে, তাকে তা শেষ করার আগে মৃত্যুর স্বাদ আস্বাদন করতে হয়। একটা বদনামের জীবন যাপন করার থেকে সম্মানের মৃত্যু অনেক শ্রেয়।

- **বাবর**

যখন কমনওয়েলথ গেমস ও টুজীর কেলেঙ্কারী সামনে এসেছিল, তখন একজন বিখ্যাত সাংবাদিক সেন্ট্রাল হল অফ পার্লামেন্টে আমাকে জিজ্ঞাসা করেছিল, 'শ্যার এই সময় আপনি নিজেকে একজন সন্ত বলে মনে করছেন নিশ্চই।'

আমি বলেছিলাম, 'কেনো?'

'আপনাকে দ্যা পাঠক অথরিটি সসম্মানে মুক্তি দিয়েছিল, তা সত্ত্বেও আপনাকে আমার মতো লোক, কংগ্রেস পার্টি ও মনমোহন সিংহের সরকারের কথা অনুসারে সুলীতে চরানোর চেষ্টা করেছিল...সোনিয়া গান্ধীর আদেশে! কিন্তু এখন আমি আপনার কাছে ক্ষমা চাইছি।

তাঁর কথা শুনে আমার খুবই ভালো লেগেছিল, এবং আমি তাঁকে ধন্যবাদ জ্ঞাপন করি। আমার পিছন তখনও ছাড়েনি, সমানে ভয় দেখানো চলছিল। কিন্তু তখন সোনিয়া না লোকাতে পারছিলেন আর না পালাতে পারছিলেন।

আমার নজরে সুনাম হল সবচেয়ে বড় কথা, আমার স্নায়ুতন্ত্র খুবই মজবুত। আমার শিরায় আমার পূর্বপুরুষদের রক্ত প্রবাহিত হচ্ছে। দুর্দিনেই মানুষের সঠিক পরিচয় পাওয়া যায়। সেই পরীক্ষায় আমি পাশ করে গেছিলাম, এটা সকলেই বুঝতে পেরেছিল যে, আমি পালানোর মানুষ নই। কোনো কূটনীতি, কোনো সন্ত্রাস বা কোনো দয়া আমাকে কখন কোনো সমস্যায় ফেলতে পারেনি। কখন-কখন আমারও রাগ হয়, আমিও হতাশ হই, কিন্তু তা বেশিক্ষণের জন্য নয়। পরাজিত সেই হয়, যে অপরাধ করে।

কংগ্রেসের সাথে একটা বৈঠকের সিদ্ধান্ত আমাকে জানানো হয়েছিল, এক প্রখর ঠান্ডা রাতের রাত্রির দুটোর সময়। এই দিন সন্ধ্যার সময়তে কংগ্রেস ওয়ার্কিং কমেটি, একটি বিশেষ মিটিং-এর আয়োজন করেছিল। সেই সময় মনমোহন সিংহ ছিলেন মাস্কোতে, তাঁর সাথে ফোনে কথা বলে, তাঁর সম্মতি নেওয়া হয়েছিল।

স্বর্গীয় অর্জুন সিংহ আমাকে জানিয়েছিলেন যে, একটা কোর-গ্রুপের মিটিং-এ , তখনকার

অর্থমন্ত্রী পী. চিদম্বরম সোনিয়াকে বলেছিলেন যে, আমার মামলা খুব শীঘ্রই সমাপ্ত হয়ে যাবে, আমার জেল হবে।

অন্য আর এক মিটিং-এ পাঠক তদন্ত কমিটি গঠনের সিদ্ধান্ত নেওয়া হয়েছিল। আমাকে বলা হয়েছিল যে, সেই সময় মন্ত্রী এইচ. আর. ভরদ্বাজ লক্ষ্ণৌতে ছিলেন, তাঁকে একটা বিশেষ প্লেনে করে আনা হয়েছিল। তিনি এই মামলার বিরুদ্ধে ছিলেন কারণ এই বিষয়টি বেশি দিন চলার ছিল না। ইনকাম ট্যাক্স বিভাগ এবং এন্ফোর্সমেন্ট খায়রেক্টর আমার এবং আমার ছেলের বিরুদ্ধে কয়েকটা মামলা দায়ের করেছিল, অথচ আমার ছেলের নাম কোনো ভাবেই ভোল্কার রিপোর্টে ছিল না। ওর পাসপোর্টও নিয়ে নেওয়া হয়েছিল। সংবাদপত্র, পত্র-পত্রিকা এবং টিভি চ্যানেলে এই খবর এমন ভাবে প্রসারিত করা হচ্ছিল যাতে মনে হচ্ছিল যে, আমি যেন একজন কুখ্যাত চোর। কিন্তু কোথাও কোনো প্রমাণ দেখানো হয়নি। সংবাদপত্রে আমার কোনো লেখা ছাপানো হচ্ছিল না, তা ফেরত পাঠানো হচ্ছিল। একজন হিন্দি সংবাদপত্রের সম্পাদক পরিষ্কার জানিয়ে দিয়েছিলেন যে, তিনি আমার লেখা ছাপালে সোনিয়া গান্ধী অসন্তুষ্ট হবেন। অথচ আমি পাঠক অথরিটির কাছে যে বয়ান দিতাম তা তার ঈডী মিডিয়ার কাছে লীক করে দিত।

শোভনা ভারতীর বাড়িতে, অহমদ পটেলের উপস্থিতিতে তৎকালিন অর্থমন্ত্রী আমাকে প্রতিশ্রুতি দিয়েছিলেন যে, আমি তে তথ্য পেশ করব তা পাঠক কমিটি ও ঈডীর কাছে গোপনীয় রাখা হবে, কিন্তু যখন তা হয় না, তখন তাঁকে সেই কথা বলে তিনি আমাকে বলেন, ‘ ভাই, আমাদের এখানে গণতন্ত্র।’ তিনি ভরসা দিয়েছিলেন যে, আমার কেস দুই সপ্তাহের মধ্যে বন্ধ করে দেওয়া হবে। আর আজ এই দুই বছর সাড়ে আট বছরে পরিণত হয়েছে। কেউ কি বলতে পারে, কার হুকুমে এটা হয়েছিল। বীর সন্ধবীর কাছে সাক্ষাৎকার দেওয়ার সময় সোনিয়া (সোনিয়ার অধ্যায়ে সম্পূর্ণ বিষয়টি পড়ুন) বলেছিলেন যে, আমি তাঁর সাথে বিশ্বাসঘাতকতা করেছি। বাঃ ! চোরের মার বড় গলা !

যখন আমি এবং আমার ছেলে জয়পুরের একটা র‍্যালিতে নিজেদের সমর্থন ব্যক্ত করতে গেছিলাম তখন সেখানে লক্ষাধিক লোক হয়েছিল। পরের দিনই আমার ছেলেকে কংগ্রেস থেকে বার করে দেওয়া হয়। কয়েক সপ্তাহ পরে আমার ও আমার ছেলের নামে চার্টশীট প্রদানের কথা বলা হয়েছিল। আমাদের অন্যায় ছিল ‘ম্যাডামের ক্ষতি করা।’

যদি সোনিয়া অনুমতি না দিতেন তাহলে মনমোহন ও তাঁর সরকার আমাকে ছুঁতে পর্যন্ত পারতেন না। কংগ্রেস বহুদিন ধরেই আমকে সরিয়ে দেওয়ার চেষ্টা করছিল, কিন্তু সফল হোতে পারছিল না। যারা আমার চারদিকে রাজনৈতিক কৃপা পাওয়ার জন্য ঘুরে বেরাত (-রাজ্যপাল করে দাও, ক্যাবিনেটে ঢুকিয়ে দাও, পার্টীর কোনো পদে বসিয়ে দাও প্রভৃতি) সেই সময় তারাই আমাকে দেখে মুখ ঘুরিয়ে চলে যেত, আমার সাথে কথা পর্যন্ত বলত না। একান্তে তারা সহানুভূতি দেখালেও সার্বজনিক দিক থেকে আমার নিন্দাই করত।

(বামে) বিদেশ মন্ত্রী পদে শপথ গ্রহণের সময়, 2004

(ওপরের বামে) হিলেরী ক্লিংটনের সাথে, 2005
(ওপরের ডানে) আমেরিকার বিদেশ সচিব কন্ডোলিজা রাইসের সাথে, নতুন দিল্লী, 2005

(ডানে) চীনের রাষ্ট্রপতি হু-জিন্তাও-এর সাথে, 2005

(ওপরের বামে) জর্জ বুশ সিনিয়ারের সাথে, ওয়াশিংটন, 1986

(ওপরের ডানে, ছবিতে বাম থেকে ডান্নে) কে. নটবর সিং, গুরশরণ কৌর, লাতা বুশ, মনমোহন সিংহ, জর্জ বুশ জুনিয়ার ওয়াশিংটনে 2005

(বামে) কে. নটবর সিংহের ডানদিকে স্পেনের বিদেশ মন্ত্রী তথা আমেরিকার বিদেশ সচিব তথা বাম দিকে পাকিস্তান, জাপান ও রাশিয়ার বিদেশ মন্ত্রী

(ওপরের বামে) পরবেজ মুশরাফের সাথে ইসলামাবাদে, 2004

(ওপরের ডানে) মহারাজা জ্ঞানেন্দ্র শাহের সাথে, কাঠমান্ডু, নেপাল, 2004

সোনিয়া গান্ধী এবং কে. নটবর সিংহ, 10 নং. জনপথ

সোনিয়া গান্ধী এবং ব্লাদিমির পুতিনের সাথে, সেন্ট পীটর্সবার্গে, জুন 2005

আর্কবিশপ ট্রেওর হড্লস্টনকে 1995 সালে ইন্দিরা গান্ধী অন্তরাষ্ট্রীয় পুরস্কার প্রদানের সময়। চিত্রতে (বাম থেকে ডান্নে) সোনিয়া গান্ধী, আর্কবিশপ ট্রেওয়ার হড্লস্টন, নেলসন ম্যান্ডেলা, রাষ্ট্রপতি ড. শঙ্করদয়াল শর্মা, উপ রাষ্ট্রপতি কে. আর. নারায়ণন, প্রধানমন্ত্রী পী. বী. নরসিমহা রাও এবং কে. নটবর সিংহ

বেনজির ভুট্টো এবং সোনিয়া গান্ধীর সাথে, নতুন দিল্লী, 2002

সোনিয়া গান্ধী এবং আমেরিকার বিদেশ সচিব কলিন পওয়েলের সাথে, নতুন দিল্লী, 2003

মনমোহন সিংহ এবং পারবেজ মুশারেফের সাথে, নিউইয়ার্ক, 2004

কে. নটবর সিংহ ও পুত্র জগত সিংহ াবি প্রধানমন্ত্রী নরেন্দ্র মোদীর সাথে, আমেদাবাদে, ফেব্রুয়ারি 2014

নিজের বাড়িতে, বিশ্রামের সময়

আমিও অনেকের সম্পর্কে অনেক কথা বলতে পারতাম কিন্তু তা আমার রুচিতে বাধে, আমার কাউর বিরুদ্ধে কোনো অভিযোগ নেই।

সোনিয়া গান্ধীর প্রাপ্তি সম্পর্কে বলা যেতে পারে তিনি সংসারের এক মহান রাজনৈতিক পার্টীকে লোকসভায় মাত্র 44 সাংসদের ঘাড়ে বসিয়ে দিয়েছিলেন।

কোনো ভারতীয় আমার বিরুদ্ধে এমন কাজ করতে পারত না।

2014 সালের 4 ঠা ফেব্রুয়ারী বীজেপীর প্রধানমন্ত্রীর পদের জন্য প্রত্যাশী শ্রী নরেন্দ্র মোদীর সাথে তাঁর আমেদাবাদের বাড়িতে দেখা করতে গেছিলাম। আমার ছেলে জগত ও রাজস্থানের একজন বীজেপীর এম এল এ আমার সাথে ছিল। আমি তাঁকে বলেছিলাম যে, কোনো প্রার্থনা বা কোনো পদের প্রত্যাশা নিয়ে আমি তাঁর কাছে যাইনি। আমি সেই ব্যক্তি রূপে এখানে এসেছি, যে কিনা গত যাট বছর ধরে ভারতের বিদেশ নীতি ও রাজনীতির সাথে জরিয়ে আছে, তার ভিত্তিতেই আমি আপনাকে আমার কিছু মতামত জানাতে চাই।

আমি তাঁকে বলেছিলাম যে, ভারতের প্রধানমন্ত্রীই বিদেশ মন্ত্রীর ভূমিকা পালন করেন, কিন্তু গত কয়েক মাস ধরে আমি আপনার নির্বাচনের প্রচার দেখছি, কিন্তু আমি কোথাও আপনাকে বিদেশ নীতি নিয়ে কোনো কথা বলতে দেখিনি। তখন তিনি (শ্রী নরেন্দ্র মোদী) আমাকে আমার বিচার জানাতে বলেন। আমি তাঁকে বলেছিলাম যে, আমরা আমাদের সার্ক (এস এ এ আর সী) প্রতিবেশীদের অদেখা করেছি, যতদূর আমার মনে পড়ছে মনমোহন কখন পাকিস্তান জাননি - তিনি নেপাল, ভুটান ও শ্রীলঙ্কাতেও জাননি। বিগত 18 মাসে তিনি মাত্র একবার বাংলাদেশের গেছিলেন। আমি তাঁকে বলেছিলাম যে, আপনি যদি নিজের নিকটস্থ প্রতিবেশীদের নিয়ে চিন্তা না দেখান বা তাদের ব্যাপারে সহনুভূতিশীল না হন তাহলে বিশ্বের কাছে আপনি একটা ইতিবাচক ও সার্থক ভূমিকা কিভাবে পালন করবেন?

আমি তাঁকে এই কথাও বলেছিলাম যে, যদি আমেদাবাদ থেকে দেখা হয়, তাহলে ভারতের একটা বিশেষ দৃশ্য চোখে পড়ে, আর দিল্লী থেকে দেখলে আব এক দৃশ্য চোখে পড়বে। এইভাবে মুম্বাই, চেন্নাই, কোলকাতা প্রভৃতি স্থান থেকে দেশকে দেখলে তার ছবি বিভিন্ন রকম দেখাবে। ওয়াশিংটন থেকে বেজিং-এর যে রূপ দেখা যাবে মাস্কো থেকে তা কখনই দেখা যাবে না। গত 67 বছর ধরে ভারতের বিদেশ নীতি সম্পর্কে দেশে একটা সম্যক রূপে সাধারণ সম্মতির সৃষ্টি হয়েছে। এই নীতি কোনো বিশেষ সময়ে কিভাবে বাদ পড়ে যেতে পারে; মাঝে মধ্যেই সমন্বয় সাধনের জন্য এতে পরিবর্তন আনা হয়েছে, যাতে আধুনিকতার সাথে তাল মিলিয়ে চলতে পারে। আমাদের বিদেশ নীতিতে এখনও পর্যন্ত কোনো মূলগত পরিবর্তন আনা হয়নি, এর তন্ত্র প্রায় অপরিবর্তিতই আছে। কিন্তু এর কোনো বিকল্প সম্ভব আছে কি?

আমি তাঁকে বলেছিলাম যে, মুসলিম বিশ্বে পশ্চিম আফ্রীকার মরীতানিয়া থেকে ইন্ডোনেশিয়া পর্যন্ত ছরিয়ে আছে। সংযুক্ত রাষ্ট্র সংঘে 54 মুসলিম সদস্য আছে, কখনই

তাদের এরিয়ে চলা হয়নি, বা হবেও না। আমি তাঁকে একথাও বলেছিলাম যে, জহরলাল নেহেরু আমাদের বিদেশ নীতি নিয়ে তিনটি গুরুতর ভুলের অনুমান করে গেছেন। তা ঠিক করা এখনও বাকি আছে।

আমার সবচেয়ে ভালো লেগেছে যে, শ্রী নরেন্দ্র মোদী শপথ গ্রহণ অনুষ্ঠানের সময় থেকেই নিজের বিদেশ নীতি শুরু করে দিয়েছিলেন, তিনি সেই সমারোহে সার্ক দেশের প্রতিনিধিদের আমন্ত্রণ জানিয়েছিলেন, হোতে পারে অন্যরাও তাঁকে এমনি কিছু পরামর্শ দিয়েছিলেন। কিন্তু তাঁর এই নির্ণয় সারা পৃথিবীতে একটা নতুন কল্পনার সৃষটি করেছিল।

লোকসভায় এত ব্যবধানে জয়যুক্ত হওয়ার পর আশা করা যায় যে,প্রধানমন্ত্রী নিঃসন্দেহে দেশের ছবি পুনরায় উজ্জ্বল করে তুলবেন, সবচেয়ে দুর্ভাগ্যের বিষয় হল গত কয়েক বছর ধরে আমাদের দেশের ছবি ধোঁয়ায় আবৃত হয়েছে।

কেউ বলেছিলেন যে, মানুষ জন্মের পর থেকেই মৃত্যুর জন্য প্রস্তুতি নিতে শুরু করে আর যতদিন কাউকে প্রাণদণ্ড দেওয়া হয়না সেটাই হল জীবন।

আমারও এই অবধি কোনো না কোনো দিন শেষ হয়ে যেতে পারে। শীঘ্রই আমিও এই কিনারা থেকে একটা শান্ত স্রোতে ভেসে সময়ের অন্য প্রান্তে পৌঁছে যাব।

Memorandum of Action Taken on the Report of the Justice R.S. Pathak Inquiry Authority August 7, 2006

By Government of India notification No. 8/35/2005-E.S. dated November 11, 2005, the Government of India constituted the Justice R.S. Pathak Inquiry Authority with the following terms of reference:

(1) To inquire into the sources of information, materials and documents that were available with the Independent Inquiry Committee (appointed by the Secretary General of the United Nations to investigate the administration of the UN Oil-For-Food Programme) with reference to the Report (including the Tables) of the said Committee pertaining to contracts bearing number M/9/54 and number M/10/57 and to give its opinion on the authenticity and reliability of the said sources, materials and documents, and whether, in its opinion, the purported transactions in oil are genuine or not.

(2) To inquire into the aforesaid information, materials and documents, and any other material or evidence that may be obtained by the Inquiry Authority, and to give its opinion whether the references to Indian entities and individuals pertaining to contracts bearing number M/9/54 and number M/10/57 are justified or not.

(3) To inquire into the question whether any Indian entity or individual received any money or other consideration from, or paid any money or other consideration to, any Government, agency, company, firm or individual in connection with the purported transactions in oil under the United Nations Oil-For-Food Programme pertaining to contracts bearing

numbers M/9/54 and number M/10/57.

(4) To inquiry [sic] into any other aspect or matter relevant to the Inquiry pertaining to contracts bearing number M/9/54 and number M/10/57.

(5) To make any recommendations or suggestions that the Inquiry Authority may consider necessary or proper.

2. The Inquiry Authority submitted its report to the government on August 3, 2006. The Inquiry Authority has reached the following conclusions on the terms of reference:

(1) The documents available with the Independent Inquiry Committee (the Volcker Committee) were authentic and reliable. The documents were genuine and full reliance could be placed upon them by the Inquiry Authority. The transactions in oil covered by the two Contracts were genuine.

(2) The Inquiry Authority has absolutely no evidence whatsoever to link the Congress party to the transactions discussed in this Report and except for the fact that Shri K. Natwar Singh and Shri K. Jagat Singh belonged to the Indian Congress party there is not a shred of evidence to link the Congress party to the said transactions. The Inquiry Authority believes upon examination of all the documents and material which exist before it that no wrong doing can be attributed to the Congress Party.

Shri Natwar Singh mentioned as a non-contractual beneficiary with respect to Contract No. M/09/54, was a beneficiary in so far that the role played by him in influencing and facilitating the procurement of the Contracts had fructified. There is no material to show that Shri Natwar Singh derived any financial or other personal benefit from the contracts. As regards the Indian Congress Party, it has been shown as a non-contractual beneficiary with respect to

Contract No. M/10/57. The Inquiry Authority has found no evidence that the Congress Party was involved in the Contract and that it derived any benefit at all from the Contract. Indeed, there is nothing to show that the Indian Congress Party had anything to do with the Contracts M/09/54 and M/10/57.

Consequently, the reference to Shri Natwar Singh with respect to Contract No. M/09/54 is justified in the sense explained earlier, while the reference to the Indian Congress Party with respect to Contract No. M/10/57 is not justified at all.

(3) Shri Aditya Khanna, Shri Andaleeb Sehgal, Sehgal Consultants and Hamdaan Exports.

(4) No answer.

(5) No answer.

3. The Government have examined the Report and have accepted the conclusions contained in the Report.

4. Having regard to the observations made by the Inquiry Authority in paragraphs 4.3 and 4.4 of the Report, the Government have decided to forward the Report in its entirety to the following authorities to be treated as information and for such action as may appear to them warranted under law:

(i) The Directorate of Enforcement;
(ii) The Central Board of Direct Taxes;
(iii) The Central Board of Excise & Customs.

5. The Report is placed before the Houses of Parliament as required under Sub-section (4) of Section 3 of the Commissions of Inquiry Act, 1952.

Covering Letter and Articles Related to the Volcker Report

AMBASSADOR OF INDIA
BAGHDAD

28 January 2004

From: B. B. Tyagi, Ambassador of India, Baghdad

To: Foreign Secretary, New Delhi

My dear Foreign Secretary

We have seen two articles today, one on the website of Pakistani daily "Jung" and the other in Iraqi Arabic daily "Al Neda". They mention that Saddam Hussein gave away oil to foreign individuals and institutions in return for political favour. In the list of recipients of such oil, Indian Congress Party and Mr Bheem Singh's name has been mentioned. Both are alleged to have received one million barrels each some time after June 1997. (Mr Bheem Singh has written a book on Saddam Hussain.)

Jung news item and the translation of Al Neda item are enclosed.

With best regards

Yours Sincerely

(B. B. Tyagi)

FS has seen

May kindly see for information

Secretary (AWA)

Article Published in *Al-Meda*, 28 January 2004

Al-Meda obtained special tables with company names and persons "amounts of crude oil have been allocated to them during the stages of MOU" as mentioned in the documents of SOMO (a general company attached to the ministry of Oil) with tables including names of persons, companies, parties, groups and organizations in which the previous regime allocated amounts and quantities mentioned in details all through the phases of the MOU. The allocation as mentioned in the documents started from the third phase of the MOU because in the first and second phases it was for companies that own refineries (end users) meaning that the following published information are for groups with no refineries (non end users) or for mediating companies.

Under this interesting title we see names that are not related to oil companies, nor distributing reserving or selling oil or having any concern with oil companies, such as the Russian Orthodox Church and the Russian Communist Party.

As for individuals, the issue is more exciting and questionable. Do we understand that the Algerian journalist Mrs. Hameede Na'na who defended the previous regime wants to maintain her independent enterprise through an oil deal? It is strange to see the name of the son of late Jammal Abdul Nassir (Khalid), the name of the Jordanian MP Mrs. Tojan AlFaisal, the present Indonesian president, the name of the Syrian defense minister's son Mr. Firas Mustafa Tlas or the name of the president of Lebanon's son!

From the moment in which Saddam approved to the MOU, or what is know as Oil for Food, he changed this memorandum into a vile commercial and political game by financing secret arm purchases, expensive construction materials to build his palaces and mosques, luxurious items for lavishness and recklessness in addition to shifting it as the largest contemporary historical known operation by buying consciences, pens and squandering the wealth of the nation.

Since that time rumors spread about the coupons signed by Saddam to some Arabs and foreigners to supply them with crude oil in exchange for their support in breaking his international isolation, financing a campaign to lift the economic sanctions imposed upon him and brighten his picture.

But the regime exploited the human and moral substance of the international campaign to lift the unjust sanctions that did not target him but the poor and middle classed- people, and we see that whenever the campaign was about reach its aim the regime would again, through his behavior and arrogance, return it back to a dark tunnel again, and in correspondence switched our country to an open and rich table needing nothing but ostentation and excellent caters and devoted servants.

What was so distinguished about the fascist regime was that it had no courtesy and was in constant need to use others so that it can feel superior and from this it demoralized even those with good wills and noble intentions in defending the people of Iraq to lift the sanctions. The regime knew nothing but (opening the wound) and that is why he gathered around him only those whom he wanted them to beg in order to satisfy the sense of superiority over them.

If a person had the chance of knowing Ba'thists who do not fear, because of their rustic nature, to boast he would have heard from them little or a lot about the visitors of Iraq who had increased in the lately years, he would have also known that the visitors who came to defend the case of Iraq came also to collect the price. We can confirm this information; who spread the rumors about the Arab and foreign visitors are the Ba'thists themselves in a moment of countryside gossips.

It passed from mouth to mouth some names mentioned in this list, amongst them Mr. George Gallaway, member of the labour party.

His condition is completely tragic the man who defended the Arab cases, came out corrupt once he approached the Iraqi issue. Mr. Gallaway, who was dismissed from the party for this reason and not only defended himself very strongly but attacked the British policy and Mr. Tony and Mr. Bush, I don't think he can deny the convicting documents.

Al-Meda got six requests forwarded by the executive director of SOMO to the minister of Oil to "ratify the crude oil contracts" all under the name of Mr. Gallaway not as the holder of the contract but an indication that it belongs to him. Mr. Gallaway is hiding behind a company not a personality, or behind a nationality other than his nationality.

The way these contracts are conducted sheds a light on the mechanism in which these coupons were paid out and the grand wish of the president of the republic. From this we would like to forward them especially that some names were mentioned singularly like "Sameer" and it is not known whether it is the name of a person or a company?

The article carries a list of large number of individuals and institutions from various contries. The entries from India are as follows:

India:
Bheem Singh– one million barrels (in the newspaper spelt as Behm Singh, the way it is pronounced in Arabic)
Indian Congress Party– one million barrels

Article Published in the *Daily Jung*, 28 January 2004

BAGHDAD: Iraq plans to investgate allegations that dozens of officials and businessmen worldwide illegally received oil in exchange for supporting former leader Saddam Hussein, officials said on Tuesday. Their statements came after al-Mada, an independent Baghdad newspaper, published a list it said was based on oil ministry documents showing 46 individuals, companies and organisations from inside and outside Iraq who were given millions of barrels of oil. "I think the list is true. I will demand an investigation. These people must be prosecuted," Naseer Chaderji, a Governing Council member, told Reuters. The list includes members of Arab ruling families, politicians and political parties from Egypt, Jordan, Syria, the United Arab Emirates, Turkey, Sudan, China, Austria, France and other countries. Organisations named include the Russian Orthodox Church and the Russian Communist Party, India's Congress Party and the Palestinian Liberation Organisation.

सत्यमेव जयते

प्रधान मंत्री

Prime Minister

New Delhi
May 8, 2006

Dear Natwar Singh ji,

I have received your letter of May 3, 2006 and noted your concerns. The Finance Minister has been keeping track of the investigations being carried out by the Enforcement Directorate and the Justice Pathak Authority. Recently some extension of time had to be given to the Inquiry Authority as all the necessary documents had not been received by it from the various sources. I hope it will now be able to complete its assignment within the extended period and I would request the Finance Minister to convey this appropriately to the Authority.

With regards,

Yours sincerely,

Manmohan Singh
(Manmohan Singh)

Shri Natwar Singh, MP
19, Teen Murti Lane
New Delhi – 110 011

My Letter to Prime Minister Manmohan Singh

31st August 2006

Dear Prime Minister Sahib,

You are aware of the impact of the Volcker Report on my personal and political life. Thereafter at the instance of the Government, the Enforcement Directorate carried out some investigation both in India and abroad. They found nothing. The Pathak Authority was asked to probe these allegations. The Pathak Authority has categorically stated that "There is no material to show that Shri Natwar Singh derived any financial or other personal benefit from the contracts". I was asked to file an Affidavit which I did. I was summoned by the Pathak Authority and asked questions which I truthfully answered on the 31st of May 2006. Some days later, the statement was shown to me and after making a few corrections I put my signature on the document after hearing the recording.

I expected that my affidavit and my sworn statement will find substantial mention in Mr. Pathak's final report. I must say that I was surprised that there is hardly any significant reference to these two documents. Facts are being suppressed from Parliament and the people.

I need a copy of my statement because I must pursue my remedy if not in a Court of law but at least in the Court of the People of India.

My reputation has been blemished by un-verified insinuations totally negatived by the available evidence.

The statement is a public document. I am entitled to it as a matter of law.

The use that I propose to make of it is extremely laudable and legitimate.

I hope I don't have to become an applicant under the Freedom of Information Act.

I hope the copy will be supplied to me without any avoidable delay.

With warm regards and good wishes for your forthcoming visit to Havana from the NAM Summit.

Yours sincerely,

(K. Natwar Singh)

Dr. Manmohan Singh
Prime Minister
7, Race Course Road
New Delhi

प्रधान मंत्री

Prime Minister

New Delhi
September 6, 2006

Dear Shri Natwar Singhji,

I have received your letter of August 31, 2006. The documents referred to by you have been transferred by the Pathak Authority to the Ministry of Finance. Hence, I am sending your request to the Finance Minister for his due consideration and early appropriate response.

With good wishes,

Yours sincerely,

(Manmohan Singh)

Shri K. Natwar Singh, MP
19, Teen Murti Lane
New Delhi

EPILOGUE

> *Every man that comes into the world is subject to dissolution. When we have passed away, God alone survives, unchangeable. Whosoever comes to the feast of life, must, before it is over, drink from the cup of death... How much better it is to die with honour than live in infamy!*
>
> —Babur

After the Commonwealth Games and the 2G scandals broke out, a well-known journalist met me in the Central Hall of Parliament. 'Sir, you must feel like a saint now.'

I asked, 'Why?'

'You were exonerated by the Pathak Authority, yet you were hounded and crucified by the likes of me, the Congress Party and Manmohan Singh's government at the behest of Sonia Gandhi. I just wish to apologize.'

I was touched and thanked him. The hounding and harassment continue. But Sonia Gandhi can neither run nor hide.

I value nothing more than my good name. I have strong nerves. In my veins flows the blood of my ancestors. In adversity a man's mettle is tested. That test I have passed, and it proves I am not a quitter. No bitterness, no self-pity, no panic have touched me. At times I have been angry, a little depressed, but not for long. Only the guilty succumb.

My expulsion from the Congress Party was conveyed to me in a two-line note at 2 a.m. on a freezing winter night. A special meeting of the Congress Working Committee was held that evening for this. Manmohan Singh was in Moscow at the time; he was contacted and gave his consent.

The late Arjun Singh told me that at a core group meeting, then Finance Minister P. Chidambaram had told Sonia that mine was an open-and-shut case and that I would be sent to jail.

At another meeting, a decision was taken to establish the Pathak Inquiry Authority. I was told that the Law Minister H.R. Bhardwaj was in Lucknow; he was called back late at night on a special plane. He was opposed to this decision as the 'case' against me was not sustainable.

The Income Tax Department and the Enforcement Directorate filed cases against me and my son, whose name did not even appear in the Volcker Report. His passport was impounded. Stories mysteriously appeared in TV channels, newspapers and magazines, portraying me as an accomplished thief. No evidence was produced. Newspapers began turning down my articles. One Hindi newspaper editor frankly confessed that he could not publish my articles because, 'Soniaji would get angry.' Portions of what I said before the Pathak Authority and the ED were leaked to the media.

When I reminded the then Finance Minister of the assurance given by him at a meeting I had with him at Shobhana Bhartia's house, in the presence of Ahmed Patel, that my appearing before the Pathak Committee and the ED would be kept confidential, he said, 'This is democracy.' He had actually told me that my case would be closed in a couple of weeks. The couple of weeks have extended to eight-and-a-half years. Who gave the orders is anyone's guess. In Vir Sanghvi's interview (a more detailed account of which is in my chapter on Sonia Gandhi), Sonia said I had betrayed her. It was a case of the pot calling kettle black.

My son and I held a rally at Jaipur where over one hundred thousand people came to show their support. The next day my son was expelled from the Congress. A few weeks later, chargesheets were announced against me and my son. Our 'crime'—displeasing Madam.

Manmohan Singh or any other Cabinet minister would not have touched me without Sonia's approval. The Congress tried to make me a 'non-person', but did not succeed. Those who used to hang around me for political favours—appointment to governorships, and to Cabinet and party posts—now turned their faces away on seeing me. In private, they sympathized with me, in public, I was denounced. I could go on and on. But I hold no grudges. If I did that I would go down in my own esteem.

What Sonia Gandhi has achieved is to reduce the Congress, one of the greatest political parties of the world, to a rump of forty-four members in the Lok Sabha.

No Indian could have behaved this way against me.

◆

On 4 February 2014, I met BJP prime ministerial candidate Narendra Modi at his residence in Ahmedabad. My son Jagat, a BJP MLA from Rajasthan, accompanied me. I told the PM designate that I had not come to ask for any post or office. As someone who had been involved in the foreign policy and diplomacy of India for nearly sixty years, I thought I would put some of my ideas before him.

I said to him that as Prime Minister, he would ultimately be the Foreign Minister of India too. But during the past several months, I had noticed that he had not mentioned foreign policy during his campaign. He wished to know what I had in mind. I told him that we had neglected our SAARC neighbours. As far as I could recall, Manmohan Singh had not been to Pakistan, Nepal, Bhutan or Sri Lanka. He had only visited Bangladesh in the last eighteen months of his term. I asked him, 'If you're not sensitive to the concerns and anxieties of our immediate neighbours, how can we be expected to play a constructive and meaningful role in dealing with the rest of the world?'

I pointed out that from Ahmedabad, one got a particular view of India. From Delhi, one got another view of India. Similarly with Mumbai, Chennai, Kolkata and so on. From Washington, one would get a specific view of Beijing, from Moscow, a different kind, and so on. For the past sixty-seven years there had been a broad consensus on India's foreign policy. This policy was not stuck in a time-groove but was nuanced and necessary adjustments were made to address the latest developments. No fundamental change has so far been made in our foreign policy framework. What would be the substitute?

I told him that the Muslim world extends from Mauritania in West Africa to Indonesia. The UN has fifty-four Muslim members; they could not and should not be ignored. I also mentioned where Jawaharlal Nehru had made three serious misjudgements in our foreign policy. These are yet to be resolved.

I am happy to see that our new PM Narendra Modi has opened his foreign policy innings by inviting the leaders of SAARC countries to his swearing-in. Others, too, may have given him similar suggestions. But his decision caught the imagination of a large number of people around the world.

With a commanding majority in the Lok Sabha, the PM, to begin with will, I have no doubt, restore the image of the country which for the past few years has been on a downward path.

EPILOGUE

◆

Someone wrote that man is condemned to death the moment he is born, with extended reprieve.

My reprieve could end any day. Soon I shall drift out of the harbour on a silent tide beyond the beat of time.

APPENDICES

Appendix 1

No.24322

B.K. Nehru from M.J. Desai.

Please transmit the following message from Prime Minister to President KENNEDY.

BEGINS:

Dear Mr. President,

I am grateful for your prompt response to my two letters. Ambassador GALBRATH gave me your message this afternoon.

The Chinese statement on a cease-fire put out by the Peking radio this morning does not make any fundamental change in the situation. We will, if any official proposals are made in this connection, consider them. These do not, however, make any difference to our going ahead with our preparations.

I am grateful to you for the assurance that you are ready, in association with the United Kingdom and the Commonwealth, to be as responsive as possible to our needs.

I agree with you that the visit of a small group of top U.S. officials to help Ambassador GALBRATH in concerting with us regarding the manner in which you can help will be useful. The group should come as planned. We are making necessary arrangements for their reception.

With kind regards,

Yours sincerely,

JAWAHARLAL NEHRU

ENDS

From: Foreign, New Delhi.
To : Indembassy, Washington.
Reptd: Hicomind, London

DTG NOVEMBER 192215

MOST IMMEDIATE

No.9444.

Ambassador from Prime Minister.

Please deliver following message to President KENNEDY. I am sending a copy of this message to Prime Minister MACMILLAN.

Begins. Dear Mr. President,

Within a few hours of despatching my earlier message of today, the situation in the North East Frontier Agency Command has deteriorated still further. Bomdila has fallen and the retreating forces from Sela have been trapped between the Sela Ridge and Bomdi La. A serious threat has developed to our Digboi oil fields in Assam. With the advance of the Chinese in massive strength the entire Brahmaputra Valley is seriously threatened, and unless something is done immediately to stem the time, the whole of Assam, Tripura, Manipur and Nagaland would also pass into Chinese hands.

2. The Chinese have poised massive forces in the Chumbi Valley between Sikkim and Bhutan, and another invasion from that direction appears imminent. Our areas further north west on the border with Tibet in the States of Uttar Pradesh, Punjab and Himachal Pradesh are also threatened. In Ladakh, as I have said in my earlier communications, Chushul is under heavy attach and shelling of the airfield at Chushul has already commenced. We have also noticed increasing air activity by the Chinese Air Force in Tibet.

3. Hitherto, we have restricted our requests for assistance to essential equipment and we are most grateful for the assistance which has been so readily given to us. We did not ask for more comprehensive assistance particularly air assistance because of the wider implications of such assistance in the global context and we did not want to embarrass our friends.

4. The situation that has developed is however really desperate. We have to have more comprehensive assistance if the Chinese are to be prevented from taking over the whole of Eastern India. Any delay in this assistance reaching us will result in nothing short of a catastrophe for our country.

5. We have repeatedly felt the need of using air arm in support of our land forces but have been unable to do so as, in the present state of our air and radar equipment, we have no defence aginst retaliatory action by the Chinese.

6. I, therefore, request that immediately support be given to strengthen our air arm sufficiently to stem the tide of Chinese advance.

7. I am advised that for providing adequate air defence, a minimum of 12 squadrons of Supersonic All Weather Fighters are essential. We have no modern radar cover in the country. For this also we seek

From: Foreign, New Delhi
To : Indembassy, Washington.

DTG DECEMBER 111110

MOST IMMEDIATE

No.24392

B.K. NEHRU from M.J. DESAI

Continuation of my telegram 24387 of 10th December.

2. GALBRAITH has cancelled his visit. Please convey the following from Prime Minister to President KENNEDY. Signed copy sent by bag.

Begins:

"December 8, 1962.

Dear Mr. President,

I am writing in continuation of the brief communication I sent on 21st November in response to your message on the visit of a small group of top U.S. officials to Delhi to help Ambassador GALBRAITH in concerting with us on our defence needs and the manner in which you and your Government could help us to meet these needs.

Governor HARRIMAN who led the team had several talks with me and my colleagues. The members of the official team have also had close and intimate discussions with our technical experts. Some of the U.S. officials were also able to make quick trips to the eastern and the western fronts and saw for themselves the efforts that we are making to defend ourselves against Chinese aggression.

We are grateful to Governor HARRIMAN and his team of officials for the long and arduous hours they put in to study our needs during their stay here. They indeed worked very hard.

Governor HARRIMAN and the team of officials must have given you and the various U.S. Departments concerned their own assessment based on the spot study and discussions they have had here. In brief, our requirements fall into three categories :

a) The immediate needs of equipment to deal with the emergency situation created by the Chinese attacks since 20th October. These have been accepted and supplies have reached us or are on the way.

b) The building up of the requisite defence potential to meet the continuing Chinese threat. This project is necessarily spread over a period of 12-18 months. Your team of officials have been given details of our requirements. These are under study.

c) Preparatory work to meet any emergency that may arise from Chinese attacks before the project in (b) above is completed and we have to throw in the Indian Air Force to contain their offensive. This would consist of training facilities fo

-2-

Indian Air Force personnel, radar facilities and liaison arrangements between the Indian Air Force and the United States Air Force so that U.S. Air Force can assist the Indian Air Force should an emergency suddenly arise. Our requests in this connection are being forwarded. separately through our Ambassador at Washington.

The question of improving Indo-Pakistan relations and Kashmir came up during my talks with Governor HARRIMAN. We have been trying since some months to get Indo-Pakistan meetings at Minister-level started but without success. These will now begin some time before the end of this month in pursuance of the communique issued by India and Pakistan. Our differences with Pakitan particularly on Kashmir have a long and complicated history. One cannot therefore expect sudden results. The problem is difficult as it is and is further complicated by the menacing and dictatorial attitude of Pakistan vis-a-vis both India and the USA and their threat to align themselves, with China. These attempts at black-mail will have to be contained by diplomatic action if the talks and discussions the two Governments have agreed to undertake are to be purposeful. We will keep Ambassador GALBRAITH informed about the progress of our talks with Pakistan.

I would, on behalf of my colleagues and myself and the people of India, like to express to you, Mr. President, our gratitude for your prompt and generous response to our request for assistance in the crisis we are facing.

With kind regards,

Yours sincerely,

JAWAHARLAL NEHRU"

Ends.

Appendix 2

Santha Ram Rau
Bombay
Sept. Something

Dear Natwar,

I am at last in decent shape. Time, distance, lack of pressure and involvement in other people's problems (for a change) all seem to have helped enormously. You'll notice the difference the moment you see me.

Santha

♦

Thakazhi Sikvasankara Pillai,
Thakazhi P.O,
Kerala, India
28 October 1964

Dear Singhji,

I started writing stories when I was 14 or 15. It was not a decision, but I wrote and wrote stories and it went on. I don't remember to have decided to write stories. I am a lawyer by profession and a writer by choice. But I stopped practicing as a lawyer in 1957 and now I have taken myself to my ancestral profession-agriculture.

Yours sincerely,
Shivasankara Pillai

♦

11-A, Faran,
Hyder Ali Road,
Karachi 5
26 June 1964

My dear Natwar,

The unexpected tragedy that has overtaken India in the death of Pandit Jawaharlal, the last of the great leaders, makes one wonder if the age of intellectualism in politics has come to an end.

Yours,
Ahmed Ali
P.S. 27 June.

◆

Amaury de Reincourt
Bellevue
Canton De Geneve (Suisse)
13 March 1980

Dear Natwar,

After thirty years of writing in English, I have decided to start writing for Le Monde, in Paris, and may write something about the situation in India and Pakistan.

Amaury

Appendix 3

31·7·2004·

THE ORIENTAL
BANGKOK

At 4.P.M. MMS enquired if I were
doing nothing then he would like to see me. I went
up to his 16th floor ducal suite. He was sitting alone
and somewhat forlorn.

1. The country is in deep crisis.
2. J&K. Mufti says the Cong is not treating him well
3. Situation in J&K v. grave. J&K was slipping
away. Pak could act desperately and do something
that would do immense harm. Mufti cld dissolve assembly.
3. The security situation was causing deep
anxiety. ~~I at~~ Sonia's security. after assassination
attempt on life of Shaukat Aziz (I had seen him
Islamabad).
4. North East was another major worry.
Manipur really has no government. Cong. govt. corrupt.

68 Oriental Avenue, Bangkok 10500, Thailand. Telephone 66 (0) 2659 9000, Facsimile 66 (0) 2659 0000.
E-Mail: orbkk-businesscenter@mohg.com. www.mandarinoriental.com

A Mandarin Oriental Hotel

A Member of The Leading Hotels of the World

Appendix 4

प्रधान मंत्री
Prime Minister

New Delhi
May 10, 2006

Dear Natwar Singh ji,

I have read your article on the agreement reached between India and the US on civil nuclear cooperation published in "The Asian Age" of May 1. Considering that there have been no new initiatives from our side since my March 7 *suo motu* Statement in Parliament, I should assure you that the fears expressed in your article and the resultant conclusions are at variance with the facts. In this context, I must confess to a sense of dismay at this article, since I have repeatedly referred to your own signal contributions towards making this historic agreement on civil nuclear cooperation with the United States possible.

Nevertheless, since you have expressed your views in print, I thought I should attempt to allay your misgivings. To begin with, I would like to point out that your concerns over whether or not we are still adhering to the principle of reciprocity are unfounded. There has been no change in our position on this issue since my very first suo motu statement in Parliament on July 27, 2005. Pursuant to the Joint Statement of March 2, during President Bush's visit, the only development has been that we have forwarded our final Separation Plan to the United States. The US Administration has in turn, approached Congress with a draft legislation. Parallely, the United States has also established contact with the Nuclear Suppliers' Group, urging them to modify their guidelines to allow full civil nuclear energy cooperation with India. It is evident that both the Legislation in Congress and changes in the NSG guidelines will take more time to reach a conclusion. Nevertheless, until there is definitive forward movement in these arenas, we are not committed to taking any further action. I can therefore assure you that we continue to adhere to the letter and spirit of the July 18, 2005 Joint Statement, with which you were closely associated.

On the Proliferation Security Initiative, it is well known that the US side had raised this matter as far back as during the previous NDA Government. Once our Government came into Office, we had clearly stated that several Indian concerns relating to the PSI needed to be addressed before the question of our participation could be considered. Since that time, our concerns have increased following amendments to the Suppression of Unlawful Activities Convention under the International Maritime Organization. Currently, it would be difficult for us to participate in the PSI until our concerns are suitably addressed. While it is true that there are ongoing discussions with the US on this issue, and that our joining PSI is a matter of considerable interest to the US side, little progress has been made to date.

On the issue of an Additional Protocol with the IAEA, again we have not taken any hasty steps that could harm our national interests. As is well known, an Additional Protocol can be negotiated only ***after*** an India-specific Safeguards Agreement is finalized with the IAEA. At present, we are yet to begin formal talks with the IAEA regarding an India specific Safeguards Agreement, pending passage of appropriate Legislation in the US Congress. So far, only one round of exploratory talks on safeguards has taken place between the Chairman of our Atomic Energy Commission, Dr. Kakodkar, and the Principal Scientific Adviser, Dr. Chidambaram, on our side and the Director General of the International Atomic Energy Agency. In other words, formal negotiations with the IAEA have not commenced.

Finally, I would also like to point out that the references in your article to India ***adhering*** to the NSG and MTCR guidelines are at variance with the facts. While we have earlier ***harmonized*** our export controls with NSG and MTCR guidelines, no further steps have been taken towards adherence with these guidelines. Also, we have not unilaterally agreed to any 'conditionalities' being imposed by the NSG or the MTCR regimes.

I conclude with the hope that through this letter, I will have clarified your concerns. I am confident you would continue to support our Government's initiatives as you have always done.

With kind regards,

Yours sincerely,

(Manmohan Singh)

Shri K. Natwar Singh
Member of Parliament (R. S.)
New Delhi

Appendix 5

K. Natwar Singh
Member of Parliament
(Rajya Sabha)

Res. : 19, Teen Murti Lane, New Delhi
Ph. : 23013855, 23014910, 23793704.
Fax. : 23016821

CONFIDENTIAL

11th July 2006

Dear Smt. Gandhi,

I am writing this to you not as a Congressman or as a Rajya Sabha Member. I am writing as a committed and dedicated Nehruite and as a well-wisher

The impression is gathering momentum about India becoming a junior partner of the United States. This may be at variance with facts, but perceptions are important.

I am all for closer relations with the U.S. I am against India becoming a client State. The Americans propagate "benign hegemony", "humanitarian intervention", "export of democracy". These are sinister terminologies. Like Indira Gandhi, we should stand straight. No tilts.

Nuclear deal

I remember how opposed you were to the nuclear deal. I explained to you the reasons why I went along with Manmohan Singh on the deal on July 18,2005. I also supported his statements in Parliament on the nuclear deal on July 29, 2005, February 27, 2006 and March 7, 2006. My concerns and unease began on April 5, 2006 when Condoleessa Rice appeared before the Senate and House Committees on foreign relations. There she departed from the letter and spirit of the July 18, 2005 Nuclear Agreement. She abandoned reciprocity. She abandoned energy. She emphasized non-proliferation, permanent safeguards. I wrote about this at some length in my Columns. Having read what I had written, Manmohan Singh wrote me a letter and I replied to him why I had shifted my position. You too seem to have softened your position, both on the nuclear deal and on Iran.

You will no doubt have read the criticism that has appeared in various newspapers about the nuclear deal. Most of the criticism relates to the frequent changes of goalposts by the United States. I am, like other ex-Foreign Ministers in touch with the bureaucracy and the scientific community who have serious reservations on the nuclear deal and shifting US position. A majority of our scientific community, including Sethna are more than critical of the deal. It would be unwise not to heed what they say. The deal will undergo substantial changes (not favourable to us) when it comes before the entire Senate and the House. U.S. laws are stringent and the following will need to be altered:

(a) The United States cannot have any Nuclear Civilian Pact with any country which is engaged in civilian nuclear programmes except the Permanent 5 members of the Security Council.

(b) The IAEA will have full scope to examine our safeguards and the first waiver by the President will be based on this.

(c) US law does not allow any country beside the P-5 to have any weapons nuclear programme. Pokran II will have to get a waiver which will not be forthcoming. Waiver will be annual.

(d) The US, under its present laws cannot transfer nuclear technology to any country which has a nuclear programme. This will not only apply to nuclear technology but also the dual use technology. We have the example of the Super Computer ten years ago which the US refused to supply us.

(e) The US cannot have any cooperation with any country which has any programme for nuclear weapons activity.

(f) Even if the Senate approves the deal, the joint resolution of the Congress will be much worse. To the operational portions will be added items not to our advantage. As it is, reference has been made in the Senate for India having a foreign policy congruent with the US. This cannot and must not be accepted. There are references on Iran which we cannot accept.

We should politely but firmly tell our American friends that the July 18 Agreement should be accepted without any alterations. Otherwise an amended deal/agreement will be unacceptable to the country

The other serious worry is the American infiltration of our Intelligence Agencies. The penetration is connived at by some of our own people whose relations have well paid jobs in America.

Election of U.N. Secretary-General

I have it on very good authority that the Foreign Office was kept out on this issue. The Foreign Secretary was asked to talk to the P-5 about the candidature of Sashi Tharoor. The Chinese were not contacted as Tharoor himself will do that. The other 4 were non-committal. It is well known that Tony Blair prefers a well known political figure like the former Prime Minister of Singapore to succeed Kofi Annan. Shashi Tharoor does not stand a chance. We shall also have rubbed Thailand, South Korea and Sri Lanka on the wrong side. All three announced their candidatures last year. Pakistan will also put a candidate. He/she will attract votes from 55 Muslim members of U.N.

Nepal

India is not playing the role it should in Nepal, It is now public knowledge that Prime Minister Koirala has written to the UN Secretary General for help in organizing aid and elections in Nepal. He did so without consulting India. This is unfortunate. It is also against the letter and spirit of the 1950 Treaty of Friendship. Sitram Yechuri has played a role. We have not. The U.N. was kept out by me. It is very active in Nepal now. So are the U.S., U.K. and Pakistan.

Palestine

Government has been careful not to criticize Israel in stronger language. Why?

There are other issues but I do not wish to inflict a longer letter on you.

With regards

Yours sincerely,

K [signature]

(K. Natwar Singh)

Smt. Sonia Gandhi
Congress President
10, Janpath
New Delhi

Appendix 6

Personal Explanation on the Volcker Report

By K. Natwar Singh,

Rajya Sabha, August 2006

Mr Chairman, sir, when the situation of the people of Iraq became desperate, the Congress party decided to send a fraternal delegation to Baghdad. The delegation was led by me. I visited Baghdad in January 2001. The Congress President gave me a letter of introduction to President of Saddam Hussain which letter I delivered to the Deputy Prime Minister of Iraq, Mr Tariq Aziz, on my arrival in Baghdad.

I made a brief call on the Oil Minister of Iraq as a matter of courtesy because he had been in India and a number of other dignitaries.

During my entire stay in Baghdad, no discussion or talk took place with any Iraqi authority with regard to the Oil-for-Food Programme, oil contracts, vouchers, bank accounts, etcetera. The delegation was a political delegation. The administrative arrangements and the logistics were in the hands of Aniel Matherani, who was the Secretary of the Foreign Affairs department of the party of which I was Chairman.

The delegation consisted of four members—Shri Shiv Shankar, Shri A.R. Antulay, Shri Aniel Matherani and me. Shri Vohra has confirmed and so has the Pathak Authority. My son accompanied me and I paid for his fare. There is no document approved by me to add any names to the delegation. I had no authority to do so. I have made this clear on several occasions that no names were added. The Pathak Authority has also agreed that there were only four members of the delegation.

On my return I briefed the Congress President about our discussion in Baghdad and nothing was concealed or held back.

The Oil-for-Food Programme was started under the auspices of the United Nations. When complaints arose about the misuses of this programme, the Independent Inquiry Committee was appointed to look into these malpractices and abuses by the United Nations personnel in conducting this programme.

Mr Paul Volcker submitted his final report at the end of October 2005. The annexures to the report mentioned my name, and the name of the Congress party, as non-contractual beneficiaries. No evidence was produced in the Volcker report as to how and why our names were added. I repeat, no evidence was produced in the Volcker report as to how and why our names were added. And, by whom? I shall not go into it here; I will do so later. In my affidavit, I have given details of Mr Volcker's bias against those who disapproved of the US actions in West Asia and elsewhere. My affidavit and statement to the Pathak Authority have been completely ignored by the Authority.

The Permanent Mission of India at United Nations in New York, through Shri Harsh Vardhan Shingla, Minister in our UN Mission, made the following points in a communication sent to the Ministry of External Affairs on 30th October 2005, and I quote: "(1) The Independent Inquiry Committee is headed by Paul Volcker, former Chairman of the US Federal Reserve whose inclination would be to discredit the opponents of US Policy; (2) No evidence has been cited and no documentation given on most of the allegations made; (3) Due process was not observed because none of the non-contractual entities was asked, through Permanent Mission of India, to respond to the allegations."

It is not surprising, therefore, that no country in the world has taken any notice of the Volcker Report. Let me repeat, Sir. It is not surprising, therefore, that no country in the World has taken any notice of the Volcker Report.

The Pathak Authority report has not attached my affidavit that was given to it. Why then were we asked to submit affidavits and asked to make statements before [the] Authority? It has not attached a copy of the statement that I made to the Pathak Authority exposing the flaws and loopholes in the Volcker Report. Although the report of the Pathak Authority is a flawed document, but it is categorical about what matters most to me.

The Authority has in clear terms said that I and my son derived no financial gains from any source. We stand fully vindicated, and, that is all that matters to me.

I find that much has been made out of the three letters I wrote to the Oil Minister of Iraq. Normally, I would not have bothered to discuss these. However, since they seem to have been given such intense importance by Justice Pathak and my party. I would like to ask what politician in India has not written letters of introduction for constituents, friends, acquaintances, etc. at some point or the other? Are we always aware for how they are used or misused? However, in this case, I would like to point out that even if they were used for oil contracts, these were legitimate contracts under the United Nations Oil-for-Food Programme. I am entitled to ask, sir, what illegality was committed by me in India or internationally? Furthermore, if I were to have asked for a favour, I would have done so for myself or my son. At no stage did I ask for any favours for myself or my son. And, I could have asked Tariq Aziz verbally to give me whatever amount I wanted, but I did not do so.

The last nine months have been most unpleasant and disagreeable and a great strain on me and my family. Throughout this period, sir, we have acted with candor, courage, dignity and restraint. The channel to my soul and conscience is immune to the chatter and clatter of those whose links with decency, ethics and morality are non-existent.

Paragraph 15.8 of the Pathak Authority report clearly states that on August 21, 2001, the Executive Director, SOMO wrote to the Iraqi Oil Minister seeking the approval of the allocation of one million barrels of crude oil 'for the benefit of the Indian Congress Party'. After the approval by the Iraqi Oil Minister, this contract was also sent for the approval of the United Nations Overseer; Justice Pathak then says enigmatically, 'How the name of the Indian Congress Party came to be mentioned in this letter is not known.' But, sir, this is precisely what he was required to find out. Instead of doing so, he surmises, as if he had entered the mind of Iraqi authorities, that what appeared to be the reason to him was that I and my son so projected ourselves that the Iraqi authorities formed the impression that we were representatives of the Congress party, whose representative was I when I went there. This is mere conjecture on his part in order to implicate me and my son and does him no credit.

Sir, clearly, therefore, Justice Pathak's conclusions dealing with the contract in which I was mentioned as the non-contractual beneficiary and the contract in which the Congress party was mentioned as non-contractual beneficiary are at best questionable. He has not explained why I would ask for one contract in my name and another in the name of the Congress party. In neither case has he produced any evidence of my linkage except through surmises and assumptions. I would like to state with all the emphasis at my command that nowhere have I signed any contract, received any voucher, signed any receipt or made any transaction whatsoever with any party.

Justice Pathak also did not examine the circumstances under which the Volcker Committee in its fifth report included my name as a non-contractual beneficiary, did not verify the documents on which such a conclusion was based and gives no explanation of how the name of many companies, mostly from the US were removed, as this was said in this House when the House discussed the report some months ago.

Mr Chairman, sir, I joined the Indian Foreign Service in 1953. I have had a reasonably successful career in the diplomatic service of India. I voluntarily left the Foreign Service and joined the Congress party in 1984 with the approval of Shrimati Indira Gandhi and Shri Rajiv Gandhi in the hope that I would in a modest way be able to serve my people and my country better. I dare say that the record of my public life has been without blemish. I was awarded the Padma Bhushan in January 1984 by Shrimati Indira Gandhi. I have the good fortune to belong to a well-known and valiant family. God has been kind to me and given me enough. I have no reason, therefore, to indulge in acts of impropriety of this nature for petty financial gains. Sir, I have placed my views before this august House and before you from a moral and ethical point of view. I have not argued from a lawyer's brief.

Sir, I am in the evening of my life and I shall meet the Cosmic Master with my head high. Clean I came into the world and clean I shall depart. Thank You.

Appendix 7

Tribute to K. Natwar Singh

I knew Natwar Singh before I met him. Two collections of his essays on E.M. Forster and Jawaharlal Nehru had been published abroad and they attracted wide notice. They showed that our Foreign Service had a young officer whose horizons were not confined to diplomacy. His reviews in *The Saturday Review* and *The New York Book Review* were knowledgeable and his prose was lively and elegant. The man had style. In 1966 we became colleagues. We both joined the Prime Minister's Secretariat when Indira Gandhi took over. Our backgrounds were very different. I was from a southern and somewhat puritanical home, had participated in the Quit India movement, wore khadi and plied what was still a harassed profession, journalism. Natwar Singh came from the erstwhile princely order, had studied in Mayo College and Cambridge, and was at home in the United Nations and all that. I was also some years older. But none of this seemed to come in the way of our striking up an instant and easy friendship. We found we had a common interest—books (come to think of it, it is not so common an interest after all). It is not unusual to find scholars among bureaucrats, but rare to encounter persons who can be called book-lovers—those who are interested in a wide variety of subjects and are at home among old books that have made a mark and cannot rest until they get hold of new books that win praise in the journals. Natwar was particularly good at getting hold of books from America and Europe before anyone else had done so. His personal library even in those early days was unusual rich. It pointed to both good taste and serious intellectual zest.

We also had a common enthusiasm—R.K. Narayan. I had been Narayan's neighbour in Mysore. Natwar had sought out Narayan on Forster's recommendation and had instantly fallen under the quiet Narayan charm. He had also played host to Narayan in New York.

Colleagues do not necessarily become or remain friends. Most offices are riven by rivalries and faction fights. If Indira Gandhi's office was noted for its team spirit, sense of purpose and vivacity, the credit must go to Indira Gandhi herself and to P.N. Haksar. Indira Gandhi was a wonderfully exciting person to work with. Apart from a forceful political intellect, she had a fine mind which was interested in everything interesting that was happening in the world in science, the arts and literature. She loved to browse through the latest books and journals. She expected her staff to send up cuttings dealing with political and literary controversies, and when they came back we could see from the markings she made and the questions she asked that she had read them closely. She was specially appreciative of a good turn of phrase. Her comments and the memos she sent her staff bore testimony to her sense of humour. Those who have cast her in the Durga image have done injustice to her. And through the Emergency she did injustice to herself.

Haksar was a very different kind of person. Even in those days he was respected for his formidable intellect and his moral passion. But he was most approachable and generous. He did not treat the people who worked with his as his subordinates. It was a team and he recognized no hierarchies. Haksar had two other accomplishments which are not usually associated with him. He was a brilliant photographer and he was a superb cook. More than once during important meetings of the Cabinet or its sub-commitees it was amusing to find the Prime Minister sending across a note to her Principal Secretary for his advice on what a visiting dignitary might be served at the state dinner that night. Indira Gandhi was not a cook herself but she was a hostess known for fine taste and she took great pains with her menus and table seating plans.

I was privileged to work with Indira Gandhi from her first day in office to her last day. Natwar Singh returned to his parent ministry within five years and steadily moved up the ladder of the Foreign Service. He had some of the most challenging assignments that an Indian ambassador could hope to be entrusted with, particularly the Islamabad and Beijing postings.

The Janata Government sought to punish Natwar for his crime of having enjoyed Indira Gandhi's confidence. The way he stood up to Morarji Desai shows his guts. The punishment posting to Zambia turned out to be a reward; it enabled Natwar Singh to consolidate his friendship with Kenneth Kaunda and other African leaders. After Indira Gandhi returned to power, Natwar was to reach the high point of his career as a civil servant when he served as the Secretary-General of the seventh Summit of Non-Aligned Nations in Delhi. After that it was only natural that Natwar Singh should go into politics. Few people in India have enjoyed the personal friendship of so many international statesmen and diplomats or seen so many countries of the world. Little wonder that today he is what the British call shadow foreign minister.

Natwar's world of friends and acquaintances is a large one. He has a fine feel for human comedy and a subtle understanding of what makes people say and do the things they say and do.

An ambassador is called upon to play host to many kinds of people. Many of them are bores. But sometimes it may be a lifetime's gain. When Natwar served in New York he had C. Rajagopalachari for his house guest. He gives an endearing picture of Rajaji [in this book].

My mind recalls the Natwar with whom I had first worked. His hair was black with not even a faint touch of grey. The impression he created was of a keen man who was conscious of being a good conversationalist and raconteur. He was full of anecdotes and witticisms. The passage of years has not by any means slowed him down but he now exudes urbanity and distinction. The voice is the same. But the wit carries a greater charge of wisdom and forbearance.

2002

H.Y. Sharada Prasad
Delhi

(Extracts from the Foreword by H.Y. Sharada Prasad in *Heart to Heart*, Rupa Publications, 2003).

www.ingramcontent.com/pod-product-compliance
Ingram Content Group UK Ltd.
Pitfield, Milton Keynes, MK11 3LW, UK
UKHW021439270525
6097UKWH00024B/261

9 789351 653936